中华经典名著
全本全注全译丛书

中华经典名著

陈曦　周旻　等◎注
陈曦　王珏　王晓东　周旻◎译
韩兆琦◎审阅

史　记 九
列传

中华书局

史记卷九十四

田儋列传第三十四

【释名】

　　田儋是战国时期齐国诸侯的后裔，《田儋列传》记述了田儋与他的兄弟田荣、田横等，在秦末至楚汉战争中割据今山东一带建立齐国，以及他们与楚、汉的纠葛，展现了齐国政权的兴衰过程，揭示了这一政权在当时各种势力的角逐中所起到的特殊作用。由于田儋是这一时期的第一位齐王，所以用他的名字作为标题。

　　本篇大致可以分为三部分。第一部分写陈涉起义后，田儋自立为齐王，略定齐地，不久被章邯所杀，田荣立田儋之子田市为齐王，自己为相总揽大权，因项梁不愿杀其政敌田假而不肯出兵与楚共同攻秦，致使项梁被杀，与项氏结仇。第二部分写项羽灭秦分封诸侯，封几位跟随自己入关的田氏族人为王，田荣大怒起兵，将项羽封的齐地诸王或杀或逐，自立为齐王，项羽攻入齐国，杀田荣。田荣之弟田横收齐散兵，趁项羽回兵攻击刘邦，收齐城邑，立田荣之子田广为齐王。田横、田广听郦食其之说附汉，却被韩信袭击，临淄失守，田广被杀，田横自立为齐王。后战败往依彭越，齐地被汉占领。第三部分写入汉后，田横与其徒属避居海岛，刘邦欲招田横入朝，田横自杀，其属五百人听说后也全部自杀。篇末论赞赞美了田横的能得士和他宁死不屈的气节，批评了蒯通利诱韩信灭齐而使韩信与齐国都遭覆灭。

本篇可与《郦生陆贾列传》《淮阴侯列传》中的有关段落相互参看。

田儋者,狄人也①,故齐王田氏族也②。儋从弟田荣③,荣弟田横,皆豪,宗强④,能得人。陈涉之初起王楚也⑤,使周市略定魏地⑥,北至狄,狄城守。田儋详为缚其奴⑦,从少年之廷⑧,欲谒杀奴⑨。见狄令,因击杀令,而召豪吏子弟曰:“诸侯皆反秦自立,齐,古之建国⑩,儋,田氏,当王⑪。”遂自立为齐王⑫,发兵以击周市。周市军还去,田儋因率兵东略定齐地。

【注释】

①狄:秦县名,治所在今山东高青东南。

②故齐王:战国时齐国国王。

③从弟:堂弟。

④皆豪,宗强:泷川曰:“‘豪’下,枫、三本有‘族’字;《汉传》有‘杰’字。”王叔岷曰:“有‘杰’字义长。此谓儋、荣、横皆豪杰,宗族强大也。”

⑤陈涉之初起王楚也:据《陈涉世家》,秦二世元年(前209)七月,陈涉起兵至陈郡(今河南淮阳)时称王,国号张楚。

⑥周市:陈涉部将,事迹参见《陈涉世家》《魏豹彭越列传》。略定:攻取平定。魏地:指以大梁(今河南开封)为中心的今河南东北部一带,战国时属魏。

⑦详:通“佯”,假装。

⑧从少年之廷:带着一群年轻人来到县府前庭。从,让人跟着,即带领。廷,县府前庭。

⑨欲谒杀奴:求见县令批准杀死此奴。《集解》引服虔曰:“古杀奴婢

皆当告官,儋欲杀令,故诈缚奴而以谒也。"谒,请,求见。

⑩齐,古之建国:齐地,自古就被分封为国家。

⑪儋,田氏,当王:我田儋,是田齐王室后裔,理应当王。

⑫自立为齐王:据《秦楚之际月表》,事在秦二世元年(前209)九月。

【译文】

田儋是狄县人,战国时齐国田氏王族的族人。田儋的堂弟田荣,田荣的弟弟田横,都是当时的豪杰之士,加上他们宗族势力强大,很得人心。陈胜最初在楚地起兵称王时,派周市去攻取平定魏地,向北推进到狄县,狄县县令坚守城池。田儋假装捆住自己的奴仆,带着一群年轻人来到县府前庭,想求见县令请求批准处死这个奴仆。田儋见到县令,就趁势把县令给杀了,又召集县里有权势的官吏和一些年轻人说:"各地的诸侯都已经反叛秦国自立为王了,齐国,是自古就已分封建立的诸侯国,我田儋,是齐王田氏的族人,应当为王。"于是就自立为齐王,发兵攻打周市。周市的军队退回去了,田儋就率兵东进,平定了齐地。

　　秦将章邯围魏王咎于临济①,急。魏王请救于齐,齐王田儋将兵救魏②。章邯夜衔枚击③,大破齐、魏军,杀田儋于临济下④。儋弟田荣收儋余兵东走东阿⑤。齐人闻王田儋死,乃立故齐王建之弟田假为齐王⑥,田角为相,田间为将,以距诸侯⑦。

【注释】

①章邯:秦朝名将,秦末镇压起义军的主要将领。魏王咎:战国时魏王后裔,事见《魏豹彭越列传》。临济:秦县名,治所在今河南封丘东。

②田儋将兵救魏:事在秦二世二年(前208)六月。

③衔枚：横衔枚于口中，以防喧哗。枚，形如筷子，两端有带，可系于
　　颈上。

④杀田儋于临济下：事在秦二世二年（前208）六月。

⑤东阿：秦县名，治所在今山东东阿西南。

⑥立故齐王建之弟田假为齐王：事在秦二世二年（前208）七月。齐
　　王建，战国时齐国的亡国之君，前264—前221年在位。事见《田
　　敬仲完世家》。

⑦距：抗拒，抵抗。

【译文】

　　秦将章邯把魏王咎围困在临济，形势危急。魏王咎向齐国求救，齐
王田儋率兵救魏。章邯在夜里率军口中衔枚突袭，大败齐、魏两国军队，
在临济城下杀了田儋。田儋的堂弟田荣收拾田儋的残部向东逃往东阿。
齐国人听说齐王田儋死了，就拥立原齐王建的弟弟田假为齐王，田角任
宰相，田间任将军，以抗拒诸侯。

　　田荣之走东阿，章邯追围之①。项梁闻田荣之急②，乃
引兵击破章邯军东阿下③。章邯走而西，项梁因追之。而田
荣怒齐之立假，乃引兵归，击逐齐王假。假亡走楚④。齐相
角亡走赵⑤；角弟田间前求救赵⑥，因留不敢归。田荣乃立田
儋子市为齐王⑦，荣相之，田横为将，平齐地。

【注释】

①章邯追围之：事在秦二世二年（前208）七月。

②项梁：楚国名将项燕之子，项羽之叔，时为楚军首领，事见《项羽
　　本纪》。

③击破章邯军东阿下：事在秦二世二年（前208）八月。

④假亡走楚：田假逃亡前往投奔楚怀王。

⑤齐相角亡走赵：田角逃亡前往投奔赵地的张耳、陈馀。赵，张耳、
陈馀佐陈涉部将武臣攻取赵地，拥立武臣为赵王，武臣被杀后，又
拥立赵王歇，详见《张耳陈馀列传》。

⑥角弟田间前求救赵：当系田儋被章邯破杀后，田间奉命到赵国求
救，此时尚在赵国。前求救赵，《汉书》作"前救赵"，王先谦引王
先慎曰：《史记》'救'上衍'求'字，当依此订。"其说非，据《秦
楚之际月表》，王离、章邯围赵在秦二世二年（前208）后九月，此
时才有诸侯救赵事，则田间救赵不早于九月，而田荣逐齐王田假
在秦二世二年八月。

⑦乃立田儋子市为齐王：事秦二世二年（前208）八月。

【译文】

田荣逃往东阿时，章邯追击并将其包围在东阿。项梁听说田荣情况
危急，就率领军队在东阿城下击败了章邯的军队。章邯向西败逃，项梁
趁势追击。田荣怨恨齐人立田假为王，就带兵返回齐地，攻打赶走了齐
王田假。田假逃亡到楚国。齐国丞相田角逃到赵国；田角的弟弟田间此
前已到赵国求救，这时就留在赵国不敢回来了。田荣便立田儋的儿子田
市为齐王，田荣任宰相，田横任将军，平定了齐地。

项梁既追章邯，章邯兵益盛①，项梁使使告赵、齐，发
兵共击章邯。田荣曰："使楚杀田假，赵杀田角、田间，乃肯
出兵②。"楚怀王曰③："田假与国之王④，穷而归我，杀之不
义⑤。"赵亦不杀田角、田间以市于齐⑥。齐曰："蝮螫手则斩
手⑦，螫足则斩足。何者？为害于身也。今田假、田角、田
间于楚、赵，非直手足戚也⑧，何故不杀？且秦复得志于天
下⑨，则龁龁用事者坟墓矣⑩。"楚、赵不听，齐亦怒，终不肯

出兵。章邯果败杀项梁^⑪，破楚兵，楚兵东走^⑫，而章邯渡河围赵于钜鹿^⑬。项羽往救赵，由此怨田荣。

【注释】

①章邯兵益盛：时章邯驻扎于定陶（今山东定陶西北）。

②"使楚杀田假"几句：徐孚远曰："齐方初立，恐田假尚存，民有异望故也。"

③楚怀王：名心，姓熊，战国时楚怀王槐之孙，秦二世二年（前208）六月被拥立为王，仍称"楚怀王"，事见《项羽本纪》。

④与国：盟国。

⑤穷而归我，杀之不义：梁玉绳曰："《项羽本纪》作项梁语，是也，此误。"穷，走投无路。

⑥赵亦不杀田角、田间以市于齐：赵国也不杀田角、田间来换取齐国的支援。市，交换，换取。

⑦蝮螫（shì）手则斩手：毒蛇咬了手，为防止其毒流遍全身，就砍掉手来保命。蝮，蝮蛇，一种毒蛇。螫，毒蛇咬刺。

⑧非直手足戚也：算不上是像手足一样的亲戚。《集解》引臣瓒曰："于楚、赵非手足之亲。"

⑨秦复得志于天下：指秦朝一旦消灭各路义军。

⑩则龁龀（yǐ hé）用事者坟墓：意谓就要摧毁反秦首领的祖坟了。龁龀，毁伤。用事，《汉书》作"首用事"，似当作"首事"。

⑪章邯果败杀项梁：项梁败死于定陶事，在秦二世二年（前208）九月，详见《项羽本纪》。

⑫楚兵东走：据《项羽本纪》，项梁败死后，楚军向东撤退，"吕臣军彭城东，项羽军彭城西，沛公军砀"。

⑬章邯渡河围赵于钜鹿：事在秦二世二年（前208）后九月，详见《张耳陈馀列传》。钜鹿，秦县名，亦秦郡名，在今河北平乡西南。

【译文】

项梁追击章邯之后，发现章邯的兵势越来越强盛，便派使臣通告赵国、齐国，请他们发兵一起进攻章邯。田荣说："如果楚国杀了田假，赵国杀了田角、田间，我们就会出兵。"楚怀王说："田假是我盟国的国王，走投无路了来投奔我，杀他是不合道义的。"赵国也不杀田角、田间来换取齐国的支援。齐人说："蝮蛇咬了手就砍掉手，咬了脚就砍掉脚。为什么呢？因为留着对身体有害啊！现在田假、田角、田间对于楚、赵两国，并不是手足之亲，为什么不杀了他们呢？况且秦朝再次统治天下的话，恐怕为首起事者的祖坟都要被摧毁了。"楚、赵两国没有听从，齐国也非常生气，始终不肯出兵。章邯果然击败杀死了项梁，大败楚军，楚军向东撤退，而章邯就渡过黄河把赵王包围在钜鹿城中。项羽前往救赵，由此怨恨田荣。

项羽既存赵，降章邯等[①]，西屠咸阳[②]，灭秦而立侯王也[③]，乃徙齐王田市更王胶东[④]，治即墨[⑤]。齐将田都从共救赵[⑥]，因入关，故立都为齐王[⑦]，治临淄[⑧]。故齐王建孙田安，项羽方渡河救赵，田安下济北数城[⑨]，引兵降项羽，项羽立田安为济北王，治博阳[⑩]。田荣以负项梁不肯出兵助楚、赵攻秦[⑪]，故不得王；赵将陈馀亦失职[⑫]，不得王：二人俱怨项王[⑬]。

【注释】

①项羽既存赵，降章邯等：项羽大败秦兵，解钜鹿之围，在秦二世三年（前207）十二月；章邯兵败，因害怕朝廷治罪而率部投降项羽在秦二世三年（前207）七月（时以十月为岁首）。事详《项羽本纪》。

②西屠咸阳：事在汉元年（前206）十二月。《项羽本纪》："项羽引兵

西屠咸阳,杀秦降王子婴,烧秦宫室。"

③立侯王:项羽分封诸王事,详见《项羽本纪》。

④更王胶东:改封为胶东王。更,改。

⑤治即墨:以即墨为胶东国都城。即墨,秦县名,治所在今山东平度
东南。

⑥齐将田都:疑系随田假投奔项羽者,后随项羽一同救赵入关。

⑦立都为齐王:《项羽本纪》亦称"立都为齐王",而《秦楚之际月
表》则曰"更名曰临菑",则田都受封为临淄王。

⑧治临淄:以临淄为临淄国都城。临淄,秦县名,亦秦郡名,治所在
今山东淄博临淄区东北。

⑨济北:秦郡名,辖境约当今山东高青、淄博、沂源以西,新泰、东平
以北,东阿、德州以东,河北沧州以南地区。

⑩治博阳:以博阳为济北国都城。博阳,秦县名,治所在今山东泰安
东南。

⑪负:亏待,背叛。

⑫赵将陈馀亦失职:指赵国大将军陈馀因兵权为张耳所夺,未随项
羽入关,详见《张耳陈馀列传》。

⑬二人俱怨项王:田荣、陈馀二人均因不得封王而怨恨项羽。泷川
曰:"项王不王田荣、陈馀,失计之甚者,败因实在此。"

【译文】

项羽解救保全了赵国后,收降了章邯等人,进而率兵西进,屠掠了咸
阳,灭掉秦朝而封立诸侯王时,将齐王田市改封为胶东王,定都于即墨。
齐将田都跟随项羽一同救过赵国,又跟着项羽一起入关,所以项羽封立
田都为齐王,定都于临淄。战国时齐王建的孙子田安,在项羽渡河救赵
时,曾攻下济北郡的几座城池,并带兵归降了项羽,项羽就立田安为济北
王,定都于博阳。田荣因为当初有负于项梁,不肯出兵帮助楚、赵攻打秦
军,所以没能被封为王;赵将陈馀也因没跟随项羽入关,没有被封为王:

两个人都怨恨项羽。

项王既归，诸侯各就国①，田荣使人将兵助陈馀，令反赵地②，而荣亦发兵以距击田都，田都亡走楚③。田荣留齐王市，无令之胶东④。市之左右曰："项王强暴，而王当之胶东，不就国，必危。"市惧，乃亡就国⑤。田荣怒，追击杀齐王市于即墨⑥，还攻杀济北王安⑦。于是田荣乃自立为齐王，尽并三齐之地⑧。

【注释】

①项王既归，诸侯各就国：事在汉元年（前206）四月。既归，指项羽回到楚国都城彭城（今江苏徐州）。诸侯各就国，指诸侯各自回到自己的封国。

②使人将兵助陈馀，令反赵地：陈馀在赵地反叛项羽事，详参《项羽本纪》《高祖本纪》《张耳陈馀列传》。

③田都亡走楚：据《秦楚之际月表》，事在汉元年（前206）五月。

④无令之胶东：不让他前往胶东国就任。之，往。

⑤亡就国：偷逃到胶东国就任。

⑥追杀齐王市于即墨：事在汉元年（前206）六月。

⑦还攻杀济北王安：事在汉元年（前206）七月。王叔岷曰："《汉书·项籍传》：'荣与彭越将军印，令反梁地，越乃击杀济北王安。'越之击杀安，由荣使之，故亦可谓荣攻杀安矣。"

⑧三齐：指项羽所封的田市之胶东国、田安之济北国、田都之临淄国，三国原均为齐地，故称"三齐"。

【译文】

项羽从关中回到楚都彭城后，所封诸侯也各自都回到自己的封国，田荣派人领兵帮助陈馀，让他在赵地起兵反叛项羽，同时田荣也发兵抗击田都，田都逃奔到楚国。田荣留住齐王田市，不让他到胶东就任。田市身边的人说："项王强横凶暴，而大王应当到胶东去，如果不去就任，那一定很危险。"田市非常恐惧，就偷逃到胶东就任了。田荣大怒，就追到即墨将田市杀了，而后又回师攻打杀死了济北王田安。于是田荣就自立为齐王，全部占有了三齐之地。

　　项王闻之，大怒，乃北伐齐。齐王田荣兵败，走平原，平原人杀荣[①]。项王遂烧夷齐城郭[②]，所过者尽屠之[③]。齐人相聚畔之[④]。荣弟横收齐散兵，得数万人，反击项羽于城阳[⑤]。而汉王率诸侯败楚，入彭城[⑥]。项羽闻之，乃醳齐而归[⑦]，击汉于彭城[⑧]，因连与汉战，相距荥阳[⑨]。以故田横复得收齐城邑，立田荣子广为齐王[⑩]，而横相之，专国政，政无巨细皆断于相。

【注释】

①"齐王田荣兵败"几句：事在汉二年（前205）正月。平原，秦县名，县治在今山东平原西南。

②夷：平，铲平。城郭：城墙。城指内城的墙，郭指外城的墙。

③所过者尽屠之：所过之处，把人都杀光。

④畔：通"叛"，叛乱。

⑤反击项羽于城阳：事在汉二年（前205）三月。城阳，秦时为琅琊郡郡治，即今山东莒县。

⑥汉王率诸侯败楚，入彭城：刘邦率五十六万大军攻入楚都彭城事，在汉二年（前205）四月，详见《项羽本纪》《高祖本纪》。

⑦醳：通"释"，放弃。陈直曰："《史记》'释'字多作'醳'。"

⑧击汉于彭城：项羽率三万骑兵于彭城大败刘邦五十六万大军事，在汉二年（前205）四月，详见《项羽本纪》。

⑨荥阳：秦县名，在今河南荥阳东北。

⑩以故田横复得收齐城邑，立田荣子广为齐王：据《秦楚之际月表》，事在汉二年（前205）三月，《集解》引徐广曰："四月。"疑以徐广说为是，盖项羽四月离开齐地后，田横始得收复失地。

【译文】

项羽听说田荣兼并三齐之地的消息后，大为恼怒，就北上讨伐齐国。齐王田荣的军队被打败，逃到平原，平原人杀了田荣。项羽就烧毁并铲平了齐地的城池，军队所经过的地方，官吏、百姓通通杀光。齐人就聚集起来反叛项羽。田荣的弟弟田横收编了齐国的散兵，得到几万人，在城阳反抗项羽。这时汉王刘邦率领着各路诸侯击败楚军，攻入了彭城。项羽听到这个消息，就从齐国撤军返回，在彭城击败汉王，此后又连续与汉军战斗，在荥阳对峙。因此田横又趁机重新收复了齐国的城邑，拥立田荣的儿子田广为齐王，田横任宰相，掌管国家政务，所有政事无论大小都由田横来决定。

　　横定齐三年①，汉王使郦生往说下齐王广及其相国横②。横以为然，解其历下军③。汉将韩信引兵且东击齐④。齐初使华无伤、田解军于历下以距汉⑤，汉使至⑥，乃罢守战备，纵酒⑦，且遣使与汉平⑧。汉将韩信已平赵、燕，用蒯通计⑨，度平原⑩，袭破齐历下军，因入临淄⑪。齐王广、相横怒，以郦生卖己，而亨郦生⑫。齐王广东走高密⑬，相横走博阳，守相田光走城阳⑭，将军田既军于胶东⑮。楚使龙且救齐⑯，齐王与合军高密。汉将韩信与曹参破杀龙且⑰，虏齐王广⑱。汉将灌婴追得齐守相田光⑲。至博阳，而横闻齐王死，自立为齐王⑳，还击婴，婴败横之军于嬴下㉑。田横亡走梁㉒，归彭越㉓。彭越是时居梁地，中立，且为汉，且为楚㉔。韩信已杀龙且，因令曹参进兵破杀田既于胶东㉕，使灌婴破杀齐将田吸于千乘㉖。韩信遂平齐，乞自立为齐假王，汉因而立之㉗。

【注释】

①横定齐三年：田横平定齐国的第三个年头，即汉四年，前203年。

②汉王使郦生往说下齐王广及其相国横：事在汉三年（前204）秋，详见《郦生陆贾列传》。郦生，郦食其（yì jī），刘邦部下辩士。

③解其历下军：解除齐国历下守军的战备状态。历下，即历城，因其南有历山，城在山下，故称历下，在今山东济南西，为军事要地。

④汉将韩信引兵且东击齐：韩信于汉三年（前204）十月灭赵后，招降燕国，镇抚赵地，汉三年（前204）六月，刘邦令韩信"收赵兵未发者击齐"，韩信便开始准备攻打齐国。详见《淮阴侯列传》。

⑤华无伤、田解：均为齐将。

⑥汉使：指汉王使者郦食其。

⑦乃罢守战备，纵酒：《郦生陆贾列传》："田广以为然，乃听郦生，罢历下兵守战备，与郦生日纵酒。"

⑧且：将。平：订立和约。

⑨蒯通：齐人，韩信的谋士。韩信得知郦食其说降齐王后，本拟不再进攻齐国，蒯通认为郦食其说降齐国，功劳比韩信收赵还大，韩信为争功，遂进兵攻齐，事详《淮阴侯列传》。

⑩度平原：从平原渡口渡过黄河，进入齐地。度，通"渡"。平原，古黄河上的渡口名，称"平原津"，《淮阴侯列传》之《正义》曰："怀州有平原津。"在今山东平原西南。

⑪袭破齐历下军，因入临淄：事在汉四年（前203）十月。

⑫以郦生卖己，而亨郦生：颜师古曰："谓其与韩信合谋。"盖谓郦食其骗其撤去守备，而后韩信趁虚而入。卖，欺骗。亨，同"烹"。

⑬高密：秦县名，治所在今山东高密西南，潍水之东岸。《集解》引徐广曰："高，一作'假'。"王叔岷曰："'高密'一本作'假密'，'高''假'古通。"《曹相国世家》作"假密"。

⑭守相：颜师古曰："言为相而专主居守之事。"

⑮军：驻军。胶东：秦郡名，郡治即墨，在今山东平度东南。

⑯龙且（jū）：项羽部将，事见《项羽本纪》《淮阴侯列传》等。梁玉绳曰："龙且非主将。"据《汉书·项籍传》，项羽所派救齐大将为"其从兄子项佗"，龙且为裨将。王叔岷曰："龙且虽非主将，而潍水之战，盖以龙且为主。"

⑰汉将韩信与曹参破杀龙且：事在汉四年（前203）十一月，详见《淮阴侯列传》。曹参：西汉开国功臣，后继萧何任相国，事见《曹相国世家》。

⑱虏齐王广：《汉书·高帝纪》曰："韩信与灌婴击破楚军，杀楚将龙且，追至城阳，虏齐王广。"

⑲汉将灌婴：西汉开国功臣，时为骑将，在此战中功劳很大，事详《樊郦滕灌列传》。

⑳横闻齐王死，自立为齐王：前文称韩信"虏齐王广"，《秦楚之际月表》又载"韩信击杀广"，疑田广俘后被杀。

㉑婴败横之军于嬴下：据《樊郦滕灌列传》，灌婴"追齐相田横至嬴、博，破其骑，所将卒斩齐将一人，生得齐将四人"。嬴下，嬴县城下。嬴，秦县名，治所在今山东莱芜西北。

㉒梁：指战国时属魏国的今河南东北部一带地区，其地以大梁（今河南开封）为中心。

㉓彭越：西汉开国功臣，后封梁王，事见《魏豹彭越列传》。

㉔且为汉，且为楚：郭嵩焘曰："项羽与高祖相距荥阳，所以卒不得
　　志，以彭越居梁地绝其粮道为后患也。彭越始终为汉，未尝一为
　　楚也。"

㉕因令曹参进兵破杀田既于胶东：据《曹相国世家》，曹参"定齐，凡
　　得七十余县，得故齐王田广相田光、其守相许章，及故齐胶东将军
　　田既"。

㉖使灌婴破杀齐将田吸于千乘：据《樊郦滕灌列传》，灌婴"攻下嬴、
　　博，破齐将军田吸于千乘，所将卒斩吸"。千乘，秦县名，治所在
　　今山东高青东北。

㉗乞自立为齐假王，汉因而立之：韩信封齐王事，详见《淮阴侯列
　　传》。假王，代理王者之事。

【译文】

　　田横平定齐国的第三年，汉王派郦食其前来游说齐王田广和齐相田
横，要他们归降汉王。田横认为可以，就解除了齐国驻扎在历下的守军
的战备。汉将韩信正领兵向东准备攻齐。齐国当初派了华无伤、田解驻
军在历下以抵御汉军，汉王的使者郦食其来到后，就解除了守备，纵情畅
饮，将要派出使者去跟汉王签订和约。这时汉将韩信已经平定了赵国、
燕国，他采用蒯通的计策，渡过平原津，袭击打败了齐国历下的守军，并
乘势攻入临淄。齐王田广、齐相田横都非常愤怒，认为郦食其欺骗了自
己，就煮死了郦食其。齐王田广向东逃到了高密，宰相田横逃到了博阳，
守相田光逃到了城阳，将军田既率军驻扎在胶东。楚军派龙且率兵来救
齐，齐王田广与龙且会师高密。汉将韩信和曹参击败楚军杀了龙且，俘
虏了齐王田广。汉将灌婴追击并俘虏了齐国守相田光。田横到了博阳，
听说齐王田广已经死了，就自立为齐王，率军还击灌婴，灌婴将田横的军
队击败于嬴县城下。田横又逃亡到梁地，归附彭越。彭越当时驻守在梁
地，保持中立，既想帮汉王，又想帮楚王。韩信杀了龙且后，接着就派曹
参进军胶东打败并杀死田既，又派灌婴进攻千乘打败并杀死齐将田吸。

韩信于是平定了齐国,请求自立为代理齐王,汉王就顺势立他做了齐王。

后岁余,汉灭项籍^①,汉王立为皇帝^②,以彭越为梁王^③。田横惧诛^④,而与其徒属五百余人入海,居岛中^⑤。高帝闻之,以为田横兄弟本定齐^⑥,齐人贤者多附焉,今在海中,不收^⑦,后恐为乱,乃使使赦田横罪而召之。田横因谢曰:"臣亨陛下之使郦生,今闻其弟郦商为汉将而贤^⑧,臣恐惧,不敢奉诏。请为庶人^⑨,守海岛中。"使还报,高皇帝乃诏卫尉郦商曰^⑩:"齐王田横即至^⑪,人马从者敢动摇者致族夷^⑫!"乃复使使持节具告以诏商状^⑬,曰:"田横来,大者王,小者乃侯耳^⑭;不来,且举兵加诛焉。"田横乃与其客二人乘传诣雒阳^⑮。

【注释】

①汉灭项籍:事在汉五年(前202)十二月,详见《高祖本纪》《项羽本纪》。

②汉王立为皇帝:事在汉五年(前202)二月。

③以彭越为梁王:国都定陶,今山东定陶西北。

④田横惧诛:凌稚隆《汉书评林》曰:"横走梁归越时,越尚中立,未属汉也。而今越受汉之封为梁王矣,则横无所归,以故惧。"

⑤居岛中:王先谦引《元和郡县志》以为田横岛名叫小帽山,在今江苏连云港东北的大海中。一说,其岛在今山东即墨东南的横门湾中。

⑥本定齐:起初是田横兄弟平定齐国。本,初始。《魏豹彭越列传》中张良亦称"彭越本定梁地"。

⑦不收:不招降收服。

⑧郦商:刘邦部将,郦食其之弟,因功封曲周侯,事见《樊郦滕灌列传》。

⑨庶人:平民百姓。

⑩卫尉:官名,秦汉时九卿之一,职掌统辖宫廷卫士,负责宫内宿卫。

⑪即:如,若。

⑫人马从者敢动摇者致族夷:谁敢动一下田横的人马随从,就将其灭族。致,招致,招来。族夷,即夷族,灭族,颜师古曰:"言平除其族。"

⑬持节:手执符节。节,古代使者外出所持的信物。诏商状:诏令郦商的情况。

⑭大者王,小者乃侯:最高的话可能封王,最小的话也能封侯。

⑮乘传(chéng zhuàn):乘坐驿车。传,古代驿站的专用车辆。雒阳:即洛阳,刘邦刚称帝时的都城,后来迁都长安。

【译文】

又过了一年多,汉军消灭了项羽,汉王即位成为皇帝,封彭越为梁王。田横害怕被杀,就和他的部属五百多人逃往海中,住在一个海岛上。汉高帝听说这事后,认为是田横兄弟最早平定了齐地,齐国的贤能之士大多都归附于他们,如今他居住在海岛上,如不及早收服,日后恐怕会造反生乱,就派使者去赦免田横的罪过,并召他进京。田横推辞说:"我曾烹杀了陛下的使臣郦食其,如今听说他弟弟郦商做汉朝的将军而且很有才干,我心中十分害怕,不敢奉诏前往。我请求让我做个平民,留守在海岛之中。"使臣回来报告后,汉高帝就下诏对卫尉郦商说:"齐王田横如果到来,谁敢动他随行人员的,就灭他全族。"于是再次派使者手持符节去找田横,把下诏警告郦商的情况都详细地告诉了他,并说:"田横如果来了,最高的话封你为王,最小也封你为侯;要是不来,就将派兵来诛灭你们。"田横于是就和两个门客乘坐驿车前往洛阳。

未至三十里①,至尸乡厩置②,横谢使者曰:"人臣见天子当洗沐③。"止留。谓其客曰:"横始与汉王俱南面称孤④,今汉王为天子,而横乃为亡虏而北面事之⑤,其耻固已甚矣。

且吾亨人之兄，与其弟并肩而事其主，纵彼畏天子之诏，不敢动我，我独不愧于心乎？且陛下所以欲见我者，不过欲一见吾面貌耳。今陛下在洛阳，今斩吾头，驰三十里间，形容尚未能败，犹可观也[6]。"遂自刭[7]，令客奉其头[8]，从使者驰奏之高帝[9]。高帝曰："嗟乎，有以也夫[10]！起自布衣，兄弟三人更王[11]，岂不贤乎哉！"为之流涕[12]，而拜其二客为都尉[13]，发卒二千人，以王者礼葬田横[14]。

【注释】

①未至三十里：指距离洛阳还有三十里。

②尸乡厩（jiù）置：尸乡的驿站。尸乡，乡邑名，时属偃师县，在今河南偃师城西。厩置，蓄养驿马以备用的地方，即驿站。厩，马棚。置，驿站。

③沐：本指洗头，也泛指洗浴。

④俱南面称孤：都位为王侯。颜师古曰："王者自称曰'孤'，盖为谦也。《老子·德经》曰：'贵以贱为本，高以下为基，是以侯王自称孤、寡、不穀。'"

⑤亡虏：逃犯。

⑥形容尚未能败，犹可观也：形体容貌还没腐坏，可以观看。叶玉麟曰："史公但叙豪杰处，必作激昂慷慨语以状其人。"

⑦自刭（jǐng）：自杀。刭，用刀割颈。

⑧奉：捧。

⑨奏：进呈，进献。

⑩有以：有原因，有理由。

⑪更王：相继称王。

⑫为之流涕：洪迈曰："横不顾王侯之爵，视死如归，故汉祖流涕称

其贤,班固以为雄才。韩退之行其墓下,为文以吊曰:'自古死者非一,夫子至今有耿光。'其英烈凛然,至今犹有生气也!"王鸣盛曰:"高帝召田横,恐其为乱,非真欲赦之。横自知不免,来而自杀,高帝为流涕,葬以王礼,高帝惯有此一副急泪,借以欺人屡矣,不独于田横为然。心实幸其死,非真惜而哀之也。"据《项羽本纪》,刘邦杀死项羽后,"礼葬项王毂城,汉王为之发哀,泣之而去",与此类似。

⑬都尉:官名,高级将军之下的中级军官,位略低于校尉。

⑭以王者礼葬田横:《正义》曰:"齐田横墓在偃师西四十五里。"

【译文】

离洛阳还有三十里,来到了尸乡的一个驿站,田横婉言对使者说:"臣民觐见天子应当沐浴净身。"于是就停了下来。田横对他的两个门客说:"我田横当初和汉王一样都是南面称王,如今汉王做了天子,而我却以一个逃犯的身份去侍奉他,这耻辱已经够大的了。况且我还煮了别人的兄长,现在却要和被煮者的弟弟并肩去侍奉同一个主子,即使他害怕天子的命令,不敢动我,我自己难道就无愧于心吗?再说,皇上之所以想见我,不过是想看看我的长相罢了。现在皇上就在洛阳,如今砍掉我的头,快马加鞭跑三十里送去,面容还坏不了,还是可以看清的。"于是拔剑自杀,让他的门客捧着他的头,跟着使者飞奔到洛阳进献给汉高帝。高帝说:"唉!有理由的啊!从平民起家,兄弟三人相继为王,难道不是他们才能出众吗!"汉高帝被田横感动得流下了眼泪,任命田横的这两个门客为都尉,派了两千名士兵,以侯王的礼节安葬了田横。

既葬,二客穿其冢旁孔,皆自刭,下从之。高帝闻之,乃大惊,以田横之客皆贤,"吾闻其余尚五百人在海中",使使召之。至则闻田横死,亦皆自杀①。于是乃知田横兄弟能得士也。

【注释】

①至则闻田横死,亦皆自杀:指刘邦的使者到达海岛,岛上的五百人得知田横自杀,就都自杀了。凌稚隆引王守仁曰:"一人不屈,而五百人相率以蹈之,横盖深有以感之也,吾于横乎有取。"又引杨维桢曰:"二客死以烈,而五百人又同一烈,横之所获也多矣。使横生战国,其得士不出四豪右哉?"又引刘子翚曰:"人谓田横兄弟能得士,余谓五百人果能皆为横死,则方其盛时据三齐之地,所得死士可胜论哉? 然横兄弟亦屡与诸侯战,未尝一胜,则所谓死士者安在? 史迁欲成田横得士之名,故实世俗之传如此,或者未必尽然也。"梁玉绳曰:"五百人皆自杀,恐传闻非实,乃溢美之言也。诸葛诞为司马昭所诛,麾下数百人坐不降见斩,皆曰'为诸葛公死不恨'。《魏志》所书如此,而注引干宝《晋纪》云:'数百人拱手为列,每斩一人,辄降之,竟不变,至尽,时人比之田横。'疑亦不免溢美。"今山东即墨东南的横门湾的田横岛有"五百义士墓"。

【译文】

田横被安葬以后,那两个门客在田横的墓旁挖了一个洞,都自杀在里面,为田横殉葬。高帝听说后,大吃一惊,认为田横的门客都是贤人,"我听说田横还有五百人留在海岛上",就派使者去召他们进京。使者到后,五百人听说田横已死,也都自杀了。由此人们才了解田横兄弟能得到贤士的拥戴。

太史公曰:甚矣蒯通之谋①,乱齐骄淮阴②,其卒亡此两人③! 蒯通者,善为长短说④,论战国之权变⑤,为八十一首⑥。通善齐人安期生⑦,安期生尝干项羽⑧,项羽不能用其策。已而项羽欲封此两人,两人终不肯受,亡去。田横之高节,宾客慕义而从横死,岂非至贤! 余因而列焉。不无善画者,莫能图,何哉^⑨?

【注释】

①蒯通之谋:指蒯通劝韩信不要管郦食其已经说降齐国,而要继续
攻打齐国。其说详见《淮阴侯列传》。

②乱齐骄淮阴:既使齐国被灭,也使韩信居功自傲,自立为齐假王。

③卒亡此两人:指害死了田横、韩信。郭嵩焘曰:"蒯通之说韩袭齐,
意在使信据齐以为资耳,而齐乃覆灭;然使田横约降,而汉遂拜广
为齐王,终亦与燕、赵同就屠灭而已。楚汉之争,天下一大变局
也,高祖芟夷豪杰,以开秦汉以后数千年之局,田横愈贤,愈不能
容也。"

④长短说:《索隐》曰:"言欲令此事长,则长说之;欲令此事短,则短说
之,故《战国策》亦名'短长书'是也。"泷川曰:"长短,犹言纵横。"

⑤权变:随机应变,战国策士的特征。

⑥为八十一首:据《汉书·蒯通传》,此八十一篇"号为《隽永》",而
《汉书·艺文志》则仅著录《蒯子》五篇。或谓今存之《战国策》
即出于蒯通之手。

⑦安期生:安期先生,姓安名期,其人又见于《封禅书》《乐毅列
传》。

⑧干:干谒,求见。

⑨不无善画者,莫能图,何哉:《索隐》曰:"言天下非无善画之人,而
不知图画田横及其党慕义死节之事,何故哉?叹画人不知画此
也。"王叔岷曰:"盖史公作《田儋传》,序列田横及其宾客慕义死
节之事,亦冀有人能图画其事以表彰之也。"陈直曰:"西汉初之
画谓壁画及绢帛画,东汉则尚石刻画像,所画之人有古帝王、孝
子、忠臣、烈士、义女等类型。田横宾客合于烈士范畴,在太史公
之意,可与聂政、荆轲并图也。"

【译文】

太史公说：蒯通的计谋太厉害了！它搞乱了齐国，骄纵了淮阴侯韩信，最终毁掉了田横和韩信这两个人！蒯通擅长纵横之说，整理了战国时期的权谋变化的言论，共有八十一篇。蒯通与齐人安期生是好友，安期生曾经求见项羽，但项羽没有采纳他的计策。后来项羽想封赏这两个人时，两个人却始终不接受，逃走了。田横的节操高尚，宾客们都仰慕田横的大义并追随他而死，这难道不是最贤能的人吗！我因此记载了他们的事迹。天下并不是没有擅长绘画的人，却没有人把田横的事迹画出来，这是为什么呢？

【集评】

吴见思曰："原是三人合传，而处处关合，首尾照映，此乃史公极有行列文字。中间写田横自到一段，尤慷慨明净。……赞中忽写蒯通，又传外插出一安期生，非孟浪也，盖因'田横兄弟能得士'一句，因思天下士如二客，如五百人，皆得因田横而见。此外如蒯通，如安期生，不知埋没几何，遂与草木同腐，故不觉为之三叹而厕之传末也。史公诚好士哉！"（《史记论文》）

黄淳耀曰："楚汉之际，六国蜂起自立，惟田氏最与楚龃龉，而阴德于汉甚大。初田儋救魏，为章邯所杀，儋从弟荣收兵走东阿，邯追围之。项梁闻荣急，乃引兵击破章邯，邯走而西。是荣之复振，皆项氏力也，微梁，荣且虫出矣。及梁追章邯，邯兵益盛，梁使促齐兵共击章邯，荣乃要楚、赵杀田氏一门三人。楚、赵义不忍杀，则终不肯出兵。夫假固齐王建弟也，齐人以儋死故立之。既已逐之矣，又必欲杀之；又以楚之不杀也，复用为仇，坐视项梁之败，不义甚矣。项羽由此怨荣，入关后分王田都、田安，荣距都杀安，尽并三齐之地。羽北伐，而汉遂得劫五诸侯共乘间东向矣。荣之举事非以为汉，而实阴为汉用也。吾故曰'田氏最与楚龃龉，而阴汉德甚大'。"（《史记评论》）

李桢曰:"太史公论蒯通,以为'乱齐骄淮阴,其卒亡此两人',以是甚通之谋,盖史公痛田横、淮阴之死,故云尔。余观蒯通说淮阴击齐,其系刘、项氏成败兴亡之局,非浅鲜也。方是时,楚数破汉,益强,相拒荥阳,汉势岌岌,独利齐之不与楚耳。然齐自田荣'并王三齐之地',相横'贤能得士',既复定齐,其势足与楚汉鼎足天下,汉虽遣郦生往说下之,能必齐之不倍汉而即楚乎?魏豹来属,归乃复叛,彭越亦居梁地中立,况田氏骨肉之不相恤,于汉何有?诚令一时倍汉而即楚,汉事去矣。淮阴幸听蒯通计袭取之,收全齐之地,绝诸田之患,利尽东海,士卒益盛,虽微龙且败亡,项王安得而无恐乎?淮阴且以齐变诈反复,请为假王以镇之,其谋汉诚得矣,惜其所以自为谋者未审耳。夫通者,权变之士,方为淮阴计时,其心亦但忠淮阴耳,而刘项成败兴亡遂决于此。明者可以悟用兵之机要焉,非以善蒯生云也。"(《畹兰斋文集》)

【评论】

秦末及楚汉战争时期的田氏齐国一直相对独立,主要是独霸齐国,割据山东,表现出极端的狭隘与自私。田儋自立为齐王不久即被章邯击杀,其堂弟田荣被围困于东阿。项梁率军击败章邯,将他救了出来,田荣并没有与项梁一起追击章邯,而是立即回军驱逐齐人所立的齐王田假,然后立田儋之子田市为齐王,表现出视齐国为自己之物,不容他人染指的态度。由于田假逃到楚军,当项梁约他一同进击章邯时,他要求项梁杀掉田假,项梁不同意,他因此竟不肯出兵。项梁在此战中兵败被杀,使义军遭受重大挫折,内部出现分裂,反秦事业陷入了重大危机,田荣的拒绝出兵也是重要因素。他这种不顾大局、自私狭隘的行径是必须谴责的。

田氏兄弟的不顾大局、狭隘自私也使齐国无意间成了楚汉战争中刘邦的得力助手。项羽分封诸侯之后,由于怨恨田荣,将田荣所立的齐王田市改封为胶东王,而封跟随自己入关的齐将田都为齐王、田安为济北王。田荣因此首先反项,还联络陈馀令反赵地,号召天下反对项羽。项羽出兵伐齐,使得刘邦可以趁机从汉中杀回,迅速占领了关中,并东出河南,灭掉数国,汇集成五十六万反项大军,一举攻入了项羽的国都彭城。正如明人黄淳耀说:"荣之举事非以为汉,而实阴为汉用也。"(《史记评论》)王鸣盛也说:"项氏之败,半为田氏牵缀。"(《十七史商榷》)

　　齐国虽然帮了刘邦大忙,但刘邦深知他们并不是支持自己,只是因为与项羽有私仇,所以对齐国是该出手就出手。先派郦食其游说齐王田广与齐相田横归附于汉,郦食其已经说服齐国君臣,而韩信听蒯通之计袭击齐国,齐国没有防备,临淄被攻破,齐王田广被杀,韩信进而打败田横,占领齐国全境。对此,刘邦没有二话。这说明刘邦的劝齐附汉也只是一时之计,早晚是要占领齐国的。看他一即位就把韩信由齐王调为楚王,后来又把齐交给自己的儿子刘肥,即可知他是不会将齐国交给异姓人的。

　　本篇最后部分写了田横在国破家亡之后与五百徒属避居海岛,刘邦派人招降,他可不是真的因为田横贤能而招揽他,而是因为"田横兄弟本定齐,齐人贤者多附焉,今在海中,不收,后恐为乱",实际是想将田横留在京城管束起来。正如郭嵩焘所说:"楚汉之争,天下一大变局也,高祖芟夷豪杰,以开秦汉以后数千年之局,田横愈贤,愈不能容也。"田横对此心知肚明,所以当"臣亨陛下之使郦生,今闻其弟郦商为汉将而贤,臣恐惧,不敢奉诏,请为庶人"的推辞无效之后,他也只好奉诏进京,快到洛阳时乃自杀,表明自己无对抗之心,以免刘邦借口征讨其余部。他的两位从者及海岛上的五百人应该是明白了他的苦心,也为他自杀了。司马迁为此感慨道:"于是乃知田横兄弟能得士也。"篇末论赞里还说:"田横之高节,宾客慕义而从横死,岂非至贤?"并希望有人能将此事画成图画永远流传,表现了对田横和他的门客及五百壮士的无限敬佩。田横和五百壮士的故事悲壮异常,他们不受富贵荣华收买,不向强权低头,代表了中华民族凛然不屈的气节。

　　在田氏三兄弟中,田荣是最为自私狭隘的一个。他在危急时刻向别人求救,危急一旦过去,立即翻脸不认人,回军自保,不救别人危急。在陈涉时代如此,项梁时代如此,项羽时代仍是如此。由于项羽没有分封他,还把他视为家产的齐国分封给了别人,他立刻向项羽发难,还号召天下共同反对项羽。这时的田荣其实是很不得齐地人心的,他既拒绝项羽所派的"齐王"入境而迎杀之;又嫌原来的"齐王"服从项羽而追杀之,他横暴地占据了整个三齐大地,统兵抗拒项羽。这种不仁不义的行为引起齐国百姓的痛恨,所以当田荣被项羽打败,逃到平原县的时候,平原县的百姓们自己起来把田荣杀掉了。他的下场可以说是咎由自取。可是这时项羽并没能利用齐国百姓对自己的支持,没有好好安抚他们,反而"遂北烧夷齐城郭室屋,皆坑田荣降卒,系虏其老弱妇女,徇齐至北海,多所残灭"(《项羽本纪》),不仅把一举拿下齐国的大好时机白白浪费了,而且使得齐国百姓同仇敌忾,在田横号召下,坚决抵抗,使他真正陷入了齐国大地的人民战争。也正是在这种天怒人怨的情况下,刘邦带领着他所汇集起来的五十六万讨项大军,一举攻下了项羽的国都彭城。项羽一辈子造孽无数,但像这次平原的军民杀了田荣,向项羽投降,项羽居然还对平原军民大开杀戒的行为,《史记》中还没有第二次。

在写作特色上,本篇的头绪众多却写得井然有序。明代陈文灿说:"此传头脑甚多,当以田儋、田荣、田横为主案。而田儋初杀狄令,自立为王;儋死,齐人立田假为王,田荣又逐田假,立市为王,卒又杀田市,自立为王;及荣为平原人所杀,田横乃立田广为王,已而广为汉虏,横乃自立为王,此则其颠末之序云。至其自狄城而走东阿,或走楚,或走平原,或走高密,或走梁,又入海居岛中,奔波流离,无足齿者,得太史公编入诸传,而又于田横多恕辞,乃粗有可观,非太史公笔力不能描写。"(《增补史记评林》引)李景星说:"通篇将三人事一串写来,以田儋领起,即接述儋弟荣、荣弟横,一篇大局已定于此。而又及儋子市、荣子广与诸田中田假、田角、田间、田都、田安等,其间争立贼杀,虽纷如乱丝,而指画详明,了如列图。于列传中参用世家体,是最有章法文字,不独写田横处生色也。"(《史记评议》)

史记卷九十五

樊郦滕灌列传第三十五

【释名】

《樊郦滕灌列传》是樊哙、郦商、夏侯婴、灌婴四人的合传。夏侯婴曾任滕县令，楚人称县令为"公"，所以他又被称为"滕公"。

本篇分别记述了四人的功勋事迹及封爵，并附录了各人后代的袭爵失爵情况。

除战功外，樊哙的重要事迹有鸿门宴救刘邦；入关后说服刘邦搬出咸阳宫；刘邦病重卧禁中不见人，樊哙闯宫进谏。郦商本人没有特别的功绩，他的儿子郦寄因与吕禄友善，在诛除诸吕时骗吕禄交出了兵权。夏侯婴曾为刘邦、惠帝、吕后、文帝太仆，重要事迹有彭城大败时保护了刘邦的两个孩子，白登之围时沉着冷静，驾车徐行出包围圈，迎立文帝等。灌婴最大的军功是垓下之战后率军追击项羽至东城，其部下斩杀项羽；诸吕之乱时屯兵荥阳与齐王刘襄联合，使朝内大臣得以诛灭吕氏集团。

篇末论赞，感慨汉初"布衣将相之局"的形成，并说明文中材料的来源。

舞阳侯樊哙者①，沛人也②。以屠狗为事③，与高祖俱隐④。初从高祖起丰⑤，攻下沛。高祖为沛公，以哙为舍人⑥。从攻胡陵、方与⑦，还守丰，击泗水监丰下⑧，破之。复东定沛，破泗水守薛西⑨。与司马𡰥战砀东⑩，却敌，斩首十五级，赐爵国大夫⑪。常从，沛公击章邯军濮阳⑫，攻城先登，斩首二十三级，赐爵列大夫⑬。复常从，从攻城阳⑭，先登。下户牖⑮，破李由军⑯，斩首十六级，赐上闻爵⑰。从攻围东郡守、尉于成武⑱，却敌，斩首十四级，捕虏十一人，赐爵五大夫⑲。从击秦军，出亳南⑳。河间守军于杠里㉑，破之。击破赵贲军开封北㉒，以却敌先登，斩候一人㉓，首六十八级，捕虏二十七人，赐爵卿㉔。从攻破杨熊军于曲遇㉕。攻宛陵㉖，先登，斩首八级，捕虏四十四人，赐爵封号贤成君。从攻长社、辕辕㉗，绝河津㉘，东攻秦军于尸㉙，南攻秦军于犫㉚。破南阳守𬙊于阳城东㉛。攻宛城，先登㉜。西至郦㉝，以却敌，斩首二十四级，捕虏四十人，赐重封㉞。攻武关㉟，至霸上㊱，斩都尉一人㊲，首十级，捕虏百四十六人，降卒二千九百人。

【注释】

①舞阳侯樊哙（kuài）：其封地在舞阳县，治所在今河南舞阳西北。

②沛：秦县名，治所在今江苏沛县。

③屠狗：杀狗卖肉。《正义》曰："时人食狗亦与羊、豕同，故哙专屠以卖之。"

④与高祖俱隐：《高祖本纪》云："秦皇帝常曰'东南有天子气'，于是因东游以压之。高祖即自疑，亡匿，隐于芒、砀山泽岩石之间。"樊哙应该就是这个时候跟随刘邦躲藏。

⑤丰：乡邑名，当时属沛县，刘邦的老家。

⑥舍人：战国及汉初王公贵人的私门之官，此谓贴身侍从。

⑦从攻：传内说"从"者，一般指跟随刘邦行军；说"别"者，指分兵

独立作战。胡陵:秦县名,治所在今山东鱼台东南。方与:秦县
名,治所在今山东鱼台西。

⑧泗水:秦郡名,郡治相县,在今安徽淮北西北,当时沛县属泗水郡。
监:郡监,秦时各郡设郡守、郡尉、郡监,郡监由朝廷派来的御史担
任。据《高祖本纪》,这位泗水监名"平"。

⑨泗水守:泗水郡的郡守,据《高祖本纪》,这人名"壮"。薛:秦县
名,治所在今山东滕州南,西南距沛县不足百里。

⑩司马尼(yí):秦将,司马为官名,军中的司法官员,名尼。尼,通
"夷"。砀(dàng):秦县名,治所在今河南夏邑东南。也是秦郡
名,郡治睢阳,在今河南商丘南。

⑪国大夫:《集解》引文颖曰:"即官大夫。"官大夫为秦爵二十级中
的第六级。

⑫章邯:秦末镇压起义军的主要秦军将领,事见《项羽本纪》。濮
阳:秦县名,时为东郡的郡治,在今河南濮阳西南。

⑬列大夫:《集解》引文颖曰:"即公大夫。"公大夫为秦爵二十级中
的第七级。

⑭城阳:也作"成阳",秦县名,治所在今山东鄄城东南。

⑮户牖:乡邑名,在今河南兰考北。

⑯李由:李斯之子,当时是三川郡(郡治洛阳)郡守,在此战中被刘
邦、项羽杀死,事详《项羽本纪》《高祖本纪》。

⑰上闻爵:底本作"上间爵",梁玉绳曰:"《索隐》本作'上闻',与
《汉书》同,各本讹'间'字。"据改。上闻,颜师古注引晋灼曰:
"名通于天子也。"王先谦引钱大昭认为"上闻爵"即秦爵二十级
中的第八级"公乘爵"。

⑱东郡守、尉:东郡(郡治濮阳)的郡守与郡尉。成武:秦县名,治所
即今山东成武。

⑲五大夫:秦爵二十级中的第九级。

⑳出亳（bó）南：路经亳邑南。亳，古邑名，钱穆《史记地名考》认为在今河南商丘东南。

㉑杠里：古邑名，在当时的成武西。

㉒赵贲（bēn）：章邯的部将。开封：秦县名，治所在今河南开封西南。

㉓候：军官名。古代军制，将军以下分部，部下分曲，部设校尉，曲设军候。

㉔卿：地位相当于后来中央的部级。

㉕杨熊：秦将名。曲遇：古邑名，在今河南中牟东。

㉖宛陵：秦县名，治所在今河南新郑东北。

㉗长社：秦县名，治所在今河南长葛东。辕辕：关隘名，在今河南偃师东南。

㉘绝河津：封锁黄河上的渡口，目的是不让黄河以北的义军渡河南下与刘邦争夺地盘。这里的"河津"是指平阴津，在今河南孟津东北。

㉙尸：乡邑名，在今河南偃师城西。

㉚犨（chōu）：秦县名，治所在今河南鲁山东南。

㉛南阳守齮：南阳郡的郡守，名"齮"。阳城：秦县名，治所在今河南方城东。

㉜攻宛城，先登：据《高祖本纪》，宛城在刘邦军队的重围下投降，未有"攻"城之事，与此处记载不同。宛城，秦县名，治所即今河南南阳，当时为南阳郡的郡治。

㉝郦：秦县名，治所在今河南南阳西北。

㉞赐重封：《集解》引张晏曰："益禄也。"王先谦认为此犹清朝的"亲王双俸，亦云'双亲王'"，即拿双份俸禄。

㉟武关：关隘名，在今陕西丹凤东南。

㊱霸上：地名，在今西安东南，为秦汉时咸阳、长安附近的驻兵之所。

㊲都尉：武官名，级别略低于校尉。

【译文】

舞阳侯樊哙是沛县人。他以杀狗卖肉为生,曾经陪着高祖一起躲藏避害。

当初樊哙跟随高祖在丰邑起事造反,攻下了沛县。高祖做了沛县县令,任樊哙为舍人。樊哙跟随高祖进攻胡陵、方与,又回军守卫丰邑,在丰邑城下与泗水监郡率领的秦兵作战,打败了他们。接着又率军东进再次平定沛县,在薛县城西打败了泗水郡守。与司马㡰在砀县东面交战,击退秦兵,斩首十五人,被赐予国大夫爵。经常跟随沛公,沛公在濮阳城东攻打章邯的军队,樊哙攻城时率先登上濮阳城,斩首二十三人,被赐予列大夫爵。此后经常跟随沛公作战,跟随沛公进攻城阳时,首先登城。樊哙率军攻下户牖后,击破了三川郡郡守李由的军队,斩首十六人,被赐予上闻爵。又跟随沛公在成武围攻东郡郡守和郡尉,击退敌兵,斩首十四人,俘虏十一人,被赐予五大夫爵。跟随沛公袭击秦兵,出兵亳南。在杠里击败河间郡守的部队。在开封城北击败秦将赵贲的军队,又因击退敌兵、率先登上开封城,斩军候一人,斩首士卒六十八人,俘虏二十七人,被赐予卿爵。跟随沛公在曲遇击败秦将杨熊的军队。进攻宛陵县时,率先登城,斩首八人,俘虏四十四人,被授予贤成君的封号。跟随沛公进攻长社、辕辕二县,封锁了黄河渡口平阴津,又向东进攻尸乡的秦军,向南进攻犨县的秦军。在阳城东击败了南阳郡守齮的军队。进攻宛城,率先登城。西进至郦县,因击退敌兵,斩首二十四人,俘虏四十人,被赐予双倍的俸禄。跟随沛公攻打武关,进军霸上,斩敌都尉一人,士卒十人,俘虏一百四十六人,收降敌兵二千九百人。

项羽在戏下①,欲攻沛公。沛公从百余骑因项伯面见项羽②,谢无有闭关事③。项羽既飨军士,中酒④,亚父谋欲杀沛公⑤,令项庄拔剑舞坐中⑥,欲击沛公,项伯常屏蔽之⑦。

时独沛公与张良得入坐⑧，樊哙在营外，闻事急，乃持铁盾入。到营，营卫止哙，哙直撞入，立帐下。项羽目之⑨，问为谁，张良曰："沛公参乘樊哙⑩。"项羽曰："壮士！"赐之卮酒彘肩⑪。哙既饮酒，拔剑切肉食，尽之。项羽曰："能复饮乎？"哙曰："臣死且不辞，岂特卮酒乎⑫！且沛公先入定咸阳，暴师霸上⑬，以待大王。大王今日至，听小人之言，与沛公有隙⑭，臣恐天下解⑮，心疑大王也。"项羽默然。沛公如厕⑯，麾樊哙去⑰。既出，沛公留车骑⑱，独骑一马，与樊哙等四人步从⑲，从间道山下归走霸上军⑳，而使张良谢项羽㉑。项羽亦因遂已㉒，无诛沛公之心矣。是日微樊哙奔入营谯让项羽㉓，沛公事几殆㉔。

明日㉕，项羽入屠咸阳，立沛公为汉王。汉王赐哙爵为列侯㉖，号临武侯。迁为郎中㉗，从入汉中㉘。

【注释】

①戏下：戏，水名，流经今临潼东，北入渭水。项羽当时驻兵的鸿门，即在此戏水西侧。此下所叙即鸿门宴事，参见《项羽本纪》。

②因：通过。项伯：项羽的叔叔。

③闭关事：指刘邦派兵封锁函谷关，欲在关中称王事。

④中酒：《集解》引张晏曰："酒酣也。"一说指喝酒喝到一半时。

⑤亚父：指范增，项羽的谋士，项羽尊称其为"亚父"。

⑥项庄：项羽的族人，时为项羽部将。

⑦屏蔽：《项羽本纪》作"翼蔽"，此谓遮挡保护。

⑧张良：刘邦的谋士，事详《留侯世家》。

⑨目：这里指目光注视着，盯着。

⑩参乘(shèng)：陪乘或陪乘的人。古代乘车，尊者在左，御者在中，一人在右陪坐，称"参乘"或"车右"。

⑪卮(zhī)酒：一杯酒。卮，圆形的饮酒器。彘(zhì)肩：猪肘子。

⑫臣死且不辞，岂特卮酒乎：《项羽本纪》作"臣死且不避，卮酒安足辞！"

⑬暴师：指军队暴露于日晒雨淋之下。

⑭有隙：有嫌隙，有矛盾。

⑮解：分裂瓦解。

⑯如厕：上厕所。

⑰麾：挥手示意，招呼。

⑱车骑：《正义佚文》曰："沛公所乘之车及从者之骑。"

⑲与樊哙等四人：即樊哙、夏侯婴、靳强、纪信。

⑳间道：偏僻小路。山下：此指骊山下。

㉑谢：谢罪赔礼。

㉒遂已：就此罢手。已，停止。

㉓微：无，如果没有。谯让：责备。

㉔殆(dài)：危险。

㉕明日：《项羽本纪》作"居数日"，与此不同。

㉖列侯：有封地的侯爵，与无封地的"关内侯"有别。不过此时战乱，故"列侯"也只是名号，实无封地。

㉗郎中：官名，掌管门户、车骑等事，内充侍卫，外从作战。

㉘从入汉中：指随刘邦赴南郑（今陕西汉中）就任汉王。

【译文】

项羽在戏水西侧的鸿门驻军，想攻打沛公。沛公带着一百多骑士，通过项伯斡旋而面见项羽，向他申诉没有闭关自立为王的事情。项羽就设宴招待沛公及其士卒，酒酣之时，亚父范增想谋害沛公，让项庄在座席前拔剑起舞，想借机刺杀沛公，项伯起来与项庄对舞，常用身子遮着沛公。当时只有沛公和张良入座赴宴,樊哙留在营外,听说里面形势紧急,就立即手持铁盾进入兵营。到了营帐门口,守门的卫兵拦阻樊哙,樊哙就径直闯了进去,站在帐下。项羽注视着樊哙,问是什么人,张良回答:"沛公的参乘樊哙。"项羽说:"真是一条好汉!"赐给他一杯酒和一只猪腿。樊哙喝完了酒,又用剑切肉吃,全吃完了。项羽问:"还能喝吗?"樊哙说:"我死都不怕,难道还怕一杯酒!再说沛公率先入关平定了咸阳,但他在霸上露营,以等待大王您的驾临。大王今日来到关中,竟听信小人的挑拨,与沛公闹矛盾,我真担心天下会因此分裂,人们心中会对您有所怀疑啊!"项羽听了无言以对。沛公出去上厕所,招呼樊哙跟着一起走。出帐后,沛公留下所乘坐的车和随从的马,只他一个人骑马,让樊哙等四个人步行跟随,抄山下小路逃回了霸上军营,而让张良留下向项羽赔礼谢罪。项羽也就此罢手,没有杀沛公的念头了。那天如果没有樊哙闯帐责问项羽,沛公几乎有性命危险。

第二天,项羽进入咸阳大肆屠杀,封沛公为汉王。汉王封樊哙为列侯,称号为临武侯。提升为郎中,跟随汉王一同到汉中上任。

还定三秦①,别击西丞白水北、雍轻车骑于雍南②,破之。从攻雍、斄城③,先登。击章平军好畤④,攻城,先登陷阵,斩县令丞各一人,首十一级,虏二十人,迁郎中骑将⑤。从击秦车骑壤东⑥,却敌,迁为将军。攻赵贲,下郿、槐里、柳中、咸阳⑦;灌废丘,最⑧。至栎阳⑨,赐食邑杜之樊乡⑩。从攻项籍,屠煮枣⑪。击破王武、程处军于外黄⑫。攻邹、鲁、瑕丘、薛⑬。项羽败汉王于彭城⑭,尽复取鲁、梁地⑮。哙还至荥阳⑯,益食平阴二千户⑰,以将军守广武一岁⑱。项羽引而东,从高祖击项籍,下阳夏⑲,虏楚周将军卒四千人⑳。围项籍于陈㉑,大破之。屠胡陵㉒。

【注释】

①三秦：秦亡后，项羽三分关中，封秦降将章邯为雍王，司马欣为塞王，董翳为翟王，合称"三秦"。

②西丞：西县县丞。西县，治所在今甘肃天水西南。丞，即县丞，官名，辅佐县令。白水：秦县名，治所在今四川广元西北。雍轻车骑：指雍王章邯的车兵、骑兵。雍南：雍县南部。雍，秦县名，治所在今陕西凤翔南。

③雍、斄（tái）城：雍县、斄县县城。斄，秦县名，治所在今陕西武功。当时两地均属雍国。

④章平：章邯之弟。好畤（zhì）：秦县名，治所在今陕西乾县东之好畤村。

⑤郎中骑将：官名，或称骑郎将。

⑥秦车骑：据《曹相国世家》，当指"三秦"的车兵、骑兵。壤东：壤乡以东。壤乡，钱穆《史记地名考》认为在今陕西武功东南。

⑦郿（méi）：秦县名，治所在今陕西眉县东北。槐里：秦时称废丘，此时为章邯的国都，汉时改称槐里。柳中：《索隐》曰："即细柳，地在长安西也。"在今陕西西安西北。

⑧灌废丘，最：指在水淹章邯都城废丘的战役中，樊哙功劳最大。

⑨栎（yuè）阳：秦县名，治所在今陕西阎良，本为塞王司马欣的国都。

⑩赐食邑：此时始实授封地。杜：秦县名，治所在今陕西长安西南。樊乡：乡邑名。

⑪煮枣：秦县名，治所在今山东东明南。

⑫王武、程处：《曹相国世家》之《集解》引《汉书音义》曰："皆汉将。"外黄：秦县名，治所在今河南民权西北。

⑬邹：秦县名，治所在今山东邹城东南。鲁：秦县名，治所在今山东曲阜。瑕丘：秦县名，治所在今山东兖州北。

⑭彭城：秦县名，治所在今江苏徐州，时为西楚霸王项羽都城。

⑮鲁、梁地：泛指今山东西南部、河南东部一带地区。鲁、梁均为春秋战国时诸侯国名，鲁都曲阜，梁都大梁。

⑯荥阳：秦县名，治所在今河南荥阳东北的古荥镇。时为刘邦与项羽相持作战的主战场。

⑰平阴：秦县名，治所在今河南孟津东北。

⑱广武：军事要地名，在今河南荥阳正北。

⑲阳夏：秦县名，治所在今河南太康。

⑳周将军：项羽部将，颜师古曰："周殷。"泷川引全祖望曰："周殷是时守九江，已以军降汉，会击阳夏，则是别一人矣，项氏诸将尚有周兰。"全说近是。

㉑围项籍于陈：《高祖本纪》及韩信、彭越、黥布等传均称"围项籍于垓下"，与此处不同。陈在今河南淮阳，垓下在今安徽灵璧东南，二地相隔较远，或谓指同一战役的不同阶段，故其地不一。

㉒胡陵：郭嵩焘认为系"固陵"之误，地在陈县西北，胡陵离陈县太远。

【译文】

汉王回兵收复三秦时，樊哙单独率军在白水县北击败了西县县丞的军队，又在雍县城南打败了雍王章邯的车兵、骑兵。樊哙跟随汉王进攻雍县、斄县时，每次都率先登上城头。在好畤城下打败了章平的军队，樊哙攻城时又率先登上城头，冲垮敌阵，斩杀县令、县丞各一人，斩杀士兵十一人，俘虏二十人，被提升为郎中骑将。跟随汉王在壤乡以东进攻三秦的车兵、骑兵，击退敌兵，被提升为将军。樊哙率军攻打赵贲，攻下郿县、槐里、柳中、咸阳；水淹废丘一战中，樊哙功劳最大。攻抵栎阳，汉王将杜县的樊乡赐给樊哙作食邑。后随汉王东征项羽，血洗煮枣。在外黄击败王武、程处的军队。攻打邹县、鲁县、瑕丘、薛县。项羽在彭城打败汉王，并全部夺回鲁国、梁国等地区。樊哙回到荥阳，汉王给他增加了平阴县两千户的食邑，让他以将军的身份驻守广武一年。其后项羽引兵东撤，樊哙随汉王追击项羽，占领阳夏，俘获项羽部将周将军的士卒四千人。在陈县包围项羽,大破楚军。血洗了胡陵县。

项籍既死,汉王为帝,以哙坚守战有功,益食八百户。从高帝攻反燕王臧荼①,虏荼,定燕地。楚王韩信反②,哙从至陈,取信,定楚。更赐爵列侯,与诸侯剖符③,世世勿绝,食舞阳,号为舞阳侯,除前所食。以将军从高祖攻反韩王信于代④,自霍人以往至云中⑤,与绛侯等共定之⑥,益食千五百户。因击陈豨与曼丘臣军⑦,战襄国⑧,破柏人⑨,先登,降定清河、常山凡二十七县⑩,残东垣⑪,迁为左丞相⑫。破得綦毋卬、尹潘军于无终、广昌⑬,破豨别将胡人王黄军于代南⑭,因击韩信军于参合⑮。军所将卒斩韩信⑯,破豨胡骑横谷⑰,斩将军赵既⑱,虏代丞相冯梁、守孙奋、大将王黄、将军、太仆解福等十人⑲。与诸将共定代乡邑七十三。其后燕王卢绾反⑳,哙以相国击卢绾㉑,破其丞相抵蓟南㉒,定燕地,凡县十八,乡邑五十一。益食邑千三百户,定食舞阳五千四百户。从斩首百七十六级㉓,虏二百八十八人;别破军七㉔,下城五,定郡六,县五十二,得丞相一人,将军十二人,二千石已下至三百石十一人。

【注释】

①臧荼:原为燕王韩广部将,后被项羽封为燕王。韩信灭赵后,臧荼归顺刘邦,后又造反,事见《韩信卢绾列传》。

②楚王韩信:韩信先被封为齐王,佐刘邦击败杀死项羽后,被改封为楚王。

③剖符:将一符剖分为二,帝王与受封者各执其一,以为信物。

④韩王信：战国时韩国诸侯后裔，因功被刘邦封为韩王。事见《韩
　信卢绾列传》。代：汉郡名，治所在今河北蔚县东北之代王城。
⑤霍人：汉县名，治所在今山西繁時东北。云中：汉郡名，治所在今
　内蒙古托克托东北，呼和浩特西南。
⑥绛侯：周勃，刘邦的开国功臣，事迹详见《绛侯世家》。
⑦陈豨（xī）：刘邦部将，被任为代相国，监代、赵边兵。事详《韩王
　信卢绾列传》。曼丘臣：原系韩王信部将，韩王信叛逃到匈奴后，
　继续留在代、赵一带作乱。
⑧襄国：汉县名，治所在今河北邢台。
⑨柏人：汉县名，治所在今河北隆尧西。
⑩清河：汉郡名，治所在今河北清河东南。常山：汉郡名，治所在今
　河北元氏西北。
⑪残东垣：《集解》引臣瓒曰："谓多所杀伤也。"事详《高祖本纪》。
　东垣，汉县名，治所在今河北正定南，后改真定县。
⑫左丞相：官名。此为加官。洪迈曰："汉初诸所加官，多为丞相，如
　韩信初拜大将军，后为左丞相击魏，又拜相国击齐，樊哙以将军
　攻韩王信，迁为左丞相，以相国击燕，《百官公卿表》皆不载。盖
　萧何已居相位，诸人者未尝在朝廷，特使假其名以为重耳。后世
　'使相'之官本诸此也。"
⑬綦（qí）毋卬、尹潘：均为陈豨部将。无终：汉县名，治所在今天津
　蓟州。广昌：汉县名，治所在今河北涞源西北。
⑭王黄：原系韩王信部将，韩王信叛逃到匈奴后，他与曼丘臣等继续
　在代、赵地区作乱。
⑮韩信军：韩王信之叛军。参合：汉县名，治所在今山西阳高东南。
⑯军所将卒：即樊哙部下柴武。泷川引洪颐煊曰："《汉书·高帝
　纪》：'十一年，将军柴武斩韩王信于参合。'《韩王信传》：'十一
　年春，信复与胡骑入居参合，汉使柴将军斩之。'是时柴将军属樊

哈，‘所将卒’，即武也。”

⑰横谷：其地未详，《正义》曰："盖在代。"

⑱赵既：陈豨部将。

⑲代丞相冯梁：自立为代王的陈豨所任代国丞相冯梁。守孙奋：陈豨任命的代郡郡守孙奋。将军、太仆解福：底本原作"将军、太卜太仆解福"，"太卜"，景祐本无，张文虎以为衍文，据删。

⑳燕王卢绾：卢绾本为刘邦的发小，深受刘邦宠爱，燕王臧荼谋反被平定后，卢绾被封为燕王。事详《韩信卢绾列传》。

㉑相国：此亦加官。

㉑破其丞相抵蓟南：泷川曰："《周勃世家》：‘得绾大将抵、丞相偃。’则‘抵’，大将名；‘抵’上疑夺‘偃大将’三字。"蓟南，蓟县城南。蓟县即今北京，时为燕国都城。

㉓从斩首：指随刘邦作战斩获的首级。

㉔别破军：指樊哙单独领兵打败的敌人。

【译文】

项羽死后，汉王即皇帝位，因樊哙有守城野战之功，给他增加八百户食邑。跟随高祖征讨燕王臧荼的叛乱，活捉臧荼，平定燕地。楚王韩信造反，樊哙跟随高祖一同到陈县，生擒韩信，平定楚地。高祖改封樊哙为列侯，与他剖符立誓，世世代代永不废绝，将舞阳县封给他作食邑，封号为舞阳侯，取消过去所封的食邑。以将军的身份跟随高祖到代地去讨伐造反的韩王信，从霍人县一直攻到云中郡，与绛侯周勃共同平定了这些地区，追加一千五百户食邑。接着又攻打陈豨与曼丘臣的叛军，激战于襄国县，在攻占柏人县时，率先登城，又攻占和收降了清河、常山两个郡的二十七个县，在东垣县多有杀伤，被提升为左丞相。在无终、广昌击败了綦毋卬、尹潘的军队。在代地南部击败了陈豨部将王黄的军队，趁势在参合攻打了韩王信的军队。他的部下柴武杀了韩王信，又在横谷击败了陈豨的匈奴骑兵，斩了敌将赵既，俘虏了代国丞相冯梁、代郡郡守孙奋、大将王黄、将军、太仆解福等十人。与其他将领共同平定了代地的乡邑七十三个。后来燕王卢绾造反,樊哙以相国的身份率军征讨卢绾,在燕国国都蓟县城南击败了燕国丞相抵,平定了燕国,一共十八个县和五十一个乡邑。朝廷为之追加一千三百户食邑,规定舞阳县的食邑有五千四百户。樊哙跟随高祖征战共斩首一百七十六人,俘虏二百八十八人;他独自率军打仗共击败敌军七次,攻下五城,平定六个郡,五十二个县,活捉丞相一人,将军十二人,二千石以下至三百石的官吏十一人。

　　哙以吕后女弟吕须为妇①,生子伉,故其比诸将最亲。
　　先黥布反时②,高祖尝病甚,恶见人③,卧禁中,诏户者无得入群臣④。群臣绛、灌等莫敢入⑤。十余日,哙乃排闼直入⑥,大臣随之。上独枕一宦者卧。哙等见上流涕曰:"始陛下与臣等起丰、沛,定天下,何其壮也!今天下已定,又何惫也!且陛下病甚,大臣震恐,不见臣等计事,顾独与一宦者绝乎⑦?且陛下独不见赵高之事乎⑧?"高帝笑而起⑨。

【注释】
①吕须:也作"吕媭",事又见《吕太后本纪》。
②黥布:汉初异姓诸侯王,事见《黥布列传》。
③恶(wù):厌烦。
④户者:守门人。
⑤绛、灌:绛侯周勃、颍阴侯灌婴。
⑥排闼(tà):推门,撞开门。《正义》:"闼,宫中小门。"
⑦顾独与一宦者绝乎:难道就单独让一个宦官陪着告别人世吗?
　　绝,此指去世,与世长辞。王先谦曰:"绝,长诀也。"
⑧赵高之事:秦始皇宠信宦官赵高,秦始皇死后,赵高帮助胡亥篡

位,逼死公子扶苏,后来赵高又想自立为帝,杀死了秦二世胡亥。事见《秦始皇本纪》《李斯列传》)。

⑨高帝笑而起:凌稚隆引王慎中曰:"排闼直入,正见比诸将最亲处。"王维桢曰:"排闼一节,见哙直而勇,忠而义。"杨慎曰:"流涕数语,粗粗卤卤,有布衣之忧,有骨肉之悲,不独似哙口语,而三反四覆,情辞俱竭,直是子长笔力。至一'绝'字,可讳可悟;赵高一语,更呜咽而长。"

【译文】

樊哙娶吕后的妹妹吕须为妻,生有儿子樊伉,所以与其他诸侯相比,他与高祖、吕后关系最亲近。

当初黥布造反的时候,高祖曾经病得很厉害,讨厌见人,躺在宫中,诏令门卫不许群臣进宫。群臣周勃、灌婴等没有人敢入宫求见。这样过了十几天,樊哙却破门径直闯入,大臣们跟在后面。樊哙看见高祖头枕一名宦官在床上躺着。樊哙等流着眼泪说:"当初陛下与我们一起在丰、沛起事,一起平定天下,那是何等豪壮啊!如今天下已定,您又表现得如此差劲!况且陛下病重,大臣们都很惶恐,您不召见我们共商军国大事,难道您就这样让一个宦官陪着告别人世吗?再说,难道您忘了当年赵高专权乱国的事了?"高祖笑着坐了起来。

其后卢绾反,高帝使哙以相国击燕。是时高帝病甚,人有恶哙党于吕氏①,即上一日宫车晏驾②,则哙欲以兵尽诛灭戚氏、赵王如意之属③。高帝闻之大怒,乃使陈平载绛侯代将④,而即军中斩哙。陈平畏吕后,执哙诣长安。至则高祖已崩,吕后释哙,使复爵邑。

【注释】

①恶:说坏话,陷害。党于吕氏:与吕后家族结党。

②即:假如。官车晏驾:帝王去世的委婉说法。晏驾,车驾晚出。

③戚氏:即戚夫人,刘邦宠姬。赵王如意:戚夫人之子,刘邦曾想废
　　掉太子刘盈,立他为太子。

④陈平:汉初功臣,刘邦的谋士,事见《陈丞相世家》。

【译文】

　　此后卢绾造反,高祖派樊哙以相国的身份率兵镇压。当时高祖病危,有人向高祖诽谤说樊哙是吕后的死党,一旦皇上离世,樊哙就会带兵杀掉戚夫人与赵王如意等人。高祖听了大怒,就派陈平乘车送周勃到军中接替樊哙,并命令陈平在军中斩杀樊哙。陈平惧怕吕后,将樊哙拘捕押解回长安。到达长安时高祖已经去世,吕后释放了樊哙,恢复了他的爵位和封地。

　　孝惠六年①,樊哙卒,谥为武侯。子伉代侯。而伉母吕须亦为临光侯②,高后时用事专权③,大臣尽畏之。伉代侯九岁,高后崩。大臣诛诸吕、吕须婘属④,因诛伉。舞阳侯中绝数月。孝文帝既立⑤,乃复封哙他庶子市人为舞阳侯,复故爵邑。市人立二十九岁卒,谥为荒侯。子他广代侯。六岁,侯家舍人得罪他广,怨之,乃上书曰:“荒侯市人病不能为人⑥,令其夫人与其弟乱而生他广,他广实非荒侯子,不当代后。”诏下吏。孝景中六年⑦,他广夺侯为庶人,国除。

【注释】

①孝惠六年:前189年。孝惠,即汉惠帝刘盈,刘邦之子。

②吕须为临光侯:泷川曰:“妇人封侯自此始。”

③用事专权:指吕须当权。参见《吕太后本纪》。

④大臣诛诸吕、吕须婘属:事详《吕太后本纪》。婘,通“眷”。

⑤孝文帝：即汉文帝刘恒，刘邦之子，事详《孝文本纪》。

⑥病不能为人：《正义》曰："言不能行人道。"此谓不能生孩子。

⑦孝景中六年：即汉景帝中元六年，前144年。

【译文】

孝惠六年，樊哙去世，谥号为武侯。樊哙的儿子樊伉承袭了侯爵。樊伉的生母吕须也被封为临光侯，吕后当政时吕须独揽大权，大臣们都很怕她。樊伉继承侯位的第九年，吕后去世。大臣们诛杀诸吕及吕须的亲属，樊伉也一起被杀。舞阳侯的爵位中断了好几个月。汉文帝即位后，才封樊哙的庶子樊市人为舞阳侯，恢复了原来的爵位和封地。樊市人为侯二十九年去世，谥号为荒侯。樊市人的儿子樊他广承袭侯爵。过了六年，樊他广的舍人得罪了他广，心中怨恨他广，就上书说："荒侯樊市人有病不能生育，让他的夫人与他弟弟乱伦生下他广，他广实际上不是荒侯的儿子，因此他没有资格承袭侯爵。"汉景帝让有关部门查办。汉景帝中元六年，樊他广被削去侯爵，废为庶人，封国被废除。

曲周侯郦商者①，高阳人②。陈胜起时，商聚少年东西略人③，得数千。沛公略地至陈留④，六月余⑤，商以将卒四千人属沛公于岐⑥。从攻长社⑦，先登，赐爵封信成君。从沛公攻缑氏⑧，绝河津⑨，破秦军洛阳东。从攻下宛、穰⑩，定十七县。别将攻旬关⑪，定汉中⑫。

【注释】

①曲周侯郦商：郦食其（yìjī）之弟，其封地为曲周县，在今河北曲周东北。

②高阳：乡名，在今河南杞县西南，当时属陈留县。

③略人：劫掠人丁。

④略地：夺占地盘。陈留：秦县名，也是郡名，郡治在今河南开封东南。

⑤六月余：《正义》曰："商起兵，乃六月余得四千人，以将军从高祖

也。"指郦商起兵六个多月后归顺刘邦。

⑥岐：其地未详,《正义》曰："当与陈留、高阳相近也。"

⑦长社：秦县名,治所在今河南长葛东北。

⑧缑（gōu）氏：秦县名,治所在今河南偃师东南。

⑨绝河津：封锁黄河平阴渡口。详见本篇前文樊哙传注。

⑩宛：秦县名,治所在今河南南阳。穰：秦县名,治所在今河南邓州。

⑪别将：单独率领一支人马。旬关：关塞名,亦县名,治所在今陕西旬阳,在南郑东南。

⑫定汉中：平定了汉中郡（治所在南郑,今陕西汉中）。

【译文】

曲周侯郦商是高阳人。陈胜起义时,郦商聚集了一帮青年人到处劫人入伙,有了一支数千人的队伍。沛公攻占土地到陈留,六个多月后,郦商带领四千多人到岐地归附沛公。跟随沛公进攻长社,率先登城,赐爵封为信成君。跟随沛公进攻缑氏县,封锁黄河平阴渡口,在洛阳城东打败秦军。跟随沛公攻下宛、穰二城,平定了十七个县。单独率军进攻旬关,平定了汉中。

项羽灭秦,立沛公为汉王。汉王赐商爵信成君①,以将军为陇西都尉②。别将定北地、上郡③。破雍将军乌氏④,周类军枸邑⑤,苏驵军于泥阳⑥。赐食邑武成六千户⑦。以陇西都尉从击项籍军五月,出钜野⑧,与锺离眜战⑨,疾斗,受梁相国印,益食邑四千户。以梁相国将从击项羽二岁三月,攻胡陵⑩。

【注释】

①信成君：刘奉世曰："'君'当作'侯',高祖为汉王,绛、灌诸将皆赐

侯爵,因故号封之也。商先以从攻长社先登封信成君。"其说可从。

②陇西都尉:陇西郡的地方武官。陇西,秦郡名,治所在今甘肃临洮。

③北地:秦郡名,治所在今甘肃庆阳西北。上郡:秦郡名,治所在今
　陕西榆林东南。

④雍将军:雍王章邯部将的军队。乌氏:秦县名,治所在今宁夏固原
　东南。

⑤周类:章邯部将。栒(xún)邑:秦县名,治所在今陕西旬阳东北。

⑥苏驵(zǎng):章邯部将。泥阳:秦县名,治所在今甘肃正宁西。

⑦武成:也作"武城",秦县名,治所在今陕西渭南华州区东。

⑧出:路经,这里指到达。钜野:古湖泽名,在今山东巨野北。

⑨锺离昧(mò):项羽部下猛将。

⑩胡陵:或谓当作"固陵",参本篇前文之樊哙传注。

【译文】

项羽灭秦后,封沛公为汉王。汉王封郦商为信成君,命他以将军的身份任陇西都尉。单独率军平定了北地郡、上郡。在乌氏县击败了雍王章邯部将的军队,在栒邑县击败了周类的军队,在泥阳击败了苏驵的军队。汉王赐武城县的六千户为郦商食邑。郦商又以陇西都尉的身份随汉王同项羽作战五个月,东出钜野,与锺离昧作战,勇敢战斗,被授予梁国的相国印,增加食邑四千户。以梁国相国的身份随汉王与项羽作战两年零三个月,进攻胡陵。

项羽既已死,汉王为帝。其秋,燕王臧荼反,商以将军从击荼,战龙脱①,先登陷阵,破荼军易下②,却敌,迁为右丞相③,赐爵列侯,与诸侯剖符,世世勿绝,食邑涿五千户④,号曰涿侯。以右丞相别定上谷⑤,因攻代,受赵相国印⑥。以右丞相、赵相国别与绛侯等定代、雁门⑦,得代丞相程纵、守相

郭同、将军已下至六百石十九人⑧。还,以将军为太上皇卫一岁七月⑨。以右丞相击陈豨,残东垣。又以右丞相从高帝击黥布,攻其前拒⑩,陷两陈,得以破布军,更食曲周五千一百户⑪,除前所食。凡别破军三,降定郡六,县七十三,得丞相、守相、大将各一人,小将二人⑫,二千石已下至六百石十九人。

【注释】

①龙脱:也作"龙兑",地名,钱穆《史记地名考》认为在今河北徐水城西。

②易:汉县名,治所在今河北雄县西北。

③右丞相:此虚衔,非实职。

④涿:汉县名,治所在今河北涿州。

⑤上谷:汉郡名,治所在今河北怀来东南。

⑥受赵相国印:王先谦曰:"'赵相国'是实任,'右丞相'犹虚称也。"

⑦雁门:汉郡名,治所在今山西右玉东南。

⑧得代丞相程纵:前文言樊哙虏"代丞相冯梁",此"程纵"当亦系陈豨所任。梁玉绳曰:"《绛侯世家》以为周勃得之。"王先谦曰:"据《周勃传》,与勃共得之。"守相:颜师古曰:"守相,谓为相而居守者。"

⑨为太上皇卫:王先谦曰:"将太上皇宫卫卒,《公卿表》'商为卫尉',即此事也。"即担任刘邦父亲刘太公的警卫。

⑩前拒:《集解》曰:"拒,方阵。"即前锋方阵。

⑪更(gēng)食曲周:改以曲周县为封地。更,改。

⑫小将:陈直曰:"在秦汉时其身份当在'末将'之下,并非自卑之称,至晋时仍沿用不废。"

【译文】

项羽死后，汉王即皇帝位。这年秋天，燕王臧荼叛乱，郦商以将军的身份随高祖征讨臧荼，在进攻龙脱时，率先登城，冲破敌阵，在易县城下大败臧荼军队，打退了敌兵，提升为右丞相，被封为列侯，高祖与他剖符定誓，世世代代永不废绝，被授予涿县的五千户食邑，号为涿侯。以右丞相的身份单独率军平定上谷郡，转而进攻代郡，被授予赵相国印。以右丞相、赵相国的身份率军与绛侯等人一起平定代郡、雁门郡，活捉代丞相程纵、守相郭同和将军以下至六百石官吏十九人。回朝后，郦商以将军的身份为太上皇做警卫一年零七个月。以右丞相的身份率军讨伐陈豨，在东垣县多有杀伤。又以右丞相的身份随高祖征讨黥布，进攻黥布的前锋方阵，攻破两阵，遂击垮黥布军，高祖改将曲周县的五千一百户作为郦商食邑，取消以往的食邑。郦商三次独自率军攻破敌阵，招降、平定了六个郡，七十三个县，俘虏丞相、守相、大将各一人，小将二人，二千石以下至六百石以上的官吏十九人。

商事孝惠。高后时，商病，不治①。其子寄，字况②，与吕禄善③。及高后崩，大臣欲诛诸吕，吕禄为将军，军于北军④，太尉勃不得入北军⑤，于是乃使人劫郦商⑥，令其子况绐吕禄⑦，吕禄信之，故与出游，而太尉勃乃得入据北军，遂诛诸吕。是岁商卒，谥为景侯。子寄代侯。天下称郦况卖交也⑧。

【注释】

①不治：《集解》引文颖曰："不能治官事。"
②字况：况也写作"兄"，音同。
③吕禄：吕后之侄，封赵王，当时主管北军。善：关系好。
④军于北军：驻扎于北军兵营。北军，汉初拱卫京城的精锐部队。

⑤太尉勃：即周勃。太尉，秦汉时三公之一，掌全国军事。此时周勃被架空，无兵权。

⑥劫郦商：劫持郦商作人质。

⑦给（dài）：哄骗。

⑧天下称郦况卖交也：对郦况卖友之事，古人评价不一，班固曰："夫卖友者，谓见利而忘义也。若寄父为功臣，而又执劫，虽摧吕禄以安社稷，谊存君亲可也。"苏轼曰："当是时，寄不得不卖友也。罪在于寄以功臣子而与国贼交，且相厚善也。"

【译文】

郦商侍奉孝惠帝。吕后时，郦商一直生病，不能处理政事。郦商的儿子郦寄，字况，与吕禄友好。吕后死后，大臣们谋杀诸吕，吕禄当时为将军，驻扎在北军军营，太尉周勃不能进入北军营门，于是便派人劫持郦商，让他的儿子郦况去哄骗吕禄，吕禄相信郦况，所以跟郦况一起出游，太尉周勃才得以进入北军军营控制北军，顺利地诛灭了吕氏一党。这一年郦商病死，谥号为景侯。他的儿子郦寄承袭侯爵。天下人都说郦况出卖了朋友。

孝景前三年①，吴、楚、齐、赵反②，上以寄为将军，围赵城③，十月不能下④。得俞侯栾布自平齐来⑤，乃下赵城，灭赵，王自杀，除国⑥。孝景中二年⑦，寄欲取平原君为夫人⑧，景帝怒⑨，下寄吏，有罪，夺侯⑩。景帝乃以商他子坚封为缪侯⑪，续郦氏后。缪靖侯卒，子康侯遂成立⑫。遂成卒，子怀侯世宗立⑬。世宗卒，子侯终根立⑭，为太常⑮，坐法，国除⑯。

【注释】

①孝景前三年：即汉景帝前元三年，前154年。

②吴、楚、齐、赵反：即汉初的"七国之乱"。

③赵城：赵国都城邯郸。

④十月：梁玉绳认为当作"三月"，《楚元王世家》之《志疑》云："按《史》《汉》景纪、绛侯、梁孝王世家，周勃、文三王传，七国以正月反，三月灭。此及《高五王传》作'七月'，误。郦商、吴濞传作'十月'，更误。赵虽后下，不能相拒若是之久也。"杨树达认为当作"七月"。

⑤俞（shū）侯栾布：栾布原为彭越之友，汉文帝时任燕相，在平定七国之乱中立功，被封为俞侯，封地在今山东平原西南。事详《季布栾布列传》。

⑥除国：徐孚远曰："赵除国于郦寄传无涉，盖删节旧文未净者。"

⑦孝景中二年：前148年。

⑧平原君：景帝王皇后之母，名臧儿，武帝时封为平原君。沈川曰："此景帝中二年，尚无'平原君'尊号，追记随后称耳。"平原君事详《外戚世家》。

⑨景帝怒：盖因景帝不愿郦寄成其"岳父"。

⑩夺侯：剥夺侯爵。

⑪缪侯：《集解》引徐广曰："缪者，更封邑名，谥曰'靖'。"

⑫康侯遂成立：康侯名"遂成"，谥曰"康"。

⑬怀侯世宗立：怀侯名"世宗"，谥曰"怀"。

⑭子侯终根立：终根元年为武帝元鼎三年，前114年。

⑮太常：官名，秦置奉常，汉景帝时更名太常，九卿之一，掌宗庙礼仪，兼掌选试博士。

⑯坐法，国除：据《高祖功臣侯者年表》，"侯终根坐咒诅诛，国除"，事在武帝后元二年（前87）。

【译文】

孝景前元三年，吴、楚、齐、赵等国发动叛乱，景帝任命郦寄为将军，率兵围攻赵国都城邯郸,十个月还没有攻克。得到平定齐国后前来助战的俞侯栾布相助,才攻下邯郸,赵国灭亡,赵王自杀,封国被废除。孝景中元二年,郦寄想娶景帝的岳母平原君为夫人,景帝大怒,将郦寄下狱,论定有罪,剥夺侯爵。景帝封郦商的另一个儿子郦坚为缪侯,以延续郦氏侯位。缪靖侯郦坚去世,他的儿子康侯郦遂成继位。郦遂成去世,他的儿子怀侯郦世宗继位。郦世宗去世,他儿子郦终根继位,任太常,因为犯法,封国被废除。

汝阴侯夏侯婴^①,沛人也。为沛厩司御^②。每送使客还,过沛泗上亭^③,与高祖语^④,未尝不移日也^⑤。婴已而试补县吏^⑥,与高祖相爱。高祖戏而伤婴^⑦,人有告高祖^⑧。高祖时为亭长,重坐伤人^⑨,告故不伤婴^⑩,婴证之^⑪。后狱覆^⑫,婴坐高祖系岁余,掠笞数百^⑬,终以是脱高祖。

【注释】

①汝阴侯夏侯婴:其封地为汝阴,在今安徽阜阳。

②沛厩(jiù):沛县的官马棚。司御:负责驾车。

③泗上亭:即泗水亭,刘邦时为泗水亭长。

④语:交谈,聊天。

⑤移日:太阳移动位置,指时间长。

⑥已而:不久。试补:经考察补任。

⑦戏:嬉戏打闹。

⑧告:告发。

⑨时为亭长,重坐伤人:《集解》引如淳曰:"为吏伤人,其罪重也。"

⑩告故不伤婴:申诉自己没有伤害。故,原本,本来。

⑪婴证之:夏侯婴为刘邦作伪证,说自己没被刘邦打伤。

⑫狱覆：指翻案重审。王先谦引刘攽曰："高祖抵言不曾伤婴，婴证
　其实然，告故者反坐拷。告者不服，故移狱覆矣。"

⑬婴坐高祖系岁余，掠笞（chī）数百：夏侯婴因替刘邦作伪证，被关
　入监狱一年多，被打了几百棍。

【译文】

　　汝阴侯夏侯婴是沛县人。他在沛县的官马棚负责驾车。每次送客
人回来，路过沛县泗水亭时，就找高祖聊天，一聊就是好长时间。不久以
后夏侯婴通过考察到沛县补任小吏，与高祖的关系更加亲密。高祖与夏
侯婴打闹时误伤了夏侯婴，有人告发高祖。当时高祖担任亭长，官吏伤
人会受到重判，他向官府申诉说并没有打伤夏侯婴，夏侯婴为他作了伪
证。后来案子重审，夏侯婴因为替高祖作伪证被关在监狱里一年多，挨
了几百棍子，最终以此为高祖开脱了罪责。

　　高祖之初与徒属欲攻沛也①，婴时以县令史为高祖
使②。上降沛一日③，高祖为沛公，赐婴爵七大夫④，以为太
仆⑤。从攻胡陵，婴与萧何降泗水监平⑥，平以胡陵降，赐婴
爵五大夫⑦。从击秦军砀东，攻济阳⑧，下户牖，破李由军雍
丘下⑨，以兵车趣攻战疾⑩，赐爵执帛⑪。常以太仆奉车从击
章邯军东阿、濮阳下⑫，以兵车趣攻战疾，破之，赐爵执珪⑬。
复常奉车从击赵贲军开封，杨熊军曲遇。婴从捕虏六十八
人⑭，降卒八百五十人，得印一匮⑮。因复常奉车从击秦军
雒阳东，以兵车趣攻战疾，赐爵封，转为滕公⑯。因复奉车从
攻南阳，战于蓝田、芷阳⑰，以兵车趣攻战疾，至霸上。项羽
至，灭秦，立沛公为汉王。汉王赐婴爵列侯，号昭平侯⑱，复
为太仆，从入蜀、汉⑲。

【注释】

①徒属：部下。

②县令史：县里主管文书的小吏。

③上降沛一日：刘邦攻占沛县一天后。

④七大夫：颜师古曰："公大夫也，爵第七，故谓之'七大夫'。"

⑤太仆：官名，掌管皇帝的车马。此谓夏侯婴负责为刘邦驾车。

⑥降泗水监平：招降泗水郡郡监，这人名为平。《集解》曰："胡陵，平所止县，何尝给之，故与降也。"此事可参《萧相国世家》。

⑦五大夫：秦爵二十级中的第九级。

⑧济阳：秦县名，治所在今河南兰考东北。

⑨雍丘：秦县名，治所即今河南杞县。

⑩趣攻战疾：急攻激战。颜师古曰："'趣'读为'促'，谓急攻也。"一说指督战，郭嵩焘曰："催促诸将，使疾战也。"。

⑪执帛：楚爵名。《曹相国世家》之《集解》曰："孤卿也。"指"卿"中地位较低者。

⑫奉车：为刘邦驾车。从击章邯军东阿、濮阳下：此句应在"破李由军雍丘"句上，据《秦楚之际月表》，东阿、濮阳之战在秦二世二年（前208）七月，破杀李由在八月。东阿，秦县名，治所在今山东东阿西南。濮阳，秦县名，治所在今河南濮阳西南，时为东郡的郡治。

⑬执珪：楚爵名。《曹相国世家》之《集解》曰："侯伯执珪以朝，位比之。"

⑭从捕虏：跟随刘邦作战时抓获敌人。

⑮得印一匮：《索隐》曰："《说文》云：'匮，匣也。'谓得其时自相部署之印。"

⑯转为滕公：转任滕县县令，当时楚人习称县令为"公"。

⑰蓝田：秦县名，治所在今陕西蓝田西南。芷阳：秦县名，治所在今西安东北。

⑱汉王赐婴爵列侯，号昭平侯：当时只有封号，实无封地。

⑲蜀、汉：汉王刘邦的领地包括巴、蜀、汉中三郡。

【译文】

高祖刚起事，与部下准备攻打沛县时，夏侯婴以县令史的身份为高祖效力。高祖攻占沛县一天后，自称沛公，赐夏侯婴七大夫爵，任命他为太仆。夏侯婴跟随高祖进攻胡陵，与萧何一起招降了胡陵城内的泗水监平，泗水监平献出胡陵投降沛公，夏侯婴被赐五大夫爵。又跟随高祖进攻砀县以东的秦军，进攻济阳，占领户牖，在雍丘城下打败了秦朝三川郡守李由的部队，由于他以兵车迅猛攻击敌军，被赐予执帛的爵位。曾以太仆的身份驾车跟随高祖在东阿、濮阳城下攻打秦将章邯的部队，由于能以兵车迅猛攻击，打败敌兵，被赐予执珪的爵位。又曾驾车随高祖在开封进攻赵贲的部队，在曲遇进攻杨熊的部队。夏侯婴随高祖俘获敌兵六十八人，招降八百五十人，缴获官印一箱。又曾驾车随高祖在洛阳城东攻打秦朝军队，由于能以兵车迅猛攻击，被赐封爵位，改任滕公。又驾车随高祖进攻南阳，战于蓝田、芷阳，以兵车迅猛进攻敌军，然后随高祖到达霸上。项羽到关中后，灭了秦朝，封沛公为汉王。汉王赐封夏侯婴列侯爵位，称号为昭平侯，仍继续担任太仆，跟随汉王进入蜀地、汉中。

还定三秦，从击项籍。至彭城，项羽大破汉军。汉王败，不利①，驰去。见孝惠、鲁元②，载之。汉王急，马罢③，虏在后④，常蹶两儿欲弃之⑤，婴常收，竟载之，徐行，面雍树乃驰⑥。汉王怒，行欲斩婴者十余⑦，卒得脱，而致孝惠、鲁元于丰。

汉王既至荥阳，收散兵，复振，赐婴食祈阳⑧。复常奉车从击项籍，追至陈，卒定楚，至鲁⑨，益食兹氏⑩。

【注释】

①不利:战事失利。

②孝惠、鲁元:刘邦与吕后所生的一子一女,即后来的汉惠帝刘盈和鲁元公主。

③罢:疲劳,疲惫。

④虏:此指敌人,项羽的追兵。

⑤蹶(jué):踢。

⑥徐行,面雍树乃驰:夏侯婴开始让马车慢慢前行,等两个孩子面向自己站好,抱紧自己之后,才让马飞奔起来。面雍树,《集解》引苏林曰:"南阳人谓抱小儿为'雍树'。'面'者,大人以面首向临之,小儿抱大人颈似悬树也。"王骏图曰:"'雍'即'拥'也;'树'犹'植'也。婴收小儿置车上,徐徐而行;将小儿置于面前而拥抱之,植立不摇,乃振策而驱也。"王先谦曰:"据《项羽纪》:'汉王推堕二子,于是者三',故婴拥抱于前,不听汉王再跌弃也。"

⑦汉王怒,行欲斩婴者十余:凌约言曰:"借谓吾身不能存二子,不得已弃之可也,他人为收,岂不幸甚,何断断然欲斩之?其天性残忍类如此。"梁玉绳引翁孝廉曰:"以项羽、高祖二纪观之,则此乃史公抑扬太过之词,非其实也。事急不能存子女,无可如何而弃之耳,人为收载,岂不大幸,何至怒其人而屡欲斩之?非人情矣。"

⑧祈阳:《集解》曰:"祈,一作'沂'。"沂阳,沂水之北,今地未详。

⑨至鲁:项羽曾被封为鲁公,故楚汉战争中,鲁县最后投降,事详《项羽本纪》。

⑩益食兹氏:增加兹氏县为食邑。兹氏,秦县名,治所在今山西汾阳东南。

【译文】

夏侯婴后随高祖回师平定三秦,攻打项羽。进到彭城,项羽大败汉军。高祖战败,失利,匆忙逃命。途中遇到孝惠帝、鲁元公主,夏侯婴把他们抱上车来。高祖急于逃命，可马匹疲劳，追兵在后，便几次把孝惠帝、鲁元公主踢下车去，想扔掉他们，而夏侯婴则总是把他们抱上车来，始终把他们载在车上，先缓慢行驶，让两个孩子搂紧自己后再驾车飞奔。高祖气急败坏，一路上有十多次要杀夏侯婴，最后终于脱险，将孝惠、鲁元送到了丰邑。

　　高祖到达荥阳后，收集逃散的士兵，士气再次振作起来，高祖将祈阳赐给夏侯婴作食邑。夏侯婴又驾车跟随高祖追击项羽，一直追到陈县，最后平定楚地，到达鲁县，高祖又将兹氏县加封给夏侯婴作食邑。

　　汉王立为帝。其秋①，燕王臧荼反，婴以太仆从击荼。明年②，从至陈，取楚王信。更食汝阴③，剖符，世世勿绝。以太仆从击代④，至武泉、云中⑤，益食千户。因从击韩信军胡骑晋阳旁⑥，大破之。追北至平城，为胡所围⑦，七日不得通。高帝使使厚遗阏氏⑧，冒顿开围一角⑨。高帝出欲驰，婴固徐行⑩，弩皆持满外向⑪，卒得脱。益食婴细阳千户⑫。复以太仆从击胡骑句注北⑬，大破之。以太仆击胡骑平城南，三陷陈，功为多，赐所夺邑五百户⑭。以太仆击陈豨、黥布军，陷陈却敌，益食千户，定食汝阴六千九百户，除前所食。

【注释】

①其秋：即汉高祖五年（前202）秋。

②明年：汉高祖六年（前201）。

③更食汝阴：改封为汝阴侯。

④以太仆从击代：此为征讨韩王信。

⑤武泉：汉县名，治所在今内蒙古呼和浩特东北。

⑥韩信军胡骑：指与韩王信勾结的匈奴部队。晋阳：时为太原郡的

郡城,在今山西太原西南。

⑦追北至平城,为胡所围:此即平城之围。追北,追击败退的匈奴兵。北,同"背",败逃则敌人见其背。平城,汉县名,治所在今山西大同东北。

⑧使使厚遗阏氏(yān zhī):派使者给阏氏送重礼以求脱困。此陈平之计,事详《陈丞相世家》。阏氏,匈奴单于的姬妾。

⑨冒顿(mò dú):时为匈奴单于,是匈奴族最杰出的首领,事详《匈奴列传》。

⑩婴固徐行:夏侯婴故意慢慢走。泷川曰:"固,读为'故'。"颜师古曰:"故示闲暇,所以固士心而令敌不测也。"

⑪弩皆持满外向:弓都拉满,箭头向外。

⑫细阳:汉县名,治所在今安徽太和东南。

⑬句注:山名,也叫雁门山,古代九塞之一,在今山西代县西北。

⑭赐所夺邑:颜师古引孟康曰:"时有罪过夺邑者,因以赐之。"

【译文】

汉王即位做了皇帝。当年秋天,燕王臧荼谋反,夏侯婴以太仆的身份跟随高祖讨伐臧荼。第二年,跟随高祖前往陈县,活捉了楚王韩信。高祖改封汝阴为夏侯婴食邑,与他剖符为信,让其世世代代传承不绝。夏侯婴又以太仆的身份随高祖讨伐韩王信,进军到武泉、云中,增加食邑一千户。接着又随高祖在晋阳旁边进攻与韩王信勾结的匈奴骑兵,大败敌人。一路追击败军到平城,在白登被匈奴军队包围,与外面七天不通消息。高祖派人向冒顿阏氏送了重礼,冒顿才答应让开一条通路。高祖想飞速出逃,夏侯婴故意从容慢行,并让弓弩手拉满弓搭箭外向,终于顺利逃脱。夏侯婴被赏赐增加细阳县的食邑一千户。夏侯婴又以太仆的身份跟随高祖在句注山北攻打匈奴军队,大败匈奴军队。又以太仆身份在平城南面与匈奴军队交战,夏侯婴三次冲入敌阵,功劳很大,把他人因罪被削减的五百户食邑赏给了他。夏侯婴又以太仆的身份率兵讨伐陈豨、黥布的叛军,破阵退敌,增加食邑一千户,最终确定以汝阴县的六千九百户为食邑,取消此前的食邑。

　　婴自上初起沛,常为太仆,竟高祖崩①。以太仆事孝惠。孝惠帝及高后德婴之脱孝惠、鲁元于下邑之间也②,乃赐婴县北第第一③,曰"近我",以尊异之。孝惠帝崩,以太仆事高后。高后崩,代王之来④,婴以太仆与东牟侯入清宫⑤,废少帝⑥,以天子法驾迎代王代邸⑦,与大臣共立为孝文皇帝,复为太仆。八岁卒,谥为文侯。子夷侯灶立⑧,七年卒。子共侯赐立⑨,三十一年卒。子侯颇尚平阳公主⑩。立十九岁,元鼎二年⑪,坐与父御婢奸罪⑫,自杀,国除。

【注释】

①竟高祖崩:夏侯婴一直担任太仆,直到刘邦去世。

②德婴:感激夏侯婴。下邑:秦县名,治所在今安徽砀山。

③赐婴县北第一:赏赐给夏侯婴离未央宫北侧最近的一座王侯宅第。颜师古曰:"北第者,近北阙之第,婴最第一也。故张衡《西京赋》云:'北阙甲第,当道直启。'"

④代王:刘邦之子刘恒,原被封为代王,吕太后死后,大臣迎立为帝,即汉文帝。

⑤东牟侯:刘兴居,齐悼惠王刘肥之子,高后时封东牟侯。

⑥废少帝:废掉吕太后所立的傀儡皇帝——惠帝子少帝。

⑦法驾:天子车驾的一种。《吕太后本纪》之《集解》引蔡邕曰:"天子有大驾、小驾、法驾。法驾,上所乘,曰金根车,驾六马,有五时副车,皆驾四马,侍中参乘,属车三十六乘。"代邸:代王刘恒在京城长安的官邸。代王抵京后,临时住在代邸。以上文帝继位事,

详参《吕太后本纪》。

⑧夷侯灶：夷侯名"灶"，谥曰"夷"。

⑨共侯赐：共侯名"赐"，谥曰"共"。

⑩侯颇尚平阳公主：夏侯颇娶平阳公主为妻。此事恐有误。盖夏侯
颇为汉武帝时人，武帝时平阳公主只有一位，就是武帝的同胞姐
姐平阳公主，她原号阳信公主，先嫁给平阳侯曹时，故也称"平阳
公主"，后来改嫁给大将军卫青，没有嫁给夏侯颇之事。

⑪元鼎二年：前115年。元鼎，汉武帝年号（前116—前111）。

⑫父御婢：他父亲宠幸过的婢女。

【译文】

夏侯婴从当初高祖在沛县起事时开始，就经常担任太仆，直到高祖
去世。接着以太仆身份事奉汉惠帝。汉惠帝与吕太后感念夏侯婴在下
邑帮助汉惠帝和鲁元公主脱难的救命之恩，将离未央宫北门最近的第一
所宅第赐给他，说"离我近点"，以示对他特别尊宠。汉惠帝死后，夏侯
婴又以太仆身份侍奉吕太后。吕太后去世后，代王刘恒来到京城，夏侯
婴与东牟侯刘兴居一起清理宫室，废了少帝，以天子的车驾到代王府邸
迎接刘恒，与大臣们一起拥立刘恒为帝，就是汉文帝，夏侯婴再次担任太
仆。八年后夏侯婴去世，谥号为文侯。他的儿子夷侯夏侯灶继位，七年
后去世。夏侯灶的儿子共侯夏侯赐继位，三十一年后去世。夏侯赐的儿
子夏侯颇娶平阳公主为妻。夏侯颇承继侯位的第十九年，即元鼎二年，
因为犯了跟他父亲宠幸过的婢女通奸的罪，自杀身亡，封国被废除。

颍阴侯灌婴者①，睢阳贩缯者也②。高祖之为沛公，略
地至雍丘下，章邯败杀项梁③，而沛公还军于砀，婴初以中涓
从④，击破东郡尉于成武及秦军于杠里⑤，疾斗⑥，赐爵七大
夫。从攻秦军亳南、开封、曲遇，战疾力⑦，赐爵执帛，号宣

陵君。从攻阳武以西至雒阳⑧,破秦军尸北⑨,北绝河津,南
破南阳守齮阳城东,遂定南阳郡。西入武关,战于蓝田,疾
力,至霸上,赐爵执珪,号昌文君。

【注释】

①颍阴侯灌婴:其封地为颍阴,治所在今河南许昌。

②睢阳:秦县名,治所在今河南商丘城南。贩缯:贩卖丝织品。

③项梁:项羽叔父,秦末楚地起义军首领,事详《项羽本纪》。

④婴初以中涓从:当在楚怀王命"沛公西略地入关"时。中涓,古代
君主亲近的侍从官,负责洒扫清洁工作。涓,清洁。

⑤东郡尉:东郡的郡尉。东郡,秦郡名,治所在今河南濮阳。

⑥疾斗:犹言激战,此谓作战勇猛。

⑦战疾力:颜师古引孟康曰:"攻战疾速也。"盖谓作战勇猛卖力。

⑧阳武:秦县名,治所在今河南原阳东南。

⑨尸北:尸乡之北。

【译文】

颍阴侯灌婴,本是睢阳城一个贩卖丝织品的商贩。当刘邦为沛公
时,攻占土地抵达雍丘城下,章邯打败并杀死了项梁,而沛公就撤退到砀
县,这时,灌婴开始以中涓的身份跟随沛公作战,在成武县打败了东郡郡
尉的部队,又在杠里打败了秦朝军队,作战勇猛,被沛公赐予七大夫爵。
跟随沛公在亳南、开封、曲遇等地攻打秦军,作战勇猛卖力,被赐予执帛
的爵位,称号为宣陵君。又随沛公从阳武以西打到洛阳,在尸乡北打败
秦朝军队,北上封锁黄河上的平阴渡口,南下在阳城县东面打败了南阳
郡守齮的部队,于是平定了南阳郡。随后又向西进入武关,在蓝田与秦
朝军队交战,作战勇猛,抵达霸上,被赐予执珪的爵位,称号为昌文君。

　　沛公立为汉王，拜婴为郎中，从入汉中。十月^①，拜为中谒者^②。从还定三秦，下栎阳，降塞王^③。还围章邯于废丘，未拔^④。从东出临晋关^⑤，击降殷王^⑥，定其地。击项羽将龙且、魏相项他军定陶南^⑦，疾战，破之。赐婴爵列侯，号昌文侯^⑨。

【注释】

①十月：郭嵩焘曰："按本纪，正月，项羽分王诸侯，立沛公为汉王；八月，汉王用韩信之计还定三秦，高祖入汉中未尝一值'十月'也，此云'十月'恐有误。"

②中谒者：君主的侍从官，负责传达消息。

③塞王：司马欣，本为秦将，项羽灭秦后，封为塞王，都栎阳（今陕西阎良）。

④未拔：未能攻占。拔，攻取。

⑤临晋关：关隘名，在今陕西大荔东的黄河边上，是陕西与山西之间的重要渡口。

⑥殷王：司马卬，本为赵将，项羽灭秦后，封为殷王，都朝歌（今河南淇县）。

⑦龙且（jū）：项羽部将。魏相项他：项羽的族人。刘邦夺占三秦，出关东征后，项羽所封的魏王豹归顺刘邦，故项羽任命项他为魏相，以控制魏地。定陶：秦县名，治所在今山东定陶西北。

⑧号昌文侯：底本"号昌文侯"下原有"食杜平乡"四字，李慈铭曰："'食杜平乡'四字衍。"王先谦曰："诸传赐名号侯，无即赐食邑者，此'食杜平乡'下又复出，李以为衍文，是。"其说有理，据删。

【译文】

沛公被封为汉王后，任命灌婴为郎中，跟随汉王来到汉中。十月，被任命为中谒者。跟随汉王回军平定三秦，攻占栎阳，降服塞王司马欣。又回兵将章邯围困在废丘，一时未能攻克。又跟随高祖东出临晋关，攻打降服了殷王司马卬，平定了殷王的封地。又在定陶南面攻打项羽部将龙且和魏国丞相项他的部队，作战勇猛，大败敌军。灌婴被赐予列侯的爵位，称号为昌文侯。

复以中谒者从降下砀，以至彭城。项羽击，大破汉王。汉王遁而西①，婴从还，军于雍丘。王武、魏公申徒反②，从击破之。攻下外黄③，西收兵，军于荥阳。楚骑来众，汉王乃择军中可为骑将者，皆推故秦骑士重泉人李必、骆甲习骑兵④，今为校尉，可为骑将。汉王欲拜之，必、甲曰："臣故秦民，恐军不信臣，臣愿得大王左右善骑者傅之⑤。"灌婴虽少，然数力战⑥，乃拜灌婴为中大夫⑦，令李必、骆甲为左右校尉，将郎中骑兵击楚骑于荥阳东⑧，大破之。受诏别击楚军后，绝其饷道⑨，起阳武至襄邑⑩。击项羽之将项冠于鲁下，破之，所将卒斩右司马、骑将各一人。击破柘公、王武军于燕西⑪，所将卒斩楼烦将五人、连尹一人⑫。击王武别将桓婴白马下⑬，破之，所将卒斩都尉一人。以骑渡河南，送汉王到雒阳，使北迎相国韩信军于邯郸。还至敖仓⑭，婴迁为御史大夫⑮。

【注释】

①遁：逃跑。

②王武：本为刘邦部将。魏公申徒：《集解》引张晏曰："秦将，降为公，今反。"

③外黄:底本原作"黄",泷川曰:"枫、三本'黄'上有'外'字,与《汉书》合。"今据补。

④重泉:秦县名,治所在今陕西蒲城东南。李必、骆甲:张照曰:"李必后封戚侯,见《功臣表》,作'季必'。"

⑤傅:辅助。

⑥数(shuò):多次。

⑦中大夫:汉官名,备顾问应对。此以"中大夫"身份担任骑将。

⑧郎中骑兵:兵种名,即由君主身边的郎中所组成之骑兵。

⑨饷道:粮道。

⑩襄邑:秦县名,治所在今河南睢县。

⑪柘(zhè)公:柘县县令。《索隐》曰:"武,柘县令也。"是以柘公与王武为一人,王先谦曰:"曹参、靳歙、樊哙传及本传上文皆不言王武是柘公,则柘公自别一人,非即王武也。"王说是。柘,秦县名,治所在今河南柘城西北。燕西:燕县城西。燕,秦县名,治所在今河南延津东北。

⑫楼烦将:擅长骑射的骑兵将领。楼烦,精于骑射的北方部族名,故后人也以"楼烦"代指精于骑射者。连尹:官名,春秋战国时楚国所置,掌射。《左传·襄公十五年》:"屈荡为连尹。"孔颖达疏:"服虔云:'连尹,射官,言射相连属。'"

⑬白马:秦县名,治所在今河南滑县东。

⑭敖仓:秦置粮仓名,因建在敖山上而得名,在今河南荥阳东北,地当黄河与古济水分流处,因河水冲刷,敖山今已消失。

⑮御史大夫:官名,秦汉时为"三公"之一,主管监察,此为加官。

【译文】

灌婴又以中谒者的身份跟随汉王攻下砀县,到达彭城。很快项羽反击,大败汉军。汉王向西逃跑,灌婴跟着汉王回撤,领兵驻扎在雍丘。汉将王武与魏公申徒反叛,灌婴跟随汉王击败他们。攻下了外黄,汉军向西撤退收集散兵,驻扎在荥阳。楚军调集了大量骑兵前来,汉王想在军中挑选一位能够胜任骑将的人,大家都推荐原秦军骑士重泉人李必和骆甲熟习骑兵战术,现为校尉,可以担任骑将。汉王打算任命他们,可李必、骆甲却说:“我们原是秦国人,恐怕汉军不信任我们,希望大王从身边大臣中挑选一位精于骑术的人来担任骑将,我们来辅佐他。”由于灌婴虽然年纪轻轻,但历经过多次激战,汉王便任命他为中大夫,任命李必、骆甲担任左右校尉,率郎中骑兵在荥阳东面进攻楚国骑兵,大败楚军骑兵。后来又受命单独率领骑兵深入楚军后方作战,在西起阳武东至襄邑一带地区,截断楚军的运粮通道。又在鲁县攻打项羽部将项冠的部队,打败了他们,灌婴部下的士兵斩杀敌军右司马、骑将各一人。又在燕县城西击败柘县县令和王武的部队,灌婴部下的士兵斩杀楼烦将五人、连尹一人。又在白马城下攻打王武部将桓婴的部队,打败了他们,灌婴部下的士兵斩杀敌军都尉一人。后来灌婴率领骑兵南渡黄河,护送汉王到洛阳,汉王派他北上到邯郸去迎接相国韩信的部队。回师到敖仓后,灌婴被提升为御史大夫。

　　三年①,以列侯食邑杜平乡②。以御史大夫受诏将郎中骑兵东属相国韩信,击破齐军于历下③,所将卒虏车骑将军华毋伤及将吏四十六人④。降下临菑⑤,得齐守相田光⑥。追齐相田横至嬴、博⑦,破其骑,所将卒斩骑将一人,生得骑将四人。攻下嬴、博,破齐将军田吸于千乘⑧,所将卒斩吸。东从韩信攻龙且、留公旋于高密⑨,卒斩龙且,生得右司马、连尹各一人,楼烦将十人,身生得亚将周兰⑩。

【注释】

①三年:汉王三年,前204年。

②食邑杜平乡:以杜县的平乡作为灌婴的食邑。

③击破齐军于历下:以下平定齐地事,参见《淮阴侯列传》《田儋列
　传》。历下,古邑名,在今山东济南历城,因城南有历山,城在山
　下而得名。

④华毋伤:也作"华无伤",齐国历下守将。

⑤临菑:时为齐国国都,在今山东淄博临淄区北。

⑥守相:留守的丞相。

⑦田横:齐王田广之叔,时任齐相,齐国实际上的掌权人。嬴:秦县
　名,治所在今山东莱芜西北。博:秦县名,治所在今山东泰安东南。

⑧千乘:秦县名,治所在今山东高青东北。

⑨留公旋:留县县令,其名曰旋,项羽部将。留,秦县名,治所在今江
　苏沛县东南。高密:秦县名,治所在今山东高密西。

⑩亚将:犹言次将。

【译文】

　　汉王三年,以杜县的平乡作为灌婴列侯的食邑。他以御史大夫的身
份奉命率郎中骑兵东出作为相国韩信的部属,在历下大败齐军,灌婴部
下的士兵俘虏了齐国车骑将军华毋伤及将官四十六人。又攻克临淄,俘
获了齐国留守的丞相田光。追击齐国的丞相田横到达嬴县、博县,打败
了田横的骑兵,部下士兵斩杀骑将一人,俘虏骑将四人。随后攻克了嬴
县、博县,又在千乘县击败齐将田吸,部下士兵杀死了田吸。灌婴又东进
随韩信在高密县攻打龙且和留公旋的部队,最终斩杀龙且,活捉右司马、
连尹各一人,楼烦将十人,灌婴亲手活捉了亚将周兰。

　　齐地已定,韩信自立为齐王,使婴别将击楚将公杲于鲁
北①,破之。转南,破薛郡长②,身虏骑将一人。攻傅阳③,前
至下相以东南僮、取虑、徐④。度淮,尽降其城邑,至广陵⑤。

项羽使项声、薛公、郯公复定淮北⑥。婴度淮北,击破项声、郯公下邳⑦,斩薛公,下下邳,击破楚骑于平阳⑧,遂降彭城,虏柱国项佗⑨,降留、薛、沛、酂、萧、相⑩。攻苦、谯⑪,复得亚将周兰⑫。与汉王会颐乡⑬。从击项籍军于陈下,破之,所将卒斩楼烦将二人,虏骑将八人。赐益食邑二千五百户。

【注释】

①公杲(gǎo):项羽部将。

②薛郡长:薛郡的郡守,秦时薛郡的郡治在鲁县(今山东曲阜)。

③傅阳:秦县名,治所在今山东枣庄南。

④下相:秦县名,治所在今江苏宿迁西南。僮:秦县名,治所在今江苏睢宁东南。取虑:秦县名,治所在今江苏睢宁西南。徐:秦县名,治所在今江苏泗洪南。

⑤广陵:秦县名,治所在今江苏扬州西北。

⑥项声:项羽部将。薛公:项羽部将,薛县县令,姓名不详。郯公:项羽部将,郯县县令,姓名不详。郯,秦县名,治所在今山东郯城西北,时为东海郡的郡治。

⑦下邳:秦县名,治所在今江苏邳州南。

⑧平阳:秦县名,治所在今山东邹城。

⑨柱国:楚官名,上柱国之简称,言其于国如室之有柱,为国家栋梁柱臣。原掌保卫国都,后为楚国最高武官,其地位仅次于令尹。项佗:也写作"项它""项他",项羽从兄之子。投降汉朝后,赐姓刘,故也作"刘它",后封平皋侯。

⑩酂(cuó):秦县名,治所在今河南永城西。萧:秦县名,治所在今安徽萧县西北。相:秦县名,治所在今安徽淮北相山区。

⑪苦:秦县名,治所在今河南鹿邑。谯:秦县名,治所在今安徽亳州。

⑫复得亚将周兰：梁玉绳曰："高密已生得周兰，此云'复得'，岂逸
　　而重获乎？"

⑬颐乡：《集解》曰："苦县有颐乡。"

【译文】

　　齐地平定之后，韩信自立为齐王，派灌婴单独率军在鲁县城北攻打
楚将公杲的部队，打败了他们。灌婴率军转而南下，击败了薛郡郡守，亲
手活捉了骑将一人。攻打傅阳，随后进军到下相县东南的僮县、取虑县
和徐县。渡过淮河，完全占领了淮河以南的各个城邑，到达广陵。项羽
派项声、薛公、郯公重新夺占淮河以北地区。灌婴渡过淮河北上，在下邳
打败了项声、郯公的部队，斩杀薛公，攻占下邳，又在平阳打败了楚国骑
兵，迫使彭城守军投降，活捉了楚国的上柱国项佗，留县、薛县、沛县、酂
县、萧县、相县相继投降。接着攻打苦县、谯县，再次活捉了亚将周兰。
与汉王在颐乡会师。跟随高祖在陈县攻打项羽的部队，打败了他们，部
下的士兵斩杀楼烦将二人，活捉骑将八人。汉王赏赐灌婴，给他增加二
千五百户食邑。

　　项籍败垓下去也①，婴以御史大夫受诏将车骑别追项籍
至东城②，破之。所将卒五人共斩项籍③，皆赐爵列侯。降
左右司马各一人，卒万二千人，尽得其军将吏。下东城、历
阳④。渡江，破吴郡长吴下⑤，得吴守⑥，遂定吴、豫章、会稽
郡⑦。还定淮北。凡五十二县。

【注释】

①垓下：古邑名，在今安徽灵璧东南。

②东城：秦县名，治所在今安徽定远东南。

③所将卒五人共斩项籍：五人指吕马童、王翳、杨喜、杨武、吕胜，事

　　详《项羽本纪》。

④历阳：秦县名，治所在今安徽和县。项羽自刎而死的乌江浦，即在
　　历阳东南的长江边上。

⑤吴郡长：吴郡的郡守。吴下：吴郡郡城下，即今江苏苏州。

⑥吴守：即前所谓"吴郡长"。

⑦豫章：秦郡名，治所在今江西南昌。会稽：郡名，治所在今浙江绍
　　兴。秦会稽郡，治所在吴县（今江苏苏州），或疑秦汉之际分设吴
　　郡、会稽郡。

【译文】

　　项羽在垓下大败后突围逃跑，灌婴以御史大夫的身份奉命独自率领车骑部队追击项羽，一直追到东城，在那把项羽残军打得大败。部下将士五人共同杀死了项羽，这五个人都被封为列侯。灌婴收降了项羽的左右司马各一人，士兵一万二千人，活捉了楚军的全部将官。接着又攻克东城、历阳。渡过长江后，在吴郡郡城下打败了吴郡郡守的部队，活捉了吴郡郡守，于是平定了吴、豫章、会稽三郡。又回师平定淮河以北地区。一共占领了五十二个县。

　　汉王立为皇帝，赐益婴邑三千户。其秋，以车骑将军从击破燕王臧荼。明年，从至陈，取楚王信。还，剖符，世世勿绝，食颍阴二千五百户①，号曰颍阴侯。

【注释】

①食颍阴二千五百户：中井积德曰："杜平之外益邑两回，合五千五百矣，至此乃食颍阴二千五百户，盖不除前所食耳。"

【译文】

　　汉王即位为皇帝，给灌婴增加三千户食邑。这年秋天，灌婴以车骑将军的身份率军跟随高祖打败燕王臧荼。第二年，又跟随高祖到陈县，

抓捕了楚王韩信。回朝后，高祖与灌婴剖符为信，说世世代代永不废绝，让灌婴以颍阴县的两千五百户为食邑，称号为颍阴侯。

　　以车骑将军从击反韩王信于代，至马邑①，受诏别降楼烦以北六县②，斩代左相③，破胡骑于武泉北。复从击韩信胡骑晋阳下④，所将卒斩胡白题将一人⑤。受诏并将燕、赵、齐、梁、楚车骑⑥，击破胡骑于硰石⑦。至平城，为胡所围，从还军东垣。

【注释】

①马邑：汉县名，治所在今山西朔州，时为韩王信都城。

②楼烦：汉县名，治所在今山西宁武。

③代左相：韩王信的左丞相。

④韩信胡骑：韩王信与匈奴的联军。

⑤白题：匈奴部落名。王先谦曰："题，额也。其俗以白垩涂其额，因得名，如黑齿、雕题之类。"

⑥并将燕、赵、齐、梁、楚车骑：除率领汉军车兵骑兵外，还负责率领燕、赵、齐、梁、楚等诸侯国的车兵骑兵。

⑦硰（shā）石：古城名，《正义佚存》曰："在楼烦县西北。"钱穆曰："今静乐县东北。"

【译文】

　　灌婴以车骑将军的身份随高祖到代地征讨造反的韩王信，到达马邑后，奉命单独率兵招降了楼烦以北的六个县，斩杀了代国的左丞相，在武泉县北打败了匈奴的骑兵。又跟随高祖在晋阳城下打败了韩王信的匈奴骑兵，部下士兵斩杀匈奴白题将一人。奉命统一指挥燕、赵、齐、梁、楚各诸侯国骑兵，在硰石大败匈奴骑兵。到达平城时，汉军被匈奴人包围，后跟随高祖回军驻扎在东垣。

　　从击陈豨，受诏别攻豨丞相侯敞军曲逆下①，破之，卒斩敞及特将五人②。降曲逆、卢奴、上曲阳、安国、安平③。攻下东垣④。

【注释】

　　①豨丞相侯敞：陈豨自立为王后，任命侯敞为相。曲逆：汉县名，治所在今河北顺平东。

　　②卒：颜师古曰："卒，所将卒也。"特将：将名。王先谦引周寿昌曰："特将，楚汉间所置将名，《功臣表》'陈豨以特将将卒五百人前元年从起宛朐'是也。《韩信传》亦有特将，似皆其所部裨将。"

　　③卢奴：汉县名，治所在今河北定州。上曲阳：汉县名，治所在今河北曲阳西。安国：汉县名，治所在今河北安国东南。安平：汉县名，治所今河北安平。

　　④攻下东垣：时陈豨部将赵利坚守东垣，攻打月余才攻下，事详《高祖本纪》。

【译文】

　　灌婴又跟随高祖讨伐陈豨，奉命单独率军在曲逆城下攻打陈豨丞相侯敞的部队，大败敌军，部下士兵斩杀了侯敞和特将五人。招降了曲逆、卢奴、上曲阳、安国、安平等县。攻下了东垣城。

　　黥布反，以车骑将军先出，攻布别将于相，破之，斩亚将楼烦将三人。又进击破布上柱国军及大司马军①。又进破布别将肥诛②。婴身生得左司马一人，所将卒斩其小将十人，追北至淮上。益食二千五百户。布已破，高帝归，定令婴食颍阴五千户，除前所食邑③。凡从得二千石二人，别破军十六，降城四十六，定国一，郡二，县五十二，得将军二人，柱国、相国各一人，二千石十人。

【注释】

①上柱国：楚官名，简称柱国。大司马：官名，亦称"司马"，掌军政。

②肥诛：姓肥名诛，《汉书》作"肥铢"。

③除前所食邑：中井积德曰："杜平以外，益邑三回，合八千户矣，今乃减为五千户。"

【译文】

　　黥布造反时，灌婴以车骑将军的身份率军先行出发，在相县攻打黥布的一位部将，打败了他，斩杀亚将楼烦将三人。接着又打败了黥布的上柱国和大司马的部队。又进兵打败了黥布的部将肥诛。灌婴亲手活捉左司马一人，部下士兵斩杀敌小将十人，乘胜追击叛军败兵到淮河岸边。灌婴被追加二千五百户食邑。黥布叛乱被讨平后，高祖率军凯旋，确定把颍阴的五千户作为灌婴的食邑，取消以往的食邑。灌婴随高祖出征，总计活捉二千石官吏二人，独自率军破敌十六次，收降四十六城，平定一个封国，两个郡，五十二个县，活捉将军二人，柱国、相国各一人，二千石官吏十人。

　　婴自破布归，高帝崩，婴以列侯事孝惠帝及吕太后①。太后崩，吕禄等以赵王自置为将军②，军长安，为乱。齐哀王闻之③，举兵西，且入诛不当为王者④。上将军吕禄等闻之⑤，乃遣婴为大将，将军往击之。婴行至荥阳，乃与绛侯等谋，因屯兵荥阳，风齐王以诛吕氏事⑥，齐兵止不前。绛侯等既诛诸吕，齐王罢兵归，婴亦罢兵自荥阳归，与绛侯、陈平共立代王，为孝文皇帝。孝文皇帝于是益封婴三千户，赐黄金千斤⑦，拜为太尉⑧。

【注释】

①以列侯事孝惠帝与吕太后：指灌婴仅以列侯身份事奉汉惠帝和吕太后，未任朝廷要职。

②吕禄等以赵王自置为将军：吕禄、吕产分掌北军、南军，均为吕后所任，非"自置"，王叔岷曰："《汉书·文帝纪》及此文并言'吕禄自置为上将军'，盖以加重吕禄为乱之罪耳，实非'自置'也。"

③齐哀王：刘襄，齐悼惠王刘肥之子，刘邦之孙，谥号为"哀"。

④且：将要。入诛不当为王者：这是齐哀王告诸侯王书中的话。刘襄起兵及告诸侯书，详见《齐悼惠王世家》《吕太后本纪》。不当为王者，此谓吕禄、吕产等非刘氏而封王者。

⑤上将军：官名，春秋战国时已有此称，秦汉沿之，常为军队一部之最高统帅。

⑥风：暗示。

⑦赐黄金千斤：梁玉绳曰："《史》《汉》之《文纪》是'二千金'，此与《汉传》并缺'二'字。"按，汉代称黄金一斤曰"一金"，一金可抵铜钱一万。

⑧拜为太尉：汉文帝即位后，原太尉周勃升任右丞相，灌婴继任太尉。

【译文】

灌婴打败黥布回京，高祖去世，他以列侯的身份事奉汉惠帝和吕太后。吕太后去世后，吕禄以赵王的身份自封为上将军，驻兵于长安，阴谋作乱。齐哀王刘襄听说这个消息，便起兵向西进发，将要进京诛讨那些不应该封王的人。吕禄等听说这事后，就任命灌婴为大将，率兵前去迎击齐哀王刘襄。灌婴进军至荥阳，就与绛侯周勃等密谋发动政变，于是就让大军屯驻于荥阳，向齐哀王刘襄暗示京城准备诛杀诸吕之事，齐哀王刘襄的军队也就停下不再前进了。等到绛侯周勃等杀死诸吕之后,齐王撤兵回国,灌婴也撤军从荥阳返回长安,与绛侯、陈平等拥立代王刘恒,就是汉文帝。汉文帝于是给灌婴加封三千户食邑,赏赐黄金千斤,任命他为太尉。

　　三岁①,绛侯勃免相就国②,婴为丞相,罢太尉官③。是岁,匈奴大入北地、上郡④,令丞相婴将骑八万五千往击匈奴。匈奴去,济北王反⑤,诏乃罢婴之兵⑥。后岁余,婴以丞相卒,谥曰懿侯。子平侯阿代侯⑦。二十八年卒,子彊代侯。十三年,彊有罪,绝二岁。元光三年⑧,天子封灌婴孙贤为临汝侯⑨,续灌氏后,八岁⑩,坐行赇有罪⑪,国除。

【注释】

①三岁:指灌婴为太尉三年,即汉文帝三年,前177年。

②绛侯勃免相就国:周勃罢相事,详见《绛侯世家》。

③罢太尉官:灌婴升任丞相后,便取消了“太尉”的官职。

④大入:大举入侵。北地:汉郡名,治所在今甘肃庆阳西北。上郡:汉郡名,治所在今陕西横山东。

⑤济北王反:济北王刘兴居谋反事,详见《齐悼惠王世家》。

⑥诏乃罢婴之兵:以充实京师防卫,用于平叛。徐孚远曰:“汉击匈奴以内虚,故济北有反谋,罢兵而归,以实京师也。”

⑦子平侯阿代侯:梁玉绳曰:“‘阿’乃‘何’之讹,《功臣表》《灌夫传》及《汉书·晁错传》并作‘何’。”

⑧元光三年:前132年。元光,汉武帝年号(前134-前129)。梁玉绳曰:“按《史》《汉》表,彊在位十三年,绝一岁,贤以元光二年封,此并误。”

⑨封灌婴孙贤为临汝侯：将灌贤改封在临汝县。临汝，汉县名，治所
　　在今河南上蔡西南。

⑩八岁：梁玉绳曰："《史》《汉》表，贤在位九年，此言'八岁'误。"

⑪行赇（qiú）：行贿。赇，贿赂。

【译文】

　　三年后，绛侯周勃被免除丞相职位，前往封国，灌婴继任丞相，朝廷取消了太尉官职。这一年，匈奴大举入侵北地郡、上郡，汉文帝命令丞相灌婴率领八万五千骑兵前往迎击匈奴。匈奴人退去，而这时济北王刘兴居造反，汉文帝下诏让灌婴撤军。一年多以后，灌婴在丞相任上去世，谥号为懿侯。他的儿子平侯灌阿继位。灌阿为侯二十八年去世，灌阿的儿子灌彊继位。灌彊为侯十三年，因有罪被剥夺侯爵，侯位中断二年。元光三年，汉武帝封灌婴的孙子灌贤为临汝侯，延续灌氏后嗣，过了八年，灌贤因犯行贿罪，封国被废除。

　　太史公曰：吾适丰沛①，问其遗老②，观故萧、曹、樊哙、滕公之家③，及其素④，异哉所闻⑤！方其鼓刀屠狗卖缯之时⑥，岂自知附骥之尾⑦，垂名汉廷，德流子孙哉⑧？余与他广通⑨，为言高祖功臣之兴时若此云⑩。

【注释】

①适：前往。

②遗老：此谓丰沛一带熟悉刘邦等人旧事的老人。

③观故萧、曹、樊哙、滕公之家：参观萧何、曹参、樊哙、滕公夏侯婴等
　　人的故居。

④其素：谓萧、曹、滕、灌等的平素为人。

⑤异哉所闻：指故乡关于功臣们的说法，与平日听到的不一样。

⑥鼓刀屠狗：指樊哙。鼓刀，摆弄刀子发出响声。宰杀牲畜时敲击
其刀，使之发声，故曰鼓刀。卖缯：指灌婴。

⑦附骥之尾：指蚊蝇附在马的尾巴上，可以远行千里。此谓这些功
臣们都因为跟着刘邦而成就功名。骥，良马。

⑧德流子孙：指他们立功封侯，其子孙继承侯爵，享受俸禄。

⑨余与他广通：与樊哙的孙子樊他广交好。通，交好。王国维等认为
与樊他广交往的"余"当指司马谈，而非司马迁。说详篇末评论。

⑩兴时：指诸人跟随刘邦起兵打天下时的情形。

【译文】

太史公说：我到丰县和沛县，询问当地老人，参观萧何、曹参、樊哙、
滕公的故居，询问他们平时的为人处事，真是闻所未闻啊！当他们挥刀
杀狗、买卖丝绸之时，哪能想到自己日后会辅佐高祖平定天下，依附高祖
留名汉廷，德泽惠及子孙呢？我与樊他广有交往，他向我讲述高祖功臣
兴起的事迹就像以上所述这样。

【集评】

凌稚隆曰："哙有大功于汉者三，入关之初，哙谏毋留宫中，一；鸿门
之会，哙张胆雄辩，二；高帝晚年恶见群臣，哙排闼直入，讽以赵高之事，
三。三者皆颠沛危急之际，关生死得失之机，此其功岂区区绛、灌诸人侪
哉！"（《史记评林》）

卢舜治曰："郦商传次樊哙，为郦寄给吕禄，周勃得以入北军，功能安
刘，与平、勃相羽翼一节尔。"（《汉书评林》引）

唐顺之曰："婴初证高帝不伤己，及不弃惠帝、鲁元，并入宫废少帝、
立代王诸事，盖信义人也。高帝引以为太仆，示亲信，有见乎！"（《史记
评林》引）

郭嵩焘曰："《项羽本纪》：'与汉约中分天下，割鸿沟以西为汉，鸿沟
以东为楚'，解而东归，亦未有败亡征也，垓下一败而遂熸焉，使人莫测所

由。盖韩信定齐地,灌婴遂渡淮与项声等相持淮北。既破项声,下下邳,彭城势孤,遂降汉。项羽方解而东归,而彭城先失,军无斗心,是一败不可复支。灌婴之掠淮北、降彭城,所以速项羽之亡也。韩信与项羽会战垓下,灌婴又自彭城夹击。以婴本骑将,故使以所部五千骑追项羽,《项羽本纪》所谓王翳、吕马童、杨喜、杨武、吕胜,皆灌婴所部骑将也。《项羽本纪》特叙战事,其详皆著之《灌婴传》中,以项羽之亡实系之灌婴一军也。此史公叙事最著明处。"(《史记札记》)

王鸣盛曰:"诸吕之平,灌婴有力焉。方吕后病甚,令吕禄为上将军,军北军,吕产居南军,其计可谓密矣。卒使郦寄绐说吕禄归将印,以兵属太尉,而诛诸吕者,陈平、周勃之功也。然其始惠帝崩,高后哭,泣不下,此时高后奸谋甫兆,使平、勃能逆折其邪心,安见不可扑灭者。乃听张辟疆狂竖之言,拜产、禄为将,将兵居南北军;高后欲王诸吕,王陵守白马之约,而平、勃以为无所不可,然则成吕氏之乱者,平、勃也。幸而产、禄本庸材,又得朱虚侯之忠勇,平、勃周旋其间,而乱卒平,功尽归此两人;而孰知当留屯荥阳与齐连和之时,婴之远虑有过人者。齐王之杀其相而发兵,夺琅邪王兵并将而西也,此时吕禄独使灌婴击之。婴高帝宿将,诸吕方忌故大臣,而危急之际,一旦假以重兵,此必婴平日伪自结于吕氏,若乐为之用者,而始得此于禄。既得兵柄,遂留屯荥阳,以观其变,而共诛之。其时吕氏乱谋急矣,顾未敢猝发者,彼见大将握重兵在外,而与敌连和以观变,恐猝发而婴背之,反率诸侯西向,故犹豫未忍决。于是平、勃得从容定计,夺其兵权而诛之。然则平、勃之成功,婴有以助之也。然婴不以此时遽与齐合,引兵而归,共诛诸吕,乃按兵无动者,盖太尉入北军,吕禄归将印,此其诛诸吕如振槁叶耳。若婴合齐兵而归,遽以讨吕氏为名,则吕氏乱谋发之必骤,将印必不肯解,而太尉不得入北军矣。彼必将胁平、勃而拒婴与齐之兵。幸而胜之,喋血京师,不戕千万之命不止,此又婴计之得也。"(《十七史商榷》)

【评论】

樊哙、郦商、夏侯婴、灌婴都是刘邦最忠实、最可靠的部下,是帮助刘邦创业的主要元勋中的骨干。他们论才干、论历史贡献,当然无法与韩信、黥布、彭越,以至萧何、张良等相比,但是他们在灭秦、灭楚中的战功,至少不在曹参、周勃等之下。再加上他们每个人又都在救助刘邦,或者在挽救刘氏政权的关键时刻起过非常重要的作用,因此这四个人的地位与作用是决不能低估的。尤其在韩信、黥布、彭越等一批异姓诸侯王被消灭之后,他们的功勋之显赫与地位之崇重,就更加可想而知了。灌婴在刘邦的开国功臣中年龄偏小,故而能接续萧何、曹参、王陵、陈平、周勃之后,在文帝时位至丞相,成为汉初布衣将相之局的重要人物之一。

本篇最使作者动情的是樊哙,樊哙有时的表现是武夫,但也有些关键的表现不是一个"武夫"所能概括的。正如明代卢舜治说:"初沛公之入咸阳,见秦之宫室帷帐,宝货妇女,欲留居之。因哙之谏,遂还屯霸上,不然则逸欲遽生,蹈亡秦之覆辙,汉之为汉未可知也。史言当时诸将皆争取金帛财物,萧何独先入收丞相府图籍藏之,观哙之能谏止,则其不为是可知矣。及高帝既老,尝有疾,恶见人,诏户者无得入群臣,何虽为相,亦莫知为计也。哙排闼而入,见上独枕一宦者卧,因流涕以片言悟之。其忧虑深远,有可为大臣者矣,岂绛、灌等比耶?"关于郦商、夏侯婴、灌婴三人的巨大贡献,前引卢舜治、郭嵩焘、王鸣盛等都有明晰的提点,读者应该注意。

本篇以简括的手法记载了四人参加反秦、灭楚以及在铲除异姓王过程中的战绩;又由于他们都是"战将",不是"大将",所以他们的贡献就不是运筹帷幄,而主要是冲锋陷阵,是表现在战场上的勇敢,故而在写法大体都是使用他们破军、杀将、略地、登城等具体的统计数字,大概录自官府档案;而在简略的叙事中,司马迁用字不避重复。如文中大量使用"从"字、"以"字,然而班固写《汉书》时却给删掉了。杨慎评论道:"《灌传》无他异,只以十一'以'字,不避重叠,正欲班班见眼目,此纪事之转态也。若尽如他传,即史文千百无异。不特不必删,亦不可删。"(《史记题评》)这种写法使文章带有一种朴拙自然之美,很受唐人韩愈欣赏,韩愈在写《曹成王碑》时,就学习了司马迁的这种笔法。

关于本篇的作者,因本篇的"太史公曰"中有所谓"余与他广(樊哙之孙)通,为言高祖功臣之兴时若此云",王国维说:"公孙季功、董生(自注:非董仲舒)曾与夏无且游,考荆轲刺秦王之岁下距史公之生凡八十有三年,二人未必能及见史公道荆轲事。又樊他广及平原君子辈行亦远在史公前,然则此三传(指《刺客列传》《樊郦滕灌列传》《郦生陆贾列传》)所纪,史公或追纪父谈语也。"顾颉刚说:"此非或然,乃必然也。谈于赞中自称'余',《荆轲传》曰'为余道之如是',《朱建传》曰'平原君子与余善',《樊哙传》曰'余与他广通',著传文之来源,作一篇之总结,则此三传成于谈手无疑。"均认为系司马谈所作。

本文的叙事还有一项大可疑者,即楚汉战争最后的垓下之战,究竟存在不存在。据《史记·高祖本纪》,在汉四年(前203)九月刘项双方签订鸿沟之约后,项羽引兵东撤,刘邦用张良、陈平之议,随即挥师追了上去,并下令韩信、彭越等一齐出兵,计划一举于固陵消灭项羽的军队。结果韩信、彭越等都抗命不到,致使刘邦被项羽反戈一击,在固陵被打得大败。刘邦无奈,只好又用张良之谋,给韩信、彭越等预先划出地盘,以换取韩信、彭越诸将的出兵,这才使刘邦的各路大军共同将项羽包围在垓下。垓下在固陵的东南方,直线距离相隔二百五十多公里。也就是说,项羽是在固陵打败刘邦后,又向东南撤出五百华里后,才被刘邦的各路大军包围在垓下的。垓下在今安徽灵璧东南约七十华里。《高祖本纪》中有一段具体描写垓下之战的文字说:"五年,高祖与诸侯兵共击楚军,与项羽决胜垓下。淮阴侯将三十万自当之,孔将军居左,费将军居右,皇帝在后,绛侯、柴将军在皇帝后。项羽之卒可十万。淮阴先合,不利,却;孔将军、费将军纵,楚兵不利。淮阴侯复乘之,大败垓下。"而后才是项羽"夜闻汉军四面皆楚歌",以为"汉尽得楚地",于是乘夜半突围云云。《项羽本纪》的写法前半部分与《高祖本纪》大体相同,但没有"淮阴将三十万自当之,孔将军居左,费将军居右"以及"淮阴先合,不利,却;孔将军、费将军纵,楚兵不利。淮阴侯复乘之,大败垓下"云云的一段具体描写。《项羽本纪》是在写了刘邦的各路大军"随刘贾、彭越皆会垓下,诣项王"后,接着就是"项王军壁垓下,兵少食尽,汉军及诸侯兵围之数重。夜闻汉军四面皆楚歌"云云,接着就是项羽的慷慨悲歌,就是半夜突围,就是东城之战与乌江自刎了。一句话,就是只有垓下之围,而无所谓垓下之战。

更为奇特的是《樊郦滕灌列传》与《曹相国世家》的写法,樊哙传说:"项羽引而东,(哙)从高祖击项籍,下阳夏,虏楚周将军卒四千人,围项籍于陈,大破之。屠胡陵。项籍既死,汉王为帝,以哙坚守战有功,益食八百户。"夏侯婴传说:"复常奉车从击项籍。追至陈,卒定楚,至鲁,益食兹氏。"灌婴传说:"与汉王会颐乡,从击项籍军于陈下,破之。……项籍败垓下去也,婴以御史大夫受诏将车骑别追项籍至东城,破之。所将卒五人共斩项籍。"《曹相国世家》说韩信这时的行动是:"韩信为齐王,引兵诣陈,与汉王共破项羽,而参留平齐未服者。"此外在靳歙传里也有所谓"还击项籍陈下,破之"。在刘邦这几个部将的传记里,都没有提到刘邦在固陵的失败,也没有提到他们在垓下参加过什么破项羽的战斗。相反倒是无一例外地都说他们有追击大破项羽于陈的战功。陈县也就是河南的淮阳,它距离刘邦被项羽打败的固陵不到三十公里之遥,在固陵的东南方。这陈县之战与固陵之战是一回事还是两回事?而项羽被刘邦、韩信最后打败的决定性一仗究竟是在陈县,还是在垓下?人们从《项羽本纪》《高祖本纪》与《樊郦滕灌列传》《曹相国世家》里是无法得出结论的。班固《汉书》的《高祖纪》与《项籍传》基本是依傍《史记》的《项羽本纪》与《高祖本纪》,关键的不同是《汉书》删去了韩信"自将三十万"大破项羽十万的那段文字,从而使《高祖纪》与《项籍传》都变得前后不相连贯,而对于项羽的垓下作歌、东城之战、乌江自刎等富有传说色彩的描写倒是全部保留了下来。而《汉书》在《韩信传》里只用了"征信将兵会垓下"七个字,韩信的作用只字未提。而在《樊郦滕灌傅靳周传》写到他们参加与项羽的决战时,则又转回来抄录《史记》的《樊郦滕灌列传》,而泛讲什么"围项籍陈,大破之";"追至陈,卒定楚"了。所以比较《汉书》与《史记》的诸篇,也仍是看不清这陈之战,究竟与固陵之战、垓下之战是怎样的一种关系。司马光写《资治通鉴》基本上是依傍《汉书》,但司马光也看出了班固凭空删去韩信破项羽那段文字后给《高祖纪》所造成的割裂,于是他在刘邦的各路大军围困项羽于垓下后,给项羽增加了"与汉战不胜,入壁"七个字。于是,司马光将一场惊天地、泣鬼神的垓下大搏杀冲得雪淡,但文字上的大漏洞总算是敷衍过去了。单从这一点看,司马光调停得比班固强。

史记卷九十六

张丞相列传第三十六

【释名】

《张丞相列传》是文帝、景帝、武帝时期丞相、御史大夫的合传,因为以张苍为首,故以"张丞相"标题。篇中主要写了张苍、周昌、申屠嘉的事迹,而附传赵尧、任敖。至于陶青、刘舍、许昌、薛泽、庄青翟、赵周等几位丞相只是列举姓名而已。

张苍善律历,熟悉财务统计,曾为计相,迁御史大夫,后为丞相,坚持汉为"水德"之说,对汉初律历制定多有贡献。周昌为人刚直不阿,在刘邦废立太子一事上敢于顶撞刘邦,为保护赵王如意敢于违抗吕后;但其见陈豨宾客多就诬告其有谋反之心,显然就不是实事求是、与人为善了。申屠嘉为人廉直,整治了无礼怠慢的文帝宠臣邓通,但只因晁错被景帝信用就心生嫉妒,找茬治他的罪,显得心胸狭隘。而陶青等几位武帝后期的丞相,都没有什么事迹可写,"娓娓廉谨,为丞相备员而已"。在论赞中,司马迁对张苍、周昌、申屠嘉等人有褒有贬,认为他们已不能与萧何、曹参、陈平等人相比。

本篇"孝武时丞相多甚,不记"以下连同"太史公曰"是后人缀补,非史公旧文。

    张丞相苍者,阳武人也①。好书、律、历②。秦时为御史③，主柱下方书④。有罪，亡归。及沛公略地过阳武⑤，苍以客从攻南阳⑥。苍坐法当斩，解衣伏质⑦，身长大，肥白如瓠⑧，时王陵见而怪其美士⑨，乃言沛公，赦勿斩。遂从西入武关⑩，至咸阳⑪。沛公立为汉王，入汉中⑫，还定三秦⑬。陈馀击走常山王张耳⑭，耳归汉，汉乃以张苍为常山守⑮。从淮阴侯击赵⑯，苍得陈馀⑰。赵地已平，汉王以苍为代相⑱，备边寇。已而徙为赵相，相赵王耳⑲。耳卒⑳，相赵王敖㉑。复徙相代王㉒。燕王臧荼反㉓，高祖往击之，苍以代相从攻臧荼有功，以六年中封为北平侯㉔，食邑千二百户。

【注释】

①阳武：秦县名，治所在今河南原阳东南。

②好书、律、历：喜爱诗书、音律、历法。

③御史：官名，御史大夫属官。

④主柱下方书：主管四方上奏的文书。颜师古曰："下云'苍自秦时为柱下史，明习天下图书计簿'，则主四方文书是也。柱下，居殿柱之下，若今侍御史矣。"

⑤沛公略地过阳武：事在秦二世三年（前207）四月。

⑥苍以客从攻南阳：刘邦攻南阳事在秦二世三年（前207）七月。南阳，秦郡名，郡治宛县，在今河南南阳。

⑦质：椹，木砧，处斩刑的砧板。

⑧瓠：瓠瓜。

⑨王陵：西汉开国功臣，事迹见《陈丞相世家》。

⑩西入武关：事在秦二世三年（前207）八月。

⑪至咸阳：事在汉元年（前206）十月。咸阳，时为秦朝都城，在今

陕西咸阳东北。

⑫沛公立为汉王,入汉中:事在汉元年(前206)四月。泷川曰:"枫、三本'王'下有'从'字。"

⑬还定三秦:事在汉元年(前206)八九月。三秦,灭秦后,项羽三分关中,封秦降将章邯为雍王,司马欣为塞王,董翳为翟王,合称三秦。

⑭陈馀击走常山王张耳:事在汉元年(前206)末,详参《张耳陈馀列传》。

⑮以张苍为常山守:事在汉二年(前205)十月。常山,秦郡名,原名恒山郡,汉人避汉文帝刘恒讳,改称常山郡,郡治东垣,在今河北石家庄东北。

⑯淮阴侯击赵:事在汉三年(前204)十月,见《淮阴侯列传》。

⑰苍得陈馀:据《淮阴侯列传》,韩信攻赵时,"斩成安君(即陈馀)泜水上,禽赵王歇",与此不同。

⑱代:秦郡名,郡治代县,在今河北蔚县东北的代王城。

⑲相赵王耳:事在汉四年(前203)十月。韩信与张耳等平定赵、燕后,韩信继续率军东伐齐,而张耳为赵王,留镇赵地,张苍任丞相。

⑳耳卒:事在汉五年(前202)七月。

㉑赵王敖:张耳之子,其妻为刘邦之女鲁元公主,事详《张耳陈馀列传》。

㉒复徙相代王:此事当在汉五年(前202)七月至九月间,此时似无代王。据《汉兴以来将相名臣年表》,汉六年(前201),刘邦封其次兄刘喜为代王。

㉓臧荼反:事在汉五年(前202)七月。臧荼原为燕王韩广部将,因随项羽入关,被项羽封为燕王。韩信灭赵后,臧荼降汉,至此又反汉,事见《高祖本纪》。

㉔六年中封为北平侯:事在高祖六年(前201)八月。北平,汉县名,治所在今河北满城北。

【译文】

　　张苍丞相是阳武人。他爱好诗书、音律和历法。秦朝时为御史，主管四方上奏的文书。后来犯了罪，逃回家乡。在沛公攻城略地经过阳武时，张苍以宾客身份随高祖攻打南阳。他曾犯法当斩，脱去上衣趴在木砧上，准备受斩刑，张苍身材魁梧，长得像葫芦一样又胖又白，当时王陵见到他，惊奇于他的样貌，认为他是身怀异才的美男子，就在沛公面前为他求情，赦免他没有处斩。于是他就随沛公西征，入关到咸阳。沛公被封为汉王，进入汉中，同年又回师平定三秦。陈馀打跑常山王张耳，张耳投奔汉王，汉王就任命张苍为常山郡守。后来张苍随淮阴侯韩信攻打赵国，生擒了陈馀。赵国平定之后，汉王命张苍为代王相国，以防备边境敌人入侵。不久又改任赵王相国，辅佐赵王张耳。张耳去世后，又辅佐赵王张敖。又改任代王相国。燕王臧荼反叛，高祖前去讨伐，张苍以代王相国的身份随高祖攻打臧荼有功，在汉六年被封为北平侯，获赐一千二百户食邑。

　　迁为计相①，一月，更以列侯为主计四岁②。是时萧何为相国，而张苍乃自秦时为柱下史，明习天下图书计籍③。苍又善用算、律、历④，故令苍以列侯居相府，领主郡国上计者⑤。黥布反亡⑥，汉立皇子长为淮南王⑦，而张苍相之。十四年⑧，迁为御史大夫⑨。

【注释】

　　①计相：在丞相属下主管上计、计籍之官。

　　②一月，更以列侯为主计四岁：担任"计相"一个月之后，改以列侯的身份任"主计"，一直做了四年。《索隐》曰："改'计相'之名，更名'主计'也。"

③天下图书计籍：当即与《萧相国世家》载萧何所收"秦丞相御史律令图书"类似。计籍，或作计簿，为秦汉时郡国向中央政府汇报的簿籍。内容包括各县户口、垦田、钱谷出入、盗贼多少等。汉时规定，县于秋冬集课，上计于所属郡国，郡国则于岁尽上计簿于丞相府。

④善用算、律、历：擅长算术、律度、历法。

⑤领主：主管。

⑥黥布反亡：事在高祖十一年（前196）七月。事详《黥布列传》。

⑦立皇子长（zhǎng）为淮南王：淮南王刘长，刘邦之子，事迹见《淮南衡山列传》。

⑧十四年：指担任淮南王相十四年，即吕后八年（前180）。

⑨御史大夫：秦汉时与丞相、太尉合称"三公"，掌副丞相职。主管图籍秘书、四方文书、监察执法，有时亦奉命出征。宰相位缺，即由御史大夫递补。

【译文】

张苍后来升迁为计相，一个月后，张苍改以列侯的身份担任主计四年。当时萧何为相国，因为张苍在秦朝时曾担任过柱下史，了解熟悉国家的图书档案和各地汇报簿籍。又因为他还擅长算术、音律、历法，所以让他以列侯的身份在相府中任职，主管地方郡国的上计工作。黥布造反灭亡后，高祖封皇子刘长为淮南王，让张苍担任淮南王相。张苍担任淮南王相十四年，被提升为御史大夫。

周昌者，沛人也①。其从兄曰周苛②，秦时皆为泗水卒史③。及高祖起沛④，击破泗水守、监⑤，于是周昌、周苛自卒史从沛公，沛公以周昌为职志⑥，周苛为客⑦。从入关，破秦⑧。沛公立为汉王⑨，以周苛为御史大夫，周昌为中尉⑩。

【注释】

①沛：秦县名，治所在今江苏沛县。

②从兄：堂兄。

③泗水：秦郡名，郡治相县，在今安徽濉溪西北。时沛县属于泗水郡。卒史：也作"卒吏"，为中央诸官府和地方郡守的主要属吏，秩百石。

④高祖起沛：事在秦二世元年（前209）九月。

⑤击破泗水守、监：事在秦二世二年（前208）十一月。守、监，郡守与郡监。据《项羽本纪》《高祖本纪》，此时泗水郡的郡守名"壮"，其郡监名"平"，姓皆不详。郡监，由朝廷御史充任，掌监郡。

⑥昌为职志：《索隐》曰："职，主也。志，旗帜也。谓掌旗帜之官也。"

⑦周苛为客：《集解》引张晏曰："为帐下宾客，不掌官。"王先谦引沈钦韩曰："犹战国之'客卿''客将'也。"

⑧从入关，破秦：事在汉元年（前206）十月，当时以十月为岁首。

⑨沛公立为汉王：事在汉元年（前206）一月。

⑩中尉：官名，主管京师治安。

【译文】

周昌是沛县人。他的堂兄叫周苛，在秦朝的时候都在泗水郡担任卒史。等到高祖在沛县起事，打败了泗水郡守和郡监，于是周昌、周苛便以卒史的身份追随沛公，沛公任命周昌为掌旗官，周苛为宾客。他们跟随沛公入关，灭掉秦朝。沛公被封为汉王后，任命周苛为御史大夫，周昌为中尉。

汉王四年①，楚围汉王荥阳急②，汉王遁出去，而使周苛守荥阳城。楚破荥阳城，欲令周苛将。苛骂曰："若趣降汉王③！不然，今为虏矣！"项羽怒，亨周苛④。于是乃拜周昌为御史大夫。常从击破项籍⑤。以六年中与萧、曹等俱封⑥：封周昌为汾阴侯⑦；周苛子周成以父死事，封为高景侯⑧。

【注释】

①汉王四年：梁玉绳曰："当作'三年'。"梁说是，事当在汉三年（前204）秋。以下所叙周苛被杀事，参见《项羽本纪》。

②荥阳：县名，治所在今河南荥阳北。

③若趣降汉王：你赶紧投降汉王。若，你，你们。趣，通"促"，赶快，从速。

④亨：同"烹"。

⑤常从击破项籍：意谓在跟随刘邦击败项羽的整个楚汉战争中周昌立有军功，但又没有特别突出的事迹。

⑥以六年中与萧、曹等俱封：指高祖六年（前201）与萧何、曹参等一同被封为侯。

⑦汾阴：汉县名，治所在今山西万荣西南。

⑧周成以父死事，封为高景侯：梁玉绳曰："周成以九年封，此误在六年。"高景，地名，其地不详，钱穆认为当在沛县附近。

【译文】

汉王四年，项羽将汉王围困在荥阳城中，情势紧急，汉王逃出城去，而派周苛守卫荥阳城。楚军攻破了荥阳城，项羽想让周苛成为他手下的将领。周苛骂道："你赶紧投降汉王吧！否则的话，马上就会被汉王俘虏了！"项羽大怒，煮死了周苛。于是汉王便任命周昌为御史大夫。周昌后来一直跟随汉王攻杀项羽。汉高祖六年，与萧何、曹参等一同受封：周昌被封为汾阴侯，周苛的儿子周成因为父亲殉国，被封为高景侯。

昌为人强力①，敢直言，自萧、曹等皆卑下之。昌尝燕时入奏事②，高帝方拥戚姬③，昌还走，高帝逐得④，骑周昌项,问曰:"我何如主也?"昌仰曰:"陛下即桀纣之主也⑤。"于是上笑之,然尤惮周昌。及帝欲废太子⑥,而立戚姬子如意为太子,大臣固争之⑦,莫能得;上以留侯策即止⑧。而周昌廷争之强,上问其说,昌为人吃,又盛怒,曰:"臣口不能言,然臣期期知其不可⑨。陛下虽欲废太子,臣期期不奉诏。"上欣然而笑。既罢,吕后侧耳于东箱听⑩,见周昌,为跪谢曰:"微君,太子几废。"

【注释】

①强力:倔强,强硬。

②燕时:闲居休息的时候。颜师古曰:"安闲之居也。"

③拥:抱着。戚姬:刘邦宠妃,赵王如意之母,事见于《吕太后本纪》。

④逐得:追上去拉住。卢舜治曰:"拥戚氏,骑昌项,史氏不为少讳,总见昌之木强敢言尔。"

⑤桀纣:夏桀、商纣,古代著名的暴君。

⑥太子:此指吕后之子刘盈。

⑦大臣固争之:大臣坚持进谏反对改立太子。当时谏阻改立太子者还有叔孙通,事见《刘敬叔孙通列传》。

⑧上以留侯策即止:指留侯张良让吕后请来"商山四皓",从而让刘邦放弃废太子事,事详《留侯世家》。

⑨期期:王念孙曰:"'臣期期知其不可',臣知其不可也;'臣期期不奉诏',臣不奉诏也。'期期'乃吃者语急之声,本无意义。"

⑩东箱:正殿的东侧室。颜师古曰:"正寝之东西室皆曰'箱'。"箱,厢房。

【译文】

周昌为人倔强,敢于直言进谏,就连萧何、曹参等都不如他敢言。周昌曾在高祖闲居休息时进宫奏事,碰上高祖正抱着戚夫人亲热,周昌见了掉头就走,高祖追上去拉住他,骑在他的脖子上,问:"我是怎样的君主?"周昌仰头回答:"陛下是桀、纣一样的暴君。"高祖听了大笑,从此特别畏惧周昌。高祖想废掉太子刘盈,改立戚姬的儿子刘如意为太子,大臣们上书强谏,却没有人能说服高祖;最终因为留侯张良设计保护太子,高祖才打消了废太子的念头。而当时周昌在朝廷上极力争谏,高祖问他反对废太子的理由,周昌有口吃的毛病,加之十分愤怒,他对高祖说:"我口吃不会讲话,然而期期知道这万万不可行。陛下即使一意孤行要废太子,臣期期决不接受诏命。"高祖高兴地笑了。吕后在大殿东厢房偷听君臣谈话,后来见到周昌,给他跪下表示感谢说:"没有您,太子几乎就被废了。"

　　是后戚姬子如意为赵王①,年十岁,高祖忧即万岁之后不全也。赵尧年少,为符玺御史②。赵人方与公谓御史大夫周昌曰③:"君之史赵尧④,年虽少,然奇才也,君必异之,是且代君之位。"周昌笑曰:"尧年少,刀笔吏耳⑤,何能至是乎!"居顷之,赵尧侍高祖。高祖独心不乐,悲歌,群臣不知上之所以然。赵尧进请问曰⑥:"陛下所为不乐,非为赵王年少而戚夫人与吕后有郤邪⑦?备万岁之后而赵王不能自全乎?"高祖曰:"然。吾私忧之,不知所出⑧。"尧曰:"陛下独宜为赵王置贵强相⑨,及吕后、太子、群臣素所敬惮乃可。"高祖曰:"然。吾念之欲如是,而群臣谁可者?"尧曰:"御史大夫周昌,其人坚忍质直,且自吕后、太子及大臣皆素敬惮之。独昌可⑩。"高祖曰:"善。"于是乃召周昌,谓曰:"吾欲固烦公,公强为我相赵王。"周昌泣曰:"臣初起从陛下,陛下独奈何中道而弃之于诸侯乎⑪?"高祖曰:"吾极知其左迁⑫,然吾私忧赵王,念非公无可者。公不得已强行!"于是徙御史大夫周昌为赵相。

【注释】

①如意为赵王:事在汉高祖九年,前198年。

②符玺御史:官名,职掌皇帝印玺,御史大夫属官。

③方与公:方与县县令,姓名不详。方与,汉县名,治所在今山东鱼台西。

④君之史:您的下属人员。时周昌为御史大夫。

⑤刀笔吏:掌文案的官吏。《正义》曰:"古用简牍,书有错谬,以刀削之,故号曰'刀笔吏'。"郭嵩焘曰:"赵尧为符玺御史,亦御史中丞之属也,故得侍上进言。周昌之所云'刀笔吏',谓其无学术也,非谓其为小吏也。"

⑥赵尧进请问曰:梁玉绳引宋祁曰:"'问'疑应作'间'。"请间,请求支开别人单独进言。

⑦有卻:有嫌隙,有矛盾。卻,通"隙"。

⑧不知所出:不知怎么办好。

⑨置:配备。贵强相:地位威望高,又个性强硬的丞相。

⑩独昌可:只有周昌合适。锺惺曰:"分明欲出昌,代其御史大夫耳,捷甚险甚。"

⑪弃之于诸侯:离开朝廷,抛弃到诸侯国任职。

⑫左迁:指降职。御史大夫为"三公",而诸侯国丞相级别比"九卿"还低。

【译文】

　　此后戚姬的儿子刘如意被封为赵王,年仅十岁,高祖担心自己死后如意的生命得不到保全。当时赵尧年轻,担任符玺御史。一位担任方与县令的赵国人对御史大夫周昌说:"您手下的符玺御史,虽然年纪轻轻,却是一位奇才,您一定要特别留意他,这个人将来会取代您的职位。"周昌笑着说:"赵尧年轻,也不过是个掌管文书的小吏罢了,怎么能做到我这个职位呢!"过了没多久,赵尧侍奉在高祖身边。见高祖独自一人闷闷不乐,吟唱悲凉的曲调,群臣都不清楚皇上为何会这样。赵尧上前请问道:"陛下之所以不高兴,是不是因为赵王年少而戚夫人与吕后有矛盾呢? 是不是担心自己万岁身后赵王不能保住自己的性命呢?"高祖说:"是啊。我私下为此担忧,却又不知道怎么办好。"赵尧说:"陛下只要为赵王配备一位地位威望高而又个性强硬的丞相,这个人需要是吕后、太子及大臣们平时敬畏的才行。"高祖说:"对啊。我也是这样考虑的,可在群臣当中谁能胜任呢?"赵尧说:"御史大夫周昌合适,他刚毅正直,并且从吕后、太子到大臣们素来对他都很敬畏。只有周昌才可以胜任。"高祖说:"好主意。"于是召见周昌,高祖说:"我有一事麻烦您,您勉强去为我辅佐赵王吧。"周昌流着眼泪说:"我当初从起事时就追随陛下,陛下为什么中途将我抛弃到诸侯国呢?"高祖说:"我非常清楚这是降职,然而我私下担心赵王,心想这件事除了你没有合适人选。您就勉为其难地赴任去吧!"于是改派御史大夫周昌担任赵王丞相。

既行久之[1],高祖持御史大夫印弄之,曰:"谁可以为御史大夫者?"孰视赵尧[2],曰:"无以易尧。"遂拜赵尧为御史大夫。尧亦前有军功食邑,及以御史大夫从击陈豨有功[3],封为江邑侯[4]。

【注释】

[1]既行久之:周昌离开朝廷后,御史大夫之位空了很久。
[2]孰视:熟视,盯着。孰,通"熟"。

③从击陈豨：事在高祖十年（前197）九月。陈豨造反被平定事，详
　　见《韩信卢绾列传》。

④江邑侯：封地江邑，钱穆认为当在今河南息县西南。

【译文】

　　周昌走后过了很长时间，高祖拿着御史大夫的官印抚摸，自言自语
地说："谁可以担任御史大夫？"他仔细地看了赵尧好半天，说："没有人
比赵尧合适。"于是就任命赵尧为御史大夫。赵尧此前也立有军功，享
有封邑，等到后来以御史大夫的身份跟随高祖征讨陈豨立了新功，高祖
封他为江邑侯。

　　高祖崩①，吕太后使使召赵王，其相周昌令王称疾不
行。使者三反，周昌固为不遣赵王。于是高后患之，乃使使
召周昌。周昌至，谒高后，高后怒而骂周昌曰："尔不知我之
怨戚氏乎？而不遣赵王，何？"昌既征，高后使使召赵王，赵
王果来。至长安月余，饮药而死②。周昌因谢病不朝见，三
岁而死③。

【注释】

①高祖崩：事在高祖十二年（前195）四月。

②至长安月余，饮药而死：赵王如意被吕后毒死事，在惠帝元年（前
　　194）十二月，详参《吕太后本纪》。

③周昌因谢病不朝见，三岁而死：周昌死于惠帝三年（前192）。卢
　　舜治曰："一不奉诏也，前能止高帝之不废太子，后不能保吕后之
　　不召赵王。昌竟无他奇，抱期期以死耳。"凌稚隆曰："昌即坚忍
　　伉直，然期期无长语，何以必其能感动太后而托以赵王耶？卒之
　　被征谒太后，史氏不载昌一言，虽谢病三载薨，愧荀息矣。"汤谐

曰："史公微意，乃深惜周昌之不得为相也。昌立朝廷则萧、曹卑下之，安太子则留侯同功，身价过苍与嘉远甚，使不左迁而得为相，当孝惠、高后时，必大有可为者，奈何以私故弃之诸侯，致使终抑郁以死哉？此史公之所为惜也。"

【译文】

高祖去世后，吕太后派使臣去召见赵王，赵国丞相周昌让赵王假称有病不去。使臣往返三次，周昌仍坚决不许赵王前往。吕太后开始担心，就派使臣召回周昌。周昌到了长安，拜见吕太后，吕太后生气地大骂周昌道："你不知道我恨戚夫人吗？你不让赵王来长安见我，为什么？"周昌被征调回京后，吕太后又派使臣征召赵王进京，赵王果然应召前来。他到长安一个多月，就被吕太后用鸩酒毒死。周昌因此称病不再上朝拜谒吕后，三年后便死去了。

后五岁^①，高后闻御史大夫江邑侯赵尧高祖时定赵王如意之画^②，乃抵尧罪^③，以广阿侯任敖为御史大夫^④。

任敖者，故沛狱吏。高祖尝辟吏^⑤，吏系吕后，遇之不谨。任敖素善高祖，怒，击伤主吕后吏。及高祖初起，敖以客从，为御史^⑥，守丰二岁^⑦。高祖立为汉王^⑧，东击项籍^⑨，敖迁为上党守^⑩。陈豨反时^⑪，敖坚守^⑫，封为广阿侯，食千八百户。高后时为御史大夫^⑬。三岁免^⑭，以平阳侯曹窋为御史大夫^⑮。高后崩^⑯，不与大臣共诛吕禄等，免^⑰，以淮南相张苍为御史大夫^⑱。

【注释】

①后五岁：指周昌死后的第五年，即吕太后元年，前187年。
②定赵王如意之画：颜师古曰："画，谓画策令周昌为相。"

③抵：治罪，处以与其罪行相当的惩罚。

④广阿：汉县名，治所在今河北隆尧北。

⑤高祖尝辟吏：刘邦躲避官司，此事又见于《韩信卢绾列传》。辟，同"避"。

⑥以客从，为御史：以宾客的身份追随刘邦，担任御史。

⑦守丰二岁：为刘邦镇守丰邑两年。事在秦二世二年、三年（前208、前207）。丰，乡邑名，是刘邦老家，汉时置县，即今江苏丰县。

⑧高祖立为汉王：事在汉元年（前206）一月。

⑨东击项籍：指刘邦平定三秦后，出兵东征项羽。事在汉二年（前205）四月。

⑩上党：秦郡名，郡治长子，在今山西长治西南。秦汉之际，一度为魏王豹领地，后归刘邦。

⑪陈豨反时：事在高祖十年（前197）八月。

⑫敖坚守：指固守上党郡。

⑬高后时为御史大夫：吕太后主政时间为前187—前180年。

⑭三岁免：任敖免职时间，在高后三年（前185），《汉书·百官公卿表》同；而《史记·汉兴以来将相名臣年表》系于吕太后元年，有误。

⑮平阳侯曹窋（zhú）为御史大夫：事在吕太后四年，前184年。曹窋，曹参之子，袭其父爵为平阳侯。

⑯高后崩：事在高后八年（前180）七月。

⑰不与大臣共诛吕禄等，免：曹窋免职事，此处语意不明确。泷川曰："代邸上议，群臣列名即云'御史大夫臣苍'，则孝文未立之前窋已罢官矣。《公卿表》：'高后八年，淮南丞相张苍为御史大夫'，盖吕后未崩，诏以张苍代窋；苍未任事以前，窋尚在官，故谓之'行事'，参观纪、表，可得其实。"郭嵩焘曰："平阳所与丞相、太尉谋者，诛吕产事耳。吕禄已前去北军，平阳因欲宽吕禄之诛以全诸吕，以是与丞相、太尉异议，因自免去。"吕禄，吕后之侄，封赵

王,掌北军,是吕氏家族的核心人物之一。

⑱淮南相张苍为御史大夫:据《汉书·百官公卿表》,事在吕太后八年,前180年。

【译文】

五年后,吕太后听说是御史大夫江邑侯赵尧在高祖活着时制定了保全赵王如意的计策,于是便治赵尧的罪,任命广阿侯任敖为御史大夫。

任敖原先曾任沛县狱吏。高祖当年因犯事躲避官司外逃,狱吏就抓捕了吕后,对吕后很不礼貌。任敖一向和高祖关系友善,知道后十分恼怒,一气之下打伤了主管看押吕后的狱吏。等到高祖起事之初,任敖以宾客的身份追随高祖,担任御史,在丰邑留守二年。高祖被立为汉王,率军东征项羽,任敖被提升为上党郡守。陈豨造反时,任敖坚守上党有功,被封为广阿侯,食邑一千八百户。吕太后当政时,他担任御史大夫。三年后免职,吕太后任命平阳侯曹窋为御史大夫。吕太后去世,曹窋没有参与同其他大臣一起消灭吕禄的政变,后被免职,朝廷任命淮南相张苍为御史大夫。

苍与绛侯等尊立代王为孝文皇帝①。四年②,丞相灌婴卒,张苍为丞相③。自汉兴至孝文二十余年④,会天下初定,将相公卿皆军吏。张苍为计相时,绪正律历⑤。以高祖十月始至霸上,因故秦时本以十月为岁首,弗革⑥。推五德之运⑦,以为汉当水德之时,尚黑如故⑧。吹律调乐⑨,入之音声,及以比定律令⑩。若百工,天下作程品⑪。至于为丞相,卒就之,故汉家言律历者,本之张苍。苍本好书,无所不观,无所不通,而尤善律历。

张苍德王陵⑫。王陵者,安国侯也⑬。及苍贵,常父事王陵。陵死后,苍为丞相,洗沐⑭,常先朝陵夫人上食⑮,然后敢归家。

【注释】

①苍与绛侯等尊立代王为孝文皇帝：据《孝文本纪》，张苍以"御史大夫"的身份位列劝进诸臣之中。功臣拥立汉文帝事，详见《吕太后本纪》《孝文本纪》。

②四年：指任御史大夫四年。

③丞相灌婴卒，张苍为丞相：灌婴于文帝三年（前177）继周勃任丞相，文帝四年（前176）去世，张苍继任丞相。灌婴事详《樊郦滕灌列传》。

④二十余年：从刘邦称帝（前202）至汉文帝元年（前179），共二十四年。

⑤绪正律历：即校正音律、度量衡、制订历法等。绪、正，李笠曰："谓次序整齐之也。"律，指与历有关的黄钟、大吕等十二音律和国家统一规定的度量衡制度；历，指历法和历算之学。

⑥"以高祖十月始至霸上"几句：秦朝历法以十月为岁首，而刘邦入关破秦，到达霸上也正好是十月，张苍等认为是天意，所以汉朝沿用秦朝的历法，没做变更。

⑦五德之运：战国时期五行家所创造的一套以五行相生相克来解释王朝兴衰更替的学说。这种学说认为，周朝是"火德"，秦灭周，即水克火，故秦朝为"水德"；汉代秦，即为土克水，故汉当为"土德"。不过，汉初人认为暴秦时间短，非独立一代，以汉承周，故汉仍为"水德"，故对秦制相沿不变，张苍就是属于这种人。

⑧尚黑如故：五行又可与五色相配，秦汉既为"水德"，故"尚黑"。这种"尚黑"表现在皇帝的礼服、车驾及祭祀所用牲畜的毛色等方面。

⑨吹律调乐：以六律、六吕十二个定音管，来校正各种器乐、声乐的

音值。

⑩以比定律令：以音律为参照，进一步制定各种律度，包括军律、法律以及度量衡等。古人对于音律的神秘认识，参见《律书》。

⑪若百工，天下作程品：意谓各种工匠的生产制作，也规定了标准尺码。程品，犹今日"标准件"。

⑫德：感激。

⑬安国侯：封地安国。安国，汉县名，治所在今河北安国东南。

⑭洗沐：汉代规定，官吏五日一休假而沐浴称为洗沐，也叫"休沐"。

⑮先朝陵夫人上食：先去拜见王陵的遗孀，伺候她吃饭。朝，拜见。上食，给长辈端饭。

【译文】

张苍与绛侯周勃等人尊立代王为孝文帝。四年后，丞相灌婴逝世，张苍继任丞相。自汉朝建立到孝文帝即位二十多年，正值天下刚刚安定，将相公卿都由军中将官担任。张苍担任计相时，开始制订音律、度量衡、历法等。因为高祖当初抵达霸上是在十月，所以仍然沿袭秦朝以十月为一年之首的旧历，不予变革。推算五德运转的规律，认为汉朝立国恰在水德之时，所以仍如秦时以黑为上。又用律管校正音阶，用以谱写乐章，还以之为参照制定有关法令制度。以至于各种工匠的生产制作，也据此规定了标准尺码。到张苍担任丞相时，终于完成了这些工作，所以汉代研究音律历法的，都以张苍的研究为依据。张苍原本爱好图书，没有什么书是他不读的，没有什么学问是他不通晓的，尤其擅长音律、历法。

张苍一直都很感激王陵的救命之恩。王陵，就是被封为安国侯的那个人。即使到了张苍地位尊贵的时候，他也始终像孝敬生身之父一样孝敬王陵。王陵死后，张苍当上了丞相，每当休假，便往往先去探望王陵夫人，给老人献上美食，做了这些之后才敢回府。

　　苍为丞相十余年,鲁人公孙臣上书言汉土德时^①,其符有黄龙当见。诏下其议张苍,张苍以为非是,罢之。其后黄龙见成纪^②,于是文帝召公孙臣以为博士^③,草土德之历制度,更元年^④。张丞相由此自绌^⑤,谢病称老。苍任人为中候^⑥,大为奸利,上以让苍,苍遂病免^⑦。苍为丞相十五岁而免。孝景前五年^⑧,苍卒,谥为文侯^⑨。子康侯代^⑩,八年卒^⑪。子类代为侯^⑫,八年^⑬,坐临诸侯丧后就位不敬^⑭,国除。

【注释】

①公孙臣:姓公孙名臣,一个近于方士的五行学者。言汉土德时:主张汉代应当是"土德"的时代。

②黄龙见成纪:据《汉书·郊祀志》,事在文帝十五年,前165年。泷川引中井积德曰:"公孙臣特为妄诞,成纪之'龙'盖臣所造言云。"成纪,汉县名,治所在今甘肃静宁西南。

③博士:官名,太常属官,职掌议论顾问,充当君主参谋,并兼有礼官性质。

④更元年:皇帝改年号。据《孝文本纪》,汉文帝改元在十七年得"得玉杯"之后,此误。

⑤自绌:自贬。绌,通"黜"。

⑥任人为中候:保荐一人担任中候。中候,官名,将作少府属官,掌治皇宫建筑工程。

⑦苍遂病免:事在文帝后元二年,前162年。

⑧孝景前五年:汉景帝前元五年,前152年。

⑨苍卒,谥为文侯:据《谥法解》,"经纬天地曰文","道德博闻曰文"。今河南原阳县城关之谷堆村有张苍墓。

⑩康侯:据《高祖功臣侯者年表》,康侯名"奉",康为谥号。

⑪八年卒：事在汉景帝中元六年，前144年。

⑫子类代为侯：《高祖功臣侯者年表》"类"作"预"。

⑬八年：梁玉绳曰："《史》《汉》功臣表作'七年'。"即武帝建元五年，前136年。

⑭临诸侯丧后就位不敬：意谓给某诸侯吊丧时，哭完后就坐在座位上，表现不恭敬。临，哭丧。

【译文】

张苍担任丞相十余年后，鲁人公孙臣上书说汉朝应是土德时期，其征兆是应当有黄龙出现。皇上下诏交由张苍审议，张苍认为公孙臣的说法是不对的，罢斥不用。后来黄龙果真出现在成纪县，于是孝文帝征召公孙臣为博士，命他草拟与土德相应的历法和典章制度，同时改元。张苍因而自我贬退，常称年老有病不上朝。张苍曾荐某人为中侯，此人任职期间大肆非法牟利，皇上因此责备张苍，张苍于是称病请求免职。张苍担任丞相共十五年才被免职。孝景帝前元五年，张苍去世，谥号为文侯。张苍的儿子康侯张奉承袭侯爵，八年后去世。康侯张奉的儿子张类承袭侯爵，在位八年，因为在给某位诸侯吊丧时，哭完后就坐在座位上，表现不恭敬而犯罪，侯国被废除。

初，张苍父长不满五尺，及生苍，苍长八尺余①，为侯、丞相。苍子复长②。及孙类，长六尺余，坐法失侯。苍之免相后，老，口中无齿，食乳，女子为乳母。妻妾以百数，尝孕者不复幸③。苍年百有余岁而卒。

【注释】

①长八尺余：相当于现在的1.84米。汉代一尺相当于现在的23.1厘米。

②苍子复长：梁玉绳曰："《御览》五百十九引《史》云'苍子复长八
　　尺余'，与《汉书》同，疑今本脱之。"

③妻妾以百数，尝孕者不复幸：极言张苍之淫靡。

【译文】

当初，张苍的父亲身高不到五尺，等生下张苍，张苍身高却有八尺
多，还封了侯拜了相。张苍的儿子也长得很高。而他的孙子张类却只有
六尺多，因犯法而失去侯位。张苍免去相位后，已经很老了，嘴里牙齿都
掉光了，只能喝奶，让一些女子给他喂奶。他的妻妾数以百计，凡是曾经
怀过孕的就不再与之同房。张苍差不多活到了一百多岁才去世。

申屠丞相嘉者①，梁人，以材官蹶张从高帝击项籍②，迁
为队率③。从击黥布军④，为都尉⑤。孝惠时⑥，为淮阳守⑦。
孝文帝元年⑧，举故吏士二千石从高皇帝者，悉以为关内
侯⑨，食邑二十四人⑩，而申屠嘉食邑五百户。张苍已为丞
相，嘉迁为御史大夫。张苍免相，孝文帝欲用皇后弟窦广
国为丞相⑪，曰："恐天下以吾私广国。"广国贤有行，故欲相
之，念久之不可⑫，而高帝时大臣又皆多死，余见无可者⑬，
乃以御史大夫嘉为丞相，因故邑封为故安侯⑭。

【注释】

①申屠丞相嘉：姓申屠，名嘉。申屠，也作"申徒"，即"司徒"。

②材官蹶张：力气大，能拉强弓。《集解》引如淳曰："材官之多力，能
　　踏强弩张之，故曰'蹶张'。"

③队率：犹队长。

④从击黥布军：事在高祖十一年（前196）七月。

⑤都尉：官名，高级将领之下的中级武官，地位略低于校尉。

⑥孝惠:即汉惠帝刘盈,刘邦之子,前194—前188年在位。

⑦淮阳守:淮阳郡郡守。淮阳,汉郡名,治所在今河南淮阳。

⑧孝文帝元年:前179年。

⑨关内侯:爵位名,为二十级军功爵之第十九级。得此爵有侯号,但无封国,居关内京畿,故称。是仅次于彻侯(即通侯、列侯)的高级爵位。汉时关内侯亦有封地,但面积较列侯小。

⑩食邑二十四人:梁玉绳曰:"《汉》传作'三十四人'。"王先谦引钱大昭曰:"据本纪是三十人,传止二十四人,未知孰是。"

⑪窦广国:文帝窦皇后之弟,出身贫苦,事详《外戚世家》。

⑫念久之不可:考虑了很久,觉得不行。郭嵩焘曰:"广国始自脱为人奴,灌婴为相一年中方择良师傅教之,安得遽有贤行,而以为相哉?史公故作激昂语以表文帝,非事实也。"

⑬余见无可者:见,同"现"。师古曰:"见,谓见在之人。"

⑭因故邑封为故安侯:即以过去为关内侯时的封地故安而首封为故安侯。故安,汉县名,治所在今河北易县东南。王先谦引齐召南曰:"汉初丞相,俱以功臣已封列侯者为之,嘉本功臣,而由关内侯为相,则破格之事也。后因丞相封侯,遂起于此。"

【译文】

申屠嘉丞相是梁地人,他以力气大能拉开强弓的特长随高祖征讨项羽,升任队长。随高祖征讨黥布叛乱时,担任都尉。汉惠帝时期,他担任淮阳郡郡守。汉文帝元年,凡是随高祖起事居官二千石的人员,一律封为关内侯,得到食邑的共有二十四人,而申屠嘉得到食邑五百户。张苍做丞相的时候,申屠嘉升任御史大夫。张苍免去丞相之位时,汉文帝想任用皇后的弟弟窦广国当丞相,说:"我恐怕天下人说我偏爱窦广国。"窦广国有贤德,品行好,所以想让他担任丞相,但考虑了很久还是觉得不行,而随高祖打天下的老臣多数已死,而其余那些活着的却又没有合适的,这才决定让御史大夫申屠嘉担任丞相,就用他原先的封邑,封他为故安侯。

　　嘉为人廉直，门不受私谒。是时太中大夫邓通方隆爱幸[1]，赏赐累巨万，文帝尝燕饮通家[2]，其宠如是。是时丞相入朝，而通居上傍，有怠慢之礼。丞相奏事毕，因言曰："陛下爱幸臣，则富贵之；至于朝廷之礼，不可以不肃！"上曰："君勿言，吾私之[3]。"罢朝坐府中，嘉为檄召邓通诣丞相府[4]，不来，且斩通。通恐，入言文帝。文帝曰："汝第往[5]，吾今使人召若。"通至丞相府，免冠，徒跣[6]，顿首谢。嘉坐自如，故不为礼，责曰："夫朝廷者，高皇帝之朝廷也。通小臣，戏殿上，大不敬，当斩。吏今行斩之[7]！"通顿首[8]，首尽出血，不解。文帝度丞相已困通，使使者持节召通[9]，而谢丞相曰："此吾弄臣，君释之。"邓通既至，为文帝泣曰："丞相几杀臣[10]。"

【注释】

①太中大夫：郎中令属官，掌议论，顾问应对。邓通：汉文帝宠臣，事详《佞幸列传》。

②燕饮：即宴饮。

③吾私之：颜师古曰："言欲私戒教之。"郭嵩焘曰："言不欲公致其罪，而私属其丞相困苦之，而戒其勿泄也，与下'度丞相已困通'句正相应。"

④为檄召邓通诣丞相府：发文书让邓通到丞相府来。檄，官府用于征召的一种文书。诣，到，前来。

⑤第：只，只管。

⑥徒跣（xiǎn）：光着脚。跣，光脚。

⑦吏今行斩之：你们现在立即将其斩首。《集解》引如淳曰："嘉语其吏曰：'今便行斩之。'"

⑧顿首：磕头。

⑨持节：拿着皇帝的符节。

⑩丞相几杀臣：杨维桢曰："嘉，蹶张武卒耳，非有凤望著名也，而坐抑邓通之事，凛然有大臣风节。本其为人廉直，不受私谒，故所立如此，否则驭近习人亦难哉，孔光、张禹辈视此可以愧矣。"吴见思曰："一边极其迂执，一边极其窘急，而文帝从中玩弄。弄邓通，即弄申屠嘉也。入情入事，如观扮剧，妙甚。"

【译文】

申屠嘉为人清廉正直，家里拒绝私人拜访。当时太中大夫邓通正受到文帝盛宠，赏赐给他的财物累计达数万之多，汉文帝本人还曾到他家饮宴，对他宠幸到如此地步。当时申屠嘉上朝，看见邓通正坐在皇帝身旁，态度很放肆傲慢，不合君臣礼节。申屠嘉奏事完毕，趁机进言道："陛下宠幸臣子，可以给他荣华富贵；至于朝堂上的君臣礼节，不可不严肃！"汉文帝说："你不要再说了，我会私下告诫他的。"申屠嘉下朝坐在相府中，发文书命邓通到相府，如果他敢不来，就将斩杀他。邓通害怕了，入宫把此事告诉汉文帝。汉文帝说："你只管前去，我马上就派人去召你来。"邓通到了相府，脱下帽子，光着脚，磕头谢罪。申屠嘉照常坐着，故意不还礼，斥责他说："朝廷是高祖建立的朝廷。你邓通只是一个小臣而已，却在大殿上嬉戏，犯了大不敬之罪，依法当斩。吏士们听令，现在就把他推出去砍了。"邓通拼命磕头，磕得满头流血，申屠嘉还是不饶他。汉文帝估摸着丞相已让邓通吃了苦头，便派使者持节召回邓通，并向申屠嘉说："邓通是我的戏弄之臣，请您放过他。"邓通回到皇宫后，向汉文帝哭着说："丞相差点儿杀了我。"

嘉为丞相五岁，孝文帝崩①，孝景帝即位。二年②，晁错为内史③，贵幸用事，诸法令多所请变更，议以谪罚侵削诸侯。而丞相嘉自绌所言不用④，疾错⑤。错为内史门东出不便,更穿一门南出⑥。南出者,太上皇庙壖垣⑦。嘉闻之,欲因此以法错擅穿宗庙垣为门⑧,奏请诛错。错客有语错,错恐,夜入宫上谒,自归景帝⑨。至朝,丞相奏请诛内史错。景帝曰:"错所穿非真庙垣,乃外壖垣,故他官居其中⑩,且又我使为之,错无罪。"罢朝,嘉谓长史曰:"吾悔不先斩错,乃先请之,为错所卖。"至舍,因欧血而死⑪。谥为节侯⑫。子共侯蔑代,三年卒。子侯去病代,三十一年卒⑬。子侯奭代,六岁⑭,坐为九江太守受故官送有罪⑮,国除。

【注释】

①孝文帝崩:事在汉文帝后元七年,前157年。

②二年:前155年。

③晁错:汉景帝时名臣,事详《袁盎晁错列传》。内史:官名,掌治京师。

④自绌所言不用:为自己的主张不被采纳而感到失落。绌,通"黜"。

⑤疾:嫉恨。

⑥错为内史门东出不便,更穿一门南出:晁错因为内史府的大门朝东开不方便,另开了一个朝南开的门。

⑦南出者,太上皇庙壖(ruán)垣:为开辟朝南的这个门,动了太上皇庙的外围的矮墙。太上皇庙,指汉高祖刘邦父亲刘太公的庙。壖垣,宫墙外围的矮墙。壖,此指宫墙与外围矮墙之间的空地。

⑧法错:致晁错于法。

⑨自归景帝:向景帝自首请罪。

⑩故他官居其中:所以其他官员也有住在里面的。他官,《集解》曰:"《汉书》作'冗官',谓散官也。"王念孙曰:"'他官'二字,义无所取,当从《汉书》作'冗官','冗'与'它'字形似而讹,后人

又改为'他'耳。"郭嵩焘曰:"诸庙所置官,当置署庙垣外,凡有
事于庙者,皆得居其中也。"

⑪欧血而死:气得吐血而死。欧,同"呕"。锺惺曰:"嘉欲斩邓通,
正也;欲斩晁错,私也,二事已不可并论。况斩通事可行于文帝,
景帝何如主,而欲先斩错乎? 甚矣,不知变也。"凌约言曰:"史书
嘉因欧血而死,或者少其不足于量云。"何孟春曰:"嘉之为相也,
邓通戏殿上,文帝则听其檄召;内史晁错穿宗庙垣,而景帝不容其
问。然则嘉之能遂其职于前,而无褊心负气之累者,岂独嘉之命
也哉? 今就其始末观之,文、景之优劣亦因可见。"

⑫谥为节侯:《谥法解》:"好廉自克曰节。"

⑬"三年卒"几句:《集解》引徐广曰:"一本无'侯去病',而云'共侯
蔑三十三年,子臾改封靖安侯'。"梁玉绳曰:"《史》表及《汉书》
表、传,申屠嘉封故安侯,传子蔑、孙臾,无去病一代,别本是。"

⑭六岁:至申屠臾为侯第六年,即汉武帝元鼎元年,前116年。

⑮九江:汉郡名,治所在今安徽六安东北。受故官送:接受先前下属
的贿赂。

【译文】

申屠嘉任丞相五年,汉文帝去世,汉景帝即位。汉景帝二年,晁错任
内史,深受景帝宠幸信任,掌权理事,许多法令经他请求被改革,他还建
议以贬谪处罚的方式来削减诸侯的权力和封地。申屠嘉的进言往往不
被皇帝采纳,自己感到被贬黜,为此嫉恨晁错。晁错因为内史衙门的大
门向东开,出入不便,便另开了一个朝南的门。为开这个朝南的门,凿通
了太上皇庙外的矮墙。申屠嘉知道这件事后,便想借此以擅自凿穿宗庙
外墙的罪名法办晁错,奏请皇上斩杀他。晁错有个门客知道消息后告诉
了晁错,晁错很恐慌,连夜进宫拜见汉景帝,向汉景帝自首请罪。次日上
朝,申屠嘉上奏请求诛杀内史晁错。汉景帝说:"晁错开南门所凿通的不
是宗庙真正的围墙,只是外面的矮墙,其他官员也有人住在那里,而且这

事是我让他做的，晁错没有罪。"下朝后，申屠嘉对长史说："我后悔没有先杀掉晁错，却先去请示皇上，反而被晁错给玩弄了。"回到家中，气得吐血而死。谥号为节侯。他的儿子共侯申屠蔑承袭侯爵，三年后去世。共侯的儿子申屠去病承袭侯爵，三十一年后去世。申屠去病的儿子申屠臾承袭侯爵，六年后，因在九江太守任上接受过去下属的贿赂而犯罪，侯国被废除。

　　自申屠嘉死之后，景帝时开封侯陶青、桃侯刘舍为丞相①。及今上时②，柏至侯许昌、平棘侯薛泽、武强侯庄青翟、高陵侯赵周等为丞相③。皆以列侯继嗣，娖娖廉谨④，为丞相备员而已，无所能发明功名有著于当世者⑤。

【注释】

①景帝时：汉景帝刘启在位期间（前156—前141）。开封侯陶青：封地开封，在今河南开封西南。桃侯刘舍：封地桃县，在今河南延津北。

②今上时：汉武帝刘彻在位时期（前140—前87）。

③柏至侯许昌：封地柏至县，在今河北柏乡西南。平棘侯薛泽：封地平棘，在今河北赵县南。武强侯庄青翟：封地武强，在今河南郑州东北。高陵侯赵周：封地高陵，其地未详，或谓属琅邪郡。

④娖娖（chuò）：谨慎小心的样子。

⑤发明：此谓指政治上有建树。史珥曰："不取'廉谨'，盖所期相者大也，后世史官无此胆，亦无此眼。"

【译文】

　　自从申屠嘉死后，景帝在位期间开封侯陶青、桃侯刘舍先后担任丞相。到了当今皇上在位时期，柏至侯许昌、平棘侯薛泽、武强侯庄青翟、高陵侯赵周等先后担任丞相。他们都以列侯的身份继任丞相，谨慎清廉,当丞相只是充数罢了,没有干出什么名扬当代的丰功伟绩。

太史公曰:张苍文学、律历,为汉名相,而绌贾生、公孙臣等言正朔服色事而不遵①,明用秦之《颛顼历》②,何哉?周昌,木强人也③。任敖以旧德用。申屠嘉可谓刚毅守节矣,然无术学④,殆与萧、曹、陈平异矣⑤。

【注释】

①贾生:即贾谊,贾谊和公孙臣一样主张汉属"土德",事详《屈原贾生列传》。正朔:这里即指历法。正,正月。不同的历法,所设定的第一个月是不一样的。如周朝历法以十一月为岁首,秦朝历法以十月为岁首。朔,指每个月的初一。不遵:即不采用。

②秦之《颛顼历》:即秦朝所用的以十月为岁首的历法。

③木强:《正义》曰:"言其质直倔强如木石焉。"

④术学:指治理的权术、学问。

⑤与萧、曹、陈平异:跟萧何、曹参、陈平不一样。萧何、曹参、陈平,汉初的几任宰相,事迹分别见《萧相国世家》《曹相国世家》《陈丞相世家》。

【译文】

太史公说:张苍精通文献、音律和历法,是汉代著名的宰相,可他却罢斥贾谊、公孙臣等有关正朔服色的建议而不予采纳,公然使用秦朝的《颛顼历》,这是为什么呢?周昌是一个木讷倔强的人。任敖因过去有恩于吕后而被任用。申屠嘉可以说是一个刚正有节操的人,但他却缺乏治国理政的谋略,恐怕与萧何、曹参、陈平这些人是不一样的。

孝武时丞相多甚,不记,莫录其行起居状略,且纪征和以来①。

　　有车丞相②,长陵人也③。卒而有韦丞相代④。韦丞相贤者⑤,鲁人也。以读书术为吏⑥,至大鸿胪⑦。有相工相之,当至丞相。有男四人,使相工相之,至第二子,其名玄成⑧。相工曰:"此子贵,当封。"韦丞相言曰:"我即为丞相,有长子,是安从得之?"后竟为丞相,病死⑨,而长子有罪论,不得嗣⑩,而立玄成。玄成时佯狂,不肯立⑪,竟立之,有让国之名。后坐骑至庙⑫,不敬,有诏夺爵一级,为关内侯,失列侯,得食其故国邑。韦丞相卒,有魏丞相代⑬。

【注释】

①且纪征和以来:只记录征和年间以来的宰相。征和,汉武帝年号(前92—前89)。梁玉绳曰:"此下皆后人妄续。孝武在位五十四年,丞相十二人,窦婴、许昌、田蚡、薛泽、公孙弘、李蔡、庄青翟、赵周、石庆、公孙贺、刘屈氂、车千秋,而公孙贺以上十人见史公本书,其所未及者,刘、田二相耳,何云'多甚,莫录'哉?且'征和'独非孝武时乎?既纪征和以来,何以续始于千秋而不纪刘丞相?所纪车千秋、韦贤、魏相、邴吉、黄霸、于定国、韦玄成、匡衡八人中间,缺王䜣、杨敞、蔡义三人,何也?即所纪八人,词颇简劣,事复舛讹。"

②车丞相:本姓田,名千秋,因年老,皇帝特许其乘小车入朝,故人称其为"车丞相"。

③长陵:汉县名,因刘邦的陵墓长陵而得名,在今陕西咸阳东北。

④卒而有韦丞相代:车千秋卒于昭帝元凤四年(前77),继任丞相者先后有王䜣、杨敞、蔡义,而后才是韦贤。以上车千秋、王䜣、杨

敞、蔡义等人的事迹,见《汉书·公孙刘田王杨蔡陈郑传》。

⑤韦丞相贤:韦贤,汉宣帝本始三年(前71)任丞相,封扶阳侯,事
　见《汉书·韦贤传》。

⑥读书术:读经书、习儒术。

⑦大鸿胪:官名,汉代九卿之一,凡诸侯、四方少数民族及外国使者
　入朝迎送接待、封授均由此官掌管安排,地方郡国的上计之吏,也
　由其管理。

⑧第二子,其名玄成:据《汉书》本传,韦贤四子,长子方山,次子弘,
　次子舜,幼子玄成。此说玄成为"第二子",误。

⑨病死:韦贤死于汉宣帝元康四年(前62)。

⑩长子有罪论,不得嗣:梁玉绳曰:"韦贤长子方山为高寝令,早终,
　故不嗣为侯,而此言长子有罪不嗣,盖误以其次子宏为方山也。"
　据《汉书》本传,韦弘曾"坐宗庙事系狱"。论,指因犯罪受惩处。

⑪玄成时佯狂,不肯立:据《汉书》本传,韦贤在长子去世后,有心让
　次子弘承袭爵位,未定而死,其家人假托韦贤之意而立韦玄成为
　继承人。韦玄成刚开始装疯不接受,后来汉宣帝下诏,韦玄成才
　接受。

⑫坐骑至庙:据《汉书》本传,韦玄成"以列侯侍祠孝惠庙,当晨入
　朝,天雨淖,不驾驷马而骑至庙下,有司劾奏,等辈数人皆削爵为
　关内侯"。

⑬韦丞相卒,有魏丞相代:据《汉书》本传及《百官公卿表》,宣帝地
　节三年(前67),韦贤"赐金免",即退休,魏相继任。此云"韦丞
　相卒",误。汉代丞相退休,自韦贤始。

【译文】

　　孝武帝时丞相很多,不记述了,没有人记录他们的日常言行事
略,这里只能记述征和以来几位丞相的事迹:

　　有一位车丞相,他是长陵县人。他死后有韦丞相继任。韦贤丞

相是鲁国人。从读书起家当了小吏,后官至大鸿胪。有相面先生为他相面,预言他将来会官至丞相。他有四个儿子,让相面先生逐个给他们相面,看到第二个儿子,名叫玄成。相面先生预言:"这个孩子是贵人,必当封侯。"韦丞相说:"我即使做了丞相,侯爵也应由长子继承,他怎么能够封侯呢?"后来韦贤果然做了丞相,生病而死,他的长子犯罪被判刑,不能承袭侯爵,而让第二子韦玄成做侯爵继承人。韦玄成当时故意装疯,不肯接受侯爵,但最后让他承袭了侯爵,又有让国的美名。他后来骑着马去太庙,犯不敬罪,诏令夺爵一级,降为关内侯,失去列侯的爵位,还享有原来侯国的封邑。韦贤丞相死后,有魏丞相继任。

　　魏丞相相者[①],济阴人也[②]。以文吏至丞相。其人好武,皆令诸吏带剑,带剑前奏事。或有不带剑者,当入奏事,至乃借剑而敢入奏事。其时京兆尹赵君[③],丞相奏以免罪[④],使人执魏丞相[⑤],欲求脱罪而不听。复使人胁恐魏丞相,以夫人贼杀侍婢事而私独奏请验之[⑥],发吏卒至丞相舍,捕奴婢笞击问之,实不以兵刃杀也。而丞相司直繁君奏京兆尹赵君迫胁丞相[⑦],诬以夫人贼杀婢,发吏卒围捕丞相舍,不道;又得擅屏骑士事[⑧],赵京兆坐要斩[⑨]。又有使掾陈平等劾中尚书,疑以独擅劫事而坐之[⑩],大不敬,长史以下皆坐死[⑪],或下蚕室[⑫]。而魏丞相竟以丞相病死。子嗣[⑬]。后坐骑至庙[⑭],不敬,有诏夺爵一级,为关内侯,失列侯,得食其故国邑。魏丞相卒,以御史大夫邴吉代[⑮]。

【注释】

①魏丞相相者：即汉宣帝时名相魏相，事见《汉书·魏相丙吉传》。

②济阴：汉郡名，郡治定陶，在今山东定陶西北。

③京兆尹：汉武帝太初元年（前104）始由右内史改称之。掌治京师长安及原右内史东半部所属十二县，治所在长安，辖境约当今西安以东、渭河以南地。赵君：名广汉，西汉时著名的京兆尹，事见《汉书·赵尹韩张两王传》。

④丞相奏以免罪：意谓赵广汉有罪，魏相奏请将其免职。据《汉书·赵广汉传》，似无此事。有人状告赵广汉冤杀荣畜，"事下丞相御史，案验甚急"，故赵广汉想要挟魏相。

⑤使人执魏丞相：指赵广汉派人要挟魏相。此云"执"，语意不清晰。

⑥夫人贼杀侍婢：魏相府中有位侍婢因被打而自杀，赵广汉诬陷说是魏夫人故意残杀侍女。贼，残害。

⑦丞相司直繁君：丞相司直繁延寿。丞相司直，官名，掌辅佐丞相，以检举不法，主管监察检举督录诸州事。据《汉书·赵广汉传》，此丞相司直乃萧望之，非繁延寿也。

⑧擅屏骑士：据《汉书·赵广汉传》，赵广汉的罪名有一条是"擅斥除骑士乏军兴"，指赵广汉指使下属弹劾苏贤"为骑士屯霸上，不诣屯所，乏军兴"之事，所谓"擅屏骑士"当即此事。屏，斥逐，遣散。

⑨要斩：即腰斩。要，同"腰"。

⑩又有使掾陈平等劾中尚书，疑以独擅劫事而坐之：此两句史事不见于《汉书》，大意谓丞相魏相的下属陈平等举劾皇帝身边的中尚书，想把赵广汉要挟丞相的这个罪过牵连到中尚书身上。中尚书，官名，秦时尚书为少府属官，掌通章奏。汉武帝为分丞相之权，任用宦官为尚书，称为中尚书，为近侍以掌图书、秘记、章奏及宣示内外等。疑，同"拟"，想要。

⑪长史：丞相属下的诸史之长，地位很高，秩二千石。

⑫下蚕室：即处以宫刑。蚕室，古代受宫刑的牢狱。受宫刑者畏风，须温暖，故作暗室蓄火如养蚕之室。故以下蚕室代指受宫刑。

⑬子嗣：其子袭爵为侯。据《汉书》本传，魏相之子名"弘"。

⑭坐骑至庙：与前述韦玄成所犯者为同一事。

⑮魏丞相卒，以御史大夫邴吉代：事在宣帝神爵三年（前59）。

【译文】

　　魏相丞相是济阴人。从文书小吏一直做到丞相。他喜好武术，命令下属官员必须佩剑，佩了剑才能上前向他陈奏事情。有的官员没有佩剑，如果要进府向他陈奏事情，甚至于只好向别人借佩剑才敢进府汇报。当时京兆尹是赵广汉，魏丞相上奏说他犯有应免职的罪行，而赵广汉派人要挟魏丞相，想要为自己开脱罪责，魏丞相却没有搭理他。赵广汉又派人来威胁恐吓魏丞相，说魏夫人虐杀婢女，私下里独自向皇帝奏请到相府查办，还派兵闯进相府，拘捕奴婢鞭打拷问此事，结果确实没有用刀杀婢女之事。丞相司直繁延寿上奏赵广汉胁迫丞相，诬陷魏夫人杀死婢女，还派兵包围丞相府抓人拷打，认为这是大逆不道；朝廷又查出赵广汉擅自遣散骑士之罪，赵广汉两罪并罚，处以腰斩。又有相府史掾陈平等人弹劾中尚书，想以赵广汉胁迫魏丞相的罪行对他连坐定罪，皇上判以大不敬的罪名，长史以下的官员大都被处死，有的被判宫刑。魏丞相最后在丞相任上病死。他的儿子魏弘承袭侯爵。后来因骑马进入太庙，犯不敬罪，诏令夺爵一级，降为关内侯，失掉列侯的爵位，仍享受过去的封邑。魏丞相死后，御史大夫邴吉继任丞相。

　　邴丞相吉者①，鲁国人也。以读书好法令至御史大夫。孝宣帝时②，以有旧故③，封为列侯④，而因为丞相。明于事，有大智，后世称之⑤。以丞相病死。子显嗣。

后坐骑至庙,不敬⑥,有诏夺爵一级⑦,失列侯,得食故国邑。显为吏至太仆⑧,坐官耗乱⑨,身及子男有奸赃⑩,免为庶人。

【注释】

①邴丞相吉者:即汉宣帝时名相邴吉,《汉书》作"丙吉",事见《汉书·魏相丙吉传》。

②孝宣帝:即汉宣帝,名询,前73—前49年在位,事见《汉书·宣帝纪》。

③以有旧故:指邴吉对宣帝有旧恩。汉宣帝刘询,是汉武帝曾孙,戾太子之孙,在他还只有几个月大时,受戾太子巫蛊案牵连,被关入大牢。当时邴吉主审此案,对刘询多方关照,后被赦得出狱。汉昭帝去世,昌邑王刘贺被废后,邴吉向霍光建议立武帝曾孙刘询为帝,刘询因此得以为帝。事见《汉书》本传。

④封为列侯:邴吉被封为博阳侯。

⑤"明于事"几句:据《汉书》本传,邴吉为相时,路遇杀人,邴吉没有过问;后来看见一头牛吐舌喘气,邴吉却询问原因。有人请教为什么,邴吉说,民间斗殴,那是长安县令、京兆尹该管的,宰相不用管这种小事;但现在是春天,天气并不热,但牛却喘气,说明气候异常,三公的职责是"调和阴阳",这是我分内之事,所以要过问。时人称其"知大体"。

⑥坐骑至庙,不敬:与前文韦玄成、魏弘所犯者为同一事。

⑦夺爵一级:即降为关内侯。

⑧太仆:官名,汉代九卿之一,负责管理皇帝车驾。

⑨耗(mào)乱:昏乱不明。耗,通"眊(mào)",昏乱。

⑩身及子男有奸赃:谓邴显与其子都贪赃枉法。《汉书》说他"与官属大为奸利,赃千余万"。

【译文】

　　丞相邴吉是鲁国人。他以读书、爱好明习法令而官至御史大夫。汉宣帝时，因他过去对宣帝有恩，被封为列侯，并因而做了丞相。他明察事理，有大智识大体，后世人都称颂他。他在丞相任上病逝。他的儿子邴显承袭侯爵。后来邴显因为骑马进太庙，犯了不敬罪，皇帝诏令降爵一级，失去列侯爵位，但仍享受原来侯国的食邑。邴显做官做到太仆时，昏聩糊涂，他本人与他的儿子邴男都贪赃枉法，被废为庶人。

　　邴丞相卒，黄丞相代①。长安中有善相工田文者②，与韦丞相、魏丞相、邴丞相微贱时会于客家，田文言曰："今此三君者，皆丞相也。"其后三人竟更相代为丞相，何见之明也。

【注释】

①邴丞相卒，黄丞相代：事在宣帝五凤三年，前55年。黄丞相，指汉宣帝时著名循吏黄霸，事见《汉书·循吏传》。

②善相工：擅长相面的术士。

【译文】

　　邴吉丞相死后，黄霸继任丞相。长安有个擅长相面的名叫田文，当年他跟地位还很低微的韦贤、魏相、邴吉在一户人家中做客，田文说："今天在座的三位君子，将来都能当丞相。"后来他们三个人果然都相继当了丞相，田文预料事情的眼光为何如此高明啊！

　　黄丞相霸者，淮阳人也。以读书为吏，至颍川太守①。治颍川，以礼义条教喻告化之②。犯法者，风晓令自杀③。化大行，名声闻。孝宣帝下制曰："颍川太守霸，以宣布诏令治民，道不拾遗，男女异路，狱中无重囚④。赐爵关内侯，黄金百斤。"征为京兆尹而至丞相，复以礼义为治。以丞相病死。子嗣⑤，后为列侯⑥。黄丞相卒，以御史大夫于定国代⑦。于丞相已有《廷尉传》，在《张廷尉》语中⑧。于丞相去，御史大夫韦玄成代⑨。

【注释】

①颍川：汉郡名，郡治阳翟，在今河南禹州。

②礼义条教：指儒家的礼仪道德与国家的条文教令。

③风（fěng）晓：委婉含蓄地告知。

④重囚：重刑犯。

⑤子嗣：其子承袭爵位。据《汉书·循吏传》，其子名"赏"。

⑥后为列侯：据文意，似当如后文韦玄成作"后失列侯"。据《汉书·循吏传》，黄霸拜相时，即已"封建成侯，食邑六百户"，不当至其子，乃"后为列侯"。

⑦黄丞相卒，以御史大夫于定国代：事在宣帝甘露三年，前51年。于定国，西汉后期名臣，事见《汉书·隽疏于薛平彭传》。

⑧于丞相已有《廷尉传》，在《张廷尉》语中：梁玉绳曰："《张廷尉传》安得及于定国，乃云'于丞相已有《廷尉传》，在《张廷尉》语中'，不亦诬耶？"张廷尉当指"张释之"，事见《张释之冯唐列传》，其中无于定国事。

⑨于丞相去，御史大夫韦玄成代：于定国罢相在汉元帝永光元年（前43），韦玄成继任丞相在汉元帝永光二年（前42）。

【译文】

　　丞相黄霸是淮阳人。以善读书当上小吏，后官至颍川太守。他在治理颍川郡时,以礼仪道德法条教令教化百姓。对那些犯死罪的人,他婉言劝他们自杀。礼义教化工作普遍推行,因效果好而名声远扬。汉宣帝下诏说:"颍川太守黄霸,靠宣布诏令治理百姓,使得老百姓路不拾遗,男女有别,各行其道,狱中没有重刑犯。赐给他关内侯的爵位,黄金一百斤。"黄霸被征召入京担任京兆尹,而后当上丞相,仍用礼义教化百姓。黄霸病死在丞相任上。他的儿子承袭关内侯,后封为列侯。黄丞相死后,用御史大夫于定国继任丞相。于丞相已有《廷尉传》,含在《张廷尉传》中。于丞相死后,御史大夫韦玄成继任。

　　韦丞相玄成者,即前韦丞相子也。代父,后失列侯①。其人少时好读书,明于《诗》《论语》。为吏至卫尉②,徙为太子太傅③。御史大夫薛君免④,为御史大夫。于丞相乞骸骨免⑤,而为丞相,因封故邑为扶阳侯⑥。数年,病死⑦。孝元帝亲临丧⑧,赐赏甚厚。子嗣后⑨。其治容容随世俗浮沉⑩,而见谓谄巧⑪。而相工本谓之当为侯代父,而后失之;复自游宦而起,至丞相。父子俱为丞相,世间美之,岂不命哉!相工其先知之。韦丞相卒,御史大夫匡衡代。

【注释】

①后失列侯:即前所谓因骑马到庙不敬事,降为关内侯。

②卫尉:官名,汉代九卿之一,职掌统辖宫廷卫士,管辖宫内宿卫。秩中二千石。

③太子太傅:官名,为太子之师傅,职掌辅导太子。位次太常,秩真二千石。

④薛君：名广德，事迹见《汉书·隽疏于薛平彭传》。

⑤乞骸骨：古代官吏自请退职，意谓使骸骨得归葬故乡。

⑥因封故邑为扶阳侯：韦玄成前因骑马至庙，被贬为关内侯，但在扶阳境内仍保留封邑；至此拜相，再次封侯，故仍封为扶阳侯。扶阳，在今安徽萧县西南。

⑦数年，病死：韦玄成死于元帝建昭三年（前36）。

⑧孝元帝：即汉元帝，汉宣帝之子，名奭，前48—前33年在位。

⑨子嗣后：据《汉书》本传，其子名"宽"。

⑩其治容容：指为相时庸庸碌碌，没有自己的主张。颜师古曰："容容，随众上下也。"

⑪见谓谄巧：被人说是谄媚巧诈之人。韦贤、韦玄成父子均为儒生出身的宰相，对当时读书人影响很大，当时邹鲁一带的民歌唱道："遗子金满籯，不如教子一经。"

【译文】

　　韦玄成丞相就是前丞相韦贤之子。他承袭父亲的爵位，后因过错失去列侯的爵位。他年轻时喜好读书，精通《诗经》《论语》。从小吏一直做到卫尉，后升为太子太傅。御史大夫薛广德免职后，他继任御史大夫。于丞相以老迈退职后，韦玄成继任丞相，因原来的封邑而被封为扶阳侯。几年后，他因病去世。汉元帝亲临吊丧，赏赐的物品非常丰厚。韦玄成的儿子承袭侯爵。韦玄成为官随声附和，顺众随俗，世人讥讽他谄谀巧诈。相面先生早就预言他要继承父亲的侯爵，后来又失去侯爵；后来他又从在外当小官起家，官至丞相。父子两代都为丞相，世人赞他们，这难道不是命中注定吗！相面先生事先就知道了。韦玄成死后，御史大夫匡衡继任丞相。

　　丞相匡衡者①，东海人也②。好读书③，从博士受《诗》④。家贫，衡佣作以给食饮。才下，数射策不中⑤，至九,乃中丙科⑥。其经以不中科故明习。补平原文学卒史⑦。数年,郡不尊敬⑧。御史征之⑨,以补百石属荐为郎,而补博士⑩,拜为太子少傅,而事孝元帝⑪。孝元好《诗》,而迁为光禄勋⑫,居殿中为师,授教左右,而县官坐其旁听⑬,甚善之,日以尊贵。御史大夫郑弘坐事免,而匡君为御史大夫⑭。岁余,韦丞相死,匡君代为丞相⑮,封乐安侯⑯。以十年之间,不出长安城门而至丞相,岂非遇时而命也哉!

【注释】

①丞相匡衡:名衡,字稚圭,事迹见《汉书·匡张孔马传》。

②东海:汉郡名,郡治郯县,在今山东郯城西北。

③好读书:凿壁偷光,说的就是匡衡少时读书的故事,事见《西京杂记》。

④从博士受《诗》:跟着太学博士学习《诗经》。博士,此指太学里传授儒家经典的老师。

⑤数射策不中:多次考试考不上。射策,汉代一种考试取士的方法。颜师古注:"射策者,谓为难问疑义书之于策,量其大小署为甲乙之科,列而置之,不使彰显。有欲射者,随其所取得而释之,以知优劣。射之言投射也。"

⑥至九,乃中丙科:考到第九次,才得了个三等。当时规定,中甲科者,可以为郎;中乙科者,为太子舍人;中丙科者,为文学掌故。

⑦平原:汉郡名,亦县名,治所在今山东平原西南。

⑧数年,郡不尊敬:泷川引沈家本曰:"《汉书》云:'学者多上书,荐衡经明,当世少双。'与此不同。"

⑨御史征之:据《汉书》本传,匡衡在平原文学任上,被大司马车骑将军史高征辟为议曹史。

⑩荐为郎,而补博士:据《汉书》本传,史高向汉元帝推荐匡衡,"上以为郎中,迁博士,给事中"。郎,皇帝的侍从官员。博士,此当指皇帝身边掌议论、备顾问的官。

⑪拜为太子少傅,而事孝元帝:名为太子少傅,实际上事奉汉元帝。太子少傅,官名,掌辅导太子,位在太子太傅之下。秩二千石。

⑫光禄勋:官名,也叫郎中令,汉代九卿之一,掌管宫廷门户与统领皇帝的侍从人员。

⑬县官:此指皇帝,即汉元帝。

⑭郑弘坐事免,而匡君为御史大夫:事在汉元帝建昭二年(前37)。

⑮匡君代为丞相:事在汉元帝建昭三年(前36)。

⑯乐安侯:封地乐安县,治所在今山东博兴。

【译文】

匡衡丞相是东海人。他喜好读书,跟随博士学习《诗经》。家境贫穷,靠当雇工赚得饮食费用。他才能平庸,多次考试落榜,考到第九次,才考中丙科。他因为老考不上而用功研读经典,所以能熟悉精通。补平原郡文学卒史。任职多年,郡里对他不尊重。御史调他进京,补为百石级的官员,推荐他为郎官,又补博士,后拜太子少傅,事奉汉元帝。汉元帝喜欢《诗经》,匡衡升为光禄勋,在宫中当老师,教授皇帝左右的人,皇帝也常在旁边听讲,觉得他讲得特别好,他的地位因此日益尊贵。御史大夫郑弘因犯罪被罢免,于是匡衡继任御史大夫。一年后,韦玄成丞相病死,匡衡接替他当了丞相,封为乐安侯。十年之内,他不出长安城门而位至丞相,难道不是赶上好时机而命中注定吗?

太史公曰①:深惟士之游宦所以至封侯者,微甚。然多至御史大夫即去者,诸为大夫而丞相次也,其心冀幸丞相物故也。或乃阴私相毁害,欲代之。然守之日久不得，或为之日少而得之，至于封侯，真命也夫！御史大夫郑君守之数年不得，匡君居之未满岁②，而韦丞相死，即代之矣，岂可以智巧得哉！多有贤圣之才，困厄不得者众甚也。

【注释】

①太史公曰：《索隐》曰："此论匡衡以来事，则后人所述也，而亦称'太史公'，其序述浅陋，一何诬也。"泷川曰："枫山本、刘氏宋本、凌本、王本、毛本，无'太史公曰'四字。"

②郑君守之数年不得，匡君居之未满岁：郑弘于汉元帝永光二年（前42）为御史大夫，至建昭二年（前37）被免职，前后五年，也没有等到继任丞相的机会；而匡衡接任御史大夫，第二年韦玄成就去世了，匡衡就继任丞相了。

【译文】

太史公说：我曾深入思考，读书人从小吏干起，到后来终于能被封侯，这样的人是极少的。然而官至御史大夫就离职的却很多，御史大夫是丞相的候补者，于是这些御史大夫就盼着丞相早死。甚至有人暗中诋毁诬陷丞相，企图取而代之。但有些御史大夫当了很久也当不上丞相，有些却没做几天就当上了丞相，这真是命中注定啊！郑弘担任御史大夫多年而没当上丞相，匡衡担任御史大夫不到一年，韦丞相就死了，他就继任丞相，这难道可以靠智谋和机巧做到的吗！世上多有圣贤之才，而困厄不得志的人是太多了。

【集评】

黄震曰："景帝之世，丞相备位，仅有名氏，太史公不复为传，而褚先生直取韦贤以下继之，于魏相称'好武'，于邴吉称'有大智'，于黄霸称

'以礼义为治';其后韦玄成父子相继,匡衡十年至丞相,皆归之命,有慨叹不满之意矣。"(《黄氏日钞》)

锺惺曰:"以'丞相'二字作眼,却从'御史大夫'说来,实归重'丞相',故不曰'张苍',而曰'张丞相',此命题主意也。传只苍一人,而周苛、周昌、赵尧、任敖、曹窋、灌婴、申屠嘉,错出点缀,承转收应。或用苍引起,而诸人继之;或中入苍,而诸人后先周始之。数人出处,数十年官职用舍沿革,断续藏露,莫得其端,而历历可见,真不当以一人一事始末看之也。"(《史怀》)

李景星曰:"《张丞相列传》又是一格,传以'御史大夫''丞相'为线索。先张苍而为御史大夫者,有周苛、周昌、赵尧、任敖、曹窋五人,故将说张苍为御史大夫,先说五人之为御史大夫,以递及于苍;后张苍为丞相者,有申屠嘉、陶青、刘舍、许昌、薛泽、庄青翟、赵周七人,故既说张苍为丞相,又说七人之为丞相以附著于苍。而苍之为御史大夫、为丞相,遂从前后夹写,而出纳数人于一传之中,而宾主分明,叙次变化,上下数十年官职之沿革,人才之用舍,一一俱见,岂非快事!而又附叙王陵之救苍与苍之报陵,以备其终始;叙苍之长大肥白与父子祖孙之身体以为之波澜,看似闲处著笔,其实乃运以绝大力量。太史公之不可及,正在于此。赞语简质,却抑扬有致。褚先生'孝武时丞相'一段,文亦自佳,但较之史公,则如婢学夫人矣。"(《史记评议》)

【评论】

《张丞相列传》首先在写法上别具一格。文章在张苍的事迹中突然插进周昌、赵尧、任敖三位御史大夫之事,再接进张苍,初读之下让人觉得有些零乱,而这实际上是作者的有意安排。全篇以"御史大夫""丞相"为线索,因张苍为御史大夫前则有周苛为御史大夫;周苛殉难而用周昌;周昌相赵而用赵尧;赵尧抵罪而用任敖;任敖免而用曹窋;曹窋免而后用张苍为御史大夫,所以在张苍"为御史大夫"一句后,插入叙述几位御史大夫，然后再接入张苍本传。张苍后为丞相，所以再续以丞相申屠嘉，最后结以几位挂名丞相。这样写的效果，正如李景星所说，使"宾主分明，叙次变化，上下数十年官职之沿革，人才之用舍，一一俱见"，可见作者匠心。

本篇对张苍"序律历"时把秦朝视为"余朝闰位"的做法提出了质疑。《太史公自序》中说："汉既初定，文章未明，苍为主计，整齐度量，序律历，作《张丞相列传》。"可见本篇很重视张苍"序律历"的问题。张苍在制定历数时沿用了秦历。秦历源于"终始五德"说，即以为周得火德，水胜火，秦故为水德。张苍特别坚持汉是"水德"，"上继周统"，实际上就是根本否定秦朝作为一个正式朝代的存在。这种不承认秦王朝是一个朝代的自欺欺人，是汉初颇有势力的一种观点，这种观点与否定秦王朝的一切成就是互为表里的。在他为丞相的十余年中，贾谊、公孙臣都曾提出汉应为土德，均遭到张苍的反对。本篇的"太史公曰"中说："张苍文学、律历，为汉名相，而绌贾生、公孙臣等言正朔服色事而不遵，明用秦之《颛顼历》，何哉？"司马迁的这个质疑由他自己在《六国年表序》中做了明确的回答，他说："学者牵于所闻，见秦在帝位日浅，不察其终始，因举而笑之不敢道，此与以耳食无异。悲夫！"批判了张苍自欺欺人、顽固不化。

本篇体现了司马迁推重直臣的思想。篇中周昌当面斥刘邦为"桀纣之主"，对刘邦欲废太子敢于面折廷争，为防吕后杀赵王如意"固为不遣赵王"，表现出不阿谀、不迎合、不怕死的大臣风骨。申屠嘉看不上邓通无礼怠慢，不顾他是文帝宠臣，折辱整治他，虽然最后碍于文帝情面放了邓通，但也给了他一次警告。司马迁对刘邦的无赖作风、吕后的残忍、邓通的谄佞、晁错的酷烈都是十分反感的，相比之下，对犯颜直谏、面折廷争的周昌、申屠嘉则给予了赞扬，对他们的忧愤而死表示了极大的同情。

从本篇的论赞来看，司马迁对于张苍、周昌、任敖、申屠嘉等几位大臣都有褒奖也有批评，总体评价不高，认为他们不如萧何、曹参、陈平等汉初名相。再看他对陶青等几位丞相只是点了个名，可知在他心目中那几位丞相就更差了，所以根据他只为"倜傥非常之人"立传的原则，对这几位干脆连个履历都不写了。由此可见，司马迁事实上是把汉朝的丞相分成了三等，而且是随着时间的推移等而下之。这反映出汉朝专制制度的加强，天子权力的逐步扩大，丞相的作用、影响在不断削弱，反映汉代政治体制上的变化。

　　后人所补武帝征和以后的韦贤以下诸丞相，人品才能良莠不齐。正如宋人黄震评论说："褚先生直取韦贤以下继之，于魏相称'好武'，于邴吉称'有大智'，于黄霸称'以礼义为治'；其后韦玄成父子相继，匡衡十年至丞相，皆归之命，有慨叹不满之意矣。"这段文字的补撰者是否为褚少孙不得而知，但看其在论赞中所揭露的官场上"诸为大夫而丞相次也，其心冀幸丞相物故也。或乃阴私相毁害，欲代之"的阴暗，以及对"多有贤圣之才，困厄不得者众甚也"的惋惜，感慨之情也是溢于言表了。

郦生陆贾列传第三十七

【释名】

本篇为郦食其、陆贾、朱建的合传。郦食其、陆贾都是刘邦的谋士，以能言善辩闻名，有大功于汉室，故合为一传。朱建因与陆贾相交，靠口辩脱辟阳侯审食其之难，亦附于传中。

本篇第一部分写郦食其的生平事迹，主要有以"狂生"姿态见刘邦，智下陈留，进夺取敖仓、扼守成皋、太行道、蜚狐口和白马津之计，以及劝降齐国，因韩信袭齐而被烹杀等。第二部分写陆贾的生平事迹，主要有两次出使南越，说服南越王归附汉朝；以《诗》《书》劝刘邦文武并用，著《新语》总结秦汉得失；吕后执政时及时避世又暗中联络陈平、周勃，当时机成熟与众大臣诛除诸吕。第三部分写平原君朱建援救辟阳侯审食其，为不连累他人而自杀。第四部分是附录的《楚汉春秋》郦生事迹异文。篇末论赞辨正了有关郦生的错误传说，肯定陆贾为当时杰出的"辩士"，补叙了有关陆贾、朱建事迹的来源。

郦生食其者①，陈留高阳人也②。好读书，家贫落魄③，无以为衣食业，为里监门吏④。然县中贤豪不敢役，县中皆谓之狂生⑤。

及陈胜、项梁等起⑥,诸将徇地过高阳者数十人⑦,郦生闻其将皆握龊好苛礼自用⑧,不能听大度之言,郦生乃深自藏匿。后闻沛公将兵略地陈留郊⑨,沛公麾下骑士适郦生里中子也,沛公时时问邑中贤士豪俊⑩。骑士归,郦生见,谓之曰:"吾闻沛公慢而易人,多大略,此真吾所愿从游,莫为我先⑪。若见沛公,谓曰'臣里中有郦生,年六十余,长八尺,人皆谓之狂生,生自谓我非狂生'。"骑士曰:"沛公不好儒,诸客冠儒冠来者,沛公辄解其冠,溲溺其中⑫。与人言,常大骂。未可以儒生说也。"郦生曰:"弟言之⑬。"骑士从容言如郦生所诫者⑭。

【注释】

①郦生食其(yì jī):郦先生名食其。生,先生,对有才学者的尊称。

②陈留:秦县名,故城在今河南开封东南之陈留镇。高阳:古邑名,在今河南杞县西南,时属陈留县。

③落魄:《集解》引应劭曰:"志行衰恶之貌也。"指穷困失意。

④为里监门吏:在里巷口看大门。据《张耳陈馀列传》,张耳、陈馀亦曾做里巷看门人。

⑤县中皆谓之狂生:篇首拈出"狂生"二字,统摄全篇。凌稚隆引杨维桢曰:"高阳郦生为(高祖)设计,下陈留、下崤关、取荥阳、据敖仓之食,其计皆响应,生非狂者也。然以陈涉立六国之策,立于汉王定天下之日,取汉王'竖儒败事'之骂,则谓之狂也亦宜。使生终身不狂,狂而克圣,又岂八尺之躯为汤鼎之具哉!"

⑥陈胜、项梁等起:陈涉于大泽乡起兵在秦二世元年(前209)七月,见《陈涉世家》;项梁等在会稽起兵在秦二世元年(前209)九月,见《项羽本纪》。

⑦徇地：攻占地盘。

⑧握龌：同"龌龊（wò chuò）"，器量小。苛礼：拘于小节。自用：自
　　以为是。

⑨沛公将兵略地陈留郊：事在秦二世三年（前207）二月。

⑩沛公时时问邑中贤士豪俊：凌稚隆引吕祖谦曰："骑士微矣，而高
　　祖亲问以贤豪，此所以得天下。"

⑪莫为我先：没人给我引见。先，引见，介绍。

⑫辄解其冠，溲溺其中：摘下他的帽子，往里面撒尿。辄，常常，总
　　是。溲溺，撒尿。

⑬弟言之：只管照我的话说。弟，只，只管。

⑭骑士从容言如郦生所诫者：凌稚隆引杨循吉曰："写出郦生轩昂落
　　落疏卤之态，使其但谓'从骑士得见，见而长揖，言天下事'，岂复
　　识有食其哉？"从容言，闲暇时自然地说起。诫，嘱咐。

【译文】

　　郦食其是陈留县高阳乡人。他喜欢读书，家里贫穷，生活落魄潦倒，没有用来保障衣食的产业，只好当了个看管里门的小吏。但是县里那些有名望有势力的人物谁都不敢随意使唤他，县里人都叫他"狂生"。

　　等到陈胜、项梁等人起义后，先后率领军队从高阳经过的将军有几十位，郦食其听说这些将军都器量小，喜好拘泥小节，自以为是，听不进深谋大略，于是便把自己深藏起来不见他们。后来郦食其听说沛公快到陈留了，而沛公手下有一个骑兵恰好是跟他同一里巷的人，还听说沛公时常打听陈留有哪些贤能豪俊之士。等那个骑兵回家，郦食其就去见他，对他说："我听说沛公这个人傲慢得很，瞧不起人，可是却很有些雄才大略，这正是我所乐意追随的人，可惜没人为我引见。你见到沛公，就跟他说'我乡里有个郦食其，六十多岁了，身高八尺，大家都叫他狂生。可他却说自己并不狂'。"那个骑兵说："沛公不喜欢儒生，他一见到那些戴着儒生帽子的，就揪下他们的帽子，往里面撒尿。和人们谈话时，他还常

常破口大骂。你千万不要以儒生的身份去见他。"郦食其说:"你只管照实说就是了。"于是,那位骑兵回去便从容大方地把郦食其交代给他的话告诉了沛公。

　　沛公至高阳传舍①,使人召郦生。郦生至,入谒,沛公方倨床使两女子洗足,而见郦生②。郦生入,则长揖不拜,曰:"足下欲助秦攻诸侯乎,且欲率诸侯破秦也?"沛公骂曰:"竖儒③!夫天下同苦秦久矣,故诸侯相率而攻秦,何谓助秦攻诸侯乎?"郦生曰:"必聚徒合义兵诛无道秦④,不宜倨见长者⑤。"于是沛公辍洗⑥,起摄衣,延郦生上坐,谢之⑦。郦生因言六国从横时⑧。沛公喜,赐郦生食,问曰:"计将安出?"郦生曰:"足下起纠合之众⑨,收散乱之兵,不满万人,欲以径入强秦,此所谓探虎口者也。夫陈留,天下之冲,四通五达之郊也⑩,今其城又多积粟。臣善其令⑪,请得使之,令下足下⑫。即不听,足下举兵攻之,臣为内应。"于是遣郦生行,沛公引兵随之,遂下陈留。号郦食其为广野君⑬。郦生言其弟郦商⑭,使将数千人从沛公西南略地。郦生常为说客,驰使诸侯。

【注释】

①传(zhuàn)舍:古代供行人休息住宿的地方,犹今之旅馆、招待所。

②沛公方倨床使两女子洗足,而见郦生:王骏图曰:"箕坐曰倨,谓箕坐于床,使女子洗足也。"泷川曰:"《黥布传》云:'上方踞床洗,召布入见。'是汉皇试人常用手段。"倨,通"踞",坐。

③竖儒:《索隐》曰:"竖者,僮仆之称,沛公轻之,以比奴竖,故曰'竖

　儒'。"

④必聚徒合义兵诛无道秦：李笠曰："'必'下当据《汉书》补'欲'字,《淮阴传》云'王必欲长王汉中,无所事信；必欲争天下,非信无所与计者',与此语意正同。"

⑤不宜倨见长者：不该坐着接见年长的人。郦生时年"六十余",刘邦五十一,所以郦生自称"长者"。倨,一说指傲慢,亦通。

⑥辍：中断,停止。

⑦谢之：向郦生道歉。

⑧因言六国从横时：盖讲述六国时合纵连横斗争之成败得失。从横,合纵连衡,这里泛指战国时各国(主要是秦与六国)之间的激烈斗争。从,同"纵"。

⑨纠合：犹言"乌合",临时组织起来的,没有经过训练。《集解》曰："纠合,一作'乌合',一作'瓦合'。"王先谦引王文彬曰："瓦合,言不相附也。《史记·儒林传》'陈胜起匹夫,驱瓦合谪戍'；本书《陈汤传》'乌孙瓦合',与此义同,亦谓以不相合者杂之也。"

⑩四通五达之郊：四通八达的交通枢纽。五达,《集解》引如淳曰："四面中央,凡五达也。"郊,《汲郑列传》"常置驿马长安诸郊",《集解》引如淳注："交道四通处也。"

⑪善其令：跟陈留县令交情好。

⑫令下足下：此谓让他向您投降。

⑬广野君：封号名,只有名号而无封地。

⑭郦商：西汉开国功臣,事迹见《樊郦滕灌列传》。

【译文】

　沛公住在高阳的旅舍,派人去叫郦食其要召见他。郦食其来到旅舍,递上名帖求见,沛公当时正岔着双腿坐在床边,让两个女子给他洗脚,就以这样的态度传郦食其来见。郦食其进门后,只对沛公行了拱手礼,不行跪拜礼,并说："您是想帮着秦朝来攻打诸侯呢,还是想率领诸侯军去攻破秦朝呢?"沛公骂道:"贱儒!天下人都被秦朝害苦了,所以诸侯们才相继起兵攻秦,你怎么能说我帮助秦朝攻诸侯呢?"郦食其说:"您如果真的打算聚合义军灭掉无道的秦朝,那就不应该这么坐着接见年长的人。"沛公听了这话赶紧停止洗脚,起身整理衣服,把郦食其请入上坐,并向他道歉。郦食其便趁机谈了他对战国时期六国合纵连横局势的看法。沛公听了很高兴,就招待郦食其吃饭,并问道:"对于当前我军行动,您有什么妙计呢?"郦食其说:"您起用没经过训练的民众,收罗了一些散乱兵马,统共不到一万人,想凭这点儿兵马直接与强秦硬碰硬,这简直是自投虎口。陈留县地处天下要道,是个四通八达的地方,如今城内囤积了不少粮食。我和陈留县令关系不错,请求您派我出使陈留,让他向您投降。如果他不听,您就率军攻打他,我给您做内应。"于是沛公派郦食其先行,自己则率军跟在后面,结果就这样拿下了陈留。封郦食其为广野君。郦食其又向沛公介绍了他的弟弟郦商,让他率领几千人跟随沛公向西南攻夺地盘。郦食其经常作为沛公的说客,驾车出使于各路诸侯之间。

　　汉三年秋[①],项羽击汉,拔荥阳[②],汉兵遁保巩、洛[③]。楚人闻淮阴侯破赵[④],彭越数反梁地[⑤],则分兵救之。淮阴方东击齐[⑥],汉王数困荥阳、成皋[⑦],计欲捐成皋以东,屯巩、洛以拒楚[⑧]。郦生因曰:"臣闻知天之天者[⑨],王事可成;不知天之天者,王事不可成。王者以民人为天,而民人以食为天[⑩]。夫敖仓[⑪],天下转输久矣,臣闻其下乃有藏粟甚多[⑫]。楚人拔荥阳,不坚守敖仓,乃引而东,令适卒分守成皋[⑬],此乃天所以资汉也[⑭]。方今楚易取而汉反却,自夺其便,臣窃以为过矣。且两雄不俱立,楚汉久相持不决,百姓骚动,海内摇荡,农夫释耒,工女下机[⑮],天下之心未有所定也。愿足下急复进兵，收取荥阳，据敖仓之粟，塞成皋之险，杜大行之道⑯，距蜚狐之口⑰，守白马之津⑱，以示诸侯效实形制之势⑲，则天下知所归矣⑳。方今燕、赵已定㉑，唯齐未下。今田广据千里之齐㉒，田间将二十万之众，军于历城㉓，诸田宗强㉔，负海㉕，阻河、济㉖，南近楚，人多变诈，足下虽遣数十万师，未可以岁月破也。臣请得奉明诏说齐王，使为汉而称东藩㉗。"上曰："善。"

【注释】

①汉三年：前204年。

②拔荥阳：事在汉三年（前204）九月。荥阳，在今河南荥阳西北之古荥镇。

③巩、洛：指巩县（今河南巩义）、洛阳（今河南洛阳），当时在荥阳西百余里。

④淮阴侯破赵：韩信破赵事在汉三年（前204）十月，详见《淮阴侯列传》。梁玉绳曰："此及下文三称'淮阴'，皆当依《汉》传作'韩信'。"

⑤彭越数反梁地：楚汉在荥阳相持时，彭越多次在今河南东北部一带袭扰项羽后方的粮道，事详《魏豹彭越列传》。数，多次，屡次。梁地，指以今河南开封为中心的河南东北部一带，战国时属魏国。开封，战国时称大梁，是魏国都城，故魏国亦称梁国，故称梁地。

⑥淮阴方东击齐：韩信平定赵地后，准备进攻东边的齐国。方，将要。

⑦汉王数困荥阳、成皋：事在汉三年（前204）夏、秋之际。成皋，古邑名，又称虎牢关，在今河南荥阳西北的大邳山上，自古为军事要塞。

⑧计欲捐成皋以东，屯巩、洛以拒楚：指放弃荥阳、成皋一带的防线，退守洛阳、巩县一带。后文郦生言"汉反却"，即指退守事。

⑨ 知天之天者：下文谓"王者以民人为天，而民人以食为天"，则"天之天"即民之食，此谓知道粮食重要性的人。

⑩ 王者以民人为天，而民人以食为天：《索隐》引《管子》云："王者以民为天，民以食为天，能知天之天者，斯可矣。"梁玉绳曰："《索隐》本无'民'字，疑唐时避讳，改'民'为'人'，而后遂误入之也。《汉书》无'人'字。"

⑪ 敖仓：秦朝建于荥阳北黄河边敖山上的大粮仓，在荥阳北的黄河边上。因其地处敖山，故称敖仓。《中国文物地图集》河南分册谓敖仓遗址在今荥阳北邙乡、高村乡之苏庄、马沟村一带，并说"近年考古调查曾发现多处圆形仓窖，部分仓窖中有碳化谷物遗留"。但荥阳市文管所专家认为，秦朝在荥阳城北敖山上修筑的大粮仓，东临汴水，北靠黄河。由于黄河水不断向南冲刷，此所谓"敖山"者今已不存。

⑫ 臣闻其下乃有藏粟甚多：何焯曰："闻之中州人云，秦人因土山窖粟其下，不与今他处仓廪等，故曰'闻其下乃有藏粟'。"其下，当指地窖。

⑬ 乃引而东，令适卒分守成皋：此谓项羽为讨平在后方捣乱的彭越，亲自率兵东征，让曹咎等防守成皋事，详见《项羽本纪》《高祖本纪》。适卒，即士兵。秦朝常征调罪犯当兵，故曰谪卒。适，通"谪"。郭嵩焘曰："是时彭越反梁地，项羽东击彭越，令海春侯、大司马咎、长史欣守成皋。项羽至睢阳，闻海春侯破，乃引兵还。其致败由海春侯，非项羽不坚守敖仓也。"

⑭ 此乃天所以资汉也：凌稚隆引余有丁曰："陈留多积粟，敖仓藏粟甚多，举因郦生一言以取之，诚得取天下之大计。"李晚芳《读史管见》曰："此策实关天下大计，足以补三杰所未备。"资，给予，帮助。

⑮ 农夫释耒，工女下机：指因为战乱，人们无法安心生产，男的不种地，女的不纺织。耒，古代一种可以脚踏的木制翻土农具。

⑯杜大行之道：截断今山西晋城与河南沁阳之间的通道，即所谓
　　太行八陉之"太行陉"。杜，断绝，堵塞。大行，即太行。大，同
　　"太"。

⑰距：通"拒"，亦据守封锁之意。蜚孤之口：即飞狐口，关隘名，在
　　今河北蔚县东南。蜚，通"飞"。飞狐口偏北，与荥阳主战场似不
　　相干。

⑱白马之津：白马津为黄河渡口名，在今河南滑县东北。

⑲效实：注重实效，控制要害。《汉书》无此二字。形制：谓占据有利
　　地形，以制服敌人。

⑳则天下知所归矣：何焯曰："此似后人依托之语，时汉已虏魏豹、禽
　　赵歇，河东、河内、河北皆归汉，何庸复杜太行之道，以示诸侯形势
　　乎？燕、赵已定，即代郡蜚狐，亦非楚人所能北窥，无事距守。壶
　　关近太行之道，何庸杜此兼距彼乎？与当时事实阔远。"梁玉绳
　　曰："斯乃秦人规取韩、赵旧谈，郦生仍战国说士余习，滕口言之，
　　其说高帝、说齐王皆用此语。"胡三省曰："此郦生形格势禁之说
　　也。盖据敖仓、塞成皋，则项羽不能西；守白马、杜太行、距飞狐，
　　则河北燕赵之地尽为汉有，齐、楚将安归乎？"

㉑燕、赵已定：韩信平定赵地，用李左车计迫使燕国归降，事在汉三
　　年冬、春，详《淮阴侯列传》。燕，项羽所封燕王臧荼，都于蓟（今
　　北京）。

㉒田广：田荣之子，田荣被杀后，田横立他为齐王。事详《田儋列传》。

㉓田间将二十万之众，军于历城：王先谦引刘攽曰："此时何缘更有
　　田间。按《田横传》乃是田解。横传云：'齐使华无伤、田解军历
　　下以距汉。'则田间当作田解。田间为齐人拥立的齐王田假部
　　将，田假被田荣打败后，田间遂不复见于史。历城，即历下，在今
　　山东济南，以其城南有历山而得名。

㉔诸田宗强：指战国时齐国王族田氏各族人多势大。

㉕负海:齐国背靠大海,无后顾之忧。

㉖阻河、济:据守黄河、济水天险。阻,据,凭借。河、济,黄河、济水,流经齐国西北境,为齐国的天然屏障。

㉗使为汉而称东藩:即齐成为汉的东方属国。藩,藩篱,古代用以称诸侯国,诸侯国是宗主国的藩篱屏障。

【译文】

汉高祖三年秋天,项羽攻打汉军,攻克了荥阳,汉军退守于巩县、洛阳地区。楚军听说淮阴侯韩信已打败赵国,彭越又在梁地多次反叛,便只好分兵救援。当韩信正要向东进攻齐国时,汉王多次在荥阳、成皋作战不利,想放弃成皋以东的地盘,屯兵固守巩县、洛阳以与楚军相抗。郦食其便进言道:"我听说只有懂得'天之天'的人,帝王事业可以成功;不懂得'天之天'的人,帝王事业不可能成功。帝王是以民为天的,民又是以粮食为天的。敖仓那个地方,做物资的集散地已经很久了,我听说那里藏有许多粮食。楚人攻克了荥阳,不知道坚守敖仓,却率军东撤,只留下一少部分被谪罚的士卒驻守成皋,这可是老天用来帮助我们汉军的啊。目前楚军很容易打败,可我们反要后撤,自己放弃有利的机会,我私下认为这是错的。何况两个强手不能并存,如今楚汉久久相持决不出胜负,百姓骚动不安,国内动荡,农夫不种田,妇女不织布,天下民心没有安定下来。希望您赶紧出兵,收复荥阳,占有敖仓的粮食,守住成皋的险要地势,堵塞太行的要道,控制飞狐口,守住白马渡口,以此向诸侯表明您已经占据了绝对优势,这样天下人就都明白该归附于谁了。如今燕赵两国已然平定,只有齐国尚未投降。现在田广占据着齐国广阔的疆土,田间率领二十万人之众,驻扎在历城,各支田氏宗族势力强盛,他们背靠大海,并以黄河、济水为屏障,南面与楚国相邻,齐人又诡计多端,您即使派兵几十万人,一年半载也打不败他们。我请求奉您的诏令去劝齐王投降,让他归附汉王成为东部属国。"汉王说:"好。"

乃从其画,复守敖仓,而使郦生说齐王曰:"王知天下之所归乎?"王曰:"不知也。"曰:"王知天下之所归,则齐国可得而有也;若不知天下之所归,即齐国未可得保也。"齐王曰:"天下何所归?"曰:"归汉。"曰:"先生何以言之?"曰:"汉王与项王勠力西面击秦[1],约先入咸阳者王之[2]。汉王先入咸阳[3],项王负约不与而王之汉中[4]。项王迁杀义帝[5],汉王闻之,起蜀汉之兵击三秦[6],出关而责义帝之处,收天下之兵,立诸侯之后[7]。降城即以侯其将,得赂即以分其士[8],与天下同其利,豪英贤才皆乐为之用。诸侯之兵四面而至,蜀汉之粟方船而下[9]。项王有倍约之名,杀义帝之负[10];于人之功无所记,于人之罪无所忘;战胜而不得其赏,拔城而不得其封[11];非项氏莫得用事;为人刻印,刓而不能授[12];攻城得赂,积而不能赏。天下畔之[13],贤才怨之,而莫为之用。故天下之士归于汉王,可坐而策也。夫汉王发蜀汉,定三秦;涉西河之外[14],援上党之兵[15];下井陉,诛成安君[16];破北魏[17],举三十二城:此蚩尤之兵也[18],非人之力也,天之福也。今已据敖仓之粟,塞成皋之险,守白马之津,杜太行之阪[19],距蜚狐之口,天下后服者先亡矣。王疾先下汉王[20],齐国社稷可得而保也;不下汉王,危亡可立而待也。"田广以为然,乃听郦生,罢历下兵守战备[21],与郦生日纵酒。

【注释】

①勠力:并力,合力。

②约先入咸阳者王之:据《高祖本纪》,楚怀王让项羽率军北上救赵,让刘邦率军西进入关,"与诸将约,先入定关中者王之"。

③汉王先入咸阳：刘邦入咸阳，事在汉元年（前206）十月。

④项王负约不与而王之汉中：项羽违背楚怀王的约定，不封刘邦为关中王，而改封他为汉王，封地为巴郡、蜀郡、汉中郡，都南郑。汉中，秦郡名，郡治南郑，即今陕西汉中。

⑤项王迁杀义帝：项羽分封诸侯后，假意尊楚怀王为义帝，让其迁都到郴县（今湖南境内），又使黥布杀害他。事见《项羽本纪》《黥布列传》。

⑥起蜀汉之兵击三秦：据《高祖本纪》，刘邦从汉中出兵夺取三秦在汉元年（前206）八月，而刘邦听说义帝死的消息则在汉二年（前205）三月。郦生称刘邦听说义帝被杀才出兵夺取三秦，乃巧为之辞。三秦，指秦故地关中地区，项羽将关中地区封给章邯、司马欣、董翳三位秦朝降将为雍、塞、翟三国，故称关中为"三秦"。

⑦立诸侯之后：刘邦封立六国后裔有魏王豹、韩王信。

⑧降城即以侯其将，得赂即以分其士：《高祖本纪》载高起、王陵所谓"使人攻城略地，所降下者因以予之"，与此一致。

⑨方船：并舟，泛指大船。

⑩负：罪过。泷川曰："枫、三本'负'作'罪'。"

⑪战胜而不得其赏，拔城而不得其封：《高祖本纪》载高起、王陵所谓"战胜而不予人功，得地而不予人利"，与此一致。

⑫为人刻印，刓（wán）而不能授：即《淮阴侯列传》中韩信所谓"使人有功当封侯者，印刓敝，忍不能予"，指项羽舍不得封赏功臣。刓，磨去棱角。

⑬畔：通"叛"，背叛。

⑭涉西河之外：指韩信从黄河以西渡水东进。韩信渡过西河后打败俘虏了魏豹，见《淮阴侯列传》。西河，胡三省注："河自砥柱以上，龙门以下为西河。"即今山西、陕西交界之黄河南段。

⑮援上党之兵：指援引上党的兵力。援，引，拉来。上党，秦郡名，郡

　　治长子,在今山西长子西南。上党地区原属魏豹,魏豹投降后,刘邦任命任敖为上党守,故其兵可为韩信所用。

⑯下井陉(xíng),诛成安君:指韩信在井陉之战中杀死成安君陈馀。详见《淮阴侯列传》《张耳陈馀列传》。井陉,山口名,在今河北鹿泉西。成安君,陈馀的封号。

⑰破北魏:即指破虏魏豹。王先谦曰:"北魏,豹在河北故也。亦谓之西魏,以大梁于安邑为东也。"

⑱蚩尤之兵:《汉书》作"黄帝之兵"。王先谦引周寿昌曰:"黄帝、蚩尤,皆古之主兵者,故高帝起兵祠黄帝、蚩尤于沛廷。"有关蚩尤制造兵器,被传为战争之神的传说,见《五帝本纪》。

⑲太行之阪:同前"大行之道"。阪,高坡,这里即指山路。

⑳疾:快速,迅速。

㉑兵守:即军事防守。

【译文】

　　于是汉王听从郦食其的建议,再次据守敖仓,并派郦食其去游说齐王说:"您知道天下人心的归向吗?"齐王说:"不知道。"郦食其说:"您要是能知道天下人心的归向,那么齐国的江山就能保住;您要是不知道,齐国的江山可就保不住了。"齐王问:"天下人心归向谁呢?"郦食其说:"归向汉王。"齐王问:"先生这么讲有什么根据呢?"郦食其说:"汉王和项羽合力西进攻打秦朝,约好了谁先打进咸阳,谁就当关中王。汉王先进了咸阳,可项羽背约没给汉王关中,而把他挤到汉中去当汉王了。项羽还赶走并杀死了义帝,汉王听到这个消息,便发动了蜀汉的兵马打回三秦地区,接着又出函谷关责问义帝的下落,收集天下各路兵马,封立了六国诸侯的后代。谁攻下城池汉王就给这位将领封侯,得到财货汉王就与部下分享,汉王与天下人共享福利,所以英雄豪杰都愿意为他效力。现在诸侯的军队已经从四面八方云集到汉王周围,满载着蜀汉粮草的船只并排顺江而下。项羽既有背约的恶名,又有杀害义帝的恶行;而且他对人家的功劳记不住，对人家的过错却忘不掉；他手下的人打了胜仗得不到奖赏，夺下城池得不到封地；不是他们项氏家族的人就得不到重用；给人家刻印封侯，一个印攥在手里团弄来团弄去，直到把印的棱角都磨圆了还舍不得给出去；攻城得到的财物，他也是自己囤积着舍不得赏给部下。因此，各地区都背叛了他，有能耐的人都怨恨他，没人愿意为他卖命。所以普天下的能人都会归附于汉王，这是不用费力就可以想到的。汉王从蜀汉发兵，平定了三秦地区；又东渡西河，征用上党的兵力，挥师攻下井陉，杀死了成安君陈馀；击败了魏豹的军队，拿下了三十二座城池：这简直就像蚩尤的神兵，根本不是人力办得到的，是上天降下的洪福啊。现在汉王已占有了敖仓的粮食，把守了成皋的险要地势，控制了白马渡口，阻绝了太行山要道，占据了飞狐隘口，天下诸侯拖延在后面归顺的就会首先被灭掉。您要是及早地归顺汉王，那您齐国的江山就能保有；如不及早归顺，那么亡国便指日可待了。"田广认为他说得对，便听从了郦食其的计策，解除了历下的驻军防守，设宴与郦食其整天畅饮。

　　淮阴侯闻郦生伏轼下齐七十余城①，乃夜度兵平原袭齐②。齐王田广闻汉兵至，以为郦生卖己③，乃曰："汝能止汉军，我活汝；不然，我将亨汝④！"郦生曰："举大事不细谨，盛德不辞让⑤。而公不为若更言⑥！"齐王遂亨郦生，引兵东走⑦。

【注释】

①伏轼：扶着车前横木，这里指乘车。颜师古曰："凭轼者，言但安坐乘车而游说，不用兵众。"

②乃夜度兵平原袭齐：事在汉四年（前203）十月，详见《淮阴侯列传》。平原，指平原津，黄河渡口名，亦秦县名，在今山东平原西南。

③以为郦生卖己：颜师古曰："言其与韩信通谋。"即与韩信一道欺

骗自己。卖,欺骗,哄弄。

④亨:同"烹",此谓用开水煮人。

⑤举大事不细谨,盛德不辞让:意谓办大事不拘小节,有大德的人不怕细节的责备。不辞让,不拒绝(不怕听)别人的责难。让,责备。《史记》中类似的话很多,如《项羽本纪》"大行不顾细谨,大礼不辞小让"、《李斯列传》"大行不小谨,盛德不辞让"、《鲁仲连邹阳列传》"规小节者不能成荣名,恶小耻者不能成大功"等,意思均相似。

⑥而公不为若更言:你老子我不会为了你而改口说别的话了。而公,犹言"你老子",此可见郦生狂态。若,你。更言,改口。倪思曰:"此数言益见郦生疏落不检,有志愿成、轻死生、外身世之意,《汉书》去之,遂觉索然以终。"

⑦引兵东走:齐王田广向东逃往高密。后事详见《淮阴侯列传》《田儋列传》。

【译文】

淮阴侯韩信听说郦食其仅凭游说就降服了齐国七十多座城池,于是连夜率军渡过平原津偷袭齐国。齐王田广听说汉军打过来了,以为郦食其出卖了自己,就对郦食其说:"你要是能阻止韩信的军队,我就不杀你;不然的话,我就活活把你煮死!"郦食其说:"能成大事的人不拘泥细节,有高尚德行的人不怕别人的指责。你老子绝不为你再说什么!"于是田广便煮死了郦食其,而后率部东逃。

　　汉十二年①,曲周侯郦商以丞相将兵击黥布有功②。高祖举列侯功臣③,思郦食其。郦食其子疥数将兵,功未当侯,上以其父故,封疥为高梁侯④。后更食武遂⑤,嗣三世⑥。元狩元年中⑦,武遂侯平坐诈诏衡山王取百斤金⑧,当弃市⑨,

病死,国除也。

【注释】

①汉十二年:前195年。

②曲周侯郦商:郦商封侯在高祖六年(前201)正月。封地曲周,在今河北曲周东北。丞相:此为虚衔。击黥布:事在高祖十一年(前196)七月。

③高祖举列侯功臣:据《高祖功臣侯者年表》,高祖十二年(前195)封侯的功臣共二十人。

④高梁:古邑名,在今山西临汾东北。

⑤更食武遂:改以武遂为食邑,即改封为武遂侯。武遂,古邑名,在今山西垣曲东南。

⑥嗣三世:侯爵连续传了三代。郦疥传其子郦勃,郦勃传其子郦平。嗣,承继。

⑦元狩元年:前122年。元狩,汉武帝年号(前122—前117)。

⑧诈诏衡山王取百斤金:假传圣旨从衡山王那要了黄金百斤。衡山王,指淮南厉王刘长之子刘赐,事见《淮南衡山列传》。

⑨当弃市:被判处杀头。当,判处。弃市,《礼记·王制》:"刑人于市,与众弃之。"本指受刑罚的人在街头示众,民众共同鄙弃之,后以"弃市"专指死刑。

【译文】

汉高祖十二年,曲周侯郦商以丞相身份率兵击败黥布立了功。高祖分封功臣们为列侯,十分思念郦食其。郦食其的儿子郦疥多次率军打仗,但功劳尚不足以封侯,高祖念在他父亲的份上,破格封郦疥为高梁侯。后来将他的食邑改封到武遂,一共传了三代。元狩元年,武遂侯郦平假传圣旨骗取了衡山王黄金百斤,依法判处死刑,正好郦平病死了,封国被废除。

陆贾者，楚人也^①。以客从高祖定天下，名为有口辩士^②，居左右，常使诸侯。

及高祖时^③，中国初定，尉他平南越，因王之^④。高祖使陆贾赐尉他印为南越王^⑤。陆生至，尉他魋结箕倨见陆生^⑥。陆生因进说他曰："足下中国人，亲戚昆弟坟墓在真定^⑦。今足下反天性，弃冠带，欲以区区之越与天子抗衡为敌国^⑧，祸且及身矣。且夫秦失其政，诸侯豪桀并起^⑨，唯汉王先入关，据咸阳。项羽倍约^⑩，自立为西楚霸王，诸侯皆属，可谓至强。然汉王起巴蜀，鞭笞天下，劫略诸侯，遂诛项羽灭之。五年之间，海内平定^⑪，此非人力，天之所建也。天子闻君王王南越，不助天下诛暴逆，将相欲移兵而诛王，天子怜百姓新劳苦，故且休之，遣臣授君王印，剖符通使^⑫。君王宜郊迎，北面称臣，乃欲以新造未集之越^⑬，屈强于此^⑭。汉诚闻之，掘烧王先人冢，夷灭宗族，使一偏将将十万众临越，则越杀王降汉，如反覆手耳^⑮。"

【注释】

①陆贾者，楚人：《索隐》引《陈留风俗传》云："陆氏，春秋陆浑国之后，晋侯伐之，故陆浑子奔楚，贾其后。"又引《陆氏谱》云："齐宣公支子达食采于陆，达生发，发生皋，适楚，贾其孙也。"

②名为有口辩士：泷川曰："《艺文类聚》引《史》无'士'字，与《汉书》合。"

③及高祖时：指刘邦灭项羽后的称帝期间，即前202—前195年。

④尉他平南越，因王之：尉他，本来姓赵，秦末时继任嚣后担任南海尉，故称"尉他"。秦亡后，尉他发兵进攻兼并桂林郡、象郡，自立

为南越武王。详见《南越列传》。

⑤赐尉他印为南越王：事在高祖十一年（前196），参见《南越列传》。

⑥魋（chuí）结：发髻结成椎形。魋，通"椎"。此谓尉他作蛮夷装扮。箕倨：即箕踞，颜师古曰："伸其两脚而坐，其状如箕。盖古人无交椅，席地危坐，以伸其足为不敬也。"倨，通"踞"。此言尉他傲慢无礼。

⑦昆弟：兄弟。坟墓：谓尉他先人的坟墓。真定：汉县名，治所在今河北石家庄东北。

⑧敌国：对等的国家。

⑨豪桀：即豪杰。

⑩倍约：即违背约定。倍，通"背"。

⑪五年之间，海内平定：刘邦自汉元年（前206）八月从汉中回师关中，到汉五年（前202）十二月破项羽于垓下，前后跨五个年头。

⑫剖符：指封为侯王。古代天子分封王、侯，将符一分为二，天子和受封者各执其一，以示信义，故曰剖符。

⑬新造未集：新建立，尚未稳定。集，安定，稳定。颜师古曰："集，犹成也。"

⑭屈强：同"倔强"。《正义》曰："谓不柔服也。"

⑮如反覆手：就像翻一下手掌那么简单，极言不费力。凌稚隆引杨慎曰："从亲戚、兄弟、坟墓说至掘烧及夷族，情已迫切，至言'越杀王降汉''新造未集'二句，利害甚明，语不多而感动至矣。"

【译文】

陆贾是楚国人。他曾以宾客的身份跟随高祖平定天下，作为善于论辩的人士而闻名，总是跟在高祖身边，经常出使诸侯。

等到高祖做皇帝时，中国刚刚平定，尉他征服了南越，便在那里称了王。高祖派陆贾去南越赐给尉他大印，封他为南越王。陆贾到了南越，尉他梳着椎形发髻，岔着两腿像畚箕的样子坐着接见陆贾。陆贾上前对尉他说："您本是中国人，亲戚朋友以及您祖先的坟墓都在真定县。现在您却违反自己的本性，抛弃了顶冠系带的习俗，还想凭小小的越地与大汉天子相对抗，我看您的灾祸就要临头了。秦朝政治秩序大乱，众多诸侯豪杰同时起兵造反，只有汉王首先进入关中，占据了咸阳。项羽违背盟约，自立为西楚霸王，让诸侯们都归属他，这可以说是最强大的了。可是汉王从巴山蜀水起兵，征讨天下，制服诸侯，于是讨伐项羽，消灭了他。只用了五年的时间，就平定了全国，这哪里是人的力量，这是苍天的建树啊。皇上听说您在南越称了王，不帮助天下人讨伐暴逆，宰相将军们都想出兵讨伐您，但是皇上体谅百姓刚刚经历过战乱的劳苦，所以想让百姓们能够休养生息，才派我授予您南越王的大印，与您剖符为证，永世通好。您本该出城迎接，北面向皇上称臣，可是您却想仗着这个刚刚建立还未稳固的南越，在这里称霸一方。真让汉朝的文武百官知道了，就会挖毁您祖先的坟墓，灭掉您的家族，皇上还会派上一员偏将率领着十万军队来到你们南越，那时越人如果想杀了您投降汉朝，只不过是易如反掌的事情罢了。"

于是尉他乃蹶然起坐①，谢陆生曰："居蛮夷中久，殊失礼义。"因问陆生曰："我孰与萧何、曹参、韩信贤②？"陆生曰："王似贤。"复曰："我孰与皇帝贤？"陆生曰："皇帝起丰沛③，讨暴秦，诛强楚，为天下兴利除害，继五帝三王之业，统理中国④。中国之人以亿计，地方万里，居天下之膏腴，人众车舆⑤，万物殷富，政由一家，自天地剖泮未始有也⑥。今王众不过数十万，皆蛮夷，崎岖山海间，譬若汉一郡，王何乃比于汉！"尉他大笑曰："吾不起中国，故王此。使我居中国，何渠不若汉⑦？"乃大说陆生⑧，留与饮数月。曰："越中无足与语，至生来，令我日闻所不闻。"赐陆生橐中装直千金⑨，他送亦千金。陆生卒拜尉他为南越王，令称臣奉汉约。归报，高祖大悦，拜贾为太中大夫⑩。

【注释】

①蹶然：颜师古曰："蹶然，惊起之貌也。"起坐：顾炎武曰："坐者，跪也。"谓其由伸着两腿"箕踞"改为严肃跪坐。

②萧何、曹参、韩信：西汉开国功臣，事迹分别见《萧相国世家》《曹相国世家》《淮阴侯列传》。

③丰沛：刘邦是沛县丰邑人，西汉建立后，丰邑设为县，此以"丰""沛"连称。

④统理：即"统治"，唐人为避唐高宗李治讳而改"治"为"理"。

⑤人众车舆：人口、车马众多。舆，同"舆"。舆，《广韵》："多也。"《集韵》："众也。"

⑥天地剖泮（pàn）：意谓自开天辟地以来。剖泮，即剖判，开辟，分开的意思。泮，通"判"，分离。

⑦使我居中国，何渠不若汉：凌稚隆引董份曰："'渠'字即如《汉书》作'遽'字，'遽'与'遂'通，言'何遂不如汉'耳！"何渠，犹今曰"怎么就"。凌稚隆引陈沂曰："尉他意折，而语犹倔强。"

⑧说：通"悦"，喜欢，欣赏。

⑨橐（tuó）中装：口袋里装的东西，珍宝礼物。橐，大口袋。《索隐》引《诗传》曰："小曰橐，大曰囊。"

⑩太中大夫：官名，郎中令属官，掌论议，顾问应对，为天子高级参谋。秩千石。

【译文】

听到这时，尉他便猛地跪直身子，向陆贾道歉说："我在蛮夷之地住得太久了，刚才对您多有失礼。"便问陆贾道："我与萧何、曹参、韩信他们相比，谁更贤能？"陆贾说："您好像更有能耐。"尉他又问："我和你们皇帝比，谁更贤能呢？"陆贾说："皇帝从沛县丰邑起兵，诛讨残暴的秦朝，灭了强大的项羽，为天下的百姓兴利除害，继承着五帝三王的事业统一了中国。中国的人口数以亿计，领土方圆万里，处于天下土地肥沃的地区，人多车众，物产丰富，政令统一，这是自开天辟地以来从未有过的。而您拥有的人口不过几十万，又都是些野蛮人，占据着山海间一小块崎岖不平的地方，就像是汉朝的一个郡，您怎么能和汉家皇帝相比呢！"尉他大笑道："我没在中原起兵，所以才在这儿当了王。假如我当初在中原起事，怎见得我就不如你们皇帝？"于是尉他非常喜欢陆贾，留他住了几个月，每天与他饮酒畅谈。尉他说："南越国中没什么可以谈得来的人，直到先生您来了，才让我每天都能听到过去从未听过的事。"于是他给陆贾的口袋里装了价值千金的珠宝，其他礼物的价值也值千金。陆贾最后便奉诏赐封尉他为南越王，让他对汉朝称臣，遵守汉朝的法规。陆贾回朝汇报后，高祖非常高兴，任命陆贾为太中大夫。

陆生时时前说称《诗》《书》①。高帝骂之曰："乃公居马上而得之，安事《诗》《书》！"陆生曰："居马上得之，宁可以马上治之乎②？且汤武逆取而以顺守之③，文武并用，长久之术也。昔者吴王夫差、智伯极武而亡④；秦任刑法不变⑤，卒灭赵氏⑥。乡使秦已并天下⑦，行仁义，法先圣，陛下安得而有之？"高帝不怿而有惭色⑧，乃谓陆生曰："试为我著秦所以失天下，吾所以得之者何，及古成败之国⑨。"陆生乃粗述存亡之征⑩，凡著十二篇。每奏一篇，高帝未尝不称善，左右呼万岁⑪，号其书曰"新语"⑫。

【注释】

① 前说称《诗》《书》：在高祖面前称引《诗》《书》等经典。《诗》《书》，《诗经》《尚书》，此代指儒家经典。

② 居马上得之，宁可以马上治之乎：叔孙通"儒者难与进取，可与守成"之说，与此类似。

③ 逆取：指商汤、周武王都靠武力推翻君主而夺取天下。以下犯上，故曰"逆取"。顺守：指以仁义之道治理国家。

④ 吴王夫差、智伯极武而亡：吴王夫差、智伯都因穷兵黩武而灭亡。吴王夫差，春秋末期吴国君主，在位期间，率军北上与齐国、晋国争霸，最终为越所灭。智伯：春秋末期晋国智氏家族首领智瑶，当时晋国的"六卿"之一，先与赵氏、韩氏、魏氏合力消灭范氏、中行氏，势力最大，后又欲灭赵氏，反被赵氏联合韩氏、魏氏所灭。事详《赵世家》。极武，逞强用武到极点。

⑤ 秦任刑法不变：秦国自孝公任用商鞅实行变法，直到秦二世，一直坚持以严刑峻法治国。

⑥ 卒灭赵氏：最终导致秦朝覆灭。赵氏，即指秦王朝。《索隐》引韦昭曰："秦，伯益后，与赵同出蜚廉。至造父，有功于穆王，封之赵城，由此一姓赵氏。"《秦本纪》曰："秦以其先造父封赵城，为赵氏。"

⑦ 乡使：即向使，假如，假使。乡，通"向"。

⑧ 不怿：不高兴。

⑨ 古成败之国：古代国家成败的经验教训。

⑩ 粗述存亡之征：粗略描述存亡的原因。太细则恐高祖不爱看。

⑪ 左右呼万岁：姚苎田曰："左右将顺之美，不可忽过。"按，此见左右承欢之情态，亦借此烘染陆书之投合于当时。

⑫ 号其书曰《新语》：姚苎田曰："即闻所未闻意。"当即后文所谓"《新语》书十二篇"。《正义》引《七录》云："《新语》二卷，陆贾

撰。"今传世尚有《新语》,疑为后人依托。王应麟曰:"汉代子书,《新语》最纯最早。贵仁义,贱刑威,述《诗》《书》《春秋》《论语》,绍孟、荀而开贾、董,卓然儒者之言。史公目为'辩',未足尽之。"叶适曰:"郦生、陆贾、叔孙通(传),皆言高祖骂儒生儒服,而汉所共事,皆武人刀笔吏,无有士人。独有张良,非军吏,不知何服也。然儒书儒服,自春秋战国时固已诟戾之矣。游说法术之学行,道义既绝,至是,陆贾始发其端,如阳气复于大冬,学者盖未可轻视之也。"

【译文】

陆贾向高祖进言时,常常称引《诗》《书》。高祖骂他道:"你老子是在马上夺得的天下,要《诗》《书》干什么?"陆生说:"您在马上夺得天下,难道还能在马上统治天下吗? 况且商汤、周武王虽是用武力夺得天下,但统治天下却是依靠顺应民心的仁义政策,只有文武并用,才是长治久安之道啊。当初吴王夫差、智伯因穷兵黩武而灭亡;秦朝也因只用严刑峻法而不知变革,最终绝了后代。假如秦朝统一天下后,施行仁政,效法先圣,陛下您今天还能取得天下吗?"高祖心里不高兴,脸上流露出惭愧之色,他对陆贾说:"您给我写本书,谈谈秦朝为什么会失天下,我为什么能得天下,谈谈古代国家兴衰成败的经验教训。"于是陆贾就概括论述了历代国家存亡的原因,共写了十二篇。每写完一篇就呈给高祖看,高祖每看过一篇没有不叫好的,左右群臣也跟着山呼"万岁",称陆贾的这部书为《新语》。

孝惠帝时①,吕太后用事,欲王诸吕,畏大臣有口者②,陆生自度不能争之,乃病免家居③。以好畤田地善④,可以家焉⑤。有五男,乃出所使越得橐中装,卖千金,分其子,子二百金,令为生产⑥。陆生常安车驷马⑦,从歌舞鼓琴瑟侍者十人,宝剑直百金,谓其子曰:"与汝约:过汝,汝给吾人马酒食,极欲,十日而更。所死家,得宝剑车骑侍从者⑧。一岁中往来过他客,率不过再三过⑨,数见不鲜⑩,无久恩公为也⑪。"

【注释】

①孝惠帝:即汉惠帝刘盈,汉高祖之子,前194—前188年在位。

②畏大臣有口者:《汉书》作"畏大臣及有口者"。颜师古曰:"有口,谓辩士。"

③病免:托病辞官。凌稚隆曰:"贾'度不能争',平'患力不能争',惟二人同心,故贾能揣平之念,连用六'念'字,当玩。"

④好畤:汉县名,治所在今陕西乾县东。

⑤可以家焉:《汉书》作"往家焉"。

⑥令为生产:用于谋生。

⑦安车驷马:四匹马拉的可以坐乘的小车。古代车一般立乘,此可以坐乘,故称"安车"。极言其舒适华贵之状。安车多用一马,礼尊者用四马。此盖言陆贾生活之舒适尊贵。

⑧侍从者:陈直曰:"侍从指奴婢,为汉代人家赀之一种。《居延汉简释文》有礼宗估计家赀简文云:'大婢一人,直二万;小奴二人,直三万。'可证。"

⑨一岁中往来过他客,率不过再三过:颜师古曰:"非徒至诸子所,又往来经过他处为宾客,一岁之中,每子不过再过至也。"率,大约,大概。再三过,来两三次。

⑩数见不鲜:言一处来多了就没新鲜感。史珥曰:"犹言屡住久见便无新趣耳。"中井积德曰:"常相见则意不新鲜,故不数数相过也。"

⑪无久恩(hùn)公为:不会长时间地搅扰你们。恩,打扰,麻烦。

公,陆贾戏称其子,李笠曰:"书贾之称子为'公',所以见贾之旷达,亦犹书错父谓子为'公',所以见错父之怒也。"凌稚隆引唐顺之曰:"陆生恣意敖游,为终老计,示诸吕以不足忌。"杨慎曰:"此等事在他人若不必书,然首尾不满百字,而陆生智谋口语,情性日用,人情世态如见。"

【译文】

汉惠帝时,吕后掌权,吕后想封吕家的人为王,可又怕能言善辩的大臣反对,陆贾觉得自己这时与吕后争辩也没用,就称病辞官躲在家里。他认为好畤县的土地肥美,可以在那里安家。陆贾有五个儿子,他就拿出出使南越所得到的一口袋珠宝,卖了得到千斤黄金,他把这些钱分给了五个儿子,每个儿子得二百斤黄金,让他们购置产业。陆贾自己经常乘着舒适的四匹马拉的车,后面跟着十个能歌善舞、弹琴鼓瑟的侍者,自己挎着价值百金的宝剑,他对儿子们说:"现在我跟你们约好:我到达你们谁家,谁家就供给我的人马吃喝,要让我玩痛快,每过十天我就换一家。日后我死在谁家,我的宝剑、车马、侍从人员就归谁。这样一年中除了到别人家做客,到你们每家来的次数顶多不过两三趟,我要是常来就不新鲜了,用不着因为待久了而让你们腻烦我。"

　　吕太后时[1],王诸吕,诸吕擅权,欲劫少主[2],危刘氏。右丞相陈平患之,力不能争,恐祸及己,常燕居深念[3]。陆生往请[4],直入坐,而陈丞相方深念[5],不时见陆生。陆生曰:"何念之深也?"陈平曰:"生揣我何念?"陆生曰:"足下位为上相[6],食三万户侯[7],可谓极富贵无欲矣。然有忧念,不过患诸吕、少主耳。"陈平曰:"然。为之奈何?"陆生曰:"天下安,注意相[8];天下危,注意将。将相和调,则士务附[9];士务附,天下虽有变,即权不分。为社稷计,在两君掌握耳。

臣常欲谓太尉绛侯^⑩,绛侯与我戏,易吾言^⑪。君何不交欢太尉,深相结?"为陈平画吕氏数事。陈平用其计,乃以五百金为绛侯寿,厚具乐饮;太尉亦报如之。此两人深相结,则吕氏谋益衰^⑫。陈平乃以奴婢百人,车马五十乘,钱五百万,遗陆生为饮食费。陆生以此游汉廷公卿间^⑬,名声藉甚^⑭。

【注释】

①吕太后时:前188年,汉惠帝在位七年而死,吕太后临朝执政,至吕后死(前180),前后八年。

②少主:即少帝,汉惠帝子。前后有两位,前者名字不详,于惠帝七年八月即位,吕后四年被吕后所杀;后者名义,于吕后四年即位,吕后八年随诸吕一同被周勃等所杀。

③燕居:闲居。深念:《正义佚文》曰:"国家不安,故静居深思其计策。"凌稚隆曰:"太史公连下'深念'二字,而曲逆侯所以计安国家者其可想见矣,此正着精神处。"

④请:问候。《集解》引《汉书音义》曰:"请,若问起居。"

⑤深念:沉浸于深度思考之中。

⑥位为上相:当时设左、右二丞相,陈平为右丞相,审食其为左丞相。右丞相位在左丞相之上,故称"位为上相"。

⑦食三万户侯:李笠曰:"'侯'字疑衍,《汉传》亦同。"《索隐》曰:"《陈平传》'食邑五千',以曲逆秦时有三万户,恐复业至此,故称。"《正义佚文》:"陈平世家'食曲逆五千户',后攻陈豨、黥布,凡六出奇计,益邑盖三万户也。"梁玉绳引钱大昕语以为此乃"夸其富"耳。

⑧天下安,注意相:注意,人们的眼睛盯着。《孙子吴起列传》:"主少国疑,大臣未附,百姓不信,方是之时,属之于子乎?属之于我

乎?"彼"属"字即此处之"注意"也。

⑨将相和调,则士务附:《汉书》作"将相和则士豫附","豫"就是乐,"豫附"就是乐于归附。王先谦引王文彬曰:"《论语》'务本',皇疏:'务,犹向也,慕也。''慕附'与'乐附'意同。"

⑩常欲谓太尉绛侯:常想和太尉绛侯讲此道理。太尉绛侯,即周勃,因功被封为绛侯。事见《绛侯世家》。

⑪绛侯与我戏,易吾言:绛侯跟我嘻嘻哈哈,轻视我的话。易,轻视。《正义》曰:"绛侯与生常戏狎,轻易其言也。"姚苧田曰:"盖勃少文,而陆生时时称说《诗》《书》,勃之易贾,即高祖'马上得之'之见耳。"

⑫两人深相结,则吕氏谋益衰:郭嵩焘曰:"陆生数语,足以定天下大计。其时绛侯木强无智计,曲逆(陈平)专务自全而已。陆生彬彬,固一时佳士。"

⑬游汉廷公卿间:在西汉朝廷的公卿大臣之间交游穿梭,盖串联反对吕氏家族之势力。

⑭藉甚:由此名声大盛。王先谦引周寿昌曰:"藉,即'藉用白茅'之'藉',言声名得所藉而益盛也。'甚'与'盛'意同。"姚苧田曰:"陈平、周勃尝佐高帝定天下,协恭之谊当素讲矣,何至此时待陆生画策而始和调耶? 高祖遗命,萧、曹之后可相者即推平、勃,而平于王诸吕之际,颇失于阿谀吕后,勃必疑其心意,不肯与之共事矣。勃既疑平,平亦患勃,将来之祸,有不可言者。陆生窥见此隙,而亟为调之,实智谋之殊绝,而安刘之功不在周勃之下,乃有而不尸,卒以乐死,生之晚节,真过人远矣。"

【译文】

　　吕后当政时,给吕家的人都封了王,吕氏家族把持朝政,想控制小皇帝,危害刘氏政权。右丞相陈平对此很焦虑,但又无力劝阻吕后,恐怕给自己引来灾祸,常常躲在家里思来想去。陆贾去看望陈平,径直走进屋里坐下,此时陈平正陷入沉思,没及时发觉陆贾进来。陆贾说:"想什么想得这么出神?"陈平说:"你猜猜我在想什么?"陆贾说:"您现在官居大丞相之位,又是拥有三万户食邑的列侯,可说是富贵已极,不会再有什么欲求了。可是您还是忧虑重重,我想您所担心的不过是吕氏家族和小皇帝的事情罢了。"陈平说:"是这样。我该怎么办呢?"陆贾说:"天下安定的时候,丞相的作用重要;国家危难的时候,将军的作用重要。将军和丞相协调合作,下面的官员才能归附;官员归附在将相周围,天下即使发生骚乱,政权也不会分裂。国家的安危大计,其实都在将和相的掌握之中罢了。我常常想把这话对太尉周勃说,可是周勃总和我开玩笑,轻视我的话。您为什么不和周勃搞好关系,与他结为至交呢?"陆贾还帮陈平策划了削弱吕氏势力的几个具体办法。陈平采纳了陆贾的计谋,用五百斤黄金为周勃祝寿,大办酒宴畅饮;周勃也回报以同样的厚礼。从此两人成为至交,而吕氏家族的阴谋也渐渐失灵了。陈平送给陆贾一百名奴婢,五十套车马,五百万铜钱,赠给他作为饮食费用。陆贾便用这笔钱与汉朝的王公贵卿广泛交游,名气很大。

及诛诸吕,立孝文帝①,陆生颇有力焉。孝文帝即位②,欲使人之南越③。陈丞相等乃言陆生为太中大夫,往使尉他,令尉他去黄屋称制④,令比诸侯,皆如意旨。语在《南越》语中⑤。陆生竟以寿终⑥。

【注释】

①诛诸吕,立孝文帝:诛诸吕在吕后八年(前180)八月,吕后死后第二个月;立孝文帝在同年九月,事详《吕太后本纪》《孝文本纪》。

②孝文帝即位:事在前180年,孝文帝元年为前179年。

③欲使人之南越:《通鉴》将陆贾第二次出使南越系于文帝元年八月。

④令尉他去黄屋称制：意即让尉他取消称帝。据《南越列传》，吕太后当政时禁止卖铁器给南越，尉他大怒，遂自称南越武帝，"乃乘黄屋左纛，称制，与中国侔"。陆贾第二次出使南越，就是去解决这个问题。黄屋，黄色车盖，这是天子才能用的。称制，秦始皇规定天子的命令曰"制"。

⑤语在《南越》语中：谓此事详情在《南越列传》中。

⑥陆生竟以寿终：陆贾墓在陕西咸阳永寿之西塬边村。

【译文】

等到诛杀吕氏家族，拥立孝文帝，陆贾在这里面都起了很大作用。孝文帝即位后，想派人出使南越。丞相陈平等就举荐陆贾为太中大夫，让他前往出使去见尉他，劝尉他不坐黄屋车，放弃自立为帝的做法，其地位仍和汉朝国内的诸侯一样，结果完全符合皇上的旨意。此事记载在《南越列传》中。陆贾最后尽享天年而终。

　　平原君朱建者①，楚人也。故尝为淮南王黥布相，有罪去，后复事黥布。布欲反时②，问平原君，平原君止之，布不听而听梁父侯③，遂反。汉已诛布④，闻平原君谏不与谋，得不诛⑤。语在《黥布》语中⑥。

【注释】

①平原君：朱建的封号。

②布欲反时：黥布造反事在高祖十一年（前196）七月，详见《黥布列传》。

③梁父侯：其人不详，不见于《黥布列传》。或谓"梁父侯"为封号，姓名不详；王先谦将"梁父侯遂"四字连读，认为是梁父县人，姓侯名遂，然亦无据。

④汉已诛布：黥布被杀在高祖十二年（前195）十月。

⑤得不诛：《汉书》云："汉既诛布，闻建谏之，高祖赐建号平原君，家
　　徙长安。"

⑥语在《黥布》语中：梁玉绳曰："布传无朱建语，盖后人删之。"

【译文】

　　平原君朱建是楚人。原先担任过淮南王黥布的丞相，曾因犯罪离开，后来又回到黥布帐下。黥布想要造反时，向朱建征求意见，朱建阻止他，黥布没听他的建议而听了梁父侯的，终于还是造反了。高祖杀了黥布后，听说朱建等规劝过黥布，没有参与谋反，因此朱建没被杀掉。此事记载在《黥布列传》中。

　　平原君为人辩有口，刻廉刚直，家于长安。行不苟合，义不取容。辟阳侯行不正，得幸吕太后①。时辟阳侯欲知平原君②，平原君不肯见③。及平原君母死，陆生素与平原君善，过之④。平原君家贫，未有以发丧⑤，方假贷服具⑥，陆生令平原君发丧。陆生往见辟阳侯，贺曰："平原君母死。"辟阳侯曰："平原君母死，何乃贺我乎？"陆贾曰："前日君侯欲知平原君，平原君义不知君，以其母故⑦。今其母死，君诚厚送丧，则彼为君死矣。"辟阳侯乃奉百金往税⑧。列侯贵人以辟阳侯故，往税凡五百金。

【注释】

①辟阳侯行不正，得幸吕太后：辟阳侯审食其，楚汉相争时，曾与吕后、刘太公等一起被项羽俘虏，故受吕后宠幸，吕后主政时官至左丞相。事略见于《吕太后本纪》。

②知：结交，交游。

③平原君不肯见：凌稚隆引王维桢曰："不肯见辟阳侯，即'行不苟合，义不苟取'之义。"

④过之：拜访平原君朱建。

⑤未有以发丧：没钱办丧事。中井曰："贫无服具，不能具丧礼，故且秘不发丧，以待备具也。"

⑥假贷服具：借钱置办丧葬用品。陈直曰："假贷服具者，谓为死者制敛服及棺具。"

⑦平原君义不知君，以其母故：《索隐》引崔浩曰："建以母在，义不以身许人也。"中井积德曰："以母故，亦陆生之设辞，非建实然。"

⑧乃奉百金往税：给朱建家送去百金作为随礼。税，通"襚"，赠送给死者的衣被，此代指送礼。凌稚隆引王鏊曰："朱建何不引初谊却辟阳侯之税金？岂其为母死无以葬遂屈耶？"

【译文】

朱建为人能言善辩，有口才，廉正刚直，家住长安。他做事不苟同流俗，讲义气，不讨好卖乖。辟阳侯审食其品行不端，但深得吕后的宠爱。当时辟阳侯想结交朱建，朱建不肯见他。等到朱建的母亲去世时，陆贾平素与朱建要好，就去拜访他。朱建家里穷，没钱办丧事，正准备去借钱置办丧事所需器具，陆贾让朱建只管去办丧事。陆贾前去见辟阳侯，向他祝贺说："平原君的母亲死了。"辟阳侯问："平原君的母亲死了，你向我祝贺什么呢？"陆贾说："前些日子你想结交平原君，平原君出于大义不与您结交，那是因为他母亲还健在的缘故。现在他母亲死了，如果您能赠厚礼为他母亲送葬，那么他将来会为您不惜赴死的。"于是辟阳侯便带着一百斤黄金去为朱建的母亲送丧。其他的列侯和显贵们因为辟阳侯的缘故，便也来给朱建送丧礼，共计五百斤黄金。

辟阳侯幸吕太后，人或毁辟阳侯于孝惠帝，孝惠帝大怒，下吏，欲诛之。吕太后惭，不可以言①。大臣多害辟阳侯行,欲遂诛之。辟阳侯急,因使人欲见平原君。平原君辞曰:"狱急②,不敢见君。"乃求见孝惠幸臣闳孺③,说之曰:"君所以得幸帝,天下莫不闻。今辟阳侯幸太后而下吏,道路皆言君谗,欲杀之。今日辟阳侯诛,且日太后含怒,亦诛君。何不肉袒为辟阳侯言于帝④?帝听君出辟阳侯,太后大欢。两主共幸君,君贵富益倍矣。"于是闳孺大恐,从其计,言帝,果出辟阳侯。辟阳侯之囚,欲见平原君,平原君不见辟阳侯,辟阳侯以为倍己⑤,大怒。及其成功出之,乃大惊。吕太后崩,大臣诛诸吕,辟阳侯于诸吕至深,而卒不诛。计画所以全者,皆陆生、平原君之力也⑥。

【注释】

①吕太后惭,不可以言:盖吕后与审食其关系暧昧,故心中惭愧,不好出来说情。

②狱急:案情危急。

③乃求见孝惠幸臣闳孺:底本原作"乃求见孝惠幸臣闳籍孺",《索隐》曰:"《佞幸传》云:'高祖时有籍孺,孝惠时有闳孺',今总言'闳籍孺',误也。"《正义佚文》曰:"'籍'字,后人妄加也。"汉惠帝男宠闳孺,又见《佞幸列传》,诸说是,据删"藉"字,下同。凌稚隆引王维桢曰:"平原君佯不救辟阳侯,乃阴见孝惠幸臣求便宜,安在其史称为'刚直'也?无乃以母丧受税之德哉!"卢舜治曰:"梁孝王刺盎,事败,使邹阳至长安,因客说窦长君;辟阳侯下吏,朱建求见闳孺,欲解于惠帝,两事一律,要之皆战国之余习也,特阳之所为差正于建。"

④肉袒:颜师古曰:"谓脱其衣袖而见肉,自挫辱之甚,冀见哀怜。"

⑤倍:通"背",背叛。

⑥计画所以全者，皆陆生、平原君之力也：由于陆贾、朱建设计，使其得以保全。郭嵩焘曰："其时审食其必与闻诛诸吕事，当时情事，犹有可推见者。"中井积德曰："朱建之事，原无足传也，史迁乃津津言之，若深赏之何也？盖迁之被罪几死，无人赴救，故感愤特详之耳。其实非公论也。班掾作史，宜删去之，然仍旧者，是无识也。"

【译文】

辟阳侯深受吕太后宠爱，有人在汉惠帝跟前说辟阳侯的坏话，汉惠帝非常生气，下令把辟阳侯抓起来，想杀了他。吕后得知此事心虚羞愧，不方便替辟阳侯申辩。而大臣中很多人都讨厌辟阳侯的行为，所以也都想借此机会杀了他。辟阳侯着急了，便派人去请朱建说想见他。朱建推辞说："官司紧急，我不敢见您。"却去求见了汉惠帝的宠臣闳孺，对他说："您受皇帝宠幸的原因，天下无人不知。如今辟阳侯被吕后宠幸下了大狱，路人都传说是您向皇帝进的谗言，想杀了辟阳侯。今日辟阳侯一旦被杀，明日吕后怀恨在心，也一定会杀了您。您为什么不裸露上身在皇帝那儿为辟阳侯求情呢？如果皇上听您的话放了辟阳侯，那么吕后一定非常高兴。皇上和太后都宠爱您，日后您获得的富贵就会双倍于现在了。"闳孺听了以后非常害怕，于是就听从他的建议，劝说汉惠帝，汉惠帝果真放了辟阳侯。辟阳侯被关在狱中时，想见朱建，朱建不肯见他，辟阳侯以为他背叛了自己，非常气愤。等到他成功地获救出狱，才大为惊服。吕后去世后，大臣们把吕家的人都杀了，辟阳侯和吕家的关系密切，可是最终他却没有被杀，而让辟阳侯得以保全的那些谋划，完全得力于陆贾、朱建。

孝文帝时，淮南厉王杀辟阳侯①，以党诸吕故②。文帝闻其客平原君为计策，使吏捕欲治。闻吏至门，平原君欲自杀。诸子及吏皆曰："事未可知，何早自杀为？"平原君曰：

“我死祸绝，不及而身矣。”遂自刭。孝文帝闻而惜之，曰：“吾无意杀之。”乃召其子，拜为中大夫③。使匈奴，单于无礼，乃骂单于，遂死匈奴中④。

【注释】

①淮南厉王杀辟阳侯：事在汉文帝三年，前177年。淮南厉王，名长，刘邦之子，谥号为“厉”。其为母报仇杀审食其事，详见《淮南衡山列传》。

②以党诸吕故：底本作“以诸吕故”，泷川曰：“枫、三本‘诸’上有‘党’字，与《汉书》合。”据补。

③中大夫：官名，郎中令属官，在皇帝身边，掌议论。《索隐》曰：“下文所谓与太史公善者。”

④乃骂单于，遂死匈奴中：据《匈奴列传》，汉文帝六年（前174）有《遗匈奴书》，而所遣使者中有“中大夫意”，或谓此人即平原君子朱意。或然。

【译文】

汉文帝时，淮南厉王刘长杀了辟阳侯，这是因为他和吕家结成党羽的缘故。汉文帝听说朱建曾是辟阳侯的门客，为他出谋划策，就派官吏去抓朱建，想治他的罪。朱建听说官吏已到门口，就想自杀。他的孩子和属吏都劝他说：“事情还不清楚会怎么样，何必早早自杀呢？”朱建说：“我一死灾祸就断绝了，不会连累到你们。”于是割颈自杀。汉文帝听说后感到很惋惜，说：“我没有杀他的意思。”于是就召来朱建的儿子，任命为中大夫。后来朱建的儿子奉命出使匈奴，单于对他无礼，他便大骂单于，结果死在匈奴中。

初，沛公引兵过陈留，郦生踵军门上谒曰①：“高阳贱民郦食其，窃闻沛公暴露，将兵助楚讨不义^②，敬劳从者^③，愿得望见，口画天下便事^④。"使者入通，沛公方洗，问使者曰："何如人也？"使者对曰："状貌类大儒，衣儒衣，冠侧注^⑤。"沛公曰："为我谢之，言我方以天下为事，未暇见儒人也。"使者出谢曰："沛公敬谢先生，方以天下为事，未暇见儒人也。"郦生瞋目案剑叱使者曰^⑥："走！复入言沛公，吾高阳酒徒也^⑦，非儒人也。"使者惧而失谒，跪拾谒，还走，复入报曰："客，天下壮士也，叱臣，臣恐，至失谒。曰：'走！复入言，而公高阳酒徒也。'"沛公遽雪足杖矛曰^⑧："延客入！"

【注释】

①踵：至，到达。上谒：递上名帖求见。谒，名帖，犹今之名片。

②助楚：刘邦受楚怀王之命西进攻秦，故称"助楚"。

③敬劳从者：谦辞，特来向您表示慰问。从者，犹言"麾下""阁下"，用以代指刘邦。

④口画：指亲口当面谋划。天下便事：有利于天下之事。

⑤侧注：一种帽子的名字。《集解》引徐广曰："侧注冠，一名高山冠。"师古曰："侧注者，形侧立而下注也。"

⑥瞋目：瞪大眼睛。形容发怒。

⑦吾高阳酒徒也：《集解》引徐广曰："一本言'而公高阳酒徒'。"据后文使者传的话，似当作"而公高阳酒徒"。

⑧雪足：擦脚。杖矛：拄着矛站起来。

【译文】

　　当初，沛公领兵经过陈留，郦食其亲自到军营门前递上名帖求见说："我是高阳的贱民郦食其，私下听说沛公不怕日晒雨淋，率兵帮楚国讨伐不义之师，特来表示慰问，我希望见到沛公，当面谈谈有利于天下的事情。"使者进去通报，沛公正在洗脚，问使者道："他是个什么样的人？"使者回答说："看样貌像个大儒，穿着儒生的衣服，戴着侧注冠。"沛公说："你替我告诉他，就说我现在正忙着打天下，没空见儒生。"使者出来对郦生说："沛公让我告诉您，他现在正忙着打天下，没空见儒生。"郦生眼睛一瞪，手按剑柄对使者大喝道："去！你再去告诉沛公，就说我是高阳的酒徒，不是儒生！"使者被吓得手中的名帖都掉在地上，连忙跪下捡起来，转身跑回去，再次进去对沛公报告说："这位来客是个大壮士，他对我大喝一声，把我吓了一大跳，名帖都被吓得掉在地上。他说：'去！你快进去再为我禀报，你老子是高阳酒徒。'"沛公一听，立即擦脚，拄着长矛站起来说："快请客人进来！"

　　郦生入，揖沛公曰[①]："足下甚苦，暴衣露冠，将兵助楚讨不义，足下何不自喜也[②]？臣愿以事见，而曰'吾方以天下为事，未暇见儒人也'。夫足下欲兴天下之大事而成天下之大功，而以目皮相[③]，恐失天下之能士。且吾度足下之智不如吾，勇又不如吾[④]。若欲就天下而不相见[⑤]，窃为足下失之。"沛公谢曰："乡者闻先生之容[⑥]，今见先生之意矣。"乃延而坐之，问所以取天下者。郦生曰："夫足下欲成大功，不如止陈留[⑦]。陈留者，天下之据冲也，兵之会地也，积粟数千万石，城守甚坚。臣素善其令，愿为足下说之。不听臣，臣请为足下杀之，而下陈留。足下将陈留之众，据陈留之城，而食其积粟，招天下之从兵[⑧]；从兵已成，足下横行天下，莫能有害足下者矣。"沛公曰:"敬闻命矣。"

【注释】

①揖沛公曰:史珥曰:"此使大揖,气殊豪上,不愧'狂生'之目。"

②不自喜:不自爱,不自重。《魏其武安侯列传》籍福谓田蚡"君何不自喜",与此正同。

③以目皮相:指看人只看外表,不重内在的真才实学。皮相,只从外表看,不深入。《韩诗外传》:"子乃皮相之士也,何足语姓字哉!"。

④度足下之智不如吾,勇又不如吾:足见郦生之狂态。度,估计。

⑤就天下:成就一统天下的功业。就,成就,完成。

⑥乡者:刚才,刚刚。乡,同"向"。

⑦止陈留:停下来占领陈留。

⑧从兵:可以联合的兵马。从,同"纵",联合。

【译文】

　　郦生进入房间,向沛公作了一个揖,说:"您辛苦了,冒着风吹雨淋,率兵帮楚国讨伐不义之师,那您为什么不自爱自重呢?我是有事才来求见,可您却说'我正忙着打天下,没空见儒生'。您想要办成天下之大事,建成天下之大功,却仅凭外表看人,这样恐怕会让您错失天下的英才。况且我估计您的智慧不如我,勇敢也不如我。您想打天下却又不肯见我,我私下认为您这样做是失算的。"沛公道歉说:"刚才我听说您是儒生扮扮,现在我明白您的意思了。"于是请郦生就坐,向他请教打天下的方法。郦生说:"您要是真想建成大功,那就不如先驻守陈留。陈留是天下的交通枢纽,自古是兵家必争之地,城里存着几千万石粮食,城池守卫牢固得很。我一向跟陈留县的县令交情好,愿意替您去劝说他向您投降。如果他不听我的,我就替您杀了他,为您拿下陈留。您统领陈留的部队,据守陈留的城池,吃着城中储蓄的粮食,在天下各地招兵买马;等到兵多将广时,您就可以横行天下,到那时就没有人能危害您了。"沛公说:"完全照您说的办。"

　　于是郦生乃夜见陈留令,说之曰:"夫秦为无道而天下畔之①,今足下与天下从则可以成大功。今独为亡秦婴城而坚守②,臣窃为足下危之。"陈留令曰:"秦法至重也,不可以妄言,妄言者无类③,吾不可以应。先生所以教臣者,非臣之意也,愿勿复道。"郦生留宿卧,夜半时斩陈留令首④,逾城而下报沛公。沛公引兵攻城,县令首于长竿以示城上人,曰:"趣下⑤,而令头已断矣! 今后下者必先斩之!"于是陈留人见令已死,遂相率而下沛公。沛公舍陈留南城门上,因其库兵⑥,食积粟,留出入三月⑦,从兵以万数,遂入破秦⑧。

【注释】

①畔:通"叛",背叛。

②婴城:环城。婴,绕。

③无类:无遗类,指会遭灭族。

④夜半时斩陈留令首:泷川引中井积德曰:"夜斩陈留令,不似郦生之伎俩,前文似得事实。"

⑤趣(cù)下:赶紧投降。趣,赶紧,赶快。

⑥因其库兵:取用武库中的兵器。

⑦留出入三月:在陈留停留活动了三个月。据《高祖本纪》及相关各篇,刘邦似无于陈留停兵"三月"之事,此处容有夸饰。

⑧遂入破秦:此段疑系后人屠入。归有光曰:"其文类褚先生补入者。"茅坤曰:"盖太史公及与平原君之子善,乃得郦生本由高帝

过高阳时见云云,遂草次如此,盖其未定稿也,误见于此。"凌约言曰:"其间语意详略多不同,此必有二闻,故并纪之耳。"梁玉绳曰:"郦生事不应复出于朱建传尾,且史无两存之例,其为屡入无疑,犹《始皇纪》后之附《秦纪》也。考《御览》三百六十六引《楚汉春秋》,与此政同,则是后人因其小有异同而附之,又误置于朱建传末,当移在史论之后,降书一字。《史通·杂说篇》《野客丛书》并错认为史本书,《评林》载归有光云其文类褚先生补入者,亦失考。"

【译文】

于是郦生便夜里去见陈留县令,对他说:"秦朝暴虐无道,天下人都反叛它,如今您要是能顺从天下大势,就可以成就大功。如果您偏偏想为将要灭亡的秦王朝坚守城池,那我私下认为您这样很危险。"陈留县令说:"秦王朝的法令是最严酷的,您可不能乱说,乱说的人是要灭族的,我可不能听您那一套。您用来教导我的这些话,不是我的想法,请您不要再说了。"郦生当晚就住在陈留城里,半夜时他砍下陈留县令的头,提着人头翻越城墙来见沛公。沛公立即起兵攻城,将陈留县令的人头挂在长竿上给城上的守军看,对他们说:"赶紧投降,你们县令的人头已被我们砍断了!现在晚投降的人,就先杀掉!"这时陈留县里的人见县令已死,于是便相继投降了沛公。沛公住在陈留县南门的城楼上,利用仓库里的兵器装备自己,吃着城里储藏的粮食,在那儿逗留驻守了三个月,招徕的士卒达到几万人,最终进入关中灭掉了秦王朝。

太史公曰:世之传郦生书[1],多曰汉王已拔三秦[2],东击项籍而引军于巩、洛之间[3],郦生被儒衣往说汉王。乃非也。自沛公未入关,与项羽别而至高阳[4],得郦生兄弟。余读陆生《新语》书十二篇，固当世之辩士。至平原君子与余善，是以得具论之⑤。

【注释】

①世之传郦生书：今皆不传。

②汉王已拔三秦：事在汉元年（前206）八九月。

③东击项籍而引军于巩、洛之间：事在汉二年（前205）四月。刘邦先率军攻占彭城，后被项羽击败，溃退至荥阳、巩、洛一带。

④与项羽别而至高阳：指秦二世二年（前208）后九月，楚怀王命项羽北上救赵，而刘邦率军西进直取关中。

⑤平原君子与余善，是以得具论之：此平原君子当即前文"乃骂单于，遂死匈奴中"者，亦即《匈奴列传》文帝六年（前174）出使匈奴之"中大夫意"，则此"余"非司马迁，而当为其父司马谈，王国维、顾颉刚据此认为此篇出自司马谈之手，参见《刺客列传》注。

【译文】

太史公说：世上记载郦食其事迹的书，大多都说郦食其是在汉王已经占领三秦，向东进攻项羽而后领军退守于巩县和洛阳之间时，才身穿儒服前去游说汉王的。这是错误的。其实在沛公还没有入关，和项羽分兵西进到达高阳时，就已得到了郦食其兄弟。我读过陆贾的《新语》十二篇，认为他确实是当代的雄辩之士。至于平原君朱建，他的儿子和我关系好，所以我能完备地记录下他的一些事迹。

【集评】

黄震曰："郦生为高帝下陈留，高帝赖其兵食遂以入关，所系大矣。……陆贾两使尉他，使汉越无兵争，天下阴受其赐多矣。时时说称《诗》《书》，一新高帝马上之习，社稷灵长终必赖之矣。其后知太后将王诸吕不可争，乃病免家居；及诸吕将危刘氏，则出为陈平画策诛之。动静合时措之宜,而功烈泯无形之表,汉初儒生,未有贾比也。而太史公屈与郦生同传,岂以其辩说欤! 朱建以母死无以为丧而受辟阳侯金,所谓'行不苟合'者安在? 而与二生同传,何也?”(《黄氏日钞》)

陈仁锡曰:“郦生、陆贾皆口辩士,故同传。朱建亦以口辩附焉。”(《史记考》)

李晚芳曰:“郦、陆二公,卓识雄才不在三杰下,而当时无盛名者,一以'狂生'掩,一以'说士'自晦耳。……太史合而传之,见二公皆有大功于汉,而未尽其用,而郦以被陷而不能尽,陆以自晦而不肯尽,均有惜之之意焉。使郦尽其用,则三杰而四矣;陆尽其用,则三杰皆后矣。陆公盖深得圣人《诗》《书》之教而善用黄老之术者与!《诗》《书》之教深,故顓顓导主;黄老之术善,故步步让人。郦公同时尚多并驾者,陆公则汉廷一人而已。其保国保身之智,张良或可几及,而道学则远不逮矣。余尝拟其伦商之傅说,岂阿乎!”(《读史管见》)

吴见思曰:“郦生、陆贾是当代一流人物,即平原朱建亦不平常,故史公极力模写,凡情事、声色、衣冠、言动,俱从字句中现出。……古人云,文如生龙活虎,捉搦不得,吾以为此文足以当之。写郦生处,处处写其狂态,另有一种超然迈远、高视一切之度。而陆生一传,则精详秀雅,又是一种丰裁。至与尉他对语一段,各用权术,互相驾驭,至今生气勃勃。”(《史记论文》)

姚苎田曰:“郦、陆两生皆以舌佐命,然郦以负气鼎烹,陆以委蛇寿考,史公合而传之,于郦则详其始见之时,一腔英伟;于陆则详其病免之后,无限高超。意盖以人生在世,隐现无常,夷险难必,能合两生之始末而并有之,庶可无憾矣。不然则汉廷臣子寿终者多,独大书于鼎镬者之传后,此何意哉?”(《史记菁华录》)

【评论】

《太史公自序》说:“结言通使,约怀诸侯,诸侯咸亲,归汉为藩辅,作

《郦生陆贾列传》第三十七。"可知本篇首先是为了表彰郦食其与陆贾出使诸侯不辱使命的辩才和智谋。郦食其人号"狂生",桀骜不驯,智谋过人,所以他瞧不上"好苛礼自用,不能听大度之言"的一般人,而对于"慢而易人,多大略"的刘邦则青眼有加,倾心投奔。他去见刘邦时,刘邦"方倨床使两女子洗足",郦食其则"长揖不拜",且斥责刘邦"不宜倨见长者",两个疏阔不羁之人的见面煞是好看。刘邦很快就被这个"狂生"所吸引,并为他的谋略所折服;郦食其也忠心为刘邦做说客,联络诸侯。郦食其自请游说齐王,并真的凭借一番说辞打动了齐王,使其归附了刘邦。可是韩信为了自己得到拿下齐国的功劳,发兵袭齐,齐王以为郦食其是来哄骗自己,要烹杀他,郦食其不愿为自己辩护,说:"举大事不细谨,盛德不辞让。而公不为若更言!"毅然赴死。可见,这"举大事不细谨"正是狂生郦食其的行为标准。所以,查慎行说:"郦生于齐受烹时,犹有迂阔大言,足见狂生故态。"(《得树楼杂钞》)

陆贾不仅是出色的辩士,更是兼具儒者之学与黄老之术的智者。陆贾的能言善辩主要体现在他两次前往南越说服尉他归顺汉朝上。第一次是天下初定时,劝南越王尉他臣服于汉;第二次是文帝时尉他自称南越武帝,陆贾又说服他取消了帝号。正如凌稚隆所说:"太史公以使南越事首尾《陆贾传》,盖贾佐汉之功,此最其所显著者,故亹亹云。"(《史记评林》)可见司马迁对其善辩及其业绩是格外敬佩的。陆贾的智慧,首先是他以《诗》《书》劝刘邦文武并用,并著《新语》一书总结了秦所以失天下以及汉所以得天下的历史经验,开启了一个由武功转向文治的历史新时期。其次是他能审时度势,早早告病回家,做出一种宴乐歌舞、安享晚年的姿态,避世远祸。同时他又暗中联络陈平与周勃,为诛灭诸吕作准备。故文中说:"及诛诸吕,立孝文帝,陆生颇有力焉。"这时的陆贾是以智者的面目出现的,不能再单纯地以辩士视之。查慎行曾说:陆贾"当吕后朝不汲汲于功名,既能全身远患,又能以事外之人隐然为社稷计安全,有曲逆(陈平)智谋所不逮者。子房已从赤松游,汉之不夺于诸

吕，亦赖有此人。因其与朱建善，《史记》概以口辩士目之，失之乎论陆
一生。"（《得树楼杂钞》）

　　史公对陆贾的实际描写无疑是卓绝的。其两次出使南越，都写得
形神兼备。即如本文所写的"陆生至，尉他魋结箕倨见陆生"，陆生开宗
明义对尉他所发的一通有理有力的慷慨陈词。程余庆曾称道陆贾"此
段说辞，反复明畅，严切有体，可作一则讨南越的檄文读"。当尉他听罢
心服口不服地故作倔强，他先问"我孰与萧何、曹参、韩信贤"的时候，
陆贾回答他"王似贤"。程余庆对此写道："奖得妙。下一'似'字，是活
落语。尉他闻陆生言，不觉心服，而转念又未免倔强。意在皇帝，不在三
人，故陆生亦不复深答，能敷衍处尽量敷衍。"当尉他又得寸进尺地问到
"我孰与皇帝贤"时，陆生就毫不含蓄地向他郑重指明了这是井蛙与海
鳖、蚁垤与丘山般不可同日而语之事。这段文字所表现的两人之间的权
术较量，其精彩程度在整部《史记》中也是不多见的。故钟惺评价陆贾
说："陆贾说尉他，为汉服远人；奏《新语》，为汉开文治；而其大者，在联
将相之交，为汉克复旧物，而归功平、勃，仍以'辩士'自居。观其进退取
舍，盖英雄而有道术者也。"

　　对于本篇中写入朱建，后人多认为不合适。确实，无论是从"辩士"
的角度看，还是从对国家社稷的贡献看，朱建都不可与郦食其、陆贾相提
并论。作者写朱建主要是出于他是陆贾的朋友，在援救审食其时表现出
一种知恩图报、不求名、不求利，甚至甘愿牺牲生命的"侠义"精神。中
井积德说："朱建之事，原无足传也，史迁乃津津言之若深赏者，何也？盖
迁之被罪几死，无人赴救，故感愤特详之耳。"（《史记会注考证》引）这
也许说中了史公心思。

　　本篇最后又补记了一段有关郦生的异文。对于这种写法，也是历来
聚讼纷纭。归有光说："其文类褚先生补入者。"梁玉绳也说："其为羼入
无疑。"（《史记志疑》）吴见思则说："盖郦生见沛公致词处、叱谒处、沛
公雪足杖矛处，极其精神……然终不忍弃去，故全载于此耳。"（《史记论

文》）但除了司马迁喜欢这篇文字的原因之外，似乎还应该注意到本篇"太史公曰"中的一段话："世之传郦生书，多曰汉王已拔三秦，东击项籍而引军于巩、洛之间，郦生被儒衣往说汉王。乃非也。自沛公未入关，与项羽别而至高阳，得郦生兄弟。"司马迁的这一考证，就是基于前后两则材料都记有郦生为内应攻取秦陈留城一事而得出的。因此，我们还应从中看到其保留史料的用意。

　　读《吕太后本纪》至周勃、陈平等诛灭吕氏诸人后，见审食其不仅未受惩处，反而让他"复为左丞相"，觉得很不理解。等读到《郦生陆贾列传》所附朱建传后，方知是经过陆贾的撮合，才使得审食其与朱建搭上了关系。而当时陆贾又恰与陈平过从甚密，而陈平是早在刘邦在世时就已经向吕后示好求容了。在此后吕后当权的十五年间，陈平既讨好吕后，自然就迈不过审食其，陈平与审食其的关系自然也是非同一般的。则审食其之"复为左丞相"，或与陈平有关。

傅靳蒯成列传第三十八

【释名】

《傅靳蒯成列传》是傅宽、靳歙和周緤三人的合传。周緤封为蒯成侯，故以"蒯成"指代之。

傅宽、靳歙是刘邦的开国战将，二人都是骑将，战功仅次于樊哙、郦商、夏侯婴、灌婴。傅宽曾为韩信、周勃的部下。靳歙佐刘邦入关灭秦，曾有破李由军和在蓝田之战中斩将杀敌的大功；楚汉战争中一直与灌婴紧密合作，在打败项羽的过程起了相当重要的作用。周緤无战功，以"忠爱"为刘邦宠爱而封侯，颇与前二人不类。篇末论赞，感慨傅宽、靳歙之功为"天授"，而对周緤的"笃厚"语带讥讽。

阳陵侯傅宽①，以魏五大夫骑将从②，为舍人③，起横阳④。从攻安阳、杠里⑤，击赵贲军于开封⑥，及击杨熊曲遇、阳武⑦，斩首十二级，赐爵卿⑧。从至霸上⑨。沛公立为汉王，汉王赐宽封号共德君⑩。从入汉中⑪，迁为右骑将。从定三秦⑫，赐食邑雕阴⑬。从击项籍⑭，待怀⑮，赐爵通德侯。从击项冠、周兰、龙且⑯，所将卒斩骑将一人敖下⑰，益食邑。

【注释】

①阳陵侯傅宽:傅宽的封地为阳陵,阳陵本为汉景帝陵墓,后所在县遂名阳陵县,在今陕西高陵西南。王先谦引钱大昕曰:"傅宽与靳歙,史失其所居郡县。"

②魏:此当指陈涉起兵后所立魏王咎。五大夫:秦爵二十级中的第九级。钱大昕曰:"五大夫盖秦时所得。"

③为舍人:谓由魏咎部下转投刘邦为舍人。舍人,战国秦汉时王公贵族私门之官。

④横阳:乡邑名,在今河南商丘西南。

⑤安阳:古邑名,在今山东曹县东。杠里:古邑名,在今山东成武西。

⑥击赵贲军于开封:事在秦二世三年(前207)三月。赵贲,秦将名。

⑦击杨熊曲遇、阳武:事在秦二世三年(前207)三月。杨熊,秦将名。曲遇,乡邑名,在今河南中牟东。阳武,秦县名,治所在今河南原阳东南。

⑧赐爵卿:卿,爵位名。

⑨从至霸上:事在汉元年(前206)十月。霸上,古地名,在今陕西西安东白鹿原北首。因地处霸水之滨,故名。为古代咸阳、长安附近军事要地。

⑩共(gōng)德君:有封号而无封地。共,通"恭"。

⑪从入汉中:事在汉元年(前206)四月。汉中,秦郡名,郡治南郑,即今陕西汉中。

⑫从定三秦:事在汉元年八月。三秦,项羽分封诸侯时,将秦故地关中地区分别封给秦降将章邯、司马欣、董翳为雍国、塞国、翟国,合称"三秦"。

⑬雕阴:秦县名,治所在今陕西甘泉南。

⑭从击项籍:事在汉二年(前205)四月。

⑮待怀:驻守怀县。怀,秦县名,治所在今河南温县东北,时为河内

郡郡治。

⑯项冠、周兰、龙且（jū）：皆项羽部将。

⑰敖下：敖仓附近。敖，敖仓，秦时建粮仓于当时荥阳城北黄河边的敖山上，故称敖仓。因黄河冲刷，敖山今已消失。

【译文】

阳陵侯傅宽，以魏国五大夫的爵位任骑将，随沛公刘邦在横阳起兵，被任命为舍人。他跟随沛公攻打安阳、杠里，在开封攻击赵贲的军队；在曲遇、阳武攻打杨熊的军队，曾斩获十二个敌人首级，被赐予卿爵。后来随沛公到达霸上。沛公被封为汉王后，赐给傅宽共德君的封号。傅宽随汉王进入汉中，升为右骑将。后又随汉王平定三秦，汉王赐给他雕阴作为食邑。楚汉相争时，他随着汉王进击西楚霸王项羽，奉命留驻在怀县接应汉王，汉王赐给他通德侯的爵位。又随汉王进击项冠、周兰、龙且，他率领的士兵在敖下斩获楚将一人，因此又增加了食邑。

属淮阴①，击破齐历下军，击田解②。属相国参③，残博④，益食邑。因定齐地，剖符世世勿绝，封为阳陵侯⑤，二千六百户，除前所食。为齐右丞相⑥，备齐⑦。五岁为齐相国⑧。四月⑨，击陈豨⑩，属太尉勃⑪，以相国代丞相哙击豨⑫。一月⑬，徙为代相国⑭，将屯⑮。二岁，为代丞相⑯，将屯。

孝惠五年卒，谥为景侯⑰。子顷侯精立，二十四年卒⑱。子共侯则立，十二年卒⑲。子侯偃立，三十一年，坐与淮南王谋反，死，国除⑳。

【注释】

①属淮阴：指跟随淮阴侯韩信作战。梁玉绳曰："是时韩信为相国，据下文'属相国参''属太尉勃'之例，当云'属相国信'，不当书

'淮阴'也。"

② 击破齐历下军,击田解:事在汉四年(前203)十月,参见《淮阴侯
列传》。历下,即历城,因城南有历山而得名,在今山东济南。田
解,齐王田广部将,当与华无伤一起驻守历下。王先谦曰:"《田儋
传》:'齐王使华无伤、田解军历下',则'击历下军'与'击田解'
不得为二事。下'击'字误,疑当为'斩',或'得'字、'虏'字之
讹。"

③ 属相国参:指跟随相国曹参作战。郭嵩焘曰:"其初定齐,阳陵及
平阳侯皆属信;其后信会高祖于陈,而参以齐相留齐,是以阳陵又
属参也。"梁玉绳曰:"参时以'右丞相'属韩信,非'相国'也。"

④ 残博:在博县多有杀伤。博,也称博阳,秦县名,治所在今山东泰
安东南。

⑤ 封为阳陵侯:事在高祖六年,前201年。

⑥ 为齐右丞相:担任齐王刘肥的右丞相。刘肥为刘邦庶子,事详
《齐悼惠王世家》。

⑦ 备齐:守备齐地。《集解》引张晏曰:"时田横未降,故设屯备。"

⑧ 五岁为齐相国:担任齐国右丞相五年后,改任齐相国。西汉初,诸
侯国与中央的官制类似,设"丞相",一般分左右两位;设"相国",
则只一人。

⑨ 四月:指担任齐相国四个月后,时当高祖十年(前197)。

⑩ 击陈豨:刘邦平定陈豨叛乱事,详见《韩信卢绾列传》。

⑪ 太尉勃:即周勃,时任太尉。

⑫ 以相国代丞相哙击豨:王先谦曰:"'以相国'上当更有'勃'字,
'击豨'当作'击卢绾',史文脱误也。"周勃替代樊哙为将讨伐卢
绾事,在高祖十二年(前195)十二月,详见《陈丞相世家》《绛侯
世家》。

⑬ 一月:一个月之后。

⑭徙为代相国：傅宽改任"代相国"主代地事。

⑮将屯：统领当地驻军。《索隐》引孔文祥曰："边郡有屯兵，宽为代相国，兼领屯兵。"

⑯二岁，为代丞相：担任代相国两年后，改任代丞相。

⑰孝惠五年卒，谥为景侯：《谥法解》："布义行刚曰景；由义而济曰景；耆意大虑曰景。"孝惠五年，前190年。

⑱子顷侯精立，二十四年卒：顷侯精，据《高祖功臣侯者年表》作"顷侯靖"。二十四年，文帝十四年，前166年。

⑲子共侯则立，十二年卒：共侯傅则卒于汉景帝三年，前154年。

⑳"子侯偃立"几句：事在汉武帝元狩元年，前122年。淮南王，刘安，其谋反事详见《淮南衡山列传》。

【译文】

傅宽曾作为淮阴侯的部将，击溃齐王田广在历下的守军，击垮了齐国守将田解。后来又作为相国曹参的部将，在博县多有杀伤，增加了食邑。因他有平定齐地的功劳，汉王与他剖符立誓，世世代代继承侯位，永不废绝，封他为阳陵侯，赐食邑二千六百户，废除了以往的食邑。他担任齐国的右丞相，屯兵守备齐地。五年以后，任齐相国。担任相国四个月后，他作为太尉周勃的部将，率军进攻陈豨，以齐相国的身份代替汉丞相樊哙攻打陈豨。一个月后，改任代王相国，屯兵驻守代地。两年后，担任代王丞相，继续屯兵驻守代地。

汉惠帝五年，傅宽去世，谥号景侯。傅宽的儿子顷侯傅精继位，傅精为侯二十四年去世。傅精的儿子共侯傅则继位，傅则为侯十二年去世。傅则的儿子傅偃继位，傅偃为侯三十一年，因与淮南王刘安谋反，被处死，爵号和封地被撤销。

信武侯靳歙①，以中涓从②，起宛朐③。攻济阳④。破李由军⑤。击秦军亳南、开封东北⑥，斩骑千人将一人⑦，首五十七级⑧,捕虏七十三人,赐爵封号临平君⑨。又战蓝田北⑩,斩车司马二人⑪,骑长一人⑫,首二十八级,捕虏五十七人。至霸上。

【注释】

①信武侯靳歙(xī):封地信武,其地未详。

②中涓:帝王身边负责清洁工作的人员。《汉书·曹参传》颜师古注引如淳曰:"中涓,亲近之臣,若谒者舍人之类。"颜师古又曰:"涓,洁也,言其在内主知洁清洒扫之事,盖亲近左右也。"

③宛朐:秦县名,治所在今山东东明东南。

④济阳:秦县名,治所在今河南兰考东北。

⑤破李由军:刘邦率军于雍丘破李由军在秦二世二年(前208)八月。李由,秦朝丞相李斯长子,时为三川郡郡守。

⑥击秦军亳南、开封东北:事在秦二世三年(前207)三月。秦军,当指秦将赵贲的部队。亳,古邑名,钱穆《史记地名考》认为在今河南商丘东南。开封,秦县名,在今河南开封南。

⑦骑千人将:骑兵的"千夫长"。梁玉绳曰:"'斩骑千人将一人'作一句读。"

⑧首五十七级:斩获敌军士兵头颅五十七个。

⑨临平君:封号名,无封地。

⑩战蓝田北:事在秦二世三年(前207)九月。刘邦战蓝田事,详见《高祖本纪》《留侯世家》。蓝田,秦县名,治所在今陕西蓝田西南。

⑪车司马:官名,掌军车。《集解》引张晏曰:"主官车。"

⑫骑长:张晏曰"骑之长",骑兵的低级长官。

【译文】

信武侯靳歙,以中涓身份跟随沛公刘邦在宛朐起事。曾带兵攻打济阳。后又击败秦将李由的军队。在亳南和开封东北击败秦军,斩敌骑千人将一人,斩获五十七个首级,俘虏七十三人,被赐封临平君。后来又在蓝田北进行战斗,斩秦军车司马两人,骑兵长官一人,斩获敌人首级二十八个,俘虏五十七人。又率军到达霸上。

沛公立为汉王,赐歙爵建武侯①,迁为骑都尉②。从定三秦。别西击章平军于陇西③,破之,定陇西六县,所将卒斩车司马、候各四人④,骑长十二人。从东击楚,至彭城⑤。汉军败还⑥,保雍丘⑦,去击反者王武等⑧。略梁地⑨,别将击邢说军菑南⑩,破之,身得说都尉二人⑪,司马、候十二人,降吏卒四千六百八十人。破楚军荥阳东⑫。三年⑬,赐食邑四千二百户。

【注释】

①赐歙爵建武侯:仍仅有封号而无封地。

②骑都尉:骑兵的中级军官。都尉,为高级将领之下的中级武官,地位略低于校尉。

③别西击:独自领兵作战。章平:章邯之弟。陇西:秦郡名,郡治狄道,在今甘肃临洮。

④候:军官名。一个将军所率军队分若干部,部下又分若干曲,部的长官为"校尉","曲"的长官为"候"。

⑤从东击楚,至彭城:事在汉二年(前205)四月。彭城,时为项羽都城,在今江苏徐州。

⑥汉军败还:刘邦在彭城西被项羽大败事,详见《项羽本纪》。

⑦保雍丘:退守雍丘。雍丘,秦县名,治所在今河南杞县。

⑧去击反者王武等:指离开雍丘,前往外黄攻打王武、程处叛军。王武,本为刘邦部将,因见刘邦于彭城溃败而率部叛变。

⑨略梁地:指在梁地运动作战。梁地,指以今开封为中心的河南东部地区,战国时属于魏国(因都城大梁,故也称梁国)。

⑩邢说(yuè):项羽部将。菑南:菑县城南,时菑县治所在今河南民权东。

⑪身得:亲手俘虏。李光缙曰:"'身得'云者,以别于'将卒'所得也。此传凡曰'身得'者二,曰'所将卒得'者二,叙事井井有条。"

⑫荥阳:秦县名,治所在今河南荥阳东北。楚汉相持作战的主要据点。

⑬三年:汉三年,前204年。

【译文】

沛公被封为汉王,赐封靳歙建武侯的爵位,并升任他为骑都尉。靳歙随汉王平定三秦。他单独率兵西进,在陇西击败章平的军队,平定陇西六县,部下士兵斩车司马、军候各四人、骑长十二人。又随汉王东击楚军,到达彭城。后汉军被打败,靳歙退守雍丘,后离开雍丘去攻打叛汉的王武等人。夺取了梁地后,他率军在菑南打败邢说的军队,亲手俘虏邢说部下都尉二人、司马和军候十二人,收降士卒小吏四千六百八十人。在荥阳东边大败楚军。汉三年,汉王赐给靳歙食邑四千二百户。

　　别之河内①,击赵将贲郝军朝歌②,破之,所将卒得骑将二人,车马二百五十匹③。从攻安阳以东④,至棘蒲⑤,下七县。别攻破赵军,得其将司马二人,候四人,降吏卒二千四百人。从攻下邯郸⑥。别下平阳⑦,身斩守相⑧,所将卒斩兵守、郡守各一人⑨,降邺⑩。从攻朝歌、邯郸,及别击破赵军,降邯郸郡六县⑪。

【注释】

①河内:秦郡名,郡治怀县,在今河南武陟西南。

②赵将贲郝：姓贲名郝，赵王歇部将。朝歌：秦县名，治所在今河南
　淇县，秦时属河内郡。

③车马：拉车的马，相对于骑兵所骑战马而言。

④安阳：秦县名，治所在今河南安阳西南。

⑤棘蒲：乡邑名，在今河北魏县南。

⑥邯郸：秦县名，治所在今河北邯郸。亦为秦邯郸郡郡治。

⑦别下平阳：独自领兵攻下平阳。平阳，古邑名。在今河北临漳西。

⑧守相：负责防守的丞相。此“守相”不知何人，丞相当系虚衔加官。

⑨斩兵守、郡守各一人：“兵守”二字难解，疑指除郡守外，另一领兵
　之守将。中井积德曰：“‘兵守’二字、‘各’字，恐并衍。《汉书》
　作‘兵守郡一人’，亦不通。”

⑩邺：秦县名，治所在今河北临漳西南。

⑪降邯郸郡六县：王先谦曰：“自‘别之河内’于此，皆击赵事，当在
　三年韩信、张耳击赵时，别令歙将兵略赵地也。”汉三年（前204）
　十月，韩信、张耳于井陉大败赵军，详参《淮阴侯列传》。

【译文】

　　靳歙单独率领部队抵达河内，在朝歌进攻赵贲郝军，将其打得大败，部下士兵俘虏骑将二人，缴获车马二百五十四。随汉王进攻安阳以东，直到棘蒲，攻下七座县城。他单独率军击败赵军，俘虏司马二人，军候四人，收降吏卒二千四百人。又随汉王攻下邯郸。单独率军攻下平阳，亲手斩杀驻平阳的赵国留守丞相，部下士兵斩兵守和郡守各一人，并降服邺城。这次靳歙随汉王攻打朝歌、邯郸，并独自率军击败赵军，收降邯郸郡的六个县。

　　还军敖仓，破项籍军成皋南①，击绝楚饷道，起荥阳至襄邑②。破项冠军鲁下③，略地东至缯、郯、下邳④，南至蕲、竹邑⑤。击项悍济阳下⑥。还击项籍陈下，破之⑦。别定江

陵⑧,降江陵柱国、大司马以下八人⑨,身得江陵王⑩,生致之雒阳⑪,因定南郡⑫。从至陈,取楚王信⑬。剖符世世勿绝,定食四千六百户,号信武侯⑭。

【注释】

①成皋:秦县名,治所在今河南荥阳西北的大邳山上。与荥阳同为楚汉相持作战的要地。

②击绝楚饷道,起荥阳至襄邑:意谓靳歙等在北起荥阳、东南至襄邑一带袭击切断了项羽后方的粮草运输通道。襄邑,秦县名,治所在今河南睢县。此事灌婴亦参与,参见《樊郦滕灌列传》。

③项冠:项羽部将。鲁下:鲁县城下。时鲁县治所在今山东曲阜。

④缯:秦县名,治所在今山东苍山西北。郯:秦县名,治所在今山东郯城西北。下邳:秦县名,治所在今江苏邳州南。

⑤蕲(qí):秦县名,治所在今安徽宿州东南。竹邑:秦县名,治所在今安徽宿州北。

⑥项悍:项羽部将。

⑦还击项籍陈下,破之:即指垓下之战,事在汉五年,前202年。

⑧别定江陵:独自率军平定项羽所封的临江国,事在汉五年(前202)十二月。江陵,秦县名,在今湖北江陵,时为临江国都城。梁玉绳引陈太仆曰:"'江陵'当是'临江'之误,各国之王无称其都以为王号者。"

⑨柱国:楚官名,上柱国之简称,言其于国如室之有柱,为国家栋梁柱臣。原掌保卫国都,后为楚国最高武官,其地位仅次于令尹。大司马:古官名,掌军政。

⑩江陵王:即临江王共尉,《秦楚之际月表》作"共驩",老临江王共敖之子。

⑪生致之雒阳:生擒押解到雒阳。雒阳,在今河南洛阳的东北部,刘

邦称帝初期的国都。

⑫南郡：取消临江国，设立为南郡，郡治仍在江陵。靳歙与刘贾平定临江国事，参见《荆燕世家》。

⑬从至陈，取楚王信：事在汉六年（前201）十二月，刘邦用陈平计在陈县袭捕韩信事，详参《陈丞相世家》《淮阴侯列传》。陈，县名，亦郡名，在今河南淮阳。

⑭号信武侯：靳歙封信武侯在汉六年十二月。封地不详，《索隐》曰："《地理志》无信武县，当是后废故也。"

【译文】

回师敖仓后，旋即在成皋南打败项羽的军队，切断楚军从荥阳至襄邑的输送粮饷的通道。在鲁城之下击溃楚国项冠的军队，攻取地盘，东到缯县、郯县、下邳一带，南到蕲县、竹邑一带。在济阳击败项悍的军队。然后回师陈县，击败项羽的军队。单独率军平定临江国，招降了临江国的柱国、大司马以下官员八人，亲自俘虏了临江王，并把他押解到洛阳，于是平定了南郡。此后随从高祖到陈县，袭捕了楚王韩信。高祖与他剖符立誓，许他世世代代继承侯位，永不废绝，确定食邑四千六百户，封号为信武侯。

以骑都尉从击代①，攻韩信平城下②，还军东垣③。有功，迁为车骑将军，并将梁、赵、齐、燕、楚车骑④，别击陈豨丞相敞⑤，破之，因降曲逆⑥。从击黥布有功⑦，益封，定食五千三百户。凡斩首九十级，虏百三十二人；别破军十四⑧，降城五十九，定郡、国各一，县二十三；得王、柱国各一人，二千石以下至五百石三十九人。

高后五年⑨，歙卒，谥为肃侯⑩。子亭代侯，二十一年⑪，坐事国人过律⑫，孝文后三年，夺侯，国除。

【注释】

①从击代：随刘邦往代地征讨韩王信，事在汉七年（前200）十月。

②韩信：此指韩王信，其事详见《韩信卢绾列传》。平城：汉县名，治所在今山西大同东北。

③还军东垣：指汉八年（前199）冬，刘邦等率军追击韩王信余部至东垣事，参见《高祖本纪》。东垣，汉县名，治所今河北石家庄东北。

④并将梁、赵、齐、燕、楚车骑：事在高祖十一年（前196）十月。梁、赵、齐、燕、楚，均为汉初诸侯国，时梁王为刘邦功臣彭越，赵王为刘邦之子刘如意，齐王为刘邦之子刘肥，燕王为刘邦功臣卢绾，楚王为刘邦之弟刘交。

⑤丞相敞：陈豨所立代国丞相，其名为敞。颜师古曰："侯敞。"

⑥曲逆：汉县名，治所在今河北顺平东南。

⑦从击黥布：事在高祖十一年（前196）七月。黥布，刘邦开国功臣，其事详见《黥布列传》。

⑧别破军十四：独自领兵击败敌军十四次。凌约言曰："此（靳歙）与颍阴（指灌婴）同起中涓，其战功若'绝甬道''破项冠''取韩信''并将'等皆同，故'所将卒斩''身生得''别击'等眼目亦同。"

⑨高后五年：前183年。

⑩谥为肃侯：《谥法解》："执心决断曰肃；刚德克就曰肃。"

⑪二十一年：靳歙之子靳亭继位为侯第二十一年，即汉文帝后元三年，前161年。

⑫事国人过律：对封地内的人役使超出规定。《索隐》引刘氏曰："事，役使也。谓使人违律数多也。"

【译文】

　　后来，靳歙以骑都尉的身份随高祖进攻代地，在平城下攻打韩王信的军队，接着回师东垣。因有战功，升迁为车骑将军，统率梁、赵、齐、燕、楚、等诸侯国的车兵骑兵，单独率军击败陈豨的丞相侯敞，收降曲逆。又随高祖击败黥布，颇有战功，增加封赏，确定食邑五千三百户。在历次重要战役中，靳歙共斩首九十人，俘虏一百三十二人；单独率军击败敌军十四次，收降城池五十九座，平定一郡、一国、二十三县；俘虏诸侯王和柱国各一人，二千石以下至五百石的官吏三十九人。

高后五年，靳歙去世，谥号肃侯。他儿子靳亭继承侯位。靳亭为侯二十一年时，因在封地内使用徭役超过法律规定获罪，于汉文帝后元三年，被剥夺爵位，封国撤销。

蒯成侯緤者①，沛人也，姓周氏。常为高祖参乘②，以舍人从起沛。至霸上，西入蜀、汉，还定三秦，食邑池阳③。东绝甬道④，从出度平阴⑤，遇淮阴侯兵襄国⑥，军乍利乍不利⑦，终无离上心。以緤为信武侯⑧，食邑三千三百户。高祖十二年⑨，以緤为蒯成侯⑩，除前所食邑。上欲自击陈豨⑪，蒯成侯泣曰："始秦攻破天下，未尝自行⑫。今上常自行，是为无人可使者乎？"上以为"爱我"，赐入殿门不趋⑬，杀人不死⑭。

至孝文五年⑮，緤以寿终，谥为贞侯⑯。子昌代侯，有罪，国除⑰。至孝景中二年⑱，封緤子居代侯⑲。至元鼎三年⑳，居为太常，有罪，国除㉑。

【注释】

①蒯成侯緤（xiè）：蒯成为封地，其地不详。蒯，《汉书》作"䣙"。陈直曰："歙县黄氏藏有'䣙成侯'带钩，与蒯字形相近，知《史记》作'蒯'为误文也。"

②参乘：陪乘或陪乘的人。古代乘车，尊者在左，御者在中，一人在右陪坐，称"参乘"或"车右"。

③食邑池阳:以池阳为周缲的封地。池阳,汉县名,治所在今陕西泾
　　阳西北。王先谦曰:"食邑时,池阳尚未为县,县乃惠帝置也。秦
　　立荡社县,其地有池阳,盖乡聚之名,因食之。"

④东绝甬道:指截断了项羽的运输线。甬道,两旁有墙或其他障蔽
　　物以便输送粮草等的通道。

⑤度平阴:从平阴渡口渡过黄河北上。度,通"渡"。平阴,黄河渡
　　口名,在今河南孟津东北。

⑥遇淮阴侯兵襄国:李慈铭曰:"上下皆有脱文。"王先谦曰:"'高帝
　　出度平阴,韩信军修武,上驰入,夺其军',传盖言此事,然非襄国
　　也。杀赵王歇襄国,又在此事前,与遇信军无涉。李以为有夺文,
　　是也。"刘邦至修武袭夺韩信军事,在汉三年(前204)六月,参见
　　《淮阴侯列传》。修武,秦县名,治所今河南获嘉。襄国,秦县名,
　　治所在今河北邢台。

⑦乍利乍不利:时而胜利,时而失败。

⑧以缲为信武侯:事在高祖六年(前201)八月。前文称靳歙"号信
　　武侯",此又曰"以为信武侯",疑有一误。

⑨高祖十二年:前195年。

⑩以缲为蒯成侯:据《高祖功臣侯者年表》,周缲改封为蒯成侯,事
　　在高祖十二年十月。

⑪上欲自击陈豨:事在高祖十年(前197)九月,此追叙往事。

⑫始秦攻破天下,未尝自行:秦国进行统一战争时,秦王不曾亲自领
　　兵出征。

⑬入殿门不趋:对大臣的优待礼节,进入殿门不必小步快走。趋,古
　　代臣子面见君父,须小步快走,以示敬意。

⑭杀人不死:中井积德曰:"赐杀人不死,是许人作恶也,可谓乱政
　　矣。《汉书》削此四字,盖讳之也。"沈川曰:"杀人不死,减死一等
　　也。"梁玉绳引范楠曰:"四字可疑,《汉书》无此句,是也。'杀人

者死',入关初约已有明条,岂于周独破格乎? 诸大功臣未闻有此赐。"徐孚远曰:"蒯成侯战功无可纪者,殆以恩幸矣,与卢绾之王相类。"李光缙曰:"按外史,周緤少时有智慧,容貌甚美,给事萧何家,何甚爱之。会高祖至何第,见而悦之,以为舍人,出入令参乘。尝梦从高祖逐一豕,豕腾伤,惊觉告高祖,高祖曰:'此梦耳。'会上欲击陈豨,当从,因解所梦,以为'豨'字从'豕',遂称病不往,因劝高祖勿行。高祖以为爱我,宠异倍于他日。"据李光缙所引"外史",参照《佞幸列传》,疑周緤为刘邦男宠。

⑮孝文五年:前175年。

⑯谥为贞侯:《谥法解》:"清白守节曰贞;大虑克就曰贞;不隐无屈曰贞。"

⑰子昌代侯,有罪,国除:谓周昌刚继立,未至元年,遂被废、国除也。

⑱孝景中二年:汉景帝中元二年,前148年。

⑲封緤子居代侯:《集解》引徐广曰:"表云'孝景中元年,封子应为郫侯,谥康;中二年,侯居立。'"梁玉绳曰:"按《功臣表》及《汉书》:'孝景中元年,复封子康侯应为郫侯,应卒,子仲居嗣。'非'中二年'也,非'居'也,仲居亦非'緤子'也,此误。"

⑳元鼎三年:前114年。元鼎,汉武帝年号(前116—前111)。

㉑居为太常,有罪,国除:泷川引《汉书·百官公卿表》曰:"郫侯周仲居为太常,坐不收赤侧钱,收行钱论。"太常,秦称"奉常",汉景帝改为太常,汉代九卿之一,掌宗庙礼仪。

【译文】

蒯成侯緤是沛县人,姓周。以舍人的身份随沛公在沛县起兵,常担任沛公的陪乘。随沛公进军霸上,西入蜀、汉,又随汉王回师平定三秦,被赐予池阳作为食邑。后率军东进,切断项羽的运输要道。随汉王在平阴津渡河,在襄国与淮阴侯韩信的部队会师。汉王与项羽作战有时获胜有时失败,但周緤对汉王终无二心。汉王封他为信武侯,赐食邑三千三百户。高祖十二年,周缲被改封为蒯成侯,废除以往所封的食邑。高祖想亲自征讨陈豨,蒯成侯哭着说:"当年秦灭六国得天下,秦王都未曾亲征。如今皇上动辄亲征,是因为没有人可以任用了吗?"高祖深感他的话是对自己的爱戴,赐予他入殿不行趋礼、杀人不用偿命的特权。

汉文帝五年,周缲寿终正寝,谥号贞侯。他儿子周昌承袭侯位,后因犯罪,封地被撤销。到汉景帝中元二年,封周缲的另一个儿子周居为蒯侯。汉武帝元鼎三年,周居任太常,因犯罪,封地被撤销。

太史公曰:阳陵侯傅宽、信武侯靳歙皆从高祖起山东[1],攻项籍,诛杀名将,破军降城以十数,未尝困辱,此亦天授也[2]。蒯成侯周缲操心坚正,身不见疑。上欲有所之,未尝不垂涕,此有伤心者然[3],可谓笃厚君子矣。

【注释】

①皆从高祖起山东:底本作"皆高爵,从高祖起山东",《集解》引徐广曰:"一无'高'字。又一本'皆从高祖'。"傅宽以"五大夫"从刘邦起事,可谓"高爵",而靳歙则无高爵,今从一本删"高爵"二字。

②此亦天授也:曾国藩曰:"子长于当世艳称之功臣封爵者,皆不甚满意,常以不可知者归之天命,如于萧何则曰'碌碌未有奇节,依日月之末光';于曹参则曰'以与淮阴侯俱';于樊郦滕灌则曰'岂自知附骥之尾,垂名汉廷';于傅宽则曰'此亦天授';于卫青亦曰'天幸':皆以成功委之于命,其要归有良然者。"

③伤心:指内心善良,关心他人者。

【译文】

太史公说:阳陵侯傅宽、信武侯靳歙跟随高祖从山东起事,攻打项

羽,诛杀名将,击败敌军几十次,降服城邑数十座,未尝受困被辱,这也是
上天赏赐的啊。蒯成侯周缲心性坚贞正派,自身不曾被怀疑。高祖每次
出征,周缲总是痛哭流涕,只有真心关心他人才能做到这样,周缲可以称
得上是忠诚厚道的君子啊!

【集评】

柯维骐曰:“傅宽、靳歙战功多,而蒯成侯功少,此传叙傅连用‘属’
字,叙靳功连用‘别’字及‘破’字,文体变化,与《樊郦滕灌》相类,非太
史公不能作也。《汉书》仍其文,少所删润,说者乃谓此书原缺,岂后人采
《汉书》补之耶?”(《史记考要》)

吴见思曰:“初读《曹相国世家》铺序处,觉文法一新,耳目顿异;及
至《樊郦滕灌列传》,亦有作法。此传平直无奇,不觉积习生厌矣⋯⋯何
氏以为后人采《汉书》补之,或其然乎!”(《史记论文》)

李景星曰:“傅宽、靳歙、蒯成侯周缲,亦以近幸合传,与《樊郦滕灌
传》略同。樊、郦、滕、灌俱是开张一路人,故写来亦极开张;傅、靳、蒯成
俱是平正一路人,故写来亦极平正。通篇按部就班,不矜奇,不立异,而
叙述简明,安顿妥帖,绝似一首公牍文字,《史记》中又一体也。傅传曰
‘以魏五大夫骑将从,为舍人’,靳传曰‘以中涓从’,蒯成传曰‘常为高祖
参乘,以舍人从’:此其合传之由。而蒯成传又特写其操心坚正,曰‘军
乍利乍不利,终无离上心’;曰‘蒯成侯泣曰’云云,活画出一种谨厚可靠
情状。赞语曰‘身不见疑’,曰‘此有伤心者’,又隐隐为韩信、彭越、黥
布等作一反射,见汉高固是寡恩,彼韩信等亦不如傅、靳等之善处也。呜
呼,此太史公之微意也。”(《史记评议》)

【评论】

本篇对傅宽、靳歙只是记述其战功和封赏定爵,兼述后嗣袭侯失侯
情况,几乎就是过录了他们的“功劳薄”,写法上与《樊郦滕灌列传》相

似，几乎没有什么细节描写。倒是没什么军功的周緤写得较为细致，其整体气质柔媚，近于佞幸。王维桢曾评论周緤说话像妇人，参照《佞幸列传》及李光缙所引"外史"，周緤似为刘邦之男宠。既然如此为何不入《佞幸列传》，而与傅宽、靳歙合传呢？李景星认为因此三人都曾做过刘邦的"舍人""中涓"，是刘邦"近幸"，只不过傅、靳二人后来走上战将道路，而周緤一直留在刘邦身边，成了男宠。此可备一说。

对于本篇主旨，李景星说："赞语曰'身不见疑'，曰'此有伤心者'，又隐隐为韩信、彭越、黥布等作一反射，见汉高固是寡恩，彼韩信等亦不如傅、靳等之善处也。呜呼，此太史公之微意也。"说得甚是温和。傅宽、靳歙、周緤的飞黄腾达与韩信、彭越、黥布的身败名裂确为鲜明对比，究其原因，不过"身不见疑"四字而已，这里是讽刺指责刘邦的猜忌功臣，功劳越大、本事越高越不得好下场。赞语中的"伤心""笃厚君子"，在这里大概可以看作"温顺听话""好控制"的同义词。这里实际揭示出了一个可悲的规律，即统治者所喜爱的并不是才华出众、能力超群的人，而是有点小才、特别听话的人。

关于本篇的作者，有几种说法：一是否定说。张晏首先提出本篇是"十篇有录无书"之一，《集解》《索隐》均同意张晏的意见。二是肯定说。李景星、曾国藩实主此说。三是或班或马说。柯维骐认为此传"非太史公不能作也"，但又说："《汉书》仍其文，少所删润，说者乃谓此传原缺，岂后人采《汉书》补之耶？"（《史记考要》）四是非班非马说。这种意见是通过将本篇和《汉书·樊郦滕灌傅靳周传》中相关的内容进行文字校对，从中发现四处字句与史实不附，于是说本篇原为"有录无书"，在西汉末、东汉初《汉书》成书前就已经仿照《樊郦滕灌列传》形制进行了增补，《汉书》是全文照录了此篇。但是，《史记》中与史实有出入的篇章还很多，至于个别文句上的讹误就更多，《汉书》中也有这种情况，对此我们很难将凡是有这些瑕疵的篇章一概否定。

此外，本篇在写到项羽最终被刘邦"大破"于何地时，不同于《高祖本纪》《项羽本纪》，没有写刘邦的固陵之败，也没有写刘邦各路大军共同包围项羽于垓下的情景；而是在靳歙传中说"还击项籍陈下，破之"，与《樊郦滕灌列传》中写樊哙、夏侯婴、灌婴等时的"围项籍于陈，大破之""追至陈，卒定楚""从击项籍于陈下，破之"等用语完全相同。《樊郦滕灌列传》被王国维、顾颉刚确定为系司马谈所作，而本文自很早就被认为是"有录无书"的十篇之一，看来种种不同说法的出现，颇与这几篇作品出于不同作家之手有关。

刘敬叔孙通列传第三十九

【释名】

《刘敬叔孙通列传》是刘敬与叔孙通两人的合传。李景星曰:"汉初最大事只是两条:曰定都,曰制礼。刘敬劝都长安,是定都事;叔孙通起朝仪,是制礼事,皆于当时有绝大关系,故以之合传。"

刘敬劝刘邦定都关中,对匈奴实行和亲政策,将六国宗族豪强迁往关中;叔孙通为刘邦制定礼仪,劝阻刘邦废太子,建议汉惠帝修原庙。他们都是为汉初时局的稳定与汉王朝制度的草创做出了一定贡献的人物。篇末论赞,肯定了二人的作用,但对以叔孙通为代表的汉代儒生也做了不客气的批评,明显表露了个人的好恶。

刘敬者①,齐人也。汉五年②,戍陇西③,过洛阳④,高帝在焉。娄敬脱挽辂⑤,衣其羊裘,见齐人虞将军曰⑥:"臣愿见上言便事⑦。"虞将军欲与之鲜衣⑧,娄敬曰:"臣衣帛,衣帛见⑨;衣褐⑩,衣褐见:终不敢易衣。"于是虞将军入言上。上召入见,赐食。

【注释】

①刘敬:原姓"娄",因进言得刘邦赏识,因而被赐姓"刘",故称"刘敬"。

②汉五年：前202年。汉五年十二月（时以十月为岁首）项羽被灭，二月，刘邦即皇帝位。

③陇西：汉郡名，郡治狄道，即今甘肃临洮。

④洛阳：秦时为河南郡郡治，时为刘邦都城。

⑤脱挽辂（lù）：从车前横木上解下拉车的绳子。挽，牵引，拉。《索隐》："辂者，鹿车前横木。二人前挽，一人后推之。"

⑥虞将军：其人不详，《史记》中仅见于此。

⑦便事：有利国家之事。

⑧鲜衣：美服，华丽的服饰。

⑨臣衣帛，衣帛见：我若原本是个穿丝绸的贵人，那就穿着丝绸进见。盖不失本色。帛，丝绸，此谓丝绸做的服饰，当时为贵者所服。

⑩褐：粗布或粗布衣，当时贫贱者所服。

【译文】

　　刘敬原名娄敬，是齐国人。汉高祖五年，他被征调去戍守陇西，路过洛阳，当时高祖正在洛阳。于是娄敬就从车前横木上解下拉车的绳子，穿着羊皮袄，去见齐人虞将军说："我希望面见皇上谈有利国家之事。"虞将军想给他华丽的衣服换上，娄敬说："我若原本是穿丝绸的，就穿着丝绸去见；我若原本是穿粗布衣服的，就穿着粗布衣服去见：决不敢换衣服。"于是虞将军便进宫报告高祖。高祖召娄敬进宫来见，并赏给他饭吃。

　　已而问娄敬，娄敬说曰："陛下都洛阳，岂欲与周室比隆哉①？"上曰："然。"娄敬曰："陛下取天下与周室异。周之先自后稷②，尧封之邰③，积德累善十有余世。公刘避桀居豳④。太王以狄伐故⑤，去豳，杖马棰居岐⑥，国人争随之。及文王为西伯，断虞、芮之讼⑦，始受命⑧，吕望、伯夷自海滨来归之⑨。武王伐纣，不期而会孟津之上八百诸侯⑩，皆曰：

'纣可伐矣。'遂灭殷⑪。成王即位,周公之属傅相焉,乃营成周洛邑⑫,以此为天下之中也,诸侯四方纳贡职⑬,道里均矣。有德则易以王,无德则易以亡⑭。凡居此者,欲令周务以德致人,不欲依阻险,令后世骄奢以虐民也。及周之盛时,天下和洽,四夷乡风慕义⑮,怀德附离,而并事天子,不屯一卒,不战一士,八夷大国之民莫不宾服,效其贡职⑯。及周之衰也,分而为两⑰,天下莫朝,周不能制也。非其德薄也,而形势弱也。今陛下起丰沛,收卒三千人⑱,以之径往而卷蜀汉⑲,定三秦,与项羽战荥阳,争成皋之口⑳,大战七十,小战四十,使天下之民肝脑涂地,父子暴骨中野,不可胜数,哭泣之声未绝,伤痍者未起㉑,而欲比隆于成康之时㉒,臣窃以为不侔也㉓。且夫秦地被山带河,四塞以为固㉔,卒然有急㉕,百万之众可具也。因秦之故,资甚美膏腴之地㉖,此所谓天府者也。陛下入关而都之,山东虽乱,秦之故地可全而有也㉗。夫与人斗,不扼其亢㉘,拊其背㉙,未能全其胜也。今陛下入关而都,案秦之故地,此亦扼天下之亢而拊其背也。"

【注释】

①岂欲与周室比隆哉:想像周朝那样兴盛吗?周王朝自西周时在洛阳营建成周,为其东都,后周平王更迁都洛阳,故娄敬认为刘邦定都洛阳,乃欲与周朝相比。比隆,同等兴盛。

②后稷:周朝先祖,尧舜时为农官,事见《周本纪》。

③尧封之邰:据《周本纪》,封后稷于邰者为舜,尧仅"举以为农师",两处略异。邰,古地名,在今陕西武功西南。

④公刘：周朝祖先，大约生活在夏朝末年。避桀居豳（bīn）：为躲避夏桀的暴政而居于豳地。桀，夏代的亡国之君，事见《夏本纪》《殷本纪》。豳，古地名，在今陕西旬邑西。公刘由邰迁豳事，详见《诗·大雅·公刘》。

⑤太王：即古公亶（dǎn）父，周文王祖父。

⑥杖马棰（chuí）居岐：打马迁居于岐地。马棰，马鞭。岐，山名，也是古邑名，在今陕西岐山东北。古公亶父由豳迁岐事，详见《诗·大雅·绵》《孟子·梁惠王下》。

⑦断虞、芮（ruì）之讼：《周本纪》："虞、芮之人有狱不能决，乃如周。入界，耕者皆让畔，民俗皆让长。虞、芮之人未见西伯，皆惭，相谓曰：'吾所争，周人所耻，何往焉，祇取辱耳。'遂还，俱让而去。"虞、芮，殷周之际的两个小国，虞在今陕西陇县西南，芮在今甘肃华亭。

⑧始受命：《周本纪》曰："诸侯闻之，曰：'文王为受命之君。'"此说亦见于《诗·大雅·绵》。

⑨吕望、伯夷自海滨来归之：《齐太公世家》称吕望为"东海上人"，伯夷的老家孤竹国在今河北卢龙东南郊，均为靠海之地的人。吕望，即姜太公，事见《齐太公世家》。伯夷，事见《伯夷列传》。

⑩不期而会孟津之上八百诸侯：没有事先约定而会聚于孟津的诸侯有八百个，足见诸侯同心拥周灭商。孟津，古黄河渡口名，在今河南孟津东北、孟州西南。

⑪皆曰："纣可伐矣。"遂灭殷：据《周本纪》，武王在孟津之会两年之后，才再次出兵灭商。与此处刘敬所述略异。

⑫营成周洛邑：当时周公在今洛阳洛水北岸建了两座城，瀍水以西者为王城，瀍水以东者为成周。王城在今洛阳市区，成周在今洛阳东北郊。

⑬纳贡职：即给朝廷缴纳贡品。贡职，贡赋，贡品。

⑭有德则易以王,无德则易以亡:杨树达引《吕氏春秋·长利》云:
"成王之定成周,其辞曰:'惟余一人营居成周,惟余一人有善,易
得而见也;有不善,易得而诛也。'"或为娄敬此说所本。何焯曰:
"周公营洛,止以为朝会诸侯之处,非遂居之也。则'道里均'之
说长;'无德易亡,不欲阻险',乃后世儒生推测圣人之过,周公本
意,夫岂然哉!"

⑮乡风:向往风化。乡,通"向"。

⑯效其贡职:进献他们应当进献的贡品。

⑰分而为两:东周王朝至周显王时,分为东周、西周两个小国,东周
都于巩(今河南巩义西南),西周都于王城(今河南洛阳)。

⑱收卒三千人:据《高祖本纪》,刘邦从沛县起兵时,"少年豪吏如
萧、曹、樊哙等皆为收沛子弟二三千人"。

⑲卷蜀汉:指刘邦入关灭秦后,被项羽封为汉王,王巴、蜀、汉中三郡
之地。

⑳与项羽战荥阳,争成皋之口:荥阳、成皋是楚汉相持作战的主战
场,详参《项羽本纪》《高祖本纪》。荥阳,秦县名,在今河南荥阳
东北。成皋,也即所谓虎牢关,自古为军事要地,在今荥阳西北的
大邳山上,当时在荥阳县西。

㉑伤痍(yí)者未起:受伤者人尚未痊愈。痍,创伤。

㉒成康:西周的成王、康王。成王、康王在位期间,被视为西周盛世。
《周本纪》:"成康之际,天下安宁,刑错四十余年不用。"

㉓侔(móu):等同,相当。

㉔且夫秦地被山带河,四塞以为固:贾谊《过秦论下》:"秦地被山
带河以为固,四塞之国也。"与此类似。秦地,指秦本土关中一
带。被山带河,谓关中地区周围有山险,东边有黄河为带。被,同
"披",意即包裹、环绕。四塞以为固,四周都有关塞,防守牢固。

㉕卒然:猝然,突然。卒,通"猝"。

㉖资：利用。

㉗山东虽乱，秦之故地可全而有也：贾谊《过秦论下》亦有此语。泷川曰："《项羽纪》云：'人说项王曰，关中阻山河四塞，地肥饶，可都以霸。项王不听。'《淮阴侯传》韩信论项羽曰：'项王虽霸天下而臣诸侯，不居关中，而都彭城。'由是观之，定都关中以制天下，当时识者所见皆然，未必待娄敬、张良。"

㉘扼其亢（gāng）：掐住喉咙。亢，喉咙。

㉙拊（fǔ）其背：按住脊背。

【译文】

饭后高祖问娄敬想说什么，娄敬说："陛下建都洛阳，难道是要建立一个跟周朝一样兴隆的王朝吗？"高祖说："是的。"娄敬说："您夺得天下的方式和周王朝可是不同的呢。周朝的先祖从后稷开始，尧将他封在邰地，积累德政善事过了十几代。公刘为了避开夏桀的暴政而迁到豳地居住。太王因为狄族侵扰的缘故，离开豳地，策马只身移居到岐山，国内的人都争相跟着他去岐山。等到周文王做了西方诸侯之长时，他曾妥善地解决了虞国和芮国的争端，从此才成了禀受天命统治天下的人，贤能之士吕望、伯夷从海边前来归附于他。等到武王伐纣时，没有事先约定而来到孟津和周武王会师的诸侯竟然有八百个，大家都说：'可以讨伐殷纣王了。'于是周武王便灭掉了殷商。等到周成王即位后，周公等人辅佐他，在洛邑营建了成周、王城，他们认为这个地方是天下的中心，四面八方的诸侯们前来朝贡，道路的远近都差不多。而且有德行的人在这个地方容易称王，没有德行的统治者，在这个地方就容易灭亡。之所以在这里建立都城，是想让周王室致力于用德政来感召人民，而不想依靠险要的地理形势，导致后代君主骄奢淫逸而去虐待百姓。结果在周朝鼎盛时期，天下和睦，四方异族都向往周王朝的风化，仰慕周王朝的道义，感念周王朝的恩德，依附团结在一起事奉周天子，不驻一兵防守，不用一卒出战，八方大国的百姓没有不归顺臣服的，都来进献贡物和赋税。到了周朝衰败的时候，分为西周和东周两个小国，天下没谁再来朝拜，周室已经不能控制天下了。不是周王朝的德行微薄，而是形势太差了。现在陛下是从沛县丰邑起兵的，收罗了三千士卒，带着他们长驱直入，席卷蜀汉，而后又回师平定三秦，随后和项羽在荥阳交战，争夺成皋要塞，先后打了七十场大仗，四十场小仗，使得天下的百姓们肝脑涂地，父子纷纷暴尸于原野之中，死的人不可胜数，悲惨的哭声不绝于耳，受伤的将士还没有康复，这种情况却要同周朝成王、康王的兴盛时期相比，我私下认为这是不能同日而语的。秦国故地关中地区，东面有黄河天险，四周群山环绕，防守坚固，一旦天下有突发事变，上百万人的军队，在那里也可以很容易地召集起来。陛下占据秦国这块故地，利用它丰美肥沃的土地，那就是人们所说的天府之地啊。如果陛下进入函谷关把都城建在那里，山东地区即使有祸乱，秦国旧有的这块地盘也永远是属于您的。两个人打架，如果不能掐住对方的咽喉，摁住他的脊背，就不可能获得胜利。今天您如果能在关中建都，占据秦国的故地，那就等于是掐住了天下的咽喉，摁住了天下各国的脊背。"

　　高帝问群臣，群臣皆山东人，争言周王数百年①，秦二世即亡，不如都周。上疑未能决。及留侯明言入关便②，即日车驾西都关中③。于是上曰："本言都秦地者娄敬，'娄'者乃'刘'也④。"赐姓刘氏，拜为郎中⑤，号为奉春君⑥。

【注释】

　　①周王数百年：东周在洛阳历时五百多年。周平王东迁在前770年，周赧王死、西周灭在前256年，东周灭在前249年。

　　②及留侯明言入关便：据《留侯世家》，张良说："洛阳虽有此固，其中小，不过数百里，田地薄，四面受敌，此非用武之国也。夫关中

左崤函,右陇蜀……此所谓'金城千里,天府之国'也,娄敬说是也。"

③即日车驾西都关中:凌稚隆引董份曰:"书'即日',见高祖从谏如转环。"《留侯世家》亦曰"于是高帝即日驾,西都关中"。"即日",似嫌夸张。

④"娄"者乃"刘"也:姚苎田曰:"高祖赐娄敬姓'刘',而云'娄者乃刘也';于柏人心动,则云'柏人者迫于人也',粗糙杜撰,可哂亦可爱,小处传神,三毫欲活矣。"

⑤郎中:皇帝的侍卫近臣。

⑥号为奉春君:徐孚远曰:"此亦名号耳,不为封爵。"《索隐》引张晏曰:"春为岁之始,以其首谋都关中,故号'奉春君'。"

【译文】

高祖征求大臣们的意见,大臣们都是山东地区的人,争先恐后地申辩说周朝建都在洛阳称王天下几百年,秦朝建都在关内只传两代就灭亡了,不如建都在周朝都城。高祖犹豫不决。等到留侯张良明确地阐述了入关建都的有利条件后,高祖立即决定,当天就动身迁都关中。于是高祖说:"最早提出让我建都关中的是娄敬,'娄'不就是'刘'嘛。"于是赐娄敬改姓刘,授给他郎中官职,称号叫奉春君。

汉七年①,韩王信反②,高帝自往击之。至晋阳③,闻信与匈奴欲共击汉,上大怒,使人使匈奴。匈奴匿其壮士肥牛马,但见老弱及羸畜。使者十辈来,皆言匈奴可击。上使刘敬复往使匈奴,还报曰:"两国相击,此宜夸矜见所长④。今臣往,徒见羸瘠老弱,此必欲见短⑤,伏奇兵以争利。愚以为匈奴不可击也。"是时汉兵已逾句注⑥,二十余万兵已业行。上怒,骂刘敬曰:"齐虏⑦!以口舌得官,今乃妄言沮吾军。"械系敬广武⑧。遂往,至平城⑨,匈奴果出奇兵围高帝白登⑩,七日然后得解⑪。高帝至广武,赦敬,曰:"吾不用公言,以困平城。吾皆已斩前使十辈言可击者矣。"乃封敬二千户,为关内侯⑫,号为建信侯⑬。

【注释】

①汉七年:前200年。

②韩王信反:韩王信联合匈奴造反事,详见《韩信卢绾列传》。

③晋阳:汉县名,治所在今山西太原西南。

④夸矜:夸耀。

⑤此必欲见短:这一定是故意示弱,想麻痹我们。

⑥已逾句注:已翻过句注山北进。句注,山名,在今山西代县北。

⑦齐虏:陈直曰:"《货殖传》云:'齐俗贱奴虏,而刀间独爱贵之。''齐虏'盖为当时习俗语。"此骂刘敬为齐国的奴才。虏,奴。

⑧械系敬广武:将刘敬戴上刑具拘押在广武。广武,汉县名,治所在今山西代县西南。

⑨平城:汉县名,治所在今山西大同东北。

⑩白登:山名,在今山西大同东北。

⑪七日然后得解:高祖被围困于白登山及用陈平计得以脱困事,详参《匈奴列传》《陈丞相世家》。

⑫关内侯:有侯号而无封国,居关内京畿,仅次于有封国之"列侯"。

⑬号为建信侯:陈直曰:"刘敬前已封'奉春君',并未言及封户,殆与叔孙通号'稷嗣君'相比。据此知西汉初封'君'者,既无食邑,且位置在'关内侯'之下,与战国时'君''侯'相等,制度不同。"徐孚远曰:"建策不用而得封,与魏武赏谏伐乌桓者同类,明主浓于用赏也。"

【译文】

汉高祖七年,韩王信造反,高祖亲自讨伐他。到达晋阳时,得知韩王信与匈奴要联合进攻汉朝,高祖大为震怒,派使臣出使匈奴。匈奴人故意将青壮年和肥壮的牛马隐藏起来,只留下一些年老弱残兵和一些瘦弱的牲畜给汉朝使者看。汉朝派去的十批使者,回来都说匈奴可以攻打。高祖又派刘敬再次出使匈奴查探情况,刘敬回来报告说:"两国交兵,这时该炫耀显示自己的长处才是。现在我去那里,只看到瘦弱的牲畜和老弱的士兵,这一定是故意暴露自己的短处,而埋伏奇兵来争取利益。我以为匈奴是不能攻打的。"可是汉朝军队已经越过了句注山,二十多万大军已经出征。高祖听了刘敬的话非常恼怒,骂刘敬道:"你这个齐国孬种!原本就是靠耍嘴皮子做的官,现在你竟敢胡说八道打击我军士气。"于是派人给他戴上刑具,将他关押在广武。而高祖率军前往,到了平城,匈奴果然出奇兵把高祖围困在白登山上,被围困了七天后才得以解围。高祖回到广武县,便赦免了刘敬,对刘敬说:"我因为之前没听您的话,以致被困在了平城。现在我已经把之前那十批说匈奴可以攻打的使者全杀了。"于是赏赐刘敬食邑二千户,封为关内侯,封号为建信侯。

高帝罢平城归,韩王信亡入胡[1]。当是时,冒顿为单于[2],兵强,控弦三十万,数苦北边。上患之,问刘敬。刘敬曰:"天下初定,士卒罢于兵,未可以武服也。冒顿杀父代立[3],妻群母,以力为威,未可以仁义说也。独可以计久远子孙为臣耳[4],然恐陛下不能为。"上曰:"诚可,何为不能!顾为奈何?"刘敬对曰:"陛下诚能以适长公主妻之[5],厚奉遗之。彼知汉适女送厚,蛮夷必慕以为阏氏[6],生子必为太子,代单于。何者?贪汉重币。陛下以岁时汉所余彼所鲜数问遗[7],因使辩士风谕以礼节[8]。冒顿在,固为子婿;死,则外孙为单于。岂尝闻外孙敢与大父抗礼者哉？兵可无战以渐臣也⑨。若陛下不能遣长公主，而令宗室及后宫诈称公主，彼亦知，不肯贵近，无益也。"高帝曰："善。"欲遣长公主⑩。吕后日夜泣，曰："妾唯太子、一女，奈何弃之匈奴！"上竟不能遣长公主，而取家人子名为长公主，妻单于。使刘敬往结和亲约⑪。

【注释】

① 亡入胡：逃入匈奴中。据《韩信卢绾列传》，韩王信"亡入胡"在白登之围前。

② 冒顿（mò dú）：秦汉之际匈奴族的杰出首领，前209—前175年在位，事详《匈奴列传》。

③ 冒顿杀父代立：冒顿训练部下以鸣镝射死其父事，详见《匈奴列传》。

④ 独可以计久远子孙为臣：只有从长计议，设法让其后代子孙臣服我们。

⑤ 適长公主：皇帝亲生的大女儿。適，通"嫡"。

⑥ 必慕以为阏氏（yān zhī）：一定会敬慕此女，让她成为匈奴单于的宠姬。阏氏，犹如中原官僚贵族之姬妾，参见《匈奴列传》注。

⑦ 以岁时：分年度、分季节。岁，年。时，四时，四季。彼所鲜（xiǎn）：他们所缺乏的。鲜，少。数问遗：多次慰问、馈赠。

⑧ 风（fěng）谕以礼节：委婉地劝导他们学习礼义。风谕，用委婉的言辞劝告开导。

⑨ 渐臣：渐渐使其臣服。凌稚隆引闵如霖曰："敬既知冒顿'杀父、妻群母，不可以仁义说'，而曰'不敢与大父抗礼'，亦谬矣。"又引董份曰："其言似善策，然据敬所言'杀父，妻群母'，则又何有于

'大父'哉？使当时即是而论，则不待折以辞而自穷矣。"

⑩欲遣长公主：即吕后所生之"鲁元公主"。梁玉绳曰："按《张耳传》，鲁元公主于高帝五年适赵王敖，至是时已三年矣，而云'以妻单于'，岂将夺而嫁之乎？娄敬之言悖也。乃帝善其言，即欲遣公主，有是理哉？必非事实。"王先谦引沈钦韩曰："张敖以五年尚公主，至高后六年薨，中间不应夺之而与冒顿，此史家探意之失。"

⑪使刘敬往结和亲约：《汉书·窦田灌韩传》："及解围反位，而无忿怒之心，夫圣人以天下为度者也，不以己私怒伤天下之功，故乃遣刘敬奉金千斤以结和亲。"

【译文】

汉高祖从平城罢兵回朝，韩王信逃入匈奴。这时，冒顿是匈奴的单于，匈奴军力强盛，善于射箭的勇士有三十万，屡次侵扰北部边境。高祖对这种情况很忧虑，问刘敬有何对策。刘敬说："如今天下刚刚安定，士兵们都很疲惫，要想用武力征服匈奴是不行的。而且冒顿是杀了他的父亲而自立为单于的，他把他父亲的所有妻子都占为己有，他干一切都是凭着武力，对这种人没法讲什么仁义道德。只能够从长计议让他的子孙后代臣服汉朝了，然而又怕陛下不能办到。"高祖说："只要能成功，我有什么不愿干的！你到底想怎么办？"刘敬答道："如果您能让您的亲生大女儿去嫁给冒顿为妻，同时多多地送给他们东西。他们看到汉朝天子能把亲生女儿嫁给他，而且陪嫁的东西也很多，一定会仰慕您的女儿，让她做单于的阏氏，她生的儿子将来一定会成为太子，继位做单于。为什么呢？因为匈奴贪图汉朝的丰厚财礼。陛下按年关季节拿汉朝多余而匈奴少有的东西去慰问赠送给他们，顺便派能言善辩的人用礼节来教导他们。冒顿活着的时候，当然是汉朝的女婿；等他死了，单于就是您的外孙。谁曾听说外孙子敢同外祖父分庭抗礼的呢？军队不用出战便可使匈奴逐渐臣服了。如果陛下不能派大公主去，而让皇族女子或是嫔妃假冒公主，匈奴也会知道，那他们就不会尊宠亲近她，那就达不到目的了。"

高祖说:"好。"于是就想派鲁元公主去。吕后一听就日夜啼哭着对高祖说:"我就生了这么一个儿子,一个女儿,你怎么能忍心把她扔到匈奴去呢!"高祖终究不能派大公主去,便找了个宫女以大公主的名义,嫁给单于。同时,派遣刘敬前往与匈奴订立议和联姻盟约。

　　刘敬从匈奴来,因言:"匈奴河南白羊、楼烦王①,去长安近者七百里,轻骑一日一夜可以至秦中。秦中新破②,少民,地肥饶,可益实。夫诸侯初起时③,非齐诸田④,楚昭、屈、景莫能兴⑤。今陛下虽都关中,实少人⑥。北近胡寇,东有六国之族,宗强,一日有变,陛下亦未得高枕而卧也。臣愿陛下徙齐诸田,楚昭、屈、景,燕、赵、韩、魏后,及豪桀名家居关中。无事,可以备胡;诸侯有变,亦足率以东伐。此强本弱末之术也⑦。"上曰:"善。"乃使刘敬徙所言关中十余万口⑧。

【注释】

①河南白羊、楼烦王:居住在黄河以南(今内蒙古河套地区)一带的白羊、楼烦两个部族首领。

②新破:指刚刚遭受秦末及楚汉相争时的战乱之苦。

③诸侯初起时:指秦二世元年(前209)秋,陈涉首先起兵,随后项梁、刘邦等各路义军蜂拥而起之时。

④齐诸田:指田儋、田荣、田横等战国时田齐王族后裔,事详《田儋列传》。

⑤楚昭、屈、景:指战国时楚国王族后裔,如楚怀王熊心及《陈涉世家》中的景驹等。

⑥今陛下虽都关中,实少人:刘辰翁曰:"'新破少民',与'百万可

具'又自相忤,故知说士不足凭。"

⑦强本弱末:此谓增强皇帝直辖地区的实力,削弱地方郡国实力。

⑧徙所言关中十余万口:颜师古曰:"今高陵、栎阳诸田,华阴、好畤诸景,及三辅诸屈、诸怀尚多,皆此时所移。"杨树达曰:"据《高纪》,事在高祖九年(前198)十一月。"凌稚隆曰:"传内迁都、使虏、和亲、徙大姓,皆汉初大事也,太史公只叙此四事,而敬之功业自见矣。"娄敬墓在今陕西永寿西坡村之明月山(亦称"娄敬山")上。

【译文】

刘敬从匈奴回来后,对高祖说:"匈奴在河南的白羊、楼烦两个部落,离长安最近的只有七百里路,轻装骑兵一天一夜就可到达关中地区。关中地区刚刚经过战争还很凋敝,人口稀少,而土地肥沃,可以增加充实这里的人口。当初各地诸侯起兵发难时,若不是有齐国的田氏各族以及楚国的昭、屈、景三大宗族参加是不能发展起来的。如今陛下虽然把都城建在关中,但实际缺少人口。北边靠近匈奴敌寇,东边有六国的旧贵族,宗族势力很强,一旦有什么变故,陛下是不能高枕无忧的。我希望陛下把齐国的田氏各族,楚国的昭、屈、景三大宗族,燕、赵、韩、魏等国的王族后裔,以及豪门名家都迁移到关中居住。这样,天下无事时,可以用他们来防备匈奴;如果东方诸侯发生变乱,可以率领他们东征。这是一个增强朝廷实力,削弱地方势力的办法。"高祖说:"好。"于是派刘敬把他所说的十万多人口迁到了关中。

　　叔孙通者①,薛人也②。秦时以文学征,待诏博士③。数岁,陈胜起山东④,使者以闻,二世召博士诸儒生问曰:"楚戍卒攻蕲入陈⑤,于公如何?"博士诸生三十余人前曰:"人臣无将,将即反,罪死无赦⑥。愿陛下急发兵击之。"二世怒,作色。叔孙通前曰:"诸生言皆非也。夫天下合为一家,毁郡县城,铄其兵⑦,示天下不复用⑧。且明主在其上,法令具于下,使人人奉职⑨,四方辐辏,安敢有反者! 此特群盗鼠窃狗盗耳,何足置之齿牙间。郡守尉今捕论⑩,何足忧?"二世喜曰:"善。"尽问诸生,诸生或言反,或言盗。于是二世令御史案诸生言反者下吏,非所宜言。诸言盗者皆罢之。乃赐叔孙通帛二十匹,衣一袭⑪,拜为博士⑫。叔孙通已出宫,反舍,诸生曰⑬:"先生何言之谀也?"通曰:"公不知也,我几不脱于虎口!"乃亡去。之薛,薛已降楚矣⑭。及项梁之薛⑮,叔孙通从之⑯。败于定陶⑰,从怀王⑱。怀王为义帝,徙长沙⑲,叔孙通留事项王⑳。汉二年㉑,汉王从五诸侯入彭城㉒,叔孙通降汉王㉓。汉王败而西㉔,因竟从汉㉕。叔孙通儒服,汉王憎之;乃变其服,服短衣,楚制㉖,汉王喜。

【注释】

①叔孙通:姓叔孙,名通,盖鲁国叔孙氏之后。《集解》与《楚汉春秋》皆曰叔孙通"名何",王先谦以为"通盖字'何'",梁玉绳以为"当是初名"。

②薛:秦郡名,郡治薛城在今山东滕州南,战国时为齐孟尝君封邑。

③待诏:待命,等候正式任命,犹今候补官员。博士:官名,职掌议论顾问,充当君主参谋,并兼有礼官性质。

④陈胜起山东:即秦二世元年(前209)七月陈胜等在大泽乡起兵反秦事,详见《陈涉世家》。

⑤楚戍卒:即指陈胜等人,原系被征调前往戍边者。攻蕲入陈:陈胜等起兵后,先后攻克蕲县、陈郡。蕲,秦县名,治所在今安徽宿州东南,大泽乡即属蕲县。陈,秦郡名,亦县名,治所在今河南淮阳。

⑥"人臣无将"几句:盖谓为臣者不得兴兵作乱。《集解》引臣瓒曰:

"将,谓逆乱也。《公羊传》曰:'君亲无将,将而必诛。'"杨树达曰:"始皇焚书坑儒,而博士此时置对犹持《春秋》义为说者,盖方以此献谀,而不意触二世之怒也。"

⑦铄(shuò)其兵:销毁天下的兵器。《秦始皇本纪》:"收天下兵聚之咸阳,销以为钟镰,金人十二,重各千石,置宫廷中。"铄,熔化。

⑧示天下不复用:《周本纪》:"纵马于华山之阳,放牛于桃林之虚,偃干戈,振兵释旅,示天下不复用也。"

⑨使人人奉职:指各郡守尉都恪尽职守。奉职,履行职责。

⑩郡守尉:郡守与郡尉,郡守为一郡的最高长官,郡尉是郡守的副职,协助郡守掌武事。今捕论:立即将其逮捕判罪。今,将,马上。论,判罪。凌稚隆曰:"二世虽暴虐,通已臣事之矣。鼠窃之对与指鹿为马何异? 太史公首次此,而通之希世取容可概见矣。"

⑪衣一袭:衣服一套。一袭,即一身。颜师古曰:"上下皆具也。"

⑫拜为博士:正式被任命为博士。

⑬诸生:当时与叔孙通共事的先生们。当时"先生"可单称"生",亦可单称"先"。

⑭薛已降楚:已归降陈胜所建的"张楚"国。

⑮及项梁之薛:时在秦二世二年(前208)四月。

⑯叔孙通从之:叔孙通追随项梁。继秦始皇、秦二世之后,项梁为其所事之第三主。

⑰败于定陶:据《项羽本纪》,秦二世二年(前208)九月,项梁在定陶被秦将章邯击败杀死。定陶,秦县名,治所在今山东定陶西。

⑱从怀王:改为追随楚怀王,此其所事之第四主。怀王,即项梁拥立之楚怀王熊心,战国时楚王室后裔。项梁败死后,楚怀王一度掌握大权。

⑲怀王为义帝,徙长沙:灭秦后,项羽名义上尊楚怀王为义帝,让其迁往长沙以南的郴县,并指使黥布等于途中刺杀他。事详《项羽

本纪》《黥布列传》。

⑳叔孙通留事项王:项羽为叔孙通所事之第五主。

㉑汉二年:前205年。

㉒汉王从五诸侯入彭城:汉二年(前205)四月,刘邦乘项羽北征齐地之机,率领各路诸侯大军攻入项羽都城彭城(今江苏徐州)。事详《项羽本纪》《高祖本纪》。五诸侯,《项羽本纪》之《正义》引颜师古曰:"五诸侯者,谓常山、河南、韩、魏、殷也。此年十月,常山王张耳降,河南王申阳降,韩王郑昌降,魏王豹降,虏殷王卬,皆汉东之后,故知谓此为五诸侯。"

㉓叔孙通降汉王:刘邦为叔孙通所事之第六主。

㉔汉王败而西:指汉二年(前205)四月,项羽率三万骑兵由齐地驰回,于彭城西大败刘邦五十六万大军,刘邦部溃退,向西退守荥阳、成皋一带。

㉕因竟从汉:从此跟定了刘邦,可见叔孙通颇有眼光。

㉖服短衣,楚制:《索隐》引孔文祥曰:"短衣便事,非儒者衣服,高祖楚人,故从其俗裁制。"陈直曰:"长沙战国楚墓中所出木俑,皆短衣持兵。"楚制,楚国衣服的样式。

【译文】

叔孙通是薛县人。秦朝时以长于文章、知识渊博被征召入宫,等候正式任命为博士。几年后,陈胜在山东起兵,使者把这个情况报告给朝廷,秦二世召集博士和儒生们问道:"楚地被征调去守边的士兵攻打蕲县,攻入了陈郡,你们觉得应该怎么办?"博士儒生们三十多人都上前说:"做臣子的不能兴兵作乱,兴兵作乱就是造反,这是死罪不能宽赦。希望陛下赶快发兵攻打他们。"秦二世一听就很生气,变了脸色。这时叔孙通走上前说:"他们刚刚说的那些都不对。天下归于一统,毁掉了郡县城池,销毁了各地兵器,向天下人昭示不再用它。何况有英明的君主君临天下,给下面制定了完备的法令,使人人遵法守职,四方八面都归附朝廷,哪有敢造反的! 这只是一伙盗贼行窃罢了,何足挂齿。郡守郡尉们正在搜捕他们治罪论处,哪值得担忧呢?"秦二世一听转怒为喜,说:"说得好。"然后又挨个问那些儒生,儒生们有的说是造反,有的说是盗贼。于是秦二世让御史把那些说是造反的儒生都抓起来,交给有关官员治罪,因为这种话不是他们该讲的。而那些说是盗贼的人则都被放了回来。又赏赐给叔孙通二十匹帛,一套衣服,正式任命他为博士。叔孙通走出宫门,返回住地之后,儒生们对他说:"先生怎么能说那种阿谀奉承的话呢?"叔孙通说:"你们不知道,我差一点儿没能从虎口脱逃。"说完就逃走了。当他走到薛县时,薛县已投降了楚地的义军。等项梁来到薛县,叔孙通便投靠了项梁。后来项梁在定陶战败而死,叔孙通就跟随了楚怀王熊心。后来楚怀王被项羽尊为义帝,迁往长沙去了,叔孙通便留下来事奉项羽。汉二年,汉王刘邦带领五个诸侯王攻进彭城,叔孙通就投降了汉王。汉王战败西去,叔孙通也跟了去,最终追随汉王。叔孙通总是穿着一身儒生服装,汉王见了非常讨厌;他就换了服装,穿上短袄,按楚人的服饰样式打扮,汉王见了很高兴。

叔孙通之降汉,从儒生弟子百余人,然通无所言进[1],专言诸故群盗壮士进之。弟子皆窃骂曰:"事先生数岁,幸得从降汉,今不能进臣等,专言大猾[2],何也?"叔孙通闻之,乃谓曰:"汉王方蒙矢石争天下,诸生宁能斗乎? 故先言斩将搴旗之士[3]。诸生且待我,我不忘矣。"汉王拜叔孙通为博士,号稷嗣君[4]。

【注释】

①言进:出言进荐。

②大猾:即前所谓"群盗壮士",大奸大恶之徒。

③斩将搴（qiān）旗：斩敌将，拔敌旗。搴，拔，拔取。

④号稷嗣君：《集解》引徐广曰："盖言其德业足以继踪齐稷下之风流也。"

【译文】

叔孙通投靠汉王的时候，跟随的儒生弟子有一百多人，但是叔孙通从来不说推荐他们的话，而是专门给汉王推荐了一些过去当过强盗的壮士。他的弟子们都偷偷骂他说："事奉他好几年了，有幸跟着他投靠了汉王，如今他不推荐我们这些人，反而专门去推荐那些大坏蛋，究竟是为什么呢！"叔孙通听说这些话后，就对他们说："汉王正冒着利箭坚石争夺天下，你们难道能搏斗吗？所以我先要举荐能斩将夺旗冒死厮杀的勇士。你们姑且等等我，我不会忘记你们的。"这时汉王也让叔孙通当博士，赐号为稷嗣君。

汉五年，已并天下①，诸侯共尊汉王为皇帝于定陶②，叔孙通就其仪号。高帝悉去秦苛仪法，为简易③。群臣饮酒争功，醉或妄呼，拔剑击柱，高帝患之。叔孙通知上益厌之也，说上曰："夫儒者难与进取，可与守成④。臣愿征鲁诸生，与臣弟子共起朝仪。"高帝曰："得无难乎⑤？"叔孙通曰："五帝异乐，三王不同礼。礼者，因时世人情为之节文者也⑥。故夏、殷、周之礼所因损益可知者⑦，谓不相复也⑧。臣愿颇采古礼与秦仪杂就之⑨。"上曰："可试为之，令易知，度吾所能行为之⑩。"

【注释】

①汉五年，已并天下：汉五年（前202）十二月，刘邦在垓下击败项羽，项羽死，天下归汉。

②共尊汉王为皇帝：刘邦称帝在汉五年（前202）二月，时以十月为岁首。

③悉去秦苛仪法，为简易：据此，则叔孙通之前所拟的仪号与秦朝所用者大体相同，而刘邦将其简化了。

④儒者难与进取，可与守成：《郦生陆贾列传》载陆贾谓高祖曰："居马上得之，宁可以马上治之乎？且汤、武逆取而顺守之，文武并用，长久之术也。"与此说类似。

⑤得无难乎：不会太难操作吧？

⑥因时世人情为之节文：根据时代发展和人情变化来制定约束修饰行为的礼仪。

⑦夏、殷、周之礼所因损益可知：《论语·为政》："子曰：'殷因于夏礼，所损益可知也；周因于殷礼，所损益可知也；其或继周者，虽百世可知也。'"因，承袭，继承。

⑧不相复：不会代代重复，一成不变。姚苎田曰："其言不必甚谬，自通言之，则'希世'之吻如画。"

⑨颇采古礼与秦仪杂就之：《汉书·礼乐志》："今叔孙通所撰《礼仪》，与律令同录，藏于理官。"盖其所为亦儒法并用。

⑩度：估量，估计。

【译文】

　　汉五年，天下已经统一，诸侯们在定陶共同尊推汉王为皇帝，叔孙通负责拟定即位的仪式名号。当时高祖把秦朝的那些严苛的仪礼法规全部取消，只是拟定了一些简单易行的规矩。大臣们在一起喝酒争功，有时喝醉了便大呼小叫，甚至于拔剑击柱，高祖对此很担心。叔孙通看透了高祖讨厌这种情况的心理，就对高祖说："儒生们虽然不能帮您攻城略地，却能帮您来守天下。请允许我去找一些鲁地的儒生，让他们来跟我的弟子们一起给您制定一套朝廷上使用的礼仪。"高祖说："不会像过去那样的烦琐难行吧？"叔孙通说："五帝有不同的音乐，三王有不同的礼节。礼，是根据时代发展和人情变化来制定约束修饰行为的规则。所以孔子说夏、殷、周三代礼节的沿袭增减是可以知道的,这就说明不同朝代的礼仪是不相重复的。我可以选择古代的礼法,吸收秦朝的一部分仪式,来制定一套适合今天使用的礼仪。"高祖说:"可以试着办,要注意让它简便易知,要考虑我能够做到。"

　　于是叔孙通使征鲁诸生三十余人。鲁有两生不肯行,曰:"公所事者且十主①,皆面谀以得亲贵。今天下初定,死者未葬,伤者未起,又欲起礼乐。礼乐所由起,积德百年而后可兴也。吾不忍为公所为。公所为不合古,吾不行。公往矣,无污我②!"叔孙通笑曰:"若真鄙儒也,不知时变。"
　　遂与所征三十人西③,及上左右为学者与其弟子百余人为绵蕞野外④。习之月余,叔孙通曰:"上可试观。"上既观,使行礼,曰:"吾能为此。"乃令群臣习肄⑤,会十月⑥。

【注释】

①且:将近。

②公往矣,无污我:凌稚隆引王维桢曰:"叙两生不行语,亦因以著叔孙人品耳。"吴见思曰:"借两生以形容叔孙,一边迂拙,一边通脱;一边持正,一边希世,两两对照,逼出神情。而后人聚讼,未免错认华胥矣。"郭嵩焘曰:"史公叙叔孙通趋时应变,而推言礼乐之本,借鲁两生之言以发之,不必实有其人也。"

③西:谓西上长安。

④为绵蕞(zuì)野外:于野外僻静处,拉绳子圈定地界,扎茅草人,演习朝仪。韦昭曰:"引绳为绵,立表为蕞。"《索隐》引如淳曰:"剪茅树地,为纂位尊卑之次。"

⑤习肄（yì）：练习。肄，习。

⑥会十月：时以十月为岁首，故"会十月"为新年朝会。

【译文】

于是叔孙通奉命征召了鲁地儒生三十多人。鲁地有两个儒生不愿走，说："您所事奉的主子将近有十位了，都是靠当面阿谀奉承来取得亲近显贵的。如今天下刚刚平定，死去的还来不及埋葬，伤残的还没有康复，又要制定礼乐制度。礼乐制度的建立，是得累积德政到百年以后才能着手的事情。我们没法去干您今天要干的那些事儿。您的行为不合于古人，我们不去。您自己去吧，别玷污了我们！"叔孙通笑道："你们可真是些鄙陋的儒生啊，根本不懂时代的变化。"

于是叔孙通就带着他所找的三十个人回了长安，让他们和高祖左右有学问的侍从以及自己的弟子一百多人，在郊外拉起绳子标示施礼的处所，立上茅草代表位次的尊卑进行礼仪演练。前后演习了一个多月，而后叔孙通报告高祖说："您可以去看看了。"高祖视察后，让他们演示了行礼的过程，然后说："我能做到这些。"于是命令群臣都来学习，准备十月岁首的朝会正式使用。

汉七年①，长乐宫成②，诸侯群臣皆朝十月③。仪④：先平明，谒者治礼⑤，引以次入殿门，廷中陈车骑步卒卫宫，设兵张旗志⑥。传言"趋"⑦，殿下郎中侠陛⑧，陛数百人。功臣列侯诸将军军吏以次陈西方⑨，东乡⑩；文官丞相以下陈东方，西乡。大行设九宾⑪，胪传⑫。于是皇帝辇出房，百官执职传警⑬，引诸侯王以下至吏六百石以次奉贺⑭。自诸侯王以下莫不振恐肃敬。至礼毕，复置法酒⑮。诸侍坐殿上皆伏抑首⑯，以尊卑次起上寿。觞九行，谒者言："罢酒。"御史执法举不如仪者辄引去。竟朝置酒，无敢谨哗失礼者⑰。于是高帝曰:"吾乃今日知为皇帝之贵也⑱。"乃拜叔孙通为太常⑲,赐金五百斤。

　　叔孙通因进曰:"诸弟子儒生随臣久矣,与臣共为仪,愿陛下官之。"高帝悉以为郎⑳。叔孙通出,皆以五百斤金赐诸生。诸生乃皆喜曰:"叔孙生诚圣人也㉑,知当世之要务。"

【注释】

①汉七年:前200年。

②长乐宫:宫殿名,在当时长安城东部,未央宫之东,故也称东宫。

③诸侯群臣皆朝十月:指群臣皆在新年开年时进京朝见皇帝。

④仪:颜师古曰:"欲叙其下仪法,先言仪如此也。"

⑤谒者治礼:谒者根据礼仪要求对参加朝会的人员作安排调度。谒者,官名,郎中令属官,掌宾赞受事及给事近署,举行典礼时担任司仪。王先谦曰:"此谓谒者掌治赞引之礼。《后书·礼仪志》:'钟鸣,谒者治礼引客,群臣就位如仪。'"

⑥设兵张旗志:摆设武器,树立旌旗。陈直曰:"'旗志'即'旗帜','志'为'帜'之假借',与《周昌传》'职志'相同。"

⑦传言"趋":谒者招呼有关人员"趋",谓各就各位。趋,古代臣子面见君父时须小步快走,以示敬意。

⑧郎中侠陛:作为皇帝侍卫的郎中们站在大殿每级台阶两侧。侠陛,侍立在台阶两侧。侠,通"夹"。陛,台阶。

⑨列侯:也称"通侯""彻侯",指有封地的侯爵。据《高祖功臣侯者年表》,因佐助刘邦开国有功而被封侯者有一百三十七人。

⑩东乡:面向东。乡,通"向"。

⑪大行:官名,也叫大行令,掌接待宾客,朝廷上的司礼官。设九宾:

由九个傧相依次地传呼引导众臣上殿。王先谦引刘邠曰:"九宾,
摈者九人,掌胪句传也。"宾,通"傧",傧相,迎宾官。

⑫胪传:依次传呼。苏林曰:"上传语告下为胪。"按,此处之"九宾"
可以如此解释,但《廉颇蔺相如列传》之所谓"九宾礼"则不能以
此解释。

⑬百官执职传警:"百官"二字疑误,大意谓有人在皇帝车驾前执旗
先出,传语众人肃立。职,通"帜"。传警,即传报圣驾将到。

⑭六百石:年俸六百石官吏之代称。

⑮复置法酒:颜师古曰:"犹言礼酌,谓不饮之至醉也。"《索隐》引姚
氏曰:"进酒有礼也。古人饮酒不过三爵,君臣百拜,终日宴不为
之乱也。"中井积德曰:"此酒所以行礼,非食味也,故曰法酒。"

⑯诸侍坐殿上:当指年高望重的宗室外戚及元勋旧臣等。沈钦韩
曰:"《御览》一百七十五引挚虞《决疑要注》曰:'殿堂之上,唯天
子居床,其余皆铺幅,席前设筵。'皆伏抑首:都低头俯首。颜师
古曰:"抑,屈也。谓依礼法,不敢平坐而视。"

⑰竟朝置酒,无敢谨哗失礼者:吴见思曰:"一篇汉仪注,百余字耳,
而事体详尽,句法劲峭。"

⑱吾乃今日知为皇帝之贵也:吴见思曰:"写高祖得意,与未央上寿
时同一洒落。"未央上寿事,详见《高祖本纪》。

⑲太常:官名,秦时称"奉常",汉景帝时改为太常,汉代九卿之一,
掌宗庙礼仪。

⑳高帝悉以为郎:《儒林列传》:"叔孙通作汉礼仪,因为太常,诸生弟
子共定者,咸为选首。"

㉑叔孙生诚圣人也:前则"窃骂",此则诶为"圣人",弟子面目如此,
亦所以见叔孙通之为人。

【译文】

汉七年,长乐宫已经建成,各地诸侯及朝廷大臣都来参加十月岁首

的朝会。具体的仪式是这样的：天亮之前，谒者负责礼仪调度，他引导各地诸侯、文武百官依次进入殿门，廷中排列着车兵、骑兵、步兵保卫宫廷，摆设着各种兵器，树立着各式旗帜。这时有人喊了一声"趋"，殿下的郎中们就都站到了台阶的两旁，每个台阶上都站着几百人。功臣、列侯、各位将军及其他军官都依次排列在西边，面向东方站立；文职官员从丞相以下依次排列在东边，面向西方站立。大行令安排的九个礼宾官，从上到下地传呼。这时高祖乘坐龙辇从后宫出来，有人举起旗帜传话让大家肃立，然后引导着诸侯王以下至六百石以上的各级官员依次毕恭毕敬地向高祖朝贺。从诸侯王以下，所有的人都诚惶诚恐，肃然起敬。群臣行礼过后，又依照严格的礼法摆酒设宴。那些陪高祖坐在大殿上面的大臣也都叩伏在席上，他们一个一个地按着爵位的高低依次起身给高祖祝酒。等到酒过九巡，谒者传出命令说："敬酒完毕。"一个人稍有不合礼法的行为，负责纠察的御史会立即把他们拉出去。整个朝会酒宴，没有一个人敢喧哗失礼。这时高祖才说："今天我才真正体会到了做皇帝的尊贵。"于是任命叔孙通为太常，赏赐给他黄金五百斤。

　　而叔孙通则趁机对高祖说："各位弟子儒生跟随我时间很久了，跟我一起制定朝廷礼仪，希望陛下授给他们官职。"高祖便将那些人全部任命为郎官。叔孙通出宫后，把高祖赏给他的那五百斤黄金全都分给了那些儒生。那些儒生都高兴地说："叔孙先生可真是个圣人，通晓当代的紧要事务。"

　　汉九年①，高帝徙叔孙通为太子太傅②。汉十二年③，高祖欲以赵王如意易太子④，叔孙通谏上曰："昔者晋献公以骊姬之故废太子，立奚齐⑤，晋国乱者数十年⑥，为天下笑。秦以不蚤定扶苏，令赵高得以诈立胡亥⑦，自使灭祀，此陛下所亲见。今太子仁孝，天下皆闻之；吕后与陛下攻苦食淡⑧，其可背哉！陛下必欲废適而立少⑨，臣愿先伏诛，以颈血污地⑩。"高帝曰："公罢矣，吾直戏耳⑪。"叔孙通曰："太子天下本，本一摇天下振动，奈何以天下为戏！"高帝曰："吾听公言。"及上置酒，见留侯所招客从太子入见⑫，上乃遂无易太子志矣⑬。

　　高帝崩，孝惠即位⑭，乃谓叔孙生曰："先帝园陵寝庙⑮，群臣莫习⑯。"徙为太常，定宗庙仪法。及稍定汉诸仪法，皆叔孙生为太常所论箸也⑰。

【注释】

①汉九年：前198年。

②太子太傅：官名，为太子之师傅，职掌辅导太子。位次太常，秩真二千石。当时太子即吕后之子刘盈，也即后来的汉惠帝。

③汉十二年，前195年。

④赵王如意：刘邦宠妃戚夫人所生，高祖九年（前198）被封为赵王。

⑤昔者晋献公以骊姬之故废太子，立奚齐：春秋时期，晋献公因宠爱骊姬而杀太子申生，改立骊姬子奚齐为太子，事详《左传·僖公四年》《晋世家》。

⑥晋国乱者数十年：晋献公去世后，大臣里克先后杀死奚齐及卓子，献公之子夷吾在秦国帮助下回国继位，是为晋惠公。晋惠公在位十四年，因对秦国背信弃义而与之发生战争，晋惠公一度被俘虏。晋惠公死后，其子怀公立。献公之子重耳在秦国帮助下回国，杀死怀公继位为君，是为晋文公。自晋献公去世至晋文公即位，中间乱者十五年。

⑦秦以不蚤定扶苏，令赵高得以诈立胡亥：秦始皇巡行途中死于沙丘，遗诏立扶苏为继承人，赵高联合李斯一起篡改遗诏，杀扶苏，

立秦始皇少子胡亥为皇帝,以致秦朝覆灭。详见《秦始皇本纪》
《李斯列传》。

⑧攻苦食淡:底本原作"攻苦食啖",颜师古曰:"'啖'当作'淡'。
'淡'谓无味之食也。言共攻勤苦之事,而食无味之食也。"《索
隐》曰:"孔文祥云:'共攻冒苦难,俱食淡也。'"泷川引中井积德
曰:"攻,治也。谓食淡味而操苦业。"即工作艰苦,饮食粗淡,形
容创业艰苦之态。

⑨废適而立少:废掉嫡长子刘盈,改立少子刘如意为太子。適,通
"嫡"。

⑩臣愿先伏诛,以颈血污地:《索隐》引《楚汉春秋》曰:"叔孙何云:
'臣三谏不从,请以身当之。'抚剑将自杀。上离席云:'吾听子
计,不易太子。'"茅坤曰:"叔孙虽希世取容,然览谏易太子数语,
凛凛然有正气。"黄震曰:"叔孙通所事且十主,皆面谀取亲贵;既
起朝仪,得高帝心,然后出直言谏易太子。然向使高帝未老,吕后
不强,度如意可攘太子位,又安知不反其说以阿意耶?随时上下,
阿意取容,名虽为儒,非刘敬比矣。"

⑪吾直戏耳:直,只,只不过。戏,开玩笑。吴见思曰:"'戏'虽姑为
此无聊之词,然极得高祖神情。"

⑫留侯所招客:指张良让吕后邀请来辅佐太子的商山四皓,即绮里
季、夏黄公、东园公、甪里先生。

⑬乃遂无易太子志:据《留侯世家》,刘邦在一次宴会上看到了陪侍
在太子身后的商山四皓,认为"彼四人辅之,羽翼已成,难动矣",
遂放弃了改立太子的打算。吴见思曰:"刘敬都关中,是张良收
功;叔孙通定太子,亦是张良收功,与前传对。"

⑭高帝崩,孝惠即位:事在高祖十二年(前195)四月。

⑮先帝园陵寝庙:先帝陵墓、祭庙的建筑格局及祭祀仪节。园陵,帝
王墓地。寝庙:古代帝王的宗庙分两部分,前曰庙,后曰寝,合称

"寝庙",或作"庙寝"。庙是供祀祖先的地方,寝是放置祖先衣冠的地方。

⑯群臣莫习:谓群臣不懂陵墓寝庙的礼仪规定。

⑰皆叔孙生为太常所论箸也:《太史公自序》云:"于是汉兴,萧何次律令,韩信申军法,张苍为章程,叔孙通定礼仪,则文学彬彬稍进,《诗》《书》往往间出矣。"《汉书·礼乐志》曰:"汉兴,拨乱反正,日不暇给,犹命叔孙通制礼仪,以正君臣之位。以通为太常,遂定仪法,未尽备而通终。"杨树达曰:"张揖《上〈广雅〉表》云:'爰及帝刘,鲁人叔孙通撰置《礼记》,文不违《左》。今俗所传三篇《尔雅》,或言仲尼所增,或言子夏所益,或言叔孙通所补。'《经典释文·叙录》谓《释言》以下如揖所云。"又曰:"上文言起礼乐,故通尝定乐章,《礼乐志》所载《嘉至》《永至》《登歌》《休成》《永安》诸乐章,皆通所制也。"箸,同"著",撰述,写作。

【译文】

汉九年,高祖调叔孙通任太子太傅。汉十二年,高祖打算立赵王刘如意为太子,叔孙通向高祖进谏规劝道:"从前晋献公因宠爱骊姬而废了太子,改立了骊姬的儿子奚齐,使晋国大乱几十年,被天下人耻笑。秦始皇因为没早早确定扶苏当太子,让赵高能够用欺诈伎俩立了胡亥,结果使自己断了香火,这是陛下亲眼见到的事实。现在太子仁义忠孝,是天下人都知道的;吕后与陛下共同经历艰难困苦,同吃粗茶淡饭,是患难与共的夫妻,怎么可以背弃她呢!陛下如果一定要废掉嫡长子而扶立小儿子,我宁愿先受一死,用我的一腔鲜血染红大地。"高祖说:"您不必再说了,我不过是开个玩笑。"叔孙通说:"太子是国家的本干,本干一动,整个国家就要随着动摇,您怎能拿国家开玩笑呢!"高祖说:"我听从您的意见。"等到后来高祖在酒宴上,看到张良招来的商山四皓都跟着太子进宫拜见,这才彻底打消了更换太子的念头。

汉高帝去世,汉惠帝即位,就对叔孙通说:"大臣们对朝拜、祭祀先帝陵墓和宗庙的礼仪还不熟悉。"于是重新让叔孙通担任太常,让他去制定宗庙祭祀的仪法。以及陆续制定的汉朝的礼仪法规,都是在叔孙通担任太常的时候制定的。

　　孝惠帝为东朝长乐宫①,及间往,数跸烦人②,乃作复道③,方筑武库南④。叔孙生奏事,因请间曰:"陛下何自筑复道?高寝衣冠月出游高庙⑤,高庙,汉太祖,奈何令后世子孙乘宗庙道上行哉⑥?"孝惠帝大惧,曰:"急坏之。"叔孙生曰:"人主无过举⑦。今已作,百姓皆知之,今坏此,则示有过举。愿陛下为原庙渭北⑧,衣冠月出游之⑨,益广多宗庙,大孝之本也⑩。"上乃诏有司立原庙。原庙起,以复道故⑪。

　　孝惠帝曾春出游离宫,叔孙生曰:"古者有春尝果⑫,方今樱桃孰,可献⑬,愿陛下出,因取樱桃献宗庙⑭。"上乃许之。诸果献由此兴⑮。

【注释】

①东朝长乐宫:时汉惠帝住在西边的未央宫,吕太后住在东边的长乐宫,汉惠帝要经常到东边的长乐宫去朝拜太后。

②跸(bì):指帝王出行时,禁止行人以清道警戒。

③复道:连接长乐宫和未央宫的空中通道。王先谦曰:"自未央宫而东,越武库,南过鼎路门,取道高庙,南达长乐宫也。"

④方筑武库南:刚修到武库之南。武库,西汉时贮藏武器的库房,在未央宫、长乐宫之间。

⑤衣冠月出游高庙:《集解》引应劭曰:"月旦出高帝衣冠,备法驾,名曰游衣冠。"颜师古曰:"谓从高帝陵寝出衣冠游于高庙,每月一为之,汉制则然。"据颜师古说,则指每月从长安西北之高祖长

陵寝庙中请出高祖衣冠，游行到长安城里的高庙。

⑥后世子孙乘宗庙道上行：汉惠帝所修的复道横跨于高帝长陵与长安城内"高庙"之间通道的上方，那么后世子孙就相当于在高祖"游衣冠"路线上方走过。宗庙道，王先谦曰："谓神道也，即衣冠往来所由。"

⑦人主无过举：君主不能有失误的举措。凌稚隆引董份曰："叔孙通所谓逢君之过者，使人主恶闻惮改，通实启之。"

⑧为原庙渭北：渭河北岸再修一座高帝庙。颜师古曰："原，重也，先已有庙，今更立之，故曰重也。"

⑨衣冠月出游之：高祖长陵在渭河北，今在渭河北再建一座"原庙"，高祖衣冠出游至"原庙"即可，不必再进长安城。王先谦曰："高祖长陵在渭水北，去长安三十五里。原庙既成，则陵寝衣冠但月游原庙，不至城中高帝庙，故复道无妨也。"

⑩益广多宗庙，大孝之本也：表面上多建宗庙是为了表示对先帝的孝心，实则为掩饰惠帝修复道之"过举"。

⑪原庙起，以复道故：史公重出此语，以著叔孙通之阿谀生事。吴见思曰："微词妙，希世处于此等照出。"史珥曰："子长琐屑记之，备原庙缘起，且著通之阿谀耳。"

⑫尝果：以新熟的果品祭神，让神灵尝新。

⑬樱桃孰，可献：樱桃成熟了，可进献于宗庙。孰，同"熟"。

⑭因取樱桃献宗庙：顺便采摘樱桃，用于宗庙祭祀。此亦为君主行为找寻理由，文过饰非。因，顺便。

⑮诸果献由此兴：向宗庙进献果品的做法从此开始。此亦著叔孙通之借端生事。凌稚隆曰："亦不载通所终。"

【译文】

汉惠帝因为要经常到长乐宫去朝见吕后，有时也要到长乐宫随便走走，每去一次都得清道戒严，烦扰百姓，于是决定修架一条连接未央宫与长乐宫的空中通道,当时正修到了武库的南边。有一天,叔孙通进宫奏事,他私下向汉惠帝进言说:"您为什么自己修空中通道呢? 高寝中的先帝衣冠每月都要出游到高庙,高庙是汉朝开国始祖的宗庙,怎么能让后代子孙在前往高庙的道路上空行走呢?"汉惠帝听后十分恐慌,说:"赶快把复道拆掉。"叔孙通说:"君主是不能有错误举措的。现在既然已经开工修建复道,老百姓们也已经知道了,如果拆了它,那不就等于向臣民们表明君主也做了错事吗? 希望陛下在渭水北面另修建一座原庙,以后每月再从高寝取出先帝衣冠时就送到原庙里去祭奠,这样还多给祖先扩建了宗庙,这也是儿孙们孝顺的表现。"于是汉惠帝立即下令让有关官员在渭水北面修建原庙。汉朝后来屡屡修建原庙的做法,就是从汉惠帝修复道引起的。

汉惠帝曾在春天到离宫出游,叔孙通说:"古代有让祖先在春季品尝鲜果的习俗,现在樱桃成熟了,可以进献祖先,希望陛下出游时,顺便采些樱桃回来祭献宗庙。"汉惠帝同意了。以后进献各种果品的规矩就是由此兴盛起来的。

太史公曰:语曰:"千金之裘,非一狐之腋也[1];台榭之榱,非一木之枝也[2];三代之际,非一士之智也[3]。"信哉! 夫高祖起微细,定海内,谋计用兵,可谓尽之矣[4]。然而刘敬脱挽辂一说,建万世之安[5],智岂可专邪[6]! 叔孙通希世度务制礼[7],进退与时变化,卒为汉家儒宗[8]。"大直若诎,道固委蛇"[9],盖谓是乎?

【注释】

①千金之裘,非一狐之腋:价值千金的裘皮大衣,并非一只狐狸腋下的毛皮所能制成。裘,皮袄。腋,此指狐狸腋下的皮毛,极为名

贵。《商君列传》:"千羊之皮,不如一狐之腋。"

②台榭之榱(cuī),非一木之枝:盖台榭屋顶的椽子,不是从一棵树上砍下的树枝。台榭,泛指楼台等建筑物。榱,屋椽。

③三代之际,非一士之智:夏、商、周三代更替之事,不是靠某一个人的智慧。盖谓夏商之际、商周之际,改朝换代之事,非靠一人之智慧。

④可谓尽之:谓高祖智计已用到极致,无以复加。

⑤脱挽辂一说,建万世之安:此言娄敬建都关中的建议意义重大。

⑥智岂可专:智慧不会集中在一人身上,正所谓"智者千虑,必有一失;愚者千虑,必有一得"。

⑦希世度务:犹言"见风使舵"。茅坤曰:"小论中'希世'二字,一篇精神所注处。"

⑧汉家儒宗:汉代儒学与汉代儒生的祖师爷。按,史公一方面讽刺叔孙通,一方面称叔孙通为"汉家儒宗",则其对汉代儒学的态度可见。此宜与《儒林列传》《平津侯主父列传》同看。

⑨大直若诎,道固委蛇:语出《老子》第四十一章。诎,通"曲"。委蛇,同"逶迤",曲曲弯弯的样子。

【译文】

太史公说:俗话说:"价值千金的皮裘衣,不是一只狐狸的腋皮;楼台亭榭的椽子,不是一棵树上的枝条;夏、商、周三代更替之事,也不是一个贤士的才智。"的确是这样啊!高祖从低微的平民起事,平定了天下,谋划大计,用兵作战,可以说是极尽能事了。然而刘敬摘下拉车的横木去见皇帝一次进言,便建立了万代相传的稳固大业,才能智慧怎么会被少数人专有呀!叔孙通善于看风使舵,度量事务,制定礼仪法规或取或舍,能够随着时世的变化而变化,最终成了汉代儒家的一代宗师。老子所说的"最正直的好似弯曲,事理本来就是曲折向前的",大概说的就是这类事情吧?

【集评】

黄震曰:"娄敬脱挽辂,羊裘见天子,曰'衣帛衣帛见,衣褐衣褐见',此其质直不徇流俗,已可觇其胸中之所挟持者矣。劝都长安,逆觇虏情,皆磊落出人意表。惟结和亲约,虽能宽一时之急,未免遗万世之弊耳。叔孙通所事且十主,皆面谀取亲贵。既起朝仪得高帝心,然后出直言谏易太子。然向使高帝未老,吕后不强,度如意可攘太子位,又安知其不反其说以阿意耶? 随时上下,委曲取容,名虽为儒,非娄敬比矣!"(《黄氏日钞》)

锺惺曰:"刘敬脱挽辂,披羊裘,言天下事,不愿易衣,曰'臣衣帛,衣帛见;衣褐,衣褐见',非唯自处甚高,其一片简脱真率,无诸儒龌龊苛礼习气,对慢易大度之主亦当如此。"(《史怀》)

王夫之曰:"娄敬之小智足以动人主,而其祸天下也烈矣。迁六国后及豪杰名家居关中,以为强本而弱末,似也。遣女嫁匈奴,生子必为太子,谕以礼节,无敢抗礼,而渐以称臣,以为用夏而变夷,似也。眩于一时之利害者,无不动也。乃姑弗与言违生民之性,姑弗与言裂人道之防,就其说以折之,敬之说恶足以逞哉?"又曰:"叔孙通之谏易太子也,曰:'臣愿伏诛,以颈血污地。'烈矣哉! 夫抑有以使之然者,高帝之明,可以理喻也;吕后之权足恃也;留侯、四皓之属为羽翼,而诡随者惮高帝而不敢竞也。通知必不死,即死而犹有功,何惮而不争? 呜呼,以面谀事十余主之通,而犯颜骨鲠也可使如此;上有明君,下有贤士大夫,佞者可忠,柔者可强,天下岂患无人材哉! 匪上知与下愚,未有不待奖而成者也。"(《读通鉴论》)

姚苎田曰:"古者君臣之礼相去不甚悬绝,立见群臣,郊劳宴享,伯父伯舅之称,敬慎有加。至于拜上者骄,下堂者替,而积重之势不得不矫枉而过正焉。至于汉初,阔略简易,一革亡秦苛习,正可参酌古礼而求其中。乃叔孙通徒以高帝之难之,而遂痛绳其下而不拘其主,是朝仪法酒皆为臣设,而君不与焉。君为臣纲,君无礼而何以责其臣? 于此叔孙通

希世之罪万世莫能逃也。"(《史记菁华录》)

李景星曰:"汉初最大事只是两条:曰定都,曰制礼。刘敬劝都长安,是定都事;叔孙通起朝仪,是制礼事,皆于当时有绝大关系,故以之合传。刘敬传以都关中起,以实关中止。自始至终,只完得个'定都'二字。其余都是带叙,而文笔以纵横胜。叔孙通是儒家大猾,起朝仪一事,在当时为功,在古来为罪。然当礼节坠坏之后,体统荡然,得此而规模略定,其维持之力,亦不为小,故太史公以全力写之,口吻气象,千载如生。至其前后俱用活笔,以谐语成趣,以细事点染。即谏易太子数语,似乎正当矣,而在通之心,亦是宦成以后借巧立名。且其口中句句为太子,而眼光中却有一狰狞可畏之吕后在也。故曰:'吕后与陛下攻苦食啖,其可背哉!'赞语一曰'希世度务',再曰'与时变化',则史公不为其所愚可知。合观通篇,于推重两人之中,又有不满两人之意隐见。如此大事,乃竟草草成于两人之手,是可惜也。婉而成章,尽而不污,孔氏既往,非史公孰能为之?"(《史记评林》)

【评论】

司马迁说:"千金之裘,非一狐之腋也;台榭之榱,非一木之枝也;三代之际,非一士之智也。"协助刘邦稳定时局、创立制度、巩固政权需要萧何、张良、陈平这样的重臣,也需要刘敬、叔孙通这样的人物。司马迁对于刘敬、叔孙通的能力、见识是肯定的,但对于他们的人品是颇有微辞的,尤其是叔孙通,司马迁是相当厌恶的,言辞之间颇多讥讽。

刘敬原名娄敬,因劝刘邦定都关中,投合了刘邦的心意而被赐姓"刘",于是成了"刘敬"。事实上,建都关中是当时有识之士的共同看法,韩信早在拜将时就已提出过,而且刘邦所以能打败项羽,其中重要一条就是因为有关中这块巩固的根据地,刘邦对此非常清楚,只是他拗不过身边那些想"衣锦还乡"的"山东"将相。此时他正需要有人来替他出这个头。刘敬正是看到了这一点,于是顺势进言。刘敬人微言轻,还不足以耸动视听，而观望良久的张良立即附和，于是刘邦当机立断，定都关中就此确定。对于这件事，司马迁欣赏刘敬勇于以一介戍卒的身份向皇帝献策纵论天下大事，有着"不令己失时"的英豪之气，也揭露了他揣摩"圣意"的投机行为。对于刘敬识破匈奴示弱假象、倡导和亲、迁六国宗族豪强入关几件事，司马迁基本都是肯定的。应该说刘敬有才能、有见识，但他身上多少还有些战国策士投机求利的习气，司马迁对他的肯定是有限度、有保留的。

在刘敬识破匈奴示弱假象向刘邦汇报时，一向从谏如流的刘邦却不仅不听忠言，反而以"妄言沮军"的罪名，将刘敬"械系于广武"。等到刘邦被匈奴困辱于白登侥幸得回，遂公开向刘敬坦承败军之责，"封敬二千户，为关内侯"。此事表现出了刘敬的思维缜密，才智超群，而刘邦的坦然认错也相当感人，其口角情态宛如秦穆公悼殽之败，秦始皇闻李信之败而负疚诚请于王翦。对比袁绍不听田丰的良言相劝，自己失败后还要将田丰杀死的倒行逆施，其水平之高低真可谓有天壤之别了。

如果说司马迁对刘敬是以肯定为主，对叔孙通则几乎谈不上肯定，字里行间充满了对他的讥讽与厌恶。叔孙通在秦朝当过博士，后来追随过项梁、项羽，项羽兵败时他又投降了刘邦。他一生的行事原则就是阿世取容，投主子所好，捞取功名富贵。他对汉朝最大的贡献是制定礼仪，但这不是出于他秉持儒家以礼乐治国的学说，而是为了投合刘邦要讲排场、要显示自己作为尊贵无比的天子的虚荣心。于是他"颇采古礼与秦仪杂就之"，搞成了一套朝仪，刘邦无比享受，发出了"吾乃今日知为皇帝之贵也"的由衷感叹。于是叔孙通获封太常，赐金五百斤。叔孙通一辈子谄媚逢迎，投主子之所好，可是竟在刘邦废太子一事上直言急谏，甚至说："陛下必欲废適而立少，臣愿先伏诛，以颈血污地！"他何以在此事上如此地"讲原则"不妥协呢？正如宋人黄震所说："叔孙通所事且十主，皆面谀取亲贵。既起朝仪得高帝心，然后出直言谏易太子。然向使高帝未老，吕后不强，度如意可攘太子位，又安知不反说以阿意耶？"这真是诛心之论，但也的确是司马迁的知音。以上两件事虽然主观上出于叔孙通的私心，但客观上对汉朝的制度建设、稳定时局还是有贡献的，而为了掩饰惠帝的过错而建议为刘邦修原庙，鼓吹"人主无过举"，则没有任何积极作用可言。正如明人董份所说："叔孙通所谓'逢君之过'者，使人君闻过惮改，通实启之。"从此后君主们都根据着"人主无过举"而为所欲为了。叔孙通既"逢君之失"，又花言巧语地引导君主做更多的劳民伤财之事，司马迁蔑视汉儒，指摘批判汉儒之恶，盖无过于此者。

　　司马迁在文章最后的"太史公曰"中说："叔孙通希世度务，制礼进退，与时变化，卒为汉家儒宗。'大直若屈，道固委蛇'，盖谓是乎！"明代凌稚隆说："《史记》小论中'希世'二字，足概通之生平，故通篇极意描写，要不出此二字。"（《史记评林》）清代高塘说："（叔孙通）历仕委蛇，周旋人情，纯是软熟圆通一派作用，岂即所谓知时变、识时务者耶？太史公赞语若美若讽，余味曲包。"司马迁厌恶叔孙通，与其厌恶汉代儒生，厌恶汉武帝的独尊儒术是一致的，此文可与《平津侯主父列传》《儒林列传》《游侠列传》等互相参看。

　　叔孙通是《史记》中最令人讨厌的人物之一，他的主要特点就是看风使舵，投机取巧，谄媚逢迎，投其主子之所好。为了突出叔孙通的这种性格，司马迁刻意写了两个细节。一个是他在秦二世手下当博士，秦二世问他对陈涉起义的事情如何看待时，他说："明主在其上，法令具于下，使人人奉职，四方辐辏，安敢有反者。此特群盗鼠窃狗盗耳，何足置之齿牙间！"于是凡说问题严重的人都受了惩罚，唯有他获得了奖赏。另一个是他投奔刘邦后，刘邦看着他的儒服讨厌，于是他第二天就改为"服短衣，楚制"了。为了突出叔孙通的圆滑，司马迁特意用了两个"迂腐"的坚决不与叔孙通合作的鲁地儒生来和他作反衬。其实这两个儒生所讨厌的根本不在于现时该不该制礼，而是讨厌这个"所事且十主，皆面谀以得亲贵"的叔孙通的为人。正如清人吴见思所说："借两生以形容叔孙通，一边迂拙，一边通脱；一边持正，一边希世；两两对照，逼出神情。"

　　叔孙通投奔刘邦的初期，当时正连年征战，叔孙通无法推荐他那些白面弟子给刘邦派用场，于是那些弟子们就总骂他；待至叔孙通受到刘邦宠爱，把他的弟子们都推举为郎时，弟子们一个个眉开眼笑地说："叔孙生诚圣人也，知当世之要务。"司马迁在《游侠列传》中说："鄙人有言曰：'何知仁义？已飨其利者为有德。'故伯夷丑周，饿死首阳山，而文、武不以其故贬王；跖、𫏋暴戾，其徒诵义无穷。"有其师，必有其徒，活画出一群反复无常、唯利是图的卑劣儒生的众生相。

史记卷一百

季布栾布列传第四十

【释名】

《季布栾布列传》是季布与栾布的合传,而中间又附载了季布之弟季心、舅舅丁公二人的事迹。

本篇记述了季布的几件事:其一,季布原为项羽的勇将,项羽失败后,刘邦悬赏捉拿他,他藏到周氏家中,听周氏之计卖到朱家处为奴。朱家为他通过滕公夏侯婴说服刘邦赦免了他,成为汉臣。其二,当匈奴单于来信侮辱吕后时,他斥责樊哙等不顾实际情况而鼓动吕后出兵,避免了一场几乎必败的战争。其三,孝文帝时,因有人称赞他,文帝召他入京想拜他为御史大夫,又听人谣言而不见他,他直言文帝之过。其四,记述了他与曹丘生交往的情形。

本篇对栾布记述的重点是他不顾刘邦之命,哭祭彭越,为之鸣冤之事。

本篇篇幅不长,对每个人的叙述也比较简单,但却比较集中、突出地表现了司马迁的生死观和做人准则。所以,对于研究司马迁的思想而言,这是一篇极其重要的文章。

季布者,楚人也①。为气任侠,有名于楚。项籍使将兵,数窘汉王②。及项羽灭,高祖购求布千金,敢有舍匿,罪及三族③。季布匿濮阳周氏④。周氏曰:"汉购将军急,迹且至臣家⑤,将军能听臣,臣敢献计;即不能,愿先自刭⑥。"季布许之。乃髡钳季布⑦,衣褐衣⑧,置广柳车中⑨,并与其家僮数十人,之鲁朱家所卖之⑩。朱家心知是季布,乃买而置之田⑪。诚其子曰:"田事听此奴,必与同食。"朱家乃乘轺车之洛阳⑫,见汝阴侯滕公⑬。滕公留朱家饮数日。因谓滕公曰:"季布何大罪,而上求之急也?"滕公曰:"布数为项羽窘上,上怨之,故必欲得之。"朱家曰:"君视季布何如人也?"曰:"贤者也。"朱家曰:"臣各为其主用,季布为项籍用,职耳。项氏臣可尽诛邪? 今上始得天下,独以己之私怨求一人,何示天下之不广也! 且以季布之贤而汉求之急如此,此不北走胡即南走越耳⑭。夫忌壮士以资敌国⑮,此伍子胥所以鞭荆平王之墓也⑯。君何不从容为上言邪?"汝阴侯滕公心知朱家大侠,意季布匿其所,乃许曰:"诺。"待间,果言如朱家指。上乃赦季布。当是时,诸公皆多季布能摧刚为柔⑰,朱家亦以此名闻当世。季布召见,谢,上拜为郎中⑱。

【注释】

①楚人:郭嵩焘曰:"楚汉之际,自淮北隶楚故地,东尽吴越谓之楚。季布之从项羽在都彭城以后,当为彭城人也。"

②项籍使将兵,数窘汉王:茅坤曰:"季布为项羽将,必多战功,太史公因传其任侠,遂略之。"窘,困。

③罪及三族:即株连三族。三族,父族、母族、妻族,一说指父母、兄弟、妻子。

④濮阳周氏:濮阳一位姓周的人。濮阳,汉县名,治所在今河南濮阳西南。

⑤迹:追踪,追寻。

⑥自刭(jǐng):用刀自割其颈,自杀。

⑦髡钳:剔掉头发,用铁圈束颈,扮作奴隶。《张耳陈馀列传》载赵王
　　张敖的臣属"皆自髡钳,为王家奴"。

⑧褐衣:粗布衣服,古代贫贱者所服。

⑨广柳车:《索隐》曰:"凡大车任载运者,通名曰广柳车。"郭嵩焘
　　曰:"车檐深曰柳车,柳盖深晦之意。广柳车大而深檐,可以载重,
　　故丧葬用之。"

⑩朱家:西汉初游侠,事详《游侠列传》。

⑪置之田:泷川曰:"枫山、三条本'田'下有'舍'字,与《汉书》
　　合。"

⑫轺(yáo)车:一匹马拉的轻便车。洛阳:在今河南洛阳东北。刘
　　邦称帝后,最初建都洛阳。

⑬汝阴侯滕公:即夏侯婴,因功封汝阴侯,又曾任滕县县令,故又称
　　"滕公"。事详《樊郦滕灌列传》。汝阴,汉县名,治所在今安徽
　　阜阳。

⑭北走胡:向北逃入匈奴。南走越:向南逃入南越国。秦汉之际,赵
　　佗在岭南建立南越国,事见《南越列传》。

⑮忌壮士以资敌国:因为忌恨一位壮士,逼他逃到敌国,实际上帮敌
　　国壮大实力。忌,痛恨。资,帮助。

⑯伍子胥所以鞭荆平王之墓:伍子胥鞭楚平王尸复仇事,详见《伍
　　子胥列传》。荆平王,即楚平王,楚国也称荆国。凌稚隆引董份
　　曰:"古之侠者,不独制贵势之人,虽人主亦欲制之,观朱家数言,
　　诚大侠也。"

⑰皆多季布能摧刚为柔:凌稚隆引程一枝曰:"'季布摧刚为柔',乃
　　子长妙心所发,言外有别旨。"多,赞赏,赞许。摧刚为柔,折屈刚
　　强为柔软。意谓季布原为勇悍之人,为了生存再起,能够委屈自

己扮作人奴。

⑱郎中：帝王的侍从人员，秩三百石，上属郎中令。按，郎中的级别
　　虽然不高，但相当荣宠，汉代有以"列侯"的爵位而跻身于郎中之
　　列者。

【译文】

季布是楚地人。为人好逞意气，喜欢行侠仗义，在楚地名气很大。项羽曾让他率军作战，曾经多次将高祖困住。等到项羽被灭掉之后，高祖悬赏千金来抓捕季布，而且下令说，有敢窝藏季布的人，就株连三族。季布躲在濮阳县一户姓周的人家里。一天，那位姓周的人说："朝廷悬赏抓捕您，风声很紧，就快要追查到我家里来了，如果将军您能够听我的话，我可以给您献个计策；如果您不听我的话，我情愿先在您面前自杀。"季布同意按他的计策办。于是那位姓周的人就把季布的头发剃掉了，在他的脖子上套上铁圈，让他穿上粗布衣服，把他和他们家的几十个奴仆一起装在一辆大车里，送到鲁地卖给朱家。朱家心里知道这里头有个人是季布，便买了下来，把他安排到田庄里居住。还告诫他的儿子们说："田里的一切事情都要依着这个奴仆所说的办，一定要让他和你们吃一样的饭。"随后朱家又乘着轻便马车来到洛阳，拜见了汝阴侯夏侯婴。夏侯婴留朱家一起畅饮了好几天。朱家趁机对夏侯婴说："季布犯了什么大罪，皇上为什么要这么急切地抓捕他呢？"夏侯婴说："季布曾经多次帮着项羽将皇上困住了，所以皇上怨恨他，一定要抓住他。"朱家问："您看季布是一个怎样的人呢？"夏侯婴说："我看是个贤能的人。"朱家说："做臣子的总是各自为其主人效力，季布受项羽差遣，那也是职责所在。难道做过项羽臣子的人都要赶尽杀绝吗？如今皇上刚刚夺得天下，仅仅因为个人恩怨就通缉人，为什么要向天下人显示自己器量狭小呢！再说凭着季布的贤能，朝廷追捕他又如此急迫，那他不是向北逃往匈奴，就是向南逃到南越。因为忌恨一个壮士而逼得他去帮敌国效力，当年伍子胥率领吴军攻入郢都，鞭打楚平王的尸体，不就是因为这样吗？您为

什么不好好向皇上说说这事呢?"夏侯婴心里明白朱家是位大侠,猜到
季布可能就躲藏在他家里,于是就答应说:"好吧。"随后他找了个机会,
果真按朱家的意思向高祖进言。高祖觉着有道理,便下令赦免了季布。
在这个时候,大家都纷纷称赞季布能够摧刚为柔,忍辱负重,而朱家也
因为这件事而闻名当代。季布受到高祖的召见,向高祖谢罪,高祖任命
他为郎中。

　　孝惠时①,为中郎将②。单于尝为书嫚吕后③,不逊,吕
后大怒,召诸将议之。上将军樊哙曰④:"臣愿得十万众,横
行匈奴中。"诸将皆阿吕后意⑤,曰:"然。"季布曰:"樊哙可
斩也! 夫高帝将兵四十余万众,困于平城⑥,今哙奈何以十
万众横行匈奴中,面欺! 且秦以事于胡⑦,陈胜等起⑧。于今
创痍未瘳⑨,哙又面谀,欲摇动天下⑩。"是时殿上皆恐,太后
罢朝,遂不复议击匈奴事⑪。

【注释】

①孝惠:即汉惠帝刘盈,刘邦之子,前194—前188年在位。

②中郎将:官名,郎中令属官,职掌侍卫护从天子,秩比二千石。

③单于尝为书嫚(màn)吕后:据《汉书·匈奴传》,匈奴冒顿(mò
　dú)单于致书调戏吕后曰:"陛下独立,孤偾独居,两主不乐,无
　以自虞,愿以所有,易其所无。"嫚,污辱。颜师古曰:"辞语亵污
　也。"吕后,名雉,刘邦之妻,汉惠帝母亲,事详《吕太后本纪》。

④上将军:此非官称,犹"大将"之类的泛称。樊哙:刘邦功臣,吕后
　的妹夫,事详《樊郦滕灌列传》。

⑤阿:迎合。

⑥夫高帝将兵四十余万众,困于平城:事在高祖七年,前200年。时

韩王信勾结匈奴叛乱,刘邦率大军前往征讨,被匈奴围困于平城,七天乃得出,详参《高祖本纪》《韩信卢绾列传》。平城,汉县名,在今山西大同东北。

⑦秦以事于胡:秦始皇统一天下后,派蒙恬率兵北伐匈奴,修筑万里长城,造成人民徭役负担沉重,事见《蒙恬列传》。

⑧陈胜等起:由于秦朝严刑峻法,又大兴土木,劳民伤财,引发陈胜等于大泽乡发动起义,事在秦二世元年(前209),详见《陈涉世家》。

⑨创痍未瘳(chōu):指战争的创伤尚未痊愈。秦末战乱,灭秦后又陷入楚汉相争,此后又连年有讨平叛乱之战,战事不断,民不安生。颜师古曰:"痍,伤也。"瘳,痊愈。

⑩摇动天下:指挑起战争,使国家陷于危难。

⑪遂不复议击匈奴事:姚苎田曰:"《季布传》史公赞中独反复叹息于始之为奴朱家,自重其死处,故起一段亦极意描写,比《游侠传》尤觉有精神。而特以'能摧刚为柔'先下一句断语,然既将其柔处写得奄奄欲尽,势必再将刚处特一振刷之,方显得始之贬损大有深意。故接手便将廷折樊哙语写得毛发欲竖,此相救之法也。不然吕太后朝,平、勃辈皆无恙,岂不容参一议耶? 此等处俱要于书缝中识得。"

【译文】

汉惠帝在位期间,季布担任中郎将。当时匈奴的冒顿单于曾写信调戏吕后,出言不逊,吕后大为恼火,召集众将商议这事。上将军樊哙说:"我请求给我十万兵马,横扫匈奴!"其他的将军们也都迎合着吕后的心意,说:"对,就这么办!"只有季布说:"樊哙当斩! 当年高祖率领四十多万大军,尚且被匈奴困在平城。如今樊哙哪能靠十万人去横扫匈奴呢? 这是当面欺君! 何况秦王朝就是因为对匈奴用兵,才导致陈胜等趁势起兵。直到今天,百姓受到的创伤还没有痊愈,如今樊哙又当面阿谀逢迎,想让天下动荡不安。"这话把当时殿上的人都吓坏了,吕后宣布退朝,从此再也不讨论攻打匈奴的事了。

　　季布为河东守^①，孝文时^②，人有言其贤者，孝文召，欲以为御史大夫^③。复有言其勇，使酒难近^④。至，留邸一月^⑤，见罢。季布因进曰："臣无功窃宠，待罪河东^⑥。陛下无故召臣，此人必有以臣欺陛下者^⑦；今臣至，无所受事，罢去，此人必有以毁臣者。夫陛下以一人之誉而召臣，一人之毁而去臣，臣恐天下有识闻之有以窥陛下也^⑧。"上默然惭，良久曰："河东吾股肱郡^⑨，故特召君耳^⑩。"布辞之官。

【注释】

①河东：汉郡名，郡治安邑，在今山西夏县西北。

②孝文：即汉文帝，前179—前157年在位。事见《孝文本纪》。

③御史大夫：汉代三公之一，掌副丞相职。主管图籍秘书、四方文书、监察执法，有时亦奉命出征。

④使酒：《索隐》曰："因酒纵性。"难近：王先谦引顾炎武曰："令人畏而远之。"

⑤邸：此当为河东郡在京城的客馆，犹今之驻京办。

⑥待罪：古代官吏任职的谦称，意谓不胜其职而将获罪。

⑦以臣欺陛下：在皇帝面前夸我好。欺，欺骗，即把我说得过好，此亦谦辞。

⑧有以窥陛下：颜师古曰："窥见陛下浅深也。"即让人发现您办事轻率多变。

⑨股肱（gōng）郡：拱卫京师的重要大郡。至汉武帝时，河东郡归司隶校尉管辖。股肱，大腿和胳膊，常用以喻指重要的东西。

⑩故特召君耳：因此特地召你来京谈谈。

【译文】

后来季布担任河东郡守,汉文帝在位时,有人向汉文帝推荐说季布很有才能,于是汉文帝便召见他,想任命他为御史大夫。这时又有人说季布虽然很勇武,但喜欢撒酒疯,让人不敢接近。季布来到京城长安,在客馆居留了一个月,汉文帝召见他之后,又让他回河东郡。季布对汉文帝说:"我没有什么功劳,却多蒙国家恩宠,让我担任河东郡守。您无缘无故地将我召进京城,这一定是有人妄誉我来欺骗陛下;如今我到了京城,您没有交给我什么任务,就让我回去,这一定是又有人在您面前毁谤我。陛下因为一个人的赞誉就把我召过来,又因为一个人的毁谤就让我离开,我担心天下的有识之士听说这事后,会由此窥测陛下您为人处事的深浅了。"汉文帝听了沉默不语,心中感到惭愧,过了很久才说:"河东郡像我左膀右臂般重要,所以特地召你来一趟。"于是季布就辞别了皇上,回到了河东郡守的原任。

楚人曹丘生^①,辩士,数招权顾金钱^②。事贵人赵同等^③,与窦长君善^④。季布闻之,寄书谏窦长君曰:"吾闻曹丘生非长者,勿与通^⑤。"及曹丘生归^⑥,欲得书请季布^⑦。窦长君曰:"季将军不说足下^⑧,足下无往。"固请书,遂行。使人先发书,季布果大怒,待曹丘。曹丘至,即揖季布曰:"楚人谚曰:'得黄金百,不如得季布一诺^⑨。'足下何以得此声于梁楚间哉?且仆楚人,足下亦楚人也。仆游扬足下之名于天下,顾不重邪^⑩?何足下距仆之深也^⑪!"季布乃大说,引入,留数月,为上客,厚送之。季布名所以益闻者,曹丘扬之也^⑫。

【注释】

①曹丘生:曹丘先生。汉时称"生"或"先",均为"先生"之意。

②招权顾金钱：颜师古曰："招求贵人威权，因以请托，故得他人顾金钱也。"王先谦引刘攽曰："招权，谓作为形势，招权归己也。顾金钱者，谓志在金钱也。顾，犹念也。"即今所谓"招权纳贿"，把持权势，收受贿赂。

③赵同：汉文帝宠幸的宦官赵谈，事见《袁盎晁错列传》《佞幸列传》。赵谈之所以写作"赵同"，盖司马迁避其父司马谈讳。

④窦长君：汉文帝窦皇后兄，名建，字长君，事见《外戚世家》。

⑤通：往来，交好。

⑥及曹丘生归：指曹丘离开长安而回归故乡楚地。

⑦欲得书请季布：颜师古曰："欲得窦长君书与布，为己绍介也。"泷川曰："请，谒也。"

⑧说：通"悦"，喜欢。

⑨得黄金百，不如得季布一诺：得到黄金百斤，不如得到季布的一声承诺。诺，表示同意、遵命的答应声。"百"与"诺"，古音押韵。泷川曰："二人楚人，故引楚谚。"

⑩顾不重邪：难道不好吗？顾，岂，难道。重，重要，美好。《汉书》"重"字作"美"。

⑪何足下距仆之深也：史珥曰："谀人干进，自是游士常态，曹丘却有跌宕之致，故自佳，发端竟以'楚人'自居，尤妙。"距仆，拒绝跟我交往。距，通"拒"。仆，自称的谦辞。

⑫曹丘扬之也：《正义》曰："既为侠，则其交必杂，此曹丘所以容于季布也。"凌稚隆引费衮曰："布以书谏长君，使无与通，其始固亦善矣。及曹丘来见，进谀辞以悦之，顾乃大悦，引为上客，布至此何谬哉？"

【译文】

楚地有位曹丘先生，是个能言善辩之士，喜欢结交权贵，依托权势来收受贿赂。他事奉汉文帝的宠臣赵同，跟汉文帝窦皇后的兄长窦长君交情也很好。季布听说此事后，就写了一封信给窦长君劝阻他，说："我听说曹丘先生不是个德高望重的人，您不要跟他交往。"等到曹丘先生准备回楚地老家的时候，他请窦长君给他写封信，让他带着去结识季布。窦长君说："季将军不喜欢您，您还是不要去找他了。"曹丘先生坚持要他写，窦长君便写了一封信，曹丘先生拿着信便去找季布了。他派人先将那封信送给了季布，季布看到信后，果然非常生气，怒气冲冲地等着曹丘先生来。曹丘先生抵达后，给季布作了一个揖，说："楚地人有句谚语说：'得到黄金百镒，不如得到季布的一句诺言。'您是怎么在梁、楚一带地区获得这么好的声誉的呢？而且我是楚地人，您也是楚地人。我游历天下，到处宣扬您的大名，难道这样不好吗？您为什么要这样拒我于千里之外呢！"季布听后非常高兴，领着曹丘先生进入屋内，留他住了好几个月，将他奉为上宾，临走时还给他送了厚礼。后来季布名声越来越大，就是曹丘先生帮他宣扬的结果啊！

　　季布弟季心，气盖关中[1]，遇人恭谨，为任侠，方数千里，士皆争为之死。尝杀人，亡之吴[2]，从袁丝匿[3]。长事袁丝，弟畜灌夫、籍福之属[4]。尝为中司马[5]，中尉郅都不敢不加礼[6]。少年多时时窃籍其名以行[7]。当是时，季心以勇，布以诺，著闻关中[8]。

【注释】

①气盖关中：季心盖居于长安，故谓其行侠，气盖关中。据《袁盎晁错列传》，袁盎称"夫一旦叩门，不以亲为解，不以存亡为辞，天下所望者独季心、剧孟"，可见季心的名气。

②吴：吴王刘濞的封国，国都广陵，在今江苏扬州。

③袁丝：即袁盎，字丝，时为吴王相，事见《袁盎晁错列传》。匿：藏身。

④弟畜灌夫、籍福之属：像对弟弟一样对待灌夫、籍福等人。畜，养，此谓对待。灌夫、籍福，二人事亦见《魏其武安侯列传》。郭嵩焘曰："长事袁丝，弟畜灌夫，是居长安时事。"

⑤中司马：《集解》引如淳曰："中尉之司马。"《索隐》曰："《汉书》作'中尉司马'。"中尉司马为中尉属官，主管司法。

⑥中尉：官名，掌京城治安。郅都：姓郅名都，当时著名的酷吏，事详《酷吏列传》。

⑦籍：通"藉"，假借。

⑧著闻关中：何焯《义门读书记》曰："汉初游侠之盛，季布、袁盎煽之也。自田、窦败，公卿不敢致宾客，遂多闾里之魁矣。"

【译文】

季布的弟弟季心，他的勇气威震关中，但对人非常恭敬，喜欢行侠仗义，方圆几千里之内的侠士都争着为他效死。季心曾经杀了人，逃往吴国，躲在吴国国相袁盎家里。季心用对待兄长的礼节对待袁盎，像对待弟弟一样对待灌夫、籍福等人。季心曾担任过中尉手下的司马，连中尉郅都都不敢不对他以礼相待。所以当时的年轻人往往都喜欢借着季心的名义办事。在那个时候，季心因勇敢而出名，季布因重诺言而出名，都在关中声名显著。

　　季布母弟丁公①，为楚将。丁公为项羽逐窘高祖彭城西②，短兵接，高祖急，顾丁公曰："两贤岂相厄哉！"于是丁公引兵而还③，汉王遂解去④。及项王灭⑤，丁公谒见高祖。高祖以丁公徇军中⑥，曰："丁公为项王臣不忠，使项王失天下者，乃丁公也。"遂斩丁公，曰："使后世为人臣者无效丁公⑦！"

【注释】

①季布母弟丁公：季布的舅舅丁某。母弟，母亲的弟弟。《索隐》曰："谓布之舅也。"丁公，《集解》引《楚汉春秋》云："薛人，名固。"

②逐窘高祖彭城西：事在汉二年（前205）四月。项羽得知刘邦攻占彭城后，率三万骑兵从齐地驰回，在彭城西大败刘邦五十六万大军，事详《项羽本纪》。逐窘，追击困住刘邦，使其无法脱身。

③丁公引兵而还：《太平御览》引《楚汉春秋》云："上败彭城，薛人丁固追上。上披发而顾曰：'丁公何相急之甚？'"泷川谓《史记桃园钞》引《楚汉春秋》云："薛人丁固与彭城人赖齮骑而追上，上披发而顾丁公曰：'吾非不知公，公何急之甚？'于是回马而去之。"

④汉王遂解去：刘邦得以脱身离开。梁玉绳曰："方言'高祖'，遽曰'汉王'，似是两人矣。"

⑤项王灭：事在汉五年（前202）十二月。

⑥徇（xùn）：宣示于众。

⑦遂斩丁公，曰："使后世为人臣者无效丁公"：凌稚隆引张之象曰："季布之忠，虽有怨而必用；丁公之不忠，虽有德而必斩，书附于此，见高帝善用赏罚也。"钱锺书曰："盖知因我背人，将无亦因人而背我也？居彼而许我，则亦必不为我而詈人也。古希腊大将、罗马大帝论敌之不忠其主而私与己通者，皆曰'其事可喜，其人可憎'。正汉高于丁公之谓矣。"

【译文】

季布的舅舅丁公，原先也是项羽的部将。丁公曾经替项羽在彭城西边追击高祖，两人短兵相接，高祖情势危急，便回头向丁公喊道："我们两个好汉难道该互相为难吗！"于是丁公就率领人马退回，汉王便得以脱身离去。等到项羽被消灭之后，丁公来求见高祖。高祖押着丁公在军中示众说："丁公作为项王的臣属，对项王不忠心，让项王丢掉天下的人，就是丁公啊！"便斩杀了丁公，高祖说："这样做是为了让后世给人当臣子的人不要效仿丁公!"

栾布者,梁人也。始梁王彭越为家人时^①,尝与布游。穷困,赁佣于齐^②,为酒人保。数岁,彭越去之巨野中为盗^③,而布为人所略卖^④,为奴于燕。为其家主报仇^⑤,燕将臧荼举以为都尉^⑥。臧荼后为燕王,以布为将。及臧荼反^⑦,汉击燕,虏布^⑧。梁王彭越闻之,乃言上,请赎布以为梁大夫^⑨。

【注释】

①家人:平民百姓。颜师古曰:"犹言编户之人也。"

②赁(lìn)佣:受雇为佣工。赁,出卖劳动力。

③彭越去之巨野中为盗:据《魏豹彭越列传》,彭越"常渔钜野泽中,为群盗"。巨野,也作"钜野",古泽名,在今山东巨野北。

④为人所略卖:被人掳掠贩卖。略,掳掠,夺取。

⑤为其家主报仇:为花钱买他的那家主人报仇。身为奴仆而能为其主子报仇,可见其义气。

⑥臧荼(tú):原为燕王韩广部将,后随项羽入关灭秦,被项羽封为燕王。都尉:官名,为高级将领之下的中级武官,地位略低于校尉。

⑦臧荼反:事在汉五年(前202)七月。

⑧汉击燕,虏布:事在汉五年(前202)九月。刘邦亲自领兵平定臧荼之乱。

⑨赎布:花钱赎出栾布。

【译文】

栾布是梁地人。当初梁王彭越还是平民的时候,曾跟栾布有过交情。栾布因穷困潦倒,在齐地给人打工,在一家酒馆干活。过了几年,彭越到巨野泽里做了强盗,栾布则被人当作奴隶卖到燕国去做奴仆。后来栾布因为替自家主人报仇,受到燕将臧荼赏识,被提拔为都尉。后来臧荼做了燕王,又任用栾布做了将军。等到臧荼叛乱时,汉朝派兵攻破燕国,俘虏了栾布。梁王彭越听说这事后,就向高祖刘邦进言,花钱把栾布赎了出来,让他担任梁国的大夫。

　　使于齐①,未还,汉召彭越,责以谋反,夷三族②。已而枭彭越头于雒阳③,下诏曰:"有敢收视者④,辄捕之。"布从齐还,奏事彭越头下⑤,祠而哭之⑥。吏捕布以闻。上召布,骂曰:"若与彭越反邪⑦?吾禁人勿收,若独祠而哭之,与越反明矣。趣亨之⑧。"方提趣汤⑨,布顾曰:"愿一言而死。"上曰:"何言?"布曰:"方上之困于彭城⑩,败荥阳、成皋间⑪,项王所以不能遂西,徒以彭王居梁地,与汉合从苦楚也⑫。当是之时,彭王一顾,与楚则汉破,与汉而楚破。且垓下之会⑬,微彭王,项氏不亡。天下已定,彭王剖符受封⑭,亦欲传之万世⑮。今陛下一征兵于梁⑯,彭王病不行,而陛下疑以为反。反形未见,以苛小案诛灭之⑰,臣恐功臣人人自危也⑱。今彭王已死,臣生不如死,请就亨。"于是上乃释布罪,拜为都尉。

【注释】

①使于齐:栾布奉彭越之命出使齐国。齐,刘邦私生子刘肥的封国,事详《齐悼惠王世家》。

②"汉召彭越"几句:彭越被诬陷谋反而诛灭三族事,在汉十一年(前196),详见《魏豹彭越列传》。夷,杀。

③枭彭越头于雒阳下:将彭越的人头斩下悬挂在洛阳城下示众。

枭,斩首悬以示众。据《黥布列传》,彭越还曾被做成肉酱,赐给诸侯吃。雒阳,即"洛阳",虽然当时已迁都关中,但刘邦仍常在洛阳处理政务。

④收视:收敛顾视。

⑤奏事彭越头下:在彭越头下汇报出使情况。

⑥祠:祭祀。

⑦若:你。

⑧趣亨之:赶紧煮了他。趣,赶快。亨,同"烹",用鼎镬煮人的酷刑。泷川曰:"高祖骂布之言止于'明矣';'趣亨之',并促刑官也。"

⑨方提趣汤:正押着栾布走向开水锅。

⑩困于彭城:指汉二年(前205)四月,刘邦在彭城西被项羽击败溃逃事。

⑪败荥阳、成皋间:事在汉三年(前204)夏。刘邦从荥阳、成皋两处败逃事,详见《项羽本纪》。

⑫与汉合从苦楚:指彭越与汉王刘邦联合来困扰西楚霸王项羽。合从,同"合纵",这里指联合。彭越在项羽后方袭扰,切断项羽的粮道,使项羽无法专心对付刘邦,是项羽失败的重要原因,事详《项羽本纪》《魏豹彭越列传》。

⑬垓下之会:指垓下会战,事在汉五年(前202)十二月。垓下,古地名,在今安徽固镇城东五十里。关于刘邦召集韩信、彭越等各路大军在垓下大破项羽事,详见《高祖本纪》。

⑭剖符受封:彭越被封为梁王,事在汉五年(前202)正月。剖符,古代分封时,将符一分为二,皇帝和受封者各执其一,以示信义。

⑮亦欲传之万世:本想安安分分当王,传之万世,即无造反之心。

⑯征兵于梁:指高祖十年(前197),刘邦想让彭越亲自率军随自己讨伐代相陈豨事,详见《韩信彭越列传》。

⑰以苛小案诛灭之：《汉书》作“以苛细诛之”，盖谓以小事查办诛杀了彭越这样一位大功臣。苛小，琐细。案，查办。

⑱臣恐功臣人人自危也：倪思曰：“布明越无罪，无一语不肯繁，足以折帝之气而服其心，遂不果杀。”姚苎田曰：“蒯通以韩信之党被责，但以‘桀犬吠尧’自明其心；栾布以彭越之党就刑，独畅言越之功烈，深明越之心事。及其自言，则又不过‘君亡与亡’，绝无规避。一则辩士之雄，一则忠臣之义。通志在于免戮，故其词逊；布本不欲求生，故其语激，不可同日而论也。”蒯通语见《淮阴侯列传》。

【译文】

后来栾布奉彭越之命到齐国出使，还没回到梁国，高祖刘邦召见彭越，以谋反的罪名责罚他，诛灭了彭越的三族。不久便把彭越的首级悬挂在洛阳城门下示众，下令说：“有谁敢来收殓或探视的，就立即逮捕他。”栾布从齐国返回后，就对着彭越的人头汇报了出使的情况，然后一边祭奠一边痛哭。看守的小吏们立即逮捕了栾布，并将这件事上报给高祖。高祖召来栾布，骂道：“你想跟彭越一起造反吗？我下令禁止任何人去给他收尸，可你偏偏要去祭奠他，哭吊他，可见你分明是想跟彭越一起造反啊。赶紧给我煮了他！”小吏正押着栾布走向开水锅，栾布回头对高祖说：“我希望可以说一句话，而后再去死。”高祖问：“你想说什么话？”栾布说：“当初您在彭城大败，在荥阳、成皋之间被打败时，项王之所以不能继续向西进攻，就是因为彭王占领了梁地，他跟您联合，从后方牵制着楚军。在那个时候，彭越只要稍微犹疑，如果联合楚军，那么汉军就会失败；如果联合汉军，那么楚军就会失败。后来的垓下会战，要是没有彭越，项羽也不会被消灭。天下平定之后，彭越受封为王，也想把王位传给他的万世子孙。如今陛下仅仅因为向梁国征兵，彭越因病未能前往，就怀疑他想要造反。可是谋反的形迹没有显露，您因为一点小过失就诛灭了他，我只怕功臣们要人人自危了。如今彭王已经死了，我也生不如死，请您马上把我煮了吧。"高祖听了这番话后,就赦免了栾布的罪过,还任命他做了都尉。

孝文时,为燕相①,至将军②。布乃称曰:"穷困不能辱身下志,非人也③;富贵不能快意,非贤也④。"于是尝有德者厚报之,有怨者必以法灭之⑤。吴楚反时⑥,以军功封俞侯⑦,复为燕相。燕齐之间皆为栾布立社⑧,号曰栾公社。景帝中五年薨⑨。子贲嗣,为太常⑩,牺牲不如令,国除⑪。

【注释】

①为燕相:为燕王刘嘉之相。刘嘉,刘邦族人兼功臣刘泽之子,前177—前152年在位。

②至将军:转至朝廷任将军。

③穷困不能辱身下志,非人也:穷困时不能忍受屈辱,压抑心志,算不得好汉。《史记》中多有"穷困能辱身下志"者,如越王句践、伍子胥、孙膑、苏秦、范雎、韩信、张耳等。

④富贵不能快意,非贤也:富贵时不能让自己痛快,也算不上有本事。快意,让自己活得痛快,随心所欲。《史记》中多有富贵能快意者,如苏秦、范雎、主父偃等。凌稚隆曰:"'布乃称'以下,是太史公借布自言。"

⑤有德者厚报之,有怨者必以法灭之:《范雎蔡泽列传》有"一饭之德必偿,睚眦之怨必报"之语,与此类似。盖司马迁欣赏此等恩仇必报之举。

⑥吴楚反:即汉景帝三年(前154)一月吴楚七国之乱事。详见《吴王濞列传》《绛侯世家》《梁孝王世家》《袁盎晁错列传》等篇。

⑦军功:据《齐悼惠王世家》《荆燕世家》等记载,栾布之功为率朝

廷军队击败围困齐国的胶西、胶东、菑川等国，平定齐地叛军；后
率军回至赵国时，又引水灌赵城，使赵王城破自杀。俞（shū）侯：
封地俞县，也作"鄃县"，在今山东平原西南。

⑧社：为活人建立的祈祷祝福之祠。

⑨景帝中五年：汉景帝中元五年，前145年。

⑩太常：也叫奉常，秦汉时九卿之一，主管宗庙祭祀与朝廷礼仪等。

⑪牺牲不如令，国除：事在武帝元狩六年，前117年。牺牲，祭祀用
的牲口，如牛羊猪等。不如令，不合礼法规定。国除，列侯的封爵
与封地被撤销。

【译文】

汉文帝在位时，栾布担任燕国的丞相，后来又转到朝廷担任将军。
于是栾布对人说："穷困的时候不能忍辱负重，就不能算好汉；富贵的时
候如果不能尽情称心快意，也不能算是贤才。"于是凡是曾经有恩于他的
人，他都优厚地加以报答；凡是过去与他有怨仇的，他也一定借着法令条
文除掉他。后来吴楚七国反叛时，栾布因为立有战功被封为俞侯，后来
又做了燕国的丞相。燕齐之地的人都替栾布建造生祠，号称"栾公社"。
景帝中元五年，栾布去世。他的儿子栾贲继承爵位，担任太常，因为用于
祭祀的牺牲不符合法令规定，封国被废除。

　　太史公曰：以项羽之气，而季布以勇显于楚，身屡军搴
旗者数矣①，可谓壮士。然至被刑戮②，为人奴而不死，何其
下也！彼必自负其材，故受辱而不羞，欲有所用其未足也③，
故终为汉名将。贤者诚重其死。夫婢妾贱人感慨而自杀
者④，非能勇也，其计画无复之耳⑤。栾布哭彭越，趣汤如归
者，彼诚知所处⑥，不自重其死⑦。虽往古烈士，何以加哉⑧！

【注释】

①屦军搴旗：意谓践踏敌方军队，拔掉敌方军旗。屦，通"履"，践踏。

②被刑戮：指忍受朱家的"髡钳"，"髡钳"为古代刑罚。

③欲有所用其未足也：想要施展自己未尝用尽的才干。

④感慨：情绪激动。

⑤其计画无复之耳：王叔岷曰："即'计画无复出'之意。更无其他计画，惟有自杀耳。"犹今所谓"想不出别的招"。

⑥诚知所处：真是明白了现时的处境，即此时豁出去的价值。按，《廉颇蔺相如列传》云："知死必勇，非死者难也，处死者难。"处，对待，根据情况采取对策。

⑦不自重其死：意谓不怕死，才豁得出去。

⑧虽往古烈士，何以加哉：茅坤曰："太史公极苦心处，都是描写自家一片胸臆。"凌稚隆引凌约言曰："太史公于凡士之隐忍而不死者，必啧啧不容口，岂其本志哉？无非欲以自明，且抒其愤闷无聊之情耳。"

【译文】

太史公说：在项羽这位勇猛的统帅手下，而季布竟然还能靠勇敢在楚地扬名，曾多次亲手斩将拔旗，真可算得上是一条好汉啊。然而当他被处以髡钳的刑罚时，他宁愿给人做奴仆也不肯去死，这种行为是多么"卑下"啊！他这样做，一定是因为他自负有才能，所以才会蒙受屈辱而不怕羞耻，他是想等待机会再施展他的未尝用尽的才干啊，所以最终他成了汉朝的名将。凡是贤能的人，都不肯轻易去死。至于奴婢、姬妾等低贱的人，一时感情冲动就要自杀，并不能算是真的勇敢，只能说明他们想不出别的办法了。当栾布去哭祭彭越，把下开水锅看得如同回家时，他是明白自己死得其所，所以才不吝惜自己的生命。即便是古代的那些壮烈之士，又哪里超越了他们呢？

【集评】

黄震曰："季布廷斥樊哙横行之说,使高后不复事兵,然则孝惠、高后之世,海内无事,衣食滋殖,季布力也。布故勇将,不为技痒,而有老成安静之言,斯可尚矣。栾布挺身就烹,以雪彭王之冤,所以警悟高帝,何如哉? 呜呼,非烈丈夫其孰能与于此!"(《黄氏日钞》)

吴见思曰："季布栾布,只是一重其死,一不重其死,观赞语可见。而任侠同,为奴同,其气节亦同,所以为两人合传。……季布一传,正写处只折樊哙、对文帝数语,余则借周氏、借鲁朱家,借滕公、借曹丘生四面衬贴,而季布节概无不出现,此绿叶扶花之法也。……栾布亦只辩彭王一事,前后俱虚写。夫逐段铺排,逐段堆垛,非考功籍即屠家帐耳,何足与言文哉?"(《史记论文》)

姚苎田曰："季布传始末不详,特深感其为奴不死一节,深服其摧刚为柔一念,便将自己一腔蓬勃,俱要发泄出来。只是赞中'欲有所用其未足也'一句为一篇《报任安书》骨子,既有用所未足之言,不得不于其归汉之后出力渲染,以见其未足之实。然细玩赦布之后,高祖朝既无可见,吕后朝只是折樊哙用兵匈奴一语,文帝朝只是恐以毁誉窥上一语,至曹丘面谀,变怒为悦,益复出丑,总之无一实事可书,而细细数百言,读去却甚丰茂,此以虚为实妙也。栾布传彻始彻终无事不载,然如吴楚之军功,燕相之惠泽,俱引而不发,此以实为虚之妙也。此皆古人精意所在,故摘出之。"(《史记菁华录》)

【评论】

《季布栾布列传》是集中表现司马迁生死观的篇目之一。它通过季布的隐忍不死而成就更大的名声和栾布的不惧死亡为旧主鸣冤,在一篇之中,用不同的生死抉择体现了司马迁的生死观:"勇者不必死节,怯夫慕义,何处不勉焉",以及"人固有一死,或重于泰山,或轻于鸿毛,用之所趋异也"。这一主题在《史记》中反复出现,但各篇多有所侧重,如《伍子胥列传》《孙子吴起列传》《淮阴侯列传》反映的是忍辱不死而追求更高目标的实现,《廉颇蔺相如列传》《刺客列传》等则反映了在关键时刻勇于以死相搏。本篇则用对等的比重同时写出不同的生死抉择。在篇末"太史公曰"中,司马迁对季布、栾布各自的选择都给予了倾心赞美,他认为季布"至被刑戮,为人奴而不死,何其下也?彼必自负其材,故受辱而不羞,欲有所用其未足也",而栾布"趣汤如归者,彼诚知所处,不自重其死",归结为"贤者诚重其死。夫婢妾贱人感慨而自杀者,非能勇也,其计画无复之耳",对生死问题做出了正面论述。可见本篇的首要问题就是对于生死观的探讨,司马迁将季布与栾布合传,目的也就在此。

　　本篇歌颂了一种直言敢谏的直臣品格。季布能在吕后的朝廷上正言斥责樊哙"横行匈奴"之说,指责他是"面谀";又能当面对汉文帝的轻听人言,指出"陛下以一人之誉而召臣,一人之毁而去臣,臣恐天下有识闻之有以窥陛下也",可见其正直敢言,不是任人团弄的软骨头。栾布违命哭祭彭越,为彭越收尸,在被盛怒的刘邦下令烹杀时,仍要直言为彭越辩冤,并告诫刘邦这样苛刻地对待功臣,"臣恐功臣人人自危也"。这种歌颂直臣的事例,还见于《张释之冯唐列传》等篇。

　　司马迁评价季布、栾布为"烈士",而他们身上的"任侠"之气也吸引了人们的注意,如李光缙说:"季布重诺,栾布轻死,非为气任侠者不能,故同传。"可知本篇还有宣扬"侠义"精神的一面。季布有"得黄金百,不如得季布一诺"的名声,其弟季心"为任侠,方数千里,士皆争为之死",其行事作风都似《游侠列传》中的人物,司马迁对此赞叹有加。司马迁还对栾布的快意恩仇大加赞赏,宣扬了一种有恩必报、有仇必复的思想。栾布做了燕相,又为将军后说:"穷困不能辱身下志,非人也;富贵不能快意,非贤也。"于是"尝有德者厚报之,有怨者必以法灭之"。类似的情节在《苏秦列传》《范雎蔡泽列传》《平津侯主父列传》等篇中也有出现。这种凭借自己的权势报恩报仇,本身并不可取,但在《史记》中却屡屡受到司马迁的赞美,认为这也是一种"侠义",这可能与当时的风气与社会的共同认识有关。就如李广为了报霸陵尉曾经拘押过自己之仇，被再度起用后就斩了霸陵尉，武帝不仅不加责罚，还予以慰藉说："报忿除害，捐残去杀，朕之所图于将军也；若乃免冠徒跣，稽首请罪，岂朕之指哉？"

季布在项羽部下有何等作为，我们不得而知，但通过司马迁"以项羽之气，而季布以勇显于楚，身屡军搴旗者数矣"的记述，其勇猛之气可以想象，而他在面对匈奴挑衅时却可以廷斥樊哙，认为不可与匈奴硬拼，表现出识大体、顾大局的成熟政治家风度，所以黄震评论说："布故勇将，不为技痒，而有老成安静之言，斯可尚矣。"甚至认为"孝惠、高后之世，海内无事，衣食滋殖，季布力也"（《黄氏日钞》）。虽然有些夸大，但不能不说正是有季布这样沉稳理智的大臣，才保证了汉初社会的相对稳定，人民得以休养生息，成就文景之治的盛世。

栾布哭祭彭越，为替彭越鸣冤而慷慨陈词，其英风卓识，千载之下令人激赏。宋人倪思说："布明越无罪，无一语不肯綮，足以折帝之气而服其心，遂不果杀。"其实这个事件的原委很可能是栾布立志要为彭越鸣冤，而哭祭奏事于彭越头下，只不过是要用这种方式以求得到当面向刘邦陈词的机会而已。然而这段文字非常精彩，姚苎田曰："蒯通以韩信之党被责，但以'桀犬吠尧'自明其心；栾布以彭越之党就刑，独畅言越之功烈，深明越之心事。及其自言，则又不过'君亡与亡'，绝无规避。一则辩士之雄，一则忠臣之义。通志在于免戮，故其词逊；布本不欲求生，故其语激，不可同日而论也。"

本篇还写了丁公其人。丁公是项羽的部将，彭城之战，刘邦惨败，被丁公追得走投无路，只好向他求情，于是丁公放了刘邦一条生路。丁公对刘邦确实有救命之恩，但他被杀，恐怕不是因为刘邦所声称的"为项王臣不忠"。丁公之所以被杀是他不该在刘邦当了皇帝之后还出来见刘邦请赏。因为他对刘邦的恩情太大，也是刘邦一生中最狼狈、最丢面子的唯一的见证者与"债权人"，这样的恩情无法报，这样的耻辱无法洗，所以刘邦必须杀掉他。后世以此为刘邦"善用赏罚"的例证,未免隔靴搔痒,还是王世贞的评论一语中的:"帝取天下,孰非用间纳叛以有之,而独于丁公称其区区二心耶? 盖帝方灭楚以威天下,而丁公首著其厄,故丑之,既戮而为此言以掩之也。"

　　对于这篇文章的写法,李景星也做了精彩的概括:"通篇多从虚处着笔,文势十分灵活。季布传叙周氏,叙朱家,叙曹丘生,皆是叙季布。其正叙处不过折樊哙、对文帝两节耳。栾布传叙彭越,叙臧荼,叙燕齐立社,皆是叙栾布,其正叙处不过奏事彭越头下及自称数语耳。季布传后附叙季心、丁公,亦以反正相生,映带成趣。而赞语以曲折之笔写叹美之意,又复句句生动。合观通篇无一事堆垛,无一笔板滞,奇事奇文,可称双绝。"(《史记评议》)

袁盎晁错列传第四十一

【释名】

《袁盎晁错列传》将袁盎和晁错这两个互相敌对、互相倾轧的冤家对头合立一传,在《史记》中别具一格。

袁盎资历较老,历经文帝、景帝两朝,篇中主要记述了以下事件:第一,劝告汉文帝严明君臣等级,不要过于优礼周勃,当周勃蒙冤时又为周勃说情;第二,劝文帝不要对淮南王过于纵容,当文帝流放淮南王时又劝文帝不要惩罚这么重;第三,贬抑文帝宠臣赵同,不许他与文帝同乘;第四,制止文帝在霸陵从陡坡驰下;第五,不许文帝宠姬慎夫人与皇后同坐;第六,告诫丞相申屠嘉对待大臣要谦逊有礼;第七,在吴楚七国之乱中怂恿景帝杀死晁错以求七国退兵;第八,反对梁孝王继承景帝之位,被梁孝王派人刺杀。

对于晁错,本篇集中讲了他受景帝信任,实行削藩引发七国之乱,后被袁盎怂恿景帝所杀。此外只讲到他向伏生学《尚书》,以及景帝替他遮掩"侵庙墙垣"以致申屠嘉因而气死两件事。

篇末论赞对袁、晁二人的为人行事做出评价,对二人均有不满,而批评晁错尤甚。

袁盎者①,楚人也,字丝。父故为群盗,徙处安陵②。高后时③,盎尝为吕禄舍人④。及孝文帝即位⑤,盎兄哙任盎为中郎⑥。

绛侯为丞相⑦,朝罢趋出⑧,意得甚。上礼之恭,常目送之⑨。袁盎进曰:"陛下以丞相何如人?"上曰:"社稷臣。"盎曰:"绛侯所谓功臣,非社稷臣。社稷臣,主在与在,主亡与亡⑩。方吕后时,诸吕用事,擅相王⑪,刘氏不绝如带⑫。是时绛侯为太尉,主兵柄,弗能正⑬。吕后崩,大臣相与共畔诸吕⑭,太尉主兵⑮,适会其成功⑯,所谓功臣,非社稷臣⑰。丞相如有骄主色,陛下谦让,臣主失礼,窃为陛下不取也⑱。"后朝,上益庄,丞相益畏⑲。已而绛侯望袁盎曰⑳:"吾与而兄善㉑,今儿廷毁我㉒!"盎遂不谢㉓。及绛侯免相之国㉔,国人上书告以为反㉕,征系清室㉖,宗室诸公莫敢为言,唯袁盎明绛侯无罪。绛侯得释,盎颇有力㉗。绛侯乃大与盎结交。

【注释】

①袁盎:《汉书》作"爰盎"。

②徙处安陵:被强制迁徙到安陵县。安陵,汉县名,因其地有汉惠帝安陵而得名,治所在今陕西咸阳东北。西汉时,帝王即位便开始修建陵墓,而且强制将豪强或罪犯搬迁到陵墓所在地,以便形成县邑。

③高后时:吕后当政时期,自汉惠帝七年(前188)去世至前180年吕后去世。

④吕禄:吕后之侄,被封为赵王,掌管北军,是吕氏家族的骨干人物,事详《吕太后本纪》。舍人:战国秦汉时王公贵族私门之官。

⑤孝文帝即位:汉文帝即位在前180年,汉文帝元年为前179年。

⑥盎兄哙任盎为中郎：其兄袁哙保荐袁盎为中郎。中郎，官名，郎中令属官，掌守门户，出充车骑。秩比六百石。《汉书》作"郎中"。梁玉绳曰："盎为兄所保，始得为官，未必即能至六百石之秩，当是'郎中'也。"郎中，主要负责执戟殿下以行宿卫，秩比三百石。王叔岷曰："《通鉴》从《汉传》作'郎中'。"

⑦绛侯为丞相：事在汉文帝元年（前179）。绛侯，即周勃，西汉开国功臣，以军功封绛侯。因诛诸吕功大，汉文帝又任其为右丞相，位在陈平之上。事详《绛侯世家》《吕太后本纪》。

⑧趋：小步快走。

⑨常目送之：底本作"常自送之"，《集解》引徐广曰："自，一作'目'。"陈仁锡曰："《汉书》'自'作'目'，是也。"王先谦曰："君无自送臣之礼，帝礼绛侯，亦不至是。"诸说是，据改。

⑩主在与在，主亡与亡：中井积德曰："'在''亡'犹'存''亡'，社稷臣与主共存亡，主亡不独存。"袁盎以周勃"非社稷臣"，盖责其当年曲从吕后封诸吕为王。颜师古引如淳曰："人主在时，与共治在时之事；人主虽亡，其法度存，当奉行之。高祖誓'非刘氏不王'，而勃等听王诸吕，是从生主之欲，不与亡者也。"王先谦引王文彬曰："盎意谓勃听王诸吕，不以死争，故引'主亡与亡'之义以相形也。"

⑪擅相王：指吕后不顾刘邦"非刘氏不王"的约定，擅自封吕产为梁王、吕禄为赵王等。

⑫刘氏不绝如带：形容刘氏政权极其危险。不绝如带，犹言"不绝如缕""不绝如线"，像细线一样连着，随时有中断的危险，形容局势危急。当时吕后把持朝政，以吕产为相国，架空丞相陈平，以吕禄掌北军，架空太尉周勃，还先后杀死刘邦的儿子刘如意、刘恢、刘友等。刘氏政权衰微如此，故曰"不绝如带"。

⑬"是时绛侯为太尉"几句：此则苛责周勃，当时他空有太尉之名，

实则无调兵之权。事见《吕太后本纪》。太尉，汉代三公之一，掌
军政。

⑭吕后崩，大臣相与共畔诸吕：据《吕太后本纪》，吕后去世后，在长
安的朱虚侯刘章通知其兄齐王刘襄起兵西进，诸吕派灌婴率军东
征。灌婴率军进至荥阳，屯驻不前，与齐兵约盟，长安诸吕陷入混
乱，周勃、陈平趁机联合刘章等诛灭诸吕。畔，通"叛"。王叔岷
曰："《汉传》《长短经·臣行篇注》《通鉴》《容斋三笔》'叛'皆作
'诛'。"

⑮太尉主兵：周勃本无兵权，靠郦况、纪通等人帮助，骗取吕禄的印
信，夺得兵权。事详《吕太后本纪》。

⑯适会其成功：谓周勃、陈平等人碰巧成其大功。

⑰所谓功臣，非社稷臣：可谓见机立功之臣，非尽忠保卫社稷之臣。

⑱窃为陛下不取也：杨树达曰："文帝后遣勃就国，盖由盎此语启
之。"

⑲上益庄，丞相益畏：《汉书评林》引卢舜治曰："绛侯居拥立之后，
莫非疑地，盎无端之间，欲置臣主于隙，造间售欺，使帝不得不庄，
勃不得不畏，安陵门外之祸非不幸也。"泷川引中井积德曰："据
两'益'字，非一日之事。"

⑳望：抱怨，责怪。

㉑而：你。

㉒今儿廷毁我：如今你小子在朝廷上当众诋毁我。王先谦曰："时盎
年少，故绛侯儿呼之。"

㉓谢：酬答，答话。

㉔绛侯免相之国：指被免去丞相，回到封地绛县（今山西绛县西
北）。事在文帝三年（前177）。

㉕国人上书告以为反：《绛侯世家》："每河东守尉行县至绛，绛侯勃
自畏恐诛，常被甲，令家人持兵以见之。其后，人有上书告勃欲

反。"国人,质勃绛侯侯国内的人。

㉖征系清室:被征召进京,拘押在监狱。据《汉书·文帝纪》,事在文帝四年(前176)九月。清室,《汉书》作"请室",《集解》引应劭曰:"请室,请罪之室。"颜师古曰:"请室,狱也。"

㉗绛侯得释,盎颇有力:据《绛侯世家》,周勃得释,主要得力于其儿媳是汉文帝之女,汉文帝母薄太后亦为其说情,未提及袁盎进言事。朱翌《猗觉寮杂记》曰:"汉文欲任贾谊公卿,绛侯之属皆害之;其后人告绛侯反,系狱,谊言待大臣无礼以感悟文帝;及视袁盎为文帝言绛侯为功臣非社稷臣,且言臣主失礼,其后系清室诸公莫敢为言,唯盎明绛侯无罪。谊固不怀前怨,盎亦不遂前非,皆勃之幸也。"《汉书评林》引李德裕曰:"绛侯系请室,盎虽明其无罪,所谓陷之死地而后生之,徒有救焚之力,且非曲突之义。扬子称盎'忠不足而谈有余',斯言当矣。"

【译文】

袁盎是楚国人,字丝。他的父亲原来当过强盗,后来搬迁定居在安陵。吕后主政时,袁盎曾经当过吕后侄子吕禄家的舍人。等到汉文帝即位时,袁盎的哥哥袁哙保举他做了中郎。

绛侯周勃做丞相时,每次朝见完离开,总是一副洋洋自得的样子。汉文帝对他非常恭敬,常目送他离开。袁盎上前对汉文帝说:"陛下认为丞相是个什么样的人?"汉文帝说:"是关系社稷安危的大臣。"袁盎说:"绛侯是通常所说的功臣,并不是关系社稷安危的大臣。关系社稷安危的大臣应当与皇上共存亡。吕后时,诸吕掌权,擅自互相封王,以致刘家的天下就像丝带一样的细微,几乎快要断绝。那时绛侯担任太尉,手握兵权,没能加以匡正。吕后崩逝,大臣们共同谋划背叛诸吕,太尉主掌兵权,又碰巧成就了大功,所以他是通常所说的功臣,而不是关系社稷安危的大臣。如今丞相似乎有居功自傲,不把陛下放在眼里的神色,陛下您又谦恭礼让,人臣和君主的行为都有失礼法,我私下认为陛下这样做是不对的。"以后再举行朝会的时候,汉文帝就变得更加威严,周勃对汉文帝也更加敬畏。后来周勃责怪袁盎说:"我与你的兄长袁哙交情好,如今你小子却在朝廷上诋毁我。"袁盎听了也不答话。等到周勃被免掉丞相的职位,回到自己的封国,封国中有人上书告发他谋反,于是周勃被召进京,囚禁在监狱中,这时刘姓宗室和朝中的各位公卿中没有人敢替他说话,只有袁盎向汉文帝申明周勃无罪。周勃最后能被释放,袁盎出了不少力。周勃于是与袁盎倾心结交。

　　淮南厉王朝①,杀辟阳侯②,居处骄甚。袁盎谏曰:"诸侯大骄必生患③,可適削地④。"上弗用。淮南王益横。及棘蒲侯柴武太子谋反事觉⑤,治,连淮南王,淮南王征,上因迁之蜀,辒车传送⑥。袁盎时为中郎将⑦,乃谏曰:"陛下素骄淮南王,弗稍禁,以至此,今又暴摧折之。淮南王为人刚,如有遇雾露行道死⑧,陛下竟为以天下之大弗能容,有杀弟之名,奈何?"上弗听,遂行之。

【注释】

①淮南厉王:刘长,刘邦之子,汉文帝之弟。高祖十一年(前196),被封为淮南王。厉,为刘长谥号。《谥法解》:"杀戮无辜曰厉。"

②杀辟阳侯:刘长杀死辟阳侯审食其(yìjī)事,在汉文帝三年(前177),详见《淮南衡山列传》。

③诸侯大骄必生患:诸侯过于骄纵必生祸患。大,同"太",《汉书》作"太"。

④可適削地:杨树达曰:"据此盎主適削诸侯,与晁错所见正同,而盎后竟以此倾错,史家叙此,盖有微旨。"適,颜师古曰:"读曰'谪'。"责罚,惩罚。

⑤棘蒲侯柴武大子谋反事觉:汉文帝六年（前174），淮南王刘长派
　人与柴武太子奇勾结谋反事，详见《淮南衡山列传》。棘蒲侯柴
　武，西汉开国功臣，《高祖功臣侯者年表》作"陈武"。太子，西汉
　初期王侯的嗣子也称为"太子"。
⑥辒（jiàn）车:槛车，囚车。车厢四面均有木板封闭。传送:由沿途
　官员接替押送。"传"字读"转"，谓辗转相送。
⑦中郎将:官名，统领侍卫皇帝的郎官，秩比二千石。
⑧遇雾露:借指各种偶然原因。

【译文】

　　淮南王刘长进京朝见汉文帝时，杀死了辟阳侯，他平时待人处事也非常骄横。袁盎对汉文帝说:"诸侯过于强大骄横，必定会产生祸患，可以惩罚削减他们的封地。"汉文帝没有采纳他的意见。淮南王更加骄横。等到棘蒲侯柴武的太子谋反的事情被发现，追查治罪，案情牵连到了淮南王，淮南王被征召，汉文帝便将他贬谪到蜀地去，用囚车传送。当时袁盎担任中郎将，劝阻汉文帝说:"陛下向来惯着淮南王，不肯对他稍加限制，以致发展到现在这种地步，如今您又突然这么严厉地惩治他。淮南王性情刚烈，如果他出现意外死在了半路上，陛下就会被认为是拥有偌大的天下却容不下兄弟，背上一个杀死弟弟的恶名，到时怎么办呢?"汉文帝不听，还是让淮南王上路了。

　　淮南王至雍，病死①，闻，上辍食②，哭甚哀。盎入，顿首请罪③。上曰:"以不用公言至此。"盎曰:"上自宽，此往事，岂可悔哉! 且陛下有高世之行者三，此不足以毁名。"上曰:"吾高世行三者何事?"盎曰:"陛下居代时④，太后尝病，三年，陛下不交睫⑤，不解衣，汤药非陛下口所尝弗进。夫曾参以布衣犹难之⑥，今陛下亲以王者修之，过曾参孝远

矣。夫诸吕用事，大臣专制⑦，然陛下从代乘六乘传驰不测之渊⑧，虽贲、育之勇不及陛下⑨。陛下至代邸⑩，西向让天子位者再，南面让天子位者三⑪。夫许由一让⑫，而陛下五以天下让，过许由四矣⑬。且陛下迁淮南王，欲以苦其志⑭，使改过，有司卫不谨⑮，故病死。"于是上乃解⑯，曰："将奈何？"盎曰："淮南王有三子⑰，唯在陛下耳。"于是文帝立其三子皆为王⑱。盎由此名重朝廷⑲。

【注释】

①淮南王至雍，病死：事在文帝六年，前174年。雍，汉县名，治所在今陕西凤翔南。病死，据《淮南衡山列传》，刘长乃绝食而死。

②辍食：不吃饭。

③顿首请罪：颜师古曰："自责以不强谏也。"吴见思曰："何与袁盎事？正自明其言之中也。"

④陛下居代：指汉文帝为代王时。高祖十一年（前196），刘恒被封为代王，都中都，在今山西平遥西南。

⑤交睫：上下睫毛相交，即合眼睡觉。

⑥曾参以布衣犹难之：曾参作为一介平民都难以做到这样。曾参，孔子弟子，以孝著称，事详《仲尼弟子列传》。布衣，指平民。

⑦诸吕用事，大臣专制：开始是诸吕掌权，后来是周勃、陈平等大臣专政，言当时政治情形不明。

⑧乘六乘传：乘坐并带着总共六辆传车。古称一车四马曰"乘"。董份曰："盖文帝料汉事已定，止用六乘急赴，不多备耳。"一说，六乘传指六匹马拉的传车。传，驿车。驰不测之渊：指迅速进京。《集解》引臣瓒曰："大臣共诛诸吕，祸福尚未可知，故曰'不测'也。"

⑨贲、育：孟贲、夏育，均为古代勇士。《索隐》引《尸子》云"孟贲水行不避蛟龙，陆行不避兕虎"，又引《战国策》曰"夏育叱呼骇三军"。

⑩代邸：代王在京城的客馆，供其至长安朝拜时居住。

⑪西向让天子位者再，南面让天子位者三：《孝文本纪》："代王西乡让者三，南乡让者再。"胡三省注："盖代王入代邸，而汉廷群臣继至，王以宾主礼接之，故'西向'。群臣劝进，王凡三让；群臣遂扶王正南面之位，王又让者再，则南向非王之得已也。"

⑫许由：传说中的古代隐士，据说尧曾欲将天下让与许由，许由不受，遁居于颍水之阳箕山之下。事见《庄子·逍遥游》《伯夷列传》。

⑬过许由四矣：《汉书评林》引刘子翚曰："方汉大臣诛诸吕迎文帝，文帝与宋昌决策而来，岂有许由之志哉？再三之让，姑欲谦谦尽力耳，盎乃谓过许由之让，谄谀甚矣，岂不张帝之骄心哉？"

⑭欲以苦其志：磨砺其心志。《孟子》："天之将降大任于斯人也，必苦其心志，劳其筋骨。"

⑮有司卫不谨：有关人员护卫不周到。泷川曰："《汉书》'卫'上有'宿'字。"王叔岷曰："《汉纪》'卫'字上亦有'宿'字。"

⑯解：此谓心情宽慰轻松些。

⑰淮南王有三子：据《淮南衡山列传》，淮南厉王刘长有四子，分别为刘安、刘勃、刘赐、刘良。

⑱立其三子皆为王：据《淮南衡山列传》，汉文帝八年（前172），封刘长四子皆为侯。汉文帝十六年（前164），时刘良已死，文帝又封其余三人刘安为淮南王、刘勃为衡山王、刘赐为庐江王。

⑲盎由此名重朝廷：杨慎曰："谓有高行，不足毁名，正是蛊人主心术，比于俳优解愠。"史珥曰："袁盎谏迁淮南王，持论甚正；及帝之悔，劝封三孓，亦得。第'高世之行'三事则引喻失伦，可耻可

恨,升庵所以谓'俳优解愠'也。"

【译文】

淮南王刚走到雍县,就病死了,消息报告上来,汉文帝吃不下饭,哭得很哀痛。袁盎进宫,磕头请罪。汉文帝说:"因为没有采纳你的意见,所以才落得这样。"袁盎说:"皇上请自我宽心,这已经是过去的事了,难道还可以追悔吗!再说陛下有三条超越世人的德行,这件事不足以败坏您的名声。"汉文帝问:"我超越世人的行为是哪三条?"袁盎说:"陛下担任代王时,太后曾经生病,一连三年,您没有合过眼,没有宽过衣,没有经您亲口尝过的汤药都不会给太后服用。曾参作为一介平民尚且难以做到这样,现在陛下作为王者却亲自做到了,您比曾参可孝顺多了。先是吕家人掌握大权,后来又是大臣们把持朝政,而您居然乘坐并带着六辆传车,从代国来到吉凶莫测的京城,即使是孟贲、夏育那样的勇士,也比不上陛下。您到达长安的代国官邸后,两次面朝西边,三次面朝南边,向大臣们辞让天子之位。许由辞让天下也就是一次,而陛下却辞让了五次,超过许由四次之多啊。何况您流放淮南王,本意是想让他磨炼他的心志,使他改过自新,只是由于官吏护卫得不周到,所以他病死了。"听了这话,汉文帝才宽慰了些,问道:"现在要怎么办呢?"袁盎说:"淮南王有三个儿子,就看您想怎么做了。"于是汉文帝便把淮南王的三个儿子都封为王。而袁盎也因此在朝廷中名声大振。

袁盎常引大体慷慨①。宦者赵同以数幸②,常害袁盎,袁盎患之。盎兄子种为常侍骑③,持节夹乘④,说盎曰:"君与斗,廷辱之,使其毁不用⑤。"孝文帝出,赵同参乘⑥,袁盎伏车前曰:"臣闻天子所与共六尺舆者⑦,皆天下豪英。今汉虽乏人,陛下独奈何与刀锯余人载⑧!"于是上笑,下赵同。赵同泣下车。

【注释】

①大体：有关大局的道理，多指礼法制度。慷慨：情绪激昂。

②赵同：即赵谈，司马迁为避其父司马谈讳而改称"赵同"。赵同事又见于《佞幸列传》《季布栾布列传》。以数幸：《佞幸列传》曰："赵同以星气幸，常为文帝参乘。"数，盖指占星之类的数术。

③常侍骑：官名，常骑马随从天子左右之郎官。秩八百石。《索隐》引《汉旧仪》云："持节夹乘舆车骑从者云常侍骑。"

④持节夹乘：手持符节，跟随在皇帝车驾左右。《汉书》无此四字。

⑤"君与斗"几句：《汉书》："君众辱之，后虽恶君，上不复信。"泷川引冈白驹曰："于廷辱之，帝知其有隙，赵虽毁君，疑而不入也。"盖袁盎当众侮辱赵同，则赵同再在文帝面前诋毁袁盎，文帝必以其有私怨而不信之也。

⑥参乘：陪乘。既示优宠，亦作警卫。

⑦共六尺舆：谓同乘一辆车。六尺舆，六尺宽的车厢。王先谦引《通典》云："秦以辇为君之乘，汉因之。以雕玉为之，方径六尺。或使人挽之，或驾车下马。"

⑧刀锯余人：此谓赵同是受过阉割的宦官。凌稚隆引刘梦松曰："袁丝谏赵同参乘，伟矣。然谏则是，而谏之心则非。夫人臣事君，不蓄私怨，不怀旧怨，盎之恶谈，乃由于素不相能，惧同子近幸，日夜谮毁，暴其过恶。此所谓因忠以求名，乘私以快怨者也。"

【译文】

袁盎常根据礼法制度慷慨陈词。宦官赵同因为精通数术受到汉文帝宠幸，常常嫉恨袁盎，袁盎为此感到忧虑。袁盎兄长的儿子袁种担任常侍骑，手持符节，跟随在皇帝车驾两侧，他对袁盎说："您跟他斗争，在朝廷上羞辱他一次，这样以后他再诋毁您就不会被听信了。"有一次，汉文帝出巡，赵同在车上陪乘，袁盎就跪伏在汉文帝车前说："我听说陪同天子共乘高大车舆的人，都是天下的英雄豪杰。如今汉王朝虽然缺乏人才,陛下为何偏偏要跟一个受过刀锯切割的人同坐一辆车呢!"于是汉文帝笑了,让赵同下车。赵同哭着下了车。

　　文帝从霸陵上[①],欲西驰下峻阪[②]。袁盎骑,并车揽辔[③]。上曰:"将军怯邪[④]?"盎曰:"臣闻千金之子坐不垂堂[⑤],百金之子不骑衡[⑥],圣主不乘危而徼幸[⑦]。今陛下骋六駬[⑧],驰下峻山,如有马惊车败,陛下纵自轻,奈高庙、太后何[⑨]?"上乃止。

【注释】

①霸陵:汉文帝陵墓,此时尚在修建,因其在灞河西岸而得名。最新考古研究确认,今陕西西安白鹿原江村大墓即汉文帝霸陵。

②欲西驰下峻阪:打算从西边的陡坡驰车而下。峻阪,陡坡。

③并车揽辔(pèi):挨着汉文帝的车,拉住马缰绳。并,通"傍",挨着,靠着。辔,驾驭马的缰绳。

④将军怯邪:袁将军你胆怯么? 袁盎时为中郎将,故汉文帝称其为"将军"。

⑤千金之子:富豪家的孩子。千金,汉代称黄金一斤曰"一金","一金"可抵一万枚铜钱。坐不垂堂:不坐在屋檐下。《索隐》引张揖曰:"恐檐瓦坠,中人。"一说,"垂堂"指殿边,《说文》:"堂,殿也。"颜师古曰:"谓坐殿外边,恐坠堕也。"

⑥百金之子:普通富人家的孩子。不骑衡:不倚靠在楼殿外侧的栏杆上。《集解》引如淳曰:"骑,倚也。衡,楼殿边栏楯也。"

⑦乘危而徼幸:到危险的地方干侥幸的事。乘,登。徼,求。

⑧六駬:《汉书》作"六飞",古代皇帝的车驾六马,疾行如飞,故名。王先谦引沈钦韩曰:"《宋书・礼志》《逸礼・王度记》曰:'天子驾

六飞,谓飞黄也。'"六骈,骈,也叫"骖",即边马,此泛指驾车的马。
⑨高庙:刘邦的祭庙,此代指刘邦。太后:汉文帝的母亲薄太后。

【译文】

有一回汉文帝从霸陵上山,打算从西边的陡坡奔驰而下。袁盎骑马过来,挨着汉文帝的车驾,拉住了缰绳。汉文帝问:"将军是害怕了吗?"袁盎说:"我听说家累千金的孩子不会坐在屋檐下,家累百金的孩子不会倚在楼台的边栏上,圣明的君主不会冒险去干侥幸的事。现在您驾着六匹马拉的车子,从陡坡上飞驰而下,万一马受惊或车坏了,陛下纵然看轻自己,可您让去世的高祖和太后怎么办呢?"汉文帝这才停了下来。

上幸上林①,皇后、慎夫人从②。其在禁中,常同席坐。及坐,郎署长布席③,袁盎引却慎夫人坐④。慎夫人怒,不肯坐。上亦怒,起,入禁中⑤。盎因前说曰:"臣闻尊卑有序则上下和。今陛下既已立后,慎夫人乃妾,妾主岂可与同坐哉⑥!适所以失尊卑矣。且陛下幸之,即厚赐之。陛下所以为慎夫人,适所以祸之。陛下独不见'人彘'乎⑦?"于是上乃说,召语慎夫人。慎夫人赐盎金五十斤。

【注释】

①上林:即上林苑,秦汉时期皇帝射猎游乐之所,旧址在今西安西南。
②皇后:汉文帝皇后窦氏,景帝生母,事详《外戚世家》。慎夫人:汉文帝宠妃,其人又见于《张释之冯唐列传》。
③及坐,郎署长布席:郎署长,官名,负责照顾皇帝的日常生活。何焯曰:"郎署长亦从幸上林,职司布席耳。"布席,铺设坐席。王先谦据《群书治要》《汉纪》《资治通鉴》之引《史记》皆作"及坐郎署",无"长布席"三字,以"长布席"三字为衍文。颜师古引苏林

曰："郎署,上林中直卫之署。"

④引却慎夫人坐:将慎夫人的坐席向后拉了一些,使其与皇后分出
　等级。

⑤入禁中:《汉书》无此三字,似更合理,此在上林苑中。禁中,帝王
　所居宫内。

⑥妾主:小妾与正妻,在古代两者身份差别很大。

⑦人彘:指刘邦宠妃戚夫人,刘邦死后,被吕后砍去四肢,抛入厕所,
　称为"人彘"。事详《吕太后本纪》。王应麟《困学纪闻》曰:"樊
　哙谏高帝曰:'独不见赵高之事乎?'袁盎谏文帝曰:'独不见人彘
　乎?'以近事为鉴,则其言易入也。"

【译文】

汉文帝驾临上林苑,窦皇后、慎夫人跟随前往。她们在宫中的时候,常常同席而坐。这回入席就坐时,郎署长刚摆好坐席,袁盎将慎夫人的坐席向后拉退了一些。慎夫人发怒了,不肯就坐。汉文帝也发怒,起身回到宫中。袁盎上前对汉文帝说:"我听说尊卑分明才能上下和睦。如今陛下已经立了皇后,而慎夫人只是姬妾,姬妾怎么能和正妻并排而坐呢!那样恰恰会打乱尊卑次序。而且陛下要是宠爱她,可以重重地赏赐她。陛下那种宠爱慎夫人的方式,恰恰会给她带来灾祸。陛下没见当年吕后把戚夫人弄成'人彘'吗?"汉文帝这才高兴起来,召来慎夫人,把袁盎的话告诉了她。慎夫人赐给袁盎黄金五十斤。

然袁盎亦以数直谏,不得久居中①,调为陇西都尉②。仁爱士卒,士卒皆争为死。迁为齐相③。徙为吴相④,辞行,种谓盎曰:"吴王骄日久⑤,国多奸⑥。今苟欲劾治⑦,彼不上书告君,即利剑刺君矣。南方卑湿,君能日饮,毋何⑧,时说王曰毋反而已⑨。如此幸得脱。"盎用种之计,吴王厚遇盎⑩。

【注释】

①居中：在朝中任职。

②陇西都尉：陇西郡的武官。陇西郡，郡治狄道，即今甘肃临洮。

③齐相：齐王之相。当时齐王为刘肥之子刘将闾。

④徙为吴相：改任为吴王刘濞之相。刘濞为刘邦之侄，刘邦次兄刘
　　仲之子。事详《吴王濞列传》。袁盎为吴相的时间不详，约在文
　　帝末年。

⑤吴王骄日久：吴王刘濞在惠帝、吕后时就富强骄奢，到文帝时，又
　　因其子被时为太子的景帝所杀，刘濞不满，"称病不朝"，文帝对其
　　一再迁就。

⑥国多奸：据《吴王濞列传》，吴王曾"招致天下亡命者盗铸钱"，又
　　"佗郡国吏欲来捕亡人者，讼共禁弗予"，故国多奸人。

⑦苟欲劾（hé）治：如果想要依法惩治他们。劾治，审查治罪。

⑧君能日饮，毋何：大意谓你每天只管喝酒，别的事都不要管。颜
　　师古曰："无何，言更无余事。"杨树达解"无何"为"不足忧"，认
　　为这几句意谓"南方卑湿，如能日饮，酒可御湿，则亦不足忧也。
　　此三句为一事，属于养生者也；说王毋反为又一事，属于政治者
　　也"。录以备考。

⑨时说王曰毋反而已：常常劝说吴王不要造反即可。《汉书》无
　　"曰"字。

⑩盎用种之计，吴王厚遇盎：杨树达曰："《季布传》云：'季心尝杀
　　人，亡吴，从袁丝匿，长事盎。'盖在此时。"

【译文】

　　但袁盎也因为多次直言进谏，无法长期留在朝廷，被调任陇西都尉。
他对士兵们仁慈爱护，士兵们都争相为他效死。后升任齐国国相。又改
任吴国国相，临行告别时，侄子袁种对袁盎说："吴王刘濞骄横很久了，
国中多有奸人。现在如果您要揭发惩办他们的罪行，他们不是上书控告

您,就是用利剑把您刺死。南方地势低洼潮湿,您只要每天喝喝酒,不要管什么事,时常劝说吴王不要造反就行了。像这样您就可能侥幸摆脱祸患。"袁盎采纳了袁种的策略,吴王对袁盎很好。

　　盎告归^①,道逢丞相申屠嘉^②,下车拜谒,丞相从车上谢袁盎。袁盎还,愧其吏,乃之丞相舍上谒^③,求见丞相。丞相良久而见之。盎因跪曰:"愿请间^④。"丞相曰:"使君所言公事,之曹与长史掾议^⑤,吾且奏之;即私邪,吾不受私语^⑥。"袁盎即跪说曰^⑦:"君为丞相,自度孰与陈平、绛侯?"丞相曰:"吾不如。"袁盎曰:"善,君即自谓不如^⑧。夫陈平、绛侯辅翼高帝,定天下,为将相^⑨,而诛诸吕,存刘氏;君乃为材官蹶张^⑩,迁为队率^⑪,积功至淮阳守^⑫,非有奇计攻城野战之功。且陛下从代来,每朝,郎官上书疏,未尝不止辇受其言^⑬,言不可用置之^⑭,言可受采之,未尝不称善^⑮。何也?则欲以致天下贤士大夫。上日闻所不闻,明所不知,日益圣智;君今自闭钳天下之口而日益愚^⑯。夫以圣主责愚相^⑰,君受祸不久矣。"丞相乃再拜曰:"嘉鄙野人,乃不知^⑱,将军幸教。"引入与坐,为上客。

【注释】

①告归:请假回长安家中。

②申屠嘉:文帝时继张苍担任丞相,为人正直,事见《张丞相列传》。

③上谒:递上名帖求见。谒,名帖,犹今之名片。

④请间:请求单独谈话。

⑤之曹:到丞相下属职能部门。王先谦曰:"往掾史治事之所也。"

曹,此谓丞相府中分科办事的官署或部门。长史掾:长史与各曹的主管官员。长史,丞相的重要属官,居众史之长,秩千石。

⑥吾不受私语:不接受私人请托。《张丞相列传》称申屠嘉"为人廉直,不受私谒",于此可证。

⑦即跪说曰:就跪在地上说。梁玉绳曰:"《汉书》作'起说',是,与上'跪曰'对。"

⑧即:通"既",既然。

⑨为将相:绛侯周勃高祖、吕后时两度担任太尉,陈平自惠帝末至吕后时一直担任丞相。

⑩材官蹶张:能使用强弓弩的武士。材官都勇武多力,能脚踏强弩使之张开,故名。此语亦见于《张丞相列传》。

⑪迁为队率:升任队长。队率,管五十个人的队长。王先谦引沈钦韩曰:"《通典》司马穰苴曰:'十伍为队。'"

⑫淮阳守:淮阳郡的郡守。淮阳郡,郡治即今河南淮阳。

⑬止辇受其言:停下车来接受郎官的奏书。辇,帝王乘坐的小车。

⑭言不可用置之:奏书所言无可取者,就放在一边。

⑮未尝不称善:以上述文帝纳谏事,《风俗通义》卷二引刘向语亦曰:"文帝礼言事者,不伤其意。群臣无大小,至便从容言,上止辇听之。其言可者,称善;不可者,喜笑而已。"与此处类似。

⑯闭钳天下之口:让天下人在你面前闭嘴,不敢说话,意谓你也学不到新东西。

⑰以圣主责愚相:让一位日益圣明的君主来要求一个日益愚蠢的宰相。责,责备,要求。凌稚隆曰:"袁盎谏同参乘,正论也,实则恐其害己;戒申屠嘉礼士,善言也,实则愧其轻己。盎平生挟诈,率此类也。"

⑱乃不知:竟不懂这些道理。王叔岷以为"不知"意同"无知","不"犹"无"。凌约言曰:"盎之直谏,嘉之善纳,皆有长者风。"

【译文】

袁盎有一次告假回京,在路上碰上丞相申屠嘉,便下车行礼拜见,丞相只在车上向袁盎致意。袁盎回到自己车上,为在下属官吏面前丢了脸而羞愧,于是到丞相府递上名帖,请求拜见丞相。申屠嘉过了很久才接见他。袁盎跪着说:"希望能和您单独谈谈。"申屠嘉说:"如果您说的是公事,就请到官署中找长史或主管官员谈,我将会上奏皇帝;如果是私事,我不接受私人的请托。"袁盎就跪着说:"您作为丞相,自己估计跟陈平、绛侯周勃相比如何?"申屠嘉说:"我不如他们。"袁盎说:"好,您自己都承认不如他们。陈平、周勃辅佐高祖,平定天下,担任将相,诛杀诸吕,保全了刘氏天下;您最初只是个能拉强弓的武士,后升任队长,积累功劳做到了淮阳郡守,并没有出什么奇计,在攻城夺地、野外厮杀中立下战功。而且陛下从代地来,每次上朝,即使郎官呈上奏书,他也总要停下车来接受奏书,意见不能用的,就搁置一边,可以用的,就加以采纳,每次都称赞他们。为什么呢?是想以此招来天下的贤士大夫。皇上每天都听到自己以前没听过的事,明白以前不明白的道理,一天比一天更英明智慧;您现在自己封闭天下人的口,而一天比一天更愚昧。以圣明的君主来督责愚昧的丞相,您不久就将大祸临头了。"申屠嘉便向袁盎拜了两拜,说:"我是个粗人,不懂这些,幸蒙将军教诲。"领着袁盎入座,奉为上宾。

盎素不好晁错,晁错所居坐,盎去;盎坐,错亦去:两人未尝同堂语。及孝文帝崩,孝景帝即位^①,晁错为御史大夫^②,使吏案袁盎受吴王财物^③,抵罪^④,诏赦以为庶人。

吴楚反闻^⑤,晁错谓丞史曰^⑥:"夫袁盎多受吴王金钱,专为蔽匿^⑦,言不反。今果反,欲请治盎,宜知计谋^⑧。"丞史曰:"事未发,治之有绝^⑨。今兵西乡^⑩,治之何益!且袁盎不宜有谋。"晁错犹与未决^⑪。人有告袁盎者,袁盎恐,夜见窦婴^⑫，为言吴所以反者，愿至上前口对状^⑬。窦婴入言上，上乃召袁盎入见。晁错在前，及盎请辟人赐间，错去，固恨甚。袁盎具言吴所以反状，以错故，独急斩错以谢吴，吴兵乃可罢。其语具在《吴事》中^⑭。使袁盎为太常^⑮，窦婴为大将军^⑯。两人素相与善。逮吴反，诸陵长者、长安中贤大夫争附两人^⑰，车随者日数百乘。

【注释】

① 孝文帝崩，孝景帝即位：事在前157年，汉景帝元年为前156年。

② 御史大夫：官名，汉代三公之一，掌副丞相职。主管图籍秘书、四方文书、监察执法，有时亦奉命出征。

③ 案袁盎受吴王财物：查办袁盎收受吴王财物事。案，审查，查办。《汉书评林》引茅坤曰："此一着恐错不免挟私而诬之。"

④ 抵罪：因犯罪而受到相应的处罚。

⑤ 吴楚反闻：吴楚七国叛乱的消息传到朝廷。吴王刘濞、楚王刘戊等勾结胶东、胶西、济南、菑川、赵七国造反事，在景帝三年（前154）一月，详见《吴王濞列传》。

⑥ 丞史：丞和御史，均为御史大夫属官。颜师古引如淳曰："《百官表》御史大夫有两丞，丞史，丞及史也。"《正义佚文》曰："按《百官表》，御史大夫有两丞及御史员十五人，两丞无史，盖史是御史。"

⑦ 蔽匿：隐瞒掩饰。

⑧ 欲请治盎，宜知计谋：想奏请查办袁盎，他应该知道吴王造反的阴谋。治，查办。何焯曰："是时不直错者必已多矣，及反闻既至，错不亟亟筹兵食，进贤智，乃先事私仇，此固举朝之所切齿也。太史公曰：'诸侯发难，不急匡救，欲报私仇，反以亡躯'，可谓切而中矣。"

⑨事未发，治之有绝：《索隐》曰："谓有绝吴反心也。"王叔岷曰："'有'犹'可'也。此谓事未发时治之，可绝吴反心也。《鲁世家》'夫政不简不易，民不有近'；《孟子荀卿列传》'淳于髡久与处，时有得善言'，两'有'字并与'可'同义。"

⑩乡：通"向"。

⑪犹与未决：犹豫不决。犹与，即犹豫。陈子龙曰："盎有内援，又故大臣也，吴楚事急，错恐其建议相危，欲治之，不幸为盎所先。"

⑫窦婴：窦太后之侄，汉景帝的表兄弟，曾任吴相，事迹见《魏其武安侯列传》。窦婴反对晁错的削藩主张，故跟晁错也有矛盾，详见下文。

⑬口对状：当面亲口陈述有关情况。对状，谓臣子向皇帝陈述事状。

⑭其语具在吴事中：袁盎关于此事大段言论，记载在《吴王濞列传》中。吴事，记载吴国事情的篇章，即《吴王濞列传》。

⑮太常：官名，汉代九卿之一，掌管宗庙礼仪。

⑯大将军：此时尚非固定官名，只是任以为将军，而其地位在诸将之中比较高而已。

⑰诸陵长者、长安中贤大夫：王先谦曰："'诸陵长者'谓徙居诸陵未仕之人，'长安中贤大夫'则入为朝官者也。"诸陵，盖指高祖长陵、惠帝安陵、文帝霸陵。时诸陵县邑聚集了外地迁来之豪强。

【译文】

袁盎向来不喜欢晁错，只要有晁错在的地方，袁盎就会走开；同样，只要袁盎坐在那儿，晁错也会走开：两人从没在一间屋子里谈过话。等到汉文帝去世后，汉景帝即位，晁错担任御史大夫，就派官员调查袁盎收受吴王刘濞财物的事，给他判了罪，后来汉景帝下诏赦免袁盎，免职为平民。

吴楚造反的消息传到京城，晁错对丞史说："袁盎收受过吴王刘濞的大量钱财，专门为他遮掩，说他不会造反。如今吴王果真造反了，我打算请求处治袁盎，他应该知道造反的阴谋。"丞史说："如果吴王还没造反，惩治袁盎或许还有可能阻止吴王造反。如今吴王的叛军已经向西进发，惩治袁盎还有什么用处呢！再说袁盎也不该有什么阴谋。"晁错犹豫未定。有人将这事告诉了袁盎，袁盎很惶恐，连夜去见窦婴，向他说明吴王之所以造反的原因，希望能到皇上面前亲口说明有关情况。窦婴进宫向汉景帝报告了，汉景帝便召袁盎进宫朝见。当时晁错也在汉景帝跟前，袁盎请求汉景帝支开众人单独谈话，晁错离开，心里非常恼恨。袁盎对汉景帝详细说了吴王之所以造反的情况，是因为晁错，只有赶快杀掉晁错，来向吴王致歉，吴军才会罢兵。他的话详细记载在《吴王濞列传》中。汉景帝便任命袁盎为太常，窦婴为大将军。他俩向来关系很好。等到吴王造反时，居住在诸陵中的重要人物和长安城中的贤能官吏都争着依附他们两个人，每天跟在他们后面的车就有几百辆。

　　及晁错已诛①，袁盎以太常使吴②。吴王欲使将，不肯。欲杀之，使一都尉以五百人围守盎军中。袁盎自其为吴相时，有从史尝盗爱盎侍儿③，盎知之，弗泄，遇之如故。人有告从史，言："君知尔与侍者通。"乃亡归④。袁盎驱自追之，遂以侍者赐之，复为从史。及袁盎使吴见守⑤，从史适为守盎校尉司马⑥，乃悉以其装赍置二石醇醪⑦，会天寒，士卒饥渴，饮酒醉。西南陬卒皆卧⑧，司马夜引袁盎起，曰："君可以去矣，吴王期旦日斩君。"盎弗信，曰："公何为者？"司马曰："臣故为从史盗君侍儿者。"盎乃惊谢曰："公幸有亲，吾不足以累公⑨。"司马曰："君弟去⑩，臣亦且亡，辟吾亲⑪，君何患⑫！"乃以刀决张⑬，道从醉卒隧直出⑭。司马与分背⑮，袁盎解节毛怀之⑯，杖，步行七八里，明，见梁骑⑰，骑驰去，遂归报。

【注释】

①晁错已诛：事在汉景帝三年（前154）一月。七国叛乱时以"清君侧"为名，说只讨伐晁错一人，窦婴、袁盎趁机向景帝进言，晁错遂被杀。徐孚远曰："错大臣，以一言而被诛，虽景帝寡恩，亦由魏其与袁盎相善，为蜚语以中之也。"吴见思曰："晁错二害袁盎，乘势报怨，视同几肉；孰知反复间身首顿异，茫茫天道，可不畏哉？"又曰："错发之迟，盎应之捷，已先一著矣。盎之巧，固出错上。"

②以太常使吴：以太常的身份出使吴国，告知朝廷已诛杀晁错，让吴国罢兵。太常，王先谦曰："此在景帝三年，正当作'奉常'不作'太常'也。景帝中六年，更名太常。"

③有从史尝盗爱盎侍儿：有个下属跟袁盎的一个侍女私通。从史，官名，秦汉时官府长官之随从属吏，地位最低，只随侍官长，不主文书。盗爱，偷情，私通。

④乃亡归：《汉书》作"乃亡去"，似更顺，指逃走了。

⑤见守：被看守。

⑥为守盎校尉司马：《正义佚存》曰："为守盎校尉之司马也。"校尉，高级将领之下的中级武官。前文云"使一都尉以五百人围守盎"，此云"校尉"，两处略异。司马，军队里的司法官。

⑦装赍（jī）：指随行所带的财物。置：购置，购买。醇醪：味厚的美酒。

⑧陬（zōu）：角落。

⑨公幸有亲，吾不足以累公：意谓你家中还有父母亲，我不能连累你们。幸，称人之父母健在为幸。

⑩弟：只，只管。

⑪辟吾亲：让我的父母亲躲起来。

⑫君何患：您还担心什么呢。患，忧虑，担心。《汉书评林》引茅坤曰："有非常之恩，以故后有不意之报。"

⑬决张：劈开帐幕。张，通"帐"，帐幕。

⑭道从醉卒隧直出:从醉酒守兵看守的漏洞处逃了出去。道,从,经由。

⑮分背:分别。

⑯节毛:犹节旄,指使者所持旌节上缀的牦牛尾饰物。

⑰梁骑:指梁国的侦察骑兵。当时梁孝王刘武是抵抗吴楚叛军的重
　　要力量。

【译文】

　　等到晁错被杀之后,袁盎以太常的身份出使吴国。吴王想让他领兵作战,袁盎不肯。吴王想杀掉他,派一名都尉带领五百人将袁盎围困看守在军中。袁盎之前在做吴国国相时,手下有个从史跟袁盎的婢女私通,袁盎发现后,没有声张,仍像从前一样对待那个从史。有人告诉那个从史说:"大人知道你和他婢女私通的事了。"那个从史便逃回家了。袁盎知道后亲自驱车将他追回,还把那个婢女赐给了他,让他继续在自己手下做从史。等到袁盎出使吴国被看守起来时,碰巧那位从史是负责看守袁盎的那位校尉的司马,他用随身携带的全部财物买了二石美酒,正赶上当时天寒地冻,士兵们又饥又渴,一喝酒就喝醉了。等看守西南角的士兵都醉倒后,那位司马便连夜拉袁盎起身,说道:"您可以逃跑了,吴王决定天亮后就斩杀您。"袁盎不相信,问他说:"您是做什么的?"司马说:"我就是原来跟您的婢女私通的那个从史。"袁盎才惊讶地感谢说:"您家里有父母亲,我不能连累您。"司马说:"您只管逃,我也将要逃走,将我的父母亲藏起来,您何必担心呢!"于是他用刀劈开军营的帐幕,带着袁盎从那些醉倒士兵看守的地方直穿出去。两人分别后,袁盎将节旄解下来揣在怀中,拄着节杖,步行了七八里,到天亮时,遇见了梁国的骑兵,要了匹马,骑上飞驰而去,回到京城将出使吴国的情况报告了汉景帝。

　　吴楚已破①,上更以元王子平陆侯礼为楚王②,袁盎为楚相。尝上书有所言,不用。袁盎病免居家,与闾里浮沉③,相随行,斗鸡走狗。雒阳剧孟尝过袁盎④,盎善待之。安陵

富人有谓盎曰："吾闻剧孟博徒⑤,将军何自通之?"盎曰:
"剧孟虽博徒,然母死,客送葬车千余乘⑥,此亦有过人者。
且缓急人所有⑦。夫一旦有急叩门,不以亲为解⑧,不以存亡
为辞⑨,天下所望者,独季心、剧孟耳⑩。今公常从数骑,一
旦有缓急,宁足恃乎⑪!"骂富人,弗与通。诸公闻之,皆多
袁盎⑫。

【注释】

①吴楚已破:事在汉景帝三年(前154)三月。

②平陆侯礼为楚王:事在汉景帝四年(前153)。平陆侯礼,刘礼,刘
　　邦弟楚元王刘交少子,原在朝中任宗正。楚元王孙刘戊勾结吴王
　　刘濞发起七国之乱,导致楚元王长子一系被灭,故改立刘礼为楚
　　王,以续楚元王后。事详《楚元王世家》。

③与闾里浮沉:和平民百姓混在一起。闾里,里巷,平民所居之处。
　　浮沉,随波逐流,追随世俗。

④剧孟:汉初著名游侠,事详《游侠列传》。

⑤博徒:赌徒,也指地位低下者。

⑥然母死,客送葬车千余乘:《游侠列传》:"剧孟母死,自远方送丧盖
　　千乘,及剧孟死,家无余十金之财。"

⑦缓急人所有:《游侠列传》:"且缓急,人之所时有也。"指人难免遇
　　到紧急情况。缓急,偏义复词,指紧急。

⑧不以亲为解:不以家有双亲为由拒绝帮忙。解,推辞的理由。王
　　先谦引《白虎通义》曰:"朋友之道,亲存不得行者二:不得许友以
　　其身,不得专通财之恩。然则'以亲为解',行古之道也。"

⑨不以存亡为辞:不拿个人生死当借口托词。《游侠列传》"不爱其
　　躯,赴士之厄困",即此意。

⑩季心：季布之弟，事见《季布栾布列传》。

⑪一旦有缓急，宁足恃乎：倪思曰："子长只是借他人写出胸次间
　　事。"宁，岂，难道。

⑫多：夸奖，赞赏。

【译文】

　　吴楚之乱平定后，汉景帝把楚元王的儿子平陆侯刘礼改封为楚王，
任命袁盎为楚相。其间他曾上书提出一些建议，但没被采纳。袁盎托病
辞职回到家乡，跟邻居们一起来往，跟他们玩斗鸡赛狗的游戏。洛阳人
剧孟曾经来拜访过袁盎，袁盎待他很好。安陵有个富人对袁盎说："我听
说剧孟是个赌徒，您为什么跟他交往呢？"袁盎说："剧孟虽然是个赌徒，
但他的母亲去世时，宾客们前来送葬的车子有一千多辆，这也是一个有
过人之处的人啊。再说危难的事人人都有。一旦有人遇到急难前来敲
门求助，能不拿家有双亲当借口、不拿个人安危作托词拒绝，天下人所寄
予厚望的，也只有季心和剧孟这两人罢了。如今您身后常有几个人骑马
跟着，一旦遇到紧急情况，这些人难道可以依靠吗？"袁盎痛骂富人，不
再跟他来往。众人听了这件事，都夸赞袁盎。

　　袁盎虽家居，景帝时时使人问筹策①。梁王欲求为
嗣②，袁盎进说③，其后语塞④。梁王以此怨盎，曾使人刺盎。
刺者至关中，问袁盎，诸君誉之皆不容口⑤。乃见袁盎曰：
"臣受梁王金来刺君，君长者，不忍刺君。然后刺君者十余
曹⑥，备之！"袁盎心不乐，家又多怪，乃之棓生所问占⑦。
还，梁刺客后曹辈果遮刺杀盎安陵郭门外⑧。

【注释】

①问筹策：征询意见策略。筹策，古代运算时用的竹码子，后用来代

　　指谋略。

②梁王欲求为嗣：梁孝王刘武想成为其兄汉景帝的接班人。事详《梁孝王世家》《魏其武安侯列传》。

③袁盎进说：袁盎劝说汉景帝和窦太后不要改变刘邦定下的传子的规矩，详见《梁孝王世家》褚少孙续补部分。

④其后语塞：此后不再提立梁孝王为接班人的话。《汉书评林》引李德裕曰："袁盎惟有正慎夫人席、塞梁王求嗣，此二事守正不挠，忠于所奉。"杨树达曰："据《邹阳传》，'王欲求为嗣，又欲自筑甬道径至长乐宫朝太后，盎等皆建以为不可'，然则孝王怨盎不止一事，此举其大者言之耳。"

⑤誉之皆不容口：犹言赞不绝口。

⑥十余曹：犹言十多批。曹，辈。

⑦之棓（péi）生所问占：到一位棓先生那里占卜。之，往。生，先生，对有才学者的尊称。汉时称"先"或"生"，其意皆同"先生"。

⑧遮刺杀盎安陵郭门外：事在汉景帝七年（前150）四月，参见《梁孝王世家》。遮刺，拦截刺杀。遮，拦截。安陵郭门，安陵县外城的城门。《汉书评林》引何孟春曰："袁盎，天子之议臣，梁王安得使人杀之？汉法为不足论矣。虽然郑伯克段，《春秋》讥之，然养成其恶，骄而至此，非独景帝之过与！"洪迈曰："爰盎真小人，每事皆借公言而报私怨，初非尽忠一意为君上者也。尝为吕禄舍人，故怨周勃。文帝礼下勃，何豫盎事，乃有'非社稷臣'之语，谓勃不能争吕氏之事，适会成功耳，致文帝有轻勃心。既免使就国，遂有廷尉之难。尝谒丞相申屠嘉，嘉弗为礼，则之丞相舍折困之。为赵谈所害，故沮止其参乘。素不好晁错，故因吴反事请诛之。盖盎本安陵群盗，宜其忮心忍戾如此。死于刺客，非不幸也。"

【译文】

　　袁盎虽然闲居在家，汉景帝还经常派人来向他询问计谋策略。梁孝王刘武曾想做汉景帝的皇位继承人,袁盎向汉景帝进言之后,让梁王继位的话就不再提起了。梁王因此怨恨袁盎,曾经派人刺杀袁盎。刺客来到关中,问起袁盎这个人,大家都对他赞不绝口。于是这个刺客求见袁盎说:"我是收了梁王的钱来刺杀您的,我知道您是个厚道人,不忍心刺杀您。后面还有十几批刺客要来,请小心防备他们!"袁盎心中闷闷不乐,家里也多次发生怪事,便到棓生那里请他占卜。在从棓生那回家时,梁国后面派来的刺客果然在安陵外城城门外拦截刺杀了袁盎。

　　晁错者,颍川人也①。学申商刑名于轵张恢先所②,与雒阳宋孟及刘礼同师③。以文学为太常掌故④。

　　错为人陗直刻深⑤。孝文帝时,天下无治《尚书》者⑥,独闻济南伏生故秦博士⑦,治《尚书》,年九十余,老不可征,乃诏太常使人往受之。太常遣错受《尚书》伏生所。还,因上便宜事⑧,以《书》称说⑨。诏以为太子舍人、门大夫、家令⑩。以其辩得幸太子,太子家号曰"智囊"⑪。数上书孝文时,言削诸侯事⑫,及法令可更定者。书数十上⑬,孝文不听⑭,然奇其材,迁为中大夫⑮。当是时,太子善错计策,袁盎诸大功臣多不好错。

【注释】

①颍川:汉郡名,郡治阳翟,在今河南禹州。

②申商:申不害、商鞅,均为战国时期法家代表人物,此指二人之学说。申不害事见《老子韩非列传》,商鞅事见《商君列传》。刑名:即指法家学说,因其主张循名责实,明赏慎罚。轵张恢先:轵县的张恢先生。轵,汉县名,治所即今河南济源之轵乡。张恢先,即张恢先生。

③雒阳宋孟：雒阳的宋孟，其人不详，《史记》中仅见于此。刘礼：即前文提及的被封为楚王的"平陆侯礼"。

④文学：学术、学问。太常掌故：官名，太常属官，掌礼乐制度等故事。颜师古引应劭曰："掌故，百石吏，主故事。"

⑤陗直刻深：为人严峻刚直，苛刻严酷，心机深沉。凌稚隆曰："'学申商刑名'，'为人峭直刻深'二句，足概错之生平。"

⑥治《尚书》：研究《尚书》。《尚书》，儒家五经之一。

⑦济南：汉郡名，郡治在今山东章丘西。伏生：伏先生，生平略见于《儒林列传》。《儒林列传》之《集解》引张晏曰："伏生名胜，伏氏碑云。"故秦博士：原为秦朝博士。秦博士，秦朝官名，职掌议论顾问。

⑧上便宜事：上书提出合乎时势要求的事宜。

⑨以《书》称说：以《尚书》为依据来论述时事。

⑩诏以为太子舍人、门大夫、家令：谓相继任命晁错为太子舍人、太子门大夫、太子家令等官。太子舍人，官名，太子少傅属官，掌宫中宿卫。秩二百石。门大夫，官名，"太子门大夫"的简称，太子太傅、少傅属官，分掌远近表牒，即主掌文书之官。秩六百石。太子家令，官名，詹事属官，掌仓谷饮食。秩千石。杨树达曰："《魏相传》云：'孝文皇帝时，以二月施恩惠于天下，赐孝弟力田及罢军卒，祠死事者，颇非时节，晁错时为太子家令，奏言其状。'"

⑪智囊：足智多谋之人。《樗里子甘茂列传》称樗里子为"智囊"。

⑫削诸侯：削减诸侯封地及权力。杨树达曰："据《吴王濞传》，此时错尝从容言吴过可削，为他日景帝削吴楚之因。"

⑬书数十上：《汉书·晁错传》作"书凡三十篇"，载录其《言兵事疏》《募民徙塞下疏》《贤良对策》等，又于《食货志》载录其《论贵粟疏》。

⑭孝文不听：杨树达曰："错言宜削诸侯，帝不听者，《吴王濞传》云：

'文帝宽，不忍罚诸侯'故也。"

⑮中大夫：官名，郎中令属官，掌议论。秩比二千石。据《汉书·晁
　错传》，文帝一五年（前165），诏有司举贤良文学士，晁错参加对
　策，"时贾谊已死，对策百余人，唯错为高第，由是迁中大夫"。

【译文】

　　晁错是颍川人。曾跟随轵县的张恢先生学习过申不害和商鞅的刑
名学说，跟洛阳人宋孟及刘礼是同学。由于他通晓文献典籍，被任命为
太常掌故。

　　晁错为人严峻刚直，苛刻严酷，心机深沉。汉文帝在位时，天下没有
研究《尚书》的人，只听说济南的伏先生原是秦朝博士，研究《尚书》，年
纪已经九十多岁，因为太老无法征召进京，于是汉文帝下令太常派人前
去学习。太常派晁错到伏先生家里学习《尚书》。学完回来后，晁错给
汉文帝上书谈国家当前该做的事，经常称引《尚书》的观点。于是汉文
帝便任命他先后担任太子舍人、门大夫、太子家令。晁错凭着他的辩才，
受到太子宠幸，太子家里称他为"智囊"。汉文帝时，晁错多次上书，说
到削减诸侯势力及修改法令的事。一连上了几十封奏书，汉文帝都不采
纳，但也对他的才干感到惊奇，提拔了做了中大夫。当时，太子喜欢晁错
的计策谋略，袁盎和诸位大功臣却大多不喜欢晁错。

　　景帝即位，以错为内史①。错常数请间，言事辄听，宠
幸倾九卿②，法令多所更定。丞相申屠嘉心弗便，力未有以
伤。内史府居太上庙堧中③，门东出，不便，错乃穿两门南
出④，凿庙堧垣。丞相嘉闻，大怒，欲因此过为奏请诛错。错
闻之，即夜请间，具为上言之。丞相奏事，因言错擅凿庙垣
为门，请下廷尉诛⑤。上曰："此非庙垣，乃堧中垣，不致于
法⑥。"丞相谢⑦。罢朝，怒谓长史曰："吾当先斩以闻，乃先

请,为儿所卖⑧,固误。"丞相遂发病死⑨。错以此愈贵。

【注释】

①内史:官名,掌治京师。秩中二千石。

②倾九卿:风头压倒九卿。倾,压倒,超过。九卿,秦汉时期中央政府的九位高级官员,包括奉常(景帝六年改"太常")、郎中令、卫尉(景帝初年改"中大夫令",后复为"卫尉")、太仆、廷尉、典客、宗正、治粟内史、少府。

③居太上庙堧(ruán)中:在太上皇庙正墙外的空地中。太上庙,刘邦父亲刘太公的庙。刘邦称帝后,刘太公被尊为太上皇。堧中,正式围墙以外,外围小墙以内的空地。堧,边缘余地,空地。

④穿两门南出:《张丞相列传》载晁错"更穿一门南出",与此不同。

⑤请下廷尉诛:请将其交由廷尉治罪。廷尉,职掌刑法。

⑥不致于法:不算犯法。《汉书评林》引茅坤曰:"侵庙堧地均之为罪,于晁错,则景帝以其先申屠嘉之发而奏也而不为法坐;于临江王,则景帝以郅都之簿责也而勒其自杀,史称'文景之治,几致刑措',误矣。"

⑦丞相谢:颜师古曰:"以所奏不当天子意,故谢。"谢,谢罪,为自己的议论失当而向皇帝表示歉意。

⑧为儿所卖:结果竟被这小子捉弄了。卖,骗,哄,捉弄。

⑨丞相遂发病死:据《张丞相列传》,申屠嘉被气得"呕血而死",事在景帝二年(前155)六月。

【译文】

　　汉景帝即位后,任命晁错为内史。晁错多次请求跟汉景帝单独谈话,谈论政事时,汉景帝总是听从他的主张,对他的宠幸超过了九卿,国家法令也多有修改。丞相申屠嘉心中对晁错不满,但也没有机会中伤他。当时,内史府建在太上皇庙正式围墙和外围小墙之间的空地上,门朝东开,出入不方便,晁错便开了两个朝南进出的门,因而凿开了太上皇庙的外围小墙。申屠嘉听说这事后,非常生气,打算利用晁错的这个过失,奏请诛杀晁错。晁错听说后,连夜赶去请求单独见汉景帝,向汉景帝详细说明了这件事。申屠嘉上朝奏事,说晁错擅自凿开太上皇庙的围墙作门,请求将他交给廷尉处死。汉景帝说:"他凿的不是庙墙,而是庙外空地上的小墙,不必法办了。"申屠嘉只好谢罪。退朝后,申屠嘉愤愤不平地对长史说:"我本当先杀了他再报告皇上,却先奏请,反而被这小子给捉弄了,实在是大错。"申屠嘉气得病发身亡。晁错因此更加显贵。

　　迁为御史大夫①,请诸侯之罪过,削其地②,收其枝郡③。奏上④,上令公卿列侯宗室集议,莫敢难,独窦婴争之,由此与错有郤⑤。错所更令三十章,诸侯皆喧哗,疾晁错⑥。错父闻之,从颍川来,谓错曰:"上初即位,公为政用事⑦,侵削诸侯,别疏人骨肉⑧,人口议多怨公者,何也?"晁错曰:"固也。不如此,天子不尊,宗庙不安⑨。"错父曰:"刘氏安矣,而晁氏危矣,吾去公归矣⑩!"遂饮药死,曰:"吾不忍见祸及吾身。"死十余日,吴楚七国果反⑪,以诛错为名⑫。及窦婴、袁盎进说⑬,上令晁错衣朝衣斩东市⑭。

【注释】

①迁为御史大夫:事在汉景帝二年(前155)八月。

②请诸侯之罪过,削其地:意谓奏请但凡诸侯有罪过,就削减其封地。泷川曰:"枫、三本'之'下有'有'字。"

③收其枝郡:颜师古曰:"在国之四边者也。"汉初的大诸侯国,往往地连数郡。此所谓"枝郡",大约指国都所在地之外的其他郡。

④奏上:此奏即所谓《论削藩疏》。据《吴王濞列传》,其中"今削之

亦反,不削之亦反。削之其反亟,祸小;不削,反迟,祸大"之语。

⑤有郤:有嫌隙,有矛盾。郤,通"隙",裂痕,嫌隙。杨树达曰:"吴楚七国反时,景帝用婴为将,盖以此。"

⑥疾晁错:怨恨晁错。

⑦公:本为尊称,晁错父称其为"公",语带讥讽。为政用事:执政主事。时陶青为丞相,晁错虽为御史大夫,但受景帝宠信,实际上是"执政"。

⑧别疏人骨肉:当时诸侯王都是刘姓宗亲,晁错主张削藩,就是破坏刘姓宗亲的骨肉关系,所以说"别疏人骨肉"。别疏,破坏关系,使之疏远。

⑨"晁错曰"几句:刘贲曰:"错为汉画削诸侯之策,非不知祸之将至矣,忠臣之心,壮夫之节,苟利社稷,死无悔焉。"

⑩"刘氏安矣"几句:泷川曰:"连用三'矣'字,其辞激。"

⑪吴楚七国果反:事在景帝三年(前154)正月。

⑫以诛错为名:据《吴王濞列传》,吴王告诸侯书云:"汉有贼臣,无功天下,侵夺诸侯地,使吏劾系讯治,以僇辱之为故,不以诸侯人君礼遇刘氏骨肉。绝先帝功臣,进任奸宄,诖乱天下,欲危社稷。陛下多病志失,不能省察,欲起兵诛之。"

⑬及窦婴、袁盎进说:此句点明了晁错死的根本症结之所在。

⑭上令晁错衣朝衣斩东市:《吴王濞列传》载晁错之死曰:"上使中尉召错,绐载行东市,错衣朝衣斩东市。"则其事与吕后派萧何骗韩信入朝将其杀死的情形一样,晁错全不知情,故"衣朝衣"被斩。此云"上令",似乎景帝特命晁错"衣朝衣"受刑,不合情理。梁玉绳曰:"《汉书》有丞相陶青等劾奏错一节,似不可少。"何孟春曰:"错之为谋虽曰失于轻举,要之为宗社大计,非为一己计也。景帝闻变仓皇无策,一闻小人之说遽尔轻杀,后之臣子其谁尽心为国谋虑哉?"今河南许昌之东郊果园有晁错墓。

【译文】

　　晁错升任御史大夫后,向汉景帝奏请查办诸侯的罪过,削减他们的封地,收回各诸侯国边境的郡。奏书呈送上去后,汉景帝命令公卿、列侯和皇族一起商议,没有一个人敢非难晁错的建议,只有窦婴提出反对,从此窦婴和晁错有矛盾。晁错所修改的法令有三十章,诸侯们全都哗然,痛恨晁错。晁错的父亲听到这个消息后,从颍川赶来,对晁错说:"皇上刚刚继位,你执政掌权,削减诸侯的封地,离间人家的骨肉关系,人们议论纷纷,大多都怨恨你,为什么要这样做呢?"晁错说:"这是意料之中的事。不这么办,天子不会受到尊崇,国家不会得到安宁。"晁错的父亲又说:"这样刘家的天下倒是安稳了,可我们晁家却危险了,我要离开你回去了!"随后喝了毒药自杀,他临死前说:"我不忍心看着大祸临头。"晁错的父亲死后十几天,吴楚七国果真造反了,以诛杀晁错为名。等到窦婴、袁盎进言,汉景帝便下令在东市将穿着朝服的晁错处斩。

　　晁错已死,谒者仆射邓公为校尉①,击吴楚军为将。还,上书言军事,谒见上。上问曰:"道军所来②,闻晁错死,吴楚罢不③?"邓公曰:"吴王为反数十年矣,发怒削地,以诛错为名,其意非在错也。且臣恐天下之士嗫口④,不敢复言也!"上曰:"何哉?"邓公曰:"夫晁错患诸侯强大不可制,故请削地以尊京师,万世之利也。计画始行,卒受大戮⑤,内杜忠臣之口⑥,外为诸侯报仇,臣窃为陛下不取也。"于是景帝默然良久⑦,曰:"公言善,吾亦恨之⑧。"乃拜邓公为城阳中尉⑨。

　　邓公,成固人也⑩,多奇计。建元中⑪,上招贤良⑫,公卿言邓公,时邓公免,起家为九卿。一年,复谢病免归。其子章以修黄老言显于诸公间⑬。

【注释】

①谒者仆射邓公为校尉:邓公以谒者仆射的身份担任校尉。谒者仆射,官名。谒者之长,亦称大谒者。郎中令属官,掌大拜受及百官班次,秩比千石。邓公,史失其名。校尉,官名,秦汉时高级将领之下的中级武官。盖随周亚夫出征者。

②道军所来:从军中回来。道,由。

③罢不:罢兵了吗? 不,同"否"。

④嗛口:闭口不言。

⑤卒受大戮:结果却被杀。卒,最终,结果。颜师古曰:"卒,竟也。"一说,"卒"同"猝",突然,亦通。

⑥杜:堵住。

⑦默然良久:泷川曰:"景帝悔恨之状如睹,《汉书》改为'喟然太息',失之。"

⑧吾亦恨之:我也后悔此事。恨,憾,后悔。茅坤曰:"景帝闻邓公言,固已恨袁盎辈所为谗杀晁错矣,而不闻其下诛盎,岂帝忌过而特匿之耶?"查慎行曰:"传末载邓公一段,以惜错之忠于谋国,而景帝用法过当。"泷川曰:"《礼书》序亦云:'天子诛错以解难,是后官者养交安禄而已,莫敢复议。'可以见史公之意。"杨树达曰:"史叙此者,明错之死不以其罪,而袁盎之恶益见矣。"又曰:"《中山靖王胜传》云:'武帝初即位,大臣惩吴楚七国行事,议者多冤晁错策。'知邓公之言不久成为公论矣。"

⑨城阳中尉:城阳国的中尉。城阳,汉初封国,国都在今山东莒县,时城阳王为刘章之子刘喜。中尉,朝廷派往诸侯国的武官,主管诸侯国的国都治安,秩二千石。

⑩成固:汉县名,即今陕西成固。

⑪建元:汉武帝年号(前140—前125)。

⑫上招贤良:下令天下各郡国向朝廷举荐"贤良"。贤良,是汉代选拔人材的科目名,也称"贤良文学"。

⑬黄老言:托名黄帝、老子的一种学说,属于道家学派的一支,大体主张清静无为,是汉初统治思想的主流。显于诸公间:受到朝野诸公的赏识。凌稚隆曰:"错既死,赖邓公明其冤,故以邓公结案。"吴见思曰:"即邓公之言接序数行,另附邓公一小传。"

【译文】

晁错死后,谒者仆射邓公担任校尉,平定吴楚叛乱时领兵作战。回京城后,上书报告军事情况,进见汉景帝。汉景帝问道:"你从军中来,听说晁错死后,吴楚叛军退兵了没有?"邓公说:"吴王刘濞蓄意谋反已有几十年了,因为被削减了封地而发怒,诛杀晁错不过是个名义,其本意并不在晁错呀。而且我还担心天下的人从此都将闭口,再也不敢进言了。"汉景帝问:"为什么?"邓公说:"晁错是因为担心诸侯势力过于强大,朝廷无法控制,所以请求削减诸侯的封地,以增强朝廷的权威,这是有利于子孙万代的大计啊。可计划才开始实行,结果就被杀死,这样一来,对内堵塞了忠臣的嘴,对外反而替诸侯报了仇,我私下认为陛下这样做是不可取的。"汉景帝听后沉默了很久,说:"您的话很对,我也悔恨这件事。"于是任命邓公为城阳中尉。

邓公是成固人,善于出奇计。建元年间,皇上招纳贤良之士,公卿们都推举邓公。当时邓公免官家居,于是被起用,一下子就做了九卿。但任职一年,他又推说有病辞职回家。他的儿子邓章因为研究黄帝、老子的学说在朝廷大臣中很有名望。

太史公曰:袁盎虽不好学,亦善傅会①,仁心为质②,引义慷慨③。遭孝文初立,资适逢世④。时以变易,及吴楚一说⑤,说虽行哉,然复不遂。好声矜贤,竟以名败⑥。晁错为家令时,数言事不用;后擅权,多所变更。诸侯发难,不急匡救,欲报私仇,反以亡躯。语曰"变古乱常,不死则亡"⑦,岂错等谓邪!

【注释】

①善傅会:善于攀扯大义来发议论。吴见思曰:"'傅会''逢世',是袁盎一生心术。"

②仁心为质:谓本心仁慈。泷川引中井积德曰:"仁心为质,大失实。"陈仁锡曰:"袁盎巧言小人,子长岂不知其鲜仁哉?而先其'仁心为质',盖指其能救绛侯,而自伤也。"又曰:"子长有所激而立论,故不免失平耳。"

③引义慷慨:称引大义,慷慨陈词。

④资适逢世:正好碰上了能施展才华的时机。《集解》引张晏曰:"资,才也。适值其世,得骋其才。"

⑤吴楚一说:指劝汉景帝杀晁错事。

⑥竟以名败:为求名而丧生。袁盎以谏阻景帝立梁孝王为嗣,忠心为国,因而得罪梁孝王而被刺杀,司马迁责其"竟以名败",议论似欠妥。

⑦变古乱常,不死则亡:司马迁深受酷法之害,故于法家人物多有厌恶,故对吴起、商鞅、晁错多有苛评。《汉书》本传称晁错"锐于为国远虑,而不见身害",又说"错虽不终,世哀其忠",似较公允。李贽曰:"晁错区区欲图袁盎,自速反噬,无足怪也;然而汉景之愚,亦太甚矣。若错但可谓不善谋身,不可谓之不善谋国也。晁、贾同时,人皆谓贾生通达国体,今观贾生之策,其迂远不通者犹十而一二,岂如晁之凿凿可行者哉?故宜魏相诸贤多从晁贾以致中

兴也。"

【译文】

太史公说:袁盎虽然不喜欢学习,却善于攀扯大义,他以仁爱之心为本体,常常称引大义,慷慨激昂。碰上汉文帝刚刚即位,得到了让他施展才华的时机。时势变化,等到吴、楚发动叛乱时,虽然他诛杀晁错的建议被采纳实行,但最终也未能阻止叛乱。袁盎一生追求名声,恃才傲物,终于因为追求名声而招致祸患。晁错担任太子家令的时候,多次进言而不被采用;后来擅权,对法令规章多有修改。等到吴楚七国发动叛乱后,晁错不急于匡扶挽救这个危机,却想报个人的私仇,反而因此招来杀身之祸。俗语说"变古乱常,不死则亡",不就是说的晁错这种人吗!

【集评】

黄震曰:"绛侯,元勋也;淮南王,帝亲弟也,盎晚出为郎,皆斥其失。既而明绛侯无罪,谏止淮南王迁蜀者,亦盎也,盎以故名重朝廷。下赵同之参乘,却慎夫人之同坐,申屠相稍不为礼则折胁之,盎殆以'强直'自矜者矣。沮梁王之谋,虽以忠见贼,迹其平昔,亦非自全之道矣。"(《黄氏日钞》)

刘辰翁曰:"削地,非始错议也,自贾谊痛哭,袁盎谏淮南。意者汉廷诸臣无不知当削,特畏祸及己,偷安旦夕耳。错为景帝家令时即以为言,至是请削之,盖忠臣用心,舍是无大者。错父虽愚,亦知安刘不得不尔,则其子忠也,非误刘氏也。"(《班马异同评》)

赵恒曰:"'仁心为质,引义慷慨'乃由'傅会'而致,非真君子也,故以'好声矜贤'败;擅权变更,报怨行私,硁硁小人也,本传所谓'陗直刻深',故以'变古乱常'亡。二人同传以吴楚之议为重,一好名而败以名,一好权而败以权。"(《史记评林》引)

林伯桐曰:"袁盎惜张释之之去(见《张释之冯唐列传》),可谓知人。考其生平,唯请诛晁错一事,实为刻薄。袁盎尝请削淮南,乃以削诸侯地为错罪,岂能服其心乎?若其他举动,则多磊落可观。季心长事之,关中诸君誉之不容口,至于汲长孺亦慕其为人,非偶然也。"(《史记蠡测》)

李景星曰:"袁盎传:'盎素不好晁错,晁错所居坐,盎去;盎坐,错亦去,两人未尝同堂语。'此数句即二人合传本旨。妙在以一时之事,分作两样写,盎传极详,而错传极略,盎传写错之倾盎处虚,错传写盎之倾错处实。盎传写其死处曲折,错传写其死处直截。……错传末幅详载其父语,所以见错死之宜也;附传邓公,又以著错死之冤,而汉之诛错非计也。……赞语先分后合,整齐中见错落,论二人以害人而自害处,亦能得其隐微。"(《史记评议》)

【评论】

《太史公自序》说:"敢犯颜色,以达主义;不顾其身,为国家树长画,作《袁盎晁错列传》。"是对袁盎、晁错两人的称赞,但读本篇的论赞,却几乎都是批评,尤其评价晁错时说:"语曰'变古乱常,不死则亡',岂错等谓邪?"颇有些痛恨的意思了,这大概正好表明袁、晁二人都是对国家有功,而本身品德上却有瑕疵的人物。从篇中表露的感情来说,司马迁明显更厌恶晁错多一些,这与他讨厌法家人物是一致的,是一种认识上的偏颇,但司马迁对袁盎也几乎是用明褒暗贬的手法,写出了他腹黑、投机的一面。比如锺惺就说:"袁盎有智数人,每于强谏犯颜中微露献媚之意,自结人主,作用甚妙,弥缝甚工。人知其直,而不知其谲,太史公以'善傅会'三字尽之,得其情矣。"(《史怀》)由于袁盎聪明有阅历,能在公共场合很像是不怕得罪人地说几句识大体讲大局的话,如劝告汉文帝不要对周勃过于礼让,要严明君臣的等级;又如他在皇帝面前坚持裁抑慎夫人,以严格皇后与嫔妃的等级;又如他劝告汉景帝不要对梁孝王过于宠爱放纵,要严守刘邦订下的传子制度等,这些看来都似乎是出于他的耿直守正,其实都是直接地取悦于皇帝的,这就让他既有了赏识的靠山,又获得了社会舆论的赞美。尤其在汉文帝流放淮南王,导致淮南王中途愤而自杀,汉文帝感到朝野压力时,袁盎为劝解汉文帝,恭维文帝"有高世之行者三",说文帝对其母亲的孝"过曾参远矣";文帝入朝即位,"虽贲、育之勇不及";文帝五以天下让,"过许由远矣"。这种露骨的当面吹捧,被明代杨慎称作是"俳优解愠"。袁盎因被晁错授意查办其为吴相时收受吴王财物而免职,在吴国发动叛乱时,袁盎便勾结窦婴共同诬陷晁错,并怂恿汉景帝杀晁错以换取吴楚的退兵,于是晁错就这样不明不白地被他们出卖杀害了。吴见思评论说:"细看来,刻峭阴鸷,盎、错原是一种人。"洪迈说:"袁盎真小人,每借公言而报私怨,初非尽忠一意为君上者也。"这都是看出了史公笔里春秋的。

晁错是汉代的杰出政治家,他早从文帝时就上书主张削藩,其他还提出过重本抑末、纳粟拜爵、募民徙边、防备匈奴等许多主张,针对汉朝的内忧外患提出了很好的对策,是一位有头脑、有胆识,忠心为国的能臣。当景帝还是太子时,他就在太子身边,景帝继位后,对他也非常宠信。为了加强中央集权,促进国家统一强盛,晁错开始推行削藩政策,侵害了诸侯王们的利益,于是七国之乱暴发。景帝为了尽快平息叛乱,听信袁盎挑唆,为讨好叛乱分子,就把晁错当成替罪羊杀掉了。应该说晁错在七国之乱大敌当前的时刻也是有严重私心的,其一是他想借机先除掉袁盎,因为袁盎本来就与吴王有瓜葛,现在更怀疑他与吴国的关系,这事遭到了御史府部下的反对;其二是他希望汉景帝亲自统兵东征,而晁错负责镇守后方的事宜,此事遭到了汉景帝痛斥,他认为这是晁错临事推托,不想勇挑重任。当时满朝上下对晁错的怨恨不满也可想而知。晁错成了众恶之所归,他的结局也就由此注定了。但头脑清醒的人们是为晁错鸣不平的,正如作品中的邓公所说:"吴王为反数十年矣,发怒削地,以诛错为名,其意非在错也。"并说晁错的这些工作是"患诸侯强大不可制,故请削地以尊京师,万世之利也。计画始行,卒受大戮",朝廷的这种做法是"内杜忠臣之口,外为诸侯报仇"。汉景帝对此也只能默然良久,但杀晁错的决定是自己做的,而且主张杀晁错的还有窦婴等相当多的一批人，他也只能自认悔恨而已。司马迁说晁错"诸侯发难，不急匡救。欲报私仇"是对的，但说他符合古语"变古乱常，不死则亡"的判定，就过于情绪化，失去了史家的公正。对此《汉书》的处理要好得多，《汉书·晁错传》收录了晁错的重要政论，并说晁错"锐于为国远虑，而不见身害"，"错虽不终，世哀其忠"，给了晁错一个准确公允的评价。

袁盎晚年与大侠剧孟相善，反对梁孝王谋求继景帝之位，因此被梁孝王派出的刺客刺杀。这个死法多少带有"为国捐躯"的意思，让他的一生有了一个光彩的结局。文中还有一个袁盎恩遇盗爱自己侍女的从史的故事，让人看到了袁盎的人情味；而从史后来在吴国叛军中为司马，当袁盎被吴国叛军扣押准备杀掉时，他舍弃一切解救袁盎脱离困境。文中写道："司马夜引袁盎起，曰：'君可以去矣，吴王期旦日斩君。'盎弗信，曰：'公何为者？'司马曰：'臣故为从史盗君侍儿者。'盎乃惊谢曰：'公幸有亲，吾不足以累公。'司马曰：'君弟去，臣亦且亡，辟吾亲，君何患？'乃以刀决张，道从醉卒隧直出。"故事把双方都写得有情有义，使得袁盎的形象美好了很多。

司马迁不喜晁错，但也写了晁错的忠心为国。当他实行改革致使群情大哗，人人嫉恨时，他的父亲从老家赶到京师，询问晁错为什么要这样做。晁错说："固也。不如此，天子不尊，宗庙不安。"晁父说："刘氏安矣，而晁氏危矣，吾去公归矣！"正如唐人刘蕡所说："晁错为汉画削诸侯之策，非不知祸之将至也。忠臣之心，壮夫之节，苟利社稷，死无悔焉。"（《旧唐书·刘蕡传》）

文中最令人反感的是汉景帝。洪迈在《容斋续笔》卷九中说："汉景帝为人甚有可议，晁错为内史，门东出不便，更穿一门南出。南出者，太上庙堧垣也。丞相嘉闻穿宗庙垣，为奏请诛错。错恐，夜入宫上谒，自归上。至朝，嘉请诛错，上曰：'错所穿非真庙垣，乃外堧垣。且又我使为之，错无罪。'临江王荣以皇太子废为王，坐侵太宗庙堧地为宫，诣中尉府对簿责讯,王遂自杀。两者均为侵宗庙,荣以废黜失宠,至于杀之;错方贵幸,故略不问罪。其不公不慈如此! 及用袁盎一言,错即夷诛,其寡恩忍杀复如此!"确乎如此!

张释之冯唐列传第四十二

【释名】

张释之与冯唐是汉文帝时期两位敢于犯颜直谏的直臣,本篇是他们的合传。

张释之曾为廷尉,是最高执法官。篇中主要记载了他的五件事:一是不同意超迁利口能言的虎圈啬夫,二是阻止弹劾过司马门不依令下车的太子和梁王,三是告诫文帝要薄葬,四是判犯跸惊驾的县人以罚金而未按文帝之意判其死罪,五是判盗高庙座前玉环的人死罪,而未按文帝之意族诛。此外还记载了景帝时期张释之为王生结袜之事,表现了张释之敬老仁厚的一面。关于冯唐,本篇只记载了他对文帝论将帅,为魏尚鸣冤使其官复原职一事。篇末论赞盛赞张释之、冯唐的大公无私,与文帝君臣之间家人父子般的和睦关系。

张廷尉释之者①,堵阳人也②,字季。有兄仲同居。以訾为骑郎③,事孝文帝,十岁不得调④,无所知名。释之曰:"久宦减仲之产⑤,不遂。"欲自免归。中郎将袁盎知其贤⑥,惜其去,乃请徙释之补谒者⑦。释之既朝毕,因前言便宜事⑧。文帝曰:"卑之,毋甚高论⑨,令今可施行也。"于是释之言秦汉之间事,秦所以失而汉所以兴者久之^⑩。文帝称善,乃拜释之为谒者仆射^⑪。

【注释】

①廷尉:官名,汉代九卿之一,职掌刑法。

②堵阳:汉县名,治所在今河南方城东。

③以訾为骑郎:凭家财丰裕得以入朝为郎。《集解》引如淳曰:"《汉仪注》,訾五百万,得为常侍郎。"颜师古曰:"以家訾多,得拜为郎,非取其訾,而予以郎也。"何焯曰:"訾郎,犹今有身家之人,非入粟拜爵之比。汉初得官,皆由訾;有市籍者,亦不得宦也。郎官,宿卫亲近,欲其有所顾藉,重于犯法。"訾,通"赀",钱财。骑郎,官名,郎中令属官,主要充任皇帝车驾骑卫前驱。

④十岁不得调:十年没得到升迁。调,颜师古曰:"选也。"谓升迁。梁玉绳曰:"传言张释之为廷尉,至景帝初年始出为淮南相。而《百官表》孝文三年'中郎将张释之为廷尉';十年书'廷尉昌''廷尉嘉';十五年书'廷尉宜昌';后元年书'廷尉信',孝景元年书'廷尉殴',与传不同。《困学纪闻》引洪氏据表谓释之'未尝十年不调,未尝以廷尉事景帝也'。疑释之为骑郎在文帝未即位以前,史并计之,故云'十年'耳。"

⑤久宦减仲之产:当时担任骑郎的人,需要自己准备衣裘鞍马等物,故曰会耗损家产。仲,疑系张释之兄字。

⑥袁盎:字丝,文帝时曾任中郎将,事见《袁盎晁错列传》。中郎将:官名,统领侍卫皇帝的郎官,秩比二千石。

⑦谒者:官名,掌宾赞受事及给事近署,执戟宿卫与奉诏外使。秩比六百石。

⑧便宜事:谓合乎时势要求的事宜。

⑨卑之,毋甚高论:此谓要多谈当前可行的事,不要妄发过高的空

论。茅坤曰:"其言类高祖之喻陆贾、叔孙通辈。"王先谦引周寿昌曰:"文帝学黄老,治杂霸道,恐释之远举三皇、高谈五帝,故以'卑之,毋甚高论'为谕。"

⑩释之言秦汉之间事,秦所以失而汉所以兴者久之:据《郦生陆贾列传》,刘邦曾让陆贾"著秦所以失天下,吾所以得之者何,及古成败之国",陆贾因而著《新语》十二篇,与张释之所言主题类似。

⑪谒者仆射:官名,谒者之长,亦称大谒者。郎中令属官,掌大拜受及百官班次,秩比千石。

【译文】

张释之廷尉是堵阳县人,字季。他和哥哥张仲一起生活。他凭借家境富裕做了骑郎,事奉汉文帝,十年没被提升,也没有什么名气。张释之说:"长期做这个官,耗费哥哥的家产,心中不安。"打算自行辞官回家。中郎将袁盎知道张释之有才干,觉得他离去可惜,于是就请求汉文帝让张释之补任谒者。张释之朝见汉文帝后,趁便上前陈述当前该办的事。汉文帝说:"说些实际的,不要高谈阔论,要说现在能真正实行的。"于是张释之说起秦汉之际的事,谈论他对秦朝灭亡与汉朝兴起的认识,一直说了很久。汉文帝称赞他说得好,于是任命张释之为谒者仆射。

释之从行,登虎圈①。上问上林尉诸禽兽簿②,十余问,尉左右视,尽不能对。虎圈啬夫从旁代尉对上所问禽兽簿甚悉③,欲以观其能口对响应无穷者。文帝曰:"吏不当若是邪?尉无赖④!"乃诏释之拜啬夫为上林令⑤。释之久之前曰:"陛下以绛侯周勃何如人也⑥?"上曰:"长者也。"又复问:"东阳侯张相如何如人也⑦?"上复曰:"长者。"释之曰:"夫绛侯、东阳侯称为长者,此两人言事曾不能出口⑧,岂效此啬夫谍谍利口捷给哉⑨!且秦以任刀笔之吏⑩,吏争以亟疾苛察相高⑪,然其敝徒文具耳⑫,无恻隐之实。以故不闻其过,陵迟而至于二世⑬,天下土崩⑭。今陛下以啬夫口辩而超迁之,臣恐天下随风靡靡,争为口辩而无其实。且下之化上疾于景响⑮,举错不可不审也⑯。"文帝曰:"善。"乃止不拜啬夫⑰。上就车,召释之参乘⑱,徐行,问释之秦之敝。具以质言。至宫,上拜释之为公车令⑲。

【注释】

①虎圈:养虎之所,在今陕西西安西北。

②上林尉:官名,上林令属官,掌上林苑治安。

③啬夫:此为主管虎圈的小吏。悉:详悉。

④无赖:没有才能,不中用。《集解》引张晏曰:"材无可恃也。"泷川曰:"文帝尝问周勃、陈平以一岁决狱、钱谷之数,与此相似,盖帝试人惯用手段。"汉文帝询问周勃、陈平决狱、钱谷事,详见《陈丞相世家》。

⑤上林令:官名,少府属官,主上林苑中禽兽。秩六百石。

⑥绛侯周勃:西汉开国功臣,《高祖本纪》载刘邦称其"重厚少文",《绛侯周勃世家》亦称其"为人木强敦厚,不说文学"。

⑦东阳侯张相如:高祖时为中大夫,以击陈豨功封东阳侯,其事散见于《孝文本纪》《高祖功臣侯者年表》《汉兴以来将相名臣年表》《屈原贾生列传》《万石张叔列传》《匈奴列传》等篇。

⑧此两人言事曾不能出口:周勃不能言事见前注,张相如事未详。

⑨敩(xiào):同"效",效仿,像。谍谍:多嘴多舌,说话喋喋不休的样子。谍,通"喋"。利口捷给:口齿伶俐,应对敏捷。捷给,供给得及时。

⑩刀笔之吏:掌管文案的书吏,善于舞文弄法。刀笔,古代的书写工

具。古时书写于竹简,有误则用刀削去重写。

⑪亟疾苛察:谓急剧猛烈,以苛刻烦琐为明察。

⑫其敝徒文具耳:其弊端是只有表面的官样文章。

⑬陵迟:衰落。

⑭天下土崩:指陈胜起义之后,天下各地豪杰并起,秦朝覆亡。

⑮疾:快速。景响:即"影响",比喻感应极其迅捷,如影之随形,响之应声。景,同"影"。

⑯举错:即"举措",一举一动。错,通"措"。

⑰乃止不拜啬夫:没给啬夫升官。何孟春曰:"孟子云:'有官守者修其职',文帝问上林禽兽簿,尉不能对,而啬夫代对甚悉,是尽职也。释之不能启文帝黜上林尉,而反不拜啬夫官,谓廷尉为'天下之平',得无愧乎?"凌约言曰:"所谓'利口'者,便佞捷给,颠倒是非,故放远之耳。若夫谙晓故事,敷奏详明,国之美才也。且言及之而言,又何有于从风而靡者? 释之此言,恐塞人主使能之路,不可以为训。"锺惺曰:"由啬夫说到吏治,由吏治说到不闻其过,则不用啬夫一事其失小矣,此大臣洞见本末、深识远虑之言,不当在一人一事看之也。"姚苎田曰:"'利口'者变乱是非之谓,虎圈啬夫以禽兽簿为职掌,奏对详明,洵为才吏,岂得以'利口'斥之哉? 周勃不能对刑名钱谷,犹谓别有主者,上林尉岂得借口于彼辈耶? 按张释之始进,即言'秦所以失汉所以兴'者;以此当上意后,参乘徐行又问秦之敝,具以质言。盖其胸中独有一腔革薄从忠、矫枉过正之旨,故于不肯拜啬夫处借事发挥。痛言秦之敝,尚文无实,恻隐消亡,诚救时之笃论,而不惜以一夫之进退系天下之盛衰也。须深观其立意,不当泥其言词。"

⑱参乘:陪乘。此处文帝召张释之同车,以示优待,且方便说话。

⑲公车令:官名,也称公车司马令,卫尉属官,负责警卫官殿之司马门及夜间宫中巡逻,并集奏臣民上书和领朝廷征召事。秩六百石。

【译文】

张释之曾随汉文帝出游,登上了上林苑里的虎圈。文帝问上林尉各种禽兽的备案情况,一连问了十几个问题,上林尉东张西望,全都回答不上来。虎圈啬夫在旁边替上林尉把汉文帝所问的禽兽情况全说清了,想要显示他对答如流、反应敏捷的才能。汉文帝说:"做官难道不应该这样吗? 上林尉不中用!"于是诏令张释之任命虎圈啬夫为上林令。张释之许久才上前说:"您认为绛侯周勃是个怎样的人?"汉文帝说:"是个德高望重的人啊。"张释之又问:"东阳侯张相如是个怎样的人?"汉文帝说:"也是个德高望重的人。"张释之说:"周勃、张相如号称是德高望重的人,可这二人在议事时往往说不出话,哪像这个啬夫这么多嘴多舌伶牙俐齿呢! 而且过去秦朝专门重视舞文弄墨的吏员,以至于官吏们都争着以迅猛严厉、吹毛求疵为高明,但那样做的弊端是只有表面的官样文章,没有同情怜悯的实质性内容。因此皇帝听不到自己的过错,就这样越来越败落,到秦二世时,秦朝的统治就崩溃了。如今陛下因为这个啬夫口齿伶俐就想越级提拔他,我担心天下人也会跟风而动,争着摇唇鼓舌而不讲求实际。而且下头人们受上头影响,其转变比影随形、响应声还要快,所以陛下的一举一动都不能不慎重。"汉文帝说:"说得对。"于是就没有再提拔这个啬夫。汉文帝上车后,让张释之在身边陪乘,让车子慢慢走,一路上向张释之询问秦朝的弊政。张释之都实事求是地做了回答。回到宫里后,汉文帝就任命张释之为公车令。

顷之,太子与梁王共车入朝[①],不下司马门[②],于是释之追止太子、梁王无得入殿门。遂劾不下公门不敬[③],奏之。薄太后闻之,文帝免冠谢曰[④]:"教儿子不谨。"薄太后乃使使承诏赦太子、梁王,然后得入。文帝由是奇释之,拜为中大夫[⑤]。

【注释】

①太子：即后来的汉景帝刘启。梁王：梁孝王刘武，汉景帝同母弟。

②不下司马门：到皇宫的外门不下车。《集解》引如淳曰："《宫卫令》：诸出入殿门、公车司马门，乘轺传者皆下，不如令，罚金四两。"司马门，《三辅黄图》："凡言司马者，宫垣之内，兵卫所在，司马主武事，故设宫之外门为司马门。"

③劾不下公门不敬：弹劾他们到宫门不下车，不敬。公门，犹言"君门"。《论语·乡党》："入公门，鞠躬如也，如不容。"锺惺曰："释之平恕，而能劾太子、梁王不下公门，又何其风力也！与酷吏顺旨阿意者劲软相去远矣，此执法平恕之本也。"

④文帝免冠谢：文帝脱帽向其母薄太后谢罪。姚苎田曰："细书此节，见西京家法之严如此，而释之风力藉此益显。"

⑤中大夫：官名，郎中令属官，掌议论。秩比二千石。

【译文】

　　不久，太子和梁孝王兄弟两个同乘一辆车入朝，经过司马门时没下车，于是张释之追上去拦下了他们，不准他们走进殿门。随即上书弹劾太子和梁王到宫门不下车犯了"不敬"之罪。薄太后听说了这事，汉文帝摘下帽子向太后谢罪说："是我对儿子们管教不严。"于是薄太后就派人奉诏赦免了太子和梁王，他们才得以进宫。汉文帝因这件事对张释之另眼相看，任命他为中大夫。

　　顷之，至中郎将①。从行至霸陵②，居北临厕③。是时慎夫人从④，上指示慎夫人新丰道⑤，曰："此走邯郸道也。"使慎夫人鼓瑟⑥，上自倚瑟而歌，意惨凄悲怀，顾谓群臣曰："嗟乎！以北山石为椁⑦，用纻絮斫陈，蕶漆其间⑧，岂可动哉！"左右皆曰："善。"释之前进曰："使其中有可欲者，虽锢南山犹有郄^⑨；使其中无可欲者，虽无石椁，又何戚焉^⑩！"文帝称善^⑪。其后拜释之为廷尉^⑫。

【注释】

①中郎将：官名，统领侍卫皇帝的郎官，秩比二千石。

②霸陵：汉文帝陵墓，此时尚在修建，因其在灞河西岸而得名。最新考古研究确认，今陕西西安白鹿原江村大墓即汉文帝霸陵。

③居北临厕：指坐在霸陵上面的北边上。厕，同"侧"，边缘悬绝处。

④慎夫人：汉文帝宠妃，邯郸人。

⑤新丰道：霸陵通往新丰的道路。新丰，汉县名，治所在今陕西临潼东北，在霸陵东北。

⑥瑟：拨弦乐器。形似古琴，但无徽位，有五十弦、二十五弦、十五弦等多种，每弦有一柱，上下移动，以定声音。

⑦椁（guǒ）：也作"槨"，古代套于棺外的大棺。

⑧用纻絮斫陈，蒢（rú）漆其间：大意谓把苎麻丝绵之类切碎，填充到棺椁的缝隙中，然后用漆将用纻絮填充的棺椁缝隙灌注。纻，苎麻。絮，粗丝绵。斫，切，斩。陈，塞。蒢，粘合。泷川曰："斫，切之也；陈，布列之也。言切纻及絮，而布列于椁缝也，乃沃之以漆，坚如石也。'蒢'字疑衍。"姚苎田曰："因怀生离，旋念死别；因念死别，遂计无穷，绵绵延延，相引而下。"

⑨虽锢南山犹有郄：即使将终南山灌铸起来当棺椁，也还会有缝隙被人撬开。锢，熔化金属以灌缝隙。郄，同"隙"。

⑩虽无石椁，又何戚焉：即便没有石棺，又何必担心呢？戚，忧虑，担心。姚苎田曰："数语大得黄老之精，透极，达极。"

⑪文帝称善：王先谦引《汉书·刘向传》云："文帝悟焉，遂薄葬，不起山坟。"凌稚隆引余有丁曰："他日文帝治陵，才令流水，盖有感于是言。"姚苎田曰："汉承秦后，陵寝盛极前古，帝感释之之言，

后遂成薄葬之令,其所利益于当时者多矣。文义与雍门鼓瑟相似,而此更衷之以正也。"

⑫拜释之为廷尉:梁玉绳引吕祖谦语以为当在文帝后元三年(前161),而《汉书·百官公卿表》误系于文帝三年(前177)。

【译文】

不久,张释之做了中郎将。他随汉文帝去视察霸陵,他们站在霸陵北侧边沿上。当时慎夫人随行,汉文帝指着新丰道,说:"这就是通往邯郸的路啊。"于是让慎夫人鼓瑟,汉文帝自己伴着瑟的乐声唱歌,心情很是凄惨伤感,他回头对大臣们说:"唉!如果用北山上的石头做成外椁,用切碎的苎麻丝绵填满缝隙,再用漆把缝隙都密封上,这种陵墓哪能挖得开!"左右大臣们都说:"这样好。"张释之上前进言说:"如果陵墓里有让人想得到的东西,那么即使您用铁水把整个南山的缝隙都灌满也还会有缝;假如陵墓里没有让人想得到的东西,那么即使没有石椁,又有什么好担心的呢!"汉文帝说他讲得好。后来又让他做了廷尉。

顷之,上行出中渭桥①,有一人从桥下走出,乘舆马惊②。于是使骑捕,属之廷尉③。释之治问。曰:"县人来④,闻跸⑤,匿桥下。久之,以为行已过,即出,见乘舆车骑,即走耳。"廷尉奏当⑥:一人犯跸,当罚金⑦。文帝怒曰:"此人亲惊吾马,吾马赖柔和,令他马,固不败伤我乎⑧?而廷尉乃当之罚金!"释之曰:"法者,天子所与天下公共也。今法如此而更重之,是法不信于民也。且方其时,上使立诛之则已⑨。今既下廷尉,廷尉,天下之平也,一倾而天下用法皆为轻重,民安所措其手足?唯陛下察之。"良久,上曰:"廷尉当是也。"

【注释】

①上行出中渭桥：文帝出行，路经中渭桥。出，行经。中渭桥，《索隐》曰："渭桥有三所，一所在城西北咸阳路，曰西渭桥；一所在东北高陵道，曰东渭桥；其中渭桥，在古城之北也。"

②乘舆：此指文帝的马车。

③属之廷尉：交给廷尉处置。

④县人：《集解》引如淳曰："长安县人。"王先谦曰："《汉纪》作'远县人也'。"指京城长安周边郊县的乡下人。

⑤跸：古代帝王出行时，禁止行人以清道。

⑥奏当：奏上判决结果。当，判处。《索隐》引崔浩曰："当，谓处其罪也。"

⑦一人犯跸，当罚金：《集解》引如淳曰："《乙令》：'跸先至而犯者，罚金四两。'"泷川引王念孙曰："一人犯跸，罚金四两，汉律文也。二人以上，罪当加等。"

⑧固：岂，难道。

⑨上使立诛之则已：如果您当时立即将其处死也就算了。洪迈曰："释之谓'上使立诛之则已'，无乃启人主轻杀之端乎，斯一节未为至当也。"凌稚隆引余有丁曰："法不可重，独可立诛乎？启人主妄杀之心者，必是言也。"吴见思曰："此是宽一句，借作说词耳，乃后人认客为主，议论纷纷，岂为善读书者哉！"

【译文】

不久，汉文帝的车驾外出路经中渭桥时，有个人突然从桥底下跑出来，汉文帝的马受了惊。汉文帝于是派骑郎抓了他，交给张释之查办。张释之审问他。那个人说："我是从长安县来的乡下人，听到皇上出行清道，就躲在桥底下。过了很久，我以为车驾已经过去，就出来了，一出来就见到皇上的车驾，于是吓得赶紧往回跑。"张释之向汉文帝上奏判处决定：一个人冲犯皇帝的车驾，应该处以罚款。汉文帝发怒说："这个人惊了我的马,幸亏我的马性子柔和温顺,假如是别的马,岂不是会伤到我吗? 你居然只判处他罚款!"张释之说:"法令是天子和天下人共同遵守的。如今按照法令应该这么判而您要加重判罚,那法令就不能取信于民了。而且如果当时您一抓住他,就让人立刻把他杀了,也就罢了。现在您已经把他交给廷尉审理,廷尉,是为整个天下主持公道的,一旦有所偏向,那全天下执法就会任意判轻判重,百姓们又怎么知道该怎么做呢? 请您认真考虑。"过了很久,汉文帝才说:"廷尉的判处是对的。"

　　其后有人盗高庙坐前玉环[1],捕得,文帝怒,下廷尉治。释之案律盗宗庙服御物者为奏[2],奏当弃市。上大怒曰:"人之无道,乃盗先帝庙器[3],吾属廷尉者,欲致之族[4],而君以法奏之,非吾所以共承宗庙意也。"释之免冠顿首谢曰:"法如是足也。且罪等,然以逆顺为差[5]。今盗宗庙器而族之,有如万分之一,假令愚民取长陵一抔土[6],陛下何以加其法乎?"久之,文帝与太后言之,乃许廷尉当。是时,中尉条侯周亚夫与梁相山都侯王恬开见释之持议平[7],乃结为亲友[8]。张廷尉由此天下称之[9]。

【注释】

①高庙:高祖刘邦的庙。陈直曰:"汉代京师及各郡国皆有高庙。"玉环:陈直曰:"为'璧环'之环,非装饰品。"

②案律盗宗庙服御物者为奏:意谓按照律条中关于偷盗宗庙供奉用品的罪名向上奏报。服御,使用。

③乃:竟然。

④族:灭族。

⑤且罪等,然以逆顺为差:即使罪过相同,也要考虑具体情节的差

别。《集解》引如淳曰："俱死罪也,盗玉环不若盗长陵土之逆也。"

⑥有如万分之一,假令愚民取长陵一抔(póu)土:假如万一有人偷掘了刘邦墓。长陵,高祖陵墓。一抔土,一捧土。姚苎田曰:"意谓发掘陵寝也,而语妙可味。"钱锺书曰:"盗掘本朝先帝陵墓,大逆不道,罪恶弥天,为臣子者心不敢想而亦口不忍宣也,然而臣姑妄言之,君其姑妄听之。故'有如'上而累以'万分之一',犹恐冒昧,复益以'假令'。似设之词几如屋上加屋,心之犹豫,口之嗫嚅,即于语气征之,而无待摹状矣。"

⑦中尉:官名,掌京师治安,武帝时改名执金吾。条侯周亚夫:绛侯周勃之子,文帝后元二年(前162)年被封为条侯,事见《绛侯世家》。条,汉县名,治所在今河北景县南。梁相山都侯王恬开:王恬开,原名王恬启,因避景帝刘启讳而改。高祖时从击陈豨有功,被任命为梁王刘恢相。吕后四年(前184)被封为山都侯。山都,汉县名,治所在今湖北襄樊西北。

⑧乃结为亲友:结交为亲密的朋友。王恬开为高祖时将,死于文帝三年(前177)。此处将周亚夫和王恬开并提,叙于文帝末年,疑误。王先谦曰:"疑释之未显时,凤与山都侯为亲友,史公并书之,以见释之名重一时。"

⑨张廷尉由此天下称之:洪迈曰:"'张释之为廷尉,天下无冤民',此汉史所称也。周勃就国,人上书告勃欲反,下廷尉逮捕,吏稍侵辱之,勃以千金与狱吏,吏使以公主为证,太后亦以为无反事,乃得赦出。释之正为廷尉,不能救,但申理犯跸、盗环一二细事耳。"

【译文】

后来有人偷了高祖庙内座前的玉环,被搜捕捉获,汉文帝怒不可遏,把他交给廷尉审理。张释之依照法律中有关盗窃宗庙供奉用品的罪名上奏,说依法应当判处斩首示众。汉文帝大怒说:"这人大逆不道,竟敢偷先帝宗庙里的东西,我把他交给廷尉,是想让你判他灭族,可是你却只按着法律条文上奏,这不符合我恭敬地承奉宗庙的心意。"张释之摘下帽子叩头谢罪说:"按法律这样判已经是最高判罚了。况且犯的罪相同,还要按具体情节区别对待。现在有人偷了高祖庙里的东西就判他灭族,假如日后万一有人动了长陵的一抔坟土,您还有什么更重的刑法来处置他呢?"过了很久,汉文帝跟太后讲了张释之的意见,终于认可了张释之的判决。那时,中尉条侯周亚夫和梁国相山都侯王恬开看到张释之执法公平,就和他结交为亲密朋友。张释之因此受到了天下人的称赞。

后文帝崩,景帝立,释之恐①,称病。欲免去,惧大诛至;欲见谢,则未知何如。用王生计②,卒见谢,景帝不过也③。

王生者,善为黄老言④,处士也。尝召居廷中,三公九卿尽会立⑤,王生老人,曰"吾袜解"⑥,顾谓张廷尉:"为我结袜!"释之跪而结之。既已,人或谓王生曰:"独奈何廷辱张廷尉,使跪结袜?"王生曰:"吾老且贱,自度终无益于张廷尉。张廷尉方今天下名臣,吾故聊辱廷尉,使跪结袜,欲以重之⑦。"诸公闻之,贤王生而重张廷尉。

张廷尉事景帝岁余,为淮南王相⑧,犹尚以前过也⑨。久之,释之卒。其子曰张挚⑩,字长公,官至大夫,免。以不能取容当世,故终身不仕⑪。

【注释】

①释之恐:《索隐》曰:"谓帝为太子时,与梁王入朝不下司马门,释之曾劾,故恐也。"

②王生:王先生,当时对有才学者的尊称。

③卒见谢,景帝不过也:据此,则王生之计,或如《廉颇蔺相如列传》中蔺相如教缪贤"肉袒伏斧质请罪,则幸得脱矣"。

④黄老言：托名黄帝、老子的一种学说，是道家学派的一个分支，大体主张清静无为，是汉初统治思想的主流。

⑤三公：指丞相、太尉、御史大夫。九卿：指奉常（景帝六年改"太常"）、郎中令、卫尉（景帝初改"中大夫令"，后复为"卫尉"）、太仆、廷尉、典客、宗正、治粟内史、少府。会立：相聚而立。王先谦引王文彬曰："居，犹坐也。时汉廷尊尚黄老，故大会时王生被召坐廷中，而公卿尽立也。"

⑥吾袜解：我的袜带开了。当时群臣上殿必须脱鞋，只穿袜子行走，故王生有"袜解"之语。萧何有大功，才有"剑履上殿"的特权。

⑦"吾故聊辱廷尉"几句：凌稚隆曰："侯嬴立信陵于市中，而曰'今嬴之为公子亦足矣'；王生使张廷尉结袜，而曰'欲以此重之'，二事适相类。"按，侯嬴事见《魏公子列传》。

⑧为淮南王相：担任淮南王相。此时淮南王为刘安，事详《淮南衡山列传》。张释之原任廷尉，为朝廷九卿之一，秩中二千石；调任淮南相，秩二千石，实为贬官。

⑨犹尚以前过也：此见景帝之忌刻。景帝杀晁错、杀周亚夫，刻薄寡恩，司马迁很讨厌他。

⑩张挚：此人在汉时声名不显，《汉书》亦无更多信息，但魏晋以后颇受推重，陶渊明《饮酒二十首》《读史述九章》，屡屡提及他。

⑪以不能取容当世，故终身不仕：《索隐》曰："谓性公直，不能曲屈见容于当世，故至免官不仕也。"终身不仕，谓自免官后，至死未再出仕。

【译文】

后来汉文帝去世，汉景帝即位，张释之害怕，就托病不上朝。他想辞官回家，又怕招来杀头之祸；他想面见汉景帝请罪，又不知会有何后果。后来他采纳王先生的计策，最终去向汉景帝请了罪，汉景帝也没有怪罪他。

王先生,精通黄老学说,是位处士。有一次他被汉景帝召见坐在朝堂上,三公九卿都在殿中侍立,王先生很老了,说"我的袜带开了",回头对张释之说:"给我把袜带系好!"张释之就跪下来帮他系好了袜带。事情结束后,有人问王先生说:"你为什么单单要在朝廷上侮辱张廷尉,让他跪着给你系袜带?"王先生说道:"我又老又没地位,自己估摸着终究也帮不上张廷尉了。张廷尉是当今天下的名臣,我故意这么当众侮辱他,让他跪着给我系袜带,是想借此来提高他的声望。"人们听后,都称赞王先生而更加敬重张释之了。

张释之在汉景帝时做了一年多廷尉,调任为淮南王相,还是由于汉景帝做太子时张释之曾弹劾过他。很久以后,张释之去世。张释之的儿子叫张挚,字长公,官至大夫,被免了职。因为他性情耿直不被官场所容,所以之后再没有出去做官。

冯唐者,其大父赵人①。父徙代②。汉兴徙安陵③。唐以孝著,为中郎署长④,事文帝。文帝辇过,问唐曰:"父老何自为郎⑤?家安在?"唐具以实对。文帝曰:"吾居代时⑥,吾尚食监高祛数为我言赵将李齐之贤⑦,战于钜鹿下⑧。今吾每饭,意未尝不在钜鹿也⑨。父知之乎?"唐对曰:"尚不如廉颇、李牧之为将也⑩。"上曰:"何以?"唐曰:"臣大父在赵时,为官率将⑪,善李牧。臣父故为代相,善赵将李齐⑫,知其为人也。"上既闻廉颇、李牧为人,良说⑬,而搏髀曰⑭:"嗟乎! 吾独不得廉颇、李牧时为吾将⑮,吾岂忧匈奴哉!"唐曰:"主臣⑯! 陛下虽得廉颇、李牧,弗能用也⑰。"上怒,起,入禁中。良久,召唐让曰⑱:"公奈何众辱我,独无间处乎⑲?"唐谢曰:"鄙人不知忌讳。"

【注释】

① 大父：祖父。赵人：赵国人。此指战国时的赵国，都城在今河北邯郸。凌稚隆曰："冯唐论将，称大父与父者凡三，其不忘先训概可见矣。太史公首叙其'以孝著，为中郎'，盖以此。"

② 父徙代：父亲迁居于代。代，指楚汉之际的代国，国都在今河北蔚县东北之代王城。

③ 安陵：汉县名，治所在今陕西咸阳北。

④ 唐以孝著，为中郎署长：汉代提倡以"孝"治天下，冯唐以孝闻名，故选任为中郎署长。中郎署长，官名，郎中令属官，为中郎署的长官，其职掌为出入禁中，补过拾遗，有劝勉天子之责。陈直曰："《续汉书·百官志》少府属官有'黄门署长''画室署长''玉堂署长'各一人，与'中郎署长'相似，疑职位在'令''监'之下。"

⑤ 父老何自为郎：《索隐》引崔浩曰："自，从也，帝询唐何从为郎。"即通过什么途径当上郎官的。父老，对年长者的尊称，下文单言"父"字者同。

⑥ 吾居代时：文帝于前196—前180年为代王，国都中都，在今山西平遥西南。

⑦ 尚食监：官名，少府属官，主管皇帝膳食，汉时各诸侯国也置此官。李齐：事迹不详。据下文"战钜鹿下"，疑其为赵将当在秦末，为赵王歇之将，战于秦将王离、章邯等围困钜鹿时。秦末钜鹿之战事，详见《张耳陈馀列传》。

⑧ 钜鹿：古城名，在今河北平乡西南，战国时属赵，秦灭赵后置钜鹿郡。

⑨ 今吾每饭，意未尝不在钜鹿也：吴见思曰："因尚食监之言，故见饭而念监，因监而念钜鹿也。遇事生心，真有如此。"

⑩ 廉颇、李牧：均为战国后期的赵国名将，事详《廉颇蔺相如列传》。

⑪ 官率将：武官名，即百夫长。《索隐》引贾逵曰："百人为一队，'官师（应作帅）'，队大夫也。"

⑫臣父故为代相，善赵将李齐：为其父曾任代相，与李齐关系好。代相，疑指代王陈馀之相。据《张耳陈馀列传》，陈馀赶走项羽所封常山王张耳后，拥立项羽所封代王歇为赵王，赵王歇遂以陈馀为代王。陈馀虽为代王，却不去代地，而留在赵国辅佐赵王歇。故代、赵两国关系密切，因此冯唐之父虽为代相，而与赵将李齐关系好。

⑬良说：实在高兴。说，通"悦"，喜悦，高兴。

⑭搏髀（bì）：拍着大腿。

⑮吾独不得廉颇、李牧时为吾将：梁玉绳曰："'时'字衍，《汉书》无。"王念孙曰："'时'读为'而'，'而''时'声相近，故字相通。"

⑯主臣：或欲称主，或欲称臣，表现惶恐口吃的情态。《索隐》曰："乐彦云：'人臣进对前称"主臣"，犹上书前云"昧死"。'魏武谓陈琳云：'卿为本初檄，何乃言及上祖？'琳谢云：'主臣。'益明'主臣'是惊怖也。"《陈丞相世家》："上曰：'苟各有所主者，而君所主何事也？'平谢曰：'主臣，陛下不知其驽下，使待罪宰相'"云云。《集解》引张晏曰："若今人谢曰'惶恐'也。马融《龙虎赋》曰：'勇怯见之，莫不主臣。'"用法与此相同。不过，《陈丞相世家》亦可如孟康那样理解为"主群臣"。

⑰虽得廉颇、李牧，弗能用也：凌稚隆引扬雄曰："彼将有激也，亲屈帝尊以信亚夫之军，至颇、牧曷不用哉？"

⑱让：责备。

⑲间处：无人之处，合适的空档，指私下单独交谈。锺惺曰："君臣间对语如朋友。"

【译文】

冯唐，他的祖父是赵国人。父亲时搬迁到了代国。汉朝建立后又搬到了安陵。冯唐以孝敬闻名，担任中郎署长，事奉汉文帝。有一回，汉文帝乘车经过郎署，问冯唐说："老先生是通过什么途径做的郎官？老家在哪儿？"冯唐详细如实回答。汉文帝说："我在代国的时候，我的尚食监高祛曾多次对我说起过赵将李齐的才能,说到他在钜鹿城下奋勇作战。直到现在我每到吃饭时,还总要想起钜鹿的事。老先生知道李齐吗?"冯唐答道:"李齐的将才还比不上廉颇、李牧。"文帝问:"为什么这么说?"冯唐说:"我祖父在赵国时当过官率将,和李牧交好。我父亲曾做过代国相,和赵国的将军李齐交好,了解他们的为人。"汉文帝听冯唐讲了廉颇、李牧的事迹后,很高兴,一拍大腿说:"嘿! 我却得不到廉颇、李牧给我做将军,否则我还会担心匈奴嘛!"冯唐说:"主臣! 陛下您即使得到了廉颇、李牧,也不能很好地任用他们。"汉文帝大怒,站起身来进宫去了。过了很久,他召冯唐进宫责备道:"你怎么当众给我难堪,难道就不能私下里对我说吗?"冯唐道歉说:"我是个粗人,说话不知顾忌。"

　　当是之时,匈奴新大入朝那,杀北地都尉卬[1]。上以胡寇为意,乃卒复问唐曰:"公何以知吾不能用廉颇、李牧也?"唐对曰:"臣闻上古王者之遣将也,跪而推毂[2],曰阃以内者,寡人制之;阃以外者,将军制之[3]。军功爵赏皆决于外,归而奏之。此非虚言也。臣大父言,李牧为赵将居边,军市之租皆自用飨士[4],赏赐决于外,不从中扰也。委任而责成功,故李牧乃得尽其智能,遣选车千三百乘[5],彀骑万三千[6],百金之士十万[7],是以北逐单于,破东胡,灭澹林[8],西抑强秦,南支韩、魏[9]。当是之时,赵几霸[10]。其后会赵王迁立[11],其母倡也[12]。王迁立[13],乃用郭开谗,卒诛李牧,令颜聚代之[14]。是以兵破士北,为秦所禽灭[15]。今臣窃闻魏尚为云中守[16],其军市租尽以飨士卒,出私养钱[17],五日一椎牛[18],飨宾客军吏舍人,是以匈奴远避,不近云中之塞。虏曾一入,尚率车骑击之,所杀甚众[19]。夫士卒尽家人子[20],起田中从军，安知尺籍伍符㉑。终日力战，斩首捕虏，上功莫府㉒，一言不相应，文吏以法绳之㉓。其赏不行而吏奉法必用㉔。臣愚，以为陛下法太明，赏太轻，罚太重。且云中守魏尚坐上功首虏差六级，陛下下之吏，削其爵，罚作之㉕。由此言之，陛下虽得廉颇、李牧，弗能用也。臣诚愚，触忌讳，死罪死罪！"文帝说。是日令冯唐持节赦魏尚㉖，复以为云中守，而拜唐为车骑都尉㉗，主中尉及郡国车士㉘。

七年，景帝立㉙，以唐为楚相㉚，免。武帝立㉛，求贤良㉜，举冯唐。唐时年九十余，不能复为官，乃以唐子冯遂为郎。遂字王孙，亦奇士，与余善㉝。

【注释】

① 匈奴新大入朝那，杀北地都尉卬（áng）：事在文帝十四年，前166年。朝那，汉县名，治所在今宁夏固原东南。北地都尉卬，北地郡都尉孙卬。北地郡，郡治马岭，在今甘肃环县东南。都尉，即秦朝的郡尉，汉景帝时改为都尉，辅佐郡守并掌全郡军事。

② 推毂（gǔ）：推车前进。古代帝王任命将帅时的隆重礼遇。毂，车轮的中心部位，周围与车辐的一端相接，中有圆孔，用以插轴。这里借指车。

③ "曰阃（kǔn）以内者"几句：大意谓大将出征之后，军中一切由大将作主，王者不干预。阃，门槛，此谓郭门。茅坤曰："冯唐无他卓显处，特以其论将帅一段为绝古今，遂为立传。"邵晋涵曰："古今任将之略，尽此数言。"

④ 军市之租皆自用飨士：《廉颇蔺相如列传》："（牧）以便宜置吏，市租皆输入莫府，为士卒费。"所言即此事。军市之租，驻军所在地的商业税收。飨士，犒赏士兵。

⑤选车：精挑细选的战车。《廉颇蔺相如列传》亦有"选车"，《魏公子列传》中有"选兵"。

⑥彀（gòu）骑：指擅长射箭的骑兵。胡三省曰："弓弩引满为'彀'，谓骑兵能射者。"颜师古曰："彀，张弩也。"

⑦百金之士：《索隐》引刘氏曰："其功可赏百金者。"盖谓临战勇武，曾获百金之赏的猛士。

⑧"是以北逐单于"几句：据《廉颇蔺相如列传》，李牧曾"大破杀匈奴十余万骑，灭襜褴，破东胡，降林胡，单于奔走"。单于，匈奴族首领。当时匈奴活动于今内蒙古一带地区。东胡，当时活动于今内蒙古东部、辽宁西部一带的少数民族。澹林，也作襜褴，当时活动于代北一带的少数民族。

⑨西抑强秦，南支韩、魏：指西边遏制了秦国的攻势，南边抵抗了韩、魏的进攻。战国后期秦都咸阳（今陕西咸阳东北），在赵都邯郸（今河北邯郸）以西；韩都新郑（今河南新郑），魏都大梁（今河南开封），在邯郸以南。

⑩当是之时，赵几霸：李牧为赵国征战获胜事，详见《廉颇蔺相如列传》。谓"赵几霸"，乃夸饰之词。几，几乎，接近。

⑪赵王迁：赵国的亡国之君，前235—前228年在位。

⑫其母倡也：《赵世家》亦提及"赵王迁，其母倡也"，盖其母出身于歌舞艺人。

⑬王迁立：张照曰："上文云'赵王迁立'，然则此句'立'字衍文。"

⑭"乃用郭开谗"几句：郭开谗害李牧事，详见《廉颇蔺相如列传》。郭开，赵王宠臣，先谗害廉颇，后又收受秦国贿赂，谗害李牧，致使赵国覆灭。

⑮兵破士北，为秦所禽灭：秦王政十九年（前228），秦军攻破邯郸，俘虏赵王迁；赵王迁之兄赵嘉逃至代，至前222年被秦灭，赵国遂彻底灭亡。

⑯魏尚:《史记》中仅此一见,他事不详。云中守:云中郡太守。云中郡治在今内蒙古托克托县东北。

⑰私养钱:魏尚个人的俸禄。中井积德曰:"郡守自应得家口私养之钱,如后日月俸钱。"

⑱椎牛:杀牛,谓杀牛犒赏士兵。椎,击杀。

⑲"虏曾一入"几句:魏尚养兵及出击匈奴之法,皆与李牧类似,可与《廉颇蔺相如列传》参看。

⑳家人子:平民子弟。颜师古曰:"谓庶人家之子也。"

㉑尺籍伍符:当时的军法规矩。《索隐》曰:"尺籍者,谓书其斩首之功于一尺之板。伍符者,命军人伍伍相保,不容奸诈。"

㉒上功莫府:向军政部门报功。莫府,同"幕府",本指将军在外的营帐,此指军政大吏的府署。《索隐》引崔浩曰:"古者出征无常处,以幕为府舍,故曰'幕府'。"

㉓文吏:此谓幕府中死守军法条文的文职人员。

㉔其赏不行而吏奉法必用:意谓立有战功的将士不一定能获得赏赐,而文吏根据军法发现的"问题"则一定会依法严办。此言魏尚被治罪的背景。泷川引刘伯庄云:"家人子,不知军法,上其功与尺籍不相应,魏尚连署,故坐罪也。"姚苎田曰:"汉初文法最苛,功臣列侯所以鲜得自完。冯公此论虽为魏尚言之,实救时之良药也。"

㉕罚作之:罚做苦役。王先谦引胡三省曰:"一岁刑为罚作。"

㉖持节:手执旄节,指担任使臣。节,旄节,皇帝使者出行所持的信物。胡三省注曰:"古之所执以为信者,皆谓之节。自秦以来,有玺、符、节,则玺自玺,符自符,节自节,分为三矣。汉之节,即古之旄节也。郑氏注以符节为汉官中诸官诏符,玺节为汉之印章,旄节为汉使者所持。则知汉之所谓节,盖古之旄节也。贤曰:节者,所以为信,以竹为之,柄长八尺,以旄牛尾为之眊,三重。此汉

制也。"

㉗车骑都尉:胡三省曰:"《百官表》无车骑都尉官。"《李将军列传》
有骁骑都尉、骑都尉诸名目,骑都尉秩比二千石,车骑都尉职级应
与之相当。

㉘主中尉及郡国车士:王先谦曰:"中尉之车士及郡国之车士皆得主
之。"主管京城及各郡国的车战士兵。中尉,掌京师治安。郡国,
指地方各州郡、各诸侯国。锺惺曰:"明主深思虚怀,郑重低回,
千载如见。人以为宽容,不知正一片雄略,留心边事处。"姚苎田
曰:"古人偶然酬对之文,机局灵警,照应精严,虽使后人执管为之
推敲尽日,有不能及者,如武侯隆中之对、淮阴登坛之语,及冯公
此段议论,摘来便是绝妙古文,晋唐以下嗣音寡矣。文推两汉,岂
虚语哉?"

㉙七年,景帝立:文帝卒于后元七年(前157)六月,太子即位,即汉
景帝。

㉚以唐为楚相:时楚王为刘戊,楚元王刘交之孙。

㉛武帝立:事在景帝后元三年,前141年。此处"武帝"当作"今
上"。

㉜求贤良:汉武帝即位后,于建元元年(前140)诏令各郡国举贤良
方正直言极谏之士,以备策问任使。"贤良方正、直言极谏",本为
选人标准,后来也用以指称由此被选中的人,后来求贤良方正遂
成为汉朝选拔人才的一种制度。

㉝"遂字王孙"几句:泷川曰:"《赵世家》赞云:'吾闻冯王孙曰:'赵
王迁,其母倡也,嬖于悼襄王。悼襄王废嫡子嘉而立迁。迁素无
行,信谗,故诛其良将李牧,用郭开。'史公记赵事,多《国策》所
不载,盖得诸冯王孙也。"刘辰翁曰:"'与余善'三字,他人所不必
者,孰知其切于传闻与记载哉!"顾颉刚、赵生群认为此"与余善"
之"余"乃司马谈,因司马迁生年比冯遂至少要晚五十年。故本

篇作者当系司马谈，而非司马迁。

【译文】

当时，匈奴人刚刚大举入侵朝那，杀了北地郡都尉孙印。汉文帝正忧虑匈奴入侵的问题，于是他又接着问冯唐："你为什么认为我不能很好地任用廉颇、李牧呢？"冯唐说："我听说古代帝王们在派遣将军出征打仗时，都会跪下来为他们推车，并且说：城门以内的事情，我来掌管；城门以外的事情，就由将军您来掌管。军功奖赏都由将军决定，只要回来后上奏就行了。这些都不是假话妄言。我的祖父说，李牧在做赵将驻守边关时，驻军所在地的贸易税收全都用来犒劳将士，军中的一切赏赐都是由将军自己决定，国君不进行干预。把任务交给将军后只要求取得胜利，所以李牧才能充分发挥他的聪明才干，他派出挑选出的装备精良的战车一千三百辆，擅长骑射的骑兵一万三千人，曾获过百金之赏的勇士十万人，凭着他们，李牧把匈奴人赶向北方，打败了东胡，灭掉了澹林，西面抑制住强秦的攻势，南面抵挡住韩、魏的北犯。那个时候，赵国都几乎可以称霸于天下了。后来碰上赵王迁继位，他的母亲是一个歌女。赵迁继位后，听信郭开的谗言，最终杀了李牧，另派颜聚去接替他。结果一败涂地，被秦国灭掉了。现在我私下里听说魏尚在做云中太守的时候，军中的贸易税收也都用来犒劳士兵，他还拿出自己的俸禄，五天宰一次牛，以宴飨军中的宾客、军吏、幕僚，所以匈奴人都远远避开，不敢靠近云中郡。敌寇曾经入侵过一回，魏尚率领军队出击，杀死了很多敌人。这些士兵都是平民子弟，从庄稼地里出来参加军队，哪里弄得清那些琐碎的军法条例。他们整天拼命作战，斩杀敌人抓获俘虏，然后向上级报功，可是稍有一点与事实对不上，执法小吏就会根据军法条文来处罚他们。结果将士们奋勇杀敌可能得不到奖赏，而一旦被军吏们查出问题来则一定要受到严办。我糊涂愚昧，觉得您法律太严明，奖赏太轻，处罚太重。再说云中太守魏尚仅仅是在报功的时候差六个人头对不上，您就把他交给司法官治罪，削了爵，罚他服劳役。从这件事情来说，您即使有了廉颇、李牧,也不可能很好地任用他们。我的确愚昧,冒犯了您,死罪死罪!"汉文帝听了很高兴。当天就让冯唐手持旌节赦免了魏尚,再次任命他为云中太守,同时任命冯唐为车骑都尉,让他主管中尉属下和各个郡国的车战部队。

　　汉文帝后元七年,汉景帝即位,冯唐被任命为楚相,后来因事被免官。汉武帝即位后,下诏征求贤良,有人举荐了冯唐。冯唐当时已经九十多岁,不能再做官了,于是就让他的儿子冯遂做郎官。冯遂字王孙,也是个不寻常的人,和我是好朋友。

　　太史公曰:张季之言长者[①],守法不阿意[②];冯公之论将率,有味哉! 有味哉! 语曰"不知其人,视其友"[③]。二君之所称诵,可著廊庙[④]。《书》曰"不偏不党,王道荡荡;不党不偏,王道便便"[⑤]。张季、冯公近之矣。

【注释】

①张季之言长者:称引长者故事,指张释之称引绛侯周勃、东阳侯张相如"口不能道言"事。

②守法不阿意:坚守法律规定,不迎合皇帝的意愿。

③语曰"不知其人,视其友":《孔子家语》:"不知其子观其父,不知其人观其友。"盖自古有此俗语。

④可著廊庙:可写于朝堂上,言其重要。廊庙,指朝廷。黄震曰:"张释之论长者及其守法不阿;冯唐之论将,皆质直有古大臣之风焉。"

⑤"《书》曰"几句:语出《尚书·洪范》,今本《尚书》作"无偏无党,王道荡荡;无党无偏,王道平平"。大意谓如果能做到不偏心、不结党营私,王道就能畅行无阻。党,结党营私。荡荡、便便,皆平

阔貌。凌稚隆引赵恒曰:"太史公此赞,一论绛侯、张相如长者,一
论魏尚。引'不知其人视其友'之语者,犹言其人其所举也,非有
所党偏也。故又引《书》'不偏不党'之语,此赞殊不易读。"

【译文】

太史公说:张释之称述不善言辞的长者,执法公平而不迎合皇帝;冯
唐论述为将之道,真是值得回味啊! 真是值得回味啊! 俗话说"如果不
了解某个人,就看看他结交的朋友"。张释之、冯唐两人所称诵的话,都
可以写在朝廷上。《尚书》中说"如果君臣们都能不偏心,不结党,国家
的事业就能一派兴旺;如果君臣们都能不结党,不偏心,国家的事业就能
前途无量。"张释之、冯唐两个人可以说是接近于这个境界了。

【集评】

汤谐曰:"一边写二君质直不阿,一边写孝文从谏若流,君明臣良意
象,洋溢楮上。盖《张冯传》之兼写孝文,犹《酷吏》诸传之兼写孝武也。
叙张语凡数节,皆简直;冯语止一节,颇详。然皆苍劲不作态,所谓言各
如人。且二君独有古名臣风度,故史公文格亦进周秦而上之耳。虽对面
旁面间出风神以动荡其境,然终以质劲胜矣。"(《史记半解》)

姚苎田曰:"汉初文法虽严,而上下之情易达,往往有触禁抵网之余,
局外数言转环立见。故萧何入狱,王卫尉得以陈言;雍齿见仇,张留侯为
之阴释。下至壶关三老,得明太子之冤;鲁国朱家,亦解逃臣之厄。诚以
当局者难为说,而纳谏者易为功也。方史迁为李陵进说之时,与冯唐称
魏尚何异? 乃一言未察,刑祸随之。而迁可为陵明心迹,谁复为迁讼隐
情? 此无他,顾忌既多,偏颇顿极,市道之交,转相惩戒而莫之非也。故
于赞中特撮出释之之称长者,冯唐之论将率,叹其称诵朋友为王道公平,
可谓极慨想之深情,尽揄扬之能事者矣。"又曰:"冯唐只论将一事卓绝
千古,遂为立传。而当其白首郎署以前无可表见,特将大父与父两次迁
延写出,一种蔼然忠孝家风,便令人咀玩不已。文章之神妙,良非宋子京

一流漫然删润自谓'简核'者所能梦见也。"(《史记菁华录》)

李景星曰:"张释之、冯唐俱以犯颜谏诤著名汉代,故以之合传。因二人生平以谏争胜,故篇中载其言论独详,而叙次处却又极有变化。《张释之传》以历官叙行实:补谒者,叙其论秦汉事;为谒者仆射,叙其论啬夫事;为公车令,叙其劾太子梁王事;为中郎将,叙其论石椁事;为廷尉,叙其论犯跸盗环事。节次明晰,章法一片。《冯唐传》只叙其论将一事,其余不一及。然记事虽少,层折却多,用笔纯以顿宕见长,一路点次处,与《释之传》遥遥相应。……张、冯皆一代名臣,文帝又千载明主,读此一传,令人不复作后世之想。固是时会好,亦因摹绘入妙耳。"(《史记评议》)

【评论】

《张释之冯唐列传》的主旨是表彰张释之、冯唐的犯颜直谏与文帝善于纳谏的精神。文章的主要部分是歌颂张释之的不畏权贵,执法公平,甚至面对皇帝的干预,也能据理以争,从而维护了法律的尊严。作为一个封建官吏这是难能可贵的,甚至在今天,也还有重要的警世意义。

张释之的执法是真正的大公无私、为国为民,他的法律思想主要有两点,其一是"法者天子所与天下公共也",也就是说法律面前人人平等,最高统治者必须服从法律,还要带头遵守法律。其二是"廷尉,天下之平也。一倾而天下用法皆为轻重,民安所措其手足",就是说法官要大公无私,要执法公平。这两点虽然在当时以至两千年的封建社会时期都不可能实现,但张释之能提出来,是令人钦敬的。

司马迁欣赏赞美张释之,是由于他深感武帝时张汤、杜周等专看武帝的脸色行事,将法律视为专为皇帝服务的工具的现实。张汤为武帝廷尉时,"所治即上意所欲罪,予监史深祸者;即上意所欲释,与监史轻平者"。杜周为廷尉也和张汤一样看武帝意图行事,有人为此责让杜周说:"君为天子决平,不循三尺法,专以人主意指为狱。狱者固如是乎?"杜周回答说："三尺安出哉？前主所是著为律，后主所是疏为令，当时为是，何古之法乎！"两相比较，张释之的所作所为更显得难能可贵，可钦可敬。

《汉书·刑法志》写文帝时期的司法还有所谓"选张释之为廷尉，罪疑者予民，是以刑罚大省"。"罪疑者予民"，也就是凡不能定案的都只能按无罪处理，与"罪疑从轻"是一个意思，这就很接近现代社会的文明司法了。文帝是在朝廷大臣诛灭诸吕之后入朝执政的，这时也正是一个拨乱反正，各项法律规章都在更新、建设，日趋完善的关头。这时有张释之这样的官员任廷尉，主持司法工作，是很合时宜的。

张释之不仅是位出色的执法者，作为大臣，他也有着很高的政治素养。他曾在汉文帝面前谈论秦之所以亡，汉之所以兴的道理，文帝称善；他曾劝止文帝超迁能言善辩、伶牙俐齿的虎圈啬夫，以杜绝天下"争为口辩而无其实"，重蹈秦朝"以亟疾苛察相高"，"无恻隐之实"的覆辙。尤其他的劝文帝薄葬，"使其中有可欲者，虽锢南山犹有隙；使其中无可欲者，虽无石椁，又何戚焉！"话语慷慨淋漓，道理亦千载不朽。清代姚苎田说："数语大得黄老之精，透极，达极！"又说："汉承秦后，陵寝盛极前古，帝感释之之言，遂成薄葬之令，其所益于当时者多矣！"

冯唐的故事是冯唐借着与汉文帝议论赵国名将廉颇、李牧的时机，突然故意地顶了汉文帝一句，以引起汉文帝的注意，而后借着讲李牧的事迹，巧妙地转到了云中太守魏尚被汉文帝无端罢免的问题，从而使汉文帝恍然大悟，立即命冯唐持节前往云中赦免魏尚，令其官复原职；同时也使冯唐本人受到提拔重用。其中冯唐所说的"臣愚，以为陛下法太明，赏太轻，罚太重。且云中守魏尚坐上功首虏差六级，陛下下之吏，削其爵，罚作之。由此言之，陛下虽得廉颇、李牧，弗能用也。"话语虽然不多，但却道理深刻，发人深省。宋代黄震说："冯唐论将数语，可为万世法。"

在"冯唐论将救魏尚"的这段文字中，不仅冯唐的一片忠心、一腔热情，跃然纸上；而且汉文帝那种平易近人、不摆架子、与臣下推心置腹的动人情景,也给读者留下了深刻的印象。明代锺惺说:"明主深思虚怀,郑重低回,千载如见。人以为宽容,不知正一片雄略,留心边事处。"像这样从谏如流的皇帝与耿直不阿的臣子会在一起,正所谓君明臣良,君臣关系如家人父子。这种景象出现在《张释之冯唐列传》中,突出地表现了司马迁的一种理想的政治境界。

这种理想的君臣关系也是针对景帝、武帝时期的君臣关系而言的。张释之几次顶撞文帝,文帝对他毫无芥蒂,他也一路从谒者做到了廷尉;可是到了景帝朝,由于张释之曾经因景帝在为太子时犯错而惩罚过他,不过一年多,张释之就左迁淮南相,被赶出了朝廷。景帝三年发生吴楚七国之乱时,张释之正为淮南相,杨树达引周寿昌曰:"释之将淮南兵,不令王从反,事后不见录。《淮南传》不载姓名,本传亦绝不叙入。若非以纪传年分推求,几无知者。是不但景帝之左迁淮南相以前过,恐不录其功亦以此也。"景帝的小肚鸡肠不能容人,与文帝的虚怀若谷相比,真是天壤之别。至于武帝,他是要高高在上地控制他的大臣,要大臣们对他惟命是从,不喜欢大臣们来劝谏他,他的大臣们也大多唯唯诺诺,见风使舵。两相对照,可见司马迁对文帝君臣的赞美,对那种君臣关系的向往,而对景帝、武帝朝的君臣关系是多么失望。这些我们可以参看《万石张叔列传》《平津侯主父列传》《汲郑列传》等。

万石张叔列传第四十三

【释名】

"万石"指石奋,因为他与他的四个儿子都官至二千石,五人俸禄总和达一万石,故景帝称他为"万石君"。本篇就是石奋一家与卫绾、直不疑、周文、张叔等人的合传。这些人的共同点是为人"恭谨",实际上不过是一群庸庸碌碌,尸位素餐,只图保官保命的官僚罢了。

篇中所记石奋经典事迹有:献其姐与刘邦为美人,得为中涓;过宫门必趋,见路马必轼;以及门庭整肃,子孙孝谨等。附传长子石建,为郎中令,亲自为父亲洗内裤便器;书"马(馬)"字少一点恐惧至极。少子石庆以策数马;后为丞相,九年无所匡言;因仓廪空虚,流民甚众请求致仕,武帝责让不许。卫绾的主要事迹有:珍视赐剑,代人受过,不与人争功等。直不疑的主要事迹有:被诬偷金盗嫂均不自我辩白。周文的主要事迹是沉稳谨言,不受贿,不言人过,也无所匡正。张欧为御史大夫,办理案件以宽大为主,不得已而必须判刑的必涕泣当着办犯的面封上卷宗上奏,不使有冤。篇末论赞对传中几人分类评论,称他们为"笃行君子"而实有讥讽之意。

万石君名奋,其父赵人也,姓石氏。赵亡①,徙居温②。高祖东击项籍③,过河内④,时奋年十五,为小吏,侍高祖。

高祖与语,爱其恭敬,问曰:"若何有⑤?"对曰:"奋独有母,不幸失明。家贫。有姊,能鼓琴。"高祖曰:"若能从我乎?"曰:"愿尽力。"于是高祖召其姊为美人⑥,以奋为中涓⑦,受书谒⑧,徙其家长安中戚里⑨,以姊为美人故也。其官至孝文时⑩,积功劳至大中大夫⑪。无文学⑫,恭谨无与比。

【注释】

①赵亡:前228年,秦军攻克邯郸,赵王迁被俘,赵王迁兄公子嘉逃至代,至前222年彻底灭亡。

②温:秦县名,治所在今河南温县西南,属河内郡。

③东击项籍:事在汉二年(前205)四月。指刘邦从汉中杀回关中后,东征项羽,攻入项羽都城彭城事,详见《项羽本纪》《高祖本纪》。

④过河内:据《高祖本纪》,汉二年(前205)三月,刘邦"下河内,虏殷王,置河内郡"。河内,秦郡名,郡治怀县,在今河南武陟西南,原为项羽所封殷王司马卬封地,刘邦虏殷王后,复置为郡。

⑤若:你。

⑥美人:秦汉时帝王姬妾的一种称号。据《汉书·外戚传》,皇帝正妻为"皇后",其他姬妾都称"夫人",姬妾"又有美人、良人、八子、七子、长使、少使之号焉"。

⑦中涓:官名,君主侍从之臣。颜师古曰:"涓,洁也,言其在内主知洁清洒扫之事,盖亲近左右也。"

⑧受书谒:帮君主接收臣民的上书。谒,此为求见时递上的名帖。《陈丞相世家》载陈平投奔刘邦时,"万石君奋为汉王中涓,受平谒,入见平"。

⑨徙其家长安中戚里:高祖七年(前200)二月,刘邦迁都长安,石奋迁居长安,或亦在此时。戚里,里巷名。周寿昌曰:"《长安志》

注云:'高祖娶石奋姊为美人,移家于长安城中,号之曰戚里,帝王
之姻戚也。'据此,'戚里'因石奋家而名。"

⑩孝文:即汉文帝刘恒,前179—前157年在位。

⑪大中大夫:官名,即太中大夫,郎中令属官,掌论议,顾问应对。秩
比千石。

⑫无文学:没有文化修养。文学,此谓学问,文化知识。

【译文】

万石君名奋,他的父亲是赵国人,姓石。赵国灭亡后,他家迁居到温
县。高祖东进攻打项羽时,路过河内郡,当时石奋年纪只有十五岁,在郡
里做小吏,侍奉高祖。高祖同他交谈,喜欢他为人恭敬,于是问他说:"你
家中有些什么人?"石奋回答说:"我家中只有母亲,不幸双目失明。家
里很贫穷。还有个姐姐,能弹琴。"高祖说:"你愿意跟着我吗?"石奋回
答说:"愿竭尽全力侍奉您。"于是高祖召来他的姐姐,让她做了美人,任
命石奋为中涓,负责受理臣民上奏的文书和求见的名帖,将他们家迁到
长安城中的戚里,因为石奋的姐姐是美人的缘故。到汉文帝在位时,石
奋积累功劳,官职升到了太中大夫。这个人没有什么文化修养,可是他
的恭敬谨慎,无人可比。

文帝时,东阳侯张相如为太子太傅①,免。选可为傅
者,皆推奋,奋为太子太傅。及孝景即位,以为九卿。迫近,
惮之,徙奋为诸侯相②。奋长子建,次子甲,次子乙③,次子
庆,皆以驯行孝谨,官皆至二千石。于是景帝曰:"石君及四
子皆二千石,人臣尊宠乃集其门。"号奋为万石君④。

【注释】

①东阳侯张相如:张相如为西汉开国功臣,高祖十一年(前196)因

功被封为东阳侯,其事散见于《孝文本纪》《高祖功臣侯者年表》《汉兴以来将相名臣年表》《屈原贾生列传》《张释之冯唐列传》《匈奴列传》等。东阳,汉县名,在今山东武城东北。太子太傅:官名,为太子之师傅,职掌辅导太子。秩真二千石。

②"及孝景即位"几句:盖谓汉景帝即位后,石奋升任九卿,但因九卿接近皇帝,石奋过于守礼,让景帝感到压力,遂将其调任为诸侯相。九卿,据《汉书·百官公卿表》,指太常、郎中令、卫尉、太仆、廷尉、典客、宗正、治粟内史、少府九职。秩二千石。又,此数句,郭嵩焘标点为"及孝景即位,以为九卿迫近,惮之,徙奋为诸侯相",以为太子太傅在西汉时亦"九卿之列",犹《汲郑列传》称主爵都尉汲黯亦"列于九卿",录以备考。

③次子甲,次子乙:颜师古曰:"史失其名,故云'甲''乙'耳,非其名。"

④号奋为万石君:王先谦曰:"严延年、冯勤、秦彭家世,并有'万石'之号。"

【译文】

汉文帝时,东阳侯张相如担任太子太傅,后被免职。汉文帝要再选一位适合做太子太傅的人,大家都推举石奋,于是石奋就做了太子太傅。等到汉景帝即位,任命石奋为九卿。汉景帝认为石奋做九卿,离自己太近,怕他过于恭敬谨慎让自己不自在,便改派他去外地做诸侯相。石奋的长子石建,二子石甲,三子石乙,四子石庆,都因为品性驯良,孝顺恭谨,官至二千石。于是汉景帝说:"石君和他的四个儿子都官至二千石,人臣的尊贵宠信都集中到他们一家了。"就称呼石奋为万石君。

孝景帝季年①,万石君以上大夫禄归老于家②,以岁时为朝臣③。过宫门阙④,万石君必下车趋,见路马必式焉⑤。子孙为小吏,来归谒,万石君必朝服见之,不名⑥。子孙有过失，不谯让⑦，为便坐⑧，对案不食。然后诸子相责，因长老肉袒固谢罪⑨，改之，乃许。子孙胜冠者在侧⑩，虽燕居必冠⑪，申申如也⑫。僮仆䜣䜣如也⑬，唯谨。上时赐食于家，必稽首俯伏而食之⑭，如在上前。其执丧，哀戚甚悼⑮。子孙遵教，亦如之。万石君家以孝谨闻乎郡国⑯，虽齐鲁诸儒质行⑰，皆自以为不及也。

【注释】

①孝景帝季年：汉景帝在位时间为前156—前141年。季年，晚年。

②上大夫禄：享受上大夫的俸禄。

③以岁时为朝臣：指按时进宫朝见。泷川引冈白驹曰："唯外戚、皇室、诸侯得奉朝请，盖以姻戚优礼待之。"朝请，春朝曰朝，秋朝曰请，泛指按时朝见。

④宫门阙：此谓皇宫的门楼。阙，宫门两侧的高台，中间有道路，台上起楼观。因两阙之间有空缺，故称"阙"。

⑤路马：指为君主驾车的马。因君主的马车称为"路车"，故称。式：通"轼"。古人乘车时，手扶车前横木以示礼敬的一种姿势。《礼记·曲礼》："大夫士下公门，式路马。"当系石奋所本。

⑥不名：不直呼他们的名字。

⑦谯（qiào）让：谴责，责备。

⑧便坐：《索隐》曰："谓为之不处正室，别坐他处。"王骏图曰："但非平时正坐处耳，不必另一室也。"

⑨肉袒：脱衣露体。古人在谢罪时表示敬意。

⑩胜冠：指到了要戴帽子的年龄。古人年二十而行加冠礼。

⑪虽燕居必冠：即使是闲居时，自己也要戴好帽子，以示庄重。

⑫申申如也：语出《论语·述而》："子之燕居，申申如也，夭夭如

也。"马融注:"申申,和舒之貌。"王先谦曰:"言和而有节也。"颜师古以为"申申,整饬之貌"。

⑬僮仆䜣䜣如也:此谓石奋在僮仆面前的样子是"䜣䜣如也"。䜣䜣,同"欣欣",慈和的样子。

⑭稽(qǐ)首:古时一种跪拜礼,叩头至地,是最恭敬的礼拜。

⑮哀戚甚悼:非常悲伤。锺惺曰:"史称石奋'无文学,恭谨无与比',然其'过宫门阙必下车,见路马必式焉;子孙为小吏归谒,必朝服见之',动止步趋,又是学问知礼人所为,似熟读《曲礼》《乡党篇》中许多曲折周旋。"

⑯闻乎郡国:石奋家的家风名闻各个郡国。

⑰质行:朴实的品行。王先谦引王文彬曰:"质,实也。"

【译文】

汉景帝晚年,万石君享受上大夫的俸禄告老回家,每年定期按时去朝见皇帝几次。他路过宫门的双阙时,一定要下车小步快走,表示恭敬,见到皇帝的车马也要手扶横木致意。他的子孙辈做小吏,回家看望他,万石君也一定要穿上朝服接见他们,不直接称呼他们的名字。他的子孙们有了过错,他并不责备他们,只是自己坐到侧旁的座位上,对着餐桌不肯吃饭。直到他的孩子们自己相互做了批评,让老人领着他们袒露上身来坚决谢罪,并且改正了错误,才答允他们的请求。已成年的子孙在身边时,即使是闲居在家,他也一定要戴好帽子,一副和睦舒适的样子。在家里的奴仆面前,他总是非常慈祥温和,一副恭谨的样子。皇帝有时赏赐食物送到他家,他必定叩头跪拜后才弯腰低头去吃,如同在皇帝面前一样。他服丧期间,总是哀痛万分。子孙后代遵从他的教诲,也都像那样。万石君一家因孝顺谨慎闻名于各郡县和各诸侯国,即使是齐鲁之地注重实行的儒生们,也都自认为比不上他。

建元二年①,郎中令王臧以文学获罪②。皇太后以为儒者文多质少③,今万石君家不言而躬行,乃以长子建为郎中令,少子庆为内史④。

建老白首,万石君尚无恙。建为郎中令,每五日洗沐归谒亲⑤,入子舍⑥,窃问侍者,取亲中裙厕牏⑦,身自浣涤,复与侍者,不敢令万石君知,以为常。建为郎中令,事有可言⑧,屏人恣言,极切⑨;至廷见,如不能言者⑩。是以上乃亲尊礼之⑪。

【注释】

①建元二年:前139年。建元,汉武帝年号(前140—前135)。

②郎中令王臧以文学获罪:据《孝武本纪》《魏其武安侯列传》,建元元年(前140),丞相窦婴、太尉田蚡好儒术,推荐赵绾为御史大夫,王臧为郎中令,推尊儒术,得罪好黄老之学的窦太后,次年更提出朝政大事不再奏闻窦太后,窦太后因而大怒,罢免了窦婴、田蚡,处死了赵绾、王臧。郎中令,官名,汉代九卿之一,总管宫殿内一切事务。秩二千石。

③皇太后:此指汉武帝祖母太皇太后窦氏。文多质少:大多文饰浮夸而不够朴实。质,实。

④内史:官名,掌治京师。秩二千石。

⑤洗沐:借指休假。汉时规定,官吏五日一次,沐浴休息。

⑥子舍:小房,偏室,相对于正堂而言。《索隐》:"刘氏谓小房内,非正堂也。"

⑦亲:此指父亲。中裙:内裤。厕牏(yú):《集解》引孟康曰:"厕,行清;牏,行中受粪也。"犹今便器、马桶。

⑧事有可言:估计能够说动皇上的事。

⑨屏人恣言,极切:支开别人后,就尽情地劝说,极为恳切。屏人,支开别人。屏,通"摒"。张邦奇曰:"帝时游宴,奢欲神仙,聚敛

征伐之事,纷纷交举,使尝有言以及此耶,宜乎帝之'多欲'亦少损矣;此而无言,其所'屏人而恣言'者,抑何事耶?"王先谦曰:"《灌夫传》'分别言田窦事',盖其一端。"石建为武帝"分别言"田蚡窦婴事,详见《魏其武安侯列传》。

⑩如不能言者:就像不会说话似的。

⑪亲尊礼之:亲近尊重礼遇他。《汉书》作"亲而礼之"。

【译文】

武帝建元二年,郎中令王臧因为推崇儒学获罪。窦太后认为儒生们大多文饰浮夸而不重实行,如今万石君一家不夸夸其谈,而能够身体力行,就任命万石君的长子石建为郎中令,任命他的四子石庆为内史。

石建年老发白了,他的父亲万石君依然健康无病。石建担任郎中令,每五天休假一次,回家拜见父亲时,总是先走进侍者的小屋,私下向侍者询问父亲的健康情况,拿走父亲的内衣亲自洗涤,再交给侍者,不敢让父亲知道,经常这么做。石建担任郎中令时,遇上需要对皇帝说的事,就避开他人畅所欲言,非常恳切;等到参加朝会时,却像一个不会说话的人一样。因此皇帝非常亲近尊重礼遇他。

万石君徙居陵里①。内史庆醉归,入外门不下车。万石君闻之,不食。庆恐,肉袒请罪,不许。举宗及兄建肉袒,万石君让曰②:"内史贵人,入闾里,里中长老皆走匿③,而内史坐车中自如④,固当!"乃谢罢庆。庆及诸子弟入里门,趋至家⑥。

【注释】

①陵里:颜师古曰:"茂陵邑中之里。"王先谦引刘邠曰:"长安中自有里名陵,非茂陵里也。"茂陵,汉武帝陵墓,在今陕西兴平东北咸阳原西端。

②让：谦让，推辞不敢当。此为反语。

③走匿：跑开回避。

④内史坐车中自如：意即不因为快到家中，周围有很多父老长辈而感到心中不安。

⑤入里门，趋至家：意谓到里门就车，然后小步快走回到家里。以示对父亲及邻里的尊敬。趋，小步疾行，这是臣子在君父跟前走路的礼节性姿态。

【译文】

万石君后来搬家到陵里居住。有一次，担任内史的儿子石庆酒醉归来，进入里外大门时没有下车。万石君听说这事后，不肯吃饭。石庆很惶恐，袒露上身向他请罪，万石君仍不答应。后来全族的人和哥哥石建也袒露上身请求恕罪，万石君推让说："内史大人身份尊贵，进入里门时，里中的父老们理应跑开回避，内史大人安然坐在车中，那还不是应该的么！"说完就喝令石庆走开。从此以后，石庆和石家的后辈们都在里门外下车，从里门一直小步快走到家。

万石君以元朔五年中卒①。长子郎中令建哭泣哀思，扶杖乃能行。岁余，建亦死②。诸子孙咸孝，然建最甚，甚于万石君。建为郎中令，书奏事，事下，建读之，曰："误书③！'馬'者与尾当五，今乃四，不足一。上谴死矣④！"甚惶恐。其为谨慎，虽他皆如是。

【注释】

①元朔五年中卒：王先谦引洪亮吉曰："奋卒时年九十六。"元朔，汉武帝年号（前128—前123），元朔五年为前124年。

②岁余，建亦死：王先谦引齐召南曰："建以哀戚岁余卒，盖亦八十

岁矣。"

③误书:发现奏书上写了个错字而大声惊呼。

④上谴死矣:意谓会受到皇上谴责,要死了。泷川曰:"《汉书·艺文志》云:'吏民上书,字或不正,辄举劾。'石建忧其谴死,虑有举劾者也。"

【译文】

万石君于武帝元朔五年去世。他的长子郎中令石建痛哭伤心,以致手扶拐杖才能走路。一年多后,石建也死了。万石君的子孙们都很孝顺,但只有石建最为孝顺,甚至超过了万石君。石建担任郎中令时,有一次上书奏事,奏章批复下来,石建读完后,惊呼:"哎呀,我写了个错字!'馬'字下面连腿带尾应当是五笔,而今我只写了四笔,少一笔。皇上要谴责处死我了!"于是感到非常惶恐。他为人谨慎,即使做其他事也都这样。

　　万石君少子庆为太仆①,御出,上问车中几马,庆以策数马毕②,举手曰:"六马。"庆于诸子中最为简易矣③,然犹如此。为齐相④,举齐国皆慕其家行,不言而齐国大治,为立石相祠⑤。元狩元年⑥,上立太子⑦,选群臣可为傅者,庆自沛守为太子太傅⑧,七岁迁为御史大夫⑨。

【注释】

①太仆:官名,汉代九卿之一,掌管皇帝之舆马和马政,负责为皇帝驾车。秩二千石。

②策:赶马的鞭棒。

③简易:随便,不拘谨。

④齐相:齐厉王刘次昌之相。齐厉王刘次昌事见《齐悼惠王世家》。

⑤为立石相祠:王先谦引周寿昌曰:"后世生祠之始。"

⑥元狩元年:前122年。元狩,汉武帝年号(前122—前117)。

⑦立太子:指立卫子夫所生的刘据为太子。

⑧沛守:沛郡郡守。沛,汉郡名,郡治相县,在今安徽濉溪西北。

⑨七岁迁为御史大夫:事在汉武帝元鼎二年,前115年。御史大夫,官名,汉代三公之一。掌副丞相职。主管图籍秘书、四方文书、监察执法,有时亦奉命出征。丞相缺位后,多由御史大夫继任。

【译文】

万石君的小儿子石庆担任太仆,为皇帝驾车外出时,皇帝问驾车的马有几匹,石庆用马鞭点着数完一遍后,举手示意说:“共六匹。”石庆在万石君的几个儿子中算是最不拘泥礼节的了,尚且如此小心谨慎。石庆做过齐国国相,齐国上下都仰慕他们的家风,所以不用发布政令齐国就非常安定,齐国人为他建立了石相祠。元狩元年,武帝册立太子,想从大臣中挑选一位能够担任太子太傅的,石庆便由沛郡太守调任为太子太傅,七年后又升任御史大夫。

元鼎五年秋①,丞相有罪,罢②。制诏御史:“万石君先帝尊之,子孙孝,其以御史大夫庆为丞相,封为牧丘侯③。”是时汉方南诛两越④,东击朝鲜⑤,北逐匈奴⑥,西伐大宛⑦,中国多事。天子巡狩海内,修上古神祠⑧,封禅⑨,兴礼乐。公家用少,桑弘羊等致利⑩,王温舒之属峻法⑪,儿宽等推文学至九卿⑫,更进用事⑬,事不关决于丞相,丞相醇谨而已⑭。在位九岁⑮,无能有所匡言⑯。尝欲请治上近臣所忠、九卿咸宣罪⑰,不能服,反受其过,赎罪。

【注释】

①元鼎五年:前112年。元鼎,汉武帝年号(前116—前111)。

②丞相有罪，罢：据《汉书·武帝纪》，丞相赵周乃下狱死。

③封为牧丘侯：自公孙弘拜相封侯后，遂成为惯例，任丞相者，即封
　　为列侯。牧丘为封地名，在今山东平原。

④南诛两越：指武帝元鼎五年（前112）秋讨伐南越和元鼎六年（前
　　111）秋讨伐东越，详见《南越列传》《东越列传》。

⑤东击朝鲜：事在元封二年（前109），详见《朝鲜列传》。

⑥北逐匈奴：指武帝时北伐匈奴事，主要有三次，分别在元朔二年
　　（前127）、元狩二年（前121）、元狩四年（前119），详见《匈奴列
　　传》《卫将军骠骑列传》。

⑦西伐大宛：武帝伐大宛，始于太初元年（前104），至太初四年（前
　　101）止，见《大宛列传》。

⑧修上古神祠：修复祭祀古来的神庙。详情见《封禅书》。

⑨封禅（shàn）：古代帝王祭天地的大典。在泰山上筑土为坛，报天
　　之功，称封；在泰山下的梁父山上辟场祭地，报地之德，称禅。汉
　　武帝自元封元年（前110）开始，以后曾举行封禅典礼。

⑩桑弘羊等致利：指桑弘羊主持制定实施盐铁官营、平准均输等经
　　济政策。桑弘羊，武帝末官至御史大夫，事迹参见《平准书》。致
　　利，搜刮财富。

⑪王温舒之属峻法：指汉武帝重用王温舒等酷吏维持统治。王温
　　舒，武帝时的著名酷吏之一，官至廷尉、中尉，事详《酷吏列传》。

⑫兒（ní）宽等推文学至九卿：指武帝尊崇儒术，一些儒生担任高
　　官。事见《儒林列传》。兒宽，治《尚书》出身，官至御史大夫，
　　《汉书》有传。推文学，推崇儒学。

⑬更进用事：指桑弘羊、王温舒、兒宽更各色人等相继掌握实权。

⑭丞相醇谨而已：指石庆身为丞相，只是一味恭恭敬敬当好好先生，
　　不管事。醇，通"淳"，谨厚。凌稚隆引秦观曰："石庆为相已非其
　　分，而又以全终，岂其才智之足以自免哉？盖武帝初立，田蚡为

相，权移人主；田蚡既死，上惩其事，痛法以绳，故用之而克终者，唯鄙人而后可也。庆为相时，九卿更用事，不关决于庆，庆醇谨而已，此其所见容于武帝也。"

⑮在位九岁：石庆自元鼎五年（前112）拜相，至太初二年（前103）去世，前后为相九年。

⑯无能有所匡言：没有劝谏匡正过皇帝。匡，匡正，纠正，指给皇帝纠正偏差。《张丞相列传》："及今上时，柏至侯许昌、平棘侯薛泽、武强侯庄青翟、高陵侯赵周等为丞相，皆以列侯继嗣，娖娖廉谨，为丞相备员而已，无所能发明功名有著于当世者。"石庆盖亦如此。

⑰所忠：姓所，名忠，曾任谏大夫，其事又见于《封禅书》《司马相如列传》。九卿咸宣：《酷吏列传》作"减宣"，官至左内史、右扶风。咸宣未曾任九卿而称其为"九卿"，亦犹《汲郑列传》载主爵都尉汲黯之"列为九卿"，内史同主爵都尉一样，均为秩二千石。

【译文】

元鼎五年秋，丞相赵周有罪被罢免。汉武帝给御史下诏说："先帝很敬重万石君，他的子孙们也都孝顺，现在就让御史大夫石庆担任丞相，封为牧丘侯。"当时汉朝正在南边征讨东越、南越，在东边进攻朝鲜，在北边驱逐匈奴，在西边讨伐大宛，国家正值多事之时。加上汉武帝巡游全国各地，到处修复祭祀上古的神庙，举行封禅大典，大兴礼乐。国家财政困难，桑弘羊等人为国家捞钱，王温舒之辈推行严刑峻法，兒宽等人因推尊儒学而官至九卿，他们相继升迁掌权，朝中大事不取决于丞相，石庆只是一味恭敬自保罢了。他做丞相一共九年，没说过一句匡正时政的话。他曾经要请求惩办汉武帝的近侍所忠和九卿咸宣的罪行，结果不仅没能让他们服罪，自己反而受到惩处，最后通过花钱才得免罪。

元封四年中①，关东流民二百万口②，无名数者四十万③，公卿议欲请徙流民于边以适之④。上以为丞相老谨，不能与其议，乃赐丞相告归⑤，而案御史大夫以下议为请者⑥。丞相惭不任职，乃上书曰："庆幸得待罪丞相，罢驽无以辅治⑦，城郭仓库空虚，民多流亡，罪当伏斧质⑧，上不忍致法。愿归丞相侯印，乞骸骨归⑨，避贤者路。"天子曰："仓廪既空，民贫流亡，而君欲请徙之，摇荡不安，动危之，而辞位，君欲安归难乎⑩？"以书让庆⑪，庆甚惭，遂复视事⑫。

【注释】

①元封四年：前107年。元封，汉武帝年号（前110—前105）。

②流民：流亡在外的百姓。

③无名数：没有户籍的人。颜师古曰："名数，若今户籍。"

④公卿议欲请徙流民于边以适之：石庆等公卿们商议请求把流民流放到边疆来惩罚他们。徙，流放。适，通"谪"，惩罚。

⑤乃赐丞相告归：让石庆休假回家。盖武帝不欲惩罚石庆。

⑥案：通"按"，查办。

⑦罢驽：低劣的马，比喻人才能低下。

⑧罪当伏斧质：意谓罪该处死。斧质，处斩刑的斧和木砧。

⑨乞骸骨归：乞求将尸骨归葬故乡，即告老还乡。

⑩"摇荡不安"几句：你们让百姓动荡不安，使他们处于危难之中，自己却想辞职不干了，你想让谁来应付这麻烦事呢？颜师古曰："摇动百姓，使其危急，而自欲去位。以此危难之事，欲归之何人。"

⑪以书让庆：下诏书责备石庆。《汉书》本传载录此诏书。

⑫视事：处理政事。

【译文】

元封四年中，关东百姓有两百万人流离失所，其中没有户籍的就有四十多万，公卿大臣们商议请求将流民们发配到边地去以示惩罚。汉武帝认为丞相石庆年老恭谨，不能参与这种商议，就让他请假回家，而后对御史大夫以下提出请求发配流民的人通通加以查办。石庆深愧不能胜任丞相之职，于是给汉武帝上书说："我石庆有幸得以位居丞相，由于自己才能低下，没有本事辅佐皇上治理好天下，导致现在城郭国库空虚，百姓流离失所，我实在是罪当处死，皇上却不忍心依法处置我。我愿归还丞相和侯爵的印信，请求告老还乡，给贤能的人让位。"汉武帝说："粮仓已然空虚，百姓贫困流离失所，而你们却还请求把流民们发配到边地去，他们本来就已经动荡不安了，你们还要扰动危害他们，在这种时候你又想辞去职位，你想把这些麻烦推给谁呢？"于是汉武帝下诏书责备石庆，石庆非常惭愧，才又出来处理政事。

　　庆文深审谨①，然无他大略，为百姓言。后三岁余，太初二年中②，丞相庆卒，谥为恬侯。庆中子德，庆爱用之，上以德为嗣，代侯。后为太常③，坐法当死，赎免为庶人④。庆方为丞相，诸子孙为吏更至二千石者十三人。及庆死后，稍以罪去，孝谨益衰矣⑤。

【注释】

①文深：思虑周密。

②太初二年：前103年。太初，汉武帝年号（前104—前101）。

③后为太常：事在太初三年，前102年。太常，秦时叫奉常，汉景帝时更名太常，汉代九卿之一，主管宗庙祭祀。

④坐法当死，赎免为庶人：事在天汉元年，前100年。《汉书·外戚恩泽侯表》："天汉元年，坐为太常失法罔上，祠不如令，完为城旦。"

⑤"及庆死后"几句：石庆死后，子孙做官的渐渐因罪去职，孝顺谨慎的家风更加衰微。徐孚远曰："石丞相在时，田少卿已按治河东

守,石氏之衰久矣。"泷川引钱大昕曰:"褚先生叙田仁刺举三河,'河东太守,石丞相子孙也。石氏九人为二千石,方贵盛,仁数上书言之。'其后,三河太守皆下狱诛死,此在庆已没之后。"

【译文】

石庆为人思虑周密,处事审慎严谨,却没有什么高明的谋略,也不曾为百姓请命进言。这样又过了三年多,到汉武帝太初二年,丞相石庆去世,被谥为恬侯。石庆的二儿子石德,石庆非常喜爱器重他,汉武帝指定石德为石庆的继承人,承袭侯位。后来石德担任太常,因触犯法律被判处死刑,花钱赎罪后免职成了平民。石庆做丞相的时候,他的儿孙们相继做官做到二千石的有十三人。等到石庆死后,这些人也逐渐因犯罪而被免职,孝顺谨慎的家风也更加衰落了。

　　建陵侯卫绾者①,代大陵人也②。绾以戏车为郎③,事文帝,功次迁为中郎将④,醇谨无他⑤。孝景为太子时⑥,召上左右饮,而绾称病不行⑦。文帝且崩时,属孝景曰:"绾长者,善遇之。"及文帝崩,景帝立⑧,岁余不噍呵绾,绾日以谨力⑨。

【注释】

①建陵侯卫绾(wǎn)者:封地建陵,在今江苏新沂城南。
②代大陵人:代国大陵县,治所在今山西文水东北。梁玉绳曰:"大陵县属太原,而云'代大陵'者,绾事文帝,文帝初封于代,高祖诏取山南太原之地益属代,故大陵属代也。"
③戏车:颜师古曰:"若今之弄车之技。"沈钦韩曰:"《盐铁论·除狭篇》贤良曰:'今吏道壅而不选,戏车鼎跃,咸出补吏。'《西京赋》:'建戏车,树修旒。'盖今之戏车轮者。"
④功次迁为中郎将:依功劳逐级提升为中郎将。中郎将,官名,是皇

帝身边的卫队长，统领中郎，上属郎中令，秩千石。

⑤醇谨无他：颜师古曰："无他余志念也。"犹今言一心一意。

⑥孝景为太子时：汉文帝自其元年（前179）正月，立汉景帝为太子，景帝为太子共二十三年。

⑦绾称病不行：《集解》引张晏曰："恐文帝谓预有二心以事太子。"即害怕汉文帝怀疑他早有心投靠结交太子。

⑧文帝崩，景帝立：事在汉文帝后元七年（前157）。景帝元年为前156年。

⑨岁余不谯（jiāo）呵绾，绾日以谨力：《索隐》："谯何二音，谁何犹借访也。"《汉书》作"孰何"，亦即"谁何"。泷川曰："'不谁何'，置而不问也。"大意谓景帝即位后，一年多没搭理卫绾，而卫绾每天照样努力工作。一说，谯呵，训斥。

【译文】

　　建陵侯卫绾是代国大陵县人。卫绾因为戏车技艺高超做了郎官，得以事奉汉文帝，根据功劳逐级提升为中郎将。卫绾为人忠厚恭谨，没有私心杂念。汉景帝做太子时，曾召请过汉文帝身边的近臣饮宴，而卫绾推说有病不去参加。汉文帝临死时嘱咐汉景帝说："卫绾是年高望重的人，你要好好对待他。"等到汉文帝去世后，汉景帝即位，有一年多没有搭理卫绾，而卫绾每天仍然兢兢业业地工作。

　　景帝幸上林①，诏中郎将参乘②，还而问曰："君知所以得参乘乎？"绾曰："臣从车士幸得以功次迁为中郎将，不自知也。"上问曰："吾为太子时召君，君不肯来，何也？"对曰："死罪，实病③！"上赐之剑。绾曰："先帝赐臣剑，凡六剑，不敢奉诏。"上曰："剑，人之所施易④，独至今乎？"绾曰："具在。"上使取六剑，剑尚盛⑤，未尝服也。郎官有谴，常蒙其罪⑥，不与他将争⑦；有功，常让他将。上以为廉，忠实无他肠⑧，乃拜绾为河间王太傅⑨。吴楚反⑩，诏绾为将，将河间兵击吴楚有功⑪，拜为中尉⑫。三岁，以军功，孝景前六年中封绾为建陵侯⑬。

【注释】

①上林：即上林苑，汉代皇帝射猎、游乐之所，旧址在今西安西南，有数县之广。

②参乘：陪乘。陪皇帝同乘，是对臣子的宠遇。

③死罪，实病：装傻，仍然托病，不说实情。

④人之所施易：人们常用常换的。王先谦曰："古人佩剑，乃常施而常易者。"施，佩带。易，更换。

⑤尚盛（chéng）：还装在剑鞘里。颜师古曰："盛谓在削室之中也。盛音成。"

⑥常蒙其罪：常替他们掩饰罪过。蒙，《正义佚存》曰："谓覆蔽之。"

⑦他将：其他中郎将。

⑧无他肠：没有其他心思杂念。颜师古曰："心肠之内无他恶也。"王先谦曰："言一心事主耳。"

⑨为河间王太傅：事在汉景帝二年，前155年。时河间王为汉景帝之子刘德。

⑩吴楚反：即吴楚七国之乱，事在景帝三年（前154）正月，详见《绛侯世家》《梁孝王世家》《吴王濞列传》。

⑪将河间兵击吴楚有功：梁玉绳引《经史答问》曰："击赵也，河间是赵之分国，时赵同反，安得逾赵而东征？误已。"此盖以吴楚代指起兵叛乱之七国，实为讨伐赵国。朝廷讨平赵国叛乱事见《楚元王世家》。

⑫中尉：官名，掌京师治安，秩二千石。

⑬孝景前六年：汉景帝前元六年，前151年。卫绾在汉景帝前元三年讨伐吴楚七国之乱有功，至此始被封侯。

【译文】

有一回，汉景帝驾临上林苑，诏令中郎将卫绾陪乘，回来的路上，汉景帝问他："你知道让你陪乘的原因吗？"卫绾说："我从一个小小的车士有幸因功劳逐级升官到中郎将，不知道为何让我陪乘。"汉景帝问道："我当太子时，曾有一次召你来饮酒，你不肯来，为什么呢？"卫绾说："我真该死，当时确实有病！"汉景帝赐给他一把剑。卫绾说："先帝曾赐给我六把剑，我不敢再接受陛下的赏赐了。"汉景帝说："佩剑，是人们常用常换的，先帝赐给你的剑，你至今还保留着？"卫绾说："全都还在。"汉景帝让他把那些剑取来，都还装在剑鞘里，不曾佩带过。中郎将手下的郎官犯了错误，卫绾常常替他们掩饰罪过，不和其他中郎将争辩；有了功劳，常常推让给其他中郎将。汉景帝认为他品行方正，忠诚老实没有杂念，就任命他为河间王刘德的太傅。吴楚七国造反时，卫绾被任命为将军，因率领河间国的军队在平定吴楚七国叛军的战争中立了功，被任命为中尉。过了三年，因为战功，于汉景帝前元六年被封为建陵侯。

其明年①，上废太子②，诛栗卿之属③。上以为绾长者，不忍④，乃赐绾告归⑤，而使郅都治捕栗氏⑥。既已，上立胶东王为太子⑦，召绾，拜为太子太傅。久之，迁为御史大夫⑧。五岁⑨，代桃侯舍为丞相⑩，朝奏事如职所奏⑪。然自初官以至丞相，终无可言⑫。天子以为敦厚，可相少主，尊宠之，赏赐甚多。

为丞相三岁，景帝崩，武帝立⑬。建元年中⑭，丞相以"景帝疾时诸官囚多坐不辜者，而君不任职"，免之⑮。其后绾卒^⑯，子信代。坐酎金失侯^⑰。

【注释】

①其明年：汉景帝前元七年，前150年。

②上废太子：汉景帝废栗姬子太子刘荣为临江王事，详见《外戚世家》。

③栗卿：栗姬之兄弟，姓栗名卿。颜师古云："太子废为临江王，故诛其外家亲属也。"

④不忍：谓卫绾为人不够狠心，不忍加害太子，株连栗姬家属。

⑤乃赐绾告归：让他休假回家。盖卫绾时任中尉，掌京师治安，负责大案的抓人、杀人，《酷吏列传》中的酷吏多担任过中尉。

⑥郅都：汉代著名酷吏，号曰"苍鹰"，事见《酷吏列传》。

⑦立胶东王为太子：事在刘荣被废两个月之后。胶东王，名彻，即后来的汉武帝。

⑧迁为御史大夫：事在汉景帝中元三年，前147年。

⑨五岁：卫绾担任御史大夫的第五年。

⑩代桃侯舍为丞相：事在汉景帝后元元年，前143年。时丞相刘舍死，卫绾继任丞相。桃侯舍，西汉开国功臣刘襄之子刘舍，承袭父爵为侯，封地桃县，治今河北冀州西北。景帝中元三年（前147）继周亚夫为丞相，至此去世。

⑪如职所奏：《索隐》曰："以言但守职分而已，不别有所奏议也。"

⑫终无可言：梁玉绳曰："按《汉书·武纪》：'绾奏郡国所举贤良，或治申、商、韩非、苏秦、张仪之言，乱国政，请皆罢，帝可之。'绾虽无相业，而此事加于萧、曹一等，安得谓'奏事如职，终无可言'乎！"梁氏所言乃武帝时事，司马迁乃叙其景帝朝事。且大约司马迁对汉武帝"独尊儒术"之举并不赞赏，故不认为此系"加萧曹一等"之事，故不予记述。又杨树达曰："武帝初立时，田蚡以

帝舅用事,蚡与窦婴俱好儒术,奏罢贤良盖婴蚡所主持,绾以丞相
具奏尸其名耳。"则尊儒之议亦非卫绾主导。

⑬景帝崩,武帝立:事在汉景帝后元三年,前141年。

⑭建元年中:王先谦引周寿昌曰:"据《武纪》《公卿表》《窦婴传》,
'中'字当正作'初'。"

⑮丞相以"景帝疾时诸官囚多坐不辜者,而君不任职",免之:中井
积德曰:"'景帝疾'至'君不任职',举天子谴责之语也。"其说有
理,曰"君不任职",当系汉武帝对卫绾说。颜师古曰:"天子不亲
政,则丞相当理之,而绾不申其冤。"即当时多为无辜犯人被囚入
狱,卫绾身为丞相,没有替人申冤,以此罢免卫绾。

⑯其后绾卒:据《惠景间侯者年表》及《汉书·景武昭宣元成功臣
表》,卫绾卒于汉武帝元光四年,前131年。

⑰坐酎(zhòu)金失侯:事在汉武帝元鼎五年,前112年。《惠景间侯
者年表》曰:"元鼎五年,侯信坐酎金,国除。"酎金,诸侯献给天子
用于宗庙祭祀的金。酎,祭祀用的醇酒。

【译文】

第二年,汉景帝废黜栗太子刘荣,杀死栗卿等人。汉景帝认为中尉
卫绾是个忠厚长者,不忍心大肆捕杀,就赐他休假回家,而让郅都来逮捕
惩治栗氏族人。处理完这件案子,汉景帝册立胶东王刘彻为太子,召来
卫绾,任命为太子太傅。过了很久,卫绾升任御史大夫。五年之后,卫绾
接替桃侯刘舍担任丞相,在朝廷上只奏报职分内的事情。然而从他最初
做官起直到做丞相,终究没有什么值得称道之处。汉景帝认为他忠厚老
实,可以辅佐少主,对他特别尊宠,赏赐给他的东西非常多。

卫绾担任丞相的第三年,汉景帝去世,汉武帝即位。建元年间,卫
绾因为诏书说"景帝晚年生病时,很多无辜的人被关进监狱,你未能尽
到丞相的职责",被免去丞相之职。后来卫绾去世,他的儿子卫信承袭侯
爵。后来因为卫信上交的用于宗庙祭祀的金子不合规定,被削去侯爵。

塞侯直不疑者^①，南阳人也^②。为郎，事文帝。其同舍有告归，误持同舍郎金去，已而金主觉，妄意不疑^③，不疑谢有之，买金偿。而告归者来而归金，而前郎亡金者大惭，以此称为长者^④。文帝称举，稍迁至太中大夫。朝廷见，人或毁曰^⑤："不疑状貌甚美，然独无奈其善盗嫂何也^⑥！"不疑闻，曰："我乃无兄^⑦。"然终不自明也。

吴楚反时，不疑以二千石将兵击之^⑧。景帝后元年^⑨，拜为御史大夫^⑩。天子修吴楚时功^⑪，乃封不疑为塞侯^⑫。武帝建元年中^⑬，与丞相绾俱以过免。

不疑学《老子》言^⑭。其所临，为官如故^⑮，唯恐人知其为吏迹也。不好立名称，称为长者。不疑卒，子相如代^⑯。孙望，坐酎金失侯^⑰。

【注释】

①塞侯：封地在塞，《正义》曰："古塞国，今陕西桃林县以西至潼关，皆桃林塞地也。"唐代桃林县治所在今河南三门峡西南。直不疑：姓直，名不疑。

②南阳：汉郡名，郡治宛县，在今河南南阳。

③意：猜测，猜疑。

④以此称为长者：直不疑因此被称赞为人忠厚。凌约言曰："不疑买金偿亡，固不失为厚德，然幸而见获，吾诬遂明，苟或不获，安可置而不辨哉？事唯其实而已。"

⑤朝廷见，人或毁曰：颜师古曰："当于阙廷大朝见之时，而人毁之。"意即朝会时当众诋毁他。

⑥盗嫂：谓直不疑与其嫂嫂私通。盗，颜师古曰："谓私之。"

⑦我乃无兄：此当系回家后自语，非当场分辨，故下文云"终不自明"。

⑧不疑以二千石将兵击之：此亦不见于《史记》写平定七国之乱诸篇，盖如卫绾事，功微不足记也。

⑨景帝后元年：前143年。

⑩拜为御史大夫：盖卫绾由御史大夫继任丞相后，直不疑继任御史大夫。

⑪修吴楚时功：赏赐平定吴楚之乱的功劳。修，补充赏赐。

⑫乃封不疑为塞侯：事在景帝后元元年（前143）八月。

⑬武帝建元年中：梁玉绳曰："当作'今上建元元年'。"

⑭《老子》言：指汉初占主流的统治思想"黄老"学说，主张清静无为。

⑮其所临，为官如故：王先谦曰："如前任者所为，非有大利害，不轻改变也。"他到任的地方，都遵循旧规办事，不大事更张。

⑯不疑卒，子相如代：事在建元三年，前138年。代，谓承袭父爵为侯。

⑰孙望，坐酎金失侯：事在元鼎五年，前112年。据《惠景间侯者年表》，直不疑之孙名"坚"，而《汉书》本传则载其名"彭祖"，未知孰是。

【译文】

塞侯直不疑是南阳人。他做郎官，侍奉汉文帝。有一次，跟他同屋的一个人请假回家，误将同屋另一人的金子带走了，不久丢金子的主人发现了，就胡乱猜疑直不疑，直不疑向他道歉并承认了这件事，买了金子偿还给他。后来那个请假回家的人回来将金子归还给原主，丢金子的郎官感到非常惭愧，因此人们称直不疑是个忠厚的人。汉文帝也称赞提拔了他，让他逐步升任太中大夫。有一次参加朝会，有人谗毁他说："直不疑长得挺美，只是无奈他擅长跟嫂子私通啊！"直不疑听到后说："我根本就没有兄长。"但始终没有公开为自己辩白。

吴楚七国之乱时，直不疑以二千石官员的身份率兵攻打叛军。汉景帝后元元年,他被任命为御史大夫。汉景帝表彰平定吴楚之乱的功劳,封直不疑为塞侯。直到汉武帝建元年间,直不疑和丞相卫绾都因为过失而被免职。

直不疑学习《老子》的学说。他每到一个地方任职,为官都因循前任所为,唯恐人们知道他做官的事迹。他从不追求扬名,被人称为忠厚长者。直不疑去世,他的儿子相如承袭侯爵。传到孙子直望时,因为上交的用于宗庙祭祀的金子不合规定,被削去侯爵。

郎中令周文者,名仁,其先故任城人也①。以医见。景帝为太子时,拜为舍人②,积功稍迁,孝文帝时至太中大夫。景帝初即位,拜仁为郎中令。

仁为人阴重不泄③,常衣敝补衣溺裤④,期为不絜清⑤,以是得幸。景帝入卧内,于后宫秘戏⑥,仁常在旁。至景帝崩⑦,仁尚为郎中令⑧,终无所言。上时问人⑨,仁曰:“上自察之。”然亦无所毁。以此景帝再自幸其家⑩。家徙阳陵⑪。上所赐甚多⑫,然常让,不敢受也。诸侯群臣赂遗,终无所受。

武帝立⑬,以为先帝臣,重之。仁乃病免,以二千石禄归老⑭,子孙咸至大官矣。

【注释】

①任城:汉县名,治所在今山东济宁东南。

②舍人:全称为“太子舍人”,官名,太子身边的下级侍从,上属太子太傅或太子少傅。

③阴重不泄:指为人沉默寡言,不泄露机密。颜师古曰:“阴,密也。为性密重,不泄人言也。霍去病‘少言不泄’,亦其类也。”张文虎曰:“《汉书·孔光传》,或问光:‘温室省中树毕何木也?’光默

　　然不应,更答以他语,其不泄如此。"亦可为证。或谓"阴重不泄"

　　为泌尿系统疾病,不确。

④常衣敝补衣溺裤:沈川曰:"'溺'难解,非讹即衍。容服既丑,妃

　　嫔不近,所以无嫌。"大意为穿破烂打补丁的衣服,使妃嫔嫌弃他

　　以避嫌。

⑤期为不絜清:故意装出不干不净的样子。期,必,目的在于。絜,

　　通"洁"。

⑥后宫秘戏:指帝王在后宫与妃嫔一起嬉戏等需要保密的活动。后

　　世或以"秘戏"代指房事。

⑦景帝崩:事在前141年。

⑧仁尚为郎中令:景帝在位共十六年,周仁为郎中令盖与景帝相终始。

⑨上时问人:颜师古曰:"问以他人之善恶。"王先谦曰:"下云'然亦

　　无所毁',则'上自察之',为无所推荐。而此'问人',乃是以其

　　人之材贤相问也。如颜说,则'然亦无所毁'为赘文矣。"

⑩再:两次。

⑪阳陵:汉景帝为自己预建的陵墓名,在今陕西咸阳东北,此指阳陵

　　所在的阳陵邑。

⑫上所赐甚多:杨树达曰:"《景帝纪》:'五年,作阳陵邑,募民徙阳

　　陵,赐钱二十万。'仁以近幸应募,宜其所赐甚多也。"

⑬武帝立:事在景帝后元三年,前141年,武帝建元元年为前140年。

⑭以二千石禄归老:以二千石级别官员的俸禄退休回家养老。

【译文】

　　郎中令周文,名仁,他的祖先原是任城人。周文以医术高超觐见。
汉景帝做太子的时候,任命周文为舍人,累积功劳逐渐升职,到汉文帝时
官至太中大夫。汉景帝刚刚即位,就任命周仁为郎中令。

　　周仁为人沉默寡言,从不泄露机密,总爱穿一些破烂打补丁的衣裳,
故意把自己搞得不干不净,因此受到汉景帝宠幸。以至于汉景帝在卧室

中和后妃们调笑嬉乐时,周仁也可以常常在旁边侍候。一直到汉景帝去世,周仁还在担任郎中令,可他始终无所进言。汉景帝有时向周仁询问某个人的情况,他总是说:"皇上亲自考察他吧。"然而也从不诋毁别人。因此汉景帝曾经两次亲自驾临他家。他的家后来搬到了阳陵。汉景帝赏赐给他的东西非常多,但他却常常辞让,不敢接受。诸侯百官赠送的财物,他也从不接受。

汉武帝即位后,认为周仁是先帝的大臣而尊重他。后来周仁因病免职,得以享受二千石的俸禄告老还乡,他的子孙们也都做了大官。

御史大夫张叔者,名欧①,安丘侯说之庶子也②。孝文时以治刑名言事太子③。然欧虽治刑名家,其人长者。景帝时尊重,常为九卿④。至武帝元朔四年⑤,韩安国免⑥,诏拜欧为御史大夫。自欧为吏,未尝言案人⑦,专以诚长者处官。官属以为长者,亦不敢大欺。上具狱事⑧,有可却,却之⑨;不可者,不得已,为涕泣,面对而封之⑩。其爱人如此。

老病笃,请免。于是天子亦策罢⑪,以上大夫禄归老于家。家于阳陵。子孙咸至大官矣。

【注释】

①张叔者,名欧:"叔"为其字。

②安丘侯说(yuè):即西汉开国功臣张说,据《高祖功臣侯者年表》,因功于高祖八年(前199)七月被封为安丘侯,安丘在今山东安丘东南。庶子:非嫡妻所生的儿子。

③刑名言:指法家学说,犹晁错"学刑名于张恢先所"。杨树达曰:"《儒林传》'孝文本好刑名之言',故以欧与晁错教太子,二人皆治刑名者也。景帝为人刻深,盖有由矣。"

④常为九卿：据《汉书·百官公卿表》，张欧在景帝时曾任廷尉、奉常、中尉等职，均为“九卿”或“列为九卿”之职。

⑤武帝元朔四年：梁玉绳曰：“‘武帝’当作‘今上’。”元朔四年，应作“元光四年”，前131年。

⑥韩安国免：指汉武帝元光三年（前132）韩安国免去御史大夫职。梁玉绳曰：“按《将相》及《百官表》，韩以元光三年免，张欧以元光四年拜，此与《汉》传同误为‘元朔四年’也。”韩安国，字长孺，景帝、武帝时名臣，事详《韩长孺列传》。

⑦未尝言案人：没有提出过惩治他人。查慎行曰：“考《汉书·晁错传》，六国反时，‘丞相青翟、中尉嘉、廷尉欧，劾奏错大逆无道，当要斩，父母妻子同产皆弃市，请论如法。’注云：‘欧，即张欧也。’错之罪名，何至‘大逆无道’？此议实为过当。然则错之死祸发于袁盎，而成于张欧。廷尉为天下平，顾当若是乎？似不得云‘为吏未尝案人’也。”梁玉绳曰：“《汉书·晁错传》‘欧与丞相、中尉劾奏错大逆无道，当要斩，父母妻子同产无少长皆弃市’，《大事记》及《通鉴答问》皆据此事以为‘未尝不案人，不得称长者，史虚美之耳’。何氏焯《困学纪闻》十一注云：‘此景帝纳袁盎之说，自示意于丞相等行之，非张叔所案劾，或讥其不能如释之守法，则可耳。’何注是。”

⑧上具狱事：上报已经判定的刑事案卷。

⑨有可却，却之：凡案情有疑误者，退回去重新审查。

⑩面对而封之：颜师古引晋灼曰：“面对囚读而封之，使其闻见，死而无恨也。”沈钦韩曰：“面囚封其上奏，使知当死。必面封者，恐囚有冤也。”

⑪策罢：下诏准其辞职。

【译文】

御史大夫张叔，名欧，是安丘侯张说的庶子。汉文帝时，张欧因研究刑名家的学说得以事奉太子。然而张欧虽然研究刑名家的学说,他本人却是个忠厚的人。汉景帝时他很受尊重,常常位居九卿之列。到汉武帝元朔四年,韩安国被免职,汉武帝下诏任命张欧为御史大夫。张欧自从开始做官起,从没提出说要查办谁,专门以诚恳忠厚的态度做官。部属都认为他是忠厚的长者,所以谁也不敢大肆欺瞒他。要将已经判定的刑事案卷呈报皇帝审批时,凡是有疑问应该进一步查实的,就退回去重新查对;无法退回重审的,因事不得已,就流着泪当着囚犯的面说清封好案卷。他对人们的爱护就是这个样子。

后来张欧年老病重,请求免去官职。于是汉武帝下诏准许他辞去官职,让他享受上大夫的俸禄告老还乡。他把家安在了阳陵。他的子孙们也都做了大官。

太史公曰:仲尼有言曰"君子欲讷于言而敏于行"①,其万石、建陵、张叔之谓邪?是以其教不肃而成,不严而治②。塞侯微巧③,而周文处谄④,君子讥之,为其近于佞也。然斯可谓笃行君子矣⑤!

【注释】

①君子欲讷于言而敏于行:语出《论语·里仁》。盖谓人要多做实事,少说空话。讷,木讷,笨嘴拙舌。

②不肃而成,不严而治:语本《孝经》:"其教不肃而成,其政不严而治。"盖谓身体力行,不言之教。《论语·子路》"其身正,不令而行",与此类似。

③微巧:暗暗投机取巧,如受诬不辩以邀"长者"之名。凌稚隆引柯维骐曰:"苏东坡谓太史公'微巧'之论,后世莫晓,乃衍其说曰:'夫以德报怨,行之美者,孔子不与,以其不情也。直不疑买金偿

亡,不辩盗嫂,亦世之高行矣,然非人情。其所以蒙诟受污,非不
求名也,求名之至者也。"

④处谰:指善于逢迎谄媚。如故意穿破衣之类。谰,同"谄"。王骏
图曰:"仁性阴凝持重,不泄人言,又故为不清洁之服,故虽后宫秘
戏,亦得在侧,以其不泄于人,而又委琐垢弊,不恶此等猥亵事也。
此其谄景帝之大端,故赞中复明著之。"

⑤斯可谓笃行君子矣:梁玉绳引邵建章曰:"太史公传万石诸人俱以
'孝谨长者'称,周仁是一卑污小人,附于万石君后,何其不类也。
周仁近佞,佞人可称'君子'乎?"

【译文】

太史公说:孔子曾经说过"君子要言语迟钝而办事敏捷",说的就是
万石君、建陵侯和张叔这类人吧? 因此他们教化不峻急却能使事情成
功,措施不严厉而能使社会安定。塞侯直不疑隐蔽地投机取巧,而周文
则失于卑恭谄媚,君子讥讽他们,因为他们的行为近似于佞者。然而他
们都可以称得上是行为敦厚的君子了!

【集评】

凌稚隆曰:"石奋、石建、石庆、卫绾、直不疑、周仁、张欧,行事虽不
同,要不失为长者,故同传。"(《史记评林》)

吴见思曰:"此五人之合传也,举其首末,故以'万石君张叔'立
名。……不但其人其事大同,而更以'醇谨'字、'无他'字、'长者'字、
'无所言'字隐隐钧动,而五传遂为一串矣。古人云'才如散钱,恨无索
子',其此之谓乎!"(《史记论文》)

黄震曰:"万石君家谨厚而已,而父子皆致二千石已过矣,庆备位丞
相于孝武多事之世,何哉? 卫绾戏车士,天资偶亦谨厚,而景帝相之,谓
其'可辅少主'。夫帝谓亚夫'非少主臣',宜绾之见取与! 张叔学刑名
而能慈爱,君子盖取节焉。直不疑偿金,已非人情之正;况周文溺裤行

诈,彼何为者,而皆致位通显! 夫万石君家以诚得之,而窃慕者亦侥幸,殆流弊与!”(《黄氏日钞》)

吴国伦曰:“史称万石君家不言而躬行,未尝不掩卷而叹之。夫建且无论,庆,汉丞相也。丞相佐有天下,所当羽翼凡几? 所当表正凡几? 而时帝以神仙土木虚耗天下,庆胡不有所表正以称操行? 而时帝以厚敛峻法剥剥天下,庆胡不有所表正以称操行? '帝欲云云',勤封禅,治明堂仪,以兴礼乐,庆胡不有所羽翼,折衷百家,阐发千古以称操行? 故史颂其朝服见小吏,吾则谓其近于衰;史颂其居官为父洗涤,吾则谓其近于矫;史颂其误点画惧罪至死,吾则谓其近于琐;史颂其数马车前号称简易,吾则谓其近于谀;史颂其家人淳谨,世称其名,吾则谓其拘挛龌龊,阘然乡愿之行而里塾之光,其岂尺寸长超一世轶于古哉? 余悲世人不察,猥以躬行如眇节,动称'万石',为之著论如此。”(《史记评林》引)

刘大櫆曰:“太史迁之传石奋也,褒之乎? 讥之乎? 曰:讥之。曷以知其为讥也,曰:迁之报任安者曰:'人臣出万死不顾一生之计,赴公家之难,而全躯保妻子之臣媒孽其短,诚私心痛之。'彼石奋者,特全躯保妻子之臣而已。且迁已明斥石庆之非矣,曰:'文深审谨,在位九岁,无能有所匡言。'夫君之所求乎臣,臣之所为尽忠以事其上者,在匡君之违,言君之阙失,使利及生民而已。若夫君之所可而因以为是,君之所否因以为非,其所爱因而趋承之,其所恶因而避去之,此厮役徒隶之所为,曾谓人臣而亦出于此! 当是时,与庆并肩而事武帝,其以滑稽著则有如东方生,以优厉称则有如汲黯。而朔之于上林苑极言其害民,于董偃极言当斩;若黯则又有甚焉,曰'陛下内多欲而外施仁义,奈何欲效唐虞之治!'然武帝于二人者皆莫之罪也。顾谓'古有社稷之臣,黯近之'。……然则憨直亦可以立朝,而君子之为善者当益以自信,岂必依阿以逢世哉! 迁之论塞侯曰'微巧',其论周文亦有'处调'之讥,迹其连类而书,与奋、庆同传,然则奋、庆者,亦迁之所谓佞巧者与!”(《海峰先生文集》)

【评论】

司马迁在《太史公自序》中说："敦厚慈孝,讷于言,敏于行,务在鞠躬,君子长者。作《万石张叔列传》。"文章非常具体地描写了这些"君子长者"的种种"恭谨"之行,而且司马迁在文末的"太史公曰"中又说:"仲尼有言曰'君子欲讷于言而敏于行',其万石、建陵、张叔之谓邪?是以其教不肃而成,不严而治。塞侯微巧,而周文处谄,君子讥之,为其近於佞也。然斯可谓笃行君子矣!"仿佛这些人真的是儒家所标榜的理想人物。但司马迁真是在赞美他们么?如果是,又为什么要特意提出"塞侯微巧,而周文处谄,君子讥之,为其近於佞也"呢?清代吴汝纶说:"此一篇以'佞'字为主。孝谨,美德也,然近于巧佞。"(《桐城先生点勘史记》)实际上,在这篇文章中,司马迁用了一种明褒暗贬的手法,揭露了这些"长者"的卑琐灵魂,批判了他们的奴性,彻底地暴露了封建专制主义的本质。这篇文章是《史记》中最富有讽刺精神的一篇,是一篇不称为"佞幸"的"佞幸列传"。现代研究《史记》的学者多把这篇作品视为"讽刺文学",而把石奋的"趋宫门""轼路马"以及石庆的"以策数马毕,举手曰'六马'"云云用为"巧佞人""伪君子"的典型细节。

"巧佞"的表现首先是投统治者之所好。石奋一出场,高祖刘邦问他家里有什么人,他答曰:"奋独有母,不幸失明。家贫。有姊,能鼓琴。""有姊"就行了,为什么还要说"能鼓琴",刘邦好色是人所共知的事,石奋此答正是针对刘邦的喜好来的。"巧佞"的表现之二是装聋作哑,明哲保身。石庆做了九年丞相"无能有所匡言","无他大略,为百姓言";卫绾"自初为官以至丞相,终无可言"。而当时武帝四面拓边,战争频仍;封禅求仙,劳民伤财;一系列重大政治、经济措施相继出台。在这种情形下,石庆不是没得可说,而是不说,也就是明哲保身。汉武帝时的宰相多因罪被诛,石庆却得以善终,这是什么缘故?宋人秦观说:"庆为相已非其分,而又以全终。岂其才智之足以免哉?盖武帝初立,田蚡为相,权移人主;田蚡既死,上惩其事,痛法以绳,故用之而克终者,惟鄙人而后可也。庆为相时,九卿更用事,不关决于庆,庆醇谨而已,此其所以见容于武帝也。"(《史记评林》引)这段话可谓说得一针见血,所谓"醇谨"就是不对统治者的所作所为说三道四,任他怎么干都不管。这跟那些为了国家人民的利益奋不顾身,敢于"批逆鳞"的忠谏之臣相比,是多么的委琐下作。

篇中揭示了汉武帝"独尊儒术"所尊起来的"儒"已没有了孔孟原始儒家的批判性,而变成了统治者宣扬"德治"的假面具,变成了佞幸们遮掩自己丑行的美好借口,它不再是培养帝王之师的学说,而变成了训练奴才的学说。比如直不疑不辩盗嫂,买金偿亡,明人柯维骐指出:"非人情,其所以蒙垢受诬,非不求名也,求名之至者也。"(《史汉考要》)故而司马迁称之为"微巧"。

我们应该意识到,司马迁写奴才,不仅是批判奴才,也是在批判制造奴才的制度。本文从一个侧面写出了汉武帝时期产生这样的奴才的原因,这就是恐怖的专制制度的进一步加强。正如前面所引秦观所云,自田蚡后,武帝加大了专制力度,法网日密,处罚日重,大臣动辄得咎,在这种环境下,大臣们自然人人自危,保命不迭,奴性自然越来越强。石建因为奏章中的"马"字少写了一笔,就吓得惊呼:"上谴死矣!"可见其恐惧到了何种程度。这种出格的恐惧正折射出专制制度的酷烈。它的强大压力将人性一点点扭曲,使人一点点地变成了奴才。本文画龙点睛是对封建专制主义本质最深刻的揭露和批判。

从司马迁"太史公曰"的一段文字看,他是把石奋父子与卫绾、张叔列为"欲讷于言而敏于行"的一类;而把直不疑、周文列为"微巧""处诒"的"近于佞"的另一类。相比之下,司马迁对后者的反感程度更多一些。但分析具体情况似乎又并不如此简单。如"讷于言",司马迁说石建的表现是"建为郎中令,事有可言,屏人恣言,极切;至廷见,如不能言者"。这说明石建不是"不能言",只是特别会选择场合而已。有意见决不当着第三个人说,只有当皇帝身边没有别人时,他才"恣言,极切"。

据《魏其武安侯列传》说，魏其侯窦婴与武安侯田蚡有矛盾，汉武帝同情窦婴，想通过东朝廷辩让朝臣给他们二人做评断，借着朝臣的舆论给王太后一点弹压，结果未能如愿。事后又被王太后挤兑说："今我在也，而人皆藉吾弟；令我百岁后，皆鱼肉之矣。且帝宁能为石人邪？"在这汉武帝心存两可，正犹豫不定之时，"是时郎中令石建为上别言两人事"。这可是关键性的时刻、关键性的进言！于是魏其侯窦婴遂被"论弃市于渭城"。这恐怕不是孔子所说的"君子欲讷于言而敏于行"的意思了。

关于张欧，此人虽是法家出身，但有时却像一个"仁人君子"。作品说他"专以诚长者处官。官属以为长者，亦不敢大欺。上具狱事，有可却，却之；不可者，不得已，为涕泣面对而封之。其爱人如此。"根据这些表现，应该写入"循吏传"。但司马迁说"自欧为吏，未尝言案人"，这未免太过分了。表彰奖励好人好事与打击惩办坏人坏事，是一个问题的两方面。孔子说："唯仁者能爱人、能恶人。"御史大夫的职务是监察、弹劾，如果他身为御史大夫而从来没有检举、查办过一个犯罪分子，这就不是对御史大夫的表扬之词了。

本篇是《史记》中最出色的讽刺作品之一。司马迁所选择的都是最典型的细节，最能显示出人物的可悲又可鄙的一面。如写石庆为武帝驾车，"上问车中几马，庆以策数马毕，举手曰：'六马。'"其谨小慎微、诚惶诚恐的样子如图画一样显现在读者面前。鲁迅先生说"喜剧是把无价值的撕破给人看"，在这里读者就得到了这种快感。司马迁的讽刺也是很有分寸的。他虽然不喜欢这些人，但也清楚造成这些人的"变态"的原因是专制制度的残酷，因此他讽刺这些人时就没有对这些人进行丑诋，而是在讽刺中寄予了同情，显示出一种"含泪的笑"的效果。

田叔列传第四十四

【释名】

《田叔列传》实际上是有联系的两篇文章。"褚先生曰"以上是司马迁所作,写传主田叔的事迹;以下则是褚少孙的补充之作,写田叔之子田仁与任安的事迹。

田叔的事迹主要有:在贯高谋刺刘邦一案中,赵王张敖被认为是主谋,田叔是张敖郎中,本不涉案,却仍褚衣自髡钳,称家奴,追随他赴京;为贤士孟舒洗冤,使其复为云中守;巧妙处理梁孝王派人刺杀袁盎一案,化解皇室危机;相鲁时用不伤鲁王面子的方法让鲁王偿还了强取的民财,规劝鲁王减少田猎。褚少孙补充了田仁与任安初为卫青舍人,被赵禹推荐,成为武帝朝臣;田仁刺举三河,不畏权贵,惩办三河奸吏,后两人都在卫太子事件中被处死。

田叔者①,赵陉城人也②。其先,齐田氏苗裔也③。叔喜剑,学黄老术于乐巨公所④。叔为人刻廉自喜⑤,喜游诸公⑥。赵人举之赵相赵午,午言之赵王张敖所⑦,赵王以为郎中⑧。数岁⑨,切直廉平,赵王贤之,未及迁⑩。

【注释】

① 田叔：名叔，字少卿。

② 赵陉（xíng）城：赵国之陉城。《汉书·地理志》赵国无陉城；中山国有苦陉县，在今河北无极东北；常山郡有井陉县，在今河北井陉西北；梁玉绳《史记志疑》"或云是陆成"，在今河北蠡县南。未详孰是。

③ 齐田氏苗裔：战国时齐国田氏王族后裔。

④ 黄老术：即依托黄帝、老子的一种学说，主张清静无为，是汉初统治思想的主流。乐巨公：也作"乐臣公"，战国名将乐毅的族人。

⑤ 刻廉自喜：为人追求严谨廉洁。自喜，犹自己喜欢、追求，例如《外戚世家》"任侠自喜"、《孟尝君列传》"好客自喜"等。

⑥ 喜游诸公：喜欢交结当时的名人。颜师古曰："诸公，皆长者也。"中井积德曰："诸公，当时之贤豪。"

⑦ 赵王张敖：张耳之子。高祖四年（前203），张耳被封为赵王，次年去世，其子张敖继任赵王。张敖娶刘邦之女鲁元公主为妻。

⑧ 赵王以为郎中：汉初各诸侯国官制与中央类似，也设郎中，即帝王身边侍从人员。

⑨ 数岁：田叔任郎中的几年间。赵王张敖自高祖五年（前202）继位，至高祖九年（前198）被废，前后约五年。

⑩ 未及迁：意谓没来得及升迁，张敖就出事了。迁，此指升迁。

【译文】

　　田叔是赵国陉城人。他的祖先是齐国田氏的后代。田叔喜欢剑术，曾在乐巨公处向他学习黄老学说。田叔为人追求严谨廉洁，喜欢和当时有名望的人结交。赵国人把他推荐给国相赵午，赵午又把他推荐到赵王张敖那里，赵王任命他为郎中。任职几年，他为官恳切率直，清廉公正，赵王赏识他，却没有来得及提拔他。

　　会陈豨反代①,汉七年,高祖往诛之②,过赵③,赵王张敖自持案进食,礼恭甚④,高祖箕踞骂之⑤。是时赵相赵午等数十人皆怒⑥,谓张王曰:"王事上礼备矣,今遇王如是,臣等请为乱⑦。"赵王啮指出血⑧,曰:"先人失国,微陛下,臣等当虫出⑨。公等奈何言若是!毋复出口矣!"于是贯高等曰:"王长者,不倍德。"卒私相与谋弑上。会事发觉⑩,汉下诏捕赵王及群臣反者。于是赵午等皆自杀,唯贯高就系⑪。是时汉下诏书:"赵有敢随王者罪三族⑫。"唯孟舒、田叔等十余人赭衣自髡钳⑬,称王家奴,随赵王敖至长安。贯高事明白⑭,赵王敖得出,废为宣平侯,乃进言田叔等十余人⑮。上尽召见,与语,汉廷臣毋能出其右者⑯,上说⑰,尽拜为郡守、诸侯相。叔为汉中守十余年⑱,会高后崩⑲,诸吕作乱,大臣诛之⑳,立孝文帝。

【注释】

①陈豨反代:据下文"汉七年,高祖往诛之",则此处"陈豨"当作"韩信",即韩王信。据《韩信卢绾列传》,韩王信勾结匈奴谋反在汉七年(前200),陈豨谋反则在汉十年(前197)。

②汉七年,高祖往诛之:刘邦平定韩王信叛乱事,详见《高祖本纪》《韩信卢绾列传》《绛侯世家》《樊郦滕灌列传》等篇。诛,讨伐。

③过赵:刘邦率军攻打韩王信及匈奴军队,一度被匈奴围困于白登(今山西大同东北)。脱困后南归,故经赵都邯郸(今河北邯郸)。

④自持案进食,礼恭甚:赵王张敖既为刘邦之臣,又是刘邦女婿,故亲自为他端饭,以示敬意。案,指盛放饭菜的托盘。

⑤箕踞:一种轻慢、不拘礼节的坐姿。即随意张开两腿坐着,形似

簸箕。

⑥赵相赵午等：中井积德曰："'赵相'下疑脱'贯高'二字，《高纪》《张传》皆言'赵相贯高'，或并称'贯高、赵午等'，则是贯高、赵午前后相也。下文突然出'贯高'，失次，分明此脱文也。"

⑦请为乱：请让我们作乱杀了他。《张耳陈馀列传》曰："赵相贯高、赵午等年六十余，故张耳客也，生平为气，乃怒曰：'请为王杀之！'"

⑧啮（niè）指出血：古人起誓时常用的姿态。《孙子吴起列传》载吴起"啮臂而盟"。啮，咬。

⑨"先人失国"几句：指其父张耳被项羽封为常山王，到任时被陈馀驱逐，张耳只好投奔刘邦，得刘邦帮助，才得以再度被封为王，自己也成了驸马。虫出，指死亡。

⑩会事发觉：贯高等谋刺刘邦被举报事，详见《高祖本纪》《张耳陈馀列传》。

⑪唯贯高就系：只有贯高接受逮捕。《张耳陈馀列传》曰："十余人皆争自刭，贯高独怒骂曰：'谁令公为之？今王实无谋而并捕王，公等皆死，谁白王不反者！'乃槛车胶致，与王诣长安。"

⑫赵有敢随王者：指赵国未参与谋反的官员而言。

⑬赭衣：土黄色衣服，当时为罪犯的服色。髡钳：剃去头发，脖子套着铁箍。当时奴隶的样子。

⑭贯高事明白：指贯高等谋杀刘邦案查清，事详《张耳陈馀列传》。

⑮进言田叔等十余人：即前文提到的"孟舒、田叔等十余人"。

⑯毋能出其右：没有人再比他们强。

⑰说：通"悦"。

⑱汉中守：汉中郡守。汉中，汉郡名，郡治南郑，即今陕西汉中。

⑲高后崩：事在吕后八年（前180）七月。

⑳诸吕作乱，大臣诛之：事在吕后八年（前180）八月。详见《吕太

后本纪》。

【译文】

　　恰逢陈豨在代地造反，汉七年，高祖前往诛讨，回来时途经赵国，赵王张敖亲自端餐盘献食，礼数十分恭敬，高祖却傲慢地岔开两条腿坐着大骂他。当时赵国国相赵午等数十人都非常愤怒，他们对赵王说："大王侍奉皇上礼数周到，可皇上却这样对您，我们请求造反。"赵王咬破手指，流出血，发誓说："当初先人失国，如果没有陛下，我们早就死了。今天你们怎能说出这种话？不要再说了！"于是贯高等人私下说："赵王是忠厚长者，不肯背弃皇上的恩德。"于是他们就在私底下图谋杀害高祖。恰好事情被发觉了，高祖下命令逮捕赵王和谋反的群臣。于是赵午等人都自杀了，只有贯高甘愿接受逮捕。这时高祖下诏书说："赵国的吏民有敢跟随赵王前来者，株连三族。"只有孟舒、田叔等十多个人都穿上褐色囚衣，自己剃掉头发，脖子套上铁圈，假称是赵王的家奴，跟随赵王张敖来到长安。贯高等人谋反的事调查清楚后，赵王张敖得以释放出狱，被废为宣平侯，他向高祖荐举了田叔等十余人。高祖全部召见了他们，跟他们交谈后，认为朝中的大臣没有能超过他们的，高祖十分高兴，将他们全部任命为郡守、诸侯相。田叔担任汉中郡守十多年，恰逢吕后崩逝，诸吕作乱，大臣诛灭他们，拥立了汉文帝。

　　孝文帝既立①，召田叔问之曰："公知天下长者乎？"对曰："臣何足以知之！"上曰："公，长者也，宜知之。"叔顿首曰："故云中守孟舒②，长者也。"是时孟舒坐虏大入塞盗劫，云中尤甚，免。上曰："先帝置孟舒云中十余年矣，虏曾一入，孟舒不能坚守，毋故士卒战死者数百人③。长者固杀人乎④？公何以言孟舒为长者也？"叔叩头对曰："是乃孟舒所以为长者也。夫贯高等谋反，上下明诏，赵有敢随张王，罪三族。然孟舒自髡钳，随张王敖之所在⑤，欲以身死之，岂自知为云中守哉！汉与楚相距，士卒罢敝⑥。匈奴冒顿新服北夷⑦，来为边害，孟舒知士卒罢敝，不忍出言，士争临城死敌，如子为父，弟为兄，以故死者数百人。孟舒岂故驱战之哉！是乃孟舒所以为长者也。"于是上曰："贤哉孟舒！"复召孟舒以为云中守⑧。

【注释】

①孝文帝既立：孝文帝元年为前179年。

②云中：汉郡名，郡治在今内蒙古托克托东北。

③毋故：无故。

④杀人：此谓让人无故被杀。

⑤随张王敖之所在：跟着赵王张敖到他要去的地方。

⑥汉与楚相距，士卒罢敝：意谓即楚汉相争以来，天下战乱不已，士兵疲困。

⑦匈奴冒顿（mò dú）：指秦汉之交匈奴的首领冒顿单于（前209—前175年在位），事见《匈奴列传》。新服北夷：即《匈奴列传》所谓"后北服浑庾、屈射、丁零、鬲昆、薪黎之国。于是匈奴贵人大臣皆服，以冒顿单于为贤"，即征服北方各部族。

⑧复召孟舒以为云中守：洪迈曰："孟舒、魏尚，皆以文帝时为云中守，皆坐匈奴入寇获罪，皆用他人言复故官，事切相类，疑其只一事云。"陈直曰："孟舒事与魏尚大同小异，前人已疑其为一事也。可能孟舒为魏尚之字，冯唐称其名，本传称其字。"史珥曰："孟舒为云中守，田叔代为分解'长者杀人'处，立言最工，与冯唐论魏尚并切事情，收效相等。子长为李陵陈说，语意颇似而祸福远甚者，所遇之主异也。子长纪田、冯二子时，不知於悒几许！"

【译文】

汉文帝即位后，召见田叔，问道："您知道天下的长者吗？"田叔回答说："臣哪里能够知道！"文帝说："您是长者，应该会知道。"田叔叩头说："原云中郡守孟舒是位长者。"当时孟舒因为匈奴大举侵入边塞抢掠财物，云中郡受害尤其严重，获罪被免职。汉文帝说："先帝将孟舒安排在云中十多年，胡人入侵过一次，他不能坚守，无故战死的士卒多达数百人。长者难道能让士卒这样被杀吗？您为什么说孟舒是长者呢？"田叔叩头回答说："这正是我说孟舒是长者的原因。当初贯高等谋反时，皇上明确下令说，赵国谁敢跟随赵王进京，株连三族。但孟舒自己剃掉头发、给脖子套上铁圈，跟随赵王张敖来到京城，决心为赵王殉死，难道他会料到自己能做云中郡守吗？汉与楚为争夺天下而相持好几年，士卒疲惫。匈奴冒顿单于刚刚征服了北方地区，前来进犯我们的边郡，孟舒知道我们的士兵疲劳困苦，不忍心发令让他们出战，可士兵却争相登城死战，就像儿子为了父亲、弟弟为了兄长，因此而战死者有几百人。孟舒哪曾故意驱使他们出战呢！这正是我说孟舒是长者的原因。"于是汉文帝说："孟舒真是贤德啊！"重新起用孟舒做云中郡守。

后数岁，叔坐法失官。梁孝王使人杀故吴相袁盎^①，景帝召田叔案梁^②，具得其事，还报。景帝曰："梁有之乎？"叔对曰："死罪！有之^③。"上曰："其事安在^④？"田叔曰："上毋以梁事为也^⑤。"上曰："何也？"曰："今梁王不伏诛，是汉法不行也；如其伏法，而太后食不甘味，卧不安席，此忧在陛下也^⑥。"景帝大贤之，以为鲁相^⑦。

【注释】

①梁孝王使人杀故吴相袁盎：事在景帝前元七年（前150）四月。事

　　详《袁盎晁错列传》《梁孝王世家》。梁孝王，名武，汉景帝同母

弟，深受其母窦太后宠爱。袁盎，字丝，文帝时曾为吴王刘濞相。

②案梁：到梁国查办此案。

③死罪！有之：陈直曰："与汉代公牍称'顿首死罪死罪'相同，不关

于梁案件事。""死罪"犹如曰"昧死进言"。

④其事安在：案卷档案资料在哪里？颜师古曰："索其状也。"

⑤毋以梁事为：颜师古曰："言不须更论之也。"不要再追查梁国的

案子。

⑥此忧在陛下也：那就该陛下烦恼了。忧，烦恼。详见褚少孙补

《梁孝王世家》。

⑦景帝大贤之，以为鲁相：杨树达曰："参校《梁孝王传》，景帝未全用

叔言也。"鲁相，景帝子鲁恭王刘馀之相。刘馀事见《五宗世家》。

【译文】

　　几年后，田叔因犯法丢了官。梁孝王刘武派人刺杀了原吴王相袁盎，汉景帝召田叔到梁国去查办此案，田叔查清了这个案件的全部事实，回朝复命。汉景帝问："梁王杀人属实吗？"田叔回答："我有死罪！确有其事。"汉景帝问："有关案卷资料在哪里？"田叔说："皇上不要追查梁国这事了。"汉景帝问："为什么呢？"田叔说："如今梁王不被处死，那国法就没有被执行；如果依法处置梁王，那么太后就会寝食难安，那就该您烦恼了。"汉景帝非常赞许他，让他做鲁国国相。

　　鲁相初到，民自言相①，讼王取其财物百余人②。田叔取其渠率二十人③，各笞五十，余各搏二十④，怒之曰："王非若主邪⑤？何自敢言若主！"鲁王闻之大惭，发中府钱⑥，使相偿之。相曰："王自夺之，使相偿之，是王为恶而相为善也。相毋与偿之⑦。"于是王乃尽偿之。

【注释】

①言相：到鲁相那告鲁王刘馀的状。七国之乱后，诸侯王权力缩小，大事都由诸侯王相做主。锺惺曰："民乃讼王于相，汉诸侯相有权如此。"

②讼王取其财物百余人：有一百多人状告鲁王掠夺他们的财物。讼，状告、起诉。

③渠率：首领。颜师古曰："渠，大也。"

④搏：用手打脸。

⑤若：你，你们。

⑥中府钱：王宫府库中的钱。中，指王宫。府，府库。

⑦相毋与偿之：我不替您去还。毋，通"无"，不。

【译文】

　　田叔刚刚到任，就有民众来找他，控告鲁王掠夺他们财物的有一百多人。田叔抓住为首的二十个人，每人笞打五十大板，其余各扇二十下耳光，对他们发怒说："鲁王难道不是你们的主子吗？怎么敢告自己的主子！"鲁王听说这事后，非常惭愧，就从王府内库拿钱给田叔，让田叔偿还给他们。田叔说："大王自己抢来财物，却让国相偿还，这是大王做坏事而国相做好事。国相不会替您偿还的。"于是鲁王将财物全部还给了他们。

　　鲁王好猎，相常从入苑中①，王辄休相就馆舍，相出，常暴坐待王苑外②。王数使人请相休，终不休，曰："我王暴露苑中，我独何为就舍！"鲁王以故不大出游。数年，叔以官卒，鲁以百金祠③，少子仁不受也，曰："不以百金伤先人名。"

【注释】

①苑：猎场。

②暴（pù）坐：暴露在日光风雨中。

③鲁以百金祠：鲁王送一百斤金给田叔家作祭礼。陈直曰："两汉庆
吊之礼，赠遗极丰，如《汉书·儒林传》纪欧阳地馀及朝侯小子
残碑（见《汉晋石刻墨影》），皆言'赙赠五百万，不受'是也。"王
先谦引沈钦韩曰："以百金与其家为祠。"祠，祭祀。黄震曰："田
叔以死事赵王敖，既事汉，荐孟舒；按梁王，烧其籍，使景帝母子
相安；相鲁能格其君之非。叔盖坚忍有用之才，非如万石君徒曰
'长者'而已也。"

【译文】

鲁王喜欢打猎，田叔经常跟随他进入狩猎的范围，鲁王总是要他到
馆舍中去休息，田叔就走出苑囿，常常露天坐在外边等待鲁王。鲁王屡
次派人请他回去休息，他始终不肯去，说："我们的大王在露天里晒着，我
怎能独自回馆舍呢？"鲁王因为这个缘故不再大举出外游猎。几年以后，
田叔在鲁相任上去世，鲁王赐百斤黄金作为祭礼，田叔的小儿子田仁不
肯接受，说："不能因为一百斤黄金损害先父的名声。"

仁以壮健为卫将军舍人①，数从击匈奴。卫将军进言
仁，仁为郎中。数岁，为二千石丞相长史②，失官。其后使
刺举三河③。上东巡，仁奏事有辞④，上说，拜为京辅都尉⑤。
月余，上迁拜为司直⑥。数岁⑦，坐太子事。时左丞相自将
兵，令司直田仁主闭守城门，坐纵太子，下吏诛死⑧。仁发
兵，长陵令车千秋上变仁，仁族死⑨。陉城今在中山国⑩。

【注释】

①卫将军：汉武帝时卫青，因击匈奴功封长平侯，官至大将军，事见
《卫将军骠骑列传》。

②为二千石丞相长史：以二千石的级别任丞相长史。长史，丞相属
官，为诸史之长。秩千石。

③刺举：监察检举。刺，监察。三河：指河东郡（郡治安邑，今山西
夏县西北）、河南郡（郡治洛阳，今河南洛阳东北）、河内郡（郡治
怀县，今河南武陟西南）。

④上东巡，仁奏事有辞：自元封元年（前110）开始，汉武帝多次东
巡，到泰山封禅，至东海巡游求仙。田仁"奏事有辞"的确切时间
未详。有辞，辞令巧妙。

⑤京辅都尉：官名，掌治京兆尹辖区之武事，徼循京师治安。汉武帝
元鼎四年（前113）置。秩二千石。

⑥司直：官名，掌辅佐丞相，以检举不法，主管监察检举督录诸州事。
汉武帝元狩五年（前118）初置。秩比二千石。

⑦数岁：几年后，即征和二年（前91）七月。征和，汉武帝年号（前
92—前89）。

⑧"坐太子事"几句：指征和二年（前91）巫蛊之乱中，田仁故意放
走了卫太子，被下狱杀死。巫蛊之乱事，详见《汉书》之《武五
子传》及《江充传》。太子，名据，汉武帝之子，卫皇后所生，故称
"卫太子"，后谥为"戾"，故也称"戾太子"。左丞相，刘屈氂，继
公孙贺为左丞相，时奉汉武帝命讨伐太子刘据的乱军。

⑨"仁发兵"几句：赵翼曰："既云'丞相司直田仁主闭守城门，主
纵太子，下吏诛死'，下又云'仁发兵，长陵令车千秋上变仁，仁
族死'，文既繁复，且不可解。"李景星以为"此十五字，疑后人附
著异说，误入正文"。长陵，刘邦墓，时在咸阳城东北，今在陕西
西安正北。长陵令，即长陵所在县邑的长官。车千秋，史珥曰：
"此别一车千秋，非田千秋以乘车入殿而称'车千秋'者。"上变
仁，上书告发田仁有谋逆之举。上变，举报谋反的事。按，据后文
"司直以为太子骨肉之亲，父子之间不甚欲近，去之诸陵过"，则是

太子逃出长安后,曾经由长陵等而后东出至湖县。

⑩陉城今在中山国:陈仁锡曰:"此句不类太史公语,此本训注,而后人误入本文也。"

【译文】

田仁因为身体强健做了卫青将军的门客,多次跟随他攻打匈奴。卫将军向朝廷推荐田仁,田仁做了郎中。几年后,担任了享有两千石俸禄的丞相长史,接着又失去职位。后来汉武帝派他去监察河南、河东、河内三郡的政务。汉武帝东巡时,田仁向汉武帝奏事言辞精妙,汉武帝很高兴,任命他为京辅都尉。一个多月后,汉武帝又提拔他为司直。几年后,因卫太子谋反案受牵连。当时左丞相刘屈氂带兵征讨,令田仁闭守城门,而田仁放走了太子,于是田仁被法办,处死。田仁抗旨发兵,长陵令车千秋告发田仁叛乱,田仁被灭族处死。陉城如今属于中山国。

太史公曰:孔子称曰"居是国必闻其政"①,田叔之谓乎! 义不忘贤②,明主之美以救过③。仁与余善,余故并论之④。

【注释】

①居是国必闻其政:语本《论语·学而》:"夫子至于是邦也,必闻其政。"此盖赞赏田叔所到之处均能解决当地的问题。

②义不忘贤:指其为孟舒说情事。

③明主之美以救过:指让鲁恭王自己把钱发还给百姓事。

④仁与余善,余故并论之:因田仁事涉及当时的敏感问题,只得略叙梗概。董份曰:"仁以太子事诛死,子长不掩其相善之实,而与其父并论之,则非其罪可知,而冤亦少伸矣。"

【译文】

太史公说:孔子说"到这个国家就要过问这个国家的政事",说的就是田叔这种人吧! 田叔讲义气,不忘举荐贤才,能显扬君主的美德以补救他的过失。田仁和我关系很好，所以我将他们父子放在一起进行叙述。

　　褚先生曰：臣为郎时①，闻之曰田仁故与任安相善②。任安，荥阳人也③。少孤贫困④，为人将车之长安⑤，留，求事为小吏，未有因缘也⑥，因占著名数，家于武功⑦。扶风西界小邑也⑧，谷口蜀划道近山⑨。安以为武功小邑，无豪，易高也，安留，代人为求盗、亭父⑩。后为亭长⑪。邑中人民俱出猎，任安常为人分麋鹿雉兔⑫，部署老小当壮剧易处⑬，众人皆喜，曰："无伤也⑭，任少卿分别平，有智略⑮。"明日复合会，会者数百人。任少卿曰："某子甲何为不来乎⑯？"诸人皆怪其见之疾也⑰。其后除为三老⑱，举为亲民⑲，出为三百石长⑳，治民。坐上行出游共帐不办，斥免㉑。

【注释】

①臣为郎时：指汉元帝（前84—前33）、汉成帝（前32—前7）在位期间。

②任安：字少卿，司马迁之友，曾任北军使者护军，与田仁同死于征和二年（前91）的"巫蛊之祸"。其事除本篇外，还见于《汉书·司马迁传》所载司马迁《报任安书》。

③荥阳：汉县名，治所在今河南荥阳东北。

④少孤：年少时父亲去世。

⑤将车：即驾车，赶车。

⑥因缘：机会。

⑦因占著名数，家于武功：意谓将自己户口落在武功县。占著名数，

《索隐》曰:"犹今附籍然也。"即将自己的姓名、年龄等信息登记在某地的户籍上。武功,汉县名,治所在今陕西武功西南,当时属于右扶风。

⑧扶风:政区名,辖长安西部郊区,与京兆尹、左冯翊合称"三辅",郡治都在长安城。

⑨谷口蜀划道近山:意谓离通往蜀地栈道的谷口不远。谷口,当指骆谷之谷口。划,同"栈",栈道,在险绝处傍山架木而成的一种道路。

⑩求盗、亭父:均为亭长手下小吏。《正义》引应劭曰:"旧时亭有两卒,其一为亭父,掌关闭扫除;一为求盗,掌逐捕盗贼也。"

⑪亭长:乡官名。秦汉时十里设一亭,亭长负责"逐捕盗贼",维持地方治安,并负责一亭之内的民事纠纷,以及迎送过往官员等。

⑫为人分麋鹿雉兔:集体狩猎后,为众人分发猎获物。陈直曰:"西汉人共猎所获之鸟兽,若瓜分时,老少壮年三等人固属分有多少,并且爵位高低亦互有多少。证之《九章算术》,有算题云:'今有大夫、不更、簪袅、上造、公士凡五人,共猎得五鹿,欲以爵次分之,问各得几何?'算题虽为假设,亦必符合于当时实际情况,与褚先生所补传文颇为适合。"

⑬部署老小当壮剧易:分派老少及壮丁做难易程度不同的工作。当壮,壮丁。剧,繁难的事。王念孙曰:"当,丁也。言部署其人之老小丁壮,及事之难易也。"

⑭无伤:犹《萧相国世家》所谓"无害",意谓事办得好,没得说。

⑮分别平,有智略:分发猎物,分派工作,都很公平,有智谋。此处写任安,与《陈丞相世家》写陈平极为相似。

⑯某子甲:犹言"某某人","甲"指其人之姓名。

⑰见之疾:发现得这么快。疾,快。

⑱三老:乡官名,《汉书·百官公卿表》:"十亭一乡,乡有三老,掌

教化。"

⑲举为亲民:被推举为亲近百姓的好官吏。举,推举。

⑳三百石长:小县的县长。《汉书·百官公卿表》:"万户以上为令,
　　秩千石至六百石。减万户为长,秩五百石至三百石。"

㉑坐上行出游共帐不办,斥免:因为没有为皇上出行做好接待工作,
　　被申斥免职。共帐,即供帐,指供宴会用的帷帐、用具、饮食等物。

【译文】

　　褚先生说:我担任郎官时,听说田仁原先与任安关系好。任安
是荥阳人。幼时孤苦伶仃,家境贫寒,他替人拉车来到长安,就留了
下来,想找份差事当个小吏,却一直没有机会,于是就把自己的户籍
落在了武功县。武功是右扶风西部的小县,谷口有通往巴蜀的栈道
靠近山区。任安认为武功是个小县,没有豪门大族,自己容易出人
头地,于是就在那里住了下来,替人做了求盗、亭父。后来他又做了
亭长。县里的百姓都出城打猎,任安常常给人们分配麋鹿、野鸡、野
兔等猎物,合理安排老人、孩子和壮丁做各自能做的工作,大家都很
高兴,说:"没得说,任少卿处事公平,有智慧谋略。"第二天,几百人
集会。任安说:"某某人为什么不来呢?"人们都为他发现得这么快
而感到惊奇。后来他被任命为乡中的三老,被推举为亲近百姓的好
官,又当过小县的县长,治理过民政。后来由于皇帝出巡时,他没有
事先做好接待准备,被罢免官职。

　　乃为卫将军舍人,与田仁会,俱为舍人,居门下,
同心相爱。此二人家贫,无钱用以事将军家监,家监使
养恶啮马①。两人同床卧,仁窃言曰:"不知人哉家监
也!"任安曰:"将军尚不知人,何乃家监也!"卫将军从
此两人过平阳主②,主家令两人与骑奴同席而食③,此

二子拔刀列断席别坐^④。主家皆怪而恶之，莫敢呵^⑤。

【注释】

①恶啮马：不老实，爱咬人、踢人的马。

②从此两人：让他俩跟着。平阳主：汉武帝姐姐，因嫁给平阳侯曹畤
　　为妻，故称平阳公主。后与曹畤离婚，嫁给卫青。平阳公主事，详
　　参《外戚世家》。

③主家：此指平阳公主家的管事者。

④列断席：将坐席割裂成两块。列，通"裂"。

⑤呵：呵斥，指责。

【译文】

　　后来任安在卫青将军门下做舍人，与田仁相会，两人都是舍人，
住在将军府里，二人知心友爱。由于他们两个家里穷，没钱讨好卫青
的管家，于是管家便派他们喂养主人的劣马。两人同床而眠，田仁悄
悄地说："这个管家不识人才啊！"任安说："将军尚且不识人才，何况
管家呢！"有一次，卫青带着他们两个去拜访平阳公主，公主家的人让
他俩和骑奴同在一张席子上吃饭，这两人拔刀割断席子，跟骑奴分席
而坐。公主家的人对他们这种行为既惊奇又厌恶，没人敢指责他们。

　　其后有诏募择卫将军舍人以为郎^①，将军取舍人
中富给者，令具鞍马绛衣玉具剑^②，欲入奏之。会贤
大夫少府赵禹来过卫将军^③，将军呼所举舍人以示赵
禹。赵禹以次问之，十余人无一人习事有智略者。赵
禹曰："吾闻之，将门之下必有将类。传曰'不知其君
视其所使，不知其子视其所友'^④。今有诏举将军舍人
者，欲以观将军而能得贤者文武之士也。今徒取富人

子上之,又无智略,如木偶人衣之绮绣耳,将奈之何?"于是赵禹悉召卫将军舍人百余人,以次问之,得田仁、任安,曰:"独此两人可耳,余无可用者。"卫将军见此两人贫,意不平。赵禹去,谓两人曰:"各自具鞍马新绛衣。"两人对曰:"家贫无用具也⑤。"将军怒曰:"今两君家自为贫,何为出此言? 鞅鞅如有移德于我者⑥,何也?"将军不得已,上籍以闻⑦。有诏召见卫将军舍人,此二人前见,诏问能略,相推第也⑧。田仁对曰:"提枹鼓立军门⑨,使士大夫乐死战斗⑩,仁不及任安。"任安对曰:"夫决嫌疑,定是非,辩治官⑪,使百姓无怨心,安不及仁也。"武帝大笑曰:"善。"使任安护北军⑫,使田仁护边田谷于河上⑬。此两人立名天下。其后用任安为益州刺史⑭,以田仁为丞相长史。

【注释】

① 有诏募择卫将军舍人以为郎:从卫青家的舍人挑选人担任郎官,显示武帝对卫青的信任和宠遇。募择,挑选,招募。

② 令具鞍马绛衣玉具剑:让他们自行准备好鞍马、服装、佩剑,准备进官。关于郎官自备服饰用具等事,参见《张释之冯唐列传》。绛衣,红色衣服,皇帝郎官的服色。玉具剑,装饰有玉石的佩剑。

③ 贤大夫少府赵禹:汉武帝时著名酷吏,事见《酷吏列传》。贤大夫,凌稚隆引许相卿曰:"赵禹,刀笔吏耳,然能知此两人,贤于卫将军远矣,此褚先生所以称之也。"少府,汉代九卿之一,掌管山海池泽收入和皇室手工业制造,为皇帝的私府长官。秩二千石。

④ 传:泛指前贤的著作。不知其君视其所使,不知其子视其所友:

《荀子·性恶》："不知其子视其友，不知其君视其左右。"《孔子家语·六本》："不知其子视其父，不知其人视其友，不知其君视其所使，不知其地视其草木。"

⑤无用具：没法准备。

⑥鞅鞅：怨怒的样子。移德：移恨，迁怒。

⑦上籍以闻：将他们的名字上报给皇帝知道。籍，名单，履历。

⑧诏问能略，相推第也：皇帝问他们各自有何本领时，两人彼此相互推崇。能略，犹"智略"。推第，推别人居己之前。第，等。

⑨提桴（fú）鼓：指击鼓号令三军。桴，鼓槌。

⑩使士大夫乐死战斗：能让人乐意为之拼死作战，言其善得士心。

⑪辩治官：将官场事务处理清楚。辩，清晰。

⑫护北军：即任北军使者护军，作为皇帝特使监督北军。北军，西汉时驻扎于京城的近卫军，犹清之"丰台大营"，参见《吕太后本纪》。护，监督，监护。

⑬护边田谷于河上：监护北部黄河边的粮食生产储备。河上，今内蒙古临河一带的黄河边上。

⑭益州刺史：汉武帝元封五年（前106），将全国划分为十三个"刺史部"，每个刺史部管辖几个郡、国，由皇帝委派刺史按时到各郡、国去考察，再回来向皇帝报告。益州刺史，管辖蜀郡、巴郡、汉中郡、广汉郡、犍为郡几个郡，秩六百石。

【译文】

　　汉武帝下诏征募挑选卫青的舍人担任郎官，卫青挑了舍人中家境富裕的，让他们自行准备鞍马、绛衣和宝剑，正要进宫上报名单。恰逢贤大夫少府赵禹来拜访卫青，卫青找来挑选好的舍人，给赵禹看。赵禹依次询问他们，十几个人中竟没有一个通晓事理、有智谋的。赵禹说："我听说，将门之下必有将才。古书上也说'不了解君主，就看看他所用的人；不了解某人，就看看他所交往的朋友'。如今皇上下诏从您的舍人里选拔郎官,目的是考察下您,希望能得到一些贤能的文武之士。如今您只选了这些富人之子推荐上去,又没有智谋,就像穿着绮绣的木偶,怎么能行呢?"于是赵禹将卫青家里的一百多名舍人全部召集,依次询问,只挑中了田仁、任安二人。赵禹说:"只有这两个人行啊,其余的都没有能用的。"卫青看他们两个这么穷,心里不大乐意。赵禹离开后,卫青对他们两人说:"你们各自准备鞍马、新绛衣吧。"两人回答说:"家里穷,没钱准备呢!"卫青发怒说:"家里穷是你们自己家的事,为什么要这样说话呢? 你们愤愤不平,好像有抱怨我的意思,这是为什么?"卫青没有办法,只好将他们的名单上报。汉武帝下令召见卫青家的两个舍人,二人来到汉武帝面前,汉武帝问他们有什么才能谋略,两人互相推崇。田仁说:"执枹鼓站在军门,让士大夫乐于拼死战斗,我不如任安。"任安说:"决断嫌疑,评判是非,料理公务,使百姓没有怨恨之心,我不如田仁。"汉武帝大笑说:"好!"于是派任安任北军护军,派田仁管理北部黄河边的粮食生产储备。两人从此名扬天下。后来,任安当了益州刺史,田仁担任丞相长史。

田仁上书言:"天下郡太守多为奸利,三河尤甚①,臣请先刺举三河。三河太守皆内倚中贵人②,与三公有亲属③,无所畏惮,宜先正三河以警天下奸吏。"是时河南、河内太守皆御史大夫杜父兄子弟也④,河东太守石丞相子孙也⑤。是时石氏九人为二千石⑥,方盛贵。田仁数上书言之。杜大夫及石氏使人谢,谓田少卿曰:"吾非敢有语言也,愿少卿无相诬污也。"仁已刺三河,三河太守皆下吏诛死。仁还奏事,武帝说,以仁为能不畏强御⑦,拜仁为丞相司直,威振天下。

【注释】

① 三河：指河南、河内、河东三郡。

② 中贵人：指官中受皇帝宠爱的宦官。

③ 三公：秦汉时指丞相、太尉、御史大夫。

④ 御史大夫杜：即杜周，事详《酷吏列传》。父兄子弟：《酷吏列传》云："天子以为（杜周）尽力无私，迁为御史大夫，家两子，夹河为守。"则为杜周"子弟"，无"父兄"。

⑤ 石丞相：名庆，汉武帝元鼎五年（前112）继赵周为相，事详《万石君张叔列传》。

⑥ 石氏九人为二千石：《万石君张叔列传》："庆方为丞相，诸子孙为吏，更至二千石者十三人。"

⑦ 强御：行为强横，不守法度。

【译文】

　　田仁上书说："天下郡守多有贪赃枉法之事，三河地区的情况尤为严重，我请求首先检举监察三河地区。三河郡守都是内靠宫中的宠臣，与三公大臣有亲戚关系，所以他们无所顾忌，应该首先整治三河地区来警告天下贪官。"当时，河南郡、河内郡太守都是御史大夫杜周的亲属，河东郡太守是丞相石庆的子孙。石氏家族有九个人都是二千石的官员，正是兴盛显赫的时候。田仁多次上书谈及此事。杜周和石家都派人向田仁致意，对他说："我们不敢多嘴，只希望您不要诬陷我们。"田仁监察三河地区后，三河太守都被交给司法官员查办处死。田仁回朝上奏，汉武帝很高兴，认为田仁能不畏惧强横不守法度的人，任命田仁为丞相司直，田仁因此威震天下。

　　其后逢太子有兵事，丞相自将兵，使司直主城门。司直以为太子骨肉之亲，父子之间不甚欲近①，去之诸陵过②。是时武帝在甘泉③，使御史大夫暴君下责丞相

"何为纵太子"④，丞相对言"使司直部守城门⑤，而开太子"⑥。上书以闻，请捕系司直。司直下吏，诛死。

【注释】

①不甚欲近：张文虎曰："疑当作'不欲甚迫'。"意谓父子之间，不要逼得太紧。

②去之诸陵过：放他往历代皇帝陵墓的方向逃跑了。西汉前几位皇帝的陵墓在长安城东北方，据前文"长陵令车千秋上变仁"之说，则卫太子出长安后，确曾经"诸陵"而逃至湖县（今河南灵宝西北）。

③甘泉：指甘泉宫，在甘泉山上，在今陕西淳化西北。其地可避暑，亦可祭天、求仙，故武帝经常前往。此系征和二年（前91）夏武帝往甘泉宫。

④御史大夫暴君下责丞相"何为纵太子"：据《汉书·武帝纪》，当时御史大夫暴胜之与丞相司直田仁一起放太子出城，则当时暴胜之不在甘泉宫。梁玉绳曰："御史大夫暴胜之，与田仁同坐太子事诛，而云'帝在甘泉宫，使暴君下责丞相'何也？"御史大夫暴（pù）君，即暴胜之，武帝太始三年（前94）任御史大夫。

⑤部守：率兵把守。

⑥开：让路，放走。

【译文】

　　后来碰上卫太子发动兵变，丞相亲自率兵讨伐，派司直田仁把守城门。田仁认为太子和皇帝是骨肉血亲，父子之间不能逼得太急，因而他放卫太子往历代皇帝陵墓的方向逃跑了。这时汉武帝在甘泉宫，派御史大夫暴胜之前来责问丞相"为什么放跑太子"，丞相回答说，"我命令司直把守城门，他却开门放跑了太子"。御史大夫上报给汉武帝，请求逮捕田仁。田仁被送交司法官审问后处死。

　　是时任安为北军使者护军，太子立车北军南门外，召任安，与节令发兵①。安拜受节，入，闭门不出。武帝闻之，以为任安为详邪②，不傅事，可也③。任安笞辱北军钱官小吏，小吏上书言之，以为受太子节，言"幸与我其鲜好者"④。书上闻，武帝曰："是老吏也⑤，见兵事起，欲坐观成败，见胜者欲合从之⑥，有两心。安有当死之罪甚众，吾常活之，今怀诈，有不忠之心。"下安吏，诛死⑦。

【注释】

①与节：授予任安符节。时汉武帝不在京城，卫太子与皇后共谋起兵，以皇帝符节调兵。

②详邪：假装从逆，指受太子节。详，通"佯"。

③不傅事，可也：底本作"不傅事，何也"。《索隐》曰："不傅事，可也。"盖《索隐》以为本文"何"字应作"可"。意即任安没有附和、帮助太子，表现还是可以的。今据改。不傅事，不做事，即不发兵以助太子。傅，傅会，迎合。《索隐》曰："谓诈受节不发兵，不傅会太子也。"

④幸与我其鲜好者：《索隐》曰："谓太子请其鲜好之兵甲也。"此处主语似当为任安，谓请太子继位后赐予高官厚禄。鲜好者，当指利禄而言。

⑤老吏：老谋深算之吏。

⑥见胜者欲合从之：意谓任安按兵不动，是想等大致分出胜负时，再与胜者联合。合从，联合。

⑦下安吏，诛死：事在征和二年（前91）十二月。

【译文】

　　这时任安正担任北军使者护军，太子在北军军营的南门外停下车,召见任安,把符节给他,命他出动北军。任安拜受符节,回营后闭门不出。汉武帝闻讯,认为任安是在假装受节,他不附和太子,表现还是可以的。任安曾鞭笞侮辱过北军管钱粮的小吏,小吏趁机上书报告,举报任安在接受太子符节的时候说"请太子日后赏我一份美差"。奏书呈上给汉武帝后,汉武帝说:"这是个老谋深算的官吏,看到发生兵变,想要坐观胜败,看出谁胜利后再跟谁联合,对我有二心。任安犯过很多该判死刑的罪,我曾饶他不死,如今竟心怀欺诈,有不忠之心。"于是将任安送交司法官审问后处死。

　　夫月满则亏,物盛则衰,天地之常也①。知进而不知退,久乘富贵②,祸积为祟③。故范蠡之去越④,辞不受官位,名传后世,万岁不忘,岂可及哉!后进者慎戒之⑤。

【注释】

①"夫月满则亏"几句:此盖当时俗语。《范睢蔡泽列传》载蔡泽言"语曰'日中则移,月满则亏'。物盛则衰,天地之常数也"。

②久乘富贵:久处富贵之地。久乘,犹言"久居"。

③祸积为祟:祸患就会积累成灾。祟,灾难。

④范蠡之去越:春秋末期,范蠡辅佐越王句践灭吴后,就功成身退,隐居做生意致富。事见《越王句践世家》。

⑤后进者慎戒之:田仁、任安似均不算贪恋富贵者,褚少孙所论似不对题。

【译文】

　　月满则缺,物盛则衰,这是天地的普遍规律。知进而不知退,久处富贵之地,祸患就会累积成灾难。所以范蠡成功后就离开越国,不肯接受官职爵位,美名流传于后世,万载不忘,谁能比得上他呢!后来者要引以为戒啊。

【集评】

黄震曰:"田叔以死事赵王敖,既事汉,荐孟舒;按梁王,烧其籍,使景帝母子相安;相鲁能格其君之非。叔盖坚忍有用之才,非如万石君徒曰'长者'而已也。"(《黄氏日钞》)

赵恒曰:"居是国必闻其政,田叔居赵则政闻于赵,居鲁则政闻于鲁。其在鲁则相也,义忠于所事,而能救其过,以成其主之贤名,万可为事主者法也。仁以太子事诛死,子长不掩其相善之实,而与其父并论之,则非其罪可知,而冤亦稍伸矣,所以谓良史也。"(《史记评林》引)

陈仁锡曰:"田叔学黄老,若论孟舒、按梁狱、相鲁王,真得老氏之术。"(《史诠》)

李景星曰:"太史公为田叔立传处,不过以按梁及为鲁相两事耳。按梁狱,可谓善处人骨肉之间;为鲁相,可谓善事骄主,凡此,皆可为后世法。而点染最出色处,却又在与文帝论孟舒一段,转折反复,呼应错落,极变化之能事。有此一段,觉通体皆活,不第附传孟舒已也。……'褚先生曰'以下,文亦俊雅,但终有作态,不似史公之用笔疏落。"(《史记评议》)

【评论】

田叔历仕高祖、文帝、景帝三朝,司马迁评价他为"守节切直,义足以言廉,行足以厉贤,任重权不可以非理挠",是位真正的"长者"。这篇传记与《万石张叔列传》适成对照,相得益彰。

司马迁赞美了田叔扶义倜傥的举动。在跟随张敖入京一节上,显示了他的为人忠义,不怕牺牲;在论孟舒一节上,表现了他的正直敢言,明于事理。他向文帝推荐孟舒,孟舒是和他一样跟随张敖赴难的人。他所强调的孟舒不顾生命的忠诚和勇敢,不正是他与孟舒共同的品格吗?这是一种完全源于"忠义"的道德观念的自觉,相形之下,直不疑的买金偿亡、不辩盗嫂只不过是旨在利禄的缘饰,实在是卑琐不堪。田叔在处理梁孝王一案时采取了息事宁人的方式,而不是把事件无限扩大,这样就化解了一场皇室危机,避免了景帝与梁孝王之间一出骨肉相残的惨剧。由此也可见田叔的政治智慧与仁厚之心,那在暗地里"屏人恣言,极切"而置人于死地的石建之流又是多么令人憎恶。田叔也会顾及君主的颜面,但他不会因此就唯唯诺诺,像"醇谨无他"的石庆、周文之流那样"终无所言",而是"居是国必闻其政",对现实有所匡正,是"明主之美以救过"。例如他巧妙地让鲁王偿还了强夺的民财同时保全了鲁王的体面,就是柔中有刚,既坚持了原则,又处置灵活。总之,田叔公而忘私,有才干、有操守,他才是司马迁理想的"长者"。

　　田仁是司马迁的朋友,死于卫太子事件,由于这是刚刚发生的大事,而且又不在司马迁写史设定的时间范围内,所以司马迁只是点到为止。褚先生接着补写了一大段文字,具体记述了田仁与任安的事迹。由于这两个人开始一起坎坷不遇;后来一起发迹,最后又一起在卫太子事件中被杀,所以褚先生把这两个人放在一起写,就显得非常自然得体。而且这段文字叙事生动,人物性格鲜明,一言一语,往往又都包含着深深的人生感慨,其艺术成就丝毫不在司马迁的笔墨之下。

　　需要指出的几个问题是,褚少孙叙述任安与田仁被汉武帝赏识后,先说"使任安护北军,使田仁护边田谷于河上";又说"其后用任安为益州刺史,以田仁为丞相长史"。接着写此二人的末路时,田仁当时任丞相司直,任安正为北军使者护军。田仁是顺理成章的,任安可就没有再任益州刺史的机会了。事实可能是,当田仁"护边田谷于河上"的时候,任安往任益州刺史;当田仁调任丞相长史的时候,任安改任为北军使者护军,这样才能与本文最后的叙述榫卯相合。其次是说田仁的"刺举三河",文章只说到了杜周与石庆的两家子弟多人对掌河南、河内的许多权柄,但没有一个字说到这两家子弟为官的贪赃不法。杜周与石庆都害怕田仁前往刺举,他们并没有对田仁有任何"请托",他们只请求田仁不要对他们两家"相诬污",结果"仁已刺三河,三河太守皆下吏诛死",意思就是人人都罪大恶极。可是他们的罪状都是什么呢？从始至终没有一句落实罪名的文字。而朝廷对田仁的赞赏也不是说他为国为民查出了多少元凶大憝，而只是"不畏强御"四个字。用"强御"二字的罪名处死多名二千石一级的行政长官，这不是太笼统、太抽象了吗？整个事件让人看来，仿佛田仁不是在以钦差的身份前往三河地区查办案件，而似乎是田仁手持汉武帝的尚方宝剑前往三河去"欲加之罪，何患无辞"地肆意诛杀。田仁与汉武帝的这种行为如何能让当时的朝野百官服气？褚少孙这样写能让两千年来的人们看清这场诛杀的真相吗？看来恐怕是无来由的夸大居多，整段故事不值得取信。

　　褚少孙叙述田仁与任安被杀后，发表议论，告诉人不可留恋富贵，但他所写的田仁与任安都不是典型的贪恋富贵者，而且他们也说不上官有多大，权有多大。田仁与任安所遇到的是封建社会中突发的令人无法逃避的灾难：暴胜之与田仁都是同情太子，因放走太子而被武帝诛灭的；刘屈氂及湖县的一批人是因为坚决追杀太子而被武帝诛灭的；任安则是因为骑墙而被武帝诛灭的。三条道路没有一条不是死路，褚少孙不从这些地方立议，而空洞地说什么"月满则亏"，实在文不对题。于是褚少孙又一次表现出了"史才与史识迥不相侔"（钱锺书《管锥编》语）的弊病。

扁鹊仓公列传第四十五

【释名】

《扁鹊仓公列传》是我国第一篇医生传记，分别记述了战国时名医秦越人和汉代名医淳于意的事迹。

全篇分为两大部分，前一部分写扁鹊的事迹，后一部分写仓公淳于意的事迹。在扁鹊部分，又可分为三大段。第一段写秦越人学医的经过，因医术高明，被称为扁鹊。第二段写扁鹊为赵简子、虢太子、齐桓侯治病的经历。第三段写扁鹊随俗为医，名闻天下，李醯因嫉妒而将他杀害。仓公淳于意部分，也可以分为三大段。第一段写淳于意学医的经过，以及他犯罪后女儿缇萦为其上书申告，文帝因此而废肉刑。第二段写淳于意回答汉文帝询问自己学医的经过，以及二十五个自己为人看病的医案。第三段写淳于意回答汉文帝关于医学理论和自己从师学医及传授他人的问题。篇末论赞表达了对扁鹊、仓公因医术高超而惨遭不幸的愤慨。

扁鹊者①，勃海郡郑人也②，姓秦氏，名越人。少时为人舍长③。舍客长桑君过④，扁鹊独奇之，常谨遇之。长桑君亦知扁鹊非常人也。出入十余年，乃呼扁鹊私坐，间与语曰⑤："我有禁方⑥，年老，欲传与公，公毋泄。"扁鹊曰："敬诺。"

乃出其怀中药予扁鹊："饮是以上池之水⑦，三十日当知物矣⑧。"乃悉取其禁方书尽与扁鹊。忽然不见，殆非人也。扁鹊以其言饮药三十日，视见垣一方人⑨。以此视病，尽见五藏症结⑩，特以诊脉为名耳。为医或在齐⑪，或在赵⑫。在赵者名扁鹊。

【注释】

①扁鹊：传说上古黄帝时名医，春秋战国时往往以"扁鹊"誉称当代名医，因此，"扁鹊"也是当时名医的泛称。此指战国时名医秦越人。因家于卢，又称卢医。《正义》引《难经序》云："秦越人与轩辕时扁鹊相类，仍号之为扁鹊。"

②勃海郡鄚（mào）人：勃海郡的鄚邑人。勃海郡的郡治浮阳，在今河北沧州。鄚，古邑名，即今河北任丘东北的鄚州镇，今其地尚有扁鹊墓及药王庙。此句，底本作"勃海郡郑人"，勃海郡内无郑邑。《集解》及《索隐》均谓"郑"当为"鄚"。今据改。

③少时为人舍长：泷川曰："《索隐》本无'人'字。"少，古时指十八岁至二十岁。舍长，客馆主事。

④长桑君：长桑，复姓。君，对人之尊称。长桑君为中古圣人，后世有托名的长桑君脉法流传。

⑤间与语：私下交谈。间，私下，暗中。

⑥禁方：秘藏不宣的药方，即秘方。古代中医多为父子师徒口耳相传，故多秘方。

⑦饮：服用，服食。上池之水：天降而未接触地面的水，即用器皿或竹木承接的雨水或露水。《索隐》曰："谓水未至地。盖承取露及竹木上水，取之以和药。"按，《本草纲目》认为露水乃"阴气之液"，服用后"令人身轻不饥，肌肉悦泽"。《本草纲目》又称上池

水为半天河,为竹篱头水及空树穴中水。

⑧知物:《索隐》曰:"服之三十日,当见鬼物也。"物,古时特指鬼魅精怪,往往有一些特异功能。此所谓"知物",即指下文所说的隔墙见人、隔着肚皮能见内脏等等。

⑨视见垣一方人:可以隔墙看见墙另一边的人。《索隐》云:"言能隔墙见彼边之人,则眼通神也。"一方,另一方。

⑩五藏:即五脏。传统中医把人体内心、肝、脾、肺、肾称为五脏。把胆、胃、大肠、小肠、膀胱、三焦称为六腑。此处指五脏六腑,亦即人体内所有器官。症结:原指腹中结块的病,此泛指人体内各种疾病。崔适云:"'五藏'下本有'六府'二字。"按,崔说当是。

⑪齐:西周以来的诸侯国名,辖地约当今之山东北部,国都在今山东淄博之临淄。

⑫赵:战国时期的诸侯国名,辖地约当今之河北南部地区,国都即今河北邯郸。

【译文】

扁鹊是渤海郡的郑邑人,姓秦,名越人。年轻时做别人家的客馆主事。客人中有位长桑君,扁鹊认为他与众不同,总是很恭谨地对待他。长桑君也知道扁鹊不是平庸之辈。长桑君在客馆出入十多年,有一天叫扁鹊到他房间里单独坐一坐,趁没人对他说:"我有些秘方,我老了,想传给你,你不要说出去。"扁鹊说:"我一定照办。"于是长桑君从怀里取出一包药给扁鹊说:"用未落地的雨水或露水送服此药,连服三十天就会具有神奇的能力。"接着长桑君便取出他所有的秘方书都交给了扁鹊。然后他忽然不见了,大概他不是凡人吧。扁鹊按照他的话吃了三十天药,就能隔墙看见另一边的人。凭着这种超能力看病,他能清楚地看见病人五脏六腑中的病症,只不过以诊脉为名义而已。扁鹊行医有时在齐国,有时在赵国。在赵国时被称为扁鹊。

当晋昭公时^①，诸大夫强而公族弱^②，赵简子为大夫，专国事^③。简子疾，五日不知人，大夫皆惧，于是召扁鹊。扁鹊入视病，出，董安于问扁鹊^④，扁鹊曰："血脉治也^⑤，而何怪！昔秦穆公尝如此^⑥，七日而寤。寤之日，告公孙支与子舆曰^⑦：'我之帝所甚乐。吾所以久者，适有所学也。帝告我："晋国且大乱，五世不安^⑧。其后将霸^⑨，未老而死^⑩。霸者之子且令而国男女无别^⑪。"'公孙支书而藏之，秦策于是出^⑫。夫献公之乱^⑬，文公之霸^⑭，而襄公败秦师于殽而归纵淫^⑮，此子之所闻。今主君之病与之同^⑯，不出三日必间^⑰，间必有言也。"

【注释】

①晋昭公：春秋后期晋国国君，姓姬名夷，前531—前526年在位。《索隐》云："案左氏，简子专国在定、顷二公之时，非当昭公之世。且《赵世家》叙此事亦在定公之初。"按《赵世家》所叙，简子病在晋定公十二年（前500）。简子病案，乃作者集民间传说而记之，少涉医理，多及神话，郭嵩焘认为该病案是"托之前兆，以诳其民，史公文奇，因并取而录之"。

②公族：又称"公姓"，即诸侯之同姓子弟。此指国君之宗室子弟。据《赵世家》，晋顷公十二年（前514），晋国六卿以法诛公族祁氏和羊舌氏，分其领地，晋国公族势力由此而衰。

③赵简子为大夫，专国事：赵简子擅政，击败政敌范氏、中行氏，并挫败郑、齐等国对范氏的支持，为与韩、魏两家分晋建赵奠定了基础，事见《赵世家》。赵简子，名鞅，又名志父，亦称赵孟，谥号为简，晋国大夫。专国事，专擅晋国政事。

④董安于：赵简子家臣，晋定公十六年（前496），与之交恶的梁婴父

逼其自杀,事见《左传·定公十四年》。

⑤血脉治:血脉正常。治,指人身血脉平和。

⑥秦穆公:春秋时秦国国君,名任好,谥缪,一作"穆"。前659—前621年在位。

⑦公孙支:字子桑,原为晋臣,因晋国政变而逃到秦国,后为秦国大夫。子舆:即子车,见《秦本纪》。

⑧五世:指晋献公、奚齐、卓子、惠公和怀公五代国君。

⑨其后将霸:指晋文公重耳称霸事。

⑩未老而死:没过多久就会死。老,历时长久。

⑪霸者之子且令而国男女无别:有人以为即指下文所述晋襄公于崤之战大破秦军后"纵酒宣淫"事,但现存史书无记载。也有人说此指秦国向西方发展称霸西戎后,与西方戎族杂居,民风遂杂有戎俗。贾谊《陈政事疏》中曾指说秦俗的种种弊病。霸者之子,指晋襄公,文公之子,前628—前621年在位。

⑫秦策:记载秦穆公离奇梦幻的史策。《赵世家》此句作"秦谶",指将来会应验的预言。

⑬献公之乱:指献公宠骊姬,听信其谗言,逼太子申生自缢,引起晋国一连串动乱事。

⑭文公之霸:献公之乱,受骊姬诬陷的献公之子重耳出逃,十九年后,在秦国支持下回国夺得政权,是为晋文公,并终成霸主,事见《左传·僖公二十三年》与《晋世家》。

⑮败秦师于崤:指前630年晋襄公亲自督军。于崤山全歼秦军,俘秦三将,事见《左传·僖公三十三年》与《晋世家》。崤山在今河南洛宁。归纵淫:历史无记载晋襄公有"纵淫"事。有人谓此处之"纵淫"或者即指"纵",即放回所俘的秦国三将。

⑯主君:扁鹊对赵简子的尊称。

⑰间:痊愈,病愈。

【译文】

　　晋昭公时,大夫们的势力强大而昭公及其宗亲贵族势力衰弱,赵简子是大夫,专断晋国政事。赵简子患重病,昏迷了五天,大夫们都很害怕,于是召来扁鹊。扁鹊入室给赵简子看了病,出来后,董安于询问扁鹊,扁鹊说:"血脉平和,你们为什么大惊小怪呢? 当初秦穆公也曾这样,七天才醒过来。醒来那天,对公孙支和子舆说:'我去了天帝那里非常开心。我之所以在那这么久,是因为刚好要学些东西。天帝对我说:"晋国将要大乱,五世不得安宁。此后晋国将称霸,称霸不久霸主就会死去。他的儿子将使你们国家男女无别。"'公孙支把这些话记下来收藏好,秦国记载这事的简册就这样传下来了。之后晋献公时的内乱,晋文公的称霸,以及晋襄公在崤山打败秦军后回国纵情淫乐,这些都是你所知道的。现在主君的病和秦穆公的病情况相同,不出三天他一定会醒来,醒来后一定会有话说。"

　　居二日半,简子寤,语诸大夫曰:"我之帝所甚乐,与百神游于钧天①,广乐九奏万舞②,不类三代之乐③,其声动心。有一熊欲援我,帝命我射之,中熊,熊死。有罴来,我又射之,中罴,罴死。帝甚喜,赐我二笥④,皆有副⑤。吾见儿在帝侧⑥,帝属我一翟犬⑦,曰:'及而子之壮也以赐之⑧。'帝告我:'晋国且世衰,七世而亡⑨。嬴姓将大败周人于范魁之西⑩,而亦不能有也⑪。'"董安于受言,书而藏之。以扁鹊言告简子,简子赐扁鹊田四万亩。

【注释】

①钧天:天之中央,中国古代神话传说中天帝之所居。
②广乐:仙乐,多种乐器演奏的音乐。九奏:古代行礼奏乐九曲。万

　　舞：舞者先执兵器进行武舞,后手拿鸟羽或乐器进行文舞。此泛
　　指各种舞蹈。

③三代：指夏、商、周三朝。

④笥（sì）：盛物的方形竹器。

⑤副：装饰物。

⑥儿：指简子之子赵襄子。

⑦属：交付。翟犬：隐指代国,传说"翟犬"是代国国君的祖先。翟,
　　通"狄"。当时的代国都城在今河北蔚县的代王城。

⑧及而子之壮也以赐之：指赵简子之子赵襄子即位后灭代事,见
　　《赵世家》。

⑨七世：七代。《正义》云："晋定公、出公、哀公、幽公、烈公、孝公、静
　　公为七世,静公二年为三晋所灭。据此及《赵世家》,简子疾在定
　　公之十一年也。"

⑩嬴姓将大败周人：《正义》曰："嬴,赵氏本姓也;周人,谓卫也。晋
　　亡之后,赵成侯三年伐卫取乡邑七十三是也。"范魁：地名,在今
　　河南范县。

⑪而亦不能有也：按,以上是简子所说的谶语。赵简子遵天命杀死
　　的"熊""黑",即其政敌中行氏（荀寅）与范氏（范吉射）,详见
　　《赵世家》。

【译文】

　　过了两天半,赵简子醒了,对众位大夫说："我去了天帝那里非常开
心,我和众神仙在钧天游玩,各种乐器齐奏的音乐,配合各种舞蹈演奏不
停,那些乐曲舞蹈不同于夏、商、周三代的乐舞,那声音动人心魄。有一
只熊想抓我,天帝命令我射它,我射中了熊,熊死了。又有一只黑过来,
我又射,射中了黑,黑也死了。天帝非常高兴,赐给我两个方竹箱,上面
都嵌有饰品。我看见我的一个儿子在天帝身旁,天帝交给我一只翟犬,
说：'等你儿子长大了就把这犬赐给他。'天帝又告诉我说：'晋国将一代

代衰落,七世后国家灭亡。嬴姓的国家将在范魁的西部大败周人,但也不能占有它。'"董安于听了这些话,把它记录下来收藏好。董安于又把扁鹊的话告诉赵简子,赵简子赐给扁鹊四万亩田地。

其后扁鹊过虢。虢太子死①,扁鹊至虢宫门下,问中庶子喜方者曰②:"太子何病,国中治穰过于众事③?"中庶子曰:"太子病血气不时,交错而不得泄,暴发于外,则为中害④。精神不能止邪气⑤,邪气畜积而不得泄,是以阳缓而阴急⑥,故暴蹶而死⑦。"扁鹊曰:"其死何如时?"曰:"鸡鸣至今⑧。"曰:"收乎⑨?"曰:"未也,其死未能半日也。""言臣齐勃海秦越人也,家在于郑⑩,未尝得望精光⑪,侍谒于前也⑫。闻太子不幸而死,臣能生之。"中庶子曰:"先生得无诞之乎⑬?何以言太子可生也?臣闻上古之时,医有俞跗⑭,治病不以汤液醴洒、镵石挢引、案扤毒熨⑮,一拨见病之应⑯,因五藏之输⑰,乃割皮解肌⑱,诀脉结筋⑲,搦髓脑⑳,揲荒爪幕㉑,湔浣肠胃㉒,漱涤五藏㉓,练精易形㉔。先生之方能若是,则太子可生也;不能若是而欲生之,曾不可以告咳婴之儿㉕。"终日㉖,扁鹊仰天叹曰:"夫子之为方也㉗,若以管窥天,以郄视文㉘。越人之为方也,不待切脉、望色、听声、写形㉙,言病之所在。闻病之阳,论得其阴;闻病之阴,论得其阳㉚。病应见于大表㉛,不出千里,决者至众㉜,不可曲止也㉝。子以吾言为不诚,试入诊太子,当闻其耳鸣而鼻张,循其两股以至于阴㉞,当尚温也。"

【注释】

① 虢太子：虢，西周与春秋时代的古国名，同名者有几个。东虢，在今河南郑州北，西周末时被郑国所灭；西虢，在今河南三门峡市陕州；南虢，在今山西平陆境内，皆于春秋前期被晋国所灭；此外还有小虢，在今陕西宝鸡陈仓，春秋前期被秦国所灭，到战国时已经没有虢国。故《索隐》以为此"虢太子"或为"郭太子"之误。

② 中庶子：古代官名，周代始置，职掌诸侯卿大夫之庶子的教育。方：医方，方术。

③ 治穰（ráng）：举行祈祷活动。穰，此处借为"禳"，祭名，祭祀祈祷以求免灾。

④ "太子病血气不时"几句：《扁鹊仓公传汇考》："血气不应时为交错，血气交错，遂致壅郁，不得宣泄；郁极而暴发于外，使中脏被其害。"不时，不按正常规律运行。中，中脏，古人谓内脏为中脏。

⑤ 精神：此指人体正气。邪气：泛指致病因素，如风、寒、暑、湿、燥、火等。中医理论认为：人之患病，多因邪气入体。正胜邪则病愈，正不制邪则病深。

⑥ 阳缓而阴急：阳脉迟缓，阴脉拘急，表明正气衰，邪气盛，病情危急。

⑦ 暴蹶：突然昏厥不省人事。《素问·大奇论》："暴厥者，不知与人言。"《素问·厥论》："而邪气逆，逆则阳气乱，阳气乱则不知人也。"《正义》引《释名》曰："蹶，气从下蹶起上行，外及心胁也。"

⑧ 鸡鸣至今：从丑时到现在。鸡鸣，丑时，夜间1—3时。

⑨ 收：殓葬。

⑩ 家在于郑：底本作"家在于郑"，今改。说见前。

⑪ 未尝得望精光：犹言"没能见到您的风采"。

⑫ 侍谒：侍奉、拜见。

⑬ 诞：言论虚妄，说大话骗人。

⑭ 俞跗：上古医家，又作"踰跗""俞附""榆柎""臾跗"等。相传擅

长外科手术。《正义》引应劭说,认为乃黄帝时名医,《鹖冠子·世贤》谓春秋早期楚国医官。

⑮汤液:汤剂。相传为商代伊尹创制发明。醪酒:醪,指各种治病的药酒。酒,指洗涤患处的药水。《素问·汤液醪醴论》:"自古圣人之作汤液醪醴者,以为备耳。"镵(chán)石:指针刺和砭石。镵,镵针,黄帝九针之一。《灵枢·九针十二原》:"镵针者,头大末锐,去泻阳气。"镵,锋利。挢(jiǎo)引:即导引,一种气功疗法。《索隐》:"谓为按摩之法,夭挢引身,如熊顾鸟伸也"。案扤(wù):按摩和活动肢体。案,通"按"。扤,摇动。《索隐》云:"亦谓按摩而玩弄身体,使调也。"毒熨(wèi):以药物熨敷患处的疗法。借助药性及温暖作用,直接作用于患处或有关部位,使气血通畅,以达到治病或缓解病痛的作用。《索隐》:"毒熨谓毒病之处以药物熨帖也。"《灵枢》有"药熨法"。毒,毒药,古代以毒药为诸药之统称。

⑯一拨见病之应:一诊察就知道病的症候。拨,解衣诊察。病之应,病者外表的反应,即症候。

⑰因五藏之输:顺着五脏的腧穴。输,同"腧"。根据中医理论,五脏六腑有井、荥、输、经(原)、合五输穴,六腑多一原穴。输,本意为以车运输,在人体,穴位是气血运行所过和集中之处,所以称腧穴。输,与"腧"是同源字,"腧"可能是后来出现的。一般意义上用"腧",而在五腧穴中用"输"。这里应该是泛指。

⑱割皮解肌:剖割开皮肤和肌肉。

⑲诀脉:疏导脉络。诀,同"决"。结筋:疏理连结损伤的筋腱。

⑳搦(nuò)髓脑:传说是一种脑部外科手术。搦,按治。

㉑揲(shé)荒爪幕:触动膏肓,疏理膈膜。揲,取,持。荒,通"肓",心脏与横膈膜之间谓肓。爪,同"抓"。幕,通"膜",指横膈膜。揲荒爪幕,《说苑·辨物》作"束肓莫",田子通云:"'爪'字衍,即

因'荒'下'儿'而错出耳。"作三字句,与"搦髓脑"对,句法为
齐整。田说似有理,录以备考。

㉒湔(jiān):浣洗,洗涤。

㉓漱:洗涮。

㉔练精易形:培炼精气,改变形体,意即使之年轻。《医说》引此文,
下有"以去百病焉"五字。

㉕曾不可以告咳(hái)婴之儿:简直不能把这种话去对刚会笑的婴
儿讲。咳,小儿笑。

㉖终日:整天,此处为"很久"之意。即中庶子与扁鹊语良久。

㉗方:方术,指医疗技术、手段。

㉘以郄视文:透过缝隙看花纹。意即没看到全局。郄,通"郤",隙。

㉙切脉、望色、听声、写形:此指望、闻、问、切中医四诊,即通过观察
病者形态、气色、语言、动作,再加之以脉象来诊断疾病之所属。
《古今医统》:"望闻问切四字,诚为医之纲领。"切脉,诊脉。望
色,观察病人脸上气色、舌苔、表情等。听声,听病人发出的声音。
写形,审察病人的形态。写,犹审。

㉚"闻病之阳"几句:由阳知阴,由阴知阳。《正义》引《难经》云:
"阴病行阳,阳病行阴,故令募在阴,俞在阳。"《素问·阴阳应象
大论》:"以我知彼,以表知里。"泷川引中井积德曰:"阴阳,犹表
里也。言闻表而知里,闻里而知表。"按,阴阳为中医理论之核
心,善医者能由阴及阳、由阳及阴推求病理,确定治疗原则。闻,
了解。论得,推论得知。

㉛病应见于大表:体内有病反应在体表。大表,外表。

㉜不出千里,决者至众:泷川云:"此言身不出千里之外,唯闻其患状
而决断其证之如何也。"决者,诊断的依据。

㉝不可曲止:《索隐》:"不可委曲具言。"《正义》:"言皆有应见,不可
曲言病之止住所在也。"按,《索隐》言治效甚多,不能一一具言

其中原委;《正义》则言病候多变,不可止于一隅看问题。较之二
说,《索隐》似为合理。

㉞循:按着一定的方向抚摩。阴:阴部。泷川引《伤寒论·平脉法》
尸厥条曰:"阳气退下,热归阴股。"

【译文】

后来扁鹊路过虢国。虢国的太子刚死,扁鹊来到虢国宫门前,询问
一个懂得医术的中庶子说:"太子得的是什么病,国都里为他祭祀祈祷超
过了其他事情?"中庶子说:"太子患上了血气不按时运行的疾病,阴阳
之气交错致使气血郁结不通,突然暴发,就使内脏受了伤害。他体内的
正气不能抑制邪气,邪气蓄积得不到发散,结果阴盛阳衰,导致突然晕厥
而死。"扁鹊问:"他死了多久了?"中庶子说:"从鸡鸣到现在。"扁鹊问:
"收殓入棺了吗?"中庶子说:"还没有,他死了还不到半天呢。"扁鹊说:
"请你去通报说,我是齐国渤海地方的秦越人,家住在郑邑,过去我未能
瞻望国君的风采,在他跟前效力。现在听说太子不幸去世,我能让他死
而复生。"中庶子说:"先生是不是太荒唐了? 你凭什么说太子可以复生
呢? 我听说上古时,有个医生名叫俞跗,他治病不用汤剂药酒,不用针
刺、砭石、导引,不用按摩熨敷,一加诊察就能知道病症在哪儿,然后顺着
五脏的输穴,割开皮肤,剖开肌肉疏通脉络,疏理连接损伤的筋腱,按治
脊髓与脑部,触动膏肓,疏理膈膜,清洗肠胃,洗涤五脏,培养精气,变易
形体。先生你的医术如果能像这个一样,那么太子还可能复生;如果达
不到这样的水平却想让太子复生,这种话告诉三岁小孩他也不会相信。"
两人谈了很久,扁鹊仰天长叹道:"先生您所知道的医术,就像是从管子
看天空,从缝隙看花纹。而我的医术,不必等切脉、望色、听声、看形之
后,才能知道病在哪儿。我可以由表知里、由里知表。一个人内脏中的
疾病都会从体表反映出来,只要是千里之内的病人,我就能凭症状判断
出他内部的病变,诊断病症的方法很多,不能一一向你详细言说。如果
您认为我的话荒唐,就请让我进宫试着给太子诊察一下,应当能听到他

的耳朵内还有声响,看见他的鼻翼扇动,顺着他的两腿向上直到阴部,应当还是温热的。"

中庶子闻扁鹊言,目眩然而不瞚,舌挢然而不下[1],乃以扁鹊言入报虢君。虢君闻之大惊,出见扁鹊于中阙[2],曰:"窃闻高义之日久矣,然未尝得拜谒于前也。先生过小国,幸而举之[3],偏国寡臣幸甚[4]。有先生则活,无先生则弃捐填沟壑[5],长终而不得反。"言未卒,因嘘唏服臆[6],魂精泄横[7],流涕长潸[8],忽忽承睫[9],悲不能自止,容貌变更。扁鹊曰:"若太子病,所谓'尸蹶'者也[10]。夫以阳入阴中[11],动胃缠缘[12],中经维络[13],别下于三焦、膀胱[14],是以阳脉下遂,阴脉上争[15],会气闭而不通[16],阴上而阳内行[17],下内鼓而不起[18],上外绝而不为使[19],上有绝阳之络,下有破阴之纽[20],破阴绝阳,色废脉乱[21],故形静如死状。太子未死也。夫以阳入阴支兰藏者生[22],以阴入阳支兰藏者死[23]。凡此数事,皆五藏蹶中之时暴作也。良工取之[24],拙者疑殆[25]。"

【注释】

①目眩然而不瞚(shùn),舌挢然而不下:二句言瞠目结舌、吃惊之状。瞚,眨眼。挢,抬起。

②中阙:宫廷正门前的双阙之间。

③幸而举之:幸运地救助我。举,抬举,引申为帮助。

④寡臣:凌稚隆引董份曰:"谓太子也。"《索隐》则认为乃"谓虢君自谦,云己是偏远之国,寡小之臣也"。二说皆通。

⑤弃捐填沟壑:被抛弃在山谷中,谦言自己儿子的死。弃、捐,均为

"抛弃"之意。壑,山谷。

⑥服(bì)臆:因悲伤而气满郁结。服,通"腷"。

⑦魂精泄横:精神恍惚,神态散乱。泄,流露。横,纷乱。

⑧长潸(shān):《索隐》曰:"谓长垂泪也。"

⑨忽忽:泪珠滚滚貌。承睫(jié):睫,同"睫"。《索隐》:"言泪恒垂以承于睫也。"犹今所谓"泪珠夺眶而出"。

⑩尸蹶:即尸厥,古病名,厥证之一种。指突然昏倒不省人事,状如昏死的恶候。语出《素问·缪刺论》。

⑪阳入阴中:阳气下陷于阴。即阴气盛而阳气衰。亦谓脉象。《难经·第十二难》:"脉居阴部反阳脉见者,为阳入阴中。"

⑫动胃缠缘:脉络缠绕胃部,使胃受伤。《正义》:"缘,谓脉缠绕胃也。"缠,同"缠"。缘,缠,绕。

⑬中经维络:伤害经脉,络脉受阻。中,伤害。经,经脉。维,结,壅塞。络,络脉,自经脉分出来的呈网状的大小分支,纵横交贯,遍布全身,将人体内外、脏腑、肢节联成一个有机的整体。

⑭别下于三焦、膀胱:阳气下陷于下焦。三焦,中医所谓的六腑之一,上、中、下三焦之统称。泷川引多纪元简曰:"《灵枢》中,多连言三焦、膀胱,皆指下焦,此亦然。"此处特指下焦。

⑮阳脉下遂,阴脉上争:《素问》云:"阳脉下遂难返,阴脉上争如弦也。"遂,通"坠"。

⑯会气闭而不通:阴气阳气交会的地方闭塞不通。会,经络气血会聚之处。此指腧穴。人身有脏、腑、筋、髓、血、骨、脉、气等八会。《正义》引《难经》云:"府会太仓,脏会季胁。"按,此处特指季胁,即章门穴。

⑰阴上而阳内行:按中医理论,阴阳是相对而存在的,人身之下、内为阴,与之相对的上、外为阳。今"会气闭而不通",故出现阴反上逆、阳却内行的逆乱症状。泷川引多纪元坚曰:"言阴脉既上争

而阳脉独内行。"

⑱下内鼓而不起:指阳气在身体下部和内部鼓动,而不能正常上升与外运。

⑲上外绝而不为使:居上、居外的阳气被隔绝而不能引导阴气。意即阴阳失调而不平衡。泷川引多纪元坚曰:"'绝'字,与下文'绝阳'之'绝',俱当为'阻绝'之'绝'看,言阳气下郁,与上、外隔绝,不为阴使。"

⑳上有绝阳之络,下有破阴之纽:多纪元坚曰:"言上有与阳相隔绝之络脉,言下有阴气破而不行之筋纽。破,言阴气为阳所迫,不能统摄。"

㉑色废脉乱:容颜失常,血脉紊乱。

㉒夫以阳入阴支兰藏者生:因阳气侵入阴分而阻隔了脏气的病人是可以救活的。支兰,遮拦,阻隔。或谓为脉节之顺者、横者。《正义》引《素问》:"支者顺节,兰者横节。"按,据文意,当为阻隔之义。

㉓以阴入阳支兰藏者死:由阴气侵入阳分而阻隔脏气的是死症。按,《素问·阴阳应象大论》:"阴阳者,天地之道也,万物之纲纪,变化之父母,生杀之本始,神明之府也。治病必求于本。"中医理论以阴阳为大纲,凡病由阳入阴者生,由阴入阳者死,故扁鹊有是说。

㉔良工:高明的医生。取:指向,这里指救治。

㉕疑殆:怀疑,此指坐视死亡。

【译文】

中庶子听了扁鹊的话,目瞪口呆,眼不能眨,舌翘着说不出话,就进去把扁鹊的话报告给虢君。虢君听到后非常吃惊,赶紧出来在正殿门前双阙间迎接扁鹊说:"我早就听说过您的大名,只是从没有机会去拜见。现在先生路过我们这个小国,如能有幸蒙您救助,那鄙国太子真是太幸运了。有了先生您他才能活，没有先生您他就只能死去，永不能复生了。"话还没说完，虢国国君就抽泣起来，他精神恍惚，涕泪交流，睫毛上挂满泪珠，悲伤得不能自已，连容貌都变了。扁鹊说："像太子这种病，就是通常所说的'尸蹷'。是由于阳气下降入阴，搅扰胃部，经脉受损伤，络脉被阻塞，分别下沉于三焦，因此阳脉下坠，阴脉争上，阴阳两气交会之处闭塞不通，阴气继续上升而阳气只好向内走，于是阳气只能在身体的下部和内部鼓动而不能升起，本应居上、居外的阳气被隔绝而不能引导阴气，这样，上有阳气被隔绝的脉络，下有阴气被破坏的筋纽，阴气被破坏，阳气被隔绝，使人的脸色改变，脉气混乱，因此身体静卧就像死了一样。太子实际并没有死。阳气侵入阴而阻隔了脏气的病人是可以救活的，阴气侵入阳而阻隔脏气的则会死。凡此种种情况，都是五脏失调之时突然发生的。高明的医生能救治，医术不高的就只能疑惑不解而坐视病人死亡了。"

　　扁鹊乃使弟子子阳厉针砥石①，以取三阳五会②。有间，太子苏。乃使子豹为五分之熨③，以八减之齐和煮之④，以更熨两胁下⑤。太子起坐。更适阴阳⑥，但服汤二旬而复故。故天下尽以扁鹊为能生死人⑦。扁鹊曰："越人非能生死人也，此自当生者，越人能使之起耳。"

【注释】

①子阳：与下文"子豹"均为扁鹊弟子。厉针砥石：厉、砥，都是磨的意思。

②以取三阳五会：取，对着某个地方下手。三阳五会，即"百会穴"，位于头顶，因其为手足三阳及任、督二脉之会，故名。针刺百会，有回阳固脱、开窍醒脑等疗效，临床多用于治疗尸厥、中风等病。

此句,底本作"以取外三阳五会"。《韩诗外传》《说苑》均无"外"
字,《太平御览》卷九〇三所引亦无"外"字,据删。

③五分之熨:或谓为五分热度的熨法。

④八减之齐:一般认为指八减方的汤剂。八减方,古方剂,今已佚。
齐,同"剂",即汤剂。

⑤更:交替,更换。

⑥更适阴阳:再进一步调适阴阳。

⑦生死人:使死人复生。

【译文】

于是扁鹊让弟子子阳把针和砭石磨好,取太子的百会穴用针扎了
下去。过了一会儿,太子就苏醒了。于是扁鹊又让弟子子豹以五分热度
实施药熨法,并煮好八减剂,在太子的两胁下面交替烫敷。太子就能坐
起来了。扁鹊又进一步调理太子体内的阴阳之气,只服了二十天汤药,
太子就完全康复了。所以全天下的人都以为扁鹊能起死回生。扁鹊说:
"我并非能起死回生,只是能使本来就没死的人病好而已。"

扁鹊过齐,齐桓侯客之①。入朝见,曰:"君有疾在腠
理②,不治将深。"桓侯曰:"寡人无疾。"扁鹊出,桓侯谓左
右曰:"医之好利也,欲以不疾者为功③。"后五日④,扁鹊复
见,曰:"君有疾在血脉,不治恐深。"桓侯曰:"寡人无疾。"
扁鹊出,桓侯不悦。后五日,扁鹊复见,曰:"君有疾在肠胃
间,不治将深。"桓侯不应。扁鹊出,桓侯不悦。后五日,扁
鹊复见,望见桓侯而退走。桓侯使人问其故。扁鹊曰:"疾
之居腠理也,汤熨之所及也;在血脉,针石之所及也;其在肠
胃,酒醪之所及也⑤;其在骨髓,虽司命无奈之何。今在骨
髓,臣是以无请也。"后五日,桓侯体痛⑥,使人召扁鹊,扁鹊

已逃去。桓侯遂死。

【注释】

① 齐桓侯：春秋战国时，齐无桓侯，而有两个桓公，一为春秋时之姜小白，前685—前643年在位；一为战国时之田午，前374—前357年在位。《集解》《索隐》均认为指"齐侯田和之子桓公午"。梁玉绳曰："赵简子卒时至齐桓公午立，凡九十三年，何鹊之寿耶？《文选》李善注言《史记》自为舛错。《新序》二、《韩子·喻老》均作'蔡'。"此处所说，其实都未必可信，惟借古人而说医理耳。

② 腠（còu）理：指皮肤、肌肉、脏腑的纹理与皮肤、肌肉间隙交接处的结缔组织。《金匮要略·脏腑经络先后病脉证》曰："腠者，是三焦通会元真之处，为血气所注；理者，是皮肤脏腑之文理也。"中医理论认为：病邪入体，首入皮肤，渐次入里，病入骨髓则无以为治。故下文有"在血脉""在肠胃"之说。

③ 欲以不疾者为功：想给没有病的人治病来显示自己的本领，作为功劳。

④ 后五日：《韩非子》《新序》皆作"后十日"。

⑤ 酒醪（láo）：醇酒或浊酒，此处指以醇酒为药酒。沈川曰："《韩子》《新序》，酒醪作火齐。"按，此处"酒醪"当误。病入肠胃，非药酒之类轻剂所能愈，当用火齐汤之类泻下清里之剂。

⑥ 桓侯体痛：底本作"桓侯体病"。王念孙曰："'体病'当为'体痛'，字之误也。……《韩子》《新序》亦作'体痛'。"今据改。

【译文】

扁鹊经过齐国时，齐桓侯接待了他。扁鹊入朝朝见，对桓侯说："您皮肤和肌肉之间有病，如果不治疗就会向身体内部发展。"桓侯说："我没有病。"扁鹊出去后，桓侯对左右的人说："医生贪财好利，想用给没有病的人治病来作为自己的功劳。"五天以后，扁鹊又来朝见齐桓侯，说：

"您的病已经进入血脉了,如不医治恐怕还要往体内发展。"桓侯说:"我没有病。"扁鹊出去后,桓侯很不高兴。又过了五天,扁鹊又来朝见桓侯,说:"您的病已到了肠胃之间,如再不治还会加深。"桓侯不搭理他。扁鹊出去之后,桓侯更不高兴。又过了五天,扁鹊又来朝见齐桓侯,只远远地一看就转身退走了。桓侯派人问他缘故。扁鹊说:"病在皮肤和肌肉之间,用汤剂、熨剂的效力可以到达而治好;病入血脉,用铁针、石针的效力可以到达而治好;病入肠胃,用药酒的效力可以到达而治好;病入骨髓,即使是掌管性命的神仙也没有办法医治了。如今国君的病已深入骨髓,所以我就不说什么了。"又过了五天,桓侯身体疼痛,派人去请扁鹊,扁鹊已经逃离了齐国。于是齐桓侯就病死了。

　　使圣人预知微^①,能使良医得蚤从事^②,则疾可已,身可活也。人之所病,病疾多^③;而医之所病,病道少^④。故病有六不治:骄恣不论于理^⑤,一不治也;轻身重财,二不治也;衣食不能适^⑥,三不治也;阴阳并,藏气不定^⑦,四不治也;形羸不能服药,五不治也;信巫不信医,六不治也。有此一者,则重难治也。

【注释】

①微:细微,此处指没有显露出症状的疾病。

②蚤:通"早"。从事:治疗。

③人之所病,病疾多:病,难办,发愁。疾多,疾病的种类繁多。

④病道少:发愁治病的方法少。道少,治病的办法不多。郭雍《伤寒补亡论·自序》:"扁鹊云:'人之所患,患疾多;医之所患,患道少。'道少疾多,此标本之所难相得也。"

⑤骄恣不论于理:骄横放纵,不按规律保养身体,放任自己。《灵枢·师

传》："且夫王公大人,血食之君,骄恣从(纵)欲轻人,而无能禁
之。"

⑥适:安适,调节适当。

⑦阴阳并,藏气不定:阴阳偏盛或错乱,五脏功能紊乱。藏,后世写
作"脏"。《素问·调经论》曰:"血气未并,五脏安定。"又曰:"阴
与阳并,血气以并,病形以成。"

【译文】

圣人假如能察觉细微的患病征兆,能马上请良医及早治疗,那么病
就可以治好,性命也可以保住。病人所发愁的,是疾病种类太多;医生所
发愁的,是治病的办法太少。所以疾病有六种情况不能治:骄傲放纵不
按规律调节身体,是第一种;轻视性命看重财物,是第二种;衣着饮食不
能调节得当,是第三种;阴阳错乱,五脏功能紊乱,是第四种;身体太弱不
能承受药物,是第五种;信巫师不信医生,是第六种。人只要有其中的一
种,那么他的病就没法治。

扁鹊名闻天下。过邯郸,闻贵妇人,即为带下医①;过
雒阳,闻周人爱老人,即为耳目痹医②,来入咸阳,闻秦人爱
小儿,即为小儿医:随俗为变③。秦太医令李醯自知伎不如
扁鹊也④,使人刺杀之。至今天下言脉者,由扁鹊也⑤。

【注释】

①带下医:妇科医生的古称。带下,《金匮要略心典》:"带下者,带脉
之下,古人列经脉为病,凡三十六种,皆谓之带下病。"这里借指
一切妇科疾病。

②耳目痹医:治老年人耳聋、眼花、四肢麻痹的医生。

③随俗为变:随着各地风俗改变医治的范围。

④李醯（xī）：秦武王时的太医令。伎：同"技"。医术水平。

⑤至今天下言脉者，由扁鹊也：史公于此将扁鹊视为中医的开山祖
　师。扁鹊墓见于多处，除前文所述河北雄安之鄚州外，今陕西西
　安临潼之南陈村也有，并建有扁鹊纪念馆，今河北内丘也有"鹊
　山祠"。

【译文】

　　扁鹊闻名天下。他经过邯郸，听说那里尊重妇女，他就做妇科医生；
经过洛阳，听说周人敬爱老人，他就做治疗老人耳聋眼花和风湿症的医
生；到了咸阳，听说秦人爱护儿童，就做儿科医生：随着各地风俗而改变
自己的行医重点。秦国的太医令李醯知道自己的医术不如扁鹊，就派人
把扁鹊刺杀了。直到现在天下研究脉学的，都是从扁鹊那传下来的。

　　太仓公者，齐太仓长①，临菑人也②，姓淳于氏，名意。
少而喜医方术。高后八年③，更受师同郡元里公乘阳庆④。
庆年七十余，无子⑤，使意尽去其故方，更悉以禁方予之，传
黄帝、扁鹊之脉书⑥，五色诊病⑦，知人死生，决嫌疑⑧，定可
治⑨，及《药论》⑩，甚精。受之三年，为人治病，决死生多验。
然左右行游诸侯⑪，不以家为家，或不为人治病⑫，病家多怨
之者。

【注释】

①齐太仓长：齐国国家粮库的管理长官。齐，汉初诸侯国名，高后、
　文帝时的齐国国王先后为刘邦之子刘肥、刘肥之子刘襄、刘襄之
　子刘则和刘肥之子刘将闾。

②临菑：齐国都城，旧址在今山东淄博临淄。

③高后八年：前180年。《集解》引徐广云："此时意年三十六岁。"高

后,即吕后,刘邦之妻。其子惠帝刘盈死后,吕氏临朝执政八年(前187—前180)。详见《吕太后本纪》。

④更受师:再次拜师学习。淳于意先从师公孙光,现又从师公乘阳庆。受师,受业,拜师学习。元里:临菑城的一条里巷名。公乘阳庆:公乘,爵位名,是秦爵二十级中由下而上的第八级。阳庆,人名。汉代习惯,称人时常把官名、爵名置于名字之前,以表尊敬。也可能在这里爵位已经转成了人的姓氏,张照曰:"盖以爵为氏,如'壶关三老公乘兴'是也。"《平准书》有所谓"居官者以为姓号",即此类。

⑤庆年七十余,无子:梁玉绳引王孝廉曰:"后文云'慎毋令我子孙知若学我方也';又云'会庆子男殷来献马',则庆非无子者,'无子'二字疑衍。"也有人认为可能是指阳庆的子嗣不能继承其医道。

⑥脉书:论述脉理的医书,此处泛指各类医书。据《汉书·艺文志》,汉初尚存《黄帝内经》十八卷,《黄帝外经》三十七卷,《扁鹊内经》九卷,《扁鹊外经》十二卷,后来除《黄帝内经》外均佚。

⑦五色诊病:依据病人的面色及其变化来诊断疾病。五色,赤、黄、青、白、黑。《正义》引《难经》:"五藏有色,皆见于面,亦当与寸口尺内相应也。"

⑧决嫌疑:决断疑难复杂的病症。《素问·移精变气论》:"余欲临病人,观生死,决嫌疑。"

⑨定可治:确定是否可以治疗。

⑩《药论》:论述药理的书。

⑪左右行游诸侯:到周围的各个诸侯国游历并行医。

⑫或不为人治病:有时故意不给人治病。据下文,淳于意曾借故拒绝为当时的某些统治者如赵王、胶西王、济南王、吴王、齐文王等人治病,因此,淳于意才有下文遭陷囹圄之祸。

【译文】

太仓公是齐太仓的长官,临菑人,姓淳于,名意。年轻时就喜欢医术。高后八年,拜同郡元里公乘阳庆为师。阳庆七十多岁了,没有儿子可以继承其医道,让淳于意抛弃过去所学的全部医术和药方,把自己的秘方全都传给了他,传给他黄帝、扁鹊的脉书,五色诊病的方法,知道病人的生死,判定疑难杂症,确定能不能治愈,并传授他《药论》,非常精妙。仓公学了三年,为人治病,判定病人的死活大多都很应验。但他到其他诸侯国四处游访,不把家当家,有时也不给人治病,很多患者都怨恨他。

文帝四年中①,人上书言意②,以刑罪当传西之长安③。意有五女,随而泣。意怒,骂曰:"生子不生男④,缓急无可使者⑤!"于是少女缇萦伤父之言⑥,乃随父西⑦。上书曰:"妾父为吏,齐中称其廉平,今坐法当刑⑧。妾切痛死者不可复生⑨,而刑者不可复续⑩,虽欲改过自新,其道莫由,终不可得。妾愿入身为官婢,以赎父刑罪⑪,使得改行自新也⑫。"书闻,上悲其意⑬,此岁中亦除肉刑法⑭。

【注释】

①文帝四年:前176年。李景星曰:"'文帝四年中',按《本纪》,当作'十三年'。"文帝,名恒,刘邦之子,前180—前157年在位。详见《孝文本纪》。

②上书言意:上书朝廷举报淳于意。言,此处指控告。

③传(zhuàn)西之长安:被官府用驿车押解往长安。传,驿车,古代驿站用来递送公文或供官员往来时使用的车。这里指用驿车押送。

④子:孩子,泛称子女。

⑤缓急:这里指危急。

⑥少女:最小的女儿。

⑦西:指西上长安。

⑧坐法当刑:因触犯法律被处以刑罚。当,判罪。

⑨切痛:即窃痛,暗自痛惜,古人说话的一种谦敬说法。切,同"窃"。

⑩而刑者不可复续:而被斩断的肢体不能再接上。按,因汉代有断足、斩趾等肉刑,故有此说。

⑪妾愿入身为官婢,以赎父刑罪:汉代有将犯罪者或犯罪者的家属没入官府为奴婢的制度,今淳于意犯罪,其女欲赎其父,故自请入官府为婢。

⑫使得改行自新也:使我父亲能够改过自新。按,以上缇萦上书之文字与《孝文本纪》《汉书·刑法志》所载者大体相同。

⑬悲:怜悯,同情。

⑭此岁中亦除肉刑法:汉代刑法原分大辟(杀头)、宫刑(破坏男女生殖器或生殖机能)、膑刑(断足或砍去膝盖骨)、黥刑(在脸上刺刻并涂墨)、髡刑(剃去头发)五类,大辟照旧不改,髡刑未伤肢体,对人身有残害的是宫刑、膑刑、黥刑,文帝十三年(前167),下诏书将此三种罪罚一律改为鞭笞。详情见《孝文本纪》。对于此事,司马迁在《史记》中是作为文帝的"德政"之一来歌颂的,但此并非历史真实,班固在《汉书·刑法志》中就说:"外有'轻刑'之名,内实杀人。"因为改成鞭笞后,几百棍子反而有可能将本不该死的人打死。

【译文】

　　文帝四年时,有人上书控告淳于意,按照刑律应当用传车押解向西到长安去。淳于意有五个女儿,跟随着他哭泣。淳于意很生气,骂道:"生孩子不生男孩,紧急关头没有能使唤管用的!"小女儿缇萦听了父亲的话非常伤心,就跟着父亲西行。她上书说:"我的父亲做官,齐国人都称赞他廉洁公平,现在犯了法应当受刑。我悲痛于死者不能复生,受了刑肢体不能再接续，即使想要改过自新，也没有办法，最终无法改过。我愿意自己没入官府做奴婢，来赎父亲的刑罚罪过，使他能改过自新。"书递上去，文帝怜悯她的孝心，这一年也废除了肉刑。

意家居①，诏召问所为治病死生验者几何人，主名为谁②。

诏问故太仓长臣意："方伎所长③，及所能治病者④。有其书无有⑤？皆安受学⑥？受学几何岁？尝有所验，何县里人也？何病？医药已，其病之状皆何如⑦？具悉而对⑧。"臣意对曰⑨：

【注释】

①家居：陈子龙曰："意既至长安，事释，即家居之，故诏书就问也。"

②诏召问所为治病死生验者几何人，主名为谁：皇帝下诏令叫淳于意来，问其经手诊治确有起死回生疗效的有多少人？他们姓名是什么？泷川曰："'主名为谁'以上，先提其纲。"

③方伎：医技。伎，同"技"。

④及所能治病者：即所能治的病症。

⑤有其书无有：有没有记述你医术的著作。

⑥皆安受学：都是从哪里学来的。

⑦医药已，其病之状皆何如：服药后，病人的情况都怎样。已，过后。

⑧具悉而对：全部详细地回答我。具，通"俱"，全部。悉，详细。按，以上是淳于意在面对文帝的询问时，先将皇帝的诏令抄在前面，然后再回答。这是汉代诸臣回答皇帝的诏令、策问时的例行格式，可参看《三王世家》《儒林列传》等。

⑨对：回答。以下二十五小节，均为淳于意对文帝关于其学医及治病情况问题的回答。

【译文】

淳于意住在家里,诏令召问他治病决断生死灵验的有多少人,患者都叫什么名字。

诏令问太仓长淳于意:"医术有什么特长,能治什么病? 有没有医书? 从哪里学的? 学了多少年? 过去治好的病人,是哪个县的人? 得的是什么病? 看过病吃过药,病状都是什么样? 都详细地回答我。"淳于意回答说:

自意少时,喜医药,医药方试之多不验者。至高后八年,得见师临菑元里公乘阳庆。庆年七十余,意得见事之①。谓意曰:"尽去而方书②,非是也。庆有古先道遗传黄帝、扁鹊之《脉书》③,五色诊病,知人生死,决嫌疑,定可治,及药论书,甚精。我家给富④,心爱公,欲尽以我禁方书悉教公。"臣意即曰:"幸甚,非意之所敢望也。"臣意即避席再拜谒⑤,受其《脉书》《上下经》《五色诊》《奇咳术》《揆度阴阳外变》《药论》《石神》《接阴阳禁书》⑥,受读解验之⑦,可一年所。明岁即验之⑧,有验,然尚未精也⑨。要事之三年所⑩,即尝已为人治诊病⑪,决死生,有验,精良。今庆已死十年所,臣意年尽三年,年三十九岁也⑫。

【注释】

①事:侍奉,谦指跟公乘阳庆学习。

②而:你,你的。方书:有关诊病及处方的书,此指医书。

③古先道:古代先辈医家。黄帝、扁鹊之《脉书》:古代流传下来托

名黄帝、扁鹊的医书。战国以来的道家、神仙家和一些方伎之士，多好托名黄帝为其祖师。《脉书》，中医脉学之书，已佚。

④给（jǐ）富：富裕，富足。

⑤避席：离开座席，表示敬意。

⑥《上下经》：古代医书，已佚。《上下经》，《素问·病能论》曰："《上经》者，言气之通天也。《下经》者，言病之变化也。"《五色诊》：关于中医望诊的医书。《素问》记载了这部书名。《灵枢》有《五色篇》。《奇咳（jī gāi）术》：有人认为是属于中医听诊方面的著作，"咳"是病人发出的声音。有人认为是记载各种奇特医术的著作。奇咳，当作"奇佼"，非常。又有疑即《奇恒》这部古代医书。《素问·病能论》："《奇恒》者，言奇病也。所谓奇者，使奇病不得以四时死也；恒者，得以四时死也。"《揆度阴阳外变》：古代医书。《素问》亦载有其名。一说"揆度"是测度之义，意即观察外表变化以测度体内的阴阳盛衰。然此处全是淳于意述其受师何书，故作书名为当。《药论》：关于药理的书。《石神》：关于针灸方面的书。《接阴阳禁书》：研究阴阳学说的古代医书。一说是"接受以上各种未公开流传的医书"。郑怀林先生认为属于房中术一类的书。1973年长沙马王堆出土的医书中有"接阴之道""合阴阳"，均指房中术。按，郑说似当。

⑦受读解验：接受、诵读、解析、试验。

⑧明岁：指淳于意跟随公乘阳庆学医的第二年。验：检验，即临床实践。

⑨有验，然尚未精也：有些效果，但还不到家。精，精通，精到。

⑩要：总共。所：许。估量用语。

⑪即尝已为人治诊病：就尝试着用阳庆所教的医术给人治疗诊断疾病。按，或谓"尝"通"常"，亦通。

⑫臣意年尽三年，年三十九岁也：考此二句与史实颇有抵牾，淳于意

于高后八年（前180）拜阳庆为师，三年之后乃文帝三年，时意年三十九岁，与前文"文帝四年中，人上书言意"相吻合。然此说与《孝文本纪》《汉书·刑法志》所载"文帝十三年废肉刑"相矛盾。故崔适曰："各本误作'年尽三年，年三十九岁也'。上文'高后八年'，《集解》：'徐广曰"臣意年二十六"。《孝文本纪》：'十三年，除肉刑。'则此文当作'尽十三年所，年三十九岁也。''尽十三年所'与上文'事之三年所''已死十年所'句法一例。'十'字依《日知录》补。'十三年'上衍'年'字，今删，下脱'所'字，今补。"按，崔说是。文帝"十三年，废肉刑"，《史记》《汉书》都有明确记载，当属实。故此处当作"尽十三年所"。译文从之。

【译文】

　　我从年轻的时候起，就喜欢医药，试用的医药方很多都没有效果。到了高后八年，见到我的老师临菑元里公乘阳庆。阳庆七十多岁了，我有幸侍奉他。他对我说："把你的药方医书全都抛弃，那些都不对。我有古代先辈医人传留下的黄帝、扁鹊的《脉书》，五色诊病的方法，能知道人的生死，判定疑难病症，确定能不能治愈，以及医药理论书籍，非常精妙。我家富有，喜欢你，想把我的秘方全都传授给你。"我就说："太幸运了，这不是我敢期望的。"我当时就离开座位再拜请求，学习了他的《脉书》《上经》《下经》《五色诊》《奇咳术》《揆度阴阳外变》《药论》《石神》《接阴阳禁书》等，学习、诵读、理解、试验，大概有一年。第二年就试着治病，有效果，但尚未精通。大概向他学了三年，并尝试着为人诊断病情，决定生死，颇有效验，医术精良。现在阳庆已经死去十年左右，我向他学医满十三年，今年三十九岁。

　　齐侍御史成自言病头痛①，臣意诊其脉，告曰："君之病恶②，不可言也③。"即出，独告成弟昌曰："此病疽也④,内发于肠胃之间,后五日当臃肿⑤,后八日呕脓死。"成之病得之饮酒且内⑥。成即如期死。所以知成之病者,臣意切其脉,得肝气⑦。肝气浊而静⑧,此内关之病也⑨。脉法曰⑩:"脉长而弦⑪,不得代四时者,其病主在于肝⑫。和即经主病也,代则络脉有过⑬。"经主病和者,其病得之筋髓里⑭。其代绝而脉贲者⑮,病得之酒且内。所以知其后五日而臃肿,八日呕脓死者,切其脉时,少阳初代⑯。代者经病,病去过人,人则去⑰。络脉主病,当其时,少阳初关一分,故中热而脓未发也。及五分,则至少阳之界⑱,及八日,则呕脓死,故上二分而脓发⑲,至界而臃肿,尽泄而死。热上则熏阳明,烂流络⑳,流络动则脉结发㉑,脉结发则烂解㉒,故络交㉓。热气已上行,至头而动,故头痛。

【注释】

①侍御史:官名,为御史大夫属官。简称"御史""侍御"。成:人名。

②恶:严重。

③不可言:指病危,不宜直说。

④疽:生于体内的毒疮。

⑤臃肿:肿胀。

⑥饮酒且内:滕惟寅曰:"此人必数醉且饱以入房,气聚于脾中不得散。酒气与谷气相搏,热盛于中。"内,房事,性生活。崔适曰:"'内'即'齐侯好内'之'内'。谓御女也。"谓成之病因贪于酒色。下文齐章武里曹山跗病,"得之盛怒而以接内",齐中尉潘满如病"得之酒且内",齐王故为阳虚侯时"病得之内",安陵阪里公

乘项处"病得之内"的"内"均同。

⑦得肝气：切脉得肝脏有病的脉象。气，脉气，脉象。

⑧肝气浊而静：肝部脉跳动重浊而迟缓。这是邪气盛，人体正气被抑遏不得舒展的脉象。

⑨内关：内闭，指阴气独盛，闭塞于内，阳气不得入，是为死症。《灵枢·终始》曰："溢阴为内关，内关不通，死不治。"杨上善注："阴气盈溢在内，关闭阳气不得复入，名曰内关，不可疗也。"

⑩脉法：此处指黄帝、扁鹊之《脉书》。

⑪脉长而弦：长、弦，脉象名。长脉脉象是"首尾端直，过于本位"。弦脉脉象是"长而直，状如弓弦"。

⑫不得代四时者，其病主于在肝：中医理论认为，人之脉象应四时而有常脉，又叫平脉，即"春弦夏洪，秋毛冬石"。如果脉象不随四季推移而发生上述改变，则有病。泷川引多纪元简曰："《脉经》云：'春肝木王，其脉弦细而长，名曰平脉也。'今非春时，而得此脉，则知其病主在于肝也。代，乃谓四时相代之脉也，与下文'代绝'之'代'自别。"代，更代，替换。

⑬和即经主病也，代则络脉有过：脉来长弦，但均匀调和，乃肝的经脉有病，如果脉缓慢而有规律地歇止，则是肝的络脉有病。和，均匀，调和。代，脉象名，其特征是脉搏跳动缓慢而有规则地歇止，即"迟而一止，止有定数，不能自还"。代主脏气衰微，为虚脉。然此处是指脉象杂乱，时缓时急，时大时小。

⑭经主病和者，其病得之筋髓里：肝的经脉有病，脉和，这是筋髓患病所致。按，中医藏象理论及五行理论认为：肝主筋，肾主骨髓，骨髓生肝。筋髓有病，必然引起肝肾患病。据上文知成房劳过甚，劳伤筋，故肝病。

⑮其代绝而脉贲者：代，代脉。绝，断。因代脉脉象是几动一止，故曰绝。贲，大。此指脉象的洪大。代脉绝而洪大，乃邪入于络之

象，入络则病深。从下文看，成之病邪已由经入络，终至不治。

⑯少阳初代：少阳经部位出现代脉。少阳，中医经络名。人体手足各有三阴三阳，计十二经。此处少阳当指足少阳胆经，肝与胆相表里，成之疾在肝，因此在足少阳胆经显示出病象。

⑰"代者经病"几句：对此四句，因文意不顺，故诸家存疑不释。郑怀林认为："络脉主病"一句当在"代者经病"之后。意即出现代脉，是因为经脉受病已传入络脉，病势扩展至全身，病人生命就危险了。此说当是。病去，病情发展。过人，遍身遍体。过，犹言"遍"。人则去，人就要死亡。

⑱"当其时"几句：此可能指一种古中医脉法，将每部脉分为五分，以五分为界来划分疾病的转变与时间规律。按这种脉法少阳脉出现代脉的位置，左手关部一分处出现代脉，仅有内热而脓未发作。到了左手关部五分，就到了少阳脉的界限，则为严重的代脉脉象。界，犹"限"也。

⑲故上二分而脓发：代脉到了左手关脉二分处时脓便发作。上，进，加，引申为到。

⑳热上则熏阳明，烂流络：热邪往上行则熏灼阳明胃经脉，既而灼伤细小的络脉。流络，支络，络脉的分支。

㉑动：变动，变化。结：结系之处。即血脉筋络连结的地方，《素问·皮部论》："脉有经纪，筋有结络。"发：发病，发肿。

㉒烂解：糜烂，离解。

㉓络交：指络脉交互阻塞、发肿。

【译文】

　　齐侍御史成自己说头痛，我诊了他的脉，告诉他："你的病很危险，不好说。"等出来后，单独告诉他弟弟昌说："这是病疽，发病于体内肠胃之间，五天后将脓肿，八天后会呕脓而死。"成的病是由于喝了酒行房而得。成到期后果然就死了。之所以知道成的病情，是因为我切他的脉，是肝气有病的脉象。肝部脉跳动重浊而迟缓，是内关有病的症候。《脉法》说："脉长而弦，不能随四时而变化，表明是肝脏有病。脉象均匀调和是肝经有病，脉象是缓且时有停顿的代脉，则是络脉有病。"肝经郁闭，病是在筋髓里，脉搏中止后又急速跳动，表示是由于饮酒后行房而得病。之所以知道他五天后将脓肿，八天后将呕脓而死，是因为切脉时，少阳经出现代脉。出现代脉说明少阳经有病，病势通于全身，人就会死亡了。络脉有病，当时，左手关部一分处出现代脉，少阳经刚出现代脉，所以体内有热毒但还未发脓肿。到五分时，就到了少阳脉位的边界，到八天，就会呕脓而死，所以代脉上达二分就发脓，到少阳的边界就脓肿，脓吐尽就死亡。热毒上侵就会熏蒸阳明经，使小络脉败坏，小络脉变动就会使血脉的条理筋纽的脉结松散，脉结松散就会败坏，所以络脉交互阻塞。热气已向上行进，发作于头部，所以头痛。

　　齐王中子诸婴儿小子病①，召臣意诊切其脉，告曰："气鬲病②。病使人烦懑，食不下，时呕沫。病得之心忧③，数忔食饮④。"臣意即为之作下气汤以饮之⑤，一日气下⑥，二日能食，三日即病愈。所以知小子之病者，诊其脉，心气也⑦，浊躁而经也⑧，此络阳病也⑨。脉法曰："脉来数疾去难而不一者⑩，病主在心。"周身热，脉盛者，为重阳⑪。重阳者，逿心主⑫。故烦懑食不下，则络脉有过，络脉有过，则血上出，血上出者死⑬。此悲心所生也⑭，病得之忧也。

【注释】

①齐王：刘将闾，刘肥之子，刘邦之孙。于汉文帝十六年（前164）

封齐王。中子:既非最长,也非最少。

②气鬲病:气机阻隔在胸膈之间所导致的病。即中医所谓噎膈症。《灵枢·上膈》:"气为上膈,上膈者,食入而还出。"鬲,同"膈",胸膈。

③心忧:据"诸婴儿小子"则知患者年龄尚幼,未及成年,一般年幼者很少出现情志问题,自不会因忧郁而患病。"忧"解为"闭塞不泄"更佳,同"幽"。据下文所云,患者之病在于心脉壅闭,而致饮食不下。

④数:屡次,引申为经常。忔(yì):厌恶。

⑤作:处方。下气汤:原方已佚,据证测方,该方应有降气和胃、清热宁心的功效。

⑥气下:向上逆行的浊气降了下来。

⑦心气也:此指心有病的脉象。

⑧浊躁而经:指心脉重浊洪数而浮。浊,因有邪气,脉象重浊。躁,因有热而脉象躁动不安。引申为洪数脉象。按,经,似应作"轻",可能形似而误。心病时脉多轻浮。浊躁而轻的脉象切合心有热邪、气逆于上的病机。

⑨此络阳病也:络,疑为"结"之误也。结阳,即阳气郁结于胸膈之间所导致的疾病,又称"鬲气"。泷川引多纪元简曰:"《医说》'络阳'作'阳络',盖指心包络。"

⑩脉来数疾去难而不一者:切脉时其脉搏达于指下时迅速而流畅,离开指下时艰难而滞涩,呈现出前后不统一的情况。数,脉象名。疾,快,有力。数脉特点是一息五至以上,来去促疾,多主阳热之症。内有实火则数而有力,内有虚火则数而无力。难,即"涩",脉象名。涩脉的特点是细而迟,往来难,短且散,或一止复来,如雨沾砂。涩脉主病,亦分虚实,虚者多因气血方虚,营血运行艰难;实者多因气食痰阻滞脉道,气血运行不畅。观"小子"之病,

实为火热之症。

⑪重（chóng）阳：阳热有余。阳热太盛，故全身发热，六脉数而有
　　力。重，重叠，引申为“盛”。

⑫逿（táng）心主：犹犯心神。逿，侵犯，侵凌。中医认为，心为君主
　　之官，神明出焉。故谓之“心主”。

⑬“故烦懑食不下”几句：意谓在“重阳”的情况下，如不及时治疗，
　　则热伤血络，络脉受伤，导致血热妄行，衄血而亡。血上出，血流
　　上行，如吐血、鼻出血之类。此当指衄血，即鼻出血。过，失度，引
　　申为受邪、受病。

⑭悲心：心中悲戚。按，前言病起于心脉闭塞不泄者，齐王中子诸
　　婴儿小子之病也；此言病“悲心所生”者，乃指“血上出者死”之
　　候也。

【译文】

　　齐王中子的儿子病了，召我诊脉，我告诉他：“是气鬲病。这病
使人烦闷，吃不下饭，时常呕吐胃沫。得病原因是心脉壅闭，经常厌
食。”我就配制了下气汤给他喝，一天气下，两天就能吃饭，三天病
就好了。之所以知道他的病情，是因为我诊他的脉，是心气有病，心
脉浑浊急促而轻浮，是结阳的疾病。脉法说：“脉来时又急又快，而
去时难而且前后不一致，表示病在心脏。”全身热，脉象盛大的，是
重阳。重阳会冲击心脉。所以烦闷吃不下，就是络脉有病，络脉有
病，血就会向上冲出，血上出就会死。这是因心中悲哀而生病，病得
自心脉壅闭。

　　齐郎中令循病①，众医皆以为蹶入中②，而刺之。臣
意诊之，曰：“涌疝也③，令人不得前后溲④。”循曰：“不
得前后溲三日矣。”臣意饮以火齐汤⑤，一饮得前溲，再

饮大溲⑥,三饮而疾愈。病得之内。所以知循病者,切其脉时,右口气急⑦,脉无五藏气⑧,右口脉大而数⑨。数者,中下热而涌⑩,左为下,右为上⑪,皆无五藏应,故曰涌疝。中热⑫,故溺赤也⑬。

【注释】

①郎中令:掌官廷侍卫的官员,当时的九卿之一。循:人名。

②蹶入中:上逆之气进入胸腹之中。蹶,同"厥",气逆。

③涌疝(shàn):有名冲疝。《素问·骨空论》:"督脉者,起于少腹,以下骨中央。……此生病,从少腹上冲心而痛,不得前后,为冲疝。"症状为腹痛胀满,气逆冲上,大小便闭塞。

④前后溲:指小便、大便。

⑤火齐汤:古方,今佚。对其药物组成,后世说法众多。本传记淳于意治病用火齐汤凡三次,据证揣方,此方应具有清热降气、通利二便的作用。

⑥大溲:大、小便大为通畅。

⑦右口气急:右寸脉气急迫。口,寸口,又称气口、脉口。

⑧脉无五藏气:脉搏反映不出五脏有病气。按,左右寸关尺六部候人之五脏六腑。脏腑有病其病象脉现于相应部位。循病为疝,疝病并非五脏之病,故脉无五脏病气。

⑨大而数:大、数均为脉象名。大脉又称洪脉,指下极大,来盛去衰。数脉一息五六至,频率超过常脉的一息四至。按上文言循"病得之内",当知乃房劳日久,耗伤肾精,精血不足,气机上逆,发为涌疝。

⑩数者,中下热而涌:出现数脉的原因是病人中下焦热邪涌动。

⑪左为下,右为上:左手寸口脉大而数是表示热邪往下行走,右手寸

口脉大而数是表示热邪往上行。上下冲逆,故气闭腹疼而使二便闭塞。

⑫中热:体内积热。

⑬溺赤:小便黄赤。

【译文】

　　齐国郎中令循得病,众医生都认为是逆乱之气侵入体内,导致阴阳失调,气血混乱,因而采用针刺疗法。我诊断说:"这是涌疝,使人不能大小便。"循说:"没有大小便已经三天了。"我给他喝火齐汤,喝了一次就可以小便,喝了两次大、小便大为通畅,喝三次病就好了。得病是因为房事不节。之所以能知道循的病因,是因为在切脉时,右手寸口脉气急促,脉搏反映不出五脏有病气,右手寸口脉象洪大而快。脉象快是中下热而上涌,左寸脉大表示邪往下行,右寸脉大则表示热邪上逆,而五脏没有病象,所以是涌疝。体内积热,所以小便是红色的。

　　齐中御府长信病①,臣意入诊其脉,告曰:"热病气也②。然暑汗③,脉少衰④,不死⑤。"曰:"此病得之当浴流水而寒甚,已则热⑥。"信曰:"唯,然! 往冬时,为王使于楚⑦,至莒县阳周水⑧,而莒桥梁颇坏⑨,信则揽车辕未欲渡也⑩,马惊,即堕信身入水中,几死,吏即来救信,出之水中,衣尽濡,有间而身寒⑪,已热如火⑫,至今不可以见寒⑬。"臣意即为之液汤火齐逐热,一饮汗尽,再饮热去,三饮病已。即使服药,出入二十日,身无病者。所以知信之病者,切其脉时,并阴⑭。脉法曰:"热病阴阳交者死⑮。"切之不交,并阴。并阴者,脉顺清而愈⑯,其热虽未尽,犹活也。肾气有时间浊⑰,在太阴脉口而希^⑱，是水气也^⑲。肾固主水^⑳，故以此知之。失治一时，即转为寒热^㉑。

【注释】

①中御府长：官名，又名中御府令，主管王后钱财衣物等出纳与库藏等事务。

②热病气：热病的脉象。热病，因感受外界风寒而引起的发热性疾病。

③暑汗：因为天气炎热而出汗。

④脉少衰：脉象的洪数稍有减弱。

⑤不死：不会有死亡的危险。按，中医认为，感受风寒引起的发热性疾病，脉象洪数有力，常以辛温发表，使邪从汗出。今信患热病，因天热出汗，邪已随汗少出，故脉象不是十分洪数有力，故淳于意说"不死"。

⑥已则热：寒冷停止后，就会发热。

⑦为王使于楚：替齐王出使楚国。楚，汉高帝六年（前201），刘邦封其同父异母弟刘交为楚王，都彭城（今江苏徐州）。文帝时，刘交之孙刘戊在位。

⑧莒（jǔ）县：今山东莒县，当时城阳国的都城。阳周水：莒县内的河水名。

⑨颇坏：很坏。颇，很，甚。

⑩揽：抓住。

⑪寒：畏寒，怕冷。一种身体自觉寒冷状态，此时往往体温会升高，发热。

⑫已热如火：畏寒过后就大热如火。即畏寒后发高烧。

⑬不可以见寒：不能遇寒。见，犹遇。

⑭并阴：此指六部脉都是顺脉。即六部脉均显示脉与症相合。由下文"并阴者，脉顺清而愈，"此"并阴"指脉来和缓平静不急躁。

⑮热病阴阳交者死：热邪（阳邪）深入阴分，消烁精气，以致阴阳错乱，热邪盛而阴精竭。语亦见《素问·评热病论》。阴阳交的表现为："有病温者，汗出辄复热，而脉燥疾不为汗衰，狂言不能食。"交，乱。

⑯脉顺清而愈：清，王念孙曰："清，读为'动静'之'静'。"中医理论认为：伤寒热病，脉静为顺，脉躁为逆。上文言脉"并阴"，阴者，静之象也，故为可治。一说此句当为"脉顺，清可愈"。即脉象顺，用清法可以治愈。清法，中医用药法之一，指采用寒凉药物来清除热邪。此说亦通。

⑰肾气有时间浊：肾脉有时微微重浊。意谓肾脏已受邪害，出现病脉。间，间杂，夹杂。

⑱太阴：指手太阴肺脉。口：寸口。右手寸口为肺部脉。希：犹"弱"也。病者因风寒起，首犯肺，肺受损，则脉象较弱。

⑲是水气也：这些脉象表明病人有水气。按，中医理论认为，风寒中于人体，邪不外出，伤及肺、胃，则人体水气输布受阻，转发它病。

⑳肾固主水：肾脏原本是主管水液运行的。中医藏象理论认为，肾为水脏，司全身水液代谢。

㉑寒热：反复出现恶寒、发热的症状。

【译文】

　　齐中御府长信病了，我去为他诊脉，告诉他说："这是热病的脉象。然而由于暑天出汗，脉象稍微有点衰弱，没有生命危险。"又说："这个病得自用流水洗浴，而流水又很寒冷，过后就发热。"信说："对，是这样！去年冬天，我为王出使楚国，到了莒县阳周水，莒县的桥梁坏得很厉害，我就揽住车辕，不想渡河，马却突然惊了，我掉到水里，差点死了，随从小吏当即来救我，把我捞了出来，衣服都湿透了，过了一会身体发冷，冷过后就发烧，热得像着了火一样，至今不能见寒。"我就为他配制了火齐汤驱热，喝了一次汗退了，喝了两次退了热,喝了三次病就止住了。让他继续服药,前后二十天,病就好了。我之所以能知道信的病因,是因为在为他切脉时,他的脉象都属阴。脉法说:"热病阴阳交错的就会死亡。"信的脉象不交错,都属阴。属阴的脉象顺畅平缓就能痊愈,他的热度虽没退,但还能活。肾部的脉有时有点浊,脉在太阴脉口依稀可以感觉得到,这是体内有水气。肾本来主水,因此知道病因。当时治疗不当,就转成了寒热症。

　　齐王太后病①,召臣意入诊脉,曰:"风瘅客脬②,难于大小溲,溺赤。"臣意饮以火齐汤,一饮即前后溲,再饮病已,溺如故。病得之流汗出滫③。滫者,去衣而汗晞也④。所以知齐王太后病者,臣意诊其脉,切其太阴之口,湿然风气也⑤。脉法曰:"沉之而大坚,浮之而大紧者,病主在肾⑥。"肾切之而相反也⑦,脉大而躁。大者,膀胱气也⑧;躁者,中有热而溺赤。

【注释】

①齐王太后:齐王刘将闾之母。

②风瘅(dān)客脬(pāo):风热袭入膀胱。瘅,热。客,病邪由外而入。脬,膀胱。

③滫:同"滫(xiǔ)",溺,小便。

④去衣而汗晞(xī)也:意谓齐太后之病是由于流汗时小便,小便时脱衣裤汗被风吹干,故风寒入体。晞,干。

⑤切其太阴之口,湿然风气也:按右寸肺部之脉,显现出湿热风气的脉象。

⑥"沉之而大坚"几句:沉、浮指沉取、浮取的诊脉力度,坚、紧为脉

象名。意即出现这些脉象时,病在肾。《正义》引王叔和《脉经》:"脉大而坚,病出于肾也。"引《素问》云:"脉短实而数,有如切绳,名曰紧也。"

⑦肾切之而相反也:按肾部脉却没有出现沉取大坚、浮取大紧的脉象。

⑧大者,膀胱气也:脉象大而躁,是表示病气在膀胱。《诊宗三昧》:"凡大而数盛有力,皆为实热。"

【译文】

齐王太后生病,召我入宫诊脉,我说:"风邪侵入膀胱,大小便困难,小便赤红。"我给她喝火齐汤,喝了一次就能大小便,喝了两次病就痊愈,便溺像往常一样了。病得自流汗时出去小便,小便时脱掉衣服让风把汗吹干受凉。我之所以知道齐王太后的病因,是因为我诊她的脉,寸口肺脉显现出湿热,有风气。脉法说:"脉象沉且又大又坚,脉象浮且又大又紧,表明病在肾。"切太后的肾脉却相反,脉象大而躁。大是膀胱有病;躁是体内发热而小便发红。

齐章武里曹山跗病①,臣意诊其脉,曰:"肺消瘅也②,加以寒热③。"即告其人曰:"死不治。适其共养④,此不当医治。"法曰⑤:"后三日而当狂,妄起行⑥,欲走;后五日死。"即如期死。山跗病得之盛怒而以接内。所以知山跗之病者,臣意切其脉,肺气热也⑦。脉法曰:"不平不鼓⑧,形弊⑨。"此五藏高之远数以经病也⑩,故切之时不平而代。不平者,血不居其处⑪;代者,时参击并至,乍躁乍大也⑫。此两络脉绝⑬,故死不治。所以加寒热者,言其人尸夺。尸夺者,形弊⑭;形弊者,不当关灸、镵石及饮毒药也⑮。臣意未往诊时,齐太医先诊山跗病,灸其足少阳脉口⑯,而饮之半夏丸⑰,病者

即泄注,腹中虚;又灸其少阴脉⑱,是坏肝刚绝深⑲,如
是重损病者气,以故加寒热。所以后三日而当狂者,肝
一络连属结绝乳下阳明⑳,故络绝,开阳明脉㉑,阳明脉
伤,即当狂走㉒。后五日死者,肝与心相去五分㉓,故曰
五日尽㉔,尽即死矣。

【注释】

①章武里:里巷名称。曹山跗:人名。

②肺消瘅:即肺消,消渴症之一。临床多见口渴、尿多、尿黄等内热
　症状。瘅,热症,湿热症。《素问·气厥论》:"心移寒于肺,肺消,
　肺消者,饮一溲二,死不治。"

③加以寒热:加上有乍寒乍热的症状,此非肺消症候,乃误治所致。
　加,更加上。

④适其共养:此为病不可治的婉语。董份曰:"适其共养,言当适病
　者之意,供养以俟其死,此不当复医也。"共,同"供"。

⑤法:发病规律。一说指脉法。均通。

⑥妄:胡乱,引申为神志不清。

⑦肺气热:肺部脉显示肺有热。

⑧不平不鼓:脉搏起伏不定,鼓动无力。不鼓,言脉有结代。多纪元
　坚曰:"奏鼓必有节,今脉动不定,故云'不鼓'。"

⑨形弊:形体衰败。弊,败坏。

⑩此五藏高之远数以经病也:这是五脏从上到下已经有几脏得了
　病。高,高脏。心、肺位于五脏之上部,故称高脏。此处特指肺。
　远,远脏。肝、肾离心较远,故称远脏。以,通"已"。经,历,经历。

⑪血不居其处:血液不留居在肝脏。中医藏象理论认为,肝藏血,肝
　受损,则肝不藏血。

⑫ "代者"几句：代脉的脉象是时而缓长，时而急促，时而躁动，时而洪大。参击并至，脉象杂乱，时急时缓，如几人执杵同时上下舂捣。《素问·三部九候论》："上下左右之脉相应如参舂者病甚。"参，杂。击，搏，引申为有力。并至，一齐出现。乍，忽然。

⑬ 两络脉绝：肝与肺的络脉已断绝。

⑭ 尸夺者，形弊：神散形脱，如同死尸。

⑮ 不当关灸、镵石及饮毒药也：不能用艾灸、砭石及服食汤药等方法来治疗。关，用，由。灸，艾灸。镵石，针刺和砭石。

⑯ 足少阳脉口：足少阳胆经的穴位。

⑰ 饮之半夏丸：饮，和汤服之。半夏丸，古方，已佚。既云半夏丸，则半夏当为主药。按，半夏味辛性温，有燥湿化痰、降气止咳、和胃止呕功效。辛温能散，亦可润下，故病人服后大小便通。齐太医饮以半夏丸，盖去肺郁也。又，半夏为消禁之药。《本草经疏》："半夏，古人立三禁，谓血家、渴家、汗家也。"服半夏丸泻下而津液倍枯之故。所以病人服后，更见虚损。

⑱ 少阴脉：此处指足少阴肾脉。该经属肾，络膀胱，行于胸、腹、下肢内侧后面，因此主治泌尿生殖、肠部疾患，因曹山跗之病非肾虚引起的腹泻，故灸之无效。

⑲ 是坏肝刚绝深：这样治疗就严重地损害了肝脏的阳气。刚，阳。

⑳ 肝一络连属结绝乳下阳明：肝经有一条络脉横过乳下与足阳明胃经连结。连属结，三字义同，意即连结。绝，横过。阳明，足阳明胃经。

㉑ 故络绝，开阳明脉：因此，肝络受到损害，病邪可由肝经与足阳明胃经的连结处侵入足阳明脉。开，此指侵入。

㉒ 阳明脉伤，即当狂走：按中医藏象理论和经络理论，癫躁阳狂之类的精神病候，是足阳明胃经的主要病症之一。

㉓ 肝与心相去五分：肝脉与心脉相隔五分，左关候肝，左寸候心，二

脏脉在寸口部位的间距为五分。

㉔尽：肝脏之元气耗尽。

【译文】

　　齐国章武里曹山跗生病，我为他诊脉，说："这是肺消瘅，加上寒热症。"于是告诉他家人："这是死症，无法医治了。按照病人的需要供养他，这种病不应再请医生治疗了。"按医理说："三天后应发狂，起来乱走，五天后死亡。"他果然如期死了。山跗的病得自大怒而行房。我之所以知道山跗的病情，是因为我为他切脉，他的肺气热。脉法说："脉象不平稳，跳动无力，是身体衰弱。"这是五脏由近至远，经过各脏器所属经络而发生病变，所以切脉时，脉象不平稳而出现代脉。不平稳，是血不停留在肝脏；代脉是脉搏紊乱与剧烈跳动一起出现，忽而急躁，忽而洪大。这是太阴肺经、厥阴肝经都被破坏了，所以无法医治必死。之所以又加上寒热症，说明病人像死人一样形神俱丧。像死人一样形神俱丧，就是身体败坏；身体败坏的人，不能用艾灸、针刺和砭石以及药物来治疗。我没去诊治前，齐太医先为曹山跗诊治，灸他的足少阳脉口，又给他吃半夏丸，病人立刻腹泻，腹中空虚；又灸他的少阴脉，这就严重损伤了肝的阳刚之气，像这样严重损伤病人的元气，因此就增添了寒热症。之所以三天后会发狂，是因肝经的一条络脉横过乳下，连接阳明经脉，所以肝络损坏，侵入阳明经脉，阳明经脉受损，就会发狂乱走。之所以五天后死亡，是因为肝脉与心脉相距五分，所以说元气五天后消耗殆尽，元气消耗殆尽就会死亡。

　　齐中尉潘满如病少腹痛①，臣意诊其脉，曰："遗积瘕也②。"臣意即谓齐太仆臣饶、内史臣繇曰③："中尉不复自止于内④，则三十日死。"后二十余日，溲血死。

病得之酒且内。所以知潘满如病者,臣意切其脉深小弱⑤,其卒然合合也,是脾气也⑥。右脉口气至紧小,见瘕气也⑦。以次相乘,故三十日死⑧。三阴俱抟者,如法⑨;不俱抟者,决在急期⑩;一抟一代者,近也⑪。故其三阴抟,溲血如前止⑫。

【注释】

①中尉:官名,负责京城治安的武官。

②遗积瘕(jiǎ)也:患的是积聚症瘕一类的病。遗,遗留,引申为患。积瘕,腹腔内有肿瘤一类的疾病。

③太仆:官名,九卿之一,为帝王管理车马和马政。内史:官名,在诸侯国管理民政。

④自止于内:自我克制停止房事。

⑤深小弱:均为脉象名。深,同"沉",沉脉"重手按至筋骨乃得",其象"如石投水,必极其底"。属阴,主里。小脉即细脉。李时珍曰:"细直而软,若丝线之应指"。细主诸虚,气少血衰之症。弱脉,《脉经》:"弱脉,极软而沉细,按之欲绝指下。"主气血亏损、元气虚耗等虚症。中尉脉沉而小弱,乃元气衰竭之象。

⑥其卒然合合也,是脾气也:潘满如的脉象沉、小、弱聚合在一起,是脾脏患病的脉气,是为不治之候。合合,翕翕,聚起交合之状。

⑦右脉口气至紧小,见瘕气也:右寸为肺,肺主气,其脉紧而细小,故会发现瘕气疼痛的病症。右脉口气至紧小,右手寸口脉象来时紧而细小。紧,脉象名,《脉经》:"紧脉,数如切绳状。"其主病为寒,为痛。

⑧以次相乘,故三十日死:该病五脏相乘次序是:脾乘肾,肾乘心,心乘肺,肺乘肝,肝乘脾。五日乘一脏,肝乘脾后又过五日死,所以是三十日死。以次相乘,按照五脏的相乘次序规律。中医五行学

说认为五脏分属五行，互相存在相生相克的关系，相互克制太过，超过正常范围则为相乘，则生疾病。

⑨三阴俱抟（tuán）者，如法：三阴，指上面出现的"沉""小""弱"三种属阴的脉象。此三种脉象反映疾病属虚、属里，是三种阴脉。抟，聚拢一起，引申为同时出现。如法，像上述规则所说，指三十日死。

⑩不俱抟者，决在急期：三种阴脉不同时出现的，短期内也能决断生死。决，决断。急期，近期，短期。

⑪一抟一代者，近也：三种阴脉并现的同时还出现代脉，死期就近了。

⑫止：助气词，无义。

【译文】

　　齐中尉潘满如得了少腹痛的病，我为他诊脉，说："是阴气积蓄，血脉凝涩而形成的腹中包块。"我随即对齐太仆饶、内史繇说："中尉如果再不停止行房，三十天内就会死亡。"此后二十多天，潘满如果然尿血而死。他的病得自酒后行房。我之所以知道潘满如的病情，是因为我为他切脉，他的脉象沉细小弱，脾脉之气突然兴起，似欲与心脉之气交结。右寸脉象紧而细小，表现出积瘕之气。根据人体五脏相克制的规律，所以我断定他三十天内会死。少阴、厥阴、太阴三阴脉纠结而纷乱的，符合三十日死的规律；三阴脉不一齐出现，也能在短期内断定生死；三阴脉一齐出现的同时，出现代脉，近期内会死。他的三阴脉聚集在一起出现，所以如前所说尿血而死。

　　阳虚侯相赵章病①，召臣意。众医皆以为寒中②，臣意诊其脉，曰迵风③。迵风者，饮食下嗌而辄出不留④。法曰"五日死"，而后十日乃死。病得之酒。所以知赵章之病者，臣意切其脉，脉来滑⑤，是内风气也⑥。饮食下嗌而辄出不留者,法五日死,皆为前分界法⑦。后十日乃死,所以过期者,其人嗜粥,故中藏实⑧,中藏实,故过期。师言曰⑨:"安谷者过期⑩,不安谷者不及期。"

【注释】

①阳虚侯相:阳虚侯的丞相。阳虚侯,即刘将闾,后被封为齐王。

②寒中:病证名,乃寒气入侵于里所致。是阳气素虚,风邪外袭,邪从寒化之证。

③迵(dòng)风:古病名。中医谓饮酒过多引起的一种风疾。《索隐》:"是风疾洞彻五脏,固曰迵风。"迵,通,透。《内经》称之为"洞泄"和"洞病"。其主要症状是饮食入胃之后,不能消化吸收,迅速吐出或泻出。

④嗌(yì):咽喉。

⑤滑:脉象名。特征是往来流利,如盘走珠。多主实证或妊娠,如食热、痰实、食滞、蓄血诸实证。

⑥内风气:内风病的脉象。内风,一般指房劳汗出,风邪乘袭而生的病证。《素问·风论》:"入房汗出中风,则为内风。"

⑦前分界法:即前面"齐御史成"病案中所说的分界法。

⑧其人嗜粥,故中藏实:中医养生学认为粥为养胃之至品。藏,同"脏"。实,充实,意即生理机能较旺盛。

⑨师:老师,指阳庆。

⑩安谷:指病人能正常饮食。能否安谷与病人愈后有密切关系。

【译文】

　　阳虚侯相赵章生病,召我诊治。众医生都认为是受了寒,我诊他的脉,认为是迵风病。得迵风病的人,饮食下咽后,很快就从大便排出。按医理来说五天会死，他十天才死。他的病得自饮酒。我之所以知道赵章的病情，是因为我给他切脉，是滑脉，这是内风病的脉象。饮食下咽，很快从大便排出；按医理说五天就会死，这都是前面说的"分界法"。他十天才死，之所以超过了期限，是因为他好喝粥，所以脾胃充实，脾胃充实，所以超过了期限。我的老师说："能够正常饮食的就会超过死亡期限，不能的不到死亡期限就会死。"

　　济北王病①，召臣意诊其脉，曰："风蹶胸满②。"即为药酒，尽三日③，病已。得之汗出伏地④。所以知济北王病者，臣意切其脉时，风气也⑤，心脉浊⑥。病法"过入其阳，阳气尽而阴气入"⑦。阴气入张⑧，则寒气上而热气下⑨，故胸满。汗出伏地者，切其脉，气阴⑩。阴气者，病必入中⑪，出及灉水也⑫。

【注释】

①济北王：刘志，齐悼惠王之子，文帝十六年立为济北王，景帝三年，徙为菑川王。

②风蹶：由于外界风寒侵入体内，逆引于上所发的疾病。主要症状为胸闷不适。

③三日：底本作"三石"。石，汉代一石重一百二十斤，不合情理。泷川曰："毛本'石'作'日'。"于文意推之，当作"日"，今据改。

④汗出伏地：出汗时，睡在地上。伏，犹睡。

⑤风气：呈现出风症的脉象。

⑥浊：重浊。

⑦病法：疾病发展的规律。过入其阳：病邪进入人体肌表。过，过失，喻指病邪。阳，指肌表。按人体部位划分阴阳，肌表在外为

阳,脏腑在内为阴。阳气:行于体表的卫气,具有保卫肌表、抵御
外邪之用。阴气:此指地上的风寒湿气。

⑧张:嚣张,扩张,肆虐。

⑨寒气上而热气下:阴寒之气上逆,阳热之气下流,气机不畅而胸
闷。据中医阴阳理论,胸为阳,腹为阴,阳气居上,阴气居下,此为
正常,阴邪居阳位则会胸中满闷。

⑩气阴:脉象表明有阴寒之邪。

⑪入中:此指阴寒之气进入身体内部。

⑫出及溅(chán)水:此指服药酒后病邪随着汗液而外出。及,随
着。溅,手脚所出的汗液。

【译文】

　　济北王生病,召我去诊脉,我说:"是风蹶,胸内烦闷。"就配制
了药酒,服了三日,病就好了。他的病得自出了汗后睡在地上。我
之所以知道济北王的病情,是因为我切他的脉,感受到风邪之气,心
脉重浊。根据病理,"疾病侵入人体肌表,肌表的卫气消失了,阴寒
之气就会侵入体内"。阴气进入体内并扩散,就会使寒气上升热气
下降,所以胸闷。出汗后睡在地上,因为我为他切脉,脉象有阴寒之
邪。脉象阴寒,这必定是疾病侵入体内,服药之后,病邪就随着汗液
排出了。

　　　齐北宫司空命妇出於病①,众医皆以为风入中,
病主在肺②,刺其足少阳脉。臣意诊其脉,曰:"病气
疝③,客于膀胱④,难于前后溲⑤,而溺赤。病见寒气则
遗溺,使人腹肿。"出於病得之欲溺不得,因以接内⑥。
所以知出於病者,切其脉大而实⑦,其来难,是蹶阴之
动也⑧。脉来难者⑨,疝气之客于膀胱也。腹之所以肿

者,言蹶阴之络结小腹也^⑩。蹶阴有过则脉结动^⑪,动则腹肿。臣意即灸其足蹶阴之脉,左右各一所^⑫,即不遗溺而溲清,小腹痛止。即更为火齐汤以饮之,三日而疝气散,即愈。

【注释】

①司空:管理工程的官员。命妇:有封号的妇女。出於:命妇名。

②风入中,病主在肺:风邪侵入人体内部,疾病属于肺部。

③气疝:疝病的一种,主要症状为腹中忽胀忽痛,时缓时急。

④客:侵犯。

⑤难于前后溲:淳于意分析病情,认为不是众医所言之风入中,如属风寒,则小便失禁。今前后溲难,故非。

⑥因以接内:忍着小便行房事。按,忍溺入房为中医养生之大忌。

⑦大而实:大,脉象名,其特征是"指满大,倍于平常"。大而有力为邪热实证。实,脉象名,大而长,微强。其特征是"举按皆得,长大有力"。主病为火热有余。

⑧蹶阴之动:厥阴经脉变动所发的病。蹶阴,此处指足厥阴肝经。动,变动,犹发病。

⑨脉来难者:脉搏来时艰难,即呈现"紧"脉之象。《灵枢·邪气脏腑病形》:"膀胱病者,小腹偏肿而痛,以手按之,即欲小便而不得。"是病参之脉象与症状,言为阴挺,当。

⑩言蹶阴之络结小腹也:足厥阴肝经的络脉循行于小腹,此指疝气牵连到膀胱后,引起小腹内气结不舒。

⑪过:病,疾患。脉结动:泷川引多纪元胤曰:"脉结动者,谓脉结于小腹,且为之动作也。"

⑫一所:一次。

【译文】

　　齐北宫司空夫人出於生病，众医生都认为是风邪侵入体内，病在肺，所以用针刺她的足少阳脉。我诊了她的脉，说："病是气疝，影响到膀胱，大小便困难，小便赤红。这种病遇寒就小便失禁，使人腹肿。"出於的病得自憋着尿行房。我之所以知道出於的病情，是因为我切她的脉，脉象大而实，来时困难，是厥阴被外邪扰动。脉来得困难，是因为疝气影响到膀胱。之所以腹肿，是因为厥阴络在小腹结系。厥阴经络有病，脉络结系处就会发病，发病就会引起腹肿。我就灸她的足厥阴脉，左右各一处，就不再小便失禁而且尿液变清，小腹疼痛停止。随即换火齐汤给她喝，三天疝气就散了，病就好了。

　　故济北王阿母自言足热而懑①，臣意告曰："热蹶也②。"则刺其足心各三所，案之无出血③，病旋已④。病得之饮酒大醉。

【注释】

①故济北王阿母：原济北王刘兴居的奶妈。刘兴居是齐悼惠王之子，文帝时被封为济北王，后因谋反被诛。阿母，保姆，奶妈。懑（mèn）：胸中烦满。

②热蹶：即热厥。病证名。其一为邪热过盛，阴分不足所致，症见手足心热、身热、溺赤等。往往因过度饮酒。《素问·厥论》："夫酒气盛，而慓悍，肾气有衰，阳气独胜，故手足为之热也。"

③案之：按住针孔。案，通"按"。针灸之法有"补""泄"之分，急拔不按为"泄"，徐拔急按为"补"。按，阿母之病本为热厥，何以用"补"？《灵枢·终始》曰："刺热厥者，留针反为寒。"故针而按之。

④旋已：马上痊愈。旋，立刻。

【译文】

前济北王乳母自己说足心热而烦闷，我告诉她："这是热厥。"就用针刺她的左右足心各三处，按住针孔不令出血，病很快就好了。她的病得自饮酒大醉。

济北王召臣意诊脉诸女子侍者①，至女子竖②，竖无病。臣意告永巷长曰③："竖伤脾，不可劳，法当春呕血死④。"臣意言王曰："才人女子竖何能？"王曰："是好为方⑤，多伎能，为所是案法新⑥，往年市之民所，四百七十万，曹偶四人⑦。"王曰："得毋有病乎？"臣意对曰："竖病重，在死法中。"王召视之，其颜色不变⑧，以为不然，不卖诸侯所。至春，竖奉剑从王之厕，王去，竖后，王令人召之，即仆于厕，呕血死。病得之流汗⑨。流汗者，法病内重⑩，毛发而色泽⑪，脉不衰，此亦内关之病也。

【注释】

①济北王：此应指刘志，齐悼惠王刘肥之子，前164封济北王，前154改封菑川王。

②竖：侍女名。

③永巷长：管理永巷的官员。永巷，本为皇宫中长巷，是尚未分配至各宫的宫女的集中住处，后多指宫中的监狱，是幽闭妃嫔宫女之处。

④法当春呕血死：按病情发展规律该在春天吐血而死。按中医五行学说，脾属土，肝属木，思虑伤脾，女竖之病，当为幽闭宫中，终日忧思所致。而木能克土，脾土受伤，春天木气旺，克伐脾气，因脾统血，脾损而不能摄血，令血妄行，当吐血死。

⑤是好为方：她擅长医术。

⑥为所是案法新：被竖所采用的治病古法，多能自出新意。《索隐》："谓于旧方技能生新意也。"泷川曰："'为所是'句，疑有讹。"

⑦四百七十万，曹偶四人：本句言当时一共买了四个像竖一样的有技能的侍女，共用铜钱四百七十万。曹偶，犹等辈。陈直认为：女子竖是济北王才人，兼通医药方技。四百七十万，是曹偶四人之买价。每人平均价一百一十七万有奇，与汉代通常奴婢价值每人二万计之，相差五十八倍有奇，其原因是与擅长方技关系。此段重要史料，一般学者所未注意及之。

⑧其颜色不变：脸上气色没有特异变化。

⑨病得之流汗：指辛苦过度而生病。因为脾主四肢，四肢过劳、流汗过度会导致脾伤。

⑩法病内重：指疾病规律是损伤脏腑太甚。

⑪毛发而色泽：从表面看，病人毛发脸色都润泽。

【译文】

济北王召我为他的侍女们诊脉，诊到侍女竖，侍女竖没有生病的样子。我告诉永巷长说："竖伤脾，不能劳累，按规律应当春天吐血而死。"我对济北王说："才人女子竖有什么特长？"王说："她喜欢医术，有很多技能，做事情能够花样翻新，去年从人家买来，用了四百七十万钱，是四个侍女的价钱。"济北王说："她是不是有病？"我回答说："竖的病很重，按医理会死的。"王把她叫来看，她的面色不像有病的样子，就认为她没病，不把她卖给别的诸侯。到了春天，竖捧着剑跟随济北王去厕所，济北王离去，竖落在后面，济北王命人召唤她，她倒在厕所里，吐血而死。侍女竖的病得自辛苦过度、流汗过多。过于辛苦、流汗过多，按病理是脏腑损伤太重，毛发茂盛，面色润泽，脉象不衰弱，这也是内关一类的病。

　　　　齐中大夫病龋齿①,臣意灸其左大阳明脉②,即为苦参汤③,日嗽三升,出入五六日,病已。得之风④,及卧开口,食而不嗽。

【注释】

①中大夫:官名,郎中令的属官,汉武帝太初元年(前104)改名光禄大夫,掌议论。

②左大阳明脉:指左手阳明大肠经。大,疑为衍文,抑或为"手"之误。《素问·缪刺论》:"齿龋,刺手阳明。"

③苦参汤:古方,已佚。其主药苦参性寒味苦,功能清热去湿、祛风杀虫。《梦溪笔谈》有以苦参为末擦齿以疗龋齿的记载。

④风:风邪。中医认为龋齿起于风邪入侵。

【译文】

　　　　齐中大夫得了龋齿,我灸他的左手阳明脉的穴位,又配制了苦参汤,每天用三升漱口,前后五六天,病就好了。他的病得自受风,又加上睡觉时张着口,吃了东西不漱口。

　　　　菑川王美人怀子而不乳①,来召臣意。臣意往,饮以莨菪药一撮②,以酒饮之,旋乳。臣意复诊其脉,而脉躁。躁者有余病③,即饮以消石一齐④,出血⑤,血如豆比五六枚⑥。

【注释】

①菑川王:刘贤,齐悼惠王刘肥之子。文帝十六年(前164)立为王,景帝三年(前154)谋反,诛。美人:汉代妃嫔称号。不乳:到期而不分娩。指难产。乳,分娩。

②莨菪(liáng dàng)：即莨菪，药名。其叶、根、花、种子均可入药，有
镇痛、安神、解痉之功效，多服令人发狂。一撮：旧时计量药的方
法，以三指撮起为一撮。

③余病：余留下的病，此指妇人产后恶寒未尽。

④消石：即硝石，又称芒硝，性寒味苦有破瘀通滞之功。齐：同
"剂"。

⑤出血：此指排出恶露。

⑥血如豆比五六枚：阴道排出的血块有如豆大小的五六个。比，紧
挨着，密列。一说豆，当指豆器，古代一种礼器，状若杯子，小者约
五六寸高。按，产后恶露不行，瘀血凝滞，以药下之，其量甚多。
若仅五六枚豆大之数，甚不合病情。若豆高四五寸，五六豆之瘀
血，则合病理。

【译文】

　　菑川王的嫔妃怀孕难产，来召唤我。我去了，给她喝了一撮莨
菪药，用酒喝下，很快就生下来了。我又诊她的脉，脉象急躁。脉象
急躁是还有遗留的瘀血，就给她喝了一剂硝石，喝完恶露下行，排出
的血中血块如豆大的有五六豆之多。

　　齐丞相舍人奴从朝入宫^①，臣意见之食闺门外，望
其色有病气。臣意即告宦者平。平好为脉^②，学臣意
所，臣意即示之舍人奴病^③，告之曰："此伤脾气也，当
至春鬲塞不通^④，不能食饮，法至夏泄血死。"宦者平即
往告相曰："君之舍人奴有病，病重，死期有日^⑤。"相
君曰："卿何以知之？"曰："君朝时入宫，君之舍人奴尽
食闺门外，平与仓公立，即示平曰，病如是者死。"相即
召舍人而谓之曰："公奴有病不？"舍人曰："奴无病，身

无痛者。"至春果病,至四月,泄血死。所以知奴病者,脾气周乘五藏⑥,伤部而交⑦,故伤脾之色也,望之杀然黄,察之如死青之兹⑧。众医不知,以为大虫⑨,不知伤脾。所以至春死病者,胃气黄⑩,黄者土气也⑪,土不胜木⑫,故至春死。所以至夏死者,脉法曰:"病重而脉顺清者曰内关⑬。"内关之病,人不知其所痛,心急然无苦。若加以一病,死中春⑭;一愈顺,及一时⑮。其所以四月死者,诊其人时愈顺。愈顺者,人尚肥也。奴之病得之流汗数出,灸于火而以出见大风也⑯。

【注释】

①舍人奴:齐丞相之舍人的奴仆。舍人,王公贵族的侍从宾客、亲近左右。也指为主人充当役使的一种食客。

②好为脉:喜好看病。为脉,切脉,此指看病。

③示之舍人奴病:意指拿舍人奴的病作例子来教他如何治病。

④鬲塞不通:胸膈阻塞不通。鬲,同"膈"。

⑤有日:意谓"不久"。

⑥脾气周乘五藏:中医藏象理论认为:脾为后天之本,脾脏有疾,水谷不化,不能营养百骸、布施五脏。故脾病常影响其他各脏。周乘,遍乘,乘袭。

⑦伤部而交:脾脏损伤的颜色交错出现在面上各个色部。部,色部。据中医诊断理论,五脏六腑及肢体分布于面部的色诊部位。《灵枢·五色》:"五色之见也,各出其色部。"《素问》与《灵枢》有不同的分属法。《素问·刺热》以鼻居中央属脾,左颊属肝,右颊属肺,额属心,颐属肾。某脏有疾,相应部位会出现其病变的颜色。交,交错。

⑧望之杀然黄,察之如死青之兹:看他的脸色是黄的,仔细察看是黯淡的青灰色。死青,暗淡的青灰色。兹,草席,犹言死草。按,此属中医四诊之一的"望诊"。据中医五行学说,脾属土,色黄;肺属金,色白;肾属水,色黑;心属火,色赤;肝属木,色青。如脾气绝,则呈枯黄之色。脾衰则肝旺,故又呈青灰之色。

⑨大虫:蛔虫,泛指肠道寄生虫。

⑩胃气:此指脾气,色黄。脾、胃互为表里,常互称或并称。

⑪土气:指脾土的色气黄色。

⑫土不胜木:五行之中,肝木克脾土,春属木,患病的脾土耐受不住肝木的克伐,故死于春天木旺之季。

⑬脉顺清:脉象正常。顺,脉象与时令相顺应。清,犹静,即不躁,无邪气相扰。

⑭中春:仲春,阴历二月。

⑮一愈顺,及一时:如果精神愉快,顺应天道修身养性,则可延长一段时间的生命。愈,通"愉"。顺,顺应自然规律。及,延及,延长。一时,一季。

⑯炙于火:受大火烘烤。见大风:感受严寒。大风,指外界可剧烈引发疾病的因素。

【译文】

　　齐国丞相舍人的奴仆跟随主人入宫,我见他在宫门外吃东西,望见他的脸色有病象。我就告诉宦官平。平喜欢诊脉,在我那里学习,我就告诉他舍人奴仆有病,说:"这是伤了脾气,应当到来年春天胸膈阻塞不通,不能饮食,按医理到夏天会便血而死。"宦官平就前去告诉齐国丞相说:"您舍人的奴仆有病,病很重,死期指日可待。"丞相说:"您怎么知道的呢?"宦官平说:"您朝见时进入宫中,您舍人的奴仆都在宫门外吃东西,我和仓公站在旁边,他就对我说,像他这样的病会死。"齐相就召舍人对他说:"你的奴仆有病么?"舍人说:"他没病,身体没有疼痛。"到了春天,奴仆果然病了,到四月夏初,便血而死。我之所以知道奴仆的病情,是因为脾气周行五脏,脾伤则其所属之色交呈于面部,这种伤脾的面色,看上去是暗淡的黄色,仔细看时像枯草一般的青灰色。一般的医生不知道,以为是体内有大量寄生虫,不知道是因为伤了脾。他之所以到春天会病死,是因为脾气色黄,黄是土气,土不胜木,所以到春天会死。他之所以到夏天才死,是因为脉法说:"病情沉重而脉象顺畅清晰的是内关。"为关这类病,人不觉得疼痛,心情急躁而没有痛苦。如果增加一种病,在仲春就会死;心情愉快顺畅的,会延长一季。他之所以在四月死,是因为看他当时心情愉快顺畅。心情愉快顺畅,人还算胖。奴仆的病得自经常流汗,烤了火外出遇上大风。

　　菑川王病,召臣意诊脉,曰:"蹶上为重①,头痛身热,使人烦懑。"臣意即以寒水拊其头②,刺足阳明脉③,左右各三所,病旋已。病得之沐发未干而卧。诊如前,所以蹶,头热至肩。

【注释】

①蹶上为重:郁热之气上逆,上部的症状严重,即头痛厉害。下文言:"沐发未干而卧",则病为"首风"。《素问·风论》:"新沐中风,则为首风。"

②以寒水拊(fǔ)其头:用冷水拍头,类似于如今的物理降温法。拊,拍击。

③足阳明脉:指足阳明胃脉经,其循行路线由鼻过头侧、面部、颈部,故针该脉穴位可治头痛。

【译文】

　　菑川王生病,召我诊脉,我说:"这是风邪逆行而上,热冲头部,头痛身热,使人烦闷。"我就用冷水敷他的头,用针刺他的足阳明脉,左右各三处,病很快就好了。他的病得自洗头头发未干就睡觉。诊断如上所说,之所以风邪上行,是因为头部发热,一直到肩。

　　齐王黄姬兄黄长卿家有酒召客,召臣意。诸客坐①,未上食。臣意望见王后弟宋建,告曰:"君有病,往四五日②,君要胁痛不可俯仰③,又不得小溲。不亟治④,病即入濡肾⑤。及其未舍五藏⑥,急治之。病方今客肾濡⑦,此所谓'肾痹'也⑧。"宋建曰:"然,建故有要脊痛⑨。往四五日,天雨,黄氏诸倩见建家京下方石⑩,取弄之⑪,建亦欲效之,效之不能起,即复置之。暮,要脊痛,不得溺,至今不愈。"建病得之好持重⑫。所以知建病者,臣意见其色,太阳色干⑬,肾部上及界要以下者枯四分所⑭,故以往四五日知其发也⑮。臣意即为柔汤使服之⑯,十八日所而病愈。

【注释】

①诸客坐:《太平御览》卷七二一引作"与诸客坐"。

②往:以往,过去。

③要:同"腰"。

④亟:急。

⑤濡肾:侵入肾脏。濡,渍,引申为侵入。一说"濡肾"即肾,因肾藏精主液,故曰濡肾。濡,润湿。

⑥及其未舍五藏:赶在病邪还没有侵入五脏之前。舍,进入,停留。

⑦肾濡:肾脏。张文虎曰:"'濡'当作'输',五脏之输。"一说指肾外膜湿润处。

⑧肾痹:病名,由骨痹日久不愈复感外邪所致。主要症状是腰背偻
曲不能伸,下肢拘挛,遗精,腰疼,小便闭等,《素问·痹论》:"肾
痹者,善胀,尻以代踵,脊以代头。"

⑨故:通"固",确实。

⑩倩:女婿。《集解》引《方言》云:"东齐之间,婿谓之倩。"京:粮仓。
《广雅·释室》:"京,仓也。"方石:筑房用的基石。

⑪取弄之:底本作"即弄之"。《太平御览》卷七二一引此作"取弄
之",当是,意即大家都举方石玩耍。今据改。

⑫好持重:喜好举重物。持,举,搬动。

⑬太阳色干:太阳部位的色泽枯干。太阳,一说指太阳穴,一说是太
阳膀胱经在面部的色部两颧处,其位在眼眶外后方。

⑭肾部上及界要以下者枯四分所:两颊上部边缘有四分左右颜色枯
干。肾部,肾脏在面上的色部,在两颊。要,同"腰"。

⑮故以往四五日知其发也:根据中医藏象理论,"腰为肾之府",所以
从肾脏色部有四分左右色干枯,推断出腰痛四五天。

⑯柔汤:古方,已佚。有人认为柔汤与刚剂相对,为柔润之药。又有
人认为柔汤当为祛风活血类的燥剂。

【译文】

齐王黄姬的哥哥黄长卿在家设酒宴招待客人,也叫我参加。各
位客人坐好了,还没有上饮食。我望见王后的弟弟宋建,告诉他:
"您有病,过去四五天,您的腰胁疼痛得不能俯仰,又小便困难。不
赶紧治,病就要侵入肾脏。趁它还没侵入五脏,赶紧治疗。病现在
刚影响肾脏,这是所谓的'肾痹'。"宋建说:"对,我原来就有腰脊
疼的毛病。前四五天,下雨,黄家的各位女婿见我家谷仓下有大方
石,就搬弄它,我也想效仿他们,但举不起来,就又放下了。到晚上,
腰脊痛,不能小便,到现在还没好。"宋建的病得自好举重物。我之
所以知道宋建的病情,是因为我见他的面色,颧骨部位颜色发干,两

颊上部边缘有四分左右颜色干枯,所以知道他是四五天前发的病。我就配制了柔汤让他服用,十八天左右就好了。

　　济北王侍者韩女病要背痛,寒热,众医皆以为寒热也[1]。臣意诊脉,曰:"内寒[2],月事不下也。"即窜以药[3],旋下,病已。病得之欲男子而不可得也[4]。所以知韩女之病者,诊其脉时,切之,肾脉也,嗇而不属[5]。嗇而不属者,其来难[6],坚[7],故曰月事不下[8]。肝脉弦,出左口[9],故曰欲男子不可得也。

【注释】

①寒热,众医皆以为寒热也:前一"寒热",指恶寒发热的症状。后一"寒热",病名。由外邪引起的以发热恶寒为主要表现的各种证候。众医见韩女有恶寒发热的症状,便认为是寒热病,即伤寒之类的疾病。

②内寒:里寒。

③窜以药:用药的方法。《索隐》认为是薰洗之法。有人认为是服用辛香流窜的药物使其血行通畅以通月经。另有人认为是将药物制成栓剂外用以通月经。

④病得之欲男子而不可得也:此病得之于想接近男子(即性生活)而不能实现。按,中医理论认为,欲不可纵,然亦不可禁。《千金要方·房中补益》:"男不可无女,女不可无男。"

⑤肾脉也,嗇而不属:肾脉艰涩而不连属。嗇,同"涩",涩脉特征是细而迟,往来难,且散。"如轻刀刮竹""如雨沾沙"。主津血亏少,不能濡润经络。属,连属,即滞涩不流畅。

⑥难:脉象其来艰难。

⑦坚：实，有力。按，涩脉主病有虚实之分，虚者，涩而虚细无力；实者，涩而坚实有力。韩女之病属实症，故有以上脉象。

⑧月事不下：底本作"月不下"，《太平御览》卷七二一、《册府元龟》卷八五八引此均作"月事不下"，泷川曰："'月'下夺'事'字。"今据增。

⑨肝脉弦，出左口：指左寸口关脉弦劲有力而长，超过本位，溢出寸口。弦，弦脉，按之如琴弦状，端直而长。多主寒热相搏之候。邪气滞肝，疏泄失常，气郁不利则见弦脉。肝脉弦长，乃肝气郁结、相火炽盛之象，多因心有隐曲，长期不能如愿所致。故云"欲男子不可得"。

【译文】

济北王的侍女韩女患腰背痛的病，时而发冷时而发热，众医生都认为是寒热症。我诊脉后说："是体内寒，闭经。"用走窜之药，不久月经正常，病就好了。她的病得自相思。我之所以知道韩女的病情，是因为我诊她的脉时，肾脉滞涩而不连贯。滞涩不流畅，月经就会反常，所以说她不来月经。她的肝脉弦，超出左寸口，是肝气郁结不舒，长期不能如愿所致，所以说是相思病。

临菑氾里女子薄吾病甚①，众医皆以为寒热笃，当死，不治。臣意诊其脉，曰："蛲瘕②。"蛲瘕为病，腹大，上肤黄粗③，循之戚戚然④。臣意饮以芫华一撮⑤，即出蛲可数升，病已，三十日如故。病蛲得之于寒湿，寒湿气宛笃不发⑥，化为虫。臣意所以知薄吾病者，切其脉，循其尺，其尺索刺粗⑦，而毛美奉发⑧，是虫气也。其色泽者，中藏无邪气及重病。

【注释】

①氾（fán）里：里巷名。薄吾：人名。

②蛲瘕（náo jiǎ）：蛲虫积聚而形成瘕块。瘕，腹中结块的病。

③上肤黄粗：肚子上皮肤黄而粗糙。

④循：抚摩。此指沿着疾病的部位触按。

⑤芫华：即芫花，中药名，辛温有毒，有泻下逐饮、祛痰止咳、消聚破
　积、消瘕杀虫之功。

⑥寒湿气宛（yùn）笃不发：寒湿郁积太多，不能发散。宛，通"蕴"，
　积聚。

⑦尺索刺粗：一说尺部脉紧而粗大，按之顶指，如若有刺。一说尺为
　尺肤，指两手肘关节至寸口处的皮肤干枯粗糙。按，据病情，似
　指尺肤粗糙。因为触诊此处皮肤对于诊断寄生虫病有特殊价值。
　《灵枢·论疾诊尺》："肘后廉以下三四寸热者，肠中有虫。"

⑧毛美奉发：毛发光泽。泷川引多纪元胤曰："'毛美奉发'，《医说》
　作'毛焦拳发'。"意即毛发枯焦无光泽。此说当是，有严重寄生
　虫病的病人多毛发枯黄易脱落。

【译文】

　　临菑氾里女子薄吾病得很厉害，医生们都认为是严重的寒热症，是死症，无法医治。我诊了她的脉，说："是蛲虫。"得了蛲虫病，肚子大，肚子的皮肤发黄粗糙，抚摸起来皱缩不舒展。我给她喝了一撮芫花，就打下大约几升蛲虫，病好了，三十天就恢复如前。蛲虫病得自寒湿，寒湿气严重郁积不能散发，就化为虫。我之所以知道薄吾的病情，是因为我切她的脉，按她的尺部，尺部皮肤刺人而粗糙，而她毛发枯黄易脱落，是有寄生虫的气色。她面色润泽，说明她内脏没有邪气和重病。

　　齐淳于司马病①，臣意切其脉，告曰："当病迥风②。

迥风之状,饮食下嗌辄后之③。病得之饱食而疾走。"淳于司马曰:"我之王家食马肝,食饱甚,见酒来,即走去,驱疾至舍,即泄数十出④。"臣意告曰:"为火齐米汁饮之⑤,七八日而当愈。"时医秦信在旁,臣意去,信谓左右阁都尉曰⑥:"意以淳于司马病为何?"曰:"以为迥风,可治。"信即笑曰:"是不知也。淳于司马病,法当后九日死。"即后九日不死,其家复召臣意。臣意往问之,尽如意诊。臣即为一火齐米汁,使服之,七八日病已。所以知之者,诊其脉时,切之,尽如法⑦。其病顺⑧,故不死。

【注释】

①司马:官名,负责管理军政及军赋等事务。

②迥风:即洞泄。

③后之:大便。《集解》引徐广曰:"如厕。"

④出:次。

⑤火齐米汁:火齐汤与米汤和服之。火齐,火齐汤,古方。因火齐汤多为清热之药,而米汤又能和胃润燥。

⑥阁都尉:《索隐》:"阁者,姓也,为都尉。"都尉,武官名,属中高级武官,其级别低于将军,略同于校尉。

⑦尽如法:脉象都符合他这种病情。

⑧其病顺:他的病与脉象相顺应。顺,脉与症相应为顺,往往愈后良好,所以下文言"不死"。

【译文】

　　齐国淳于司马生病,我切他的脉,告诉他说:"您所患的为迥风病。病状是饮食之后泄泻不止。病得自吃饱后快速奔跑。"淳于司马说:"我到齐王府吃了马肝,吃得很饱,见上酒,就离开了,跑回家,就泄了几十次。"我告诉他:"调制火齐汤和米汁喝,七八天就应该好了。"当时医生秦信在旁边,我走后,秦信问旁边的武官阁都尉:"淳于意认为淳于司马的病是什么病?"回答说:"是週风病,能治好的。"秦信笑道:"这是不知道病情。淳于司马的病,按医理应当在九天后死亡。"过了九天没死,他家又召唤我。我去询问病情,全像我诊断的一样。我就配制了一剂火齐米汁,让他服用,七八天病好了。我之所以知道他的病情,是因为我诊他的脉时,他的脉象与其病的症状相符。他的病和脉象相应,所以不会死。

　　齐中郎破石病①,臣意诊其脉,告曰:"肺伤②,不治,当后十日丁亥溲血死③。"即后十一日,溲血而死。破石之病,得之堕马僵石上④。所以知破石之病者,切其脉,得肺阴气⑤,其来散,数道至而不一也⑥。色又乘之⑦。所以知其堕马者,切之得番阴脉⑧。番阴脉入虚里⑨,乘肺脉。肺脉散者,固色变也乘之⑩。所以不中期死者,师言曰:"病者安谷即过期,不安谷则不及期。"其人嗜黍,黍主肺⑪,故过期。所以溲血者,诊脉法曰:"病养喜阴处者顺死,养喜阳处者逆死⑫。"其人喜自静,不躁,又久安坐,伏几而寐,故血下泄。

【注释】

①中郎:官名,帝王的近侍官。破石:人名。

②肺伤:肺部受到损伤。按,肺伤即气伤,据下文知病起于摔伤,因肺主气,故名"肺伤",并非摔伤肺脏。

③当后十日丁亥溲（sōu）血死：乃以十天干配五行来推算五脏死期
的方法。《素问·平人气象论》："肝见庚辛死，心见壬癸死，脾见
甲乙死，肺见丙丁死，肾见戊己死，是谓真脏见，皆死。"肺属金，
丙丁属火，火能克金，故此病死于丁亥日。溲血，尿血。溲，排泄
大小便。

④堕马僵石上：从马上摔下来僵仆于石上。

⑤肺阴气：肺脏的真脏脉，据《素问·平人气象论》，凡五脏的真脏
脉外露都是死症。

⑥其来散，数道至而不一也：脉来散乱，一呼一吸之间几次脉搏的跳
动却不一致。散，散脉。《脉经》："散脉，大而散，散者气实血虚。
有表无里。"

⑦色又乘之：面上呈现心乘肺的气色。肺病当面呈白色，若出现赤
色，则为心乘肺色。乘，克伐。

⑧番阴脉：反阴脉。番，同"翻"，反也。按中医理论，心、肺同居胸
腔上部，心属阳，肺属阴。散脉为心脏病脉，如寸口脉右寸肺部见
散脉，便是阳脉乘阴脉，称作反阴脉。

⑨虚里：又称"胃之大络"，布于左乳下心尖搏动处，贯膈络肺。心、
肺二经的脉气汇聚于此。

⑩固色变也乘之：面色按心乘肺的规律也发生了变化。肺，肺病面
色应白，今心乘肺后面色反赤。固色，本来的面色，此指肺病的面
色白色。

⑪黍主肺：黍能补肺气。根据中医五行学说，五谷分属五行主五脏，
黍主肺。黍，去皮的黄米。

⑫病养喜阴处（chǔ）者顺死，养喜阳处者逆死：病人性喜安静的，
则气血下行而死；病人性喜活动的，则气血上逆而亡。养，调养，
此指平时生活。阴处，安静状态。顺，往下走。阳处，活动状态。
逆，往上走。

【译文】

　　齐国中郎破石生病,我诊他的脉,告诉他:"肺受了伤,无法医治,应当在十天后丁亥日便血而死"。结果在十一天后,便血而死。破石的病,得自从马上掉下来摔在石头上。我之所以知道破石的病情,是因为切他的脉,得到肺脉气,脉来散乱,脉搏跳动不齐。他的面色由肺病本来的白色呈心火克肺金的赤色。之所以知道他从马上掉下来,是因为切脉得到反阴脉。反阴脉进入胃之大络,克肺脉之气。肺脉浮散,原来的面色就发生变化与之相应。他之所以没有按推测日期死亡,我的老师说过:"病人能吃谷物就会超过推测的死期,不能吃谷物不到死期就会死。"破石嗜好吃黍,黍能补肺气,所以会超过推测的死期。之所以会便血,诊脉法说:"病人调养时喜欢安静,血从下流出便血而死;病人调养喜欢活动,血从上流出鼻血而死。"他喜欢安静,不急躁,又长时间坐着不动,趴在小桌子上睡觉,所以血从下部泄出。

　　齐王侍医遂病①,自练五石服之②。臣意往过之,遂谓意曰:"不肖有病,幸诊遂也。"臣意即诊之,告曰:"公病中热。论曰:'中热不溲者,不可服五石。'石之为药精悍③,公服之不得数溲④,亟勿服。色将发臃⑤。"遂曰:"扁鹊曰:'阴石以治阴病,阳石以治阳病⑥。'夫药石者有阴阳水火之齐⑦,故中热,即为阴石柔齐治之⑧;中寒,即为阳石刚齐治之⑨。"臣意曰:"公所论远矣⑩。扁鹊虽言若是,然必审诊⑪,起度量,立规矩,称权衡⑫,合色脉、表里、有余不足、顺逆之法⑬,参其人动静与息相应⑭,乃可以论⑮。论曰:'阳疾处内,阴形应外者⑯,不加悍药及镵石⑰。'夫悍药入中,则邪气辟矣^⑱，而宛气愈深^⑲。诊法曰：'二阴应外，一阳接内者^⑳，不可以刚药。'刚药入则动阳^㉑，阴病益衰，阳病益著^㉒，邪气流行，为重困于俞^㉓，忿发为疽^㉔。"意告之后百余日，果为疽发乳上，入缺盆^㉕，死。此谓论之大体也，必有经纪^㉖。拙工有一不习，文理阴阳失矣^㉗。

【注释】

①侍医：宫廷医生。遂：人名。

②练五石：炼制五石散。练，同"炼"。五石散是古代服饵外丹的一种，有多种配方，晋葛洪《抱朴子·内篇》为"丹砂、雄黄、白矾、曾青、磁石"等五种矿物质药，其中大多有毒，久服杀人。

③精悍：意谓药性燥烈。

④不得数溲：好几次小便闭塞。

⑤色将发臃：据遂的气色看，将会发生毒痈。臃，同"痈"，痈疽。

⑥阴石以治阴病，阳石以治阳病：性寒的石类药物，可以用来治阴虚有热之病；性热的石类药物，可以用来治阳虚有寒之症。按中医理论，所有药物均有阴阳属性。而治病即以药物的阴阳来调整人体偏阴偏阳的状态，使人体恢复阴阳平衡的健康状态。

⑦阴阳水火之齐：有阴阳寒热的不同方剂。水火，犹寒热。齐，同"剂"。

⑧柔齐：即柔剂，指药性平和、有养阴清热作用的一类方剂。

⑨刚齐：即刚剂，指药性猛烈、有温阳驱寒作用的一类方剂。

⑩远：差，错。

⑪审诊：审慎地诊视。

⑫起度量，立规矩，称权衡：均为制定和掌握诊断、用药的标准之意。度，计算长度的工具。量，计算体积的工具。规，圆规，矩，曲尺。

权,秤锤。衡,秤杆。

⑬合色脉:参合五色诊断及脉象。

⑭参其人动静与息相应:参照病人性情、举止与呼吸相互协调的情况。

⑮论:议,决定,即诊断确定。

⑯阳疾处内,阴形应外者:热邪潜伏于体内,寒症显露在体外,即表寒里热之证。有时也可能是真热假寒证。

⑰悍药:猛烈的药。

⑱辟(bì):聚,因病为中热,复服热性石药,邪气重叠壅聚,病更加甚。

⑲宛(yùn)气:积蕴于体内的郁热之气。宛,通"蕴",蓄积。

⑳二阴应外,一阳接内者:少阴之寒表现于体外,少阳郁火蓄积于体内,即外寒多于内热。二阴,指六经中的手足少阴经。一阳,指手足少阳经。泷川引滕正路曰:"二阴一阳,言寒多热少。"

㉑动阳:鼓动阳气。

㉒阴病益衰,阳病益著:不足的阴液因阳气鼓动而更加衰减;有余的阳气则更加显著。

㉓重困于俞(shù):邪气层层盘踞在腧穴周围。困,围困。俞,通"腧",腧穴。即穴位。

㉔恣发:怒发,发作得严重又迅速。

㉕入缺盆:达到锁骨上窝。缺盆,为足阳明胃经的穴位,同时手阳明大肠亦由缺盆循行上颈贯颊。

㉖经纪:犹纲纪,即原则。

㉗文理:条理。失:错乱。

【译文】

　　齐王的侍医遂生病,自己炼制了五石散服用。我去拜访他,遂对我说:"我生了病,希望您为我诊治。"我就为他诊脉,告诉他:"你得的是内热病。医书上说:'内热不能小便的人不能服五石散。'石药性猛烈,你服用后不能小便,赶紧不要服了。从面色上看,将要出现痈疽。"遂说："扁鹊说：'性寒的石药可以治疗阴虚有热的病,性热的石药可以治疗阳虚里寒的病。'药石有阴阳寒热不同的方剂,所以有内热,就用阴性石药配制的柔和药剂治疗;有里寒,就用阳性石药配制的猛烈方剂来治疗。"我说："你所说的错得太厉害了。扁鹊虽然这样说过,然而一定要仔细诊断,确定用药分量标准,确定治疗的方法,衡量得失,结合色与脉、表与里、有余与不足、顺与逆,斟酌病人动静呼吸是否协调,才可以决定怎样使用石药。医书上说：'热病潜伏在内,寒病反映在表的,不能使用性烈的药、针刺和砭石。'烈性药进入体内,邪气就积聚更多,而郁结在内的热毒就会更严重。诊法说：'少阴寒病反应在外,少阳郁火积聚在内的,不能使用烈性的药。'烈性药进入体内会撼动阳气,阴虚就更加严重,阳气越加显露,邪气流动,层层积聚围困在腧穴周围,迅速发展就成了毒疮。"我告诉他之后一百多天,毒疮果然在乳头上部发作,侵入锁骨上窝,导致身亡。这就是所谓理论只是大体原则,一定要有明辨的原则。拙劣的医人有一点没学到,就失去了条理,颠倒了阴阳。

　　齐王故为阳虚侯时[1],病甚,众医皆以为蹶。臣意诊脉,以为痹[2],根在右胁下,大如覆杯,令人喘,逆气不能食。臣意即以火齐粥且饮[3],六日气下;即令更服丸药,出入六日,病已。病得之内。诊之时不能识其经解[4],大识其病所在[5]。

【注释】

①齐王故为阳虚侯时:齐王刘将闾过去当阳虚侯的时候。刘将闾在文帝四年(前176)七月以悼惠王子被封为阳虚侯,至文帝十六年(前164)被封为齐王。事见《齐悼惠王世家》。

②痹：发病后有多种症状，此处所指不详，大抵为风、寒、湿等邪气侵
　　袭肌体、闭阻脏腑和经络所引起的疾病。

③且饮：暂且服饮。按，因淳于意亦未确诊，故以火齐汤之类药物暂
　　且试服。

④不能识其经解：不知道如何用经脉理论来解释这种病。

⑤大识其病所在：大概了解疾病之所在部位。

【译文】

　　齐王过去做阳虚侯的时候，病得很厉害，医生们都认为是厥症。我诊过他的脉，认为是痹症，病根在右胁下，像倒扣的杯子那么大，使人发喘，气逆上行不能进食。我就让他喝火齐粥，六天气就顺畅下行；又让他换服丸药，六天左右，病就好了。他的病得自劳于房事。诊断时不能认清是什么经脉发生病变，只能大致知道病症所在。

　　臣意尝诊安阳武都里成开方①，开方自言以为不病，臣意谓之病苦沓风②，三岁四支不能自用③，使人喑④，喑即死。今闻其四支不能用，喑而未死也。病得之数饮酒以见大风气⑤。所以知成开方病者，诊之，其脉法、《奇咳》言曰"藏气相反者死"⑥。切之，得肾反肺⑦，法曰"三岁死"也。

【注释】

①武都里：里巷名。成开方：人名。

②苦沓风：为沓风所苦。沓风，风病之一种。

③四支不能自用：此为中风之症状，手足痿痹，四肢偏枯，不能自主
　　支配。支，同"肢"，

④喑（yīn）：失音，不能言语。

⑤见大风气:吹了大风。

⑥藏气相反:按中医五行生克理论,金生水、水生木、木生火、火生土、土生金。生者为母,生成者为子,母病累及子病,或子病累及母病,子盗母气则为"藏气相反"。藏,同"脏"。

⑦肾反肺:肾属水,肺属金,金能生水。则肺为肾之母,肾为肺之子。肾病累及肺脏,也就是子盗母气,是为肾反肺。

【译文】

　　我曾为安阳武都里成开方诊治,开方自己说没病,我说他的病是中风,三年后四肢就不能自己支配,使人哑,一哑就将死亡。现在听说他的四肢已经不能动了,哑了但还没有死。他的病得自经常饮酒而突然吹了大风。我之所以知道成开方的病情,是因为我诊他的脉,按脉象与脉法和《奇咳术》上说的"脏气相反的是死症"相合。诊他的脉,得到肾反肺的脉象,按医理说三年将死。

　　安陵阪里公乘项处病①,臣意诊脉,曰:"牡疝②。"牡疝在鬲下,上连肺。病得之内。臣意谓之:"慎毋为劳力事,为劳力事则必呕血死。"处后蹴踘③,要蹶寒④,汗出多,即呕血。臣意复诊之,曰:"当旦日日夕死⑤。"即死。病得之内。所以知项处病者,切其脉得番阳⑥。番阳入虚里⑦,处旦日死。一番一络者⑧,牡疝也。

【注释】

①安陵:汉惠帝的陵邑名,在今陕西咸阳。阪里:里巷名。项处:人名。

②牡疝:阳疝。牡,阳,阳性。疝,病名,多由邪聚阴分所致。项处之疝虽痛在膈下腹腔属阴,但其腹痛上连于肺,肺居胸腔,属阳,所以称牡疝。

③蹴鞠（cù jū）：古代一种球类运动。

④要蹶寒：腰部寒冷。要，同"腰"。蹶，同"厥"，逆冷。

⑤旦日日夕：明天黄昏。

⑥番阳：反阳脉。番，同"翻"，反。

⑦虚里：胃之大络名。十六络脉之一。位于左乳下心尖搏动处，是宗气汇聚之处，而宗气以胃气为本。《素问·平人气象论》："胃之大络，名曰虚里。"

⑧一番一络：既呈现反阳脉，疝痛又上连于肺。

【译文】

安陵阪里公乘项处生病，我诊他的脉，说："是阳疝。"阳疝在膈下，上连肺。他的病得自房事过度。我对他说："千万不要做劳累的事，做了劳累的事就必定吐血而死。"项处后来蹴鞠，腰部受寒，出了很多汗，随即吐血。我又为他诊脉，说："应当明天晚上死去。"到时就死了。他的病得自房事过度。我之所以知道项处的病情，是因为切他的脉得到反阳脉。反阳进入胃之大络，项处第二天就死了。出现反阳脉，疝痛又上连于肺，因此是阳疝。

臣意曰：他所诊期决死生及所治已病众多①，久颇忘之，不能尽识，不敢以对。

【注释】

①期决：预期决断。治已：治愈。已，此指病愈。

【译文】

淳于意说：其他诊治判断死生和治好病的事很多，时间长了大多忘记了，不能记清细节，不敢奏对。

　　问臣意①："所诊治病，病名多同而诊异，或死或不死，何也?"对曰："病名多相类，不可知，故古圣人为之脉法，以起度量，立规矩，县权衡②，案绳墨③，调阴阳，别人之脉各名之，与天地相应④，参合于人，故乃别百病以异之。有数者能异之⑤，无数者同之。然脉法不可胜验⑥，诊疾人以度异之，乃可别同名，命病主在所居⑦。今臣意所诊者，皆有诊籍⑧。所以别之者，臣意所受师方适成⑨，师死，以故表籍所诊⑩，期决死生，观所失所得者合脉法⑪，以故至今知之。"

【注释】

①问臣意：以下均为皇上询问淳于意的问题，淳于意一一作答。

②县（xuán）权衡：意同于"立规矩"。悬布诊病之准则。

③案绳墨：意即依据脉诊的法度办。案，通"按"。掌握。绳墨，木工用来量曲直的工具，此喻看病的法度、准绳。《素问·至真要大论》："论言治寒以热，治热以寒，而方士不能废绳墨而更其道也。"

④应：符合。

⑤有数者能异之：医术精良的人对名称相同的病区别其不同之处。数，术，此处指医术。

⑥胜验：完全准确。

⑦"诊疾人以度异之"几句：诊察病人要按法度来辨别病情，才能区分病名相同之病的差异之处，并能指出病根所在部位。疾人，病人。度，或以分度脉，即区分脉之间细微的差别所揭示的疾病之不同。

⑧诊籍：记录诊疗的簿籍，即今之医案、病历。

⑨适成：刚刚学成。

⑩表：记载。

⑪观所失所得者合脉法：用来观察或诊断治病的成功失败是否合乎脉法。

【译文】

问淳于意："你所诊断治疗的疾病，很多病名相同而诊断结果、诊治方法却不同，有的会死，有的不会死，这是为什么呢？"淳于意回答说："很多病名相似，不能全部都弄懂，所以古代圣人创立脉法，建立原则，订立规矩，设置准则，依据标准，协调阴阳，区别人们的脉象各自命名，与天地相应，再参考人体的情况，因此才能区别百病，使它们有所差异。精于医术的人能区别各种疾病，医术不精的人就把它们混为一谈。然而脉法不能全部灵验，诊断病人要利用不同的方法进行区别，这样才能把相同的病名区别开，说出病根所在。现在我诊治的病人，都有诊断记录。我之所以能加以区别，是因为我拜师学习医术，刚刚学成，老师就去世了，因此就把诊治病人的情况登记下来，以判断死生，观察诊断病症的得失是否与脉法相合，因此至今还能知道。"

问臣意曰："所期病决死生，或不应期，何故？"对曰："此皆饮食喜怒不节①，或不当饮药，或不当针灸②，以故不中期死也。"

【注释】

①不节：无节制，不适当。

②不当：不应当，意谓误治。

【译文】

问淳于意："你判断疾病死生的日期，有的并不相应，是什么原因？"淳于意回答说："这都是因为饮食喜怒不加节制，或者是不应服药而服药，或者是不应针灸而针灸，所以死亡日期与诊断的日期不相符。"

问臣意："意方能知病死生，论药用所宜①，诸侯王大臣有尝问意者不？及文王病时，不求意诊治，何故？"对曰："赵王、胶西王、济南王、吴王皆使人来召臣意②，臣意不敢往。文王病时，臣意家贫，欲为人治病，诚恐吏以除拘臣意也③，故移名数左右，不修家生④，出行游国中，问善为方数者事之久矣⑤，见事数师，悉受其要事⑥，尽其方书意及解论之⑦。身居阳虚侯国，因事侯⑧。侯入朝，臣意从之长安，以故得诊安陵项处等病也。"

【注释】

①论：分析，阐发。宜：适当，恰当。

②赵王：刘遂，赵幽王刘友之子，事迹见《楚元王世家》。胶西王：刘卬，齐悼惠王之子。济南王：刘辟光，齐悼惠王之子。刘卬、刘辟光的事迹皆见《齐悼惠王世家》。吴王：刘濞，高祖刘邦之侄，刘仲之子。事迹见《吴王濞列传》。

③诚恐吏以除拘臣意也：实在是害怕官府任命我为侍医而强行留下我。拘，拘禁，意谓强行留之。除，拜官授职。

④故移名数左右，不修家生：故移名数左右，所以户口经常迁移不定。移，迁移。名数，名籍，即户口册籍。左右，指亲戚或邻里。《正义》："以名籍属左右之人。"不修家生，不治理家务，不置办家产。

⑤方数：即方术，此处指医技、医术。事：侍候，此谓请教、学习。

⑥要事：要点，即主要内容。

⑦尽其方书意及解论之：全部领会了他们授予的医书中的精神内核，并能加以分析评议。解，分析解释。论，议论，评议。

⑧事：侍奉，即为阳虚侯做侍医。

【译文】

问淳于意:"你的医术能知道疾病可治不可治,知道应该用哪种药,诸侯王大臣有没有曾经问过你的? 在齐文王生病时,不找你诊治,又是为什么?"淳于意回答说:"赵王、胶西王、济南王、吴王都曾派人来召请过我,我不敢去。齐文王生病时,我家穷,想给人治病挣钱,实在害怕被官吏留住做御医,所以变更了户籍,不治家产,在国中四处游历,访问擅长医术的人,长期跟随他们,拜了好几个师父,全都学到了他们的特长,完全领悟了医书的要点,并能够分析判断。我住在阳虚侯国,因而侍奉阳虚侯。阳虚侯入朝,我跟随他到了长安,因此能诊治安陵的项处等人的疾病。"

问臣意:"知文王所以得病不起之状?"臣意对曰:"不见文王病,然窃闻文王病喘,头痛,目不明。臣意心论之[1],以为非病也。以为肥而蓄精[2],身体不得摇,骨肉不相任[3],故喘,不当医治[4]。脉法曰:'年二十脉气当趋[5],年三十当疾步[6],年四十当安坐,年五十当安卧,年六十已上气当大董[7]。'文王年未满二十,方脉气之趋也而徐之[8],不应天道四时[9]。后闻医灸之即笃,此论病之过也。臣意论之,以为神气争而邪气入[10],非年少所能复之也[11],以故死。所谓气者[12],当调饮食,择晏日[13],车步广志[14],以适筋骨肉血脉[15],以泻气[16]。故年二十,是谓'易贸'[17],法不当砭灸,砭灸至气逐[18]。"

【注释】

①心论:心想,主观分析。

②蓄精:蓄积脂肪。

③骨肉不相任:肌肉太多而骨骼支撑不起。任,胜任。

④不当医治:不适宜用药物或针灸、砭石治疗。按,淳于意认为文王之疾,非病,乃由于太胖,出现气喘,当加强运动以减肥,故有下文的议论。

⑤脉气当趋:血脉正旺,应当多跑动。脉气,泛指人体素质。泷川引滕惟寅曰:"《灵枢》云:人生十岁,五藏始定,血气已通,其气在下,故好走;二十岁血气始盛,肌肉方长,故好趋……"趋,疾走,快跑。

⑥当疾步:应快速行走。

⑦气当大董:应该注意保护自己的元气。董,深藏,保护。此处意即人到了六十岁以上,就不宜运动,而在于固养。

⑧徐之:懒于走动。徐,安舒。

⑨不应天道四时:不符合四季春生、夏长、秋收、冬藏的自然规律。按,"天人合一"是中医理论核心。人之一生,自幼至老,亦如四季,故应合四时,年轻时多运动,年老时多静养。文王年轻而懒于运动,故不合天道。

⑩神气争:人体正气的衰减。争,引,引申为衰减。

⑪复之:犹谓"抵抗不住"。

⑫气:精神。此处指调养身体,即文王疗疾之法。

⑬晏日:晴朗的日子。晏,无风无云曰晏。

⑭车步广志:或驾车、或步行,以开阔胸襟。

⑮适:调适。

⑯泻气:泻去多余的脉气,犹谓减肥。

⑰是谓"易貿":这种病况叫作易貿。貿,借为"菀",郁结,菀闭。二十岁最忌血气不通,所以要注意饮食。《集解》引徐广曰:"一作贺,又作质。"质者,实也。意即二十岁正是气血容易充实之时,故宜多运动。泷川曰:"言形气变易之时,宜适筋骨血脉以泻气

也。"意即二十岁正是容易改变形体之时,故应注意饮食,加强运动。按,二说亦通。

⑱气逐:病气奔逐。

【译文】

问淳于意:"你知不知道齐文王得病不治的情况?"淳于意回答说:"我没见到文王得病的样子,但我私下里听说文王气喘、头痛、眼睛看不清。我分析,认为不是病。我认为是肥胖而积蓄了过多的精气,身体得不到活动,骨肉互相不适应,所以气喘,不用医治。脉法说:'二十岁脉气旺盛应当跑步,三十岁应当快步走,四十岁应当安静地坐着,五十岁应当安静地躺着,六十岁以上应当深藏元气。'文王年纪不满二十,正当脉气旺盛应当奔跑的时候却总是慢慢走,与天道四时不相应。而后来听说医生为他艾灸,他的病就更重了,这是错误地诊断了病情。我分析,认为是正气外争而邪气内入,不是靠年轻就能抵抗的,文王因此而死。所谓脉气太盛的情况,应当调节饮食,选择闲暇的时间,或驾车或步行,开阔心胸,来调合筋、骨、血、肉、脉,来排除过多的精气。所以二十岁的人,称作'易贸',按医理不应当用砭石、艾灸之法治疗,砭石、艾灸会驱逐体内的元气。"

问臣意:"师庆安受之?闻于齐诸侯不?"对曰:"不知庆所师受。庆家富,善为医,不肯为人治病,当以此故不闻。庆又告臣意曰:'慎毋令我子孙知若学我方也。'"

【译文】

问淳于意:"你的老师阳庆是从哪里学的医术?齐国诸侯听说过他么?"淳于意回答说:"我不知道阳庆是从哪里学的。阳庆家里富有,擅长医术,但不愿为人治病,应该是因此没有名气。阳庆又告诉我说:'小心不要让我的子孙知道你学了我的医术。'"

　　问臣意："师庆何见于意而爱意①，欲悉教意方？"对曰："臣意不闻师庆为方善也。意所以知庆者，意少时好诸方事，臣意试其方，皆多验，精良。臣意闻菑川唐里公孙光善为古传方②，臣意即往谒之，得见事之，受方化阴阳及传语法③，臣意悉受书之。臣意欲尽受他精方，公孙光曰：'吾方尽矣，不为爱公所④。吾身已衰，无所复事之⑤。是吾年少所受妙方也，悉与公，毋以教人。'臣意曰：'得见事侍公前⑥，悉得禁方，幸甚。意死不敢妄传人。'居有间，公孙光闲处，臣意深论方，见言百世为之精也⑦。师光喜曰：'公必为国工⑧。吾有所善者皆疏，同产处临菑⑨，善为方，吾不若，其方甚奇，非世之所闻也。吾年中时⑩，尝欲受其方，杨中倩不肯⑪，曰："若非其人也⑫。"胥与公往见之⑬，当知公喜方也。其人亦老矣，其家给富。'时者未往，会庆子男殷来献马⑭，因师光奏马王所⑮，意以故得与殷善。光又属意于殷曰⑯：'意好数，公必谨遇之，其人圣儒。'即为书以意属阳庆，以故知庆。臣意事庆谨，以故爱意也。"

【注释】

①何见于意：看中了你哪一点。

②唐里：菑川的里巷名。善为古传方：意即爱用古代流传下来的方子为人看病。

③受方化阴阳及传语法：接受他阴阳调和变化理论以及古代医家口头流传下来的治病方法。化，变化，调整。语，话语，指没有文字记载的历代口传心授的经验体会。

④不为爱公所：对你没有保留的地方。爱，吝啬，吝惜。《索隐》："言

　　于意所,不爱惜方术也。"

⑤无所复事之:不能再干这一行了。

⑥得见事侍公前:能够侍奉在你面前。

⑦见言百世为之精也:看见我说的医理都是历代精辟的见解。百
　世,犹历代。精,精辟,深刻。

⑧国工:国中之技艺高超者,意谓良医。

⑨同产:同胞兄弟,这里指阳庆。公孙光与阳庆同母异父,故姓氏不同。

⑩年中:中年。《索隐》:"年中谓中年时也。中年亦壮年也,古人语
　自尔。"

⑪杨中倩:阳庆。杨,通"阳"。庆字中倩。

⑫若非其人也:你不是能学好医术的人。

⑬胥:等候。

⑭子男:儿子,此指阳庆之子。

⑮因师光奏马王所:随着老师公孙光献马到齐王处。因,随。奏,进献。

⑯属:同"嘱",托付。

【译文】

　　问淳于意:"你的老师阳庆是怎么见到你并喜欢你,且愿意把医术全
部传授给你的呢?"淳于意回答说:"我没听说过老师阳庆擅长医术。我
之所以知道有阳庆,是因为我年轻时喜欢各家的医术,我试验那些医术,
都很灵验、精妙。我听说菑川唐里公孙光善于运用古人流传的医方治
病,我就去拜访他,得以见到他并向他学习,学会了运用阴阳学说化裁的
古医方以及口诀,我都写了下来。我想学习其他的精妙医术,公孙光说:
'我的医术只有这些,对你我一点都没有保留。我已经老了,你不用继续
跟我学了。这些是我年轻时学到的精妙医术,都传授给你了,不要教给
别人。'我说:'能够向您学习,得到所有的秘方,已经很幸运了。我至死
也不敢胡乱传授给别人。'过了一阵子,公孙光得闲,我深入地分析医术,
公孙光认为我说的是百世不易的精辟理论。公孙光高兴地说:'你一定

会成为天下第一流的医生。我擅长的医术都荒疏了，我有个同胞兄弟在临菑，擅长医术，我不如他，他的医术非常神奇，不是世人所知道的。我中年时曾想学习他的医术，阳中倩不同意，说：'你不是学习那种医术的人。'过一阵我和你去见他，他会知道你喜好医术。他也老了，家里很富裕。'当时没去，正好阳庆的儿子殷来献马，想借助公孙光把马献给齐王，我因此能与殷有交情。公孙光又把我托付给殷说：'淳于意喜欢医术，你一定要好好待他，他是闻见聪明、学问通达的儒生。'随即写了封信把我介绍给阳庆，我因此认识了阳庆。我侍奉阳庆非常勤谨，所以阳庆喜欢我。"

问臣意曰："吏民尝有事学意方，及毕尽得意方不^①？何县里人？"对曰："临菑人宋邑^②。邑学，臣意教以五诊^③，岁余。济北王遣太医高期、王禹学^④，臣意教以经脉高下及奇络结^⑤，当论俞所居^⑥，及气当上下出入邪正逆顺^⑦，以宜镵石，定砭灸处^⑧，岁余。菑川王时遣太仓马长冯信正方^⑨，臣意教以案法逆顺^⑩，论药法，定五味及和齐汤法^⑪。高永侯家丞杜信^⑫，喜脉，来学，臣意教以上下经脉、五诊二岁余^⑬。临菑召里唐安来学^⑭，臣意教以五诊、《上下经脉》《奇咳》、四时应阴阳重^⑮，未成，除为齐王侍医。"

【注释】

①吏民尝有事学意方，及毕尽得意方不：是否有官吏或百姓向你学习，并把你的医术全部掌握了？

②宋邑：医人。《古今医统》言其"至性爱人，酷尚医术，就齐太仓公淳于意学五诊、脉论之术，为当世良医。"《集解》引徐广曰："'邑'一作'昆'。"

③五诊:泛指诊脏腑之脉。一谓指《五色诊》一书。

④高期、王禹:《古今医统》:"高期、王禹,仕济北王太医令,王以期、禹术未精,令就淳于意学经脉及奇络结俞穴所在,定镵石刺灸之法。岁余尽通,以此知名。"

⑤经脉高下:经脉上下分布的部位,或谓经脉的上下走向。奇络结:奇经与络脉交结之处。《正义》引《素问》云:"奇经八脉,往来舒时,一止而复来,名之曰结也。"则认为"结"当为结脉,泛指各种脉象,亦通。

⑥当论俞所居:正确认识穴位所在部位。当,的当,引申为正确。论,认识。

⑦及气当上下出入邪正逆顺:以及经络之气通常上下出入的情况和区别邪正、顺逆的方法。

⑧定:确定。

⑨太仓马长:太仓署中管理马政的长官。冯信:人名。正方:请教医方。

⑩案法逆顺:正反两种按摩的手法。

⑪定五味:鉴定药性五味。按,药有酸、苦、甘、辛、咸五味,分入五脏。和齐汤:调和方剂制成汤药。

⑫家丞:管家。

⑬《上下经脉》:为阳庆所传《脉书》《上经》《下经》之类的脉诊医籍。或指经脉高下。

⑭召里:里巷名。

⑮四时应阴阳重:四季随阴阳的交替而变动。应,对应,适应。重,动。

【译文】

问淳于意:"官吏和百姓中有没有曾经向你学习,并完全学到了你的本领的? 他们是哪里人?"淳于意回答说:"临菑人宋邑。宋邑向我学习,我教给他五诊法,有一年多的时间。济北王派太医高期、王禹来向我学习,我教给他们经脉上下分布情况和奇经八脉循行交结路线的情况,研究经络穴位,以及气在体内上下出入、邪正逆顺的情况,来选择合适的砭灸治疗方案,确定治疗穴位,有一年多时间。菑川王曾派太仓负责马政的长官冯信向我学习,我教给他顺逆两种按摩的手法,分析用药的规则,确定酸、苦、甘、辛、咸五味药性,以及组合方剂调制汤药的方法。高永侯家丞杜信,喜欢脉法,来向我学习,我教给他人体各处经脉分布情况和五诊法,有两年多。临菑召里唐安来向我学习,我教给他五诊法、《上经》《下经》《奇咳术》,四季阴阳相应的道理,他没学成,被任命为齐王的侍医。"

问臣意:"诊病决死生,能全无失乎?"臣意对曰:"意治病人,必先切其脉,乃治之。败逆者不可治,其顺者乃治之。心不精脉①,所期死生视可治②,时时失之③,臣意不能全也④。"

【注释】

①心不精脉:心神不能分辨脉象的时候。精脉,精细切脉。精,精到,引申为辨别。

②所期死生视可治:把本来无法治好的病也看作能治好的病。死生,复词偏义,这里即指死。视,认为,看作。

③时时失之:经常失误。

④全:十全十美,此谓不出错。

【译文】

问淳于意:"诊断病情决定生死,能完全没有错误吗?"淳于意回答说:"我诊治病人,一定要先为他切脉,然后才治疗。脉象败逆的就不能治了,脉象顺的才进行治疗。如果心中不精通脉理,那么判断生死、确定可治与否,就会时时出错,我也不能完全不出错。"

　　太史公曰：女无美恶，居宫见妒；士无贤不肖，入朝见疑。故扁鹊以其伎见殃①，仓公乃匿迹自隐而当刑②。缇萦通尺牍③，父得以后宁。故老子曰："美好者不祥之器④。"岂谓扁鹊等邪？若仓公者，可谓近之矣。

【注释】

①以其伎见殃：因有高超的医疗技术反而招致灾祸被杀害。

②匿迹自隐：自愿隐匿行迹。当刑：判刑。当，判罪。

③通尺牍：递交书信。此指缇萦上书事。通，上达。尺牍，书信。

④美好者不祥之器：泷川曰："《老子》三十一章'夫佳兵者不祥之器'，唐傅奕本'佳'作'美'，皆与史公所引异。"按，《老子》所云"美兵者，不祥之器"乃反对战争、反对以武力逞强，与此文不相关，疑是史公误记为"美好者，不祥之器"。与此相类的说法史上还有：《庄子·人间世》有所谓"山木自寇也，膏火自煎也。桂可食，故伐之；漆可用，故割之"；《左传·桓公十年》有所谓"匹夫无罪，怀璧其罪"；《左传·襄公二十四年》有所谓"象有齿以焚其身"；《老子韩非列传》有所谓"良贾深藏若虚，君子盛德，容貌若愚。去子之骄气与多欲，态色与淫志，是皆无益于子之身"；日常俗话中有所谓"木秀于林，风必摧之"，又有"树大招风""出头的椽子先烂"等。

【译文】

　　太史公说：女子不论美丽与否，一进入宫廷就会被嫉妒；士人不论贤能与否，一进入朝廷就会被怀疑。所以扁鹊由于他的医术高明而被害，仓公由于隐匿踪迹被判刑。缇萦上书文帝，父亲后来得以安宁。所以老子说："美好的东西是不祥之物。"难道是说扁鹊这类人么？像仓公这样的人，可以说是很接近了。

【集评】

崔适曰:"此传以扁鹊之医术为主义,相遇之人,杂取传记,多系寓言。此无关于信史,非子产、叔敖之比,不可以世次求也。如以视赵简子疾为扁鹊时代之本位,则先简子立百有三十九年而虢亡,晋昭公亦先是九年卒,后简子死七十二年而田齐桓公午立。魏惠王时有中庶子官,见《商君传》,秦、汉因之。《文王世子》汉儒所作,其言庶子,因汉制也。《说苑·辨物篇》作'赵王太子死',此似汉之赵王,故有庶子,然援以解此传,仍去赵简子时代太晚,且是时岂有称王之赵国耶?齐桓侯,《韩非子·喻老篇》作'蔡桓侯'。《年表》《世家》:"蔡桓侯与鲁隐、桓同时,又视赵简子时代太早,皆非事实明甚。《索隐》《正义》以世次言之,未得太史公本意也。"(《史记探源》)

姚苎田曰:"扁鹊治虢太子一事,当是实录。故叙其问答之详,病痕之源流,疗治之方略,以至前有中庶子之辨析,后有生死人之传闻,无不如鬟上螺纹,细细写出。"又曰:"淳于意当时自有其诏问奏答之书,太史因取而删润之,以为列传,此亦古文家一体也。然此等文字,全在自出手眼,删润得妙,便有点铁成金之誉。若宋子京辈徒知减字换字,则大非作手也。"(《史记菁华录》)

【评论】

中国古代很早就有神农尝百草为人治病的故事,还有黄帝与岐伯谈论医理的传说,司马迁给医生立传却从战国时号称扁鹊的秦越人开始,可见他严格区分了传说与历史的界限,体现了求实的史学精神。

事实上,这种实事求是的求实精神贯穿于《扁鹊仓公列传》全篇。首先,它摒弃了鬼神迷信的因素。篇中说:"人之所病,病疾多;而医之所病,病道少。"试将这话与《封禅书》中为追求长生而深信方士、求神拜鬼的秦始皇、汉武帝对比一下,其思想水平的差异何异于天壤!其次,它反对死守教条,讲究根据病证辨证施治。淳于意批评齐王侍医说:"扁鹊虽言若是,在必审诊,起度量,立规矩,称权衡,合色脉、表里、有余不足、顺逆之法,参其人动静与息相应,乃可以论。"其三,它将"医"与"巫"分别开来,将"信巫不信医"作为"六不治"的重要一项。钱锺书对此至为称赞,说:"乃以'巫'与'医'分背如水火冰炭,断言信巫为不治之由,卓识空前。"(《管锥编》)

本篇塑造了扁鹊这位医术高超、医德高尚的"全科"医生形象。他治好了人们认为已经死了的虢太子,显示出他医术之高,但当人们说他能起死回生时,他又实事求是地说:"越人非能生死人也,此自当生者,越人能使之起耳。"不居功,不夸耀,显示出高尚的医德。扁鹊精通脉学与望诊,行医随俗而变,无论小儿、妇女、老人,各科疾病都能治;他的治疗方法也多种多样,如针砭、按摩、导引、艾灸、汤剂等,他都会根据病情需要适当选用。司马迁在《太史公自序》中说:"扁鹊言医,为方者宗。"肯定了扁鹊医学宗师的地位。

本篇对于扁鹊和仓公由于医道高而遭人忌恨,乃至被害的事实非常愤慨。他在"太史公曰"中说:"女无美恶,居宫见妒;士无贤不肖,入朝见疑。故扁鹊以其伎见殃,仓公乃匿迹自隐而当刑。故老子曰:'美好者不祥之器。'岂谓扁鹊等邪?"类似的话,《史记》中说过好几次,可见司马迁对这种现象的憎恶。人心被自私挤压而产生的褊狭与邪恶,就是这样将美好的事物无情绞杀,《史记》中所流露的这种哀痛与愤怒,感染着、也警示着世世代代的读者。

本篇以淳于意的奏对形式如实地记录了二十五个病案,这些病案详细记载了病者的姓名、籍贯、职业、病理、辨证、治疗、预后、成败经验等,以及病理、病因分析、医理阐述、医学药学理论及所记录的多种药物、各式治疗方法,其内容涉及内科、外科、妇科、儿科等。这是我国最早的医案记录,它们中有些用中医医理无法解释,很可能是在流传过程中出现了变形与断裂,但它们都是我国中医学研究的宝贵资料。也许当有了新的出土资料,我们将能够对这批医案进行更深入地验证或解读。这种罗列资料的做法,有人说是司马迁出于"博物君子"的"好奇",我们更倾向于认为它是《史记》的一种体例,是司马迁记录、保存史料的一种自觉行为。

　　本篇所提到的一些医学理论,至今还为中医所遵守和运用,有些还是中医的核心理论。例如"扁鹊见齐桓侯"一段,这固然是一个教导人们不要讳疾忌医的寓言,但同时也是中医自《黄帝内经》以来一以贯之的核心思想,即《黄帝内经·素问·四气调神大论》中所说的"是故圣人不治已病治未病,不治已乱治未乱"的"治未病"思想。另外,这则故事还说明了中医对病机的认识和把握,要根据病症发展的不同阶段和具体情况采用不同的治疗方式,这也是中医诊断和治疗基本理论中的重要内容。再如淳于意提到的"五色诊",也是延用至今的中医常用望诊法之一。

　　本篇提出的"六不治"原则,列举的这六种情况其实并不是指不能治,而是指难治。六种情况中有些涉及病人主观方面,如"骄恣不论于理""轻身重财""信巫不信医",这些会影响医患双方沟通,医生得不到尊重和信任,医生的意见和治疗方案往往得不到充分的听取和执行,治疗自然达不到预期效果。"衣食不能适",一种情况是病人因贫穷而衣食不周,无法按照医生的要求调理,一种是病人不在乎医生的要求,放纵而不去调理。这两种情况都会影响医治效果。至于"阴阳并,藏气不定"和"形羸不能服药",这是说病人已是病入膏肓,身体状况已经很难承受和吸收药物,面对这种客观事实,医生应该有正确的判断。对此,我们的理解是,"六不治"的原则适用于医生与患者双方。从医生的角度说,病人有其中一种情况,他的病就是很难治疗,不应不顾尊严或为了利益而勉强去治,这是关乎医德的事,也正是从这个意义上,有人认为"六不治"是"中国最早的医学伦理准则";从病患的角度说,有"六不治"中的任何一种情况,病就很难治好,不应苛求医生。只有当双方互相充分理解与沟通,才能达到最佳的医治效果。"六不治"原则其实也体现了中医一直关注和治疗的是生病的人,而不仅仅是人所患的疾病,这也是现代整体医学所推崇的重要内容。

史记卷一百六

吴王濞列传第四十六

【释名】

《吴王濞列传》主要记载了以吴王刘濞为首的吴楚七国之乱的起因、经过和结局。

全篇可以分为四部分。第一部分写吴王濞的受封以及与汉朝廷结怨的过程。第二部分写吴王濞因被削地而联络楚、赵、胶西、胶东、菑川、济南六国共同造反,主要写了与胶西王密谋的过程。第三部分写景帝初闻七国叛乱,听袁盎谬论杀晁错讨好七国,七国不听。第四部分写吴王不听田禄伯、桓将军的建议,被周亚夫等讨平的过程,其中写周丘一节非常精彩。篇末论赞对吴王叛乱的原因作了探讨,并对袁盎、晁错在此事件中的行为与责任作了评论。

吴王濞者,高帝兄刘仲之子也①。高帝已定天下七年②,立刘仲为代王③。而匈奴攻代④,刘仲不能坚守,弃国亡,间行走雒阳⑤,自归天子⑥。天子为骨肉故,不忍致法,废以为郃阳侯⑦。高帝十一年秋⑧,淮南王英布反⑨,东并荆地,劫其国兵⑩,西度淮,击楚⑪,高帝自将往诛之⑫。刘仲子沛侯濞年二十⑬,有气力,以骑将从破布军蕲西会甄,布走⑭。荆王刘贾为布所杀，无后。上患吴、会稽轻悍⑮，无壮王以填之⑯，诸子少，乃立濞于沛为吴王⑰，王三郡五十三城⑱。已拜受印⑲，高帝召濞相之，谓曰："若状有反相⑳。"心独悔，业已拜，因拊其背，告曰："汉后五十年东南有乱者，岂若邪㉑？然天下同姓为一家也，慎无反！"濞顿首曰："不敢。"

【注释】

①刘仲：《集解》引徐广曰："仲名喜。"

②高帝已定天下七年：梁玉绳曰："'七年'乃'六年'之误。"高祖六年为前201年。"六年"是从刘邦被封为汉王那年（前206）算起。

③立刘仲为代王：《汉兴以来诸侯王年表》未载刘仲为代王事，误载韩王信为代王。《汉书》之《高帝纪》《诸侯王表》皆载刘仲为代王于高祖六年（前201）正月，与封刘肥为齐王同时，当是。代国都城在今河北蔚县东北之代王城。

④匈奴攻代：指高祖六年（前201）韩王信与匈奴联合攻代国事，详见《韩信卢绾列传》。

⑤雒阳：即洛阳，在今河南洛阳东北，刘邦称帝后首先定都洛阳，此时尚未迁都关中。

⑥自归天子：逃回京城向天子请罪。

⑦废以为郃阳侯：废除王爵，贬为郃阳侯。郃阳，汉县名，治所在今陕西合阳东南。

⑧高帝十一年：前196年。

⑨淮南王英布反：事在高祖十一年（前196）七月，详见《黥布列传》。

⑩东并荆地，劫其国兵：指英布起兵后，首先吞并了东边的荆国，劫

持了荆国的军队。时荆国都城在吴（今江苏苏州），荆王为刘邦
族人、开国功臣刘贾，事详《荆燕世家》。

⑪西渡淮，击楚：时楚国都城为彭城（今江苏徐州），楚王为刘邦之
同父异母弟刘交，事详《楚元王世家》。

⑫高帝自将往诛之：刘邦亲自率兵讨伐黥布事，详见《高祖本纪》
《黥布列传》。

⑬沛侯濞：高祖十一年十二月，刘濞被封为沛侯，封地沛县，治所今
江苏沛县，系刘邦老家。

⑭以骑将从破布军蕲（qí）西会甀（zhuì），布走：黥布在会甀被击败
后，逃到江南，后被人骗到番阳（今江西鄱阳）杀害，事详《黥布
列传》。蕲西会甀，蕲县以西的会甀邑。时蕲县治所在今安徽宿
州东南。

⑮吴、会稽轻悍：吴与会稽一带的百姓轻捷勇悍。吴以今江苏苏州
为中心，系春秋时吴地；会稽以今浙江绍兴为中心，是春秋时越
地，秦与西汉时均属会稽郡，东汉分为二郡。王先谦曰："《高纪》
《灌婴传》《功臣表》周聚下皆言'吴郡'，是楚汉间尝分秦会稽郡
为吴郡，景帝后并合之。'吴、会稽'自当时语耳。"录以备考。

⑯无壮王以填之：没有年轻勇武的王来镇守其地。填，通"镇"。

⑰立濞于沛为吴王：指在沛县封刘濞为吴王。颜师古曰："行至沛，
而封拜濞也。"刘濞为吴王后，都于广陵，即今江苏扬州。

⑱三郡：王先谦引宋祁曰："故东阳郡、鄣郡、吴郡，即刘贾旧封。"东
阳郡，郡治东阳，在今江苏盱眙东南。鄣郡，郡治故鄣，在今浙江
安吉西北。吴郡，郡治吴，在今江苏苏州。梁玉绳曰："高帝封濞
以刘贾故地，实东阳、鄣、吴、会稽四郡。言'三郡'者，以吴包会
稽也。"

⑲已拜受印：举行完封王之礼并授予印信后。

⑳若：你。

㉑后五十年东南有乱者,岂若邪:五十年后,东南方向有作乱的人,
难道就是你吗?洪亮吉曰:"'五十年'者,约略之词,自是年至景
帝三年濞反,实四十二年。"泷川曰:"此后人附会之说。"

【译文】

吴王刘濞,是汉高祖哥哥刘仲的儿子。高祖平定天下的第七年,封
刘仲为代王。后来匈奴进攻代国时,刘仲没能坚守抵抗,丢弃封国逃跑,
从小路跑回洛阳,自行向高祖请罪。高祖看在骨肉之情上,不忍心依法
惩治,只是废黜王号贬他做郃阳侯。高祖十一年秋天,淮南王英布造反,
往东吞并了荆国地盘,劫持了荆国兵马,西渡淮水,攻击楚国,高祖亲自
率军前去诛讨他。刘仲的儿子刘濞这年二十岁,强壮有力,以骑将的身
份跟随高祖一道大败英布军于蕲县西面的会甀,英布逃走。荆王刘贾被
英布杀死,没有后嗣。高祖忧虑吴郡、会稽的民风轻躁剽悍,担心不派个
年长力强的人来当王镇守不住,而自己的儿子们都还小,就在沛县封立
刘濞做吴王,统辖三郡五十三城。等到任命授印完毕,高祖让刘濞前来,
要给刘濞相面,看后对他说:"你的容貌有反叛之相。"同时内心后悔起
来,但已经任命完了,就轻拍他的后背,告诫他说:"汉兴以后五十年间东
南方向将有叛乱发生,难道是你吗?然而天下同姓是一家人,你千万不
要造反!"刘濞伏地叩头说:"不敢。"

会孝惠、高后时①,天下初定,郡国诸侯各务自拊循其
民②。吴有豫章郡铜山③,濞则招致天下亡命者盗铸钱,煮海
水为盐,以故无赋,国用富饶④。

孝文时⑤,吴太子入见,得侍皇太子饮博⑥。吴太子师
傅皆楚人,轻悍⑦,又素骄。博,争道,不恭,皇太子引博局
提吴太子,杀之⑧。于是遣其丧归葬。至吴,吴王愠曰⑨:
"天下同宗⑩,死长安即葬长安,何必来葬为!"复遣丧之长

安葬。吴王由此稍失藩臣之礼⑪，称病不朝。京师知其以子
故称病不朝，验问实不病，诸吴使来，辄系责治之。吴王恐，
为谋滋甚。及后使人为秋请⑫，上复责问吴使者，使者对曰：
"王实不病，汉系治使者数辈，以故遂称病。且夫'察见渊
中鱼，不祥'⑬。今王始诈病，及觉，见责急，愈益闭⑭，恐上
诛之，计乃无聊⑮。唯上弃之而与更始⑯。"于是天子乃赦吴
使者归之，而赐吴王几杖⑰，老，不朝⑱。吴得释其罪，谋亦
益解。然其居国以铜盐故，百姓无赋。卒践更，辄与平贾⑲。
岁时存问茂材⑳，赏赐闾里。佗郡国吏欲来捕亡人者，讼共
禁弗予㉑。如此者四十余年㉒，以故能使其众㉓。

【注释】

①孝惠、高后时：孝惠帝在位时期为前194—前188年，吕太后执政
　期间为前187—前180年。

②郡国诸侯：地方各郡与各诸侯国。拊循：安抚，令其休养生息。

③豫章郡铜山：梁玉绳曰："'豫'为衍字，'章'为'鄣'字之省。下
　文'削吴之豫章郡''削吴会稽、豫章书至'，并'鄣郡'之讹。《灌
　婴传》'定吴豫章、会稽郡'，亦当作'鄣'也。《地理志》曰：'吴东
　有章山之铜。'又曰：'丹阳故鄣郡有铜官。'若豫章，为淮南厉王
　封域，且无铜山也。"鄣郡，郡治在今浙江安吉西北。

④以故无赋，国用富饶：不必向百姓征收赋税而国家用度很充裕。
　中井积德曰："盐铜之利，国用既给有余，不须收口赋于平民，是
　可知役于盐铜者皆亡命无赖，非平民也，吴王所以招致。"国用富
　饶，一说"用"为"因"义，指国家因此而富裕。

⑤孝文时：汉文帝在位期间为前179—前157年。

⑥吴太子入见，得侍皇太子饮博：吴太子入京朝见，与皇太子一起宴

饮下棋。吴太子,《索隐》引《楚汉春秋》称其名贤,字德明。汉初时,诸侯王的嫡长子亦称"太子"。皇太子,名启,即后来的汉景帝。博,古代一种棋类游戏。对博的双方各有六根博箸和六枚棋子,棋子布在博局(相当于棋盘)上,博局上有TLV形的格道,行棋之前先要投箸(犹今掷骰子),根据投的结果来决定行棋的步子。参见孙机《汉代物质文化资料图说》。

⑦师傅皆楚人,轻悍:意谓因吴太子的师傅都是楚人,生性轻躁彪悍,使得吴王太子也性情轻悍。钱大昕曰:"吴之师傅,当是吴人,而史称'楚'者,战国时吴、越地皆并于楚;汉初承项羽之后,吴、会稽皆羽故地,故上文云'上患吴、会稽轻悍',此云'楚人轻悍',吴、楚异名,其实一也。朱买臣,吴人,而史称'楚士',与此传同。"

⑧皇太子引博局提吴太子,杀之:景帝拿起博局砸吴太子,杀死了他。引,拿。博局,棋盘。提,投击,抡打。此处可见司马迁对汉景帝之憎恶,可与《袁盎晁错列传》《绛侯世家》《五宗世家》等参看。

⑨愠:生气,恼怒。

⑩天下同宗:此引用前文刘邦所说"天下同姓为一家"以泄愤。

⑪藩臣之礼:古代诸侯为天子的屏障藩篱,故称"藩臣",诸侯有按时朝见天子、向朝廷进贡的规定。杨树达曰:"时邹阳、枚乘皆谏王,王不纳,见《汉书》阳、乘传。"

⑫使人为秋请:派使者代表自己在秋季进京朝见天子。秋请,《集解》引孟康曰:"律,春曰朝,秋曰请,如古诸侯朝聘也。"

⑬察见渊中鱼,不祥:《列子·说符》"察见渊中鱼者不祥,智料隐匿者有殃",《韩非子·说林上》"知渊中之鱼者不祥",此盖古代俗语。《集解》引张晏曰:"喻人君不当见尽下之私。"意谓不要把下面的事了解得太清楚,要求得太细太苛,宽容一些。陈沂曰:"吴使者之言虽为吴王曲解,而所谓'察见渊中鱼不祥'者,实乃人君至戒也。"

⑭愈益闭：就只好更躲起来，称病不朝。益闭，王先谦曰："闭匿不来朝。"

⑮恐上诛之，计乃无聊：因为怕皇上杀他，就只好想不可靠的办法，暗示逼得太紧，吴王可能会造反。无聊，无赖，不可靠。

⑯唯上弃之而与更始：请求皇上捐弃前嫌，跟吴王重新开始一种新的关系。弃之，赦免吴王之前的罪过。陈子龙曰："使者言，黄老术也，与文帝所见略同，故其说得行。"

⑰几杖：对老者的恩赐。几，坐时可倚靠休息。杖，走路时可拄。

⑱老，不朝：因他年老，特许他不必按时进京朝见。

⑲卒践更，辄与平贾：汉时兵役称为"更"，本人去服兵役的叫"践更"，不愿意自己去服兵役的，可以出钱雇人代自己服兵役。而吴王濞规定，由官府按照市场价来支付雇人服役的这笔钱，这样想去服役的人能拿到钱，不想去服役的人也不必花钱，就能收买人心。平贾，即平价，当时市场雇工的价钱。中井积德曰："犹时价也。"贾，同"价"。

⑳茂才：即秀才，优秀人才，东汉时避光武帝刘秀讳改。

㉑佗郡国吏欲来捕亡人者，讼共禁弗予：其他郡国的官吏来吴国追捕逃犯，吴国都窝藏起来，不予交出。亡人，逃犯。讼共禁弗予，《正义》曰："讼，音容，言其相容，禁止不与也。"意谓收容窝藏逃犯，不予交出。

㉒四十余年：《正义》曰："言'四十余年'者，太史公尽言吴王一代行事也，《汉书》作'三十余年'，由班固见其语在孝文之代，乃减十年。"梁玉绳曰："当依《汉书》'三十余年'为是，下文濞亦自言'三十余年'也。"

㉓以故能使其众：因此能聚众造反。

【译文】

到孝惠帝、高后时，天下刚刚安定，因而各郡县与各个诸侯国也都在忙于安抚自己的百姓。吴国拥有豫章郡的铜矿山,刘濞就招募天下亡命之徒私下铸钱,煮海水制盐,因此不征赋税,而国家费用富足。

孝文帝在位时,吴王濞的太子进京朝见,得以陪伴皇太子饮酒下棋。吴太子的师傅都是楚地人,因而把吴太子惯得脾性轻躁剽悍,而且一向骄横。在下棋的过程中,两人为争执该谁走而争吵了起来,吴太子表现得很不礼貌,皇太子就抄起棋盘砸吴太子,把吴太子打死了。事后把吴太子的遗体送回吴国埋葬。到了吴国,吴王怨怒地说:"天下同姓一家,死在长安就应该葬在长安,何必送来吴国下葬呢!"于是又让人把吴太子的尸体运回长安下葬。从此吴王就渐渐地失去了藩臣对天子的礼节,推说有病不再进京朝拜。朝廷知道他因儿子死的缘故才称病不肯入朝的,经查问其实没有病,此后吴王的使臣一来,就拘禁诘问而治罪。吴王害怕了,更积极地策划谋反行动。后来在一个秋天,吴王濞派人代他进京朝见,文帝又责问吴国使者,使者回答说:"吴王确实没有病,朝廷拘禁惩治好几批使者,因此就称病不来。俗话说'如果连深水里的鱼也都看得清清楚楚,那是不吉利的'。吴王开始是装病,后来被您发觉了,因为您对他责备得急切,所以他也就越来越躲着您,因为他害怕您杀他,所以他也就要想一些没有办法的办法。依我看还是请您不要再计较他以前的过失,而应重新和他搞好关系。"于是文帝放回了过去被关押的吴国使者,还赐给了吴王一张小几、一根手杖,说他年纪大了,可以不必进京朝拜。吴王一见自己的罪过被免了,于是造反的心思也就渐渐地放下了。然而他所在的封国因为有铜盐的收益,百姓没有赋税。士兵服役,都按市场平价发给代役金。每年在一定时候去慰问有才能的人,给平民赏赐。其他郡国法吏要追捕的逃犯,吴王就收容他们而不交出。就这样一直过了四十多年,所以吴国人都愿意听他的调遣。

晁错为太子家令[①],得幸太子,数从容言吴过可削。数上书说孝文帝[②],文帝宽,不忍罚,以此吴日益横。及孝景帝即位，错为御史大夫③，说上曰："昔高帝初定天下，昆弟少，诸子弱，大封同姓，故王孽子悼惠王王齐七十余城④，庶弟元王王楚四十余城⑤，兄子濞王吴五十余城：封三庶孽⑥，分天下半⑦。今吴王前有太子之郄⑧，诈称病不朝，于古法当诛。文帝弗忍，因赐几杖，德至厚。当改过自新，乃益骄溢，即山铸钱，煮海水为盐，诱天下亡人，谋作乱。今削之亦反，不削之亦反。削之，其反亟，祸小；不削，反迟，祸大⑨。"三年冬，楚王朝⑩，晁错因言楚王戊往年为薄太后服⑪，私奸服舍⑫，请诛之。诏赦，罚削东海郡⑬。因削吴之豫章郡、会稽郡⑭。及前二年赵王有罪⑮，削其河间郡⑯。胶西王卬以卖爵有奸⑰，削其六县⑱。

【注释】

①晁错：文帝、景帝时名臣，事详《袁盎晁错列传》。太子家令：官名，詹事之属官。掌仓谷饮食，职似司农、少府。秩千石。

②数上书说文帝：盖劝文帝削藩，其上书今已失传。

③及孝景帝即位，错为御史大夫：景帝即位在文帝后元七年（前157），错为御史大夫在景帝二年（前155）八月。御史大夫，官名，汉代三公之一，掌副丞相职。主管图籍秘书、四方文书、监察执法。丞相缺位，按惯例由御史大夫递补。

④王孽子悼惠王：李笠曰："'孽'上衍'王'字，当依《汉书》删。"孽子，庶子。悼惠王，刘邦私生子刘肥，高祖六年（前201）被封为齐王，事详《齐悼惠王世家》。王齐七十余城：当时刘肥辖地有七郡，即胶东、胶西、临菑、济北、博阳、城阳、琅邪。

⑤庶弟元王：即刘邦同父异母弟刘交，高祖六年（前201）楚王韩信被废后，被封为楚王，事详《楚元王世家》。《楚元王世家》称刘交

为"高祖之同母少弟",与此不同。王楚四十余城：时刘交辖有三郡，即彭城、东海、薛郡。

⑥三庶孽：指刘肥、刘交、刘濞，三人皆非天子嫡子或同胞兄弟。

⑦分天下半：意谓齐、楚、吴三国领土占半个汉帝国。此夸大言之。

⑧太子之郤：即前文吴太子被杀之嫌隙。郤，通"隙"，嫌隙，仇怨。

⑨不削，反迟，祸大：以上晁错语即通常所谓《论削藩疏》，然本文与《汉书》皆作晁错说景帝语，非奏疏。

⑩三年冬，楚王朝：指汉景帝三年（前154）年初（时以十月为岁首），楚王刘戊入京朝见天子。刘戊为楚元王刘交之孙，文帝六年（前174）继位为楚王。

⑪为薄太后服：汉景帝二年（前155）四月，文帝母薄太后去世，诸侯进京服丧。

⑫私奸服舍：刘戊在守丧的庐棚犯了奸淫罪。服舍，古时父母未下葬时守丧者所住的简陋棚屋。

⑬罚削东海郡：《楚元王世家》之《索隐》曰："《集注》服虔云：'私奸中人。'盖以罪重，故至削郡也。"东海郡，郡治郯县，在今山东郯城西北。

⑭因削吴之豫章郡、会稽郡：梁玉绳曰："《汉》传无此句，是。盖下文言'汉廷臣方议削吴'；又言'削吴书至，则吴起兵'，可知此时固未削吴矣。"

⑮及前二年赵王有罪：其事未详。时赵王为刘邦儿子刘友之子刘遂。

⑯削其河间郡：当作"削其常山郡"，梁玉绳曰："《楚元王世家》及《汉书》濞传皆作'常山郡'。'河间'时为景帝子德封国。"常山郡，郡治元氏，在今河北元氏西北。

⑰胶西王卬：刘卬，刘邦庶子刘肥之子，文帝十六年（前164）被封为胶西王，都于高密（今山东高密西南）。卖爵有奸：在卖爵位时有非法行为，具体未详。

⑱削其六县：冯班曰："当时处心积虑而反者,只一吴耳,诸侯王无与也。宜先施恩慰安之,使人人自保,则吴人无党,欲反不能独举,吴乃可灭。吴亡,则七国在掌握矣。先削楚、赵、胶西何也? 是动天下之兵也。"

【译文】

晁错做太子家令,受到太子的宠幸,他曾多次对太子随意说起吴王的罪过,应该削减他的封地。晁错几次上书汉文帝言及此事,由于汉文帝宽厚,不忍处罚吴王,因此吴王更加骄横。等到汉景帝即位,晁错做御史大夫,又劝汉景帝说:"从前高祖刚平定天下的时候,因为同胞弟兄少,自己的儿子又太小,所以就大封同姓的人,所以他的庶子悼惠王封为齐王统辖七十多城,异母弟刘交做楚王统辖四十多城,哥哥的儿子刘濞做吴王统辖五十多城:封这三个人,就分去天下的一半。现如今吴王因为怀着过去儿子被杀的仇恨,推说有病不来朝拜,这按照古法就应该杀头。但文帝不忍心查办他,反而赐给他几案和手杖,这是多么深厚的恩德呀。按说他就应该改过自新,可他却更加骄横无忌了,他就着铜山铸钱,靠着海水煮盐,引诱招纳各地的亡命之徒,谋划叛乱。现在削减他的封地会造反,不削减他的封地也会造反。削减封地,反得快,灾祸小;不削减封地,反得晚,灾祸大。"汉景帝三年冬天,楚王刘戊进京朝见,晁错便对汉景帝说起去年在为薄太后办丧事期间,刘戊在守丧的庐棚里犯下了奸淫罪,请趁此杀了他。汉景帝下令赦免了楚王戊的死罪,削减了楚国的东海郡作为处罚。顺便也削减了吴国的豫章郡和会稽郡。此外两年前因为赵王刘遂有罪,削减了他的河间郡。胶西王刘卬因为售卖爵位时有不法行为,削减了他的六个县。

汉廷臣方议削吴。吴王濞恐削地无已,因以此发谋,欲举事。念诸侯无足与计谋者,闻胶西王勇,好气,喜兵,诸齐皆惮畏①,于是乃使中大夫应高诱胶西王②。无文书,口报曰:"吴王不肖,有宿夕之忧③,不敢自外④,使喻其欢心⑤。"
王曰:"何以教之?"高曰:"今者主上兴于奸,饰于邪臣⑥,好
小善,听谗贼,擅变更律令,侵夺诸侯之地,征求滋多,诛罚
良善,日以益甚。里语有之:'舐糠及米⑦。'吴与胶西,知名
诸侯也,一时见察,恐不得安肆矣。吴王身有内病,不能朝
请二十余年,尝患见疑⑧,无以自白,今胁肩累足⑨,犹惧不
见释。窃闻大王以爵事有适⑩,所闻诸侯削地,罪不至此,此
恐不得削地而已。"王曰:"然,有之。子将奈何?"高曰:"同
恶相助,同好相留,同情相成,同欲相趋,同利相死⑪。今吴
王自以为与大王同忧,愿因时循理,弃躯以除患害于天下,
亿亦可乎⑫?"王瞿然骇曰:"寡人何敢如是? 今主上虽急,
固有死耳,安得不戴⑬?"高曰:"御史大夫晁错,荧惑天子⑭,
侵夺诸侯,蔽忠塞贤,朝廷疾怨,诸侯皆有倍畔之意⑮,人事
极矣。彗星出,蝗虫数起⑯,此万世一时⑰,而愁劳,圣人之
所以起也⑱。故吴王欲内以晁错为讨,外随大王后车,彷徉
天下⑲,所乡者降⑳,所指者下,天下莫敢不服。大王诚幸而
许之一言㉑,则吴王率楚王略函谷关㉒,守荥阳敖仓之粟㉓,
距汉兵。治次舍,须大王。大王有幸而临之,则天下可并,
两主分割㉔,不亦可乎?"王曰:"善。"高归报吴王,吴王犹
恐其不与,乃身自为使,使于胶西,面结之。

【注释】

①诸齐:指当时齐地诸国,如齐国、济北、济南、胶东、菑川、城阳等。
②中大夫:官名,郎中令属官,掌议论。诱(tiǎo):劝说,煽动。
③宿夕之忧:旦夕之间就会降临的灾祸。宿夕,同"夙夕",犹言早

晚、旦夕。

④不敢自外：不敢拿自己当外人。《刺客列传》中田光对荆轲言"光窃不自外，言足下于太子矣"，与此相同。

⑤使喻其心欢：派我来传达他对您的好感。

⑥饰于邪臣：又被邪臣蒙蔽。饰，覆盖，此谓蒙蔽。邪臣，暗指晁错。

⑦舐糠及米：《索隐》曰："言舐糠尽则及米，谓削土尽则灭国也。"意谓朝廷对诸侯国的侵夺越来越厉害。舐，舔。糠，稻、麦、谷子等子实上脱下的皮或壳。

⑧尝患见疑：常常担心被怀疑。尝，通"常"，常常，经常。《汉书》作"常"。

⑨胁肩累足：将双肩收紧，将双脚叠放，形容谨慎小心的样子。颜师古曰："胁，翕也，谓敛之也。累足，重足也。"

⑩以爵事有適：因卖爵的问题被惩罚。適，通"谪"，罚。

⑪"同恶相助"几句：泷川曰："'恶''助'，'好''留'，'情''成'，'欲''趋'，'利''死'，同韵。《六韬·武韬·发启篇》：'同病相救，同情相成，同恶相助，同好相趋。'《文子·自然篇》：'同利者相死，同情者相成，同行者相助。'《淮南子·兵略训》：'同利相死，同情相成，同欲相助。'盖古有是语。"相留，彼此关心。相死，可以为彼此去死。

⑫亿亦可乎：想来也可以吧。亿，同"意"，表推测，犹言想来。

⑬安得不戴：怎能不拥戴天子呢？戴，拥戴。盖本不欲反者。

⑭荧惑：迷惑。《孔子世家》："匹夫而荧惑诸侯者，罪当诛。"

⑮倍畔：即背叛。倍，通"背"。畔，通"叛"。

⑯彗星出，蝗虫数起：天上出现彗星，地上有蝗灾，均被阴阳五行家视为上天厌恶警示当朝统治者的灾异。

⑰此万世一时：万年一遇的好时机。

⑱愁劳，圣人之所以起也：百姓困苦之际，正是圣人起事夺取天下之

时。《索隐》曰:"所谓'殷忧以启明圣'也。"

⑲彷徉天下:纵横天下。颜师古曰:"彷徉,犹翱翔也。"

⑳乡:通"向"。

㉑幸而许之一言:意谓答应同吴王一起造反。

㉒略:夺取,攻占。函谷关:在今河南灵宝东北,时为关中地区的门户。

㉓守荥阳敖仓之粟:占据荥阳敖仓的粮食。荥阳,汉县名,治所在今河南荥阳东北之古荥镇。敖仓,秦时建于当时荥阳北面黄河边的敖山上,为当时屯粮之所。因黄河长期冲刷,今敖山已消失。

㉔两主分割:谓刘濞与刘卬两人分割天下。

【译文】

当朝廷的大臣们开始商量削减吴国封地时,吴王刘濞害怕以后这么削减起来没完没了,于是就想借此机会发动叛乱。考虑到诸侯王中没有一个能和自己共商大计的,听说胶西王刘卬勇猛,好逞能斗胜,喜好战争,齐地的其他诸侯都畏惧他,于是刘濞就派了中大夫应高去挑拨胶西王。没有书信,只是让他口头去传达说:"吴王不才,现在正面临着旦夕之间就会降临的灾难,我们不把自己当作外人,所以派我来传达吴王对您的好感。"刘卬说:"有何指教?"应高说:"现在皇帝任用奸臣,被奸邪之臣蒙蔽,喜欢眼前的利益,听信谗言,擅自改变法令,侵夺诸侯的封地,对封国征求越来越多,诛杀惩罚善良的人,这些情形日益严重。俗话说:'舔破糠皮就要轮到米粒了。'吴国和胶西,都是知名的大国,一旦被朝廷查问,那恐怕就不得安生了。吴王身患内疾,不能朝见皇帝二十多年了,常常担心被猜疑,没有办法解释,现在缩紧肩膀叠起双脚,尚且害怕不被谅解。我听说大王因为卖爵的事而被惩罚,听说别的诸侯被削减土地,罪过还都没你这么大,你这罪过恐怕还不是光被削点封地就能完事的。"刘卬说:"对,有这事。那你认为该怎么办呢?"应高说:"有共同仇恨的人就应该相互援助,有共同爱好的人就应该相互关心,情趣相同就应该相互促成,愿望相同就应该共同追求,利益相关就应该互相效死。现在吴王自认为和大王有相同的忧虑，愿借着时机顺应事理，豁出性命去为天下除害，想来也是可以的吧？"刘卬一听，吃惊地说："我怎么敢这样做呢？现在皇上即使逼得急，不过是一死而已，我怎敢不拥戴皇帝呢？"应高说："御史大夫晁错迷惑了皇上，是他怂恿皇上侵夺诸侯们的土地，堵塞了忠良贤臣的前进之路，现在朝廷里的官员们也都非常恨他，诸侯们都产生了背叛朝廷的想法，人事方面已经坏到了极点。天上彗星已经出现，蝗灾也多次发生，这可是万世难逢的一个好时机。百姓们的忧愁劳苦，正是圣人起事的好机会。现在吴王想对内以讨伐晁错为借口，在外追随大王车后，驰骋天下，大军所向无不归降，兵锋所指无不陷落，天下没有敢不顺从的。现在只要您答应他一句话，那么吴王立刻就会率领着楚王去夺取函谷关，守住荥阳敖仓的粮食，抗拒汉兵。而后修筑军队驻扎的房舍，等待大王的到来。大王真的能够幸临，那么天下就可以吞并，两个君主分治天下，不也是可以的吗？"刘卬说："好。"应高回去报告刘濞，刘濞还担心刘卬不参与起兵发难，就亲自做使者，到胶西出使，当面和刘卬订立盟约。

　　胶西群臣或闻王谋，谏曰："承一帝，至乐也①。今大王与吴西乡②，弟令事成③，两主分争，患乃始结。诸侯之地不足为汉郡什二④，而为畔逆以忧太后⑤，非长策也。"王弗听。遂发使约齐、菑川、胶东、济南、济北⑥，皆许诺，而曰"城阳景王有义⑦，攻诸吕，勿与，事定分之耳"。

【注释】

①承一帝，至乐也：《汉书》作"今承一帝，尚云不易"，似更好。承一帝，事奉一个皇帝。承，侍奉。

②西乡：西向，向西进攻。乡，通"向"。

③弟令：即使，假使。

④诸侯之地不足为汉郡什二：此谓各诸侯王的领土不到汉朝直属郡县的十分之二。此为劝阻胶王造反，又将诸侯势力说得过小。

⑤以忧太后：《集解》引文颖曰："王之太后也。"即让胶西王母亲为其担忧。

⑥约齐、菑川、胶东、济南、济北：即约齐孝王刘将闾（都临菑，今山东淄博临淄区）、菑川王刘贤（都剧县，今山东昌乐西北）、胶东王刘雄渠（都即墨，今山东平度东南）、济南王刘辟光（都东平陵，今山东章丘西北）、济北王刘志（都博阳，今山东泰安东南）。

⑦城阳景王：即刘章，刘肥之子，因灭诸吕拥立文帝有功，被封为城阳王（都今山东莒县），"景"为谥号。七国之乱时，城阳王为刘章之子刘喜，史称城阳共王。

【译文】

　　胶西国群臣中有人知道了刘卬的反叛之谋，劝阻说："侍奉一个皇帝，是最快乐的事。现在大王和吴王向西进兵，假使事情成功了，两主定会有分歧争端，灾祸就从这开始缠身。诸侯的土地不足朝廷各郡的十分之二，而背叛朝廷也会使太后担忧，这不是长远之计啊。"刘卬不听。他又派使者去联合齐王刘将闾、菑川王刘贤、胶东王刘雄渠、济南王刘辟光、济北王刘志，这些人都答应了，而且说"城阳景王刘章当年伸张正义，攻灭诸吕有大功，我们现在不要拉他的儿子刘喜参加，等事成之后分给他一份土地就行了"。

　　诸侯既新削罚，振恐，多怨晁错。及削吴会稽、豫章郡书至，则吴王先起兵，胶西正月丙午诛汉吏二千石以下，胶东、菑川、济南、楚、赵亦然①，遂发兵西。齐王后悔，饮药自杀，畔约②。济北王城坏未完，其郎中令劫守其王，不得发兵③。胶西为渠率,胶东、菑川、济南共攻围临菑④。赵王遂亦反⑤,阴使匈奴与连兵。

【注释】

①"则吴王先起兵"几句:梁玉绳曰:"《汉》传削去'正月丙午'四字,而移'胶西'于胶东之上,盖是也,不然则似胶西诛汉吏矣。"梁说亦未必是。吴王起兵在景帝三年正月乙巳(据《孝景本纪》),胶西等起兵在正月丙午,前后相差一日。诛汉吏二千石以下,理解为胶西诛杀汉朝派驻官员,亦无不可。此盖先略叙齐地诸国起兵事,然后详叙吴国起兵事。

②"齐王后悔"几句:《汉书》作"齐王后悔,背约城守",沈家本曰:"'饮药自杀'四字衍。"据《齐悼惠王世家》,齐王"饮药自杀"在栾布等率朝廷军队击败围困齐都临菑的胶西、胶东、菑川等国军队后,此处叙事易致误会。

③其郎中令劫守其王,不得发兵:据此则济北王刘志本有意造反,为郎中令所止,而《齐悼惠王世家》曰:"吴楚反时,志坚守,不与诸侯合谋。"与此不同。郎中令,官名,掌管王宫门户,统率王者身边侍从。劫守,劫持,看守。

④胶西为渠率,胶东、菑川、济南共攻围临菑:渠率,头领,此谓胶西王是齐地叛国的首领,他率胶东、菑川、济南等国共围齐都临菑。

⑤赵王遂亦反:《楚元王世家》:"吴楚反,赵王遂与合谋起兵。其相建德、内史悍谏,不听,遂烧杀建德、王悍,发兵屯其西界,欲待吴与俱西,北使匈奴,与连和攻汉。"

【译文】

诸侯近来受到削减土地的惩罚,都震惊恐惧,大多怨恨晁错。等到削减吴国会稽郡、豫章郡的文书发到吴国,吴王首先起兵作乱,胶西王在正月丙午这天杀死了朝廷派来的二千石以下的官员,胶东王、菑川王、济南王、楚王、赵王也都如此,而后一起发兵西下。齐王刘将闾中途后悔了,后来服药自尽,背叛了盟约。济北王的国都城墙坏了没有修好,他的郎中令把他劫持住,使得他不能发兵。胶西王刘卬成了首领,他领着胶东、菑川、济南几国的军队一同去围攻齐国的临菑。这时赵王刘遂也反叛了,暗中派使者到匈奴商议联合作战的事。

　　七国之发也,吴王悉其士卒①,下令国中曰:"寡人年六十二,身自将。少子年十四,亦为士卒先。诸年上与寡人比,下与少子等者,皆发。"发二十余万人。南使闽越、东越②,东越亦发兵从③。

【注释】

　　①悉其士卒:征调国内的全部兵员,与前文"以故能使其众"相应。

　　②闽越:当时少数民族建立的小国名,国都东冶,旧说在今福州,近年在武夷山市发现古城遗址,考古学家认为是东冶。东越:当时少数民族建立的小国名,因其都为东瓯(今浙江温州),故国名也称东瓯。闽越、东越事,详见《东越列传》。

　　③东越亦发兵从:为后文东越诱杀吴王濞做铺垫。

【译文】

　　七国起兵的时候,吴王刘濞要调动吴国的全部兵力,在国中下令说:"我今年已经六十二了,我还亲自统率军队。小儿子年龄十四岁,也身先士卒。所以凡是年长和我相同的,年轻和我的小儿子相同的人,都要出征。"于是全国征发了二十多万人。接着他又派人到南边的闽越、东越联络,东越也发兵跟随吴王。

　　孝景帝三年正月甲子①,初起兵于广陵②。西涉淮,因并楚兵③。发使遗诸侯书曰："吴王刘濞敬问胶西王、胶东王、菑川王、济南王、赵王、楚王、淮南王、衡山王、庐江王、故长沙王子④：幸教寡人！以汉有贼臣，无功天下，侵夺诸侯地，使吏劾系讯治，以僇辱之为故⑤，不以诸侯人君礼遇刘氏骨肉，绝先帝功臣，进任奸宄⑥，诖乱天下⑦，欲危社稷。陛下多病志失，不能省察。欲举兵诛之⑧，谨闻教⑨。敝国虽狭，地方三千里；人虽少，精兵可具五十万⑩。寡人素事南越三十余年⑪，其王君皆不辞分其卒以随寡人，又可得三十余万。寡人虽不肖，愿以身从诸王⑫。越直长沙者，因王子定长沙以北⑬，西走蜀、汉中⑭。告越、楚王、淮南三王⑮，与寡人西面；齐诸王与赵王定河间、河内⑯，或入临晋关⑰，或与寡人会雒阳⑱；燕王、赵王固与胡王有约⑲，燕王北定代、云中⑳，抟胡众入萧关㉑，走长安㉒，匡正天子㉓，以安高庙㉔。愿王勉之。楚元王子、淮南三王或不沐洗十余年㉕，怨入骨髓，欲一有所出之久矣㉖，寡人未得诸王之意，未敢听㉗。今诸王苟能存亡继绝㉘，振弱伐暴㉙，以安刘氏㉚，社稷之所愿也。敝国虽贫，寡人节衣食之用，积金钱，修兵革，聚谷食，夜以继日，三十余年矣，凡为此㉛，愿诸王勉用之。能斩捕大将者，赐金五千斤，封万户；列将，三千斤，封五千户；裨将，二千斤，封二千户；二千石㉜，千斤，封千户；千石㉝，五百斤，封五百户：皆为列侯㉞。其以军若城邑降者，卒万人，邑万户，如得大将㉟；人户五千㊱，如得列将；人户三千，如得裨将；人户千，如得二千石；其小吏皆以差次受爵金㊲。佗封赐皆倍常法㊳。其有故爵邑者，更益勿因。愿诸王明以令士大夫，弗敢欺也。寡人金钱在天下者往往而有㊴，非必取于吴，诸王日夜用之弗能尽。有当赐者告寡人，寡人且往遗之。敬以闻㊵。”

【注释】

①孝景帝三年正月甲子：景帝三年（前154）正月无"甲子"日，《孝景本纪》载七国之乱起于"正月乙巳"，即农历正月二十二日。

②广陵：即今江苏扬州，时为吴国都城。

③并楚兵：将楚王刘戊的军队并归吴王统领。

④敬问：恭敬地问候。淮南王：刘安，故淮南厉王刘长之子，都于寿春（今安徽寿县），事详《淮南衡山列传》。衡山王：刘勃，刘安之弟，都于邾（今湖北黄冈西北），事详《淮南衡山列传》。庐江王：刘赐，亦刘安之弟，都于舒县（今安徽庐江西南），事详《淮南衡山列传》。故长沙王子：原长沙王吴芮的子孙。吴芮秦末为番县县令，因曾派兵随刘邦打天下，刘邦平定天下后，封其为长沙王，都于临湘（今湖南长沙）。传至汉文帝末，无子，国除。

⑤以僇辱之为故：《正义》曰："专以戮辱诸侯为事。"僇辱，侮辱。

⑥奸宄（guǐ）：奸诈不法之人。

⑦诖（guà）乱：惑乱。诖，欺骗，误导。

⑧欲举兵诛之：指众诸侯欲起兵讨伐"贼臣"晁错。诛，讨伐。

⑨谨闻教：泷川曰："'寡人'下'以'字，管到下文'欲举兵诛之'六十九字，承以'谨闻教'三字。"以上均系刘濞转述诸侯对他的指教、要求，意在把自己说成是执行大家意愿的被动起兵者。谨闻教，意谓我现在就是遵照你们的教导起兵了。

⑩可具五十万：前文云"发二十余万"，此谓"五十万"，盖夸大言之，以壮声势。

⑪素事南越：一向与南越交往。南越，当时岭南的南越国，都于番禺（今广东广州），事详《南越列传》。

⑫愿以身从诸王：谦辞，谓自己跟随诸王起兵。《高祖本纪》载刘邦号召诸侯讨伐项羽时，亦称"愿从诸侯王击楚之杀义帝者！"与此类似。

⑬越直长沙，因王子定长沙以北：意谓北边对着长沙的南越军队，由故长沙王子孙率领攻占长沙以北地区。越直长沙者，指北对长沙的南越。直，对着。

⑭西走蜀、汉中：指南越军队攻取长沙以北地区后，溯长江西上攻取巴蜀，溯汉水而上攻取汉中。走，趋，奔向。蜀，汉郡名，郡治即今四川成都。汉中，汉郡名，郡治南郑，即今陕西汉中。

⑮告越、楚王、淮南三王：《正义》曰："越，东越也。淮南三王，谓淮南、衡山、庐江也。"杨树达曰："淮南王欲应吴而为相所劫，不果；庐江王不应，衡山王坚守，皆未助吴，见《淮南王传》。"

⑯齐诸王：指胶西、胶东、菑川、济南等齐地诸王。定河间、河内：谓赵国可攻取汉景帝之子刘德的河间国，而齐地诸国可向西攻取黄河以北的河内地区。河内，汉郡名，郡治怀县（今河南武陟西南），在齐地诸国之西。

⑰或入临晋关：此谓赵国军队经今山西，西渡黄河入陕西。临晋关，在今陕西大荔东的黄河西岸，与山西境内的蒲津关隔河相对。

⑱或与寡人会雒阳：指齐地诸国军队可在占领河内后，南渡黄河，到雒阳同吴王会师。

⑲燕王：刘嘉，刘邦开国功臣刘泽之子，汉文帝三年（前177）继位为燕王，至此已在位二十四年，事详《荆燕世家》。固与胡王有约：谓其跟匈奴单于有联络。据《楚元王世家》，赵王刘遂确与匈奴有约；据《荆燕世家》，燕王刘嘉未曾参与七国之乱。此盖虚张声势。

⑳代:汉郡名,郡治在今河北蔚县东北的代王城。时属代国,代王为文帝之孙刘登。云中:汉郡名,郡治在今内蒙古托克托县东北。

㉑抟(tuán)胡众入萧关:即率领匈奴军队攻入萧关。抟,聚集,纠集。萧关,关中地区西北部的重要关塞,在今宁夏固原东南。

㉒走长安:指从萧关直奔长安。走,奔袭。

㉓匡正天子:泷川曰:"'天子',《汉书》作'天下',为是。"匡正,扶之使正。

㉔高庙:高祖刘邦庙。

㉕楚元王子:此指楚王刘戊,实为楚元王之孙。或不沐洗十余年:颜师古曰:"言心有所怀,志不在洗沐也。"形容淮南王三子对朝廷怨恨很深,无心洗头洗澡。淮南三王之父淮南厉王刘长系在被汉文帝流放途中自杀而死,故谓淮南三王怨朝廷,事详《淮南衡山列传》。

㉖欲一有所出之:想找机会发泄其怨恨。《正义》曰:"谓泄其怨意。"

㉗未敢听:未敢同意楚与淮南的贸然兴兵。

㉘存亡继绝:语本《论语·尧曰》:"兴灭国,继绝世。"意谓让将要灭亡的国家存活下去,让断绝的世系延续下去。

㉙振弱伐暴:救济弱小者,讨伐暴虐者。

㉚以安刘氏:安定刘氏天下。盖起兵者皆为刘姓诸侯王,欲维持此前之政治局面。

㉛凡为此:都是为了今天造反。凡,一切。颜师古曰:"为此,欲反也。"

㉜二千石:指斩杀或俘虏了二千石一级的官员。汉代地方郡守、诸侯相,均为二千石。

㉝千石:地方官中的大县县令为千石。

㉞皆为列侯:即有爵号封地之诸侯。

㉟"卒万人"几句:如带一万兵或一座万户的城邑投降,赏赐跟俘虏一员大将相同。

㊱人户五千：带五千兵或一座五千户的城邑投降。

㊲其小吏皆以差次受爵金：其他不够上述级别的小吏，也给予不同等级的爵位和赏金。差次，等级。

㊳佗封赐皆倍常法：底本作"佗封赐皆倍军法"，《集解》引服虔曰："封赐倍汉之常法。"知古本不误，凌稚隆本、武英殿本、泷川本均作"常"，今据改。意谓在其他方面立功应受奖赏的，都比平常的奖励多一倍。

㊴往往而有：犹言到处都有。

㊵敬以闻：敬告你们。刘辰翁曰："此篇语意倾人，亦非后来所有。后人修史，此必不录，但曰'反书闻'止矣。"

【译文】

孝景帝三年正月甲子，吴国先从广陵起兵出发。向西渡过淮河，于是和楚军会合。派使者送给诸侯的信上说："吴王刘濞恭敬地向胶西王、胶东王、菑川王、济南王、赵王、楚王、淮南王、衡山王、庐江王，以及原长沙王的子孙问好：感谢你们教导我！现在朝廷里出了乱臣贼子，他自己没有功劳，而专门挑唆皇上侵夺诸侯们的封地，他派人关押审讯我们各国派往朝廷的使者，以侮辱我们各国诸侯为能事，他根本不按照一方之主的礼节来对待我们刘氏骨肉，抛弃先帝的功臣不用，而专门任用奸诈不法之徒，扰乱了天下人心，想要危害国家的政权。皇帝体弱多病，神志失常，不能明察政情。我想要起兵诛讨他，我恭敬地听从各位指教。我们吴国虽小，但也有三千里的地盘；我们的人口虽少，但也可以调出五十万精兵。三十多年来我一直与南越交好，现在他们的国王以及国内的各个君长都不推辞，都愿意派兵随我出战，这样就又可以得到三十万人。我自己虽然不才，但我愿意跟在你们诸位的后面。南越正和长沙接壤，他们可追随长沙王的子孙平定长沙以北，然后迅速向西进攻蜀、汉中。请东越王、楚王和淮南三王，跟我一道率兵西下；请齐地的几位大王和赵王一起北定河间、西攻河内，而后或者是破临晋关入关中，或者是与我会师于雒阳；燕王、赵王本来与匈奴王有盟约，燕王在北方平定代郡、云中郡，然后统领匈奴军队进入萧关，直取长安，纠正天子的错误，来安定高祖庙。希望诸王勉力去做。楚元王的儿子、淮南的淮南王、衡山王、庐江王各自无心洗沐已经十多年了，怨恨深入骨髓，想要有所行动已很久了，只是我不知诸王的心意，未敢听命。今天诸位如果能让那些将要灭亡或已经灭亡的国家能够保存、恢复起来，能够帮助弱小去讨伐强暴，让刘氏家族得到安定，这是整个国家都希望的。我国虽然贫穷，我节省衣食的费用，积蓄金钱，修治兵器甲胄，积聚粮食，夜以继日的努力，有三十多年了，都是为了今天，希望诸王努力利用这些条件。凡是能够斩杀或俘获敌人大将的，赏金五千斤，封给他采邑万户；凡是斩杀或俘获敌人列将的，赏金三千斤，封给他采邑五千户；杀死或俘获裨将的，赏金二千斤，封给二千户；杀死或俘获二千石一级官员的，赏金一千斤，封给千户；斩杀俘获千石一级官员的，赏金五百斤，封给五百户：都一律封为列侯。凡是带领军队或者献出城邑投降的，带来兵卒万人或交出万户城邑的，其赏赐和俘获敌人大将一样；带来五千人或交出五千户城邑的，和俘获列将一样；带来三千人或交出三千户城邑的，和俘获裨将一样；带来千人或交出千户城邑的，和俘获二千石一级官员一样；如果俘获了其他小吏也都按着等级高低接受不同的封爵和赏金。由于其他原因而应该受到封赏的也都比平常加一倍。至于那些本来自己就有爵位封邑的，那就在旧有的爵邑外另行赏赐，绝不混为一谈。希望各位诸侯都把这些话明白地告诉你们手下的士大夫们，我绝不会欺骗他们。吴国的钱天下到处都有，用不着非要到吴国领取，你们诸位早晚敞开花也是花不完的。哪里有应赏赐的人告诉我，我将前往送给他。恭敬地奉告诸王。"

七国反书闻天子，天子乃遣太尉条侯周亚夫将三十六将军[1]，往击吴、楚；遣曲周侯郦寄击赵[2]；将军栾布击齐[3]；大将军窦婴屯荥阳，监齐、赵兵[4]。

【注释】

①天子乃遣太尉条侯周亚夫将三十六将军：据《淮南衡山列传》淮南王称"汉将一日过成皋者四十余人"，则尚不止三十六人。杨树达曰："今可考见者，下文郦寄、栾布外，尚有卫绾、直不疑、江都易王非，各见本传；又有仆射邓公，见《晁错传》；又有颍阴侯灌何，见《灌夫传》；彤昭见《高惠功臣表》，公孙昆邪见《公孙贺传》，似皆在此三十六人中。"太尉条侯周亚夫，绛侯周勃之子，文帝时封条侯，景帝时本为中尉，吴、楚反，乃拜为太尉。事详《绛侯世家》。

②曲周侯郦寄：西汉开国功臣郦商之子，名寄，字况，袭父爵为侯。事详《樊郦滕灌列传》。

③将军栾布击齐：王先谦引钱大昕曰："七国起兵，齐固未尝反也，然济南、菑川、胶东、胶西皆故齐地，史言'击齐'，击齐地之反者耳，故《功臣表》亦称'布以将军击齐有功'。"栾布，原为彭越部将，文帝时曾为燕相，以景帝平乱功，封俞侯。事详《季布栾布列传》。

④大将军窦婴屯荥阳，监齐、赵兵：徐孚远曰："七国之反，窦婴不著战功，然隔绝齐、赵，使其兵不得西向，则其力也。"大将军窦婴，景帝母窦太后侄，以七国之乱功封魏其侯，事详《魏其武安侯列传》。监齐、赵兵，当指窦婴节制朝廷派往齐、赵两地平乱的军队。监，节制，协调。

【译文】

吴、楚等七国的反叛文书报知天子后，天子派太尉条侯周亚夫率领三十六个将军，去攻打吴、楚叛军；派曲周侯郦寄攻打赵国叛军；将军栾布攻打齐地叛军；大将军窦婴驻扎在荥阳，负责策应节制讨伐齐、赵的军队。

吴、楚反书闻，兵未发，窦婴未行，言故吴相袁盎。盎时家居，诏召入见。上方与晁错调兵笇军食①，上问袁盎曰:"君尝为吴相,知吴臣田禄伯为人乎②? 今吴、楚反,于公何如?"对曰:"不足忧也,今破矣③。"上曰:"吴王即山铸钱,煮海水为盐,诱天下豪桀,白头举事④。若此,其计不百全,岂发乎? 何以言其无能为也?"袁盎对曰:"吴有铜盐利则有之,安得豪桀而诱之! 诚令吴得豪桀,亦且辅王为义,不反矣。吴所诱皆无赖子弟、亡命、铸钱奸人⑤,故相率以反。"晁错曰:"袁盎策之善⑥。"上问曰:"计安出?"盎对曰:"愿屏左右⑦。"上屏人,独错在。盎曰:"臣所言,人臣不得知也。"乃屏错。错趋避东厢⑧,恨甚。上卒问盎,盎对曰:"吴、楚相遗书,曰'高帝王子弟各有分地,今贼臣晁错擅適过诸侯⑨,削夺之地'。故以反为名,西共诛晁错,复故地而罢。方今计独斩晁错,发使赦吴、楚七国,复其故削地,则兵可无血刃而俱罢。"于是上嘿然良久⑩,曰:"顾诚何如,吾不爱一人以谢天下。"盎曰:"臣愚计无出此,愿上孰计之。"乃拜盎为太常⑪,吴王弟子德侯为宗正⑫,盎装治行⑬。后十余日,上使中尉召错,绐载行东市⑭。错衣朝衣斩东市⑮。则遣袁盎奉宗庙,宗正辅亲戚⑯,使告吴如盎策。至吴,吴、楚兵已攻梁壁矣⑰。宗正以亲故,先入见,谕吴王使拜受诏。吴王闻袁盎来,亦知其欲说己,笑而应曰:"我已为东帝,尚何谁拜⑱?"不肯见盎而留之军中,欲劫使将。盎不肯,使人围守,且杀之⑲,盎得夜出,步亡去,走梁军,遂归报⑳。

【注释】

①筭(suàn)军食:筹算军粮。筭,同"算"。

②田禄伯：吴王刘濞部下大将军，事详后文。

③今破矣：马上就能平息叛乱。今，即，即将。凌稚隆引董份曰："欲杀错，乃故大言以安帝。"

④白头举事：言吴王濞老年造反。据前文，刘濞自述年已六十二岁。

⑤亡命：犹今日亡命之徒。一说，命指名籍，谓抛弃户籍的逃亡者。

⑥策：分析，论断。

⑦屏：通"摒"，支开。

⑧东厢：东边的厢房。厢，此指正殿两侧的小房间。

⑨擅适过诸侯：随意惩罚怪罪诸侯们。擅，擅自，随意。适，通"谪"，惩罚。过，怪罪，责难。

⑩嘿（mò）然：默然，沉默无言的样子。

⑪太常：也叫奉常，景帝中元六年（前144）更名太常，汉代九卿之一，掌管宗庙祭祀。

⑫吴王弟子德侯为宗正：此时德侯为吴王刘濞弟刘广之子刘通，任命他为宗正，以讨好吴王。宗正，汉代九卿之一，职掌皇室亲族，负责编序皇族外戚属籍等。

⑬盎装治行：袁盎打点行装，准备出使吴国。治行，准备行李。

⑭上使中尉召错，绐（dài）载行东市：景帝派中尉召晁错，骗他上车，走到长安东市。中尉，官名，掌京城治安。此时中尉为卫绾，事详《万石君张叔列传》。绐，欺骗。

⑮错衣朝衣斩东市：晁错穿着朝服被斩，盖以上朝的名义欺骗他，著此以见景帝之狠心。凌稚隆引余有丁曰："汉杀错，饵七国以求罢兵，卑已甚矣。盎欲快私仇，不顾国体，后说不售当诛，获幸免者，帝失刑也。"

⑯则遣袁盎奉宗庙，宗正辅亲戚：王先谦曰："谓既命袁盎奉宗庙威灵以往，复命德侯以亲戚骨肉之谊辅助而告喻之。"

⑰已攻梁壁：已经开始攻打梁国的防御工事。壁，壁垒，防御工事。

当时梁国都于睢阳,在今河南商丘南关外,吴、楚联军欲从今扬州、徐州一带杀向长安,必须经过梁国;而梁孝王刘武,是汉景帝同母弟,且又为保卫自己的封国而战,所以抵抗尤为坚决,事详《梁孝王世家》。

⑱尚何谁拜:《汉书》作"尚谁拜",意更明晰,意谓还要向谁行礼?

⑲且:将要。

⑳"盎得夜出"几句:袁盎在其老部下的帮助下脱困事,详见《袁盎晁错列传》。

【译文】

当吴、楚的叛乱文书传到朝廷,朝廷派去镇压的军队还没有出发的时候,窦婴也还没出发,向景帝推荐了曾在吴国任过国相的袁盎。袁盎当时正闲居在家,景帝下诏召他觐见。景帝正和晁错一起筹算军粮的事情,景帝问袁盎说:"你曾做过吴王的国相,知道吴国臣子田禄伯的为人吗?现在吴、楚反叛,你的看法如何?"袁盎说:"用不着担心,很快就可以打败他们。"景帝说:"吴王就着他的铜山铸钱,用海水煮盐,招引了各地的英雄豪杰去投奔他,他自己白发苍苍还起兵作乱。在这种情况下,他要是没有百分之百的把握,能随便起事吗?怎么能说他办不成事呢?"袁盎回答说:"吴国有铜矿煮盐之利那是确实的,但他怎么能够把真正的英雄豪杰招引去呢!如果他那里真有几个英雄豪杰,那他们也该帮着吴王做好事,而不至于帮着他造反了。吴国所招引去的都是一些流氓无赖、亡命之徒、私铸钱币的坏人,所以他们才能串联起来一起造反。"晁错说:"袁盎分析得不错。"景帝问道:"你看我们应该怎么办呢?"袁盎回答说:"希望摒退左右的人。"于是景帝就让左右侍从们退去,只剩下晁错一人还在身旁。袁盎说:"我要说的话,任何做臣子的都不能听。"于是又摒退晁错。晁错快步躲到东厢房,心中非常恨袁盎。于是景帝又问袁盎,袁盎回答说:"吴、楚相互往来的书信说'高祖封立刘氏子弟为王,让他们有各自的分封土地,现在贼臣晁错擅自贬谪责罚诸侯,削夺诸侯的土地'。他们用造反的名义,共同向西进攻联合诛讨晁错,恢复了原来封地就会罢兵。现在的计策只有斩杀晁错,派使者前去赦免吴、楚七国的罪过,恢复他们原来被削减的封地,那么就能够不必动用兵器而叛乱平息。"景帝默然不语想了半天,说:"关键在于这么做究竟行不行,只要能行,我当然不会舍不得杀一个人来向天下表示歉意。"袁盎说:"我认为没有比这个更好的办法了,希望您认真考虑。"于是景帝立即任命袁盎为太常,任命吴王的侄子德侯刘通为宗正,袁盎收拾行装准备出使吴、楚。十多天后,景帝派中尉去叫晁错,中尉骗晁错上了车子一直把他拉到了东市。晁错穿着上朝的衣服就被杀掉了。然后就派袁盎以侍奉宗庙的太常身份,德侯以辅助亲戚的宗正身份,按照袁盎的计策出使告知吴王。他们到达吴军时,吴、楚的军队已经向梁国的工事发动进攻了。刘德侯因为是吴王的亲戚,所以先进去见吴王,他向吴王讲了皇上的意思,让他拜接皇上的诏书。这时吴王听说袁盎也一道来了,知道他也是来说服自己的,于是就笑着回答说:"我现在已经做了东帝,我还要向谁跪拜?"说罢他根本不见袁盎而把他扣留在军营中,想胁迫袁盎做将军。袁盎不肯,吴王就派人围守着他并准备杀他,袁盎趁着夜色逃跑,徒步跑到了梁国的军营,而后归朝报告。

　　条侯将乘六乘传①,会兵荥阳。至雒阳,见剧孟②,喜曰:"七国反,吾乘传至此,不自意全③。又以为诸侯已得剧孟,剧孟今无动④。吾据荥阳,以东无足忧者。"至淮阳⑤,问父绛侯故客邓都尉曰⑥:"策安出?"客曰:"吴兵锐甚,难与争锋。楚兵轻,不能久。方今为将军计,莫若引兵东北壁昌邑⑦,以梁委吴⑧,吴必尽锐攻之。将军深沟高垒,使轻兵绝淮泗口,塞吴饷道⑨。彼吴、梁相敝而粮食竭,乃以全强制其罢极⑩,破吴必矣。"条侯曰:"善。"从其策⑪,遂坚壁昌邑南,轻兵绝吴饷道⑫。

【注释】

①乘六乘传（zhuàn）：乘坐六匹马拉的传车。传，驿车。

②剧孟：当时的著名侠客，事详《游侠列传》。

③不自意全：颜师古曰："言不自意得安全至雒阳也。"据《汉书·周亚夫传》，周亚夫从长安出发时，听从赵涉建议，取道武关，绕至雒阳，以免函谷关、崤山一带有人行刺。后果从函谷关、崤山一带抓获刺客。

④剧孟今无动：剧孟至今未被叛军笼络。《游侠列传》载周亚夫见剧孟后，喜曰："吴楚举大事而不求孟，吾知其无能为也矣。天下骚动，宰相得之若得一敌国云。"《通鉴考异》曰："孟一游侠之士耳，亚夫得之，何足为轻重？盖其徒欲为孟重名，妄撰此言，不足信也。"泷川曰："剧孟凤雄于乡曲，亚夫喜其不为诸侯所得，是假以鼓舞士气耳。所以重剧孟，即所以轻诸侯，亦英雄笼络之术。"此亦司马迁喜爱游侠，故两处提及此事。

⑤淮阳：汉郡名，郡治陈县，即今河南淮阳，亦兵家要地。

⑥绛侯故客：绛侯周勃旧日的宾客。邓都尉：史失其名。此时为淮阳郡都尉，协助郡守掌管军务。都尉，官名，高级将领之下中级武官，略低于校尉。

⑦壁昌邑：在昌邑修筑营垒坚守。壁，营垒，这里作动词。昌邑，汉县名，治所在今山东金乡西北，在当时梁国都城睢阳的东北方。

⑧以梁委吴：让梁国去跟吴国死拼。据《绛侯世家》，周亚夫临行前对景帝说："楚兵剽轻，难与争锋，愿以梁委之，绝其粮道，乃可制。"则"以梁委吴"为既定方针。借吴兵削弱梁国实力，亦朝廷所乐见。

⑨绝淮泗口，塞吴饷道：封锁淮水与泗水交汇处，切断吴军粮道。淮

泗口,在今江苏洪泽西。

⑩罢极:疲困至极。罢,通"疲"。

⑪从其策:赵翼曰:"据本传,以梁委吴之计,亚夫至雒阳后遇邓都尉始定也。而周勃世家则谓'亚夫初受命,即请于上曰:楚兵剽轻,难与争锋,愿以梁委之,绝其粮道,乃可制也。上许之'。是此策亚夫未出长安已定于胸中,不待至雒阳问邓都尉矣。按,'吴楚尽锐攻梁,梁求救亚夫,亚夫不往。梁上书言天子,天子诏亚夫往救,亚夫仍守便宜。'自非先奏帝,其敢抗诏旨乎? 则以梁委吴之计,当是亚夫早定,而本传所云问计于邓都尉者,不免歧互也。"

⑫轻兵绝吴饷道:《绛侯世家》:"太尉坚壁不出,而使轻骑兵弓高侯等绝吴楚兵后食道。"弓高侯韩颓当,事详后。轻兵,行动迅速的轻装部队。

【译文】

　　这时条侯周亚夫正坐着六匹马拉的驿车,准备和各路人马会师荥阳。周亚夫到达洛阳时,见到剧孟,高兴地说:"七国造反,我乘驿车到达这里,自己没想到能安全抵达。还以为诸侯们已经得到了剧孟,没想到剧孟没被网罗。如今我们控制住了荥阳,那荥阳以东的形势也就不必担忧了。"周亚夫抵达淮阳后,询问他父亲绛侯周勃旧时的门客邓都尉说:"现在我们该采取怎样的对策呢?"邓都尉说:"吴兵锐气正盛,难以和他们正面交锋。楚兵浮躁,锐气不能保持长久。现在为将军打算,不如率军在东北的昌邑筑垒坚守,把梁国丢给吴军打,吴军肯定会集中全部精锐力量去攻打梁国。将军深挖沟高筑垒坚守,派轻装骑兵去攻占淮河泗水交汇处,阻塞吴军的粮道。吴军、梁军打得两败俱伤而且粮草耗尽,然后您再率完好强大的军队去制服那些疲敝已极的军队,就一定能打败吴军了。"周亚夫说:"好。"于是就按照邓都尉的计策,率大军主力驻扎在昌邑县南坚守不出,又派轻骑兵去切断吴军的粮道。

吴王之初发也,吴臣田禄伯为大将军。田禄伯曰:"兵屯聚而西,无佗奇道,难以就功。臣愿得五万人,别循江、淮而上,收淮南、长沙,入武关①,与大王会②,此亦一奇也。"吴王太子谏曰:"王以反为名,此兵难以藉人③,藉人亦且反王,奈何? 且擅兵而别,多佗利害④,未可知也,徒自损耳。"吴王即不许田禄伯。

【注释】

①武关:古关名,在今陕西丹凤东南,是由河南南部进入陕西的要道。

②与大王会:意谓吴王濞经洛阳由函谷关入关中,田禄伯经由武关入关中,两路在长安会师。凌稚隆引王维桢曰:"田禄伯虽逆谋,然计却为上策。"

③此兵难以藉人:意为军队不能交给别人统率。藉,假,交给。

④擅兵而别,多佗利害:掌握兵权的大将分兵而出,危险会很多。擅兵,专兵,掌握兵权。别,谓分兵。利害,这里是复词偏义,指害处。

【译文】

吴王刚发兵的时候,任命田禄伯为大将军。田禄伯对吴王说:"如果我们只是将军队集中起来向西进攻,而没有别的出奇制胜的策略,是难以成功的。我请求率领五万人,单独沿着长江、淮水而上,收服淮南、长沙两国,攻入武关,和大王在关中会师,这也是一条奇计啊。"而吴王的太子劝阻说:"您现在是在造反,造反的军队是不能交给别人统领的,如果您交付的那个人也造您的反,要怎么办呢? 而且让他率领一支军队单独行动,也会有很多别的危害,难以预知,徒然损害自己罢了。"吴王听后就没有批准田禄伯的请求。

吴少将桓将军说王曰①:"吴多步兵,步兵利险;汉多车骑,车骑利平地。愿大王所过城邑不下,直弃去,疾西据雒阳武库②,食敖仓粟③,阻山河之险以令诸侯④,虽毋入关,天下固已定矣。即大王徐行⑤,留下城邑,汉军车骑至,驰入梁、楚之郊⑥,事败矣。"吴王问诸老将,老将曰:"此少年推锋之计可耳⑦,安知大虑乎⑧!"于是王不用桓将军计。

【注释】

①吴少将:吴国的一员少将。桓将军:姓桓,史失其名。

②西据雒阳武库:占据洛阳的兵器库,则有充足的武器补给。

③食敖仓粟:占据敖仓,则有充足的粮草补给。

④阻山河之险:依靠洛阳周围有利的山川形势。阻,依托。

⑤即:如果。

⑥驰入梁、楚之郊:占据梁、楚之间的要冲,即今河南东部、安徽北部、江苏西北部与山东西部一带的军事要地。郊,要冲。刘辰翁曰:"少将名言,天下大计也。一传三奇,田禄伯奇,周丘奇,然皆不能及此。"

⑦推锋:冲锋。

⑧大虑:深谋远虑。

【译文】

吴国一位少将桓将军劝说吴王道:"我们吴军大多是步兵,步兵适宜在险要地形作战;而汉军多是战车骑兵,战车骑兵适宜在平地作战。希望大王对途经的城邑不必攻下,径直放弃离开,迅速西进夺占洛阳的武库,吃敖仓的粮食,到那时您依靠洛阳周围险要的山川地势来号令天下,即使不攻入函谷关,天下的大势也大体上确定了。假如大王行进缓慢,沿途留下来攻占城池,等朝廷的战车骑兵一到,驰骋于梁国、楚国之间的交通要冲,那我们就要失败了。"吴王询问老将的意见,老将说:"这是年轻人冲锋陷阵的做法,他们哪懂得深谋远虑!"于是吴王没有采纳桓将军的计策。

　　吴王专并将其兵①,未度淮,诸宾客皆得为将、校尉、候、司马②,独周丘不得用。周丘者,下邳人③,亡命吴,酤酒无行④,吴王濞薄之,弗任。周丘上谒⑤,说王曰:"臣以无能,不得待罪行间⑥。臣非敢求有所将,愿得王一汉节⑦,必有以报王。"王乃予之。周丘得节,夜驰入下邳。下邳时闻吴反,皆城守。至传舍⑧,召令⑨。令入户,使从者以罪斩令。遂召昆弟所善豪吏告曰:"吴反兵且至,至,屠下邳不过食顷。今先下,家室必完,能者封侯矣。"出乃相告,下邳皆下。周丘一夜得三万人,使人报吴王,遂将其兵北略城邑。比至城阳,兵十余万,破城阳中尉军⑩。闻吴王败走,自度无与共成功,即引兵归下邳。未至,疽发背死⑪。

【注释】

①吴王专并将其兵:意谓吴王一人统领全部军队。杨树达曰:"传记田禄伯及此二事,言吴王不能用人谋以致败也。"

②将、校尉、候、司马:均为军官名。古代一个将军下分若干部,部下又分若干曲,部的长官为校尉,曲的长官为军候。各部又有司马,主管军中司法。

③下邳:汉县名,治所在今江苏邳州西南,时属东海郡。

④酤(gū)酒无行:卖酒为生,品行不好。酤酒,卖酒。

⑤上谒:递上名帖求见。谒,名帖。

⑥待罪行间：意谓在军中任职。待罪，古代官吏任职的谦称，意谓不
　　胜其职而将获罪。行间，行伍之间，指军中。

⑦愿得王一汉节：希望您将朝廷以前发给您的符节给我一个。汉
　　节，汉朝发给使者的符节，可借以发号施令，甚至调兵。

⑧传舍：旅馆。

⑨令：此谓下邳县令。

⑩城阳中尉：城阳国的中尉，主管该国军事。

⑪疽（jū）：也称"痈"，一种恶疮，生于颈部、背部者有生命危险。

【译文】

　　吴王将他的军队集中起来由自己率领，尚未渡过淮河时，他手下的宾客们都担任了将军、校尉、候、司马等军职，只有周丘没被任用。周丘是下邳人，逃亡到了吴国，以卖酒为生，品行不好，因此吴王濞看不起他，没有任用他。而周丘递上名帖求见，劝说吴王道："我因无能，不能在军队中任职。我不敢要求率领军队，只希望得到大王手中一个汉廷的符节，我一定能够报答大王。"于是吴王就给了他一个汉廷的符节。周丘拿到符节，连夜飞奔进下邳。当时下邳听说吴王反叛了，都在登城守卫。周丘到达旅舍后，立即召县令来见。县令刚走进门，周丘就让随从宣布罪名杀了他。于是他就召集他的兄弟及跟他关系好的豪吏们，对他们说："吴国造反的军队就要来了，吴兵一到，他们要在下邳屠城，也不会超过一顿饭的工夫。你们要是现在就向吴王投降，你们的家人就能得到保全，有才能的人还有机会封侯。"结果这些人出去后互相转告，下邳很快就全都投降了。周丘一个晚上就收罗到三万人，派人去报告吴王，随后率领下邳的军队向北攻城略地。等周丘打到城阳国时，他部下的军队已经有十几万人了，又击败了城阳中尉的军队。后来听说吴王战败逃走，自己估计没人能跟他一起成就大业，就率领军队返回下邳。还没到达，就因后背毒疮发作而死。

二月中，吴王兵既破，败走①，于是天子制诏将军曰②："盖闻为善者，天报之以福；为非者，天报之以殃。高皇帝亲表功德，建立诸侯，幽王、悼惠王绝无后③，孝文皇帝哀怜加惠，王幽王子遂、悼惠王子卬等④，令奉其先王宗庙，为汉藩国，德配天地，明并日月⑤。吴王濞倍德反义⑥，诱受天下亡命罪人，乱天下币⑦，称病不朝二十余年，有司数请濞罪⑧，孝文皇帝宽之，欲其改行为善。今乃与楚王戊、赵王遂、胶西王卬、济南王辟光、菑川王贤、胶东王雄渠约从反⑨，为逆无道，起兵以危宗庙，贼杀大臣及汉使者⑩，迫劫万民，夭杀无罪，烧残民家，掘其丘冢，甚为暴虐。今卬等又重逆无道，烧宗庙⑪，卤御物⑫，朕甚痛之。朕素服避正殿⑬，将军其劝士大夫击反虏。击反虏者，深入多杀为功，斩首捕虏比三百石以上者皆杀之⑭，无有所置⑮。敢有议诏及不如诏者，皆要斩⑯。"

【注释】

①吴王兵既破，败走：吴王濞被周亚夫击败过程，详见《绛侯世家》。

②制诏将军：即给周亚夫等众将下令。制、诏，均为皇帝的命令，此用作动词。

③幽王、悼惠王绝无后：吕后六年（前182），刘邦之子赵幽王刘友被吕后害死，封国被取消；刘邦的庶子齐悼惠王刘肥，传至第三代齐文王刘则时，无子，国除，事在文帝十五年（前165）。

④王幽王子遂、悼惠王子卬等：据《汉兴以来诸侯王年表》，文帝二年（前178），封刘友之子刘遂为赵王；十六年（前164），封刘肥的其他六子为王，分别是：胶西王刘卬、胶东王刘雄渠、济南王刘辟光、菑川王刘贤、济北王刘志、齐王刘将闾。

⑤德配天地，明并日月：此谓汉文帝封王之举，其德行足与天地相配，其光辉足与日月同光。

⑥倍德：背弃恩德。倍，通"背"。

⑦乱天下币：《集解》引如淳曰："以私钱淆乱天下钱也。"

⑧有司数请濞罪：有关官员多次请求治刘濞的罪。

⑨约从反：相约联合造反。从，合纵，联合。

⑩贼杀大臣及汉使者：即前文所谓"诛汉吏二千石以下"。贼杀，杀害。贼，杀，害。

⑪烧宗庙：王先谦引沈钦韩曰："此孝文庙在郡国者也。"《孝文本纪》载令天下各郡国皆立孝文庙事。

⑫卤：通"虏"，抢掠。御物：颜师古曰："供宗庙之服器也。"

⑬素服避正殿：穿着白色衣服，不居住在正殿，以示忧心国事，与出征将士同甘共苦。

⑭比三百石：官阶名，指官吏俸禄不到三百石，而近于三百石者，低于"三百石"。汉时，小县的县长秩三百石。

⑮无有所置：一个也不要放过。颜师古曰："置，放释也。"

⑯要斩：即腰斩。要，同"腰"。景帝此诏要求以"深入多杀为功"，又谓"敢议诏及不如诏者皆要斩"，可谓残虐无道矣。

【译文】

二月中旬，吴王的军队被击败后，溃败逃跑，于是汉景帝给周亚夫等众将下诏说："听说行善的人，上天会用福气来报答他；作恶的人，上天会用灾祸来报复他。高皇帝亲自表彰功德，封立诸侯，赵幽王、齐悼惠王由于嫡系没有后代而世袭中断，孝文皇帝哀怜他们，格外施恩，封立赵幽王的儿子刘遂、齐悼惠王的儿子刘卬为王，让他们奉祀自己先王的宗庙，成为汉朝的藩国，孝文皇帝的恩德可以跟天地相配，英明可以跟日月并列。吴王刘濞背弃恩德违反道义，引诱收罗天下逃亡的罪犯，扰乱天下的币制，称病不入京朝见二十多年，主管大臣多次请求惩治刘濞的罪行，孝文皇帝宽恕他，希望他能改过从善。现在他竟和楚王刘戊、赵王刘遂、胶西王刘卬、济南王刘辟光、菑川王刘贤、胶东王刘雄渠结盟叛乱，大逆不道，发兵危害宗庙，残杀大臣和汉朝的使者，胁迫百姓，乱杀无辜，烧毁民舍，挖掘坟墓，极为暴虐。现在胶西王刘卬等更加大逆不道，竟烧毁宗庙，掠夺宗庙中的御用器物，我为此很痛心。我现在身穿素服避居偏殿，希望将军你激励全军将士讨平反贼。进攻反贼时，深入敌境、多杀敌人就算功劳，抓到比三百石以上的叛军官员全部处死，不要放过一个。有敢非议诏书或不按诏书做的，都处以腰斩之刑。"

初，吴王之度淮，与楚王遂西败棘壁①，乘胜前，锐甚。梁孝王恐，遣六将军击吴，又败梁两将，士卒皆还走梁②。梁数使使报条侯求救，条侯不许。又使使恶条侯于上③，上使人告条侯救梁，复守便宜不行④。梁使韩安国及楚死事相弟张羽为将军⑤，乃得颇败吴兵⑥。吴兵欲西，梁城守坚，不敢西，即走条侯军⑦，会下邑⑧。欲战，条侯壁，不肯战。吴粮绝，卒饥，数挑战，遂夜奔条侯壁，惊东南，条侯使备西北，果从西北入。吴大败，士卒多饥死，乃畔散⑨。于是吴王乃与其麾下壮士数千人夜亡去，度江走丹徒，保东越⑩。东越兵可万余人，乃使人收聚亡卒。汉使人以利啖东越⑪，东越即绐吴王，吴王出劳军，即使人鈠杀吴王⑫，盛其头，驰传以闻⑬。吴王子子华、子驹亡走闽越⑭。吴王之弃其军亡也，军遂溃，往往稍降太尉、梁军。楚王戊军败，自杀。

【注释】

①西败棘壁：王先谦曰："'败'当为'破'，字之误也。《楚元王世家》

正作‘攻梁，破棘壁’。”大意谓攻破棘壁。棘壁，城邑名，在今河
南永城西南，时在梁都睢阳的东南方。《梁孝王世家》云：“吴楚先
击梁棘壁，杀数万人。”

② 皆还走梁：都跑回梁都睢阳。

③ 又使使恶条侯于上：又派使者到汉景帝面前说条侯周亚夫的坏话。

④ 守便宜不行：周亚夫以将在外君命有所不受，相机行事，没有出兵
救梁。此乃景帝与周亚夫演双簧，借吴楚之手以削弱梁国。

⑤ 韩安国：字长孺，事梁孝王为中大夫，吴楚之乱时与张羽共同领兵
抗击吴楚联军，事详《韩长孺列传》。楚死事相：即张尚。《楚元
王世家》：“戊与吴王合谋反，其相张尚、太傅赵夷吾谏，不听，戊
则杀尚、夷吾。”

⑥ 颇败吴兵：才稍稍打败吴军。

⑦ 即走条侯军：指吴军北攻周亚夫的军队。

⑧ 下邑：汉县名，治所在今安徽砀山，时在梁都睢阳城东，周亚夫驻
军之昌邑东南。

⑨ 畔散：叛变，溃散。畔，通“叛”。陈梧桐等曰：“吴王刘濞目光短
浅而又独断专行，在具体指挥作战上，屡屡出现失误。他先是拒
绝田禄伯的分道出击、会师关中的正确建议，又不采纳桓将军急
速推进、速战速决的主张，而以主力强攻梁地，不仅予汉军以从容
部署的机会，而且使自己的部伍遭到极大的消耗，逐渐丧失了主
动权。再加上他忽视粮运要道淮泗口的设防，导致军粮的断绝，
最后陷入粮尽兵疲的困境，等待着他的就只有败亡的厄运了。”

⑩ 度江走丹徒，保东越：渡过长江，逃往丹徒，投靠东越军队。丹徒，
汉县名，治所在今江苏镇江东南，随刘濞造反的东越王驻兵于此。
《正义》曰：“东越将兵从吴，在丹徒也。”保，往依，投靠。

⑪ 啖：吃，此谓诱惑。

⑫ 鈒（cōng）：用矛戟撞刺。

⑬驰传（zhuàn）以闻：乘传车飞速上报皇帝。

⑭子华、子驹亡走闽越：此二人为报杀父之仇，后曾鼓动闽越伐东越，事详《东越列传》。

【译文】

当初，吴王渡过淮河，与楚王一起向西进军，在棘壁打败汉军，乘胜向前，士气旺盛。梁孝王害怕了，派了六位将军各自率兵前去迎击吴军，其中两位将军的部队又被吴军打败了，士兵都逃回梁都睢阳。梁王多次派使者向条侯周亚夫报告情况并请求援救，条侯都不同意。梁王便又派使者到汉景帝面前说条侯的坏话，汉景帝派人前去告诉条侯，让他出兵援救梁国，条侯恪守便宜行事的特权，按兵不动。梁王任命韩安国和被楚王刘戊杀死的楚国丞相张尚的弟弟张羽为将军，才慢慢开始能打败吴楚叛军。吴军想要西进，可梁国防守坚固，吴军不敢越城西进，于是就移兵北上去进攻条侯，吴军聚集驻扎在下邑。吴军想要交战，条侯却坚守壁垒，不肯与之交锋。后来吴军粮草断绝，士兵很饥饿，多次向条侯发起挑战，有一天在夜里冲击条侯的营垒，开始是从东南方进攻，而条侯却下令注意防备西北方，后来吴军主力果然从西北方进攻。吴军被打得大败，很多士兵都饿死了，于是叛逃溃散。于是吴王便和他部下的壮士几千人连夜逃走，渡过长江逃往丹徒，投靠驻扎在那里东越军队。当时东越的军队差不多有一万多人，接着吴王又派人去收罗聚拢他那些逃散的士兵。这时朝廷派人去用金钱收买东越王，东越王被朝廷收买后就欺骗吴王，让吴王出来慰劳军队，然后东越王趁机派人刺杀了吴王，随后将吴王的人头装好，派人乘着驿车飞快地送往长安，报告给汉景帝。吴王的儿子子华、子驹逃亡到闽越国。当吴王丢下他的军队逃跑时，吴国的大军就溃散了，大多陆续投降了太尉周亚夫、梁王的军队。楚王刘戊兵败之后，自杀身亡。

三王之围齐临菑也①，三月不能下。汉兵至②，胶西、胶东、菑川王各引兵归③。胶西王乃袒跣④，席稿⑤，饮水⑥，谢太后。王太子德曰："汉兵远来⑦，臣观之已罢⑧，可袭，愿收大王余兵击之，击之不胜，乃逃入海，未晚也。"王曰："吾士卒皆已坏，不可发用。"弗听。汉将弓高侯穨当遗王书曰⑨："奉诏诛不义，降者赦其罪，复故；不降者灭之。王何处，须以从事⑩。"王肉袒叩头汉军壁，谒曰："臣卬奉法不谨，惊骇百姓，乃苦将军远道至于穷国，敢请菹醢之罪⑪。"弓高侯执金鼓见之⑫，曰："王苦军事，愿闻王发兵状。"王顿首膝行对曰："今者，晁错天子用事臣，变更高皇帝法令，侵夺诸侯地。卬等以为不义，恐其败乱天下，七国发兵，且以诛错。今闻错已诛，卬等谨以罢兵归。"将军曰："王苟以错不善，何不以闻？乃未有诏虎符⑬，擅发兵击义国⑭。以此观之，意非欲诛错也。"乃出诏书为王读之⑮。读之讫⑯，曰："王其自图。"王曰："如卬等死有余罪。"遂自杀。太后、太子皆死。胶东、菑川、济南王皆死，国除，纳于汉⑰。郦将军围赵七月而下之⑱，赵王自杀⑲。济北王以劫故，得不诛，徙王菑川⑳。

【注释】

①三王之围齐临菑：梁玉绳曰："围齐是四国，此缺济南。"杨树达曰："上文云'胶西、胶东与济南、菑川共围临菑，是'四国'也，此云'三国'，疑古'四'字误作'三'也。"然《齐悼惠王世家》亦言"三国兵共围齐""三国将劫与路中大夫盟"。

②汉兵：据《齐悼惠王世家》，指汉将栾布、平阳侯曹奇等所率部队。

③各引兵归：梁玉绳曰："齐围之解，汉击破之，非自引兵归也。"

④袒跣（xiǎn）：光膀子，不穿鞋。

⑤席稿：坐在草席上。稿，植物的秸秆，此谓秸秆所编的席子。

⑥饮水：以示惩罚自己，表示认罪。

⑦汉兵远来：底本作"汉兵远"，泷川曰："枫、三本'远'下有'来'字，当依补。"今据补。谓汉军远道而来，舟车劳顿。

⑧罢：通"疲"，疲惫。

⑨弓高侯颓当：汉初功臣韩王信之子，出生于匈奴。文帝时，他率部归汉，被封为弓高侯。事详《韩信卢绾列传》。遗（wèi）：送给。

⑩须以从事：等你答复后我再采取行动。胡三省曰："言胶西王于降与不降之间，欲何以自处，吾待以行事。"须，等待。

⑪菹醢（zū hǎi）：剁成肉酱。陈子龙曰："王不用太子策，冀得谢罪不诛也。"

⑫执金鼓见之：手持对军队发号施令的金鼓来见刘卬，表示自己随时可擂鼓进兵。此为对战败求和者的一种姿态。《国语·越语下》记吴向越求和时，"范蠡乃左提鼓，右援枹以应使者曰：'君王已委制于执事之人矣，子往矣，无使执事之人得罪于子！'"

⑬未有诏虎符：没有皇帝诏令，也没有调兵的虎符。杨树达曰："《文帝纪》'与郡守为铜虎符'，然有铜虎符者实不止郡守，此文颓当责卬未有虎符而擅发兵，知诸侯王明有虎符也。吴大澂《恒轩吉金录》载'泗水王虎符'尤足为证。"

⑭义国：王先谦曰："谓齐国，言守义不从反也。"

⑮乃出诏书为王读之：即前文所录景帝诏书，要求"斩首捕虏比三百石以上者皆杀之，无有所置"，则王必死，无可赦也。

⑯讫：完毕。

⑰国除，纳于汉：国家的建制被取消，其领地收归朝廷。

⑱郦将军围赵七月而下之：底本作"围赵十月而下之"。杨树达曰："'十月'当作'七月'，形近误也。《高五王传》云：'赵王城守邯郸，相距七月。'《郦商传》云：'寄围赵城，七月不能下。'并其

证。”今据改。郦将军,郦寄。

⑲赵王自杀:据《楚元王世家》,赵王遂反,“汉使曲周侯郦寄击之,
　赵王遂还,城守七月。栾布自破齐还,乃并兵引水灌赵城,赵城
　坏,赵王自杀”。

⑳得不诛:杨树达曰:“王志初欲自杀,公孙玃为说于梁孝王,孝王闻
　之于朝,故得不诛,详见《邹阳传》。”

【译文】

当胶西王刘卬率领济南、菑川、胶东三国围攻齐国临菑的时候,一直攻了三个月也没能攻下来。朝廷的大军到来之后,胶西王、胶东王、菑川王各自率领自己的军队回到本国。胶西王袒露上身光着脚,坐在草席上,只喝水不吃饭,向他的母亲王太后谢罪。这时他的儿子刘德说:“朝廷的军队远道而来,据我观察,他们已经非常疲惫了,我们可以对其发动突然袭击,我希望能收集您剩下的士兵,袭击他们一次,如果袭击不能取胜,我们再逃到海上去,到那时也不算晚。”胶西王说:“我们的部队都已经打坏了,不能再征调来作战了。”于是没听从他儿子的建议。这时朝廷的将领弓高侯韩颓当送给胶西王一封信,信中说:“我奉诏来诛讨不守道义的人,投降的就赦免其罪过,恢复原来的爵位封土;不投降的就消灭他们。大王何去何从,我等待答复以采取相应行动。”胶西王便袒露上身到韩颓当的军营叩头请罪,他说:“我刘卬没有严格遵守法律,惊扰了百姓,有劳将军远道而来到我们这个穷国,我请求将我剁成肉酱。”韩颓当手执金鼓去见胶西王刘卬,说:“大王这次打仗可辛苦了,我想听听你出兵的理由。”胶西王叩头用膝盖向前爬行,回答说:“近来,晁错是天子信任的执政大臣,他更改高祖的法令,侵夺诸侯的封地。我们认为这样做不合适,担心他会扰乱天下,所以七国发兵,就是要杀晁错。如今听说晁错已被杀,我们就收兵回国了。”将军说:“大王如果认为晁错不好,为什么不报告天子?没有得到皇帝的诏书虎符,擅自发兵攻打遵守王法的正义侯国。由此看来,你们的本意并不是想杀晁错啊。”说罢拿出汉景帝的

诏书,宣读给胶西王听。读完后,对胶西王说:"大王自己考虑应怎么办吧!"胶西王说:"像我们实在是死有余辜。"便自杀了。他的母亲、太子也都自杀了。胶东王、菑川王、济南王都自杀了,三个封国全都撤销,领土收归朝廷。郦寄率军围攻赵国,攻了七个月才攻下来,赵王刘遂自杀。济北王刘志因为被郎中令劫持,未能造反,得以免死,被改封为菑川王。

初,吴王首反,并将楚兵,连齐、赵①。正月起兵,三月皆破,独赵后下②。复置元王少子平陆侯礼为楚王③,续元王后④。徙汝南王非王吴故地⑤,为江都王⑥。

【注释】

①连齐、赵:此"齐"指齐地的胶西、胶东、济南、菑川四叛国,非指齐国。

②独赵后下:七国中,其他六国均在三个月中被讨平,只有赵国坚持的时间最长,超过了三个月。

③平陆侯礼:刘礼,曾在朝廷任宗正,详见《楚元王世家》。

④续元王后:刘礼是楚元王少子,因其侄刘戊作乱自杀,朝廷不想让楚元王封国绝后,故封刘礼继位为楚王。

⑤汝南王非:景帝之子刘非,景帝二年(前155)被封为汝南王,事见《五宗世家》。

⑥为江都王:废去吴国之名,改为江都国,国都仍为广陵(今江苏扬州)。江都,汉县名,治所在广陵西南。

【译文】

当初,吴王刘濞带头造反,统率吴楚两国军队,又联合了齐地四国和赵国。他们正月起兵造反,到三月就全被打败了,只有赵国最后被攻克。叛乱平定后,汉景帝又封楚元王的小儿子平陆侯刘礼为楚王,作为楚元王的继承人。徙封汝南王刘非统辖吴国的原有封地,做江都王。

太史公曰：吴王之王，由父省也①。能薄赋敛，使其众，以擅山海利②。逆乱之萌，自其子兴③。争技发难，卒亡其本；亲越谋宗④，竟以夷陨。晁错为国远虑，祸反近身⑤。袁盎权说，初宠后辱⑥。故古者诸侯地不过百里，山海不以封⑦。"毋亲夷狄，以疏其属"⑧，盖谓吴邪？"毋为权首，反受其咎"⑨，岂盎、错邪？

【注释】

①由父省也：《索隐》："省者，减也。谓父仲从代王省封合阳侯也。"意谓刘濞之所以得封吴王，是因为他父亲刘仲被削去王爵而仅被封为合阳侯，他以刘仲之子，又有军功，故得被封为吴王。

②以擅山海之利：是因为他独享铸钱与煮盐的财利。擅，专，独享。

③自其子兴：即由吴太子被杀事发端。

④亲越谋宗：亲近东越、南越等异族政权，图谋对付同宗的汉王朝。

⑤晁错为国远虑，祸反近身：此处认为晁错削藩是"为国远虑"，较《袁盎晁错列传》赞批评晁错"擅权，多所变更，诸侯发难，不急匡救，欲报私仇，反以亡躯。语曰'变古乱常，不死则亡'，岂错等谓邪"，更为公允。陈仁锡曰："错之为国为身计俱疏也。吴楚之事断宜分地，而不宜削地；宜渐制，不宜骤激。错不胜一时之忿，轻天下于一掷，致令山东震荡，景帝往来两宫间，寒心者累月。向使吴用田禄伯、桓将军之谋，收淮南而入武关，据洛阳而阻山河，其为祸岂止于此哉！号曰'智囊'，非其质矣。"

⑥初宠后辱：袁盎开始时受景帝宠信，使晁错被杀；后来吴国并未退兵，他自己也遭囚禁，险些被杀，可证其说之荒谬。

⑦地不过百里，山海不以封：泷川引《礼记·王制》云："公侯田方百里，伯七十里，子男五十里。"又云："名山大泽不以封。"不以封，

即不将名山大泽分封给诸侯。梁玉绳引《学史》曰:"《王制》言:
'名山大泽不以封,不可为井田以业民也。'太史公惩吴之富强逆
乱,谓先王山泽不封者以是故,岂其然哉?齐之封实负东海,鲁之
封实环泰山,山泽之名且大者孰加于是? 而齐、鲁卒为望国,抑何
异也?"

⑧毋亲夷狄,以疏其属:即前所谓"亲越图宗",指勾结外族而谋害
本国亲族者。

⑨毋为权首,反受其咎:语出《逸周书》,大意犹今俗所谓"枪打出头
鸟",凡事不可为领头者。权首,变革的首领。咎,罪,灾难。《袁
盎晁错列传》"变古乱常,不死则亡",意思与此类似。

【译文】

太史公说:吴王刘濞之所以被封为吴王,是因为他的父亲刘仲被削
去了王爵。吴王能够少征赋税,支使民众,是因他拥有铜矿、海盐的经
济利益。刘濞谋逆作乱的念头,是因儿子被打死而萌生的。因下棋争
执而引发一场战争灾难,最终国破身亡;亲近外族的越人而谋害同宗,
最后自己死亡。晁错为国家深谋远虑,灾祸反而降临自己的身上。袁
盎善于权变游说,开始时受到宠信,最后也受到羞辱。所以,古时候封
立的诸侯国,最大的也不能超过方圆百里,并且名山大泽不会分封给诸
侯。俗话说:"不要亲近夷狄,以致疏远亲属。"这话说的就是吴王这种
人吧? 俗话又说:"不要做首先变革的人,这反而会遭受灾殃。"说的难
道不就是袁盎、晁错吗?

【集评】

陈仁锡曰:"吴濞、淮南、衡山,皆王国也,而不以'世家'称,何也?
《太史公序传》于吴则曰'镇抚江淮之间';于淮南、衡山则曰'镇江淮之
南',乃三国卒以叛逆诛,所谓'镇抚'者安在? 其不得为'世家'宜矣。"
(《史记评林》)

陈傅良曰:"吴王濞之谋反也,其志盖萌于太子博局之死,而停蓄含忍于文帝几杖之赐,西向之心未尝不欲逞也。晁错以削地之策,适犯其怒,而泄其不遏之谋,乃卒以谗见诛,错诚可悲也夫。"又曰:"错之议曰:'削之亦反,不削亦反。'愚则曰:亟削则必反,缓削则可以不反。濞以壮年受封,至是垂老矣,宽之数年,濞之木拱,则首难无人,七国虽强,皆可以势恐之。错不忍数年之缓暇,欲急其攻,而踯躅为之,身陨国危,取笑天下。俚语曰:'贪走者蹶,贪食者噎。'其错之谓耶?"(《史记评林》引)

王夫之曰:"文帝崩年四十有六,阅三年而吴楚反。濞之令曰:'寡人年六十有二',其长于文帝也十有三年。文帝崩,濞年五十有九,亦已老矣,诈病不朝,反形已著,贾谊、晁错日画策忧之,文帝岂不知濞之不可销弭哉?赐以几杖而启衅无端,更十年濞即不死,亦已衰矣。赵、楚、四齐,庸劣无大志,濞不先举,弗能自动。故文帝筹之已熟,而持之已定,文帝幸不即崩,坐待七国之瓦解,而折棰以收之,是谊与错之忧文帝已忧之;而文帝之所持,非谊与错之所能测也。"(《读通鉴论》)

曾国藩曰:"先叙太子争博、晁错削地,详致反之由;次叙吴诱胶西,胶西约五国,详约从之状;次叙下令国中、遗书诸侯,详声势之大;次叙晁错绐诛、袁盎出使,详息兵之策;次叙条侯出师、邓都尉献谋,详破吴之计;次叙田禄伯奇道、桓将军疾西,详专智之失。六者皆详矣,独于吴军之败不详叙,但于周丘战胜之时闻吴王败走而已,此亦可悟为文详略之法。"(《求阙斋读书录》)

李景星曰:"吴王传只叙七国反一事,其间千头万绪最为复杂。然细绎之,不过前后两大段而已,中间'敬以闻'三字是前后关键。自'敬以闻'上是反前事,叙其反之相,反之谶,反之资,反之衅,以递到晁错议削地为反之借口,遂紧接与胶西反约,下国中反令,遗诸侯反书,一路迤逦而来,用顺笔处较多。自'敬以闻'以下是反后事,叙条侯等之分路击反,袁盎劝杀晁错以止反,邓都尉之筹画平反,田禄伯、桓将军、周丘之为策助反,遂递及汉廷罪反者之诏,及诸反者之次第消灭,一路交互说去,用补笔处较多。通传几五千言，而前后左右驱遣如意，又与晁错、袁盎、周亚夫各传遥相照顾，是何等精神，是何等力量，令人不能不一读一击节也。"(《史记评议》)

【评论】

权力高度集中在中央政府及专制统治者手中，是中国古代社会政治形态的显著特征。"削藩"则是汉代大一统专制政治进程中一个极其关键的步骤，在汉景帝三年（前154），它引起了著名的"七国之乱"，本篇就描写了以吴王濞为首的"七国之乱"从爆发到被平定的全过程，最集中地反映了汉初中央集权与地方分权之间的尖锐冲突。

汉初消灭异姓王后，对刘氏同姓诸侯过于纵容，使他们在政治、经济方面所掌握的权力都过多过大，以致尾大不掉，《五宗世家》里提到："高祖时诸侯皆赋，得自除内史以下，汉独为置丞相，黄金印。诸侯自除御史、廷尉正、博士，拟于天子。"地方诸侯王权力很大，俨然可以与中央政府分庭抗礼，这自然让专制统治者难以忍受，削藩是势在必行，中央朝廷与地方诸侯的矛盾也在所不免。司马迁站在反对专制的立场上虽对地方诸侯总有同情，但并不赞成他们独霸一方、各行其是，坚决反对他们因削藩而叛乱，他支持朝廷的平叛，对周亚夫等所采取的正确方略也非常欣赏，因此他在根本原则上是没有丝毫动摇的。

司马迁否定了这场大规模的"犯上作乱"。吴王濞倡导叛乱，有悖"忠信行道，以奉主上"之义，司马迁将之降为列传。这场战争缺乏道义的基础，"清君侧"的招牌背后包藏着地方割据集团夺取中央权力的野心，刘濞的中大夫应高所说的"同恶相助，同好相留，同情相成，同欲相趋，同利相死"，正是七国叛乱分子能够联合起来的基础。当吴楚兵攻破梁壁时，"宗正以亲故，先入见，谕吴王使拜受诏。吴王笑而应曰：'我已为东帝，尚何谁拜？'"这就是刘濞造反的目的。司马迁还借胶西王谋士之口说明这场战争的严重后果："弟令事成，两主纷争，患乃始结。"即便叛乱得逞,吴王濞和胶西王卬各恃实力,争夺天下也在所难免,这只能给国家和百姓带来更大的灾难,因此,他对叛乱迅速地被平定由衷地感到欣慰。

但司马迁对朝廷也有微词。首先引起吴王濞对朝廷不满的是当年朝廷对皇太子杀吴太子之事处置不当。此事发生后,不论是朝廷还是汉文帝,从公从私都没有给吴王濞一个说法,更没有歉意,还不断追究他称病不朝,虽然文帝后来对他有所优待,但积怨已深。其次景帝继位后又不断寻找借口劾系讯治诸侯,侵削诸侯地盘,他预感到"舐糠及米"的结局,于是决定造反。司马迁认为在文帝对吴王的优恤下,吴王"谋亦益解",如果景帝能延续这一做法,吴王也不会造反,可景帝偏偏听晁错激进的削藩之议,动作太猛太快,显得太刻薄寡恩,给了吴王造反的理由,引发了七国之乱。司马迁也对朝廷在平定这场叛乱时的一些手段很不满。如晁错、袁盎身为朝廷大臣,在这国家危亡的时刻不是通力合作,而是勾心斗角,借刀杀人,双方都令人讨厌。又如作为平叛一方,汉景帝与梁孝王唇齿相依,本该精诚团结、通力合作,但由于他们兄弟之间存在着尖锐矛盾,汉景帝与周亚夫事先密谋好的就是要在镇压七国之乱的过程中极力削弱梁国,以达到一石击二鸟的目的,他们君臣二人分明是在演双簧,而看起来却又很像是出之于客观形势的需要,真是天衣无缝。在对于叛乱者的剿杀上,汉景帝的方针是"以深入多杀为功",这又突出地表现了统治集团内部矛盾的尖锐性。几百年后的宋孝武帝刘骏又对广陵发动了一次性质完全相同的血腥屠戮,鲍照的《芜城赋》对此感慨深矣。也正是由于司马迁的这些不满,使得他对平叛的胜利缺少应有的兴奋与称赞,反而让人觉得这场胜利多少有"侥幸"的成分,似乎是吴王自己的失误白白地把胜利送给了景帝。

篇中司马迁对于"大反派"吴王濞的塑造性格突出,形象丰满。开篇写刘邦封他为吴王时说他有"反骨",已经点出了他桀骜不驯的个性;在自己的儿子被无端打死,朝廷送回尸首后,他怒而把尸首又送回了京城,显示出无惧朝廷而与之分庭抗礼;他经营吴国,使吴国国富民丰,深得民心,显示出他的政治才能;但他也刚愎自用,不用田禄伯、桓将军的谋略,失去了战机和主动权;一味强调吴国有钱有兵,想以此号召诸侯跟随自己造反,而给不出特别正当的理由,显得胸无谋略。司马迁不留情面地揭露批判了他不顾民生一心争夺天下的野心,但由于过于厌恶汉景帝阴狠,相比之下,对吴王濞的光明正大还稍能容忍,甚至内心深处可能还对吴王濞迅速败亡,没能给景帝造成更大的麻烦而略有遗憾。司马迁详细写了田禄伯、桓将军给吴王濞提的建议,还写了周丘这样一个奇才,仅凭着吴王授予的节就拿下下邳,一夜得三万人,到城阳时已拥兵十余万。这样的人物如果是在秦末群雄逐鹿的时代,该会有多么辉煌的人生,可惜生不逢时,又错投了吴王濞。司马迁深为三人不得其用而惋惜,其文字背后是很耐人寻味的。司马迁有时会受情感的影响而对历史事件和人物做出不太恰当的评述,这里也是一例。

魏其武安侯列传第四十七

【释名】

本篇是魏其侯窦婴、将军灌夫、武安侯田蚡三人的合传。司马迁通过他们的矛盾斗争,揭露了汉代统治集团内部互相倾轧、互相残杀的黑暗现实。全文可分为五个部分。第一部分写窦婴在景帝时期的经历,着重叙述的是他反对景帝立梁孝王为继承人、吴楚叛乱时领兵守荥阳等;第二部分写田蚡因裙带关系而飞黄腾达,与窦婴失势后遭冷落的情景;第三部分写灌夫的处世为人,以及灌夫、窦婴与田蚡开始结怨;第四部分写灌夫、窦婴被田蚡所害,以及田蚡的精神错乱而"竟死",突出表现了统治集团高层内部矛盾的尖锐与复杂。在篇末的"太史公曰"中,司马迁表现了对田蚡与王太后的不满,以及对统治集团内部相互倾轧的厌恶之情。

魏其侯窦婴者①,孝文后从兄子也②。父世观津人③。喜宾客④。孝文时⑤,婴为吴相⑥,病免。孝景初即位⑦,为詹事⑧。梁孝王者⑨,孝景弟也,其母窦太后爱之。梁孝王朝,因昆弟燕饮⑩。是时上未立太子,酒酣,从容言曰:"千秋之后传梁王。"太后欢。窦婴引卮酒进上⑪,曰:"天下者,高祖天下,父子相传,此汉之约也,上何以得擅传梁王^⑫!"太后由此憎窦婴。窦婴亦薄其官,因病免。太后除窦婴门籍,不得入朝请^⑬。

【注释】

①魏其侯窦婴者:窦婴因军功被封为魏其侯。魏其,汉县名,治所在今山东临沂东南。

②孝文后:汉文帝皇后窦氏,其离奇经历见《外戚世家》。

③观津:汉县名,治所在今河北武邑东南。

④喜宾客:指窦婴喜欢结交宾客。

⑤孝文时:孝文帝在位期间为前179—前157年。

⑥婴为吴相:担任吴王刘濞之相。吴王刘濞,事详《吴王濞列传》。

⑦孝景初即位:汉景帝即位之初。汉景帝即位在前157年,其元年为前156年。孝景帝名启,文帝之子,窦太后所生。事详《孝景本纪》。

⑧詹事:官名。詹,意为供给,詹事,即给事,职掌太子、皇后之供给事。秩二千石。

⑨梁孝王:名武,景帝同母弟,事详《梁孝王世家》。

⑩昆弟燕饮:亲兄弟一起举行家庭宴会。颜师古曰:"序家人昆弟之亲,不为君臣礼也。"燕饮,宴会饮酒。燕,通"宴"。

⑪引卮酒进上:胡三省注曰:"引酒进上,盖罚爵也。"谓景帝说错了话,倒了一杯酒,要罚景帝喝酒。

⑫上何以得擅传梁王:倪思曰:"婴不顾窦太后,引谊别微,真忠臣也。"

⑬太后除窦婴门籍,不得入朝请:窦太后取消了窦婴进出宫廷的资格,让他不能进宫朝见皇帝。除,注销。门籍,胡三省曰:"出入宫殿门之籍也。"即允许出入宫门的花名册。入朝请,即进宫拜见皇帝。古时春季朝见天子曰"朝",秋季朝见天子曰"请",此处泛

指朝见。

【译文】

　　魏其侯窦婴,是汉文帝窦皇后堂兄的儿子。他的父辈以上世世代代是观津人。窦婴喜欢结交宾客。汉文帝在位时,窦婴任吴国国相,后来因为有病辞职。汉景帝刚刚即位时,窦婴被任命为詹事。梁孝王刘武是汉景帝的胞弟,他的母亲窦太后很疼爱他。有一次梁孝王进京朝见,和汉景帝一起以兄弟的身份举行家宴。当时汉景帝还没有册立太子,当大家喝酒喝得正高兴时,汉景帝随口说道:"等我死了之后,就把皇位传给梁王。"窦太后听后心里非常高兴。这时窦婴端起一杯酒献给景帝,说道:"天下是高祖打下的天下,皇位应当父子相传,是我们汉朝立下的规矩,皇上怎么能够擅自传给梁王!"窦太后因此憎恨窦婴。窦婴也看不上詹事的官职,就借口生病辞官。窦太后于是注销了窦婴进出宫门的名籍,不让他再进宫朝见皇帝。

　　孝景三年,吴、楚反①,上察宗室诸窦毋如窦婴贤②,乃召婴。婴入见,固辞谢病不足任。太后亦惭。于是上曰:"天下方有急,王孙宁可以让邪③?"乃拜婴为大将军④,赐金千斤。婴乃言袁盎、栾布诸名将贤士在家者进之⑤。所赐金,陈之廊庑下⑥,军吏过,辄令财取为用⑦,金无入家者。窦婴守荥阳⑧,监齐、赵兵⑨。七国兵已尽破⑩,封婴为魏其侯。诸游士宾客争归魏其侯。孝景时每朝议大事,条侯、魏其侯⑪,诸列侯莫敢与亢礼⑫。

【注释】

①孝景三年,吴、楚反:汉景帝三年(前154)正月,吴、楚等发动叛乱,详见《吴王濞列传》《袁盎晁错列传》。

②宗室诸窦：颜师古曰："宗室，帝之同姓亲也；诸窦，总谓帝外家也。以吴楚之难，故欲用内外之亲为将也。"毋如窦婴贤：杨树达曰："《晁错传》，错请谪削诸侯，公卿列侯宗室莫敢难，独婴争之。当此祸发，景帝贤婴，殆由于此。盖时帝已有悔用错之意，亦即杀错之见端。错愚不知，袁盎则已窥见帝隐而进其谋矣。不然，盎于淮南厉王之骄，固亦尝主削谪诸侯之议矣，今则自违前议，忽献计诛错，不惮以反复见诘者，正非无故也。"

③王孙：《集解》引《汉书》曰："窦婴，字王孙。"

④大将军：此时尚非固定官名，至汉武帝以卫青为"大将军"，始为固定官名。

⑤袁盎：字丝，他与窦婴关系很好，事详《袁盎晁错列传》。晁错盖即因此二人之进谋而为景帝所杀，事见《袁盎晁错列传》。栾布：汉将名，因参与平定七国之乱，以军功封俞侯，事见《季布栾布列传》。

⑥廊庑：颜师古曰："廊，堂下周屋也。庑，门屋也。"王先谦以为"廊"即今走廊、游廊，"庑"为廊下之屋。

⑦财取为用：要多少拿多少。财，通"裁"，裁度。凌稚隆引张之象曰："窦婴能言诸名将贤士在家者进之，有公叔文子遗意焉；且所赐金辄与军吏，又能广君上之惠，其贤可知也。"《廉颇蔺相如列传》写赵奢为将，亦有此等做派。

⑧荥阳：汉县名，治所在今河南荥阳东北之古荥镇。

⑨监齐、赵兵：节制征讨齐、赵两地的兵马。王先谦引钱大昕曰："时栾布击齐，郦寄击赵，荥阳在南北之冲，东捍吴楚，北距齐赵。吴楚之兵，有周亚夫自将，非婴所监；若齐赵，虽各遣将，而婴为大将军，得遥制之。"

⑩七国兵已尽破：吴楚七国于景帝三年（前154）正月造反，至三月基本被讨平。

⑪条侯：绛侯周勃之子，文帝后元二年（前162）被封为条侯，七国之
　乱中被任命为太尉，是征讨叛军的最高统帅，事详《绛侯世家》。
⑫莫敢与亢礼：颜师古曰："言特敬此二人也。"亢礼，行对等之礼。
　亢，通"抗"，对等。凌稚隆曰："此突然插入条侯，借客形主之法。"

【译文】

　　汉景帝三年，吴、楚等七国造反，汉景帝考察刘姓宗亲和窦家诸人，
发现没有谁像窦婴那样贤能，于是就召见窦婴。窦婴入宫拜见，坚决推
辞，借口有病，无法胜任。窦太后这时也感到惭愧。汉景帝对窦婴说：
"国家正处于危急时刻，王孙你难道还要再推让吗？"于是就任命窦婴为
大将军，赏赐给他黄金千斤。这时袁盎、栾布等名将贤士都退职闲居在
家，窦婴向汉景帝推荐起用他们。汉景帝赏赐给他的黄金，窦婴全都放
在走廊穿堂里，手下的军官们路过时，就让他们根据自己的需要随便取
用，他自己一点也没往家里拿。后来窦婴驻守荥阳，监督征讨齐地和赵
地的两路兵马。七国叛军全部被打败后，汉景帝封窦婴为魏其侯。当时
许多游说之士和宾客都争先恐后地来投奔他。汉景帝时每次朝廷讨论
军政大事，周亚夫和窦婴的地位最高，其他列侯没人敢跟他们两个分庭
抗礼。

　　孝景四年①，立栗太子②，使魏其侯为太子傅③。孝景七
年，栗太子废④，魏其数争不能得⑤。魏其谢病，屏居蓝田南
山之下数月⑥，诸宾客辩士说之，莫能来。梁人高遂乃说魏
其曰⑦："能富贵将军者，上也；能亲将军者，太后也。今将军
傅太子，太子废而不能争；争不能得，又弗能死。自引谢病，
拥赵女，屏闲处而不朝⑧。相提而论⑨，是自明扬主上之过⑩。
有如两宫螫将军⑪，则妻子毋类矣⑫。"魏其侯然之，乃遂起，
朝请如故⑬。桃侯免相⑭，窦太后数言魏其侯。孝景帝曰：

"太后岂以为臣有爱^⑮,不相魏其? 魏其者,沾沾自喜耳,多易^⑯。难以为相持重。"遂不用,用建陵侯卫绾为丞相^⑰。

【注释】

①孝景四年:前153年。

②立栗太子:立栗姬子刘荣为太子,事在景帝四年(前154)四月。

③太子傅:官名,即太子太傅,职掌辅导太子。

④栗太子废:刘荣被废之详情,参见《外戚世家》《汉书·武五子传》。

⑤魏其数争不能得:凌稚隆引屠隆曰:"魏其谏传梁王,争废太子,乃忠臣立朝大节。"杨树达曰:"栗太子废为临江王,有罪对簿,欲得刀笔,郅都弗与,婴使人间与之,见《郅传》。"

⑥蓝田南山:即蓝田山,时为长安郊区游乐胜地,在今陕西蓝田东南。蓝田,汉县名,治所在今陕西蓝田西。王先谦曰:"《李广传》亦云'广屏居蓝田南山中射猎',盖蓝田南山在当日为朝贵屏居游乐之所。"

⑦高遂:其人不详,《史记》中仅见于此。

⑧拥赵女,屏闲处而不朝:颜师古曰:"拥,抱也。闲处,犹言私处也。"赵女,战国以来,赵国以盛产歌舞美女而闻名,故常用以代指美女。

⑨相提而论:指"太子废而不能争,争不能得又不能死"与"自引谢病,拥赵女,屏闲处而不朝"二事对照而言。

⑩自明扬主上之过:意在表明自己没错,而有意张扬皇上的过错。

⑪两宫:指景帝与窦太后,当时景帝居未央宫,窦太后居长乐宫。螫(shì):此谓伤害。

⑫毋类:无遗类,即都要被杀光。

⑬乃遂起,朝请如故:凌稚隆引王维桢曰:"去就若此,诚为'多

易’。”

⑭桃侯：刘舍，刘邦功臣刘襄之子，袭其父爵为桃侯，景帝中元三年
　（前147）继周亚夫为相，景帝后元元年（前143）七月，因日蚀被免。

⑮爱：吝惜。

⑯“魏其者”几句：郭嵩焘曰：“大抵言其器局之小而已。”沾沾自喜，
　王先谦曰：“犹言诩诩自得也。”指得意自满的样子。多易，轻率
　多变。王先谦曰：“婴为争太子事谢病数月，复起，出处轻率，帝故
　知其多易，难以持重。”

⑰卫绾（wǎn）：事详《万石张叔列传》。卫绾继刘舍为相在景帝后
　元元年（前143）八月。

【译文】

　　汉景帝四年，立栗姬生的刘荣太子，任命魏其侯为太子的师傅。汉
景帝七年，太子刘荣被废，魏其侯多次为刘荣力争也未能阻止。于是魏
其侯借口有病，隐居在蓝田县的南山下，住了好几个月，许多宾客、辩士
都来劝说他，但没有人能说服他回到京城来。梁地人高遂于是来劝解魏
其侯说：“能够让您富贵的是皇上，能使您成为朝廷亲信的是太后。现在
您担任太子的师傅，太子被废黜而不能力争，力争未能成功，又不能为他
殉死。自己托病引退，拥抱着歌姬美女，退隐闲居而不参加朝会。把这
些情况互相比照起来看，这是您自己表明要张扬皇帝的过失。如果皇上
和太后联合起来惩治您，那时您恐怕妻子儿女都要被杀光了。”窦婴一
听有理，便从山里出来，仍像往常一样去上朝了。桃侯刘舍被免去丞相
后，窦太后多次推荐魏其侯当丞相。汉景帝说：“太后难道认为我有所吝
惜而不让魏其侯当丞相吗？魏其侯这个人骄傲自满，容易自我欣赏，做
事草率轻浮，很难让他做丞相，担当国家重任。”于是就没有任用窦婴，
而任用建陵侯卫绾为丞相。

　　武安侯田蚡者①，孝景后同母弟也②，生长陵③。魏其已

为大将军后，方盛，蚡为诸郎④，未贵，往来侍酒魏其，跪起如子姓⑤。及孝景晚节，蚡益贵幸，为太中大夫⑥。蚡辩有口⑦，学《槃盂》诸书⑧，王太后贤之⑨。孝景崩，即日太子立，称制⑩，所镇抚多有田蚡宾客计策⑪。蚡、弟田胜，皆以太后弟，孝景后三年封⑫：蚡为武安侯，胜为周阳侯⑬。

【注释】

①武安侯田蚡：封地为武安。武安，汉县名，治所在今河北武安东北。

②孝景后同母弟：汉景帝王皇后的同母异父弟。据《外戚世家》，王皇后之母臧儿先嫁到王家，生王信、王皇后、王儿姁，后改嫁到田家，生田蚡、田胜。

③长陵：汉县名，治所在今陕西咸阳东北，因其地有刘邦陵墓长陵而得名。

④诸郎：普通郎官，郎中令属官，皇帝的侍从人员。

⑤子姓：犹言"子弟""子侄"。颜师古曰："姓，生也，言同子礼，若己所生。"

⑥蚡益贵幸，为太中大夫：当时田蚡姐姐为皇后，外甥为皇太子（即后来的汉武帝），故地位越来越高，也越来越受宠，升任太中大夫。太中大夫，郎中令属官，掌论议，顾问应对，秩比千石。

⑦辩有口：指能言善辩，口才好。杨树达曰："《外戚传》云：'田蚡、胜贪，巧于文辞。'"

⑧《槃盂》诸书：《汉书·艺文志》杂家类有"《孔甲槃盂》二十六篇"，《集解》引应劭曰："黄帝史孔甲所作铭也，凡二十六篇，书槃盂中，所为法戒。诸书，诸子文书也。"

⑨王太后：梁玉绳曰："此在景帝世，只当称皇后，《汉书》作'王皇后'，是。"贤之：认为他很贤能。

⑩ "孝景崩"几句：事在汉景帝后元三年（前141）正月二十七。称制,此指王太后代行天子职权,时武帝刘彻年仅十六岁。

⑪ 所镇抚多有田蚡宾客计策：意谓武帝即位之初,为稳定政局,多用田蚡宾客之策。可见田蚡亦有佐立之功。

⑫ 孝景后三年：前141年。时汉武帝已即位,但尚未改元。

⑬ 周阳侯：田胜封地为周阳。周阳,汉县名,治所在今山西绛县西南。杨树达引周寿昌曰："王、田别族,蚡、胜犹得以母舅封侯,故成帝云：'封田氏非正也。'见《元后传》。"

【译文】

武安侯田蚡,是汉景帝王皇后同母异父的弟弟,出生在长陵。魏其侯已经当过大将军后,正当显赫的时候,田蚡还是个郎官,没有显贵,来往于魏其侯家中,陪侍宴饮,跪拜起立像魏其侯的子侄辈一样。等到汉景帝晚年,田蚡就越来越尊贵受宠了,担任了太中大夫。田蚡能言善辩,口才很好,学习过《槃盂》书及诸子文书,王太后认为他有才能。汉景帝去世后,太子刘彻当天就继位做了皇帝,由于汉武帝当时年龄小,王太后摄政,她在安定政局方面,对田蚡门下宾客的策略多有采用。田蚡和他的弟弟田胜,都因为是王太后的弟弟,在汉景帝后元三年,分别被封为武安侯和周阳侯。

武安侯新欲用事为相①,卑下宾客②,进名士家居者贵之③,欲以倾魏其诸将相。建元元年④,丞相绾病免⑤,上议置丞相、太尉。籍福说武安侯曰⑥："魏其贵久矣,天下士素归之。今将军初兴⑦,未如魏其,即上以将军为丞相,必让魏其。魏其为丞相,将军必为太尉。太尉、丞相尊等耳⑧,又有让贤名。"武安侯乃微言太后风上,于是乃以魏其侯为丞相,武安侯为太尉。籍福贺魏其侯,因吊曰⑨："君侯资性喜善疾恶,方今善人誉君侯⑩,故至丞相;然君侯且疾恶,恶人众,亦且毁君侯⑪。君侯能兼容⑫,则幸久;不能,今以毁去矣。"魏其不听。

【注释】

①新欲用事为相:李笠曰:"武安时已用事,所欲者为相耳。"泷川引中井积德曰:"'欲'字宜在'为'字上。"

②卑下宾客:对宾客谦卑,礼贤下士。

③进名士家居者贵之:推荐闲居在家的人去做官,让他们显贵。

④建元元年:前140年。建元,汉武帝年号(前140—前135)。

⑤丞相绾病免:事在建元元年六月。据《万石张叔列传》,卫绾被免职的原因是"景帝疾时诸官囚多坐不辜者"。

⑥籍福:姓籍名福,又见于《季布栾布列传》。

⑦今将军初兴:田蚡未任军职,籍福称其为"将军",或以即将任太尉而提前称之。

⑧太尉、丞相尊等耳:秦汉时代以丞相、太尉、御史大夫为"三公",丞相与太尉,一文一武,地位爵禄基本相当,皆金印紫绶。

⑨籍福贺魏其侯,因吊曰:先祝贺窦婴,而后又告诫他。贺,颂扬。吊,以风险相告诫。杨树达曰:"《国策·燕策》记苏秦说齐王,'再拜而贺,因仰而吊';《蒯通传》记通说范阳令,又先吊而后贺,盖战国以来风习如此。"蒯通吊、贺范阳令事,详见《张耳陈馀列传》。

⑩君侯:时丞相僚属多称丞相为"君",丞相又基本是"列侯",故称"君侯"。

⑪毁:诽谤,诋毁。

⑫兼容:对好人、坏人都要包容。

【译文】

武安侯刚刚受封,想要掌权当丞相,故意对他的宾客摆出一副礼贤下士的样子,推荐闲居在家的名士出来做官,让他们显贵,想以此来压倒窦婴等将相的势力。汉武帝建元元年,丞相卫绾因病免职,汉武帝考虑任命丞相和太尉。籍福劝说武安侯道:"魏其侯显贵已经很久了,天下有才能的人一向归附他。现在将军您刚刚发迹,不能和魏其侯相比,就是皇上任命您做丞相,也一定要让给魏其侯。魏其侯当丞相,您一定会当太尉。太尉和丞相的尊贵地位是相等的,您还有让相位给贤者的好名声。"武安侯就把这个想法悄悄地告诉了王太后,让王太后去给皇上吹风,于是汉武帝就任命魏其侯为丞相,任命武安侯为太尉。这时籍福去向魏其侯道贺,又顺便告诫魏其侯说:"您的天性是喜欢好人而憎恨坏人,如今有好人称赞您,所以您当上了丞相,然而您憎恨坏人,而坏人又非常多,他们将会不断诋毁您。如果您能兼容好人和坏人,那么您丞相的职位就可以保持长久;如果不能够做到这样的话,马上就会因为受到诋毁而被离职了。"魏其侯不听从他的话。

魏其、武安俱好儒术,推毂赵绾为御史大夫[①],王臧为郎中令[②]。迎鲁申公[③],欲设明堂[④],令列侯就国[⑤],除关[⑥],以礼为服制[⑦],以兴太平。举适诸窦宗室毋节行者[⑧],除其属籍[⑨]。时诸外家为列侯,列侯多尚公主[⑩],皆不欲就国,以故毁日至窦太后。太后好黄老之言[⑪],而魏其、武安、赵绾、王臧等务隆推儒术,贬道家言,是以窦太后滋不说魏其等[⑫]。及建元二年[⑬],御史大夫赵绾请无奏事东宫[⑭]。窦太后大怒,乃罢逐赵绾、王臧等,而免丞相、太尉,以柏至侯许昌为丞相[⑮],武强侯庄青翟为御史大夫[⑯]。魏其、武安由此以侯家居。

【注释】

①推毂：推车，此指推荐。毂，车轴。《荆燕世家》有"推毂高祖就天下"，意即佐助。赵绾：代人，曾从申公学《诗》，事又见《儒林列传》。御史大夫：官名，汉代三公之一，掌副丞相职。主管图籍秘书、四方文书、监察执法。丞相缺位时，一般由御史大夫继任。

②王臧：兰陵（今山东枣庄东南）人，景帝时任太子少傅。郎中令：官名，汉代九卿之一，职掌宫廷门户，总管宫殿内一切事务。秩二千石。

③迎鲁申公：指延请儒家学者，推进尊儒事业。申公，名培，鲁人，以治《诗》见称。事详《儒林列传》。赵绾、王臧皆其弟子。

④设明堂：建立明堂。明堂，儒生说法不一，或谓系明政教之堂，以朝诸侯；或谓即天子宗庙，以供祭祀；或谓乃太学辟雍，以隆教化。《封禅书》载泰山东北侧有一古代之明堂，可参看。

⑤令列侯就国：让列侯们回到各自的封国去。后文云"时诸外家为列侯，列侯多尚公主，皆不欲就国"。

⑥除关：取消诸侯进出京师长安设关卡稽查的制度。徐孚远曰："汉立关以稽诸侯出入，至此罢之，示天下一家之义也。"王先谦曰："文帝十二年除关，无用传（通行证）。景帝四年，以七国新反，复置诸关，用传出入，至是欲复除之。"

⑦以礼为服制：据《集解》说，指按照古礼来制定吉、凶、军、宾、嘉各种礼仪的服饰。

⑧举适诸窦宗室无节行者：检举贬黜窦氏家族及刘姓宗亲中品行恶劣者。举，检举。适，通"谪"，贬黜。诸窦宗室，指窦氏外戚与刘氏宗亲。

⑨除其属籍：犹前文窦太后"除窦婴门籍"，不许他们再进出宫门。

⑩尚公主：娶公主为妻。

⑪黄老之言：托名黄帝、老子一种学说，道家学派的一个分支，主张

清静无为,汉初统治思想的主流。

⑫不说:不满,不喜欢。说,通"悦"。

⑬建元二年:前139年。

⑭请无奏事东宫:请求武帝不要再向窦太后奏报政事。东宫,窦太后和王太后的住所。胡三省曰:"汉长乐宫在东,太后居之,故谓之东宫,又谓之东朝。"可见当时实际掌权者为武帝祖母窦太后,"无奏事东宫"之议,盖王太后、汉武帝欲向窦太后夺权。

⑮柏至侯许昌:刘邦功臣许温之孙,文帝十五年(前165)继位为侯。封地柏至,今地未详。

⑯武强侯庄青翟:刘邦功臣庄不识之孙,文帝后元二年(前162)继位为侯。封地在今河北武强。许温与庄不识,《史记》《汉书》无传,事略见《高祖功臣侯者年表》。

【译文】

魏其侯窦婴和武安侯田蚡都喜爱儒家学说,他们推荐赵绾担任御史大夫,推荐王臧担任郎中令。还从鲁国将儒生申培迎接到长安,准备设立明堂,命令列侯们回到自己的封地去,废除关禁,按照礼仪来制定不同等级的服饰制度,想以此来塑造太平盛世的气象。他们检举惩治窦氏外戚和刘氏宗亲中的品行恶劣的人,一经查实就从族谱上除掉他们的名字。当时许多外戚都是列侯,而列侯们又大多娶公主为妻,都不愿意回到自己封国去,所以诋毁魏其侯等人的言语每天都传到窦太后的耳中。窦太后喜欢黄老学说,而魏其侯、武安侯、赵绾、王臧等人却致力于推崇儒家学说,贬低道家的学说,所以窦太后更加不喜欢魏其侯等人。等到建元二年,御史大夫赵绾又奏请汉武帝今后有事不要再去向窦太后请示汇报。窦太后大怒,立即下令罢免驱逐了赵绾、王臧等人,同时免去了魏其侯和武安侯的职务,任命柏至侯许昌为丞相,任命武强侯庄青翟为御史大夫。魏其侯、武安侯从此就以列侯的身份闲居家中。

武安侯虽不任职,以王太后故,亲幸,数言事多效^①,天下吏士趋势利者,皆去魏其归武安^②。武安日益横。建元六年^③,窦太后崩,丞相昌、御史大夫青翟坐丧事不办,免^④。以武安侯蚡为丞相^⑤,以大司农韩安国为御史大夫^⑥。天下士郡诸侯愈益附武安^⑦。

【注释】

① 数言事多效:杨树达曰:"《严助传》,建元三年,东瓯告急于汉,帝以问蚡,蚡欲不救,亦见《两粤传》,正蚡不任职而言事之证也。"

② 天下吏士趋势利者,皆去魏其归武安:此等世态炎凉之事,又见于《廉颇蔺相如列传》《汲郑列传》等篇。

③ 建元六年:前135年。

④ 坐丧事不办,免:此亦托词。盖许昌、庄青翟系窦太后提拔,故窦太后去世,二人遂被免职。《张丞相列传》称他们"皆以列侯继嗣,娖娖廉谨,为丞相备员而已,无所能发明功名有著于当世者"。不办,办得不好,不完备。

⑤ 以武安侯蚡为丞相:据《酷吏列传》,田蚡为丞相时,征张汤为丞相史;又据《河渠书》,田蚡因其封地在黄河北,引"天人感应"说反对堵塞黄河向南的瓠子决口。此皆田蚡为丞相时事。

⑥ 大司农韩安国:字长孺,事详《韩长孺列传》。大司农,官名,汉代九卿之一,秦时称治粟内史,汉景帝后元元年(前143)更名大农令,武帝太初元年(前104)始称大司农。主管国家财政经济。秩二千石。韩安国于武帝建元三年(前138)任大农令,至建元六年(前135)为御史大夫。

⑦ 天下士郡诸侯愈益附武安:王骏图曰:"盖谓天下士人,郡国之官及诸侯王无不附之也。"

【译文】

武安侯虽然不在朝中当官,但因为王太后的缘故,仍然受到汉武帝宠信,多次议论政事,建议多被采纳,天下趋炎附势的官吏和士人,就都离开魏其侯而去归附武安侯。武安侯变得一天比一天更骄横。建元六年,窦太后去世,丞相许昌、御史大夫庄青翟因为丧事没办好,被免职。汉武帝任命武安侯为丞相,任命大司农韩安国为御史大夫。这样天下的士大夫及各郡、各诸侯国的人就更加趋附武安侯了。

武安者,貌侵①,生贵甚②。又以为诸侯王多长③,上初即位,富于春秋④,蚡以肺腑为京师相⑤,非痛折节以礼诎之,天下不肃⑥。当是时,丞相入奏事,坐语移日⑦,所言皆听,荐人或起家至二千石,权移主上⑧。上乃曰:"君除吏已尽未?吾亦欲除吏。"尝请考工地益宅⑨,上怒曰:"君何不遂取武库⑩!"是后乃退⑪。尝召客饮,坐其兄盖侯南乡⑫,自坐东乡,以为汉相尊,不可以兄故私桡⑬。武安由此滋骄,治宅甲诸第⑭。田园极膏腴,而市买郡县器物相属于道⑮。前堂罗钟鼓⑯,立曲旃⑰;后房妇女以百数。诸侯奉金玉狗马玩好,不可胜数。

【注释】

①貌侵:相貌丑陋短小。侵,也写作"寝"。

②生贵甚:王先谦曰:"盖蚡方幼时已为外戚尊贵矣,故曰'生贵甚'也。"自幼出身尊贵,故性情傲慢骄纵。

③多长:多数年龄较大,此相对于时年二十多岁的汉武帝而言。

④富于春秋:年纪尚小,来日方长。颜师古曰:"谓年少也,齿历方

久,故云'富于春秋'也。"

⑤肺腑:犹言"骨肉",田蚡为武帝舅舅,亲戚关系极近。京师相:中央朝廷的丞相。当时各诸侯王国也有相。

⑥非痛折节以礼诎之,天下不肃:王骏图曰:"谓非痛乎折诸侯王之气,而以礼屈下之,则天下不肃也。"折节,打击,压制。诎,同"屈"。颜师古曰:"言以尊贵临之,皆令其屈节而下己也。"肃,恭敬服帖。

⑦坐语:坐着同皇帝交谈,见武帝对其之优宠。移日:日影移位,言其奏事时间很长,见田蚡专权之势。

⑧权移主上:言皇帝大权旁落于田蚡手中。

⑨考工地:考工署所占地盘。考工,官署名,主要负责制造以兵器为主的器械。

⑩武库:国家储藏兵器的仓库,当时在未央宫与长乐宫之间,其遗址在今西安北郊大刘寨村北。以上言田蚡专权骄横,以致与武帝产生冲突。

⑪是后乃退:王先谦曰:"谓后稍敛退也。"退,收敛。

⑫坐其兄盖侯南乡:让其兄盖侯王信南向坐。乡,通"向"。秦汉时代日常宴饮会客时以东向为尊,南向次之。《项羽本纪》写鸿门宴座次,亦可参考。

⑬私桡:自贬身份。桡,同"挠",曲,屈尊。杨树达曰:"《汲黯传》云'中二千石拜谒,蚡不为礼',亦蚡骄之一事也。"

⑭甲诸第:在王侯宅第中居首。

⑮相属于道:在路上接连不断。属,连。

⑯罗:罗列,陈设。

⑰曲旃(zhān):《索隐》曰:"旌旃柄上曲,通帛曰旃。《说文》云:'曲旃者,所以招士也。'"即指一种伞面由整幅绣帛制成的曲柄长伞,用以招贤。

【译文】

武安侯田蚡身材矮小，相貌丑陋，出生就很尊贵。他认为诸侯王们都年龄较大，而汉武帝却刚刚即位，年纪轻轻，自己又是凭借外戚的关系担任朝廷的丞相，因此他觉得如果不狠狠地压制诸侯王，用礼法来使他们屈服，天下人就不会服服帖帖的。当时，武安侯进宫向汉武帝奏事，往往一坐就谈很久，他所说的话汉武帝都听，他所推荐的人有的从家中一下子提拔到二千石级，权力比汉武帝还大。汉武帝便说："你要任命的官吏已经任命完了没有？我也想任命几个官呢。"武安侯曾经还要求把考工官署的地盘划给他扩建住宅，汉武帝生气地说："你何不把武器库也拿走！"从这以后才收敛一些。武安侯在家里请客时，总是让他哥哥盖侯面向南坐，自己却面向东坐，认为汉朝的丞相尊贵，不能因为他是兄长就自贬丞相的身份。武安侯从此也变得越发骄纵，他建造的住宅是所有贵族宅第中最好的。他家的田地庄园都极其肥沃，派到各郡县去购买器物的人，在大道上络绎不绝。他家前堂摆设着钟鼓，竖立着招贤的曲柄长伞，后房的美女数以百计。诸侯奉送给他的珍宝金玉、狗马和玩好器物，数也数不清。

魏其失窦太后，益疏不用，无势，诸客稍稍自引而怠傲①，唯灌将军独不失故。魏其日默默不得志，而独厚遇灌将军。

灌将军夫者，颍阴人也②。夫父张孟，尝为颍阴侯婴舍人③，得幸，因进之，至二千石，故蒙灌氏姓为灌孟④。吴楚反时，颍阴侯灌何为将军⑤，属太尉⑥，请灌孟为校尉⑦。夫以千人与父俱⑧。灌孟年老，颍阴侯强请之，郁郁不得意⑨，故战常陷坚⑩，遂死吴军中。军法，父子俱从军，有死事，得与丧归。灌夫不肯随丧归，奋曰："愿取吴王若将军头⑪，以报父之仇。"于是灌夫被甲持戟,募军中壮士所善愿从者数十人。及出壁门,莫敢前。独二人及从奴十数骑驰入吴军,至吴将麾下,所杀伤数十人。不得前,复驰还,走入汉壁,皆亡其奴,独与一骑归。夫身中大创十余,适有万金良药,故得无死。夫创少瘳⑫,又复请将军曰:"吾益知吴壁中曲折,请复往。"将军壮义之⑬,恐亡夫,乃言太尉,太尉乃固止之。吴已破,灌夫以此名闻天下。

【注释】

①诸客:《汉书》作"诸公",似较"诸客"为妥,下文言及之灌夫,即非窦婴"客"。稍稍:逐渐。自引:自行退去不再上门。

②颍阴:汉县名,治所在今河南许昌。

③颍阴侯婴:即灌婴,西汉开国功臣,事详《樊郦滕灌列传》。

④蒙:冒,顶着。

⑤灌何:灌婴之子,文帝五年(前175)继位为颍阴侯。

⑥属太尉:隶属于太尉周亚夫。

⑦校尉:武官名,古代一个将军下分若干部,各部的长官即校尉。

⑧千人:低级军官名,因主管千名士兵,故名。《集解》引《汉书音义》曰:"官主千人,如侯、司马。"又《傅靳蒯成列传》有"千人将",颜师古引如淳注:"骑将率号为'千人'。"陈直曰:"《汉书·百官公卿表》中尉、典属国属官皆有'千人',又西域都护亦有'千人'。《陶斋藏印》第二集有'千人督印',灌夫之职当与'千人督'相近。"

⑨郁郁不得意:王先谦曰:"孟年老,太尉亚夫不欲用之,颍阴侯强请而后可,故孟不得意也。"杨树达曰:"颍阴侯强请,不得已而行,故'不得意'耳。"

⑩战常陷坚：在作战时常常进攻敌人防守坚固的阵地。沈钦韩引《御览》三百八十六："颍川张钦孟孝，吴楚反，与亚夫常为前锋，陷阵溃围，旁人观曰：'壮哉，此君！'钦闻，自矜，遂死军。"与灌孟（张孟）事迹颇为类似，姑录以备考。

⑪愿取吴王若将军头：希望斩获吴王或其部下某个将军的人头。若，或者。凌稚隆曰："'愿取吴王若将军头，以报父仇'，此灌将军孝勇，一生大节处，故下文若'将军壮义之''以此名闻天下''诸公莫弗称之'，皆本于此。"

⑫瘳（chōu）：痊愈。

⑬壮义之：既赞赏其壮勇，又欣赏其孝义。

【译文】

　　而魏其侯自从窦太后去世之后，越来越被汉武帝疏远，不受重用，没有权势，诸宾客渐渐自动离去，甚至对他懈怠傲慢起来，这时只有灌夫将军还像从前一样对他。魏其侯整天闷闷不乐，唯独对灌将军格外厚待。

　　灌夫将军是颍阴人。他的父亲叫张孟，曾经做过颍阴侯灌婴的舍人，受到灌婴宠爱，因而推荐他，做官做到了二千石级别，所以张孟就冒用灌家的姓而改叫灌孟了。吴楚七国之乱时，颍阴侯灌何担任将军，是太尉周亚夫的部下，他向太尉请求任命灌孟为校尉。灌夫也以千夫长的身份同父亲一起出征。当时灌孟已然年老，是灌何坚持向周亚夫请求，周亚夫才同意的，灌孟因此闷闷不乐，每逢作战时，总是向敌人兵力最强的地方冲，结果战死在吴军阵中。按照当时的军法规定，父子两个都在军中打仗的，如果其中一个战死，另一个可以护送死者回乡。但灌夫不肯随同父亲的灵柩回乡，激愤地说："我希望去拿下吴王或者吴国将军的头，来替我父亲报仇！"于是灌夫披上铠甲，手持战戟，召集了军中与他素来关系好又愿意跟他同去的勇士几十个人。等到一走出营门，许多人都不敢前进了。只剩下两个士兵和他从家里带来的十来个奴隶跟着他一起骑马冲进了吴军阵营，他们一直冲到吴军大将的将旗之下，打死打伤吴军几十个人。实在无法前进了,才跑了回来。等进入汉营一看,随他冲进吴营的十几个奴隶全都不见了,只有一个士兵跟他一起回来了。灌夫身受重创十多处,碰巧有价值万金的良药,所以才得不死。灌夫的创伤稍有好转,就又向灌何将军请求说:"我现在更加了解吴军营垒中的详细情况了,请您让我再次前往。"灌何将军认为他勇敢而有义气,害怕灌夫战死,便向太尉周亚夫报告,太尉便坚决制止了他。等到吴军被击败,灌夫也因此名闻天下。

颍阴侯言之上①,上以夫为中郎将②。数月,坐法去。后家居长安,长安中诸公莫弗称之。孝景时,至代相③。孝景崩,今上初即位,以为淮阳天下交④,劲兵处,故徙夫为淮阳太守⑤。建元元年,入为太仆⑥。二年⑦,夫与长乐卫尉窦甫饮⑧,轻重不得⑨,夫醉,搏甫。甫,窦太后昆弟也。上恐太后诛夫,徙为燕相⑩。数岁,坐法去官,家居长安。

【注释】

①颍阴侯言之上:灌何向汉景帝汇报了灌夫的英勇表现。

②中郎将:官名,郎中令属官,统领皇帝侍卫郎中。秩比二千石。

③孝景时,至代相:梁玉绳引陈太仆曰:"灌夫自始为校尉以至代相,皆在孝景时,不应错出,盖误也。《汉书》作'由是复为代相'。"代相,代王之相。此时代王为文帝之子刘参的儿子刘登。

④淮阳:汉郡名,郡治即今河南淮阳。天下交:四通八达的交通要冲。交,也作"郊",《汉书》作"郊"。颜师古曰:"郊,谓四交辐凑。"

⑤故徙夫为淮阳太守:陈子龙曰:"人主初即位,恐有奸人谋非常,故置名太守以镇之。"

⑥入为太仆：调到朝廷任太仆官。太仆，官名，汉代九卿之一，掌管皇帝之舆马和马政。秩中二千石。

⑦二年：前139年。

⑧长乐卫尉：长乐宫的卫尉。卫尉，官名，汉代九卿之一，职掌统辖宫廷卫士，管辖宫内宿卫。秩中二千石。

⑨轻重不得：犹言意见不同，产生了冲突。泷川引中井积德曰："轻重，犹言'得失'也。彼以为是，此以为非之类。"《集解》引晋灼曰："饮酒轻重不得其平也。"颜师古曰："礼数之轻重也。"三说不同，并录以备考。吴见思曰："欲写灌夫使酒之事，先伏使酒之端。……窦甫，窦太后弟，映田蚡，王太后弟。"

⑩燕相：燕王之相。时燕王为刘邦功臣刘泽之孙刘定国，事详《荆燕世家》。

【译文】

灌何回朝后向汉景帝报告了灌夫的英勇表现，汉景帝就任命灌夫为中郎将。几个月之后，他就因为犯法被免职了。后来灌夫搬家到长安居住，长安城中的显贵没有不称赞他的。汉景帝时，灌夫官至代国国相。汉景帝去世，当今皇上刚刚即位时，认为淮阳是天下的交通要冲，必须驻扎强大的兵力加以防守，因此调派灌夫担任淮阳太守。汉武帝建元元年，又调灌夫进京担任太仆。第二年，灌夫跟长乐卫尉窦甫一起喝酒，两人因为点什么发生了争执，结果灌夫乘着酒醉，打了窦甫。窦甫是窦太后的亲兄弟。汉武帝怕窦太后杀死灌夫，便把灌夫调到燕国去做国相。几年以后，又因犯法离职，闲居在长安家中。

　　灌夫为人刚直，使酒①，不好面谀②。贵戚诸有势在己之右，不欲加礼，必陵之；诸士在己之左，愈贫贱，尤益敬，与钧③。稠人广众，荐宠下辈④。士亦以此多之。夫不喜文学⑤,好任侠,已然诺⑥。诸所与交通⑦,无非豪桀大猾⑧。家累数千万,食客日数十百人。陂池田园⑨,宗族宾客为权利,横于颍川。颍川儿乃歌之曰⑩:"颍水清,灌氏宁;颍水浊,灌氏族。"

【注释】

①使酒:颜师古曰:"因酒而使气也。"犹今言好撒酒疯。

②面谀:当面奉承人。

③与钧:意谓平等相待。钧,通"均"。以上数句见灌夫好欺强而不凌弱之豪侠习性。

④荐宠:推扬爱护。

⑤不喜文学:指不爱读书,缺乏文化修养。文学,此谓文化学养。

⑥已然诺:答应了的事一定做到。《索隐》曰:"谓已许诺,必使副其前言也。"已,完成,做到。然,应许。杨树达曰:"《季布传》:'季心为任侠,弟畜灌夫',正以气类相合故尔。"

⑦交通:交往。

⑧豪桀大猾:地方豪强奸人。

⑨陂(bēi)池田园:此盖谓灌夫家田土庄园甚多,"陂池田园"后当有"甚多"之类的谓语,语意方明晰。陂,池塘的堤堰。

⑩颍川:汉郡名,郡治阳翟,即今河南禹州。

【译文】

灌夫为人刚强正直,喜欢撒酒疯,不喜欢当面奉承人。对皇亲国戚及有势力的人,凡是地位在自己之上的,他不但不想对他们表示尊敬,反而要想办法去凌辱他们;对地位在自己之下的许多士人,越是贫贱的,就越尊敬,跟他们平等相待。他在大庭广众之中,特别喜欢表扬地位低下的人。士人们也因此都称赞他。灌夫不喜欢读书治学,喜欢行侠仗义,答应别人的事就一定办到。凡和他交往的那些人,无不是杰出人士或大奸巨猾。他家里有几千万的资产,门下的食客每天都有几十上百人。他家有大量的肥沃土地和蓄水池塘,他的宗族和宾客扩张权势,垄断利益,在颍川一带横行霸道。颍川的儿童于是作歌唱道:"颍水清清,灌氏安宁;颍水浑浊,灌氏灭族。"

灌夫家居虽富,然失势,卿相侍中宾客益衰①。及魏其侯失势,亦欲倚灌夫引绳批根生平慕之后弃之者②。灌夫亦倚魏其而通列侯宗室为名高。两人相为引重③,其游如父子然④。相得欢甚,无厌,恨相知晚也。

【注释】

①卿相侍中宾客:卿相侍中那样的高级宾客。侍中,指能进宫侍候皇帝的近臣。

②引绳批根:郭嵩焘曰:"引绳批根,皆攻木之事。绳即绳墨,谓弹正之。批根者,近根处盘错,宜批削之也。引绳批根,弹削其不中程度者,盖当时常语。"即弹压打击之意。

③相为引重:王先谦曰:"两相援引藉重也。"互相借重对方。

④其游如父子然:陈直曰:"《汉书·序传》叙张耳云'张陈之交,游如父子',与传义正同,盖两汉人之习俗语。"凌稚隆引张之象曰:"两人俱失势,困厄中意气慷慨,故易相结耳。"

【译文】

灌夫虽然家中富有,但由于他在政治上丧失权势,所以像卿相侍中那样的贵客跟他交往的就越来越少了。等到魏其侯也丧失权势后,也想依靠灌夫去弹压打击那些原先仰慕自己后来又抛弃自己的人。而灌夫也想借着魏其侯的关系去结交那些列侯和皇族来提高自己的名声。两人互相援引借重,他们的交往就如同父子之间那样密切。彼此情投意合,不觉厌烦,只恨相知太晚了。

灌夫有服①,过丞相②。丞相从容曰:"吾欲与仲孺过魏其侯③,会仲孺有服。"灌夫曰:"将军乃肯幸临况魏其侯④,夫安敢以服为解⑤!请语魏其侯帐具⑥,将军旦日蚤临⑦。"武安许诺。灌夫具语魏其侯如所谓武安侯。魏其与其夫人益市牛酒,夜洒扫,早帐具至旦⑧。平明,令门下候伺。至日中,丞相不来。魏其谓灌夫曰:"丞相岂忘之哉?"灌夫不怿⑨,曰:"夫以服请,宜往⑩。"乃驾,自往迎丞相。丞相特前戏许灌夫,殊无意往。及夫至门,丞相尚卧。于是夫入见,曰:"将军昨日幸许过魏其,魏其夫妻治具,自旦至今,未敢尝食。"武安鄂谢曰⑪:"吾昨日醉,忽忘与仲孺言。"乃驾往,又徐行,灌夫愈益怒。及饮酒酣,夫起舞属丞相⑫,丞相不起,夫从坐上语侵之⑬。魏其乃扶灌夫去,谢丞相。丞相卒饮至夜,极欢而去⑭。

【注释】

①有服:据《文选》应璩《与满公琰书》李善注,灌夫当时正为他姐姐服丧。

②过:造访,拜访。

③仲孺:据《汉书》本传,灌夫字仲孺。

④将军乃肯幸临况魏其侯:您竟然有意光临魏其侯家。临况,犹今曰"光临""惠顾"。况,通"贶",恩赐。王先谦引沈钦韩曰:"蚡见为丞相,而称之'将军',史驳文。"

⑤解：推辞的借口。

⑥帐具：谓陈列帷帐几筵。指准备筵席。

⑦旦日：明天。蚤：通"早"。

⑧夜洒扫，早帐具至旦：盖谓连夜打扫，一早又起来准备，忙到天亮。

⑨不怿：不高兴。怿，喜悦。

⑩夫以服请，宜往：意谓我不顾丧服在身请他前来，丞相至今不到，我应该去看看是什么情况。

⑪鄂：通"愕"，惊讶。

⑫起舞属（zhǔ）丞相：指自己舞完，请丞相接着舞。属，颜师古曰："付也，犹今之讫相劝也。"这里可理解为邀请。

⑬侵：冒犯。

⑭丞相卒饮至夜，极欢而去：凌稚隆引董份曰："此'卒饮极欢'，所谓嘻笑之怒甚于裂眦者也，婴与夫尚不悟哉！"

【译文】

　　有一次，灌夫在服丧期内去拜访丞相。丞相顺口说："本想和你一道去拜访下魏其侯，却碰上你有丧服在身。"灌夫说："您竟肯屈驾光临魏其侯家，我灌夫怎敢以丧服在身为借口推辞呢！请允许我去告诉魏其侯备办酒席，您明天早点光临。"武安侯答应了。灌夫把自己跟武安侯说的话详细告诉了魏其侯。魏其侯连忙和他的夫人一起买来许多酒肉，连夜打扫卫生，又一早起来铺设筵席，一直忙到天亮。从天亮开始，魏其侯就派人到门前去张望着。一直等到中午，武安侯也没来。于是魏其侯就对灌夫说："丞相难道是忘了吗？"灌夫很不高兴，说："我灌夫不嫌丧服在身请他前来，该去看看是怎么回事。"于是便驾车，亲自前往迎接丞相。而丞相前一天只是跟灌夫开玩笑答应了他，心里根本没想去赴宴。等灌夫来到他家门口，丞相还在睡觉。于是灌夫进门去见他，说："幸蒙将军昨天答应去拜访魏其侯，魏其侯夫妇备办了酒食，从早晨到现在，没敢吃一点东西。"武安侯一脸惊讶地道歉说："我昨天喝醉了，忽然忘了跟你说的话。"说罢驾车前往，路上走得很慢，灌夫更加生气。等到喝酒喝得高兴时，灌夫起身跳舞，舞完又邀请丞相接着跳，丞相不肯起身，灌夫在酒宴上用话讽刺丞相。魏其侯便扶灌夫离去，向丞相道歉。丞相一直喝到天黑，尽兴后才离去。

丞相尝使籍福请魏其城南田①。魏其大望曰②："老仆虽弃，将军虽贵，宁可以势夺乎!"不许。灌夫闻，怒，骂籍福。籍福恶两人有郄③，乃谩自好谢丞相曰④："魏其老且死，易忍，且待之。"已而武安闻魏其、灌夫实怒不予田，亦怒曰："魏其子尝杀人，蚡活之。蚡事魏其无所不可⑤，何爱数顷田? 且灌夫何与也? 吾不敢复求田。"武安由此大怨灌夫、魏其。

【注释】

①请魏其城南田：实即索要魏其侯城南之田。凌稚隆引张之象曰："武安尝请汉家考工地益宅，况魏其城南田乎? 权臣无忌惮如此!"又引王维桢曰："武安怨二人，本在夺田。不得，乃遂索他事，求以中之。"

②望：抱怨。

③恶两人有郄：不希望窦婴、田蚡两人产生矛盾。郄，也作"郤"，通"隙"，隔阂，矛盾。

④谩自好：私自编造了一套好话。颜师古曰："谩，犹诡也。诈为好言也。"杨树达曰："《季布传》：'季心弟畜灌夫、籍福之属。'然则福亦游侠之徒，故颇有排难解纷之意也。"

⑤蚡事魏其无所不可：我对待魏其侯，没有什么不满足他的要求。王先谦曰："言魏其所请，蚡无所不许也。"

【译文】

丞相田蚡曾经派籍福去向魏其侯索要他在城南的田地。魏其侯抱怨说:"我虽然被朝廷抛弃,田将军虽然地位尊贵,难道他就能仗着权势来强抢我的地吗!"没有答应这事。灌夫听说后,很愤怒,大骂籍福。籍福不希望魏其侯、武安侯之间发生矛盾,就自己编造了好话向丞相道歉说:"魏其侯年事已高,快死了,您稍微忍耐一下,姑且等一等。"不久武安侯听说魏其侯和灌夫实际是愤怒而不肯给他田地,也愤怒地说:"魏其侯的儿子曾经杀人犯了死罪,是我救了他的命。我对待魏其侯,没有一件事不满足他的要求,为什么他却连几项田都舍不得?而且这件事跟灌夫有什么相干呢?我再也不敢向他要这块地了。"武安侯从此非常怨恨灌夫、魏其侯。

元光四年春①,丞相言灌夫家在颍川,横甚,民苦之,请案②。上曰:"此丞相事,何请。"灌夫亦持丞相阴事,为奸利③,受淮南王金与语言④。宾客居间,遂止,俱解。

夏,丞相取燕王女为夫人⑤,有太后诏,召列侯宗室皆往贺。魏其侯过灌夫,欲与俱。夫谢曰:"夫数以酒失得过丞相,丞相今者又与夫有郤。"魏其曰:"事已解。"强与俱。饮酒酣,武安起为寿,坐皆避席伏⑥。已魏其侯为寿,独故人避席耳,余半膝席⑦。灌夫不悦。起行酒,至武安,武安膝席曰:"不能满觞。"夫怒,因嘻笑曰:"将军贵人也,属之⑧!"时武安不肯。行酒次至临汝侯⑨,临汝侯方与程不识耳语,又不避席。夫无所发怒,乃骂临汝侯曰⑩:"生平毁程不识不直一钱,今日长者为寿,乃效女儿咕嗫耳语⑪!"武安谓灌夫曰:"程、李俱东西宫卫尉⑫,今众辱程将军,仲孺独不为李将军地乎⑬?"灌夫曰:"今日斩头陷匈⑭,何知程、李乎!"坐乃起更衣⑮,稍稍去。魏其侯去,麾灌夫出⑯。武安遂怒曰:"此吾骄灌夫罪。"乃令骑留灌夫⑰。灌夫欲出不得。籍福起为谢,案灌夫项令谢。夫愈怒,不肯谢。武安乃麾骑缚夫置传舍⑱,召长史曰⑲:"今日召宗室,有诏⑳。"劾灌夫骂坐不敬,系居室㉑。遂按其前事,遣吏分曹逐捕诸灌氏支属,皆得弃市罪㉒。魏其侯大愧㉓,为资使宾客请㉔,莫能解。武安吏皆为耳目㉕,诸灌氏皆亡匿,夫系,遂不得告言武安阴事㉖。

【注释】

①元光四年:前131年。元光,汉武帝年号(前134—前129)。

②案:通"按",查办。

③为奸利:办坏事以图私利。杨树达曰:"《韩安国传》:蚡受安国五百金,受王恢千金,为恢言于太后,皆其'为奸利'事也。"

④受淮南王金与语言:指田蚡接受淮南王刘安贿赂和言及让刘安继承大统事,详见后文。

⑤取燕王女为夫人:娶燕王的女儿为夫人。取,同"娶"。燕王,刘邦功臣刘泽之孙刘定国,前151—前128年在位。

⑥武安起为寿,坐皆避席伏:即田蚡起身给众人敬酒时,在座宾客都离开坐席,拜伏于地,以示不敢当。

⑦余半膝席:剩下一半人都是跪在坐席上,身体没有离开坐席。

⑧属之:《汉书》作"毕之",犹今言"干杯",是灌夫劝酒之语。

⑨临汝侯:指灌贤,汝阴侯灌婴之孙,元光二年(前133)被封为临汝侯。程不识:汉武帝时名将,时任长乐宫卫尉。事又见于《李将军列传》。

⑩乃骂临汝侯：徐朔方曰："灌夫骂临汝侯灌贤，是指桑骂槐，灌夫同灌贤可以说是本家兄弟。"

⑪乃效女儿呫嗫（chè niè）耳语：居然像女孩子咬着耳朵嘀嘀咕咕。女儿，女孩子。呫嗫，低声耳语。

⑫程、李俱东西宫卫尉：时李广为西宫卫尉，程不识为东宫卫尉。西宫，汉武帝所居的未央宫，因其在长安城西部，故称"西宫"；东宫，指王太后所居的长乐宫，因在长安城东部，故称"东宫"。

⑬独不为李将军地乎：意谓难道不给李广将军留点面子吗？凌稚隆引许相卿曰："观此可见当时亦重李广。"这里，田蚡提到李广，未必是"重李广"，而是强调二人为"东西宫卫尉"，强调他们事奉的王太后与武帝，警告灌夫不要目中无人，观后面田蚡称"有诏"，直接将王太后搬出来，可知其意。

⑭斩头陷匈：即就算一死的意思。陷匈，穿胸。匈，同"胸"。

⑮更衣：指上厕所，此盖托词。

⑯麾灌夫出：招呼灌夫出去。麾，同"挥"，挥手示意。

⑰骑：丞相手下的骑从卫士。留：扣留，拘押。

⑱传（zhuàn）舍：此当指田蚡家接待宾客的住处。

⑲长史：官名，丞相属官，为诸史之长。秩千石。

⑳有诏：即前文云"有太后诏，召列侯宗室皆往贺"。王先谦曰："蚡言召宗室有诏，乃能陷夫以'不敬'之罪。"

㉑劾灌夫骂坐不敬，系居室：弹劾灌夫在宴席上骂人，对太后的诏令不敬，将其关押在居室。系，关押。居室，也叫"保宫"，关押犯罪官吏的监狱，属少府。陈直曰："西汉居室令属少府，为中都官狱之一，遗址在今（西安）未央乡西南，时出'居室'瓦片。"

㉒弃市：处死刑。古代执行死刑多在闹市，并将尸体暴露街头，故称"弃市"。

㉓魏其侯大愧：王先谦曰："灌夫不（欲）往田蚡所，窦婴强之，致罹

祸,以是愧也。"

㉔为资使宾客请:《集解》引如淳曰:"为出资费,使人为夫言。"

㉕皆为耳目:田蚡耳目遍布,灌夫被严密监控,没有机会告发他。

㉖遂不得告言武安阴事:杨树达曰:"朱安世在狱中,尚得上书告公孙敬声,夫竟不得告者,蚡多耳目之故也。"

【译文】

　　元光四年春天,丞相田蚡对汉武帝说灌夫家住颍川,横行霸道,百姓为此受苦,请求依法查办。汉武帝说:"这是丞相的职责,何必请示。"但灌夫也掌握了丞相的一些把柄,办坏事图谋私利,接受淮南王的贿赂,还说了不该说的话。由于宾客们居中调解,双方才停止互相攻击,彼此和解。

　　这年夏天,丞相田蚡娶燕王的女儿做夫人,王太后下了诏令,让列侯和皇族都前往贺喜。魏其侯拜访灌夫,打算同他一起去。灌夫推辞说:"我多次因酒后失言得罪丞相,丞相近来又跟我有过节。"魏其侯说:"那件事已经和解了。"强行拉着灌夫一起去。酒喝得正高兴时,武安侯起身敬酒,在座的宾客都离开席位,伏在地上,表示不敢当。不久,魏其侯也起身给大家敬酒,只有那些魏其侯的老朋友离开了席位,其余半数的人都只是跪直身体,但并没有离开席位。灌夫见了不高兴。他起身依次敬酒,敬到武安侯时,武安侯在席位上跪直身体说:"不能喝满杯。"灌夫发怒,便嘲笑着说:"您是位贵人,干了这一杯吧!"当时武安侯就是坚持不喝。灌夫接着敬酒,轮到了临汝侯灌贤,当时灌贤正跟程不识贴着耳朵说悄悄话,没有离席避让。灌夫一肚子怒火正无处发泄,就大骂临汝侯道:"平日里你把程不识诋毁得一钱不值,今天年高的长辈来给你敬酒,你跟他倒反而像小女孩一样咬着耳朵嘀嘀咕咕个没完!"武安侯便对灌夫说:"程不识将军和李广将军分别在长乐宫和未央宫做卫尉,如今你当众侮辱程将军,难道就不给李将军留点面子吗?"灌夫说:"今天大不了就是砍头穿胸罢了,哪里还知道什么程将军、李将军!"座上的宾客们纷

纷起身去上厕所,渐渐都离席了。这时魏其侯也准备离开,挥手示意让
灌夫出去。武安侯于是发怒道:"这是我宠惯灌夫的罪过。"便命令骑士
扣留灌夫。灌夫想出去也走不了了。籍福连忙起身替他向武安侯道歉,
按着灌夫的脖子让他向武安侯谢罪。而灌夫当时更加生气,坚决不肯谢
罪。于是武安侯便指挥骑士将灌夫绑起来,安置在客房中,又召来长史
说:"今天请宗室宾客来参加宴会,是有太后诏令的。"让长史起草奏章,
弹劾灌夫这样辱骂宾客,犯了对太后诏令的大不敬之罪,并将灌夫关进
监狱。接着武安侯就追查灌夫以前的种种不法行为,派人分头追捕灌夫
家族各个支派的人员,全都被判处斩首示众。魏其侯觉得自己太对不起
灌夫了,就花钱派宾客们去说情,结果完全没有用。武安侯的下属官员
都是他的耳目,所有灌家的人都逃跑、躲藏起来了,灌夫又被拘禁,所以
也就没法去向汉武帝揭发武安侯的问题了。

　　魏其锐身为救灌夫①。夫人谏魏其曰:"灌将军得罪丞
相,与太后家忤,宁可救邪?"魏其侯曰:"侯自我得之,自
我捐之,无所恨②。且终不令灌仲孺独死,婴独生。"乃匿其
家③,窃出上书。立召入,具言灌夫醉饱事,不足诛。上然
之,赐魏其食,曰:"东朝廷辩之④。"

【注释】

①锐身:挺身,积极活动。

②"侯自我得之"几句:颜师古曰:"言不过失爵耳。"恨,遗憾。

③匿其家:瞒着家人。《集解》引晋灼曰:"恐其夫人复谏止也。"匿,
　隐瞒。凌稚隆引康海曰:"魏其欲死灌夫难,语甚悲壮,后果同死,
　虽无益于灌夫,可谓不以生死二其心者。"

④东朝廷辩之:到东宫朝堂上当庭辩论。东朝,王太后所居的东宫

朝堂。廷辩，当众辩论。

【译文】

这时只有魏其侯仍在积极地营救灌夫。他的夫人劝阻他说："灌将军得罪了丞相，跟太后家族对着干，难道还能救得了吗？"魏其侯说："这个侯爵是我自己挣来的，就是在我手上弄丢了，也没什么好遗憾的。而且我终究不能让灌夫独自被杀，而我独自活着。"于是魏其侯就瞒着家里人，私自出来上书给汉武帝。汉武帝立即召他进宫，魏其侯就把灌夫因为喝醉酒而失言的情况详细地说了一遍，认为不足以判处死刑。汉武帝同意魏其侯的看法，还赏赐魏其侯吃饭，说："回头到东宫去把这件事当众辩论清楚。"

魏其之东朝，盛推灌夫之善，言其醉饱得过，乃丞相以他事诬罪之。武安又盛毁灌夫所为横恣，罪逆不道。魏其度不可奈何，因言丞相短①。武安曰："天下幸而安乐无事，蚡得为肺腑，所好音乐、狗马、田宅。蚡所爱倡优巧匠之属，不如魏其、灌夫日夜招聚天下豪桀壮士与论议，腹诽而心谤，不仰视天而俯画地②，辟倪两宫间③，幸天下有变，而欲有大功④。臣乃不知魏其等所为。"于是上问朝臣："两人孰是？"御史大夫韩安国曰："魏其言灌夫父死事，身荷戟驰入不测之吴军，身被数十创，名冠三军，此天下壮士，非有大恶⑤，争杯酒，不足引他过以诛也。魏其言是也。丞相亦言灌夫通奸猾，侵细民，家累巨万，横恣颍川，凌轹宗室，侵犯骨肉⑥，此所谓'枝大于本，胫大于股，不折必披'⑦，丞相言亦是。唯明主裁之⑧。"主爵都尉汲黯是魏其⑨。内史郑当时是魏其⑩，后不敢坚对⑪。余皆莫敢对。上怒内史曰："公平生数言魏其、武安长短，今日廷论，局趣效辕下驹^⑫，吾并斩若属矣^⑬。"即罢起入，上食太后^⑭。太后亦已使人候伺，具以告太后。太后怒，不食，曰："今我在也，而人皆藉吾弟^⑮，令我百岁后，皆鱼肉之矣。且帝宁能为石人邪^⑯！此特帝在，即录录^⑰，设百岁后，是属宁有可信者乎？"上谢曰："俱宗室外家^⑱，故廷辩之。不然，此一狱吏所决耳。"是时郎中令石建为上分别言两人事^⑲。

【注释】

① 因言丞相短：只能开始揭田蚡的短处。李光缙引吴国伦曰："夫系不得言武安阴事，婴辩东朝廷，何以不遂指言之？睹异日帝闻淮南事而以不及族武安为恨，则婴之不言是失计也。不然，岂其为救夫地，故不欲尽言耶？"又引归有光曰："魏其侯言'丞相短'，而不及淮南事何耶？岂魏其终长者不忍出此，君子所以往往困于小人也。"

② 不仰视天而俯画地：不是抬头看天象，就是低头指画地理形势，言其意欲天下出乱子，以便乘乱立功。

③ 辟倪两宫间：窥探太后和皇帝的动静。辟倪，暗中窥察。《集解》引张晏曰："占帝与太后吉凶之期。"两宫，即长乐宫、未央宫，此代指太后和武帝。

④ 欲有大功：成就大功。《集解》引张晏曰："幸为反者，当得为大将立功也。"又引臣瓒曰："天下有变谓天子崩，因变难之际得立大功。"

⑤ 非有大恶：没有大的罪恶。

⑥ 凌轹宗室，侵犯骨肉：主要指灌夫敢于冒犯田蚡之事。凌轹，欺凌。

⑦ "枝大于本"几句：贾谊《治安策》有"尾大不掉，末大必折""一

胫之大几如腰,一指之大几如股"之说,意思与此类似,盖当时俗语。本,树干。胫,小腿。股,大腿。披,折断。

⑧唯明主裁之:凌稚隆引董份曰:"此正所谓'持两端'者。"

⑨主爵都尉汲黯:汉武帝时名臣,以正直著称,事详《汲郑列传》。主爵都尉,官名,掌有关封爵之事,秩比二千石。是魏其:赞成窦婴的看法。杨树达曰:"《汲黯传》:'黯善灌夫、郑当时。'"

⑩内史郑当时:汉武帝时名臣,事详《汲郑列传》。内史,官名,掌治京师,秩中二千石。

⑪不敢坚对:不敢坚持自己的说法。

⑫局趣效辕下驹:畏首畏尾就像驾辕的马,批评郑当时不敢坚持己见。局趣,同"局促",拘谨,拘束。辕下驹,此喻人不得自由。汉武帝不满王太后与田蚡专权,想借朝臣公议来弹压他们,可群臣都不敢批评田蚡,故通过批评郑当时泄愤。

⑬若属:你们这些人。若,你,你们。

⑭上食太后:伺候太后吃饭,为她端上饭菜。王先谦曰:"帝于太后循孝道,有上食之礼也。《张耳传》:'赵王朝夕袒韝蔽自上食,礼甚卑,有子婿礼。'"

⑮藉:坐卧在某物上,此处可理解为践踏。

⑯石人:言武帝不该像石头人一样,自己没有主张。颜师古曰:"言徒有人形耳,不知好恶也。"杨树达曰:"武帝意本不直武安,特以太后故,不欲出之于己,故借群臣廷辩之言以张目。太后亦知此意,故以'石人'责之,谓其不应不自主张,反问群臣也。下文帝以'俱外家,故廷辩之'为解,尤可证明。"

⑰此特帝在,即录录:现在你还活着,大臣们就这么随声附和。录录,颜师古曰:"言循众也。"随众附和的样子。

⑱俱宗室外家:谓田蚡和窦婴都是外戚之家。此亦可见纯外戚,亦可称"宗室外家"。

⑲郎中令石建为上分别言两人事：即单独向汉武帝奏明两人之事。茅坤曰："石建'所分别'不载其详，大略右武安者。"石建，万石君石奋之子，事详《万石君张叔列传》。

【译文】

魏其侯到了东宫，就大力夸赞灌夫的好，说他这次是酒醉后犯了错，而丞相却用别的事情来诬陷他，治他的罪。武安侯接着又竭力诋毁灌夫骄横放纵，犯了大逆不道的罪。魏其侯思忖没有别的办法对付，便攻击丞相的短处。武安侯说："现在有幸天下太平无事，我作为皇上的亲戚，所喜好的只是音乐、狗马和田宅。所喜爱的只是歌伎艺人、能工巧匠之类，不像魏其侯和灌夫那样，招集天下的豪杰壮士，不分白天黑夜地商量讨论，深怀对朝廷的不满，不是抬头观测天象，就是低头指画地理形势，窥测太后和皇帝的动静，希望天下发生变故，好让他们建功立业。我倒不明白魏其侯他们到底要做些什么。"于是汉武帝问朝臣们说："你们看他们两人谁说得对？"御史大夫韩安国说："魏其侯谈到灌夫父亲战死的事，灌夫手持战戟，策马冲入危险不可估量的吴军军营，身上几十处受伤，名震三军，这是天下难得的壮士，没有大的罪恶，因为酒席上一杯酒的过失，不该用别的借口来杀他。从这一方面来说，魏其侯说的是对的。丞相也说了灌夫结交奸贼，侵害平民，家中积攒了上亿的资产，在颍川郡横行霸道，欺凌宗室成员，冒犯朝廷骨肉，这就是俗话所说的'树枝比树干大，小腿比大腿粗，其后果不是折断，就是分裂'，从这个方面来说，丞相说的也不错。希望圣明的主上自己裁决这件事吧。"接着主爵都尉汲黯发言，认为魏其侯说得对。内史郑当时也认为魏其侯对，但后来又不敢坚持自己的意见。其他的人都不敢回答。汉武帝怒斥内史郑当道："你平日多次说到魏其侯、武安侯的长处和短处，今天当庭辩论，却畏首畏尾地像驾在车辕下的马驹，我将一并杀掉你们这些人！"说完就罢朝，起身进入宫内，侍奉太后进餐。太后也早已派人在朝廷上探听消息，他们把廷辩的情况详细地报告给太后。太后发怒了，不肯吃饭，说："现在

我还健在,那些人竟然就敢这么糟践我弟弟;等我死了以后,我弟弟只怕
会成为任人宰割的鱼肉了。再说皇帝你难道是个没有自己主张的石头
人吗? 现在只是因为你还活着,这班大臣就这么随声附和,假设皇帝死
了以后,这些人还有可以信赖的吗?”汉武帝连忙向太后道歉说:“因为
都是皇室亲戚,所以才让他们在朝廷上公开辩论。如果不是这样,这种
事情派一个狱吏就可以解决了。”这时郎中令石建在背后向汉武帝分析
了魏其侯、武安侯两个人的事情。

　　武安已罢朝,出止车门①,召韩御史大夫载,怒曰:“与
长孺共一老秃翁②,何为首鼠两端③?”韩御史良久谓丞相
曰:“君何不自喜④? 夫魏其毁君,君当免冠解印绶归,曰
‘臣以肺腑幸得待罪⑤,固非其任,魏其言皆是’。如此,上
必多君有让,不废君。魏其必内愧,杜门齰舌自杀⑥。今人
毁君,君亦毁人,譬如贾竖女子争言,何其无大体也!”武安
谢罪曰:“争时急,不知出此。”

【注释】

①止车门:宫禁的外门,群臣车马止于此处,不得再入内。

②长孺:韩安国的字。共一老秃翁:《索隐》曰:“谓共治一老秃翁,
　指窦婴也。”颜师古引服虔曰:“秃翁,言婴无官位扳援也。”

③首鼠两端:畏首畏尾、摇摆不定的样子。中井积德曰:“鼠将出穴
　隙,必出头一左一右,故为两端之喻也。”王骏图曰:“我与尔所共
　者,只此一老而退废之人,尚何疑虑瞻顾,致如首鼠之持两端耶?”

④何不自喜:为什么不好好想想。杨树达引黄生曰:“《外戚世家》
　‘一何不自喜’;《郦生传》‘足下何不自喜也’,诸云‘不自喜’,即
　今俗云‘好不思量’之意,必当时方言如此。”

　　⑤幸得待罪：谦辞，意即有幸得为丞相。待罪，古代官吏任职的谦
　　　称，意谓不胜其职而将获罪。此谓"待罪丞相"，即任丞相之职。
　　⑥杜门：关起门，谓没脸见人。齰（zé）舌：咬着舌头，指无话可说。

【译文】

　　武安侯退朝后，出了停车门，招呼御史大夫韩安国跟他同乘一辆车，气呼呼地说："我跟你一起对付一个老秃头，你为什么还要这么模棱两可，摇摆不定呢？"韩安国过了很久才对丞相说："您为什么不好好想想呢？当魏其侯诋毁您的时候，您应当摘下帽子、解下印信回家，然后说'我因为是皇上的亲戚才侥幸得以担任丞相，本来就不称职，魏其侯的话都是对的'。这样一来，皇上一定会赞赏您的谦让，不会罢免您。魏其侯一定内心惭愧，闭门咬舌自尽。现在别人诋毁您，您也诋毁人家，就如同商贩泼妇那样在那里争吵，多么有失大体啊！"武安侯认错说："争辩时太性急了，没有想到应该这样做。"

　　于是上使御史簿责魏其所言灌夫①，颇不雠②，欺谩③。劾系都司空④。孝景时，魏其常受遗诏⑤，曰"事有不便，以便宜论上"⑥。及系，灌夫罪至族，事日急，诸公莫敢复明言于上。魏其乃使昆弟子上书言之，幸得复召见⑦。书奏上，而案尚书，大行无遗诏⑧。诏书独藏魏其家，家丞封⑨。乃劾魏其矫先帝诏⑩，罪当弃市。五年十月⑪，悉论灌夫及家属。魏其良久乃闻，闻即恚⑫，病痱⑬，不食欲死。或闻上无意杀魏其，魏其复食，治病，议定不死矣。乃有蜚语为恶言闻上⑭，故以十二月晦论弃市渭城⑮。

　　其春⑯，武安侯病，专呼服谢罪⑰。使巫视鬼者视之，见魏其、灌夫共守，欲杀之⑱。竟死。子恬嗣。元朔三年⑲，武安侯坐衣襜褕入宫⑳，不敬㉑。

【注释】

①于是上使御史簿责魏其所言灌夫：武帝派御史查问窦婴所说的灌夫的有关情况。御史，御史大夫的属官，韩安国的属下。簿责，依据文书所列罪状逐一查问。

②不雠：谓不符合事实。雠，相当，相对。

③欺谩：说谎骗人。郭嵩焘曰："灌夫横恣颍川有实验，魏其谓灌夫醉饱得过，言不相应，因责以欺谩。"

④劾系都司空：窦婴因欺瞒皇帝被弹劾，拘押于都司空。都司空，宗正属官左、右都司空的简称，置狱，囚系宗室之有罪者。窦婴为外戚，故犯罪后囚禁在都司空。陈直曰："《汉旧仪》云：'中都官诏狱三十六所。'都司空令属宗正，都司空令主治陶瓦。"

⑤常受遗诏：曾经接受过景帝生前留下的诏书。常，通"尝"。

⑥事有不便，以便宜论上：当遇到对你不利的情况时，可以临机应变，直接向皇帝报告。这是景帝赐予窦婴的一项特权。

⑦幸：希望。

⑧案尚书，大行无遗诏：核对尚书省的档案，没有发现景帝给过窦婴遗诏的证据。尚书，少府下属机构，武帝时置尚书四人，为皇帝主管文书。大行，已死的皇帝。茅坤曰："此必大行时遑急，不及隶之尚书而后下耳。武安辄以此案论，悲夫！"王先谦引沈钦韩曰："唐故事，中书舍人掌诏诰，皆写两本，一为底，一为宣……大行遗诏岂无副而独藏私家者？此主者畏蚡，助成其罪也。"

⑨家丞封：是由窦婴的家丞盖印封存的。家丞，官名，为诸侯主管家事。

⑩乃劾魏其矫先帝诏：弹劾窦婴伪造先帝诏书。矫，假造，假传。王先谦引李慈铭曰："此乃尚书劾（之）也。"

⑪五年十月：《正义》曰："《汉书》云：'元光四年冬（当时以十月为岁首），魏其侯婴有罪弃市；春三月乙卯，丞相蚡薨。'按，'五年'者，误也。"元光四年为前131年。梁玉绳曰："窦婴、灌夫之死皆

在元光三年,夫以十月族,婴以十二月弃市,蚡以三月卒,绝无可
疑。"详参《史记志疑》。

⑫恚(huì):愤怒,怨恨。

⑬病痱(féi):即所谓"中风"。

⑭乃有蜚语为恶言闻上:又有中伤窦婴的流言蜚语传到武帝耳中。
蜚语,流言。蜚,通"飞"。《集解》引张晏曰:"蚡伪作飞扬诽谤之
语。"

⑮十二月晦:十二月的最后一天。论弃市渭城:司马光曰:"汉制,常
以立春下宽大诏书,蚡恐魏其得释,故以十二月晦杀之。"论,判
处。渭城,即秦之咸阳,汉时改称渭城,在今陕西咸阳东北。

⑯其春:窦婴被杀的那年春季,当时以十月为岁首,故春季在同一年
的十二月之后。

⑰呼服谢罪:大喊认罪服罪。

⑱见魏其、灌夫共守,欲杀之:凌稚隆引钱福曰:"武安倚势陷杀二
人,二人卒为厉鬼,事未必真,特以此为天下后世擅权者之戒。"
茅坤曰:"此必当时人不厌魏其、灌夫之死,故为流言云云。"此等
描写不当视为迷信,盖司马迁借此表明其态度。

⑲元朔三年:前126年。元朔,汉武帝年号(前128—前123)。

⑳襜褕(chān yú):短衣,非入朝所宜服者。

㉑不敬:梁玉绳曰:"此下缺'国除'二字。"《惠景间侯者年表》作
"坐衣襜褕入官廷中,不敬,国除。"国除,即取消封爵,收回封地。

【译文】

于是汉武帝派御史按照文簿去核查魏其侯所说的灌夫的情况,有很
多不符合事实的地方,犯了欺骗皇上的罪行。有人弹劾魏其侯,魏其侯
被关押在都司空的监狱里。汉景帝在世时,魏其侯曾接受过一份汉景帝
的遗诏,那上面写道"当你遇到不利情况时,可以临机应变,直接向皇上
报告"。等到魏其侯被关进监狱,灌夫被判处灭族时,事态日益紧急,朝

廷中的大臣们没有人敢再去向汉武帝说明有关情况。这时魏其侯便让他的侄子向汉武帝上书说起汉景帝这份遗诏的事,希望能再次得到汉武帝的召见。奏书呈上之后,汉武帝派人到尚书处核查档案,没有发现汉景帝这份遗诏的记录。只有一份诏书收藏在魏其侯家中,是由魏其侯的家丞盖印封存的。于是便又弹劾魏其侯伪造先帝的诏书,应该判处斩首示众。元光五年十月,灌夫及其家族全部被处死了。魏其侯在狱中过了很久才听说这个消息,他一听说就愤恨不已,当即就中风了,不再吃饭,准备自杀。后来又听说汉武帝无意杀死魏其侯,魏其侯于是又开始吃饭,请医生治病,朝廷商议决定不杀魏其侯了。可是又有一些恶毒的流言蜚语传到了汉武帝耳中,所以在这一年十二月的最后一天,魏其侯窦婴在渭城的街头被斩首示众。

　　这一年的春天,武安侯就病了,嘴里一直喊着服罪谢过的话。等请来能看见鬼的巫师来观察,说是看见魏其侯和灌夫两个鬼魂一起守着武安侯,想要杀死他。最终武安侯也去世了。他的儿子田恬承袭武安侯的爵位。到元朔三年,武安侯田恬因穿短衣进入宫中,犯了不敬之罪,封爵被撤销。

　　淮南王安谋反觉[1],治。王前朝[2],武安侯为太尉,时迎王至霸上[3],谓王曰:"上未有太子,大王最贤,高祖孙,即宫车晏驾[4],非大王立当谁哉[5]!"淮南王大喜,厚遗金财物[6]。上自魏其时不直武安[7],特为太后故耳。及闻淮南王金事,上曰:"使武安侯在者,族矣[8]。"

【注释】

①淮南王安谋反觉:淮南王刘安谋反事泄自杀事,详见《淮南衡山列传》。

②王前朝：淮南王此前入京朝见，事在武帝建元二年（前139）。

③霸上：地名，在今陕西西安东白鹿原北首。因地处霸水之滨，故名。

④宫车晏驾：婉指皇帝去世。晏驾，车驾晚出。晏，晚。

⑤非大王立当谁哉：何焯曰："蚡为太尉，多受诸侯王金，私与交通，其罪大矣。然安之入朝在建元二年，武帝即位之初，虽未有太子，尚春秋鼎盛，康强无疾；身又外戚，'非王谁立'之言，狂惑所不应有，疑恶蚡者从而加之。"

⑥厚遗（wèi）金财物：给田蚡送来厚重财礼。遗，送，馈赠。凌稚隆曰："传末次淮南王遗金，所以实灌夫所持武安阴事者。"以上田蚡与淮南王交往事，亦见于《淮南衡山列传》。何焯谓"恶蚡者从而加之"，所说有理，盖司马迁极恶田蚡，两处均言及此事。

⑦魏其时：指窦婴遭田蚡构陷时。

⑧使武安侯在者，族矣：此司马迁借武帝语以表明自己对田蚡之憎恶。凌稚隆引焦竑曰："蚡私交淮南王，受遗金，夫因系不得告，故子长揭之于尾。盖虽不得发其事于生前，而犹得暴其事于死后。使夫有灵，必快意于九泉矣。"吴见思曰："作快语结，所以深恶武安也。"

【译文】

后来淮南王刘安谋反的事被发现了，汉武帝让追查此事。淮南王刘安之前进京朝见，武安侯正担任太尉，当时他到霸上迎接刘安，曾经对刘安说："现在皇上还没有太子，王爷您最为贤明，又是高祖的孙子，如果皇上去世，不是大王继承皇位，还能是谁呢！"刘安听了非常高兴，送给武安侯大量金银财宝。汉武帝从魏其侯事件发生时就不认为武安侯是对的，只是碍着王太后的缘故罢了。等听说刘安向武安侯送金银财宝的事后，汉武帝说："假如武安侯还活着的话，一定要灭他满门。"

太史公曰：魏其、武安皆以外戚重，灌夫用一时决策而名显①。魏其之举以吴楚,武安之贵在日月之际②。然魏其诚不知时变,灌夫无术而不逊③,两人相翼,乃成祸乱。武安负贵而好权,杯酒责望,陷彼两贤。呜呼哀哉! 迁怒及人④,命亦不延。众庶不载,竟被恶言⑤。呜呼哀哉! 祸所从来矣⑥!

【注释】

①用:因。一时决策:颜师古曰:"谓驰入吴军欲报父仇也。"

②日月之际:指武帝即位、太后称制之时,所谓日月并悬之际。此句田蚡纯靠王太后的关系而发达,不同于灌夫之靠勇气,窦婴之靠军功。于此可见司马迁之褒贬。何焯曰:"'皆以外戚重',复申之曰'魏其之举以吴楚,武安之贵在日月之际',其区分两人尤覈。"

③无术而不逊:不学无术,为人又不谦逊。无术,与前文言灌夫"不喜文学"相应。凌稚隆引黄洪宪曰:"篇中历次'夫不怿''夫愈益怒''夫闻,怒骂籍福''夫不悦''夫怒''夫无所发怒''夫愈怒,不肯谢'等句,即赞中所谓'无术而不逊'者。"

④迁怒及人:指灌夫因对田蚡不满而迁怒责骂灌贤事。

⑤众庶不载,竟被恶言:指颍川百姓不拥戴灌氏家族,作歌讽刺灌氏家族事。载,通"戴"。

⑥祸所从来矣:灾祸就是这里来的! 指灌夫家族在颍川横行霸道,罪行被田蚡利用,导致自己和窦婴都被害。李光缙引赵恒曰:"赞意哀魏其之冤,而深诛武安之罪也。言'魏其之举以吴楚之功','灌夫因一时决策入吴军而名显',魏其以'不知时变',灌夫以'无术不逊',其罪非可以杀身灭族论也。蚡何人哉?'负贵好权',以杯酒陷人于大祸,'命固不延',而得免于族灭之诛者幸耳。'祸所从来',言祸由太后也。再写'呜呼',恨之也。"

【译文】

太史公说:魏其侯和武安侯都凭外戚的关系身居显要职位,而灌夫则是由于一时的英勇表现而名声大振。魏其侯被重用，是由于平定吴楚七国叛乱有功；武安侯的显贵，则是由于他跟皇上和太后的亲戚关系。然而魏其侯实在是太不懂时势的变化，灌夫不学无术又不谦逊，两人互相庇护，酿成了这场祸乱。而武安侯仗着地位显贵，喜欢专权跋扈，因为酒席上的一些争吵怨言，就陷害了两位有才能的贤人。真是可悲啊！灌夫迁怒于别人，导致自己的性命也不长久。由于不受百姓拥戴，终究受到恶言中伤。真可悲啊！由此可知灾祸酿成的根源啊。

【集评】

姚苎田曰："田蚡藉太后之势以得侯，魏其诎太后之私以去位，此一大异也。田蚡贵幸，镇抚多客之谋；魏其赐环，投身赴国家之难，此二大异也。田蚡居丞相之位，不肯诎于其兄；魏其受大将之权，必先进乎其友，此三大异也。田蚡之狗马玩好，遍征郡国而未厌其心；魏其之赐金千斤，尽陈廊庑而不私于己，此四大异也。魏其以强谏谢病，宾客说之莫来；田蚡以怙势见疏，人主麾之不去，此五大异也。凡此之类，皆史公着意推毂魏其，以深致痛惜之情，而田蚡之不值一钱，亦俱于反照处见之矣。"又曰："魏其传有三事：谏传梁王之失言也，监兵讨吴楚也，谏废太子也。武安传亦有三事：风太后以相魏其因以自重也，荐人除吏也，请考工地益宅也。君子小人，心事天渊，此皆其自己本传；至其他两人串合处，则不烦言而明矣。故当分看、合看，以尽其理。"又曰："此传三人皆疵病：婴之病在'多易'，而大节殊可观；夫之病在'使气'，而任侠亦可尚；田蚡之病实不过怙势骄恣，纨绔小儿习气。使两人善于驯扰之，而不犯其犬牙蝎尾之毒，蚡固不必有害人之心者也。史公唯痛恶田蚡，故叙三人疵病处，婴与夫皆用好丑夹叙之法，而蚡则用加倍渲染之法，遂使蚡之恶一望无尽，彼二人之病隐约难知，此皆笔墨褒贬之妙。然吾以为灌夫之病不能掩其贤也。"又曰："失势而不肯引退，喜与贵人游，则其受薄于人，必至之理也。以失势之人又不忍受人轻薄，而乐与之争，必败之势也。既不能摧刚为柔,乐观时变;又往往色厉内荏,不脱俗情,必穷之术也。"又曰:"武安本无意过魏其,而灌夫多事,强为撮合,遂成结怨之始。灌夫本不欲过武安,而魏其又多事,强拉之往,而竟成贾祸之媒。此两人相牵相负处,正复相当,大抵皆外有婞直之容,而中无坚忍之志,以此处世,无一而可。惜哉,一念之浮,决裂遂至于此也。"(《史记菁华录》)

丁晏曰:"魏其争立太子,不应擅传梁王,有古大臣之风,其折节下士,锐意救灌将军,亦卓然有气节,非武安骄横比也。灌夫使酒骂坐,其轻武安侯出于血性,虽以此取祸,而其人刚直不挠,非太史公妙笔乌能传之!"(《史记余论》)

曾国藩曰:"武安之势力盛时,虽以魏其之贵戚元功,而无如之何;灌夫之强力盛气,而无如之何。子长深恶势利之足以移易是非,故叙之沉痛如此。前言灌夫亦持武安阴事,后言夫系遂不得告言武安阴事,至篇末乃出淮南王遗金财事,此亦如画龙者将毕乃点睛之法。"(《求阙斋读书录》)

李晚芳曰:"篇中叙魏其之贵,以功;序武安之贵,以戚,贤否判矣。叙引酒却梁王,与受淮南金反对;陈金于廊听军吏裁取,与益地请田反对;平吴楚受封,与日益贵幸反对。或虚叙,或实叙,无不入妙。一贤一奸,判若天渊,而史公合而传之者,以其始相倾,继相轧,终则相死也。中插一悻悻不平之灌夫,为两传联络,是附传,故始终毕叙。叙武安,始则服役魏其,继则比肩魏其,后则高驾魏其,地位随时变换,面孔声口,亦随时变换,一经太史之笔,便变幻异常,令人失笑。不独武安也,贤如灌夫,于入吴军,写其孝勇;颍水歌,写其豪横;结魏其,写其同病相怜之密;援武安,写其降心俯就之卑;叙其使酒骂座,又借夫口骂尽满朝趋炎附势之徒,面孔心肠,随时变换。叙两人,而有数十百人,笑貌声音,哄聚笔端,非笔大如椽,何能刻画至此!"(《读史管见》)

李景星曰:"此传虽曰《魏其武安侯列传》,实则窦、田、灌三人合传也。两个贵戚,一个酒徒,惹出无限风波。头绪纷繁,如何措手?而太史公用独力搏众兽手段，构成一篇绝热闹文字，真是神力。传以魏其、武安为经，以灌夫为纬，以窦、王两太后为眼目，以宾客为线索，以梁王、淮南王、条侯、高遂、桃侯、田胜、丞相绾、籍福、王臧、许昌、庄青翟、韩安国、盖侯、颍阴侯、窦甫、临汝侯、程不识、汲黯、郑当时、石建许多人为点染，以鬼报为收束。分合联络，错综周密，使恩怨相结，权势相倾，杯酒相争情形，宛然在目。而武安侯田蚡恃其宠骄，以琐屑嫌隙倾杀窦、灌，此尤千古不平之事，故传又特意写出。……奇文信史，兼擅其长，宜乎于古今史家中首占一席也。"（《史记评议》）

【评论】

　　本篇有力揭示了宫廷夺权与汉武帝"独尊儒术"的关系。这里头牵涉到一个女人，这就是汉文帝的皇后窦氏。窦氏在景帝时当了皇太后，从那时她便开始揽权。当时风行于朝廷并迷漫于社会的是道家学说，也就是当时所谓"黄老之学"。本篇写道："太后好黄老之言。"一个后宫的女人，她也关心什么"黄老"与非"黄老"么？不，她所关心的是权势。文帝、景帝继承了刘邦、吕后"清静无为""休养生息"的国策，在理论上说这就是以"黄老哲学为指导思想"。到景帝去世、武帝上台时，这时上距刘邦建国已经过去了七十多年，国内的经济发展、政治形势都已经有了巨大的变化。过去的一套是不是还要一成不变地向下延续呢？这是"学术"问题。但景帝已死，旧的一套人马、旧的一套班子还在，窦太后已经干预了一辈子她儿子的政事，如今武帝上台了，窦太后的权势欲一点也没见减弱，虎视眈眈地似乎还要带着她的老班底继续干下去。武帝当时十六岁，一时还不见得多么分明，但武帝的母亲王太后是个能够忍耐的人么？于是"一朝天子一朝臣"的大换班就刻不容缓了，于是以汉武帝为前台的，实际上更多是代表王太后利益的抢班夺权开始了。本篇开头写道："魏其、武安俱好儒术，推毂赵绾为御史大夫，王臧为郎中令。迎鲁申公，欲设明堂，令列侯就国，除关，以礼为服制，以兴太平。举适诸窦宗室毋节行者,除其属籍。"这就是以"尊儒"为名、以清除旧班底为实的王太后势力的夺权。"魏其、武安、赵绾、王臧等务隆推儒术,贬道家言,是以窦太后滋不说魏其等。及建元二年,御史大夫赵绾请无奏事东宫。窦太后大怒,乃罢逐赵绾、王臧等,而免丞相、太尉,以柏至侯许昌为丞相,武强侯庄青翟为御史大夫。魏其、武安由此以侯家居。"开始只搞学术,不伤筋动骨,窦太后隐忍不发;等到一涉及夺权,窦太后立马出击,一举罢掉了丞相、太尉,杀掉了御史大夫和郎中令,把朝廷班子进行了大换血。这是多么惊人的一场大政变!情景有似清代慈禧发动的戊戌政变。汉武帝的第一次"尊儒"就这样偃旗息鼓了。多亏"上天保佑"了汉武帝,"建元六年,窦太后崩,丞相昌、御史大夫青翟坐丧事不办,免。以武安侯蚡为丞相,以大司农韩安国为御史大夫。"于是王太后、汉武帝毫无悬念地罢去旧班底,进行了第二次"尊儒",并完成了其垂名青史的"罢黜百家,独尊儒术"的"伟业"。本篇涉及这一内容的文字虽然不长,但它却是研究汉代思想史的重要材料。

　　从窦婴在景、武两朝政坛的表现,可知他与一般唯命是从、明哲保身的官员不同,能够坚持己见,勇于特立独行,至少在以下三件大事上表现得格外引人注目:先是不同意晁错的削藩主张,在满朝大臣"莫敢难"的情况下,"独窦婴争之"(《袁盎晁错列传》);继而反对立梁孝王为太子,由此大大触怒姑母窦太后,"太后除窦婴门籍,不得入朝请";后来又反对废栗太子而得罪汉武帝的母亲王太后,埋下了后来遭王氏报复的隐患。具有上述行为的窦婴,尊奉的显然不是窦氏家族普遍崇信的黄老哲学。他一反黄老哲学贵柔守雌、"好德不争"的做派,以锋芒毕露、据理力争的姿态行走在政治舞台,堪称窦氏家族的"异数"。他以"任侠自喜",忠于王室,有战功,不贪财。他与灌夫关系亲密,灌夫性格倔强,亦尚侠义,欺强而不凌弱,在强权面前不低头。他们"两人相为引重,其游如父子然"。

　　在汉武帝即位之初,窦婴即以丞相之尊配合汉武帝提倡儒术。窦婴何以会青睐儒术？原因大概有二：首先从人格观念的角度来看，儒与侠原本就有相通之处。章太炎先生撰有《儒侠》一文，指出侠士的品质实乃继承儒者而来："漆雕氏之儒，不色挠，不目逃，行曲则违于臧获，行直则怒于诸侯，其学废而闾里游侠兴。"若考察孔、孟等人的言行，吟诵他们那些流传千古的警句，诸如"见义不为，无勇也"，"富贵不能淫，贫贱不能移，威武不能屈"等，则儒与侠的气脉贯通便可清晰把握。"任侠自喜"的窦婴对儒学发生兴趣是不奇怪的，他以丞相身份配合汉武帝尊儒，力图以儒学代替黄老，使儒学成为刘汉王朝治国安邦的主导思想。其次，儒学对宗法等级制度的维护，正与窦婴一贯坚守纲常秩序的作为相契合。儒学自孔子开始，便将"克己复礼"奉为宗旨，力图在礼崩乐坏的乱世中，重现"周礼"所规定的"君君臣臣父父子子"的理想秩序。任何时期的封建帝国均希望实现这种秩序以维持社会统治，司马谈的《论六家要旨》一文，虽从黄老思想出发而对儒学颇有微词，但也客观地指出了儒学学说的不可或缺，所谓"列君臣父子之礼，序夫妇长幼之别，虽百家弗能易也"。而恰恰正是在对刘汉王朝礼法秩序坚定不移的维护上，窦婴与儒家思想有着某种一致。他不怕得罪窦太后而失去她的庇护，反对立梁孝王为太子时曾慷慨陈词："天下者，高祖天下，父子相传，此汉之约也，上何以得擅传梁王！"倪思《班马异同》因此赞叹道："婴不顾窦太后，引谊则微，真忠臣也。"认为窦婴此举符合儒家所称赏的忠臣的标准。因此当汉武帝打出"尊儒"的招牌后，窦婴给予积极的配合，是完全符合他的思想逻辑的。

　　田蚡是一个无德无能的势利小人，作威作福，仗势害人，其所以能当权，能杀害灌夫、窦婴，不就是倚仗其姊王太后么？《史记》中的西汉后宫女人，最狭隘、报复心最强的是吕后；最自私、最阴险的则是王太后。此人陷害了栗姬与太子刘荣；又参与杀害了平定七国之乱的元勋周亚夫；这次又杀了灌夫与窦婴，其他还有一些中二千石、或二千石一类的官员。本篇写最后拍板杀人的像是汉武帝，但司马迁在本篇最后说："上自魏其

时不直武安,特为太后故耳。"当汉武帝在东廷令群臣公开议论窦婴与田
蚡谁是谁非时,"主爵都尉汲黯是魏其;内史郑当时是魏其,后不敢坚对;
余皆莫敢对。……太后怒,不食,曰:'今我在也,而人皆藉吾弟;令我百
岁后,皆鱼肉之矣。且帝宁能为石人邪?此特帝在,即录录;设百岁后,
是属宁有可信者乎?'"汉武帝就是在王太后的这种挟制下,下令杀了灌
夫与窦婴。

史记卷一百八

韩长孺列传第四十八

【释名】

本篇是韩安国的传记，比较详细地记载了韩安国宦海浮沉的一生。

全篇共分三部分。第一部分写韩安国景帝时在梁国为官，在梁孝王僭越天子一事上为梁孝王分辩，取悦窦太后；在袁盎被刺一案，苦劝梁孝王交出公孙诡、羊胜两个主谋，暂时消弭了景帝与梁孝王之间的尖锐矛盾，获得了窦太后与景帝的赏识。第二部分写韩安国在武帝朝进入朝廷，一直做到御史大夫，反对与匈奴开战。但在马邑之战中被任命为总指挥，战事不利。第三部分写韩安国晚年的坎壈遭遇。他在即将被任命为丞相时摔伤腿脚错过了机会，后被放出为边将，又因防守边郡失利而遭进一步的冷落，以致呕血致死。篇末论赞，对韩安国与壶遂的遭遇表达了深深的感慨。

御史大夫韩安国者①，梁成安人也②，后徙睢阳。尝受《韩子》、杂家说于驺田生所③。事梁孝王④，为中大夫⑤。吴楚反时⑥，孝王使安国及张羽为将⑦，扞吴兵于东界⑧。张羽力战，安国持重⑨，以故吴不能过梁⑩。吴楚已破，安国、张羽名由此显。

【注释】

①御史大夫：秦汉时，御史大夫与丞相、太尉并称"三公"，掌管监察、纠弹事务，官位等同副丞相。

②梁：西汉诸侯国。都城为睢阳（今河南商丘）。成安：西汉县名。治所在今河南民权。

③《韩子》：即《韩非子》，作者韩非。唐以后，因韩愈被尊为"韩子"，故改称韩非为"韩非子"。杂家：战国时期兼取各家观点的学派，《尉缭子》《尸子》《吕氏春秋》是其代表作。驺：汉县名。治所在今山东邹县东南。田生：田先生。生，当时对年长学者的尊称。

④梁孝王：指汉文帝之子、汉景帝胞弟刘武，"孝"是谥号。事见《梁孝王世家》。

⑤中大夫：汉官名。备顾问应对。当时中央和诸侯国都有。

⑥吴楚反：指汉景帝前元三年（前154）吴王刘濞、楚王刘戊等七国发动的叛乱，以"诛晁错，清君侧"为口号，详见《吴王濞列传》《袁盎晁错列传》等篇。

⑦张羽：梁国名将。

⑧扞吴兵：指梁国抗击吴楚叛军事。当时梁国是吴楚叛军进攻汉朝长安的必经之地。详见《梁孝王世家》《绛侯世家》《吴王濞列传》。扞（hàn），同"捍"，抵抗。

⑨持重：此指不轻易出战。

⑩以故：因此。

【译文】

御史大夫韩安国，本是梁国成安人，后来搬到睢阳。曾经跟随驺县的田先生学习《韩非子》、杂家学说。后来事奉梁孝王，做到中大夫。吴、楚等国叛乱时，梁孝王委派韩安国和张羽为将军，在梁国东境阻挡吴国的叛军。张羽勇于作战，韩安国老成持重不轻易出战，二人通力合作，

因此吴国叛军没能越过梁国。吴、楚叛乱平定，韩安国和张羽从此名声
显赫。

　　梁孝王，景帝母弟，窦太后爱之^①，令得自请置相、二千
石^②，出入游戏，僭于天子^③。天子闻之，心弗善也。太后知
帝不善，乃怒梁使者，弗见，案责王所为^④。韩安国为梁使，
见大长公主而泣曰^⑤："何梁王为人子之孝、为人臣之忠，而
太后曾弗省也？夫前日吴、楚、齐、赵七国反时^⑥，自关以东
皆合从西乡，惟梁最亲，为艰难。梁王念太后、帝在中，而诸
侯扰乱，一言泣数行下，跪送臣等六人将兵击却吴楚^⑦，吴楚
以故兵不敢西，而卒破亡，梁王之力也。今太后以小节苛礼
责望梁王。梁王父兄皆帝王，所见者大，故出称跸，入言警，
车旗皆帝所赐也，即欲以侘鄙县^⑧，驱驰国中，以夸诸侯，令
天下尽知太后、帝爱之也。今梁使来，辄案责之。梁王恐，
日夜涕泣思慕，不知所为。何梁王之为子孝、为臣忠，而
太后弗恤也^⑨？"大长公主具以告太后，太后喜曰："为言之
帝。"言之，帝心乃解^⑩，而免冠谢太后曰："兄弟不能相教，
乃为太后遗忧^⑪。"悉见梁使，厚赐之。其后梁王益亲欢。
太后、长公主更赐安国可直千余金。名由此显，结于汉。

【注释】

①窦太后：汉文帝的皇后，汉景帝与梁孝王的生母，详见《外戚世家》。

②自请置相、二千石：所谓"自请置"，指七国之乱后，诸侯王权力削
　弱，其军政大权完全由朝廷任命，唯有梁孝王可自己报请"相"与
　"内史"等官员，由朝廷核准。而在后文中，梁孝王推荐公孙诡为梁

国内史,窦太后却让韩安国接任,可见梁孝王其实无任命的自由。

③僭(jiàn):超越本分。

④案责:拘押,谴责。吴见思曰:"太后非怒梁王也,因帝心不平,无法可解,故先帝而发,是倒用之权术耳。"

⑤大长公主:皇帝之姑的封号。指汉武帝之姑,汉景帝与梁孝王之姊刘嫖。后文又称"长公主",均指同一人。其事详见《外戚世家》。

⑥吴、楚、齐、赵七国反:七国之乱并无齐国(都临淄)。但因参与的胶东、胶西、菑川、济南四国皆源于当年的齐地,故以"齐"来代指此四国,见《楚元王世家》、《魏其武安侯列传》等。

⑦跪送:古时王者对出征大将的一种礼遇。此礼节亦见于《廉颇蔺相如列传》《刺客列传》。六人:王先谦曰:"安国、张羽,及《汲黯传》之傅柏,《儒林传》之丁宽,余二人未详。"

⑧侘(chà):炫耀,夸耀。鄙县:僻陋的边远之县。

⑨恤:体谅,怜惜。吴见思曰:"将极大事说得雪淡,难解事说得冰消,且句句推到太后与帝身上去,极写辞令之妙。"凌稚隆引王维桢曰:"安国此等语终饰词,然其全兄弟子母之恩,则可尚也。"郭嵩焘曰:"梁王僭拟天子,称警跸,无可为解说,安国词令圆妙,使人之意也消。"

⑩解:释怀。

⑪乃为太后遗忧:吴见思曰:"帝心既解,因太后一怒,故反为引罪之词,写得母子之间说不出之心事,一一逼露。"杨树达曰:"此与《张释之传》文帝谢'教儿子不谨'事正同,合观之,可见汉廷家法。"

【译文】

梁孝王是汉景帝的胞弟,窦太后很宠爱他,准许他自己请求设置丞相及二千石级的官吏,他出入游乐的排场,超越本分简直跟天子一样。天子听说他的行为,心里很不高兴。太后知道汉景帝不高兴,就故意对

梁国使者发怒，不接见他们，并派人谴责梁王的行为。韩安国这时为梁国使者，他进京见到汉景帝和梁王的姐姐刘嫖，流着泪对她说："为什么梁王做儿子孝顺，做臣子忠心耿耿，而太后却不明白呢？之前吴、楚、齐、赵等七国造反时，自函谷关以东的各国诸侯都联合西进，只有梁王最和皇上亲近，处境也最艰难。当时梁王考虑到太后和皇帝在关中，而许多诸侯扰乱天下，他一说话就泪流满面，跪送我们六人率军东出抵抗吴、楚叛军，吴、楚叛军因为梁国的抵抗才不敢西进，而最后消亡了，这完全是梁王的功劳。现在太后却因为一些苛细的礼节责怨梁王。梁王的父兄都是皇帝，见到的都是大场面，因此出行回来都开路清道，禁止人们通行，梁王的车马、旗帜都是皇帝赏赐的，他就是想用这些在边远的小县炫耀，在城中让车马来回奔驰，以便向诸侯夸耀，让天下人都知道太后和皇帝喜爱他。现在梁国的使者一进京，就被盘问指责。梁王担忧，白天黑夜地哭泣思索，不知道怎么办才好。为何梁王做人子孝顺，做臣子忠诚，太后却不体谅他呢？"大长公主把韩安国的话详细告诉了太后，太后高兴地说："你去给皇帝讲吧。"大长公主向景帝说明情况后，汉景帝心里才释然了，他摘了帽子向太后赔罪说："我没有管教好弟弟，让太后您也跟着操心。"于是接见梁国的所有使臣，重赏了他们。从此梁王和汉景帝更加亲近了。太后和大长公主又都赏给韩安国价值千金的东西。韩安国的名声因此更显著了，并开始和汉朝宫廷建立起联系。

　　其后安国坐法抵罪①，蒙狱吏田甲辱安国②。安国曰："死灰独不复然乎③？"田甲曰："然即溺之④。"居无何，梁内史缺，汉使使者拜安国为梁内史⑤，起徒中为二千石。田甲亡走。安国曰："甲不就官，我灭而宗。"甲因肉袒谢⑥。安国笑曰："可溺矣！公等足与治乎？"卒善遇之⑦。

　　梁内史之缺也，孝王新得齐人公孙诡⑧，说之⑨，欲请以为内史。窦太后闻,乃诏王以安国为内史。

【注释】

①坐法:因犯法。抵罪:按照所犯罪过的轻重,给予相应的惩罚。

②蒙:汉县名,治所在今河南商丘东北,当时属梁国。田甲:田氏某人。

③独:难道。然:同"燃"。

④溺:师古曰:"'溺'读曰'尿'。"

⑤内史:职官名。西汉初,诸侯国亦置此官,掌封国民政。

⑥肉袒:解开上衣,露出肢体。古代请罪的一种方式。谢:谢罪。

⑦卒:最后。

⑧公孙诡:姓公孙,名诡。甚得梁孝王宠信,官至中尉,号"公孙将
　军",详见《梁孝王世家》。

⑨说:同"悦"。喜爱。

【译文】

　　后来韩安国因犯法抵罪,蒙县的狱官田甲侮辱韩安国。韩安国说:
"死灰难道就不会复燃了吗?"田甲说:"它一燃起来,我就撒尿浇灭它。"
过了不久,梁国的内史一职空缺,汉朝派使者任命韩安国担任梁国内史,
从囚徒起用做了二千石级的职位。田甲逃跑了。韩安国说:"田甲若不
返回就职,我就灭了你全族。"田甲于是光着上身来找韩安国叩头请罪。
韩安国笑着说:"现在你可以撒尿浇我了! 你们这些人值得我报复吗?"
最终还是善待了他。

　　在梁国内史空缺时,梁孝王新近得到一个齐国人公孙诡,梁孝王喜
欢他,想要请求朝廷让他担任内史。窦太后听闻后,就诏令梁孝王任韩
安国为内史。

　　公孙诡、羊胜说孝王求为帝太子及益地事①,恐汉大臣
不听,乃阴使人刺汉用事谋臣②。及杀故吴相袁盎③,景帝遂

闻诡、胜等计画,乃遣使捕诡、胜,必得。汉使十辈至梁,相以下举国大索,月余不得。内史安国闻诡、胜匿孝王所,安国入见王而泣曰:"主辱臣死。大王无良臣,故事纷纷至此。今诡、胜不得,请辞赐死。"王曰:"何至此?"安国泣数行下,曰:"大王自度于皇帝,孰与太上皇之与高皇帝及皇帝之与临江王亲④?"孝王曰:"弗如也。"安国曰:"夫太上、临江亲父子之间,然而高帝曰'提三尺剑取天下者朕也',故太上皇终不得制事,居于栎阳⑤。临江王,適长太子也⑥,以一言过,废王临江;用宫垣事,卒自杀中尉府⑦。何者?治天下终不以私乱公。语曰:'虽有亲父,安知其不为虎? 虽有亲兄,安知其不为狼?'今大王列在诸侯,悦一邪臣浮说,犯上禁,桡明法⑧。天子以太后故,不忍致法于王。太后日夜涕泣,幸大王自改,而大王终不觉寤。有如太后宫车即晏驾⑨,大王尚谁攀乎?"语未卒,孝王泣数行下,谢安国曰:"吾今出诡、胜。"诡、胜自杀。汉使还报,梁事皆得释,安国之力也。于是景帝、太后益重安国。孝王卒,共王即位⑩,安国坐法失官,居家。

【注释】

①求为帝太子:请求做皇帝的继位者。

②恐汉大臣不听,乃阴使人刺汉用事谋臣:王先谦引刘奉世曰:"刺汉谋臣在汉已立太子之后,此云'求为太子,恐大臣不听,故刺之'。与诸传不同,当是此误。"

③袁盎:西汉大臣。字丝,楚人。历仕齐相、吴相,得吴王厚遇。事见《梁孝王世家》《袁盎晁错列传》。

④太上皇：指刘邦之父刘太公。临江王：西汉诸侯王刘荣，汉景帝之子，生母为栗姬，先被立为太子，后被废为临江王。详见《五宗世家》《外戚世家》。

⑤栎阳：楚汉战争时刘邦的临时都城，在今西安之阎良区。刘邦称帝后，封其父为太上皇，住在栎阳宫。

⑥適：通"嫡"。

⑦用宫垣事，卒自杀中尉府：指刘荣被贬临江王后，因侵占皇帝陵庙周围之地建宫室，被召回京城传讯审问，畏罪自杀。事详见《酷吏列传》。中尉：职官名。主管京师治安的武官。武帝太初元年，改名执金吾。

⑧桡：通"挠"，曲，此处指破坏。明法：朝廷的法律。

⑨晏驾：车驾晚出。古时皇帝死亡的讳称。

⑩共王：名买，梁孝王之子。

【译文】

公孙诡、羊胜劝说梁孝王向景帝请求做太子以及增加封地，又怕朝廷的大臣们不答应，就暗中派人去刺杀朝廷的主事大臣。等到刺杀了原吴国国相袁盎，汉景帝便听到了公孙诡、羊胜等人的计谋，就派使者捉拿公孙诡、羊胜，并且要求必须抓到。汉朝派了十批使者来到梁国，自国相以下全国大搜查，一个多月也没有抓到。内史韩安国得知公孙诡、羊胜藏在梁孝王的宫里，于是就进宫见梁孝王流着眼泪说："主上受辱，臣下罪当该死。您因为没有良臣，所以事情才纷乱到这一步。如今再抓不到公孙诡和羊胜，那我请求向您辞行，请您先杀了我。"梁孝王说："哪里至于这样呢？"韩安国泪下数行，说："您自己揣度与皇帝的关系，和太上皇与高皇帝以及皇帝与临江王的关系相比谁亲呢？"梁孝王说："不如他们。"韩安国说："太上皇和高皇帝、当今皇上和临江王都是亲父子之间，可高皇帝当时还说'提着三尺利剑打下天下的是我'，因此太上皇到死不能决定政事，只能住在栎阳宫。临江王是当今皇帝的嫡长太子，因他母亲栗姬说错一句话，于是被废为临江王；接着因为侵占宗庙外闲散土地的罪名，最终在中尉府听审，自杀了。这都是为什么呢？因为治理天下终究不能因私情而损害公事。俗话说：'即使是亲生父亲，怎么知道他不会变成虎呢？即使是同胞兄弟，又怎么知道他不会变成狼呢？'现在您作为一方诸侯，爱听一个奸邪小臣的胡说八道，触犯了皇上的禁令和国家的法典。皇上只不过因为太后的缘故，不忍心把您逮捕法办。太后日夜为您担心流泪，希望您自己能改好，可是您终究不觉悟。这样下去有朝一日如果太后死了，那时大王还能去依靠谁呢？"韩安国的话还没说完，梁孝王也泪下数行，向韩安国道歉说："我现在马上把公孙诡和羊胜交出去。"公孙诡和羊胜自杀。汉朝使者们回京汇报，梁国的事件都能够解决，都是靠韩安国的力量。于是汉景帝和窦太后都更加看重韩安国。梁孝王死后，梁共王即位，韩安国因为犯法丢了官，闲居在家。

　　建元中①，武安侯田蚡为汉太尉②，亲贵用事，安国以五百金物遗蚡。蚡言安国太后，天子亦素闻其贤，即召以为北地都尉③，迁为大司农④。闽越、东越相攻⑤，安国及大行王恢将兵⑥。未至越，越杀其王降，汉兵亦罢。建元六年，武安侯为丞相，安国为御史大夫。

【注释】

①建元：汉武帝的第一个年号，时间为前140—前135年。

②田蚡：西汉大臣。汉武帝之舅，封武安侯，任太尉。太尉：与丞相、御史大夫合称"三公"。主管军事。

③北地都尉：北地郡的军事长官。都尉，次于将军的军官。北地郡治所马领，在今甘肃庆阳西北。

④大司农：职官名。汉景帝时称大农令，武帝太初元年始称大司

农。主管国家的财政经济。

⑤闽越、东越相攻:此处应作"闽越、南越相攻",事在建元六年(前135),闽越发兵攻南越,南越向汉王朝求救,朝廷派韩安国与大行王恢率军救南越。闽越事见《东越列传》;南越事见《南越列传》,两国自汉初以来都归附汉王朝。

⑥大行:职官名。"九卿"之一,主管归降的少数民族事务。

【译文】

汉武帝建元年间,武安侯田蚡担任汉朝太尉,亲近权贵执掌朝政,韩安国拿出价值五百金的礼物给田蚡。田蚡就向王太后推荐韩安国,而汉武帝也早就听说这个人贤能,就把他调来做了北地都尉,后来又迁升为大司农。当时闽越、南越互相攻打,韩安国和大行王恢率兵出征。他们还没有到达越地,越人就杀了他们的国王投降了,汉朝的军队也就此撤回。汉武帝建元六年,武安侯田蚡做了丞相,韩安国做了御史大夫。

匈奴来请和亲①,天子下议。大行王恢,燕人也,数为边吏,习知胡事。议曰:"汉与匈奴和亲,率不过数岁即复倍约②。不如勿许,兴兵击之。"安国曰:"千里而战,兵不获利。今匈奴负戎马之足,怀禽兽之心,迁徙鸟举,难得而制也。得其地不足以为广,有其众不足以为强,自上古不属为人。汉数千里争利,则人马罢③,虏以全制其敝。且强弩之极,矢不能穿鲁缟④;冲风之末⑤,力不能漂鸿毛。非初不劲,末力衰也。击之不便,不如和亲。"群臣议者多附安国,于是上许和亲。

【注释】

①匈奴来请和亲:汉初对匈奴一直实行和亲政策,但匈奴并不守约,

时常进扰汉朝北部边境。此为汉武帝发兵匈奴的背景。

②率：大概，大致。倍：通"背"，背叛。

③罢：通"疲"，疲惫。

④鲁缟：古代鲁地产的一种白色生绢，以薄细著称。比喻最薄的东西。《说文》："鲁之缟尤薄。"

⑤冲风：狂风、暴风。

【译文】

匈奴前来请求和亲，天子让大臣们商议。大行王恢是燕国人，多次做边郡官吏，熟悉匈奴之事。他建议说："汉朝和匈奴和亲，大概都维持不了几年，很快就会背叛盟约。不如不答应，出兵打它。"韩安国说："到千里之外作战，军队是得不到什么好处的。现在匈奴仗恃兵强马壮，怀着禽兽的心，又像鸟一样到处迁徙，很难制服它。即使一时得到他们的土地也不能扩大我们的疆土，拥有了他的百姓也不能使我们的国力增强，从上古起就从未把他们视为国中之人。汉军到几千里外去争夺利益，就会人马疲惫，使敌人得以全力对付我们的弱点。况且强弩之末，到最后连鲁地所产的白绢也射不穿；狂风之末，到最后都不能让雁毛漂起来。并不是它们开始时力量不强，而是到了最后力量衰竭了。所以发兵攻打匈奴实在很不利，不如跟他们和亲。"议论的群臣大都赞成韩安国，于是武帝便同意与匈奴和亲。

其明年，则元光元年①，雁门马邑豪聂翁壹因大行王恢言上曰②："匈奴初和亲，亲信边，可诱以利。"阴使聂翁壹为间③，亡入匈奴，谓单于曰："吾能斩马邑令丞吏④，以城降，财物可尽得。"单于爱信之，以为然，许聂翁壹。聂翁壹乃还，诈斩死罪囚，县其头马邑城⑤，示单于使者为信，曰："马邑长吏已死⑥，可急来。"于是单于穿塞将十余万骑，入武州塞⑦。

【注释】

①元光元年：前134年。元光，汉武帝的第二个年号。

②雁门马邑：雁门郡的治所善无，在今山西左云西；马邑县的治所在今山西朔州。

③聂翁壹：《索隐》曰："聂，姓也。翁壹，名也。"《汉书·匈奴传》师古注："姓聂，名壹。翁者，老人之称也。"

④令丞吏：县令、县丞与其他官吏。

⑤县：同"悬"，悬挂。

⑥长吏：职官名。地位较高的县级官吏。郭嵩焘曰："《汉书·百官公卿表》：'县令长秩千石至三百石，丞、尉秩四百石至二百石，是为'长吏'；百石以下有斗食、佐史之秩，是为'少吏'，则'长吏''少吏'为汉时通称。"

⑦武州塞：古塞名。在今山西左云至大同西一带。在当时的马邑东北约八十公里。

【译文】

　　第二年，是汉武帝元光元年，雁门郡马邑县富户聂翁壹通过大行王恢向汉武帝说："匈奴人刚与我们和亲，相信边疆无事，我们可以用利益来引诱他们上钩。"于是王恢就暗中派聂翁壹为间谍，让他逃到匈奴，对单于说："我能杀死马邑县令县丞等人，以整个县城投降，你们就可能全部得到城中的财物。"单于听了很高兴，信以为真，就答应了聂翁壹。聂翁壹回到马邑，假装杀了几个死刑犯人，把他们的人头挂在马邑城上，作为信物让单于使者看，说："马邑县的县令县丞等已经被杀死了，可以抓紧前来。"于是单于领着十多万骑兵越过边关，进入武州塞。

　　当是时，汉伏兵车骑材官三十余万①，匿马邑旁谷中。卫尉李广为骁骑将军②，太仆公孙贺为轻车将军③，大行王恢为将屯将军④，太中大夫李息为材官将军⑤。御史大夫韩安国为护军将军⑥，诸将皆属护军。约单于入马邑而汉兵纵发。王恢、李息、李广别从代主击其辎重⑦。于是单于入汉长城武州塞⑧，未至马邑百余里，行掠卤，徒见畜牧于野，不见一人。单于怪之，攻烽燧，得武州尉史⑨。欲刺问尉史，尉史曰："汉兵数十万伏马邑下。"单于顾谓左右曰："几为汉所卖！"乃引兵还。出塞，曰："吾得尉史，乃天也。"命尉史为"天王"。塞下传言单于已引去。汉兵追至塞，度弗及，即罢。王恢等兵三万，闻单于不与汉合，度往击辎重，必与单于精兵战，汉兵势必败，则以便宜罢兵，皆无功。

【注释】

①车骑：车兵与骑兵。材官：汉代训练的特种兵士。勇武善射，用于山地作战。应劭《汉官仪》上："高祖命天下郡国选能引关蹶张材力武猛者，以为轻骑、骑士、材官、楼船，常以立秋后讲诣课试，各有负数。平地用车骑，山阻用材官，水泉用楼船。"

②卫尉：职官名。"九卿"之一，统率卫士守卫宫廷。当时有未央宫卫尉、长乐宫卫尉，李广时为未央宫卫尉。李广：汉代名将。历仕文、景、武三朝，事见《李将军列传》。骁骑将军：汉代将军名号，主要统领骑兵。骁，勇也。

③太仆：职官名。"九卿"之一，秦汉时为掌管车马及牧畜的官。公孙贺：汉武帝时的将领，事见《卫将军骠骑列传》。轻车将军：汉代将军名号，主要统领车兵。

④将屯将军：杂号将军名。《正义》曰："监主诸屯。"诸屯：屯驻沿边各地的守兵。屯，驻扎。

⑤太中大夫：职官名。古代职掌议论的官员。李息：汉武帝时的将领，事见《卫将军骠骑列传》。材官将军：汉代将军名号，负责统

领力大善射的材官。

⑥护军将军:负责监督、协调各路兵马的将军。

⑦代:汉县名,治所即今河北蔚县东北的代王城,当时也是代郡的郡治所在地。

⑧入汉长城武州塞:当时汉代的长城在今内蒙古的集宁、清水河一线,武州在长城以内。

⑨尉史:官职名。汉代郡尉之属官。掌捕盗贼及更卒服役之事。

【译文】

　　正当这时,汉朝埋伏了车兵、骑兵、特种兵等三十多万人,藏在马邑旁的山谷里。卫尉李广为骁骑将军,太仆公孙贺为轻车将军,大行王恢为将屯将军,太中大夫李息为材官将军。御史大夫韩安国为护军将军,各位将军都归护军将军统领。约定单于一进马邑城汉军就发起攻击。而王恢、李息、李广分别带兵从代郡截击匈奴人的军需物资。于是单于进入汉长城武州塞,距离马邑不到一百多里,他们边走边抢东西,只见原野上都是牛羊,却不见一个人。单于觉得很奇怪,攻下一座烽火台,捉到武州尉史。单于打算对他进行审问,尉史说:"汉兵几十万人已埋伏在马邑下。"单于回头对左右说:"差点儿被汉人卖了!"于是立即率兵撤退了。当他出塞时,说:"我们抓住这个尉史,可真是天命。"于是令这个尉史做了他们的"天王"。塞下传来消息说单于已经领兵退走了。汉兵追击到边塞,估计追不上了,于是只好罢兵而回。这时王恢等率领着三万人马,听说单于没有跟汉兵开战,考虑到如果这时去攻击匈奴人的辎重车辆,一定会跟匈奴的精锐部队碰上,汉兵一定会失败,于是权衡利害后决定撤兵,汉军全都无功而返。

　　天子怒王恢不出击单于辎重,擅引兵罢也。恢曰:"始约虏入马邑城,兵与单于接,而臣击其辎重,可得利。今单于闻,不至而还,臣以三万人众不敌,祗取辱耳[①]。臣固知还而斩,然得完陛下士三万人。"于是下恢廷尉②。廷尉当恢逗桡③,当斩。恢私行千金丞相蚡。蚡不敢言上,而言于太后曰:"王恢首造马邑事,今不成而诛恢,是为匈奴报仇也。"上朝太后,太后以丞相言告上。上曰:"首为马邑事者,恢也,故发天下兵数十万,从其言,为此。且纵单于不可得,恢所部击其辎重,犹颇可得,以慰士大夫心④。今不诛恢,无以谢天下。"于是恢闻之,乃自杀。

【注释】

①禔:通"祇""只",只能。

②廷尉:职官名。"九卿"之一,掌刑狱。

③当:判定。逗桡:因怯阵而观望不前,曲行避敌。《集解》引《汉书音义》曰:"逗,曲行避敌也。桡,顾望,军法语也。"桡,迂曲,回避。凌稚隆引王维桢曰:"王恢不击辎重,是量敌保军,可以情宥;然令朝廷背约,自开边衅,则当死也。"

④士大夫:此处指全军将领士兵。

【译文】

汉武帝恼怒王恢等人不出击匈奴人的行军物资,擅自引兵撤回。王恢说:"开始约定等单于进了马邑城,我军与单于开战,我再攻击他的物资,这样才可取胜。现在单于听说有埋伏,不到马邑就回去了,我认为凭着三万人马和他们作战,那肯定是寡不敌众的,只会招致耻辱。我原本知道回来会被杀,但是这样能够给陛下保全三万人马。"于是汉武帝把王恢交给廷尉审判。廷尉判定王恢观望不前,应该处死。王恢暗中派人送给丞相田蚡千金。田蚡不敢直接向皇上求情,就对太后说:"王恢首先制造了马邑兵事,现在如果因为事情没成功就杀王恢,这是替匈奴报仇了。"等汉武帝来给太后请安时,太后就把丞相田蚡的话告诉了汉武帝。汉武帝说:"首先提出马邑行动计划的,就是王恢,因此我们才调动了几十万人,听从他的意见,做了这事。况且即使这次我们抓不到单于,只要王恢能够率部攻击匈奴的车辆物资,那我们还是能得到一定的收获,以宽慰士大夫之心。现在不诛杀王恢,无法向国人交代。”于是王恢听到这件事,就自杀了。

安国为人多大略,智足以当世取合①,而出于忠厚焉。贪嗜于财,然所推举皆廉士贤于己者也。于梁举壶遂、臧固、郅他②,皆天下名士,士亦以此称慕之,唯天子以为国器③。安国为御史大夫四岁余,丞相田蚡死,安国行丞相事④,奉引堕车⑤,蹇⑥。天子议置相,欲用安国,使使视之,蹇甚,乃更以平棘侯薛泽为丞相。安国病免数月,蹇愈,上复以安国为中尉⑦。岁余,徙为卫尉。

【注释】

①足以当世取合:即善于应付,左右逢源。师古曰:“言可取则取,可止则止。”王先谦曰:“明于趋避,所言所行当世俗之意也。”

②壶遂:西汉天文学、历法学家,见《太史公自序》。臧固、郅他:事迹不详。

③唯:即使,即便。国器:师古曰:“言其器用重大,可施于国政也。”

④行:代理。

⑤奉引:为皇帝导引车辆。胡三省《通鉴注》注曰:“据汉制,大驾则公卿奉引,安国盖因奉引而堕车也。”

⑥蹇:跛脚,行走困难。

⑦中尉:职官名。秦、汉时为武职,掌京师的治安。

【译文】

韩安国为人有雄才大略,他的才智足够迎合世俗,而品行忠厚。他自己虽然贪嗜钱财,但所推荐的人却都是比自己更有才能更清廉的人。他在梁国时曾推荐过壶遂、臧固、郅他,都是天下名士,士人也因此称赞仰慕他,就是汉武帝也认为他是治国的良才。韩安国担任御史大夫有四年多,丞相田蚡去世后,韩安国代行丞相之职,在一次为武帝导引车辆时,从车上掉下来,摔坏了脚。后来武帝商议任命丞相时,想任用韩安国,派使者探视他,发现他的脚瘸得很厉害,就只好改任平棘侯薛泽担任丞相。韩安国因病在家休养了几个月,后来脚好了,汉武帝又任命韩安国为中尉。一年后,又被调为卫尉。

　　车骑将军卫青击匈奴[①],出上谷[②],破胡茏城[③]。将军李广为匈奴所得,复失之;公孙敖大亡卒[④]:皆当斩,赎为庶人。明年,匈奴大入边,杀辽西太守[⑤],及入雁门[⑥],所杀略数千人。车骑将军卫青击之,出雁门。卫尉安国为材官将军,屯于渔阳[⑦]。安国捕生虏,言匈奴远去。即上书言方田作时,请且罢军屯。罢军屯月余,匈奴大入上谷、渔阳。安国壁乃有七百余人[⑧],出与战,不胜,复入壁。匈奴虏略千余人及畜产而去。天子闻之,怒,使使责让安国,徙安国益东,屯右北平[⑨]。是时匈奴虏言当入东方。

【注释】

①车骑将军:西汉时地位仅次于大将军、骠骑将军的最高级武官。
　卫青:汉武帝时名将,皇后卫子夫之弟,以伐匈奴功官至大司马大将军,被封为长平侯,事见《卫将军骠骑列传》。
②上谷:汉郡名,治所在今河北怀来东南。
③破胡茏城:事在元光六年(前129)。茏城,也作"龙城",匈奴每年五月大会诸部时,祭祖先、天地、鬼神之地。在今蒙古鄂尔浑河

西侧和硕柴达木湖附近。

④公孙敖：西汉将领。初以骑郎侍奉汉武帝，后因在出击匈奴中损失巨大，本应斩首，后缴纳赎金，废为庶人。

⑤辽西：汉郡名，治所在今辽宁义县西。

⑥雁门：汉郡名，治所在今山西左云西。

⑦渔阳：汉郡名，治所在今北京密云西南。

⑧壁：营垒。

⑨右北平：汉郡名，治所平刚，在今内蒙古宁城县淀子乡之黑城村。

【译文】

车骑将军卫青攻打匈奴，从上谷出兵，于茏城大破匈奴。将军李广被匈奴人捉住，又逃了回来；公孙敖损失了大批士卒：这两个人依照军法都被判为斩刑，都通过花钱赎罪成了平民。第二年，匈奴大肆入举边境，杀死辽西太守，等到侵入雁门郡，杀死和掳掠了几千人。车骑将军卫青追击他们，出兵雁门。这时卫尉韩安国担任材官将军，驻兵在渔阳。韩安国活捉到一个俘虏，听他说匈奴已经去远了。于是就给武帝上书说正值农耕季节，请求暂且把渔阳的大批驻军撤掉。结果刚撤走屯驻的军队一个多月，匈奴就大举入侵上谷、渔阳。韩安国的军营里只有七百多人，出击与匈奴人交战，惨遭失败，只好又逃回军营坚守。匈奴夺走了一千多汉人和他们的牲口、财产离开。武帝听说这件事十分愤怒，派使者责备韩安国，又把韩安国向东调动，让他去屯守右北平。这时匈奴的俘虏称不久匈奴要入侵东方。

安国始为御史大夫及护军，后稍斥疏，下迁；而新幸壮将军卫青等有功①，益贵。安国既疏远，默默也；将屯又为匈奴所欺②，失亡多，甚自愧。幸得罢归，乃益东徙屯，意忽忽不乐③。数月，病欧血死④。安国以元朔二年中卒⑤。

【注释】

①壮将军：年轻有为的将领。

②将屯：指带兵屯守渔阳。

③忽忽不乐：因心中失意而不快乐。

④欧：同"呕"，吐。

⑤元朔二年：前127年。

【译文】

韩安国起初担任御史大夫和护军将军，后来渐渐被疏远排斥，贬官降职；而新近受宠的年轻将领如卫青等则屡屡立功，地位越来越高。韩安国被疏远后，渐渐无声息了；领兵驻守渔阳又被匈奴欺骗，损失惨重，心中很是惭愧。幸而能被罢免回京，却还要驻守更东边的地方，因而精神上恍恍惚惚，郁郁不乐。没过几个月，就病发吐血而死。韩安国于汉武帝元朔二年中去世。

太史公曰：余与壶遂定律历^①，观韩长孺之义，壶遂之深中隐厚。世之言梁多长者^②，不虚哉！壶遂官至詹事^③，天子方倚以为汉相，会遂卒^④。不然，壶遂之内廉行修，斯鞠躬君子也^⑤。

【注释】

①律历：指太初历。事见《历书》。

②长者：厚道人。泷川引曾国藩曰："壶遂与田仁，皆与子长深交，故叙梁赵诸臣多深切。"

③詹事：职官名。职掌皇后、太子家事。后专为太子属官。掌管东宫内外事务。

④会：正巧赶上。中井曰："'会卒'句中暗含'命'字，故下承之曰

'不然'云云,遂之命盖犹长孺之命云尔。"

⑤鞠躬君子:指谨敬尽职的人。王若虚曰:"夫'鞠躬'特折身耳,而以为君子之盛德何也?且天子以辅相期之,而充其所有才止于是乎?"凌稚隆曰:"此论本惜长孺之不得相,却以长孺之所举而亦不得相者以为惜,有味哉,其言之也。"吴见思曰:"赞语借壶遂发挥,所谓'不知其人,视其所与'也。"

【译文】

太史公说:我和壶遂审定律历,看到韩长孺行事得体,很有德义,壶遂则深沉忠厚。人们都说梁国多厚道人,这话一点儿也不假!壶遂为官曾做到詹事,皇帝正要倚重他让他当宰相,偏偏壶遂去世了。不然的话,壶遂廉洁正派、谦虚谨慎,一定会是一个恭敬尽职的君子。

【集评】

郭嵩焘曰:"安国自元光元年,汉始与匈奴构难即为护军将军,领诸将击匈奴,其后议置安国为相,不果,而卫青专任击匈奴,安国乃以屯将隶之。故历叙李广、公孙敖之被罪,见诸老将无一得志者,亦以明卫青之功由天幸也。"(《史记札记》)

吴见思曰:"史公叙韩长孺,偏插入梁王、公孙诡事;王恢马邑事,卫青击匈奴事,千头万绪而具结至安国,将军八面威风,吾于史公亦云。韩安国说太后处、说梁王处,写得极其精神,是史公得意之笔。"(《史记论文》)

李景星曰:"《韩长孺传》前半篇述其仕梁时事,后半篇述其仕汉为御史大夫事;前半篇步步写其得意,后半篇步步写其不得意;前半篇以张羽、田甲诸人为衬,后半篇以王恢、卫青诸人为衬;赞语又牵入一壶遂为最后陪结,四面夹写,头头是道,其实只完得一个韩长孺也。再四寻绎,不能不服其用笔之妙。"(《史记评议》)

【评论】

《太史公自序》说:"智足以应近世之变,宽足用得人,作《韩长孺列传》第四十八。"本篇基本就是从"智慧"与"宽厚"两方面称道韩安国,也从他因不够"智慧"而陷于困境为他惋惜。韩安国复杂独特,司马迁对他的看法也是多方面的。

韩安国作为梁国将军参与平定了七国之乱,他第一次显露为政才华是在调停景帝与梁孝王的关系上。当他作为梁孝王的使者去京师时,太后得知景帝不满梁孝王出入仪仗僭越天子,不接见他。他找到了景帝与梁孝王的姐姐大长公主,情真意切地诉说梁孝王的好处、梁孝王的功勋,以及梁孝王对母亲、对哥哥的忠孝与依恋,以及他对国家、对朝廷的无限忠诚。大长公主告诉太后,太后大喜,又让人告诉景帝,于是景帝与梁孝王和好。锺惺说韩安国看出了太后"外怒梁王,心实欲为分解,而无其辞",于是"代为之言",评论其"因长公主告太后,而后闻于帝,乃为妙手","处人骨肉间,委曲安详"。此后,在处理公孙诡、羊胜刺杀袁盎一事时,韩安国更是表现出极高的政治智慧。他在梁孝王面前诚恳指出孝王身边坏人的罪恶之严重,以及他们给孝王所造成的被动处境之危险;同时又深刻指出皇帝权威之不可触碰,在皇权面前任何亲情、血缘、都不起作用:"虽有亲父,安知其不为虎;虽有亲兄,安知其不为狼?"提出了"治天下终不以私乱公"的观点,最终说服梁孝王交出二人,"梁事皆得释",避免了"郑伯克段于鄢"一样的骨肉相残的惨剧。韩安国在处理梁孝王、窦太后、汉景帝的矛盾上准确抓住矛盾各方的心理巧妙进说,表现出了高超的应变能力与处事技巧。

韩安国又以举贤著称。安国"于梁举壶遂、臧固、郅他,皆天下名士,士亦以此称慕之,唯天子以为国器"。司马迁特别称赞了制定律历的同事壶遂,说他"内廉行修,斯鞠躬君子也",可见韩安国名不虚传。能够推荐比自己更有贤德、更有才能的人,这在嫉贤妒能、勾心斗角的官场上很不简单,韩安国的眼光和胸怀确实有让司马迁钦佩的一面。

但是，韩安国也有庸俗的一面，即贪图富贵和巧佞油滑。韩安国投靠权贵，甚至用行贿的手段求官，这大概可以解释他为什么在《魏其武安侯列传》所写的廷辩中会首鼠两端。他替魏其侯、灌夫说公道话，又要讨好田蚡，而且给田蚡出谋画策，说"魏其毁君，君当免冠解印绶归，曰'臣以肺腑幸得待罪，固非其任，魏其言皆是'。如此，上必多君有让，不废君；魏其必内愧，杜门齰舌自杀。今人毁君，君亦毁人，譬如贾竖女子争言，何其无大体也！"这种世故机巧、阴险毒辣也是韩安国"为人多大略"的一部分内容，既令人惊讶，又令人鄙夷。

韩安国在对待匈奴的问题上是主"和"的一派，没想到阴差阳错汉武帝委派他做马邑之战的总指挥。结果由于走漏消息，匈奴撤走，几十万汉军徒劳无功。韩安国错失升为丞相的机会后，以卫尉率兵驻守渔阳，结果又因为误判敌情，被匈奴"虏略千余人及畜而去"。将略本非安国之所长，而武帝偏又连续地将其使用于边方，以致守土无力，呕血而死。宋人黄震对此解释说："韩安国长厚好静，武帝好大喜功，故帝虽器之而卒困之焉。"（《黄氏日钞》）韩安国思想与汉武帝不合拍，造成了他人生的悲剧。

总体看来，司马迁对韩安国这样一个仁厚中带着狡黠，贪财又不失公道的人主要还是同情、肯定的，评价他为"长者"。他的调停汉景帝、窦太后与梁孝王兄弟母子之间的关系，他的推荐贤能，他的不赞成与匈奴开战，都表现出他的"仁厚"和为政才能。

本篇中司马迁还详细记载了大行王恢在马邑设谋伏击匈奴这一重大事件，它是汉代对匈奴政策由和亲到攻伐的转变之关键，《平准书》说："及王恢设谋马邑，匈奴绝和亲，而干戈日滋。"这一仗汉军无功而返，主要原因还是汉军指挥者的愚蠢无能。既想消灭敌人的大部队，又想自己不花任何代价，故而将坚壁清野的手段宣传得家喻户晓，乃至于竟做到"徒见畜牧于野，不见一人"。韩安国作为总指挥，可见他对军事谋略一窍不通。《廉颇蔺相如列传》记载了战国时代赵国名将李牧的诱敌战术：

"于是乃具选车得千三百乘,选骑得万三千匹,百金之士五万人,彀者十万人,悉勒习战。大纵畜牧、人民满野。匈奴小入,详北不胜,以数千人委之。单于闻之,大率众来入。李牧多为奇陈,张左右翼击之,大破杀匈奴十余万骑。"既有"大纵畜牧、人民满野",又有"详北不胜,以数千人委之",俗话说"舍不得孩子套不住狼",这才是有胆识、有谋略的大将之风度!马邑之战的劳民伤财,一无所获,不仅是韩安国的无能,也显示了汉武帝的粗疏。王恢是这一事件的策划者,他见单于退走,就估计自己的实力,没有按原计划击单于辎重,保全了三万士兵的性命,但汉武帝却认为不杀他无以谢天下,绝不原谅,王恢被迫自杀。从中也可以看出汉武帝的惨刻无情。

李将军列传第四十九

【释名】

《李将军列传》是《史记》中的名篇，记述了李广及其整个家族的悲剧命运。

全篇可以分为五部分。第一部分，写李广在文帝、景帝时期的生平际遇，重点突出了他在为上郡太守时以骑兵百余人与数千匈奴骑兵对峙的事迹。第二部分，写自武帝对匈奴发动战争以来，李广为边将的一系列活动，重点突出了他出雁门击匈奴，兵败被擒奋力逃脱与为右北平太守时射石没镞两段经历，并赞扬了他热爱士卒、宽缓简易的名将风度。第三部分，写李广晚年以郎中令率军伐匈奴，劳而无功，与最后随卫青伐匈奴，被倾轧、逼迫至死的悲惨结局，重点写李广出右北平，以四千骑兵与左贤王四万大军英勇作战，以及被武帝、卫青徇私由前将军调往东道，最后因迷路失期，被逼自杀之事。第四部分，写李广整个家族的悲剧命运，重点写了其子李敢被霍去病所杀之事。第五部分，写李广之孙李陵的事迹，重点写其以五千步兵对抗单于八万大军失败投降事。这一部分疑为后人所补。篇末论赞表达了对李广的敬慕。

李广是司马迁偏爱的历史人物，文章的抒情性也很强，对李广的评价有点过高。对此可以参看《卫将军骠骑列传》。

　　李将军广者，陇西成纪人也①。其先曰李信②，秦时为将，逐得燕太子丹者也。故槐里③，徙成纪。广家世世受射④。孝文帝十四年，匈奴大入萧关⑤，而广以良家子从军击胡⑥，用善骑射，杀首虏多，为汉中郎⑦。广从弟李蔡亦为郎，皆为武骑常侍⑧，秩八百石⑨。尝从行，有所冲陷折关及格猛兽⑩，而文帝曰："惜乎，子不遇时！如令子当高帝时，万户侯岂足道哉⑪！"

【注释】

①陇西：汉郡名，治所在今甘肃临洮。成纪：汉县名，属陇西郡，治所在今甘肃静宁西南。

②李信：秦朝将领，事见《白起王翦列传》。

③槐里：汉县名，治所在今陕西兴平东南。

④受射：向长辈学习射箭的方法。

⑤萧关：关塞名，在今宁夏固原东南。自古为关中通往塞北的交通要冲。

⑥胡：当时指匈奴人。

⑦中郎：职官名。郎官的一种。担任宫中宿卫、侍从。其长官称"中郎将"。

⑧武骑常侍：皇帝的骑兵侍从。《索隐》曰："谓为郎而补武骑常侍。"

⑨秩八百石：官阶为八百石粮食。称某官为多少石，并非官俸如此之多，只表明其处于这一官阶。秩，官阶。石，一百二十斤。

⑩"尝从行"二句：《汉书》作"数从射猎，格杀猛兽"，更为明白。尝，通"常"，屡屡。折关，破关。

⑪万户侯岂足道哉：凌稚隆引凌约言曰："汉文帝惜广不逢时，自以其时海内乂安，不事兵革，广之才无所用耳。末年，匈奴入上

郡、云中,帝遣将军令免、张武、周亚夫等以备胡,中称其'选用材勇',而独不及广。知而不用,何取于知耶?"姚苎田曰:"此实文帝有鉴别人才处,广之一生数奇,早为所决矣。"

【译文】

李广将军是陇西郡成纪县人,他的祖先就是在灭掉燕国后获得燕太子丹首级的秦国名将李信。李广家原籍是槐里县,后来迁到成纪。李广家世代相传射箭的绝技。孝文帝十四年,匈奴大举入侵萧关,李广作为良家子弟随军抗击匈奴,由于他擅长骑马射箭,斩杀俘获的敌人多,担任汉朝中郎。当时李广的堂弟李蔡也做了皇帝身边的郎官,兄弟二人都是武骑常侍,官阶是八百石。有一次,李广曾跟随文帝外出射猎,在冲锋陷阵和与猛兽格斗中表现得特别出色,文帝说:"可惜啊,你生不逢时! 如果你生在高皇帝打天下的年代,万户侯又能算得了什么呢!"

及孝景初立①,广为陇西都尉②,徙为骑郎将③。吴楚军时,广为骁骑都尉,从太尉亚夫击吴楚军④,取旗,显功名昌邑下⑤。以梁王授广将军印⑥,还,赏不行。徙为上谷太守⑦,匈奴日以合战。典属国公孙昆邪为上泣曰⑧:"李广才气,天下无双,自负其能,数与虏敌战,恐亡之⑨。"于是乃徙为上郡太守⑩。后广转为边郡太守,徙上郡。尝为陇西、北地、雁门、代郡、云中太守,皆为力战为名⑪。

【注释】

①孝景:即汉景帝。

②都尉:职官名。为高级将领之下的中级武官,地位略低于校尉。随其职务而冠以名号,如护军都尉、骁骑都尉等。

③骑郎将:与车郎将、户郎将合称"三将",皆上属郎中令。皇帝的

　　　侍从武官名,统领骑兵侍从。

④太尉:全国最高军事长官,与丞相、御史大夫并称"三公"。亚夫:
　　即周亚夫,汉文帝、汉景帝时名将,绛侯周勃之子。吴楚叛乱时,
　　周亚夫被任命为太尉,统兵讨吴楚。

⑤昌邑:当时梁国重镇,在今山东巨野南。

⑥梁王:即梁孝王刘武,详见《梁孝王世家》。

⑦上谷:汉郡名,治所在今河北怀来东南。

⑧典属国:职官名,职掌少数民族归降、朝贡之事。《汉书•百官公卿
　　表》:"典属国,秦官,掌蛮夷降者。"公孙昆邪(hún yé):姓公孙,名
　　昆邪。

⑨亡:失。

⑩上郡:汉郡名,治所肤施,在今陕西榆林东南。

⑪"后广转为边郡太守"几句:泷川曰:"《汉书》无'后广'以下三
　　十一字。"张文虎曰:"'后广转为'至'为名'疑此文三十一字当
　　在后文'不知广之所之,故勿从'下,而衍'徙上郡'三字,则与
　　《汉书》次序合。"可参考。

【译文】

　　到景帝即位时,李广曾任陇西都尉,转而进京做了骑郎将。吴楚七
国叛乱时,李广担任骁骑都尉,随同太尉周亚夫讨伐吴楚叛军,夺得了敌
军的战旗,在昌邑一战中大显威名。因为梁孝王授予李广将军印,回京
后,景帝就没再封赏李广。后来李广调任上谷太守,匈奴每天和他交战。
典属国公孙昆邪流着泪请求景帝说:"李广的本事,天下无双,他也自恃
才能,屡次和敌军交战,我真怕损失了这员名将。"于是景帝就把李广调
做上郡太守。后来李广又辗转在边疆几个郡做过太守,曾做过陇西、北
地、雁门、代郡、云中诸郡的太守,都因奋勇作战而得名。

　　匈奴大入上郡,天子使中贵人从广勒习兵击匈奴①。中

贵人将骑数十纵，见匈奴三人，与战。三人还射，伤中贵人，杀其骑且尽。中贵人走广，广曰："是必射雕者也。"广乃遂从百骑往驰三人②。三人亡马步行，行数十里。广令其骑张左右翼，而广身自射彼三人者，杀其二人，生得一人，果匈奴射雕者也。已缚之上马，望匈奴有数千骑，见广，以为诱骑，皆惊，上山陈。广之百骑皆大恐，欲驰还走。广曰："吾去大军数十里，今如此以百骑走，匈奴追射我立尽。今我留，匈奴必以我为大军之诱，必不敢击我。"广令诸骑曰："前！"前未到匈奴陈二里所，止，令曰："皆下马解鞍！"其骑曰："虏多且近，即有急，奈何？"广曰："彼虏以我为走，今皆解鞍以示不走，用坚其意。"于是胡骑遂不敢击。有白马将出护其兵③，李广上马，与十余骑奔射杀胡白马将，而复还至其骑中，解鞍，令士皆纵马卧。是时会暮，胡兵终怪之，不敢击。夜半时，胡兵亦以为汉有伏军于旁欲夜取之，胡皆引兵而去。平旦，李广乃归其大军。大军不知广所之，故弗从。

【注释】

①中贵人：宦官中受皇帝宠幸者。从广勒习兵：似应作"从广习勒兵"。勒，控制，统领。

②从百骑往驰三人：凌稚隆引董份曰："从百骑往驰三人，不见广勇；所以载百骑者，与下匈奴数千骑相应耳。"吴见思曰："百骑驰三人，不见广勇；唯不用百骑而自射之，正极写广勇也。"姚苎田曰："以百余骑逐三人，不为武，此自以射雕者形容广之善射，以'百余骑'作下'数千骑'引子，看去乃见其笔法之妙。"驰，追赶。

③护：安排，整顿。

【译文】

李广做上郡太守时，匈奴人大举进攻上郡，景帝派了一名受宠的近臣来上郡跟随李广学习带兵与匈奴作战。有一次这名近臣带领着几十名骑兵纵马奔驰，突然遇到了三个匈奴人，便去与之交锋。三个匈奴人回身射箭，射伤了近臣，把那几十名骑兵也几乎全都射死了。近臣逃回李广处，李广说："这一定是射雕的。"李广随即带了一百多名骑兵去追赶这三个人。这三个人没有马，只是步行，已经走出几十里了。李广命令部下分成左右两翼，自己用弓箭射那三人，射死了两个，活捉了一个，一审问，果然是匈奴的射雕人。他们刚把俘虏绑在马上，突然远远望见了几千名匈奴骑兵。匈奴骑兵见到李广，以为这是汉军派出来诱引他们的小股部队，都很吃惊，于是冲上山头布好阵式。李广的一百来名骑兵都害怕极了，想飞马往回跑。李广说："我们离大部队有几十里，如今我们凭着这一百来人往回逃跑，匈奴人追着我们射，我们不一会儿就都得被射死。如果我们留下来不逃，匈奴人一定以为我们是大部队派出来的诱饵，他们一定不敢攻击我们。"于是李广命令这些骑兵："前进！"一直走到离匈奴人不到二里左右的地方，李广让他们停下，下令说："全体下马，解下马鞍！"骑兵们说："敌人这么多又这么近，如果进攻我们，我们怎么办？"李广说："敌人以为我们肯定是会逃跑的，现在我们都下马解鞍表明不逃跑，可以增强他们认为我们是诱骑的错误判断。"于是匈奴人果然没敢进攻。不久有个骑白马的匈奴将领出来整顿阵容，李广迅速上马，带着十来个骑兵飞奔过去将他射死了，然后又退回到他的骑兵中来，解下马鞍，并命令士兵们都把马放开，躺在地上休息。这时赶上天色渐晚，匈奴兵始终觉得这支队伍可疑，没敢攻击他们。到了半夜，匈奴人也怀疑有大批汉军可能埋伏在旁边准备夜里偷袭他们，于是匈奴都率军撤走了。第二天早晨，李广才回到他的大部队。大部队因为不知道李广去了哪里，所以没有去接应。

居久之，孝景崩，武帝立，左右以为广名将也，于是广以上郡太守为未央卫尉①，而程不识亦为长乐卫尉②。程不识故与李广俱以边太守将军屯。及出击胡，而广行无部伍行陈③，就善水草屯，舍止，人人自便，不击刀斗以自卫④，莫府省约文书籍事⑤，然亦远斥候⑥，未尝遇害。程不识正部曲行伍营陈，击刀斗，士吏治军簿至明，军不得休息，然亦未尝遇害。不识曰："李广军极简易，然虏卒犯之⑦，无以禁也；而其士卒亦佚乐，咸乐为之死。我军虽烦扰，然虏亦不得犯我。"是时汉边郡李广、程不识皆为名将，然匈奴畏李广之略，士卒亦多乐从李广而苦程不识⑧。程不识孝景时以数直谏为太中大夫⑨，为人廉，谨于文法。

【注释】

①未央卫尉：未央宫的卫队长官。未央宫为皇帝居住地，位于长安城西。卫尉，职官名。"九卿"之一，负责守卫官门。

②程不识：汉武帝时名将，其人又见于《魏其武安侯列传》。长乐卫尉：长乐官的卫队长官。长乐宫是太后居住的地方，位于长安城东。

③行：行军。部伍：军队编制的单位。部曲行伍。《续汉书·百官志》："大将军营五部，部校尉一人。部下有曲，曲有军候一人。"师古曰："广尚于简易，故行道之中而不立部曲也。"

④刀斗：同"刁斗"，古时行军的铜制用具，白天用以煮饭，夜间用以敲击巡逻。

⑤莫府：同"幕府"，指古代军中将帅办公之处。师古曰："莫府者，以军幕为义。……军旅无常居止，故以帐幕言之。"文书籍事：指各种公文案牍之类。按，《汉书》只作"莫府省文书"，无"籍事"二字。

⑥斥候：侦察敌情的哨兵。也作"斥堠"。

⑦卒：同"猝"，突然。

⑧然匈奴畏李广之略，士卒亦多乐从李广而苦程不识：凌稚隆引董
　份曰："载不识言，以见军法之正；又载匈奴畏、士卒乐，以明广之
　能。载事必如此，然后义备，而笔端鼓舞。"姚苎田曰："广惟有勇
　略，又能爱人，于兵法'仁''信''智''勇''严'者，实有其四，
　惟少一'严'耳。然其远斥候以防患，法亦未尝不密也。但说到
　'无部伍行阵''省文书籍事'，此大乱之道，恐不能一日聚处，疑
　亦言之过甚。愚谓要是文字生色耳，未必简易至此极也。"

⑨太中大夫：职官名，职掌论议及顾问应对。

【译文】

　　很久以后，汉景帝去世，汉武帝即位，左右大臣都认为李广是名将，
于是李广从上郡太守调入朝廷做了未央卫尉，当时程不识也担任长乐卫
尉。程不识过去和李广一起都曾做边郡太守率领军队驻守边防。每当
出兵讨伐匈奴时，李广的军队行军不讲究编制，也不成行列，他们靠近有
水草的地方驻扎，驻扎下来之后人人自便，夜里也不安排打更巡逻，军部
里各种文书案牍一切从简，但他也远放探哨，掌握敌情，所以也从未遭到
过偷袭。程不识的军队行军时编制队列等一切规章制度都很严格，夜里
要打更巡逻，军部里的文吏们处理各种簿籍极其严明，全军都得不到休
息，但也未曾遭到过偷袭。程不识说："李广治军极其简单省事，但如果
遇上敌人偷袭，恐怕就难以招架了；但他的士兵们也自在快乐，都愿意为
他死战。我军虽烦劳忙碌，但敌军也没办法来进犯我军。"这时候汉朝
边郡的李广和程不识都是名将，但是匈奴人害怕李广的胆略，士兵们也
多乐于追随李广而认为跟着程不识是苦差事。程不识在景帝时因多次
直言切谏做过太中大夫，为人廉正，谨守法令。

　　后汉以马邑城诱单于①，使大军伏马邑旁谷，而广为骁
骑将军②，领属护军将军③。是时单于觉之，去，汉军皆无

功。其后四岁,广以卫尉为将军,出雁门击匈奴。匈奴兵多,破败广军,生得广。单于素闻广贤,令曰:"得李广必生致之。"胡骑得广,广时伤病,置广两马间,络而盛卧广④。行十余里,广详死,睨其旁有一胡儿骑善马,广暂腾而上胡儿马,因推堕儿,取其弓,鞭马南驰数十里,复得其余军,因引而入塞。匈奴捕者骑数百追之,广行取胡儿弓,射杀追骑,以故得脱⑤。于是至汉,汉下广吏。吏当广所失亡多,为虏所生得,当斩⑥,赎为庶人⑦。

【注释】

①马邑:汉县名,治所即今山西朔州。

②骁骑将军:官名。在杂号将军中品阶较高,主征伐。

③领属:归某人所统领。护军将军:即韩安国。韩安国字长孺,事见《韩长孺列传》。

④络:结网。

⑤匈奴捕者骑数百追之,广行取胡儿弓,射杀追骑,以故得脱:此二十三字若移至"复得其余军"句上,则文字更为顺畅。师古曰:"且行且射也。"王叔岷曰:"'行'犹'因'也。"行,顺手,随即。

⑥当:判处,判决。

⑦庶人:平民百姓。姚苎田曰:"此段云'破败广军',后云'汉兵死者大半',则广之麾下失亡不可胜记,而广才总以善射自完。律以常法,殊难为广占地步矣。但其败后之勇决奇变,殊胜于他人之奏凯策勋者百倍。史公必不肯以成败论英雄,是其一生独得之妙,故出力敷写如此。"

【译文】

后来汉朝派人以马邑城来引诱匈奴单于,让大批汉军埋伏在马邑周围的山谷中,李广以骁骑将军的身份参战,归护军将军韩安国统领。这时匈奴单于发觉了汉军的计谋,领兵撤回,汉军都无功而返。又过了四年,李广以未央卫尉的身份担任将军,率兵出雁门关讨伐匈奴。匈奴兵多,击溃了李广的部队,俘虏了李广。匈奴单于早就听说李广贤能,下令说:"捉李广一定要捉活的。"匈奴兵抓住李广后,李广当时身负重伤,于是匈奴人就在两匹马之间用绳结了一个网床,让李广躺在上边。走了十几里,李广一直装死躺着不动,他斜眼瞧见身边有个匈奴少年骑着一匹好马,于是他突然跃起,跳到这个匈奴少年的马上,顺势把他推下马,夺过他的弓箭,策马向南疾驰几十里,又找到了自己的残余部队,领着他们返回关内。当时几百个匈奴骑兵在后面追赶李广,李广边跑边用他夺来的那张弓,射死追上来的骑兵,因此得以脱身。李广回朝后,朝廷把李广交给司法官审判。司法官判定李广损失士卒众多,且又自身被俘,应当斩首,但允许李广出钱赎罪,免死为普通百姓。

顷之,家居数岁。广家与故颍阴侯孙屏野居蓝田南山中射猎①。尝夜从一骑出,从人田间饮。还至霸陵亭②,霸陵尉醉,呵止广。广骑曰:"故李将军。"尉曰:"今将军尚不得夜行,何乃故也!"止广宿亭下。居无何,匈奴入杀辽西太守③,败韩将军。后韩将军徙右北平,死,于是天子乃召拜广为右北平太守④。广即请霸陵尉与俱,至军而斩之⑤。

【注释】

①屏野:摒除人事而居于山野。蓝田南山:即蓝田山,在今陕西蓝田南,毗邻长安。

②霸陵:汉文帝的陵墓,在今陕西西安东北,因陵墓而设霸陵县。

③辽西:汉郡名,治所阳乐(今辽宁义县城西)。

④后韩将军徙右北平,死,于是天子乃召拜广为右北平太守:底本于"后韩将军徙右北平"下无"死"字。《会注考证》本于"韩将军徙右北平"下增"死"字,泷川曰:"'平'下'死'字,各本脱,今依枫、三本,《汉书》。"

⑤广即请霸陵尉与俱,至军而斩之:凌稚隆引董份曰:"不能忘一尉之小憾,乃知功名不成,非特杀降也,亦浅中少大度耳。"田汝成曰:"广之不侯,非数奇也,孝文知之深矣。怀私恨以斩霸陵尉,岂大将军之度哉?故苏子瞻云'今年定起故将军,未肯先诛霸陵尉',是也。不然,以亚夫之贤,帝托景帝曰'真可任将矣',宁独不知广材耶?"

【译文】

转眼之间,李广作为普通百姓闲居了几年。李广在家常和前颍阴侯灌婴的孙子灌强隐居在长安以南的蓝田山打猎。有一天夜里李广带着一个骑兵出去,和他的朋友在田间饮酒。回来到了霸陵亭,霸陵县尉正好喝醉了酒,呵责李广犯夜要拘留他。李广的随从说:"这位是前任的李将军。"县尉说:"现任的将军也不许夜行,何况是前任的将军!"硬是把李广在霸陵亭下扣留了一宿。过了不久,匈奴人进犯辽西,杀了辽西太守,又打败了韩安国的守军。后来韩安国调任右北平太守,死了,于是天子就召拜李广为右北平太守。李广随即请求调那个霸陵县尉和他一起去,霸陵县尉一到军中,李广就把他杀了。

　　广居右北平,匈奴闻之,号曰"汉之飞将军"①,避之,数岁不敢入右北平。广出猎,见草中石,以为虎而射之,中石没镞②,视之,石也。因复更射之,终不能复入石矣。广所居郡闻有虎,尝自射之③。及居右北平,射虎,虎腾伤广,广亦竟射杀之。

【注释】

①汉之飞将军：姚苎田曰："'飞将军'三字疑亦从络盛两马间腾身忽上，驰入塞内之事而得，实慑于其一身之勇，非叹服其御众之能也。"

②以为虎而射之，中石没镞：何焯曰："《吕览·精通篇》云：'养由基射虎中石，矢乃饮羽，诚乎虎也。'与此相类。岂后世因广之善射，造为此事以加之与？段成式已疑之。"镞，箭头。

③尝：通"常"。

【译文】

李广在任右北平太守的时候，匈奴人久闻他的大名，称他为"汉朝的飞将军"，躲避他，一连几年不敢进犯右北平。李广有一次外出射猎，把草丛中的一块巨石看成了老虎，他一箭射去，整个箭头都射进了石头，等近前一看，才发现是石头。李广接着开弓再射，终究不能再射进石头了。李广在各郡任太守时只要听说有老虎，常常亲自去射。等后来在右北平居住，射虎，老虎跳起来伤了李广，李广最后还是射死了这只老虎。

广廉，得赏赐辄分其麾下①，饮食与士共之。终广之身，为二千石四十余年，家无余财，终不言家产事。广为人长，猿臂②，其善射亦天性也，虽其子孙他人学者，莫能及广。广讷口少言，与人居则画地为军陈，射阔狭以饮③。专以射为戏，竟死。广之将兵，乏绝之处，见水，士卒不尽饮，广不近水，士卒不尽食，广不尝食④。宽缓不苛，士以此爱乐为用。其射，见敌急⑤，非在数十步之内，度不中不发，发即应弦而倒。用此，其将兵数困辱，其射猛兽亦为所伤云⑥。

【注释】

①麾下：将帅部下。

②猿臂：其臂如猿，谓运转自如。

③阔狭：指实际着箭点与预定着箭点距离的远近。

④"士卒不尽饮"四句：尽显李广与士卒同甘共苦的品质。

⑤见敌急：泷川曰："《汉书》无'急'字，此疑衍。"

⑥其射猛兽亦为所伤云：陈子龙曰："广自矜其技，非大将法也，故将兵无功。"

【译文】

李广为人廉正，得到了赏赐就全都分给他的部下，吃的喝的也都是和士兵们一起分享。李广一生，做了四十多年二千石的官，家中没有多余的钱财，他也从来不提家产的事。李广个子高，胳膊也长，他的射箭绝技也是出于天赋，即使他的子孙以及其他跟他学射箭的人，没有一个能赶上他。他不善言辞，平常很少说话，和别人相处时总喜欢画地为阵，以比赛射箭取乐饮酒。这个以射箭为游戏的习惯一直保持到他去世。李广领兵行军，遇到缺水乏粮的时候，见到水，只要士兵没有全喝上水，他就不喝水；只要士兵们还没有全吃到东西，他就决不吃。他待人宽厚和气不苛刻，因此将士们都乐于为他效力。他射箭，即使敌情紧急，也非等到相距在几十步之内，估量着射不中决不发箭，一旦开弓敌人必定应弦而倒。但也正因为这个，他作战也多次被敌人弄得很狼狈，射猛兽的时候也曾被猛兽所伤。

居顷之，石建卒①，于是上召广代建为郎中令②。元朔六年，广复为后将军③，从大将军军出定襄④，击匈奴。诸将多中首虏率⑤，以功为侯者，而广军无功。后二岁，广以郎中令将四千骑出右北平，博望侯张骞将万骑与广俱⑥，异道。行可数百里，匈奴左贤王将四万骑围广⑦。广军士皆恐，广乃使其子敢往驰之。敢独与数十骑驰，直贯胡骑，出其左右而还⑧，告广曰："胡虏易与耳。"军士乃安。广为圜陈外向⑨，胡急击之，矢下如雨。汉兵死者过半，汉矢且尽。广乃令士持满毋发，而广身自以大黄射其裨将⑩，杀数人，胡虏益解⑪。会日暮，吏士皆无人色，而广意气自如，益治军⑫。军中自是服其勇也⑬。明日，复力战，而博望侯军亦至，匈奴军乃解去。汉军罢，弗能追。是时广军几没，罢归⑭。汉法，博望侯留迟后期，当死，赎为庶人。广军功自如⑮，无赏。

【注释】

①石建：万石君石奋之子，以"孝谨"著称，实则为近于佞幸之人，事见《万石君列传》。

②郎中令：官职名。"九卿"之一。职掌宫廷门户，总管宫廷事务。

③后将军：《汉书·百官公卿表》："前、后、左、右将军，皆周末官，秦因之。位上卿，金印紫绶。汉不常置。皆掌兵及四夷。"

④大将军：指汉武帝时名将卫青，皇后卫子夫弟弟，详见《卫将军骠骑列传》。定襄：汉郡名，治所成乐，今内蒙古和林格尔西北。

⑤中：符合。率：标准。

⑥博望侯张骞（qiān）：张骞因出使西域之功，封博望侯，封地为博望县（今河南南阳东北）。事见《大宛列传》。

⑦左贤王：匈奴的两个最高长官之一，与"右贤王"分部驻扎，共同襄助单于处理国事。

⑧出其左右：从左到右，从右到左地冲透敌阵。吴见思曰："四千骑，四万骑，一以当十，危矣；此独以'数十骑'，极写李敢。"

⑨圜陈：同"圆阵"。

⑩大黄：一种黄色的可以连发的弓弩。《集解》引韦昭曰："角弩色黄而体大也。"

⑪益解：渐渐散去。

⑫治军：师古曰："巡部曲，整行阵也。"

⑬军中自是服其勇：郭嵩焘曰："广自云'与匈奴大小七十余战'，史公不一叙，独上文叙其以百骑支匈奴数千，此以四千骑当匈奴四万，写得分外奇险。妙在一以不战全军，一以急战拒敌，两事各极其胜。"

⑭是时广军几没，罢归：姚苎田曰："此段广之勇烈乃其遇之艰危，皆大略与其孙陵相似，皆以别将失道，独与虏遇；皆以少敌众，而广之终得拔身还汉者，卒以救军之来也。史公写此极详，盖亦有所感云。"

⑮军功自如：军功和败罪相当，互相抵销。

【译文】

过了不久，石建死了，于是武帝召回李广接替石建做了郎中令。元朔六年，李广又以后将军的身份，跟随大将军卫青率兵出定襄，讨伐匈奴。在这次出征中，许多将领都因为符合按斩敌首级与俘获敌兵而晋升的标准，靠军功封了侯，唯独李广无功而返。又过了两年，李广以郎中令的身份率领四千骑兵从右北平出发讨伐匈奴，博望侯张骞也率领一万骑兵与李广一同出发，两人分路而行。李广的部队行进了大约几百里，突然被匈奴左贤王率领的四万骑兵包围了。李广的部下都十分恐慌，李广就派他的儿子李敢先去冲击敌阵。李敢单独带领着几十名骑兵跃马冲入了敌阵，从前到后杀透敌阵，又从左到右冲杀了一阵回来，向李广报告说："匈奴人容易对付！"士兵们这才稳定下来。李广把自己的四千人布成圆阵迎敌，匈奴人对他们发起猛攻，一时间箭如雨下。汉军被射死一多半，箭也快要射光了。于是李广就命令士兵们搭上箭，拉满弓，但不要射，而李广自己则用一种叫"大黄"的弩射杀匈奴偏将，杀死了几个人，其余的匈奴人吓得纷纷散去。这时天已经黑了下来，李广的部下都吓得面无人色，只有李广仍然神态自若，更加精神抖擞地整顿队伍，准备继续战斗。从此军中将士们是真心佩服李广的胆略。第二天，汉军又接着顽强战斗，而这时博望侯张骞的军队也赶到了，匈奴人这才撤军离开。汉军已极其疲惫，没能再追击了。这时李广的部队几乎全军覆没，罢战回朝。依照朝廷的法律，博望侯张骞由于行动迟缓未能按时到达，判处死刑，张骞出钱赎罪，革职为民。李广的军功和失败的罪责相抵，没有得到任何赏赐。

初，广之从弟李蔡与广俱事孝文帝。景帝时，蔡积功劳至二千石①。孝武帝时，至代相②。以元朔五年为轻车将军③，从大将军击右贤王，有功中率，封为乐安侯④。元狩二年中，代公孙弘为丞相⑤。蔡为人在下中，名声出广下甚远，然广不得爵邑⑥，官不过九卿⑦，而蔡为列侯⑧，位至三公⑨。诸广之军吏及士卒或取封侯⑩。广尝与望气王朔燕语⑪，曰："自汉击匈奴而广未尝不在其中，而诸部校尉以下⑫，才能不及中人，然以击胡军功取侯者数十人，而广不为后人，然无尺寸之功以得封邑者，何也？岂吾相不当侯邪⑬？且固命也？"朔曰："将军自念，岂尝有所恨乎⑭？"广曰："吾尝为陇西守，羌尝反⑮，吾诱而降，降者八百余人，吾诈而同日杀之。至今大恨独此耳。"朔曰："祸莫大于杀已降，此乃将军所以不得侯者也。"

【注释】

①积功劳：凭资历逐步升迁。二千石：当时诸侯国相秩二千石。

②代相：代王之相。代，汉代诸侯国名，都晋阳（今山西太原西南）。

③轻车将军：地位略低于左、右、前、后四将军的称号。

④乐安：汉县名，治所在今山东博兴北。

⑤公孙弘：西汉丞相，详见《平津侯主父列传》。

⑥爵邑：爵位和封邑。吴见思曰："插入李蔡，正与不侯相形，回合成妙，故不胜慨叹。"

⑦九卿：古代中央政府九位高级官职的统称，历代名称不同。汉九卿指太常、光禄勋（也称郎中令）、卫尉、太仆、廷尉、大鸿胪、宗正、大司农、少府。

⑧列侯：汉代所封的爵位。异姓功臣受封为侯者称为"列侯"。亦称"彻侯""通侯"。刘邦曾规定："非刘氏者不得王，非有功者不得侯。"

⑨三公：古代三种最高官职的合称。历代称谓不同，汉代指丞相、御史大夫和太尉。

⑩或：有的。

⑪望气：古代一种观察云气的形态变化以预测吉凶的占卜术。王朔：当时著名的望气者。《天官书》："夫自汉之为天数者，星则唐都，气则王朔。"燕语：闲谈，聊天。燕，安闲，从容。

⑫诸部校尉：古时一个将军统领若干"部"，各"部"军官称"校尉"。

⑬相：面相。

⑭恨：遗憾。

⑮羌：古民族名。散居于甘肃、新疆南部，青海、西藏东北部和四川西部。

【译文】

当初，李广的堂弟李蔡和李广一同事奉文帝。到景帝时，李蔡已经凭着资历升迁到了二千石。武帝即位后，李蔡官至代国的国相。元朔五年又以轻车将军的身份，跟随大将军卫青出击匈奴右贤王，由于军功达到标准，被封为乐安侯。元狩二年中，他接替公孙弘做了丞相。李蔡的人品在下中等，名声比李广也差得多，然而李广一生也没有得到爵位封地,官位最高不过到了九卿,而李蔡却封了列侯,官位也到了三公。李广部下的不少军官甚至士兵有的也封了侯。李广曾经和一个望气的术士王朔闲谈,他说:"自从汉朝开始讨伐匈奴,我几乎没有一次战斗没参加,而各军中从校尉以下,有的才能还不到中等,然而靠着讨伐匈奴的军功封了侯的已经有几十个,而我不比他们差,可是至今竟没有一点功劳可以得到封邑,这是为什么呢? 难道是我的面相不该封侯吗? 还是命里注定的呢?"王朔说:"将军您自己想一想,难道您曾经做过什么后悔的事吗?"李广说:"我曾经做过陇西太守,曾经有羌人谋反,我引诱他们投降,投降的有八百多人,但我欺骗了他们,在当天就把他们都杀了。我至今特别后悔的只有这件事。"王朔说:"最大的阴祸莫过于杀害已经投降的人,这就是您不得封侯的原因啊。"

　　后二岁,大将军、骠骑将军大出击匈奴[①],广数自请行。天子以为老,弗许;良久乃许之,以为前将军。是岁,元狩四年也[②]。

　　广既从大将军青击匈奴,既出塞,青捕虏知单于所居,乃自以精兵走之,而令广并于右将军军[③],出东道。东道少回远,而大军行水草少,其势不屯行。广自请曰:"臣部为前将军,今大将军乃徙令臣出东道,且臣结发而与匈奴战[④],今乃一得当单于,臣愿居前,先死单于。"大将军青亦阴受上诫,以为李广老,数奇[⑤],毋令当单于,恐不得所欲。而是时公孙敖新失侯[⑥],为中将军从大将军[⑦],大将军亦欲使敖与俱当单于[⑧],故徙前将军广。广时知之,固自辞于大将军[⑨]。大将军不听,令长史封书与广之莫府[⑩],曰:"急诣部,如书。"广不谢大将军而起行,意甚愠怒而就部[⑪],引兵与右将军食其合军出东道。军亡导^⑫，或失道^⑬，后大将军。大将军与单于接战，单于遁走^⑭，弗能得而还。南绝幕^⑮，遇前将军、右将军。广已见大将军，还入军。大将军使长史持糒醪遗广^⑯，因问广、食其失道状，青欲上书报天子军曲折^⑰。广未对，大将军长史急责广之幕府对簿^⑱。广曰："诸校尉无罪，乃我自失道。吾今自上簿至莫府。"

【注释】

①大将军、骠骑将军：此处指卫青、霍去病。骠骑将军位次仅低于大将军。

②是岁，元狩四年也：特别强调时间，以突出下面所叙事件的重要，以及作者对这一事件的深沉感慨。

③右将军：指赵食其（yì jī），事见《卫将军骠骑列传》。

④结发：束发。指刚成年。古代男子二十岁束发而冠，女子十五岁束发而笄，算作成年。

⑤数奇：命数逢单，运气不好。数，命运。奇，不偶，不逢时。

⑥公孙敖：西汉将领。少为骑士，精于骑射。景帝时，以良家子弟从军击胡，因武勇调入宫中，任骑郎。后事武帝。与卫青为友，并曾救护过卫青。官至太中大夫。元光六年（前129），为骑将军，与车骑将军卫青等分道击匈奴，伤亡太半，罪当死。出钱赎罪，降为庶人。元朔五年（前124），起用为校尉，从大将军卫青击匈奴，有功，封合骑侯。元狩二年（前121），以将军出北地，失期当斩，赎为庶人，失侯。

⑦为中将军从大将军：据《卫将军骠骑列传》，公孙敖此行乃以"校尉"从大将军，此处作"中将军"，恐误。

⑧大将军亦欲使敖与俱当单于：王鸣盛曰："李广本以前将军从，宜

　　在前当单于，青乃徙之出东道，使其回远失道者，非但以其数奇，恐无功，实以公孙敖新失侯，欲令俱当单于，有功得侯，以报其德故，徙广乃私也。"

⑨固：坚决，坚持。

⑩封书：送信，送命令。莫府：同"幕府"，将军的营帐。这里指卫青不通告李广而直接给李广的部下发命令。

⑪意甚愠怒：神情十分恼怒。

⑫亡导：没有向导。亡，通"无"。

⑬或：通"惑"，迷惑。

⑭遁走：逃跑，逃走。

⑮绝：横穿，横渡。幕：通"漠"。大漠。

⑯长（zhǎng）史：职官名。汉代丞相、大将军手下的属官。糒醪（bèi láo）：干饭和浓酒。

⑰报天子军曲折：向天子汇报出兵作战的具体情况。王念孙曰："'军'上当有'失'字。广、食其与大将军军相失，故曰'失军'。报'失军曲折'者，报失军之委曲情状也。"

⑱大将军长史急责广之幕府对簿：底本作"大将军使长史急责广之幕府对簿"。北京大学《两汉文学史参考资料》云："本句'使'字疑是衍文，《汉书》此句即无'使'字。"言之有理，今据削"使"字。对簿，回答质问。簿，指文状。大将军长史问李广，广未对，于是长史即命令李广的幕府人员回答问题。姚苎田曰："卫青不必有害广之意，而史公写得隐隐约约，使人不能释然，要是恶青之深耳。"

【译文】

　　两年后，大将军卫青、骠骑将军霍去病大举出击匈奴，李广多次亲自请求参战。天子认为他老了，开始时不答应；过了很久才总算答应了，派他做了前将军。这一年，是元狩四年。

　　李广跟随大将军卫青讨伐匈奴，出塞以后，卫青抓到俘虏，得知单于住的地方，于是就准备自己率领精锐部队直扑单于，却命李广带领所部与右将军赵食其合并，从东路出击配合。东路有些绕远，而大军所走的路水草少，势必不便聚集行军。李广请求说："我是前将军，现在大将军却让我从东路出兵；我从二十来岁就和匈奴作战，今天才能正面与匈奴单于交锋，我愿意做先锋，先与单于拼死一战。"可是大将军卫青也受武帝私下叮嘱，认为李广年纪已大，运气不好，不要让他和单于对阵，否则恐怕不能实现抓单于的愿望了。这时正好公孙敖刚刚丢掉了侯爵，以中将军的身份跟随卫青出征，卫青也正想让公孙敖和他一起与单于正面交锋，好给他个重新封侯的机会，所以他要调走前将军李广。李广当时知道这些情况，坚决向卫青请求。卫青不听，直接让长史把文书封好送到李广的军部，说："马上按照命令到右将军军部报到，照文书行事。"李广没向卫青告辞就出来了，神情恼怒地回到了自己的军部，率领部队与赵食其的右路军合并东进。右路军没有向导，迷了路，落在大将军后面。卫青与单于开战后，单于发觉形势不利，撤军逃跑，卫青没能抓到单于只能回来。向南越过沙漠之后，才遇到了前将军李广和右将军赵食其。李广见过卫青，不说话回了自己的军营。卫青派长史把干饭和浓酒送给李广，并询问李广和赵食其军队迷路的情况，自己准备向皇帝上报这次出兵的原委。李广置之不理，于是卫青的长史严厉责成李广的幕府人员听候审讯。李广说："各校尉都没错，军队迷路是我的责任。我自己回军部写报告接受审问。"

　　广谓其麾下曰："广结发与匈奴大小七十余战，今幸从大将军出接单于兵，而大将军又徙广部行回远，而又迷失道，岂非天哉[①]！且广年六十余矣，终不能复对刀笔之吏[②]。"遂引刀自刭[③]。广军士大夫一军皆哭，百姓闻之，知与不知，无老壮皆为垂涕[④]。而右将军独下吏，当死，赎为庶人。

【注释】

①岂非天哉：姚苎田曰："广一生蹭蹬，至白首之年，自请出塞，其意实以卫青福将，欲藉之以成大功，不意反为所卖。观其'幸从大将军''又徙广部'等语，饮恨无穷，真乃一字一涕。"

②刀笔之吏：即"刀笔吏"，指掌管文书、案牍的文职人员。因"刀笔吏"如刀之笔的操纵，往往使许多案件乾坤陡转，颠倒黑白。

③遂引刀自刭：自刭，刎颈自杀。洪迈《容斋随笔》九曰："汉文帝见李广，曰：'惜广不逢时，令当高祖世，万户侯岂足道哉！'……吴、楚反时，李广以都尉战昌邑下显名，以梁王授广将军印，故赏不行。武帝时，五为将军击匈奴，无尺寸功。至不得其死。三朝不遇，命也夫！'朱翌《猗觉寮杂记》曰："始广欲居前，青既不听，以东道回远，固辞，则又固遣之；既受上指，毋使广当单于，乃责其失道，使自杀，青真人奴也哉！"凌稚隆引尤侗曰："以广之勇，结发与匈奴七十余战，使居前一当单于，其功可胜道哉？乃徙广部行回远，而军亡导，或失道。即失道，不至死，广老将，独不能少假之耶？又使长史责之急，是广之死，青杀之也。"

④"广军士大夫"四句：凌稚隆引凌约言曰："'士大夫一军皆哭，百姓皆垂涕'，广之结人心于此可见。非子长笔力，安能于胜败之外，乃出古今名将之上如是哉？"

【译文】

　　李广对他的部下说："我从二十来岁到现在与匈奴打了大小七十余仗，这次幸而跟从大将军出塞本可与单于正面交兵，可大将军又把我军调到了绕远的路上，而我们又偏偏迷了路，这难道不是天意吗！我已经六十多岁了，无论如何不能再去与那些刀笔吏对质争辩。"于是他拔刀自刎而死。李广部下的将士们都痛哭不已，百姓们听到这个消息，无论认识的还是不认识的，不论男女老幼也都为这位名将落泪。右将军赵食其接受了审讯，被判处死刑，自己出钱赎罪，革职为民。

广子三人,曰当户、椒、敢,为郎①。天子与韩嫣戏②,嫣少不逊,当户击嫣,嫣走。于是天子以为勇。当户早死,拜椒为代郡太守③,皆先广死。当户有遗腹子名陵。广死军时,敢从骠骑将军。广死明年,李蔡以丞相坐侵孝景园壖地④,当下吏治,蔡亦自杀,不对狱⑤,国除。李敢以校尉从骠骑将军击胡左贤王,力战,夺左贤王鼓旗,斩首多,赐爵关内侯⑥,食邑二百户,代广为郎中令。顷之,怨大将军青之恨其父⑦,乃击伤大将军,大将军匿讳之⑧。居无何,敢从上雍,至甘泉宫猎⑨。骠骑将军去病与青有亲,射杀敢。去病时方贵幸,上讳云鹿触杀之⑩。居岁余,去病死⑪。而敢有女为太子中人⑫,爱幸,敢男禹有宠于太子⑬,然好利,李氏陵迟衰微矣⑭。

【注释】

①为郎:言兄弟三人皆为郎,汉代有以父兄之保任,使其子弟为郎的制度。《汉书》作"当户、椒、敢,皆为郎"。

②韩嫣:汉武帝宠臣,刘邦功臣韩王信(非淮阴侯韩信)之重孙,弓高侯韩穨当之孙,事见《韩信卢绾列传》《佞幸列传》。

③代郡:汉郡名,治所代县,即今河北蔚县东北的代王城。

④坐:因为。孝景园:汉景帝的陵墓。壖(ruán)地:皇帝陵墓或庙宇之大墙以外也属于陵庙区域的闲散地,其外尚有小墙,称为"壖垣"。据《汉书·李广传》:"李蔡以丞相坐诏赐冢地阳陵当得二十亩,蔡盗取三顷,颇卖得四十余万,又盗取神道外壖地一亩葬其中,当下狱,自杀。"

⑤不对狱:不愿受审。和其兄李广之"不对簿"同。徐朔方曰:"对

李广从弟李蔡的盗窃行为只轻描淡写,一笔带过,而在'不对狱'前后文的字里行间还隐约地表扬他的骨气,这是《史记》偏袒李家的一个旁证。"

⑥关内侯:位次比列侯低的爵位,无封地。师古曰:"言有侯号而居京畿,无国邑。"

⑦怨大将军青之恨其父:王念孙曰:"'恨'读为'很'。《吴语》:'今王将很天而伐齐。'韦注:'很,违也。'《说文》:'很,不听从也。'《李广传》:'怨大将军青之恨其父','恨'亦读'很'。很,违也。谓广欲居前部以当单于,而青不听也。又《外戚传》:'何为恨上如此?''恨'亦读'很',谓不从上意也。"

⑧匿讳:隐瞒不说。

⑨敢从上雍,至甘泉宫猎:谓李敢先从武帝至雍,后又东北折至甘泉宫。《汉书》作"从上幸雍"。雍,汉县名,在今陕西凤翔南,其地有祭天之台,又有离宫,是秦汉时期历代帝王常去的地方。胡三省曰:"'雍'盖衍字。'甘泉宫,汉离宫名,在今陕西淳化甘泉山上,其地有离宫、猎场、祭坛等。

⑩上讳云鹿触杀之:朱翌曰:"汉武杀文成,而曰'文成食马肝死';霍去病射杀李广之子敢,武帝又为之讳曰'鹿触死'。赏罚,国之纪纲,既已自欺,又为人欺,何也?"讳,讳言,掩饰。

⑪居岁余,去病死:姚苎田曰:'特缀此语,若敢为厉者。"又曰:"悉将广子若孙官位事功性情生平纤悉零碎一一写出,尽于二百余字之中,又妙在人人负气,往往屈厄,皆影影与李将军吊动,此所谓神情见于笔墨之表者也。"

⑫太子中人:皇太子刘据的侍妾。中人,犹言"宫人",宫中姬妾之无位号者。

⑬敢男禹:李禹,其人亦勇士。《汉书·李广苏建传》称其"亦有勇,尝与侍中贵人饮,侵陵之,莫敢应。后诉之上,上召禹,使刺虎,悬

下圈中，未至地，有诏引出之。禹从落中以剑斫绝累，欲刺虎。上
壮之，遂救止焉。"

⑭陵迟：渐趋衰落。

【译文】

李广有三个儿子，名叫李当户、李椒和李敢，都做过武帝的侍卫郎
官。武帝曾与韩嫣嬉戏，韩嫣的举动有些失礼，李当户打了韩嫣，韩嫣
逃跑了。于是武帝认为他很勇敢。李当户死得早，李椒后来做过代郡太
守，他们都死在李广之前。李当户有个遗腹子叫李陵。李广在军中自杀
时，三儿子李敢正跟随骠骑将军霍去病作战。李广自杀的第二年，他的
堂弟李蔡作为丞相因犯了侵占孝景皇帝陵园范围内土地的罪名，应交给
法官惩办，李蔡也自杀了，不愿对质受审，于是他乐安侯的领地和封号也
被撤销。李敢以校尉的身份跟随骠骑将军霍去病出击匈奴左贤王，作战
英勇，夺得了左贤王的战鼓战旗，斩获的敌人多，被封为关内侯，赐予食
邑二百户，接替父亲李广当了郎中令。不久，李敢怨恨大将军卫青违背
父亲的意愿使父亲含恨而死，就寻找机会打伤了卫青，卫青也没敢声张。
没过多久，李敢跟随武帝到了雍县，后来又到甘泉宫去射猎。骠骑将军
霍去病因为和卫青是甥舅亲戚关系，射死了李敢。当时霍去病正受宠，
身份尊贵，武帝就掩盖事实说李敢是被鹿顶死的。又过了一年多，霍去
病也死了。李敢有个女儿是太子的侍妾，很受太子宠幸，李敢的儿子李
禹也很受太子宠幸，但他过于好利，李氏家族越来越衰落了。

李陵既壮①，选为建章监②，监诸骑。善射，爱士卒。天
子以为李氏世将，而使将八百骑。尝深入匈奴二千余里，过
居延视地形③，无所见虏而还。拜为骑都尉④，将丹阳楚人五
千人⑤，教射酒泉、张掖以屯卫胡⑥。

【注释】

①壮：壮年，古人称三十岁为壮年。

②建章监：守卫建章宫的僚属。建章宫建成于汉武帝太初元年（前104），历经多年才完成，其长官称"卫尉"。

③居延：即居延海，在今内蒙古额济纳旗北境。

④骑都尉：官职名。原统领羽林骑兵，后为一般军职名，秩比二千石。

⑤丹阳：汉郡名，治所即今安徽宣城，其地古代属楚。

⑥酒泉、张掖：皆汉郡名，在今甘肃境内。张掖郡的治所在今张掖西北，酒泉郡的治所即今酒泉。

【译文】

李陵三十岁时，被选拔为建章监，监管建章宫的骑兵。李陵擅长射箭，热爱士兵。武帝因李氏世代为将，于是让李陵率领八百骑兵。他们曾深入匈奴领地二千余里，穿过居延海观测地形，没有碰上敌人平安而回。李陵被任命为骑都尉，率领五千名丹阳的楚兵，在酒泉、张掖一带教习射箭，驻守防备匈奴。

数岁，天汉二年秋①，贰师将军李广利将三万骑击匈奴右贤王于祁连天山②，而使陵将其射士步兵五千人出居延北可千余里，欲以分匈奴兵，毋令专走贰师也。陵既至期还，而单于以兵八万围击陵军。陵军五千人，兵矢既尽，士死者过半，而所杀伤匈奴亦万余人。且引且战③，连斗八日，还未到居延百余里，匈奴遮狭绝道④。陵食乏而救兵不到，虏急击招降陵。陵曰："无面目报陛下。"遂降匈奴。其兵尽没，余亡散得归汉者四百余人⑤。

【注释】

①天汉二年：前99年。

②贰师将军：官名。简称"贰师"。西汉临时设置的杂号将军。位比卿。汉武帝欲得大宛善马，太初元年（前104），任命李广利为贰师将军，因"期至贰师城（大宛城名）取善马"，故以为号。后李广利降匈奴，罢废。祁连天山：即今甘肃张掖西南之祁连山。中井积德曰："胡人谓'天'曰'祁连'，故祁连山或称天山。此文'祁连'与'天'重复，宜削其一。《汉书》单云'天山'，得之。"

③引：撤退。

④遮狭绝道：在险狭之处截断了退路。

⑤余亡散得归汉者四百余人：李陵苦战匈奴的情景，详见司马迁《报任安书》与《汉书·李广传》。余亡散得归汉者，剩下逃散能够回到汉朝的人。《汉书评林》引秦观曰："霍去病所将，常选有大军继其后，是以深入而未尝困绝。李陵提步卒五千，转斗单于于漠北，而无他将援之，其擒宜也。"凌稚隆曰："李陵贲军降虏，罪固莫逃矣，然帝亦不能无失焉：恶陵不乡贰师军，而仅与步兵五千人，一；疑陵悔不欲行，而反止迎军，二；既知博德奸诈，坐令陵败，而释之不治，三；误信公孙敖之言，而遂诛陵母弟妻子，四。然则陵之败，帝误之也；陵之无还心，帝绝之也，谁谓陵之独负武帝哉！"

【译文】

几年后，天汉二年秋，贰师将军李广利率领三万骑兵出击匈奴右贤王，两军于祁连山会战，武帝派李陵率领他教射的五千步兵射手北出居延泽千余里，想以此分散匈奴兵力，不让他们全力与李广利交锋。李陵开始没有遇到敌人，到了规定日期南返时，匈奴单于的八万大军突然包围了李陵的部队。李陵的五千人，箭已经用完，士兵死亡过半，而他们杀死杀伤匈奴人也有万余人。李陵率部且战且退，连续战斗了八天，在距离居延塞不到一百里的险要之处,被匈奴人截断了退路。李陵的部队既无粮食,又无救兵,匈奴猛攻逼迫李陵投降。李陵说:"没有面目再去见陛下了。"于是投降了匈奴人。李陵的部队几乎全军覆灭,剩下零散逃回汉朝的只有四百多人。

单于既得陵,素闻其家声①,及战又壮②,乃以其女妻陵而贵之。汉闻,族陵母妻子。自是之后,李氏名败,而陇西之士居门下者皆用为耻焉③。

【注释】

①素:一向,向来。

②战又壮:指作战勇敢。

③而陇西之士居门下者皆用为耻焉:梁玉绳曰:"(李陵既壮以下),皆后人妄续也。无论天汉间事,史所不载,而史公因陵被祸,必不书之。其详别见于《报任安书》,盖有深意焉。观赞中但言李广而无一语及陵可见。且所续与汉传不合,如族陵家在陵降岁余之后,匈奴妻陵又在族陵家之后,而此言单于得陵即以女妻之,汉闻其妻单于女,族陵母妻子,并误也。且汉之族陵家,因公孙敖误以李绪教单于兵为李陵之故,不关妻单于女。又杭太史云:'子长盛推李少卿,以为有国士风,虽败不足诛,彼不死,欲得当以报。何云李氏名败,陇西之士为耻乎?断非子长笔。'"用,因,以。

【译文】

匈奴单于得到李陵后,由于早就听说过李氏家族的名声,而李陵作战又很勇敢,于是便把自己的女儿嫁给李陵以示尊宠。汉朝听说后,便把李陵的母亲妻儿全杀了。从此以后,李氏家族的名声败坏,甚至连陇西那些曾经出入李氏之门的士人都因此为耻。

太史公曰：《传》曰："其身正，不令而行；其身不正，虽令不从①。"其李将军之谓也？余睹李将军悛悛如鄙人②，口不能道辞。及死之日，天下知与不知，皆为尽哀。彼其忠实心诚信于士大夫也③。谚曰："桃李不言，下自成蹊④。"此言虽小，可以谕大也⑤。

【注释】

①"其身正"四句：语出《论语·子路》，指一个人自身端正，不下命令别人也能随着执行；自身行为不正，即使下了命令百姓也不会听。这里指李广为人正直坦荡。

②悛悛（quān）：谦恭忠厚的样子。鄙人：乡下人，草野之人。

③彼其忠实心诚信于士大夫：凌稚隆引陈仁子曰："广之数奇，而忠信见于身后，夫何憾者？"李景星曰："传一代奇人，而以'忠实'两字为归宿，手眼俱超，压倒一切。"士大夫，指李广部下的将士。

④桃李不言，下自成蹊（xī）：师古曰："蹊谓径道也。言桃李以其华实之故，非有所召呼，而人争归趣，来往不绝，其下自然成径，以喻人怀诚信之心，故能潜有所感也。"蹊，小路。

⑤谕：通"喻"，说明，晓谕。

【译文】

太史公说：《论语》上说："自身行为端正，即使不下命令别人也会跟着执行；自身行为不端正，即使下命令别人也不听。"这话说的不正是李将军吗？我看李将军谦恭忠厚得像个乡下人，也不善言辞。可是到他死的时候，天下不论认识还是不认识他的人，都为他极尽悲哀。这难道不是他那颗忠实诚信的心感动了士大夫吗？俗话说："桃树李树虽然不会说话，但树下都被踩出了路。"这话虽然讲的是小事，却可以说明大道理。

【集评】

王夫之曰:"太史公言:'匈奴畏李广之略,士卒亦乐从广而苦程不识。'司马温公则曰:'效不识,虽无功犹不败;效李广,鲜不覆亡。'二者皆一偏之论也。以武定天下者,有将兵,有将将。为将者,有攻有守,有将众,有将寡。不识之正行伍,击刁斗,治军簿,守兵之将也。广之简易,人人自便,攻兵之将也。束伍严整,斥堠详密,将众之道也。刁斗不警,文书省约,将寡之道也。严谨以攻,则敌窥见其进止而无功。简易以守,则敌乘其罅隙而相薄。将众以简易,则指臂不相使而易溃。将寡以严谨,则拘牵自困而取败。故广与不识,各得其一长,而存乎将将者尔。将兵者不一术,将将者兼用之,非可一律论也。太史公之右广而左不识,为汉之出塞击匈奴言也;温公之论,其犹坐堂皇、持文墨、以遥制阃外之见与。"(《读通鉴论》)

姚苎田曰:"广之胜人处,只是'才气无双'四字尽之。然才气既胜,则未有肯引绳切墨而轨于法之正者,则其一生数奇,亦才气累之也。篇中首载公孙昆邪一语,褒贬皆具。史公虽深爱李广,而卒亦未尝不并著其短,所以为良史之才,他人不能及也。"又曰:"史公甚爱李广,而独不满于卫青,青传之'会有天幸',此语亦颇不厌人意。至如广之任情孤往,败处每多于胜处,然略其败而详其出奇制胜之勇,令人读之,满腔都是奇特意思,则文字生色不少,如射雕一段,精神更自灿灿可爱。(《史记菁华录》)

牛运震曰:"传目不曰'李广'而曰'李将军',以广为汉名将,匈奴号之曰'汉之飞将军',所谓不愧将军之名者也。只一标题,有无限景仰爱重。"又曰:"一篇感慨悲愤,全在李广'数奇''不遇时'一事。篇首而'文帝曰:惜乎子不遇时'云云,已伏'数奇'二字,便立一篇之根。后叙广击吴楚,'还,赏不行',此一'数奇'也;马邑诱单于,'汉军皆无功',此又一'数奇'也;为虏生得'当斩,赎为庶人',又一'数奇'也;出定襄而'广军无功',又一'数奇'也;出右北平而广'军功自如,无赏',又一'数奇'也；出东道而'失道，后大将军'，遂'引刀自颈'，乃以'数奇'终焉。
至'初，广之从弟李蔡'云云，以客形主；及广与望气语，实叙不得封侯之
故，皆着意抒发'数奇'本末。'上以为李广老，数奇'云云，则明点'数
奇'眼目。传末叙当户早死，李陵生降，曰'李氏陵迟衰微矣'，又曰'李
氏名败'云云，总为'数奇''不遇'余文，低徊凄感，此又一篇之主宰，而
太史公操笔谋篇时所为激昂不平者也。"（《史记评注》）

　　吴见思曰："李将军战功如此，平序、直序，固亦可观。乃忽分为千绪
万缕，或入议论，或入感叹，或入一二闲事，妙矣！又忽于传外插入一李
蔡、一程不识，四面照耀，通体皆灵，可称文章神技。吾尤爱其以李将军
行军方略，于程不识口中序出；广之为人，反从射虎带下；而其不侯杀降
事，偶在王朔燕语点明。错综变化，纯用天机，有意无意之间，令人莫测。
此篇以'射'字贯，故中间'射'字凡十二回合。而首以文帝叹其不遇，
末以武帝诚其数奇，前后互挽，是一篇主意。"（《史记论文》）

【评论】

　　李广是带有司马迁理想色彩的一代"名将"。《太史公自序》说："勇
于当敌，仁爱士卒，号令不烦，师徒向之，作《李将军列传》第四十九。"
由此可见，司马迁对李广的欣赏有三个方面：第一，作战勇敢，武艺高强；
第二，同甘共苦，仁爱士卒；第三，为人简易，号令不烦。

　　李广的作战勇敢、武艺高强是本文重点表现的方面。李广最大的特
点是善射，全篇开端便写"广家世世受射"；以后叙射匈奴射雕者、射白
马将、射追骑、射猎南山中、射石、射虎、射阔狭以饮、射猛兽、射神将，皆
叙广善射事实；"广为人长，猿臂，其善射亦天性也"，"其射，见敌急，非
在数十步之内，度不中不发"，则写李广善射之神骨。吴见思总结说此篇
"中间'射'字凡十二回合"，可见李广之射技精湛，后世善射者往往被
冠以"李广"之名，正由此而来。除个人箭术高超外，李广在指挥作战时
也沉着冷静，有勇有谋。篇中写了他两次以少对多的大战。第一次是在

为上郡太守时带领百余骑追捕匈奴射雕者时猝遇数千匈奴骑兵，部下惊恐都想赶紧逃回去，李广制止住他们，还故意前行到匈奴军近前，解鞍下马，装作汉军大部队的诱饵，与匈奴兵对峙到半夜，匈奴兵终不敢击，最后撤走。第二次是在出右北平作战时，李广的四千骑兵被匈奴左贤王四万大军包围，李广先让儿子李敢冲击敌军，显示敌军并不可怕；遭到敌军凶猛攻击时，他自己则射杀匈奴裨将数人，稳定军心，"会日暮，吏士皆无人色，而广意气自如，益治军。军中自是服其勇也"。经过一日一夜的浴血大战，终于等到援军，匈奴军撤退。这两次遭遇战，充分展现了李广智勇双全、指挥有度的名将风采。

篇中说李广"廉，得赏赐辄分其麾下，饮食与士共之"，又说"广之将兵，乏绝之处，见水，士卒不尽饮，广不近水，士卒不尽食，广不尝食"。这种对士卒的关爱与《卫将军骠骑列传》所写的霍去病"其从军，天子为遣太官赍数十乘，既还，重车余弃粱肉，而士有饥者。其在塞外，卒乏粮，或不能自振，而骠骑尚穿域蹋鞠"，恰成鲜明对照。李广为人简易，号令不烦。他"讷口少言"，"宽缓不苛，士以此爱乐为用"。李广与程不识都做边郡太守，每当出击匈奴时，"广行无部伍行陈，就善水草屯，舍止，人人自便，不击刀斗以自卫，莫府省约文书籍事，然亦远斥候，未尝遇害"，而程不识"正部曲行伍营陈，击刀斗，士吏治军簿至明，军不得休息"，所以士卒们都愿意跟随李广，"咸乐为之死"。司马迁喜欢"简易不烦"，见于《史记》里的许多篇，这是和他讨厌当时儒生的繁文缛节，讨厌酷吏的舞文弄法是相表里的。这一点比较《太史公自序》《汲郑列传》《酷吏列传》等便可得知。

司马迁极力描摹李广的"才气无双"，为的是反衬他一生坎坷的悲剧。李广在汉文帝时期就已开始为汉王朝效力，已经得到了汉文帝的赞赏，可是一直到他六十余岁去世，四十多年里汉朝的三代帝王都没有重用过他，汉景帝时还成了景帝与梁王矛盾的牺牲品。最可悲者，在武帝元狩四年（前119）与匈奴决战中，由于武帝与卫青的私心，李广硬是被从前锋的位置换到了侧翼一条迂回难走的路上,后因迷路失期被追究责任,最终愤而自杀。可以说李广是被武帝及其宠幸们排挤逼迫而死的,司马迁对此毫无隐讳地表达了自己的愤怒之情。李广死后,其子李敢打伤了卫青,卫青问心有愧没有声张,他的外甥霍去病为舅舅出气,趁陪皇帝打猎的机会射死了李敢。李敢曾在右北平之战中带着几十名骑兵率先冲击四万匈奴部队,起到了稳定军心的作用,可见其勇猛;其后又随霍去病作战,立有军功。此时李敢已经身任郎中令了,郎中令是皇宫的警务总长,国家的“九卿”之一。李敢被射死后,汉武帝偏袒掩护霍去病,说李敢是被鹿撞死的。这样的关系网,这样的黑幕是谁也无法忍受的。司马迁从这样的角度批判最高统治集团对人才的摧残,表现了他的正义感与难得的批判精神。

　　司马迁对李广是有偏爱的,出于他对汉武帝个人,以及他对武帝时整个政治的看法,他特别歌颂李广自有他一定的道理,也有一定的积极意义。但实事求是地说,李广的缺点是显而易见的。当汉王朝处于防守阶段时,李广充当边境地区的军政长官,应对一些局部的磨擦,应该说是较有功绩的,但说不上有大功。到了武帝时的战略进攻阶段,国家要集中兵力进行北伐,要长途跋涉地深入敌境,要以捕捉、消灭匈奴的有生力量为最终目标时,这样的战争就已经不是年老的李广所能胜任了。李广前后共有四次与卫青、霍去病同时领兵出征:第一次是元光六年(前129),李广与卫青同时参加关市之战,李广全军覆没,自己也被匈奴捉去,只单身逃回;而卫青则率部深入,破匈奴于龙城,汉伐匈奴首次告捷;第二次是元朔六年(前123),李广等六将随卫青出击匈奴,六将或失败、或无功,唯有十八岁的霍去病以敢于深入奔袭,“斩捕首虏过当”,被封为冠军侯;第三次是元狩二年(前121),李广与霍去病分道出征,李广“军功自如,无赏”,而霍去病则大破匈奴于祁连山,夺取了河西走廊的大片地区;第四次是元狩四年(前119),李广随卫青伐匈奴,因无向导而迷路失期自杀,而卫青则大破匈奴于漠北,霍去病则“封于狼居胥山”“临瀚海”而归，使伐匈奴之功至登峰造极。说一次两次是可以的，倘说每次都是偶然，那就难以服众了。可就是由于司马迁在写作时抛开了前因后果不管，抛开兵败丧师的责任不谈，在打败仗时只极力描写李广个人的武功才气，于是李广的形象异常高大感人。这种通过写“败仗”以表现英雄的不朽，是司马迁的一大创造。这样的人物除李广外，还有一个就是项羽。项羽垓下之战失败后，司马迁写他作歌别虞姬；写他用二十八人对抗五千追兵；写他一声大喝，杨喜连人带马“辟易数里”；写他在乌江从容自尽；项羽于是虽败犹胜、虽死犹生。李广也是这样，通过司马迁巧妙的写作手法，人们记住的是李广的才气无双和他的委屈，为他的悲惨遭遇感动了两千年。

　　《李将军列传》是《史记》中抒情性很强的篇目之一。正如茅坤说："李将军于汉最为名将，而卒无功，故太史公极意摹写，感慨淋漓，悲咽可涕。"（《史记钞》）司马迁用充满诗性的笔调写李广的胆识武功，英风如在，为他的委屈抑郁哀婉痛惜。整篇文章字里行间流露着深切同情与叹息，尤其是篇末论赞，更是一唱三叹，低回不已，令人不胜唏嘘。

匈奴列传第五十

【释名】

　　《匈奴列传》备述了匈奴的历史渊源及其与中原的关系,记述了汉与匈奴和战始末,着重叙述了汉武帝时期对匈战争的情况。

　　全篇可以分为六部分。第一部分写汉代以前的匈奴历史,将匈奴说成是夏后氏的后裔,历数了商周以来直至秦末匈奴与中原或战或和的重要事件,也记述了匈奴的社会习俗。第二部分写冒顿单于对发展、壮大匈奴的卓越贡献,以及这一时期匈奴的社会组织形式、祭祀活动、法律制度等。第三部分写西汉初期直至景帝时期汉匈时战时和的边境状况,这一阶段汉对匈奴主要执行和亲政策,而匈奴反复无常,中行说投降匈奴后,匈奴日益骄横,几次大举犯边。第四部分写汉武帝时期对匈奴的大张挞伐,经过卫青、霍去病领导的几次大战役,收复了河南地,开拓了河西,挫败匈奴主力,匈奴远遁,"幕南无王庭"。第五部分写武帝晚年与匈奴时战时和。第六部分,写李陵、李广利两次出征失败,投降匈奴。此段多被认为是后人所补。篇末论赞以批评汉朝将相的方式含蓄地表达了对武帝所进行的对匈战争的不满。

　　匈奴,其先祖夏后氏之苗裔也[①],曰淳维[②]。唐、虞以上有山戎、猃狁、荤粥[③],居于北蛮,随畜牧而转移。其畜之所多则马、牛、羊，其奇畜则橐驼、驴骡、駃騠、騊駼、驒騱④。逐水草迁徙，毋城郭常处耕田之业，然亦各有分地。毋文书，以言语为约束。儿能骑羊，引弓射鸟鼠；少长则射狐兔：用为食。士力能毌弓⑤，尽为甲骑。其俗，宽则随畜⑥，因射猎禽兽为生业，急则人习战攻以侵伐⑦，其天性也。其长兵则弓矢，短兵则刀铤⑧。利则进，不利则退，不羞遁走。苟利所在，不知礼义。自君王以下，咸食畜肉，衣其皮革，被旃裘⑨。壮者食肥美，老者食其余。贵壮健，贱老弱。父死，妻其后母；兄弟死，皆取其妻妻之。其俗有名不讳⑩，而无姓字⑪。

【注释】

①"匈奴"二句：郭嵩焘曰："人生受姓皆托始帝王，推至戎狄皆然。以匈奴为夏后氏苗裔，周、秦间人语也，史公仍而录之。"夏后氏，亦作夏氏。姒姓。禹之后。事见《夏本纪》。苗裔，后代子孙。

②淳维：商朝人。匈奴始祖，夏后氏之后裔，为北部边境畜牧部落首领。《索隐》引乐彦《括地谱》曰："夏桀无道，汤放之鸣条，三年而死。其子獯粥妻桀之众妾，避居北野，随畜移徙，中国谓之匈奴。"服虔曰："其始祖曰淳维，盖与'獯粥'是一也。"张晏亦曰："淳维以殷时奔北边。"

③唐、虞以上有山戎、猃狁（xiǎn yǔn）、荤粥（xūn yù）：师古曰："皆匈奴别号。"服虔曰："尧时曰荤粥，周曰猃狁，秦曰匈奴。"中井曰："夏殷以下乃有山戎、猃狁、荤粥之名，若虞以上，无可考也。"梁玉绳曰："言夏后苗裔，似夏后之先无此种族，安得言唐、虞以上有之。而《五帝纪》又云'黄帝北逐荤粥'，服虔、晋灼亦皆云'尧时曰荤粥'，是知'夏后苗裔'之说不尽可凭，而乐彦所述者妄也。夫自辟天地即生戎狄，莫考其始，孰辨其类，相传有所谓'淳维'

者,难稽谁氏之出,未识何代之人,而史公既著其先世,复杂取经传,合并为一,无所区分,岂不误哉?"荤粥,同"獯粥"。

④奇畜:贵重的牲畜。橐(tuó)驼:即骆驼。駃騠(jué tí):《集解》徐广曰:"北狄骏马。"騊駼(táo tú):《集解》徐广曰:"似马而青。"《尔雅》曰:"马青色。"騨騱(tuó xī):野马名,据《索隐》说"青骊白鳞,文如鼍鱼"。

⑤士力能毌弓:成年男人能拉开弓。士,成年男人。毌,同"贯"。"贯弓",即"弯弓""拉弓"。

⑥宽:无战争之时。随畜:即通常所说的"逐水草而居"。

⑦急:战事紧急时。

⑧铤(chán):兵器。铁柄小矛。

⑨被:披。旃裘:即"毡裘",毛制的衣服,冬日服之以取暖。

⑩不讳:不避讳。郭嵩焘曰:"讳始于周,夏、殷之世尚无讳也。既无文书,则所谓名者,亦有声而无辞义,无庸讳也。周人之有字,即所以为名讳也。夷狄无讳,则亦无字。"

⑪而无姓字:梁玉绳曰:"《汉书》但言'无字',而不言'无姓'。盖单于姓挛鞮,未尝无姓也。故其下文云'世姓官号,可得而记',此传下文作'世传官号'。"

【译文】

匈奴,他们的祖先是夏后氏的后裔,叫淳维。唐尧、虞舜以前有山戎、猃狁、荤粥,居住在北方蛮夷地区,随放牧牲畜而迁徙、移居。他们饲养较多的牲畜是马、牛、羊,而奇异的牲畜有骆驼、驴骡、駃騠、騊駼、騨騱等。他们寻着水草而迁徙,没有城郭固定居住,不从事农业生产,但是也各自有分占的牧地。没有文字和书籍,用言语来约束人们的行动。儿童能骑羊,拉弓射击鸟和鼠;稍微长大一点就能射击狐兔:作为食物。成年男子能弯弓,都是披甲骑兵。他们的习俗是,平常无战事时,则随牧群游牧,以射猎飞禽走兽为生计,紧急之时,则人人熟悉攻战本领来进行侵袭攻伐,这是他们的天性。他们的长兵器有弓箭,短兵器有大刀和小矛。顺利就进攻,不利就后退,不以逃跑作为羞耻之事。只要有利可图,就不顾及礼义。自君王以下,都吃畜肉,穿兽皮衣服,披兽皮裘衣。青壮年者吃肥美食物,老年人吃剩余之物。他们看重壮健之人,轻视老弱之人。父亲死了,儿子以后母为妻;兄弟死去,活着的兄弟就娶他的寡妻为妻。他们的风俗是有名而不加避讳,没有姓氏和字。

　　夏道衰,而公刘失其稷官①,变于西戎②,邑于豳③。其后三百有余岁④,戎狄攻大王亶父⑤,亶父亡走岐下⑥,而豳人悉从亶父而邑焉,作周⑦。其后百有余岁,周西伯昌伐畎夷氏⑧。后十有余年,武王伐纣而营雒邑⑨,复居于酆、鄗⑩,放逐戎夷泾、洛之北⑪,以时入贡,命曰"荒服"⑫。其后二百有余年⑬,周道衰,而穆王伐犬戎,得四白狼、四白鹿以归⑭。自是之后,荒服不至。于是周遂作《甫刑》之辟⑮。

【注释】

①公刘:相传为周朝祖先。姬姓。后稷之曾孙,鞠之子,时夏道中衰,公刘失其稷官,便率领周部族迁居于豳(今陕西旬邑西),复修后稷之业,务耕种,使行者有资,居者有蓄积,人民赖其善政。百姓怀之,纷纷来归。周道之兴从此开始。《诗经》有《公刘》篇,《孟子》亦载其事。

②变于西戎:泷川曰:"谓公刘从西戎之俗也,与《五帝纪》云'变北狄''变南蛮'者不同。"

③邑:建立都邑。豳:也作"邠",在今陕西旬邑西南。

④其后三百有余岁:王应麟曰:"自后稷五传而得公刘,自亶父三传而武王灭商,则公刘在夏之中衰,亶父宜在商之季世,不啻五六百

年，而曰'三百岁'，未知何所据。"梁玉绳曰："《史》《汉》《吴越春秋》皆谓公刘避桀迁邠，而《竹书》'武乙元年邠迁于岐周，三年命周公亶父赐以岐邑'。从夏桀元年至武乙元年，依《竹书》凡四百三十一岁，若依《前编》则六百二十一岁，何但'三百余岁'哉？"

⑤大王亶父：亦称"古公亶父"，周文王祖父。

⑥亡走岐下：逃到岐山之下。岐，即岐山，在今陕西岐山县东北。

⑦作周：兴建周国。师古曰："始作周国也。"

⑧周西伯昌：即周文王，姓姬，名昌，受商封为西伯，故又称"西伯昌"。畎夷氏：少数民族名，亦称犬戎、昆夷，殷周时游牧于泾渭流域即今陕西彬州、岐山一带，为殷周西边之劲敌。

⑨武王伐纣而营雒邑：按，据《周本纪》，营雒邑乃周成王时周公、召公所为，今归于周武王，与通常所说不合。然《周本纪》中亦有周武王"营周居于雒邑而后去"之语，又有"成王在丰，使召公复营雒邑，如武王之意"，似周武王当初也有营建雒邑的想法。

⑩酆鄗：也作"丰、镐"，即丰京、镐京。西周的国都，在今陕西长安西南沣水两岸。

⑪泾、洛：二古水名，泾水，即今陕西省中部泾河。源出宁夏六盘山东麓，东南流经甘肃，至陕西高陵入渭河。洛水，在今陕西境内，渭河支流。

⑫荒服：古代传说中的"五服"之一。相传古代自王畿外，每五百里为一服，作为向天子服事贡职的不同要求。五服指甸、侯、绥、要、荒。荒服为五服中最远之地，距王畿两千五百里的地区。故史书记载其已是"戎狄"之地。

⑬其后二百有余年：梁玉绳曰："史以穆王在位五十五年，伐戎之事虽未知在何岁，而自武王伐纣至穆王末不及二百年，安得二百余岁哉。'二'字疑衍。"据《夏商周年表》，自周武王建国至周穆王

即位间隔五十年,周穆王在位五十五年(前976—前922),最多
共为一百零四年。

⑭穆王伐犬戎,得四白狼、四白鹿以归:详见《国语·周语》与《周
本纪》。

⑮《甫刑》:《尚书》篇名。甫侯辅佐周穆王时所作。《尚书》中作《吕
刑》,为我国奴隶社会制订的第一部刑书,有所谓五刑、五罚、五过
等。主要内容类似于后世的刑事诉讼法规。书中还提出行刑必
须审慎,防止滥刑。辟:法。

【译文】

夏朝衰落,而公刘失去了他执掌耕种的官职,改从西戎风俗,在豳建
立城邑。这以后三百多年,戎狄攻打大王亶父,亶父逃到岐山下,豳地人
都跟随亶父来到岐山下营造城邑,创建了周国。这以后一百多年,周的
君主西伯姬昌讨伐畎夷氏。又过了十多年,周武王讨伐商纣王,营建雒
邑,又回到酆京、鄗京居住,把戎夷驱逐到泾水和洛水北面,让他们按时
向周朝进贡,称那里为“荒服”。这以后过了二百多年,周朝国运衰落,
周穆王讨伐犬戎,捕获了四只白狼、四只白鹿回来。从这以后,“荒服”
的部落不再向周朝进贡了。于是周朝就制订了《甫刑》的法规。

　穆王之后二百有余年①,周幽王用宠姬褒姒之故②,与
申侯有郤③。申侯怒而与犬戎共攻杀周幽王于骊山之下④,
遂取周之焦获⑤,而居于泾渭之间⑥,侵暴中国。秦襄公救
周⑦,于是周平王去酆、鄗而东徙雒邑⑧。当是之时,秦襄公
伐戎至岐⑨,始列为诸侯⑩。是后六十有五年⑪,而山戎越燕
而伐齐⑫,齐釐公与战于齐郊。其后四十四年⑬,而山戎伐
燕⑭。燕告急于齐,齐桓公北伐山戎⑮,山戎走。

【注释】

① 穆王之后二百有余年：归有光曰："《汉书》增懿王、宣王事，似不可少。"徐孚远曰："穆后西周不及二百年，史误。"按，据《夏商周年表》，自周穆王死至周幽王即位，相隔一百四十一年。

② 周幽王：名宫涅（或作"宫湦"），周宣王之子。前781—前771年在位。任用虢石父为执政，残酷剥削人民。又大举进攻六济之戎，大败。加之连年地震与旱灾，使人民流离失所，国力濒于衰竭。为博取宠妃褒姒欢心，不惜谎报敌警，举烽火戏诸侯，由此失信天下。褒姒：姓姒，幽王的宠妃。

③ 申侯：西周幽王、平王时申国国君。其女为周幽王王后，称申后。周幽王三年（前779），周幽王宠褒姒，废掉了申后与太子（即日后周平王）。立褒姒为王后。他遂联合西夷犬戎，杀幽王于骊山之下。郤：矛盾，怨仇。

④ 攻杀周幽王于骊山之下：详见《国语》及《周本纪》。骊山，古山名。一作"郦山"。在陕西临潼东南。因山形似骊马，呈纯青色，故名。

⑤ 遂取周之焦获："遂取"上应增"犬戎"二字读，否则或被理解为"申侯"。焦获，水泽名，在今陕西泾阳西北泾水西侧。

⑥ 泾渭之间：约当今之陕西咸阳以西至乾县一带地区，因这一带南有渭水、北有泾水。

⑦ 秦襄公：春秋初秦国国君。嬴姓，名失考。庄公之子。周幽王二年（前780），继庄公为西垂大夫。申侯召犬戎攻杀幽王，他率兵救周，又以兵护送平王东徙雒邑，有功，平王封为诸侯，赐以岐西之地，使他自行从戎人手中夺取。与诸侯通使聘享，并立西畤以祠白帝。周平王五年（前766），率军伐戎，至岐（今陕西岐山东北），卒于军中。谥襄。

⑧ 周平王：名宜臼，周幽王的太子，申后所生，前770—前720在位。

雏邑：古都邑名。即洛邑。故城在今河南洛阳洛水北岸，瀍水东西两岸。周成王时筑。

⑨伐戎至岐：犬戎灭西周后，遂占据酆、鄗一带。秦襄公起兵将其逐出酆、鄗，并驱逐至岐山以北。

⑩始列为诸侯：按，秦国在此以前生活在西垂，今甘肃天水西南；襄公被列为诸侯后，始与中原诸侯通朝聘。

⑪是后六十有五年：前706年，周桓王十四年。

⑫山戎：古民族名。亦称北戎。春秋时分布在今河北北部。公元前七世纪势力颇强，屡侵扰郑、齐、燕等国。齐釐公：釐，也写作"僖"，名禄父，前730—前698在位。

⑬其后四十四年：前664年，周惠王十三年，齐桓公二十二年。

⑭山戎伐燕：当时燕国国君为燕庄公。梁玉绳曰："桓六年北戎伐齐之后，至庄三十年齐伐山戎，凡四十二年。"

⑮齐桓公北伐山戎：当时齐桓公为诸侯盟主，当燕国受山戎侵袭时，齐桓公率军往救，事见《齐太公世家》。

【译文】

　　周穆王以后的二百多年，周幽王由于宠爱褒姒废申后，与申侯有了嫌隙。申侯发怒，和犬戎一起在骊山之下攻杀了周幽王，于是犬戎攻取了周朝的焦获之地，而居住到泾水和渭水之间，侵犯践踏中原地区。秦襄公援救周王朝，于是周平王离开了酆京、鄗京，而向东迁徙到雏邑。就在这时，秦襄公攻打戎人来到岐山，开始被封为诸侯。这之后六十五年，山戎越过燕国征伐齐国，齐釐公和他们在齐国原野上交战。这之后四十四年，而山戎又进攻燕国。燕国向齐国告急求救，齐桓公北上讨伐山戎，山戎逃跑。

　　其后二十有余年，而戎狄至雏邑，伐周襄王①，襄王奔于郑之氾邑②。初，周襄王欲伐郑，故娶戎狄女为后，与戎狄兵共伐郑。已而黜狄后，狄后怨；而襄王后母曰惠后③，有子子带④，欲立之，于是惠后与狄后、子带为内应⑤，开戎狄，戎狄以故得入，破逐周襄王，而立子带为天子⑥。于是戎狄或居于陆浑⑦，东至于卫⑧，侵盗暴虐中国。中国疾之，故诗人歌之曰"戎狄是膺"⑨，"薄伐猃狁，至于太原"⑩，"出舆彭彭，城彼朔方"⑪。周襄王既居外四年⑫，乃使使告急于晋⑬。晋文公初立⑭，欲修霸业，乃兴师伐逐戎翟，诛子带，迎内周襄王，居于雒邑⑮。

【注释】

①伐周襄王：事在周襄王十六年（前636）。周襄王，名郑，前651—前619年在位。

②郑：西周后期诸侯国名，始封之君为宣王之弟，名友。此时的郑国国君为郑文公（前672—前628年在位）。汜邑：即今河南襄城，当时属郑。郑国的都城即今河南新郑。

③惠后：周襄王之父周惠王的王后。

④子带：即历史上之所谓"王子带"，周襄王之同父异母弟。

⑤惠后与狄后、子带为内应：梁玉绳曰："惠后已前卒矣。"按，据《左传》，子带与狄后私通，盖二人召戎狄以伐襄王。

⑥立子带为天子：事在襄王十六年，戎狄破周，襄王奔郑国汜邑之时。

⑦陆浑：古县名，在今河南嵩县东北。

⑧东至于卫：早在周惠王十七年（前660），狄即伐卫，杀死了卫懿公（前668—前661年在位）。卫，周武王弟康叔受封建立的国家，国都最初在今河南淇县，后来迁至今河南濮阳西南。襄王时的卫国国君为卫文公（前659—前635年在位）。

⑨戎狄是膺：语见《诗·鲁颂·閟宫》："戎狄是膺，荆蛮是惩。"膺，

击,打击。

⑩ 薄伐猃狁,至于太原:语见《诗·小雅·六月》。薄,发语辞。太原,
　　钱穆《国史大纲》以为约当今山西运城一带,非指今太原。

⑪ 出舆彭彭,城彼朔方:语见《诗·小雅·出车》。出舆,原文作
　　"出车",意思相同。彭彭,众车声。朔方,钱穆认为亦指今山西运
　　城一带,"方即方山,近安邑,与'太原'近在一地"。按,《六月》
　　《出车》,旧注皆以为叙西周宣王时事,今司马迁乃系之于春秋襄
　　王时,与旧说不合。顾栋高《春秋大事表》曰:"'犬戎'与'山
　　戎'及'陆浑'各为一族,其地亦各殊,史公混诸戎而一之,并混
　　'戎''狄'而一之,疏略甚矣。"

⑫ 居外四年:梁玉绳曰:"僖二十四年襄王出奔郑,明年晋文公纳王,
　　乃襄王十六、七年间事,《周纪》《年表》同此云'四年',误。"

⑬ 告急于晋:时晋文公为诸侯盟主,故周襄王有难向晋国告急。晋,
　　周成王弟叔虞受封建立的国家,此时晋国都城在绛(今山西绛县
　　东北)。

⑭ 晋文公:名重耳,晋献公之子,春秋时期继齐桓公之后的第二个霸
　　主,前636—前628年在位。

⑮ 迎内周襄王,居于雒邑:将周襄王由氾邑接回,以武力将其送入周
　　国都城,事见《周本纪》《晋世家》。

【译文】

　　这以后二十多年,戎狄兵到雒邑,攻打周襄王,襄王逃跑到郑国的氾
邑。当初,周襄王本想讨伐郑国,就特意娶了戎狄之女做王后,同戎狄兵
一起讨伐郑国。不久周襄王废黜了狄后,狄后怨恨;襄王的后母叫惠后,
有个儿子叫子带,想要立他为王,于是惠后便和狄后、子带为内应,为戎
狄打开城门,戎狄因此得以进城,打败、赶跑了周襄王,而立子带为天子。
于是戎狄便内迁到了陆浑,向东到达了卫国边境,侵扰暴虐中原。中原
人痛恨他们,所以诗人作歌写道"戎狄是膺",有所谓"薄伐猃狁,至于太

原"以及"出與彭彭,城彼朔方"等等。周襄王在外住了四年,才派使者向晋国告急。晋文公刚刚即位,想要创建霸业,就发兵讨伐并驱逐了戎翟,杀了子带,迎回周襄王,让他居住在雒邑。

　　当是之时①,秦晋为强国。晋文公攘戎翟②,居于河西圁、洛之间③,号曰赤翟、白翟④。秦穆公得由余⑤,西戎八国服于秦⑥,故自陇以西有绵诸、绲戎、翟、䝠之戎⑦,岐、梁山、泾、漆之北有义渠、大荔、乌氏、朐衍之戎⑧。而晋北有林胡、楼烦之戎⑨,燕北有东胡、山戎⑩。各分散居谿谷,自有君长,往往而聚者百有余戎,然莫能相一。

【注释】

① 当是之时:指周襄王时代。

② 攘:排击,驱逐。翟:同"狄"。

③ 河西圁(yín)、洛之间:指今陕西黄河以西的延安、绥德、榆林一带。圁,水名,即今陕西北部秃尾河,水出内蒙古伊金霍洛旗南,东南流入陕西省境,在佳县北入黄河。梁玉绳曰:"'洛',疑当作'潞',若是圁、洛,则唯白狄所居,不得言赤狄矣。"按,潞即今山西东南上党一带,为赤狄所居,却不能称"河西"。疑司马迁行文有错。

④ 赤翟、白翟:晋国周边两个少数民族部落。郭嵩焘曰:"史公以为晋文公攘戎翟,乃有赤翟、白翟,非也。"

⑤ 秦穆公:春秋时秦国国君。嬴姓,名任好。德公少子,成公之弟,继成公为君。前659—前621年在位。任用百里奚、蹇叔等为谋臣,奋发图强。即位初,努力向东开拓,图谋争霸中原,亲领兵攻晋,战于河曲。事见《左传》与《秦本纪》。由余:春秋时秦国大

夫。本晋人，入戎。秦穆公三十四年（前626）受戎王派遣出使
秦国。秦穆公爱之，设计使其投秦，任为大夫，用其谋伐戎王，"益
国十二，开地千里，遂霸西戎"。

⑥西戎八国：即下文绵诸、绲戎、翟、獂、义渠、大荔、乌氏、朐衍。《盐
铁论·论勇篇》亦有八国服秦之说。

⑦陇以西：陇山以西。陇山或称陇坂，在今陕西陇县西。绵诸、绲
戎、翟、獂（yuán）：皆戎翟部落名，有的地方后来成为县名。绵
诸，在今甘肃天水东；绲戎，即所谓"犬戎""畎戎"，在今甘肃通
渭、陇西一带。獂，在甘肃陇西东南。

⑧岐、梁山：二山名，岐山在今陕西岐山县东北，梁山在今陕西韩城
西北。泾、漆：二水名，漆水在今陕西彬州西北汇入泾水，泾水东
南流，在西安东北汇入渭水。义渠、大荔、乌氏、朐衍：皆为戎翟部
落名，后来成为县名。义渠在今甘肃宁县西北，大荔在今陕西大
荔东，乌氏在今甘肃平凉北，朐衍即今宁夏盐池。

⑨林胡：古民族名。亦作"林人""儋林"。我国古代北方游牧民
族。春秋时分布在晋国北边（今山西北边）。战国时迁移到燕国
北边（今河北北边）。后又迁移到赵国北边、西边（今山西北边、
内蒙古伊克昭盟东部地区）。战国末年为赵将李牧所破。楼烦：
原为部族名，后成为县名，即今山西宁武。

⑩东胡：古民族名。因居匈奴之东，故名。早期分布在商和西周王
朝北方。春秋战国时分布在燕国北部。从事畜牧业，兼营狩猎。
后为燕将秦开所破，迁至西辽河上游老哈河、西拉木伦河流域一
带。秦末一度强盛。被匈奴冒顿单于击败后，遂退居于乌桓山
（该支后称乌桓）和鲜卑山（该支后称鲜卑）。

【译文】

在这个时候，秦国和晋国都是强国。晋文公讨伐戎翟，他们便居住
在河西的圁水、洛水之间，叫作赤翟、白翟。秦穆公得由余，西戎八个国

家都臣服于秦国,所以从陇地往西有绵诸、绲戎、翟、豲各戎族,岐山、梁山、泾水、漆水以北有义渠、大荔、乌氏、朐衍各戎族。而晋国北部有林胡、楼烦各戎族,燕国北部有东胡和山戎。各自分散居住在豁谷中,各自有君长,往往聚居有一百多支戎族,但都不能相互统一。

　　自是之后百有余年①,晋悼公使魏绛和戎翟②,戎翟朝晋。后百有余年,赵襄子逾句注而破并代以临胡貉③。其后既与韩、魏共灭智伯④,分晋地而有之,则赵有代、句注之北,魏有河西、上郡⑤,以与戎界边。其后义渠之戎筑城郭以自守⑥,而秦稍蚕食⑦,至于惠王⑧,遂拔义渠二十五城⑨。惠王击魏⑩,魏尽入西河及上郡于秦⑪。秦昭王时⑫,义渠戎王与宣太后乱⑬,有二子。宣太后诈而杀义渠戎王于甘泉⑭,遂起兵伐残义渠⑮。于是秦有陇西、北地、上郡⑯,筑长城以拒胡⑰。而赵武灵王亦变俗胡服⑱,习骑射,北破林胡、楼烦;筑长城,自代并阴山下⑲,至高阙为塞⑳,而置云中、雁门、代郡㉑。其后燕有贤将秦开㉒,为质于胡,胡甚信之。归而袭破走东胡,东胡却千余里。与荆轲刺秦王秦舞阳者,开之孙也。燕亦筑长城,自造阳至襄平㉓。置上谷、渔阳、右北平、辽西、辽东郡以拒胡㉔。当是之时,冠带战国七㉕,而三国边于匈奴。其后赵将李牧时㉖,匈奴不敢入赵边。

【注释】

①自是之后百有余年:梁玉绳引王应麟曰:“以《左传》考之,鲁文公三年(前624),秦始霸西戎;襄公四年(前569),魏绛和戎,才五十余载。”阎若璩曰:“魏绛和者北戎,非西戎也。”

②晋悼公使魏绛和戎翟：详见《左传》与《晋世家》。晋悼公，春秋时晋国国君。姬姓，名周，襄公欢之曾孙。前572年，大臣栾书、中行偃袭捕厉公，他从成周（今河南洛阳）被接回，以旁支入继君位，是为悼公。即位后，逐不臣者七人，修旧功、施德惠，收文公旧大臣后，以继文、襄勋业为己任。三年（前570），因大臣祁傒的推荐，任用祁午、羊舌赤做正副中军尉。四年，派魏绛和戎，诸戎大亲附。他八年而九合诸侯，楚国不敢与之竞争，晋国复霸。十五年冬，卒。

③赵襄子：春秋末晋国大夫，嬴姓，赵氏，又称"赵襄主"，名无恤，赵鞅之子，为晋国六卿之一。句注：山名，在今山西代县北。以山形勾转、水势注流而名。又名西陉山、陉岭、亦称雁门山。为古代北方军事重地。代：春秋战国时国名，国都即今河北蔚县东北之代王城。胡貉（mò）：北方的戎翟，匈奴族前身。

④与韩、魏共灭智伯：事在赵襄子二十三年（前453）。即"三家分晋"，详见《战国策·赵策》与《赵世家》。

⑤河西：魏郡名。战国魏置，因在黄河之西而得名。辖境相当于今山西、陕西间黄河南段以西，陕西华阴以北，洛河以东，黄龙以南地区。上郡：郡名。治所肤施，在今陕西榆林东南。

⑥义渠之戎筑城郭以自守：据《秦本纪》，惠王十一年有"义渠君为臣""县义渠"语，是义渠之戎，前曾归降于秦，今又叛秦自立，且筑义渠城（今甘肃宁县西北）以对抗秦国。

⑦秦稍蚕食：王叔岷曰："《汉传》《通鉴·秦纪一》，'食'下并有'之'字，文意较完。"

⑧至于惠王：按，此处叙述次序稍乱。惠王，即秦惠文王，孝公之子，名驷，前337—前311年在位。

⑨拔义渠二十五城：据《六国年表》，事在秦惠文王后元十一年（前314），杨宽《战国史表》同。

⑩惠王击魏:此时魏国诸侯为魏襄王(前318—前296年在位),魏国的都城大梁(即今河南开封)。

⑪魏尽入西河及上郡于秦:据《秦本纪》与《六国年表》,魏入河西地于秦在秦惠王前元八年(前330);魏入上郡于秦在秦惠王前元十年(前328)。今司马迁乃系之于惠王后元十一年,秦取义渠二十五城后,误。

⑫秦昭王:战国时秦国国君。嬴姓,名稷。武王异母弟,故又称"公子稷"。初为质于燕。武王死,无子,他由燕人送归即位。前306—前251年在位。初即位,因年少,母宣太后训政,宣太后以异父弟魏冉为将军,卫咸阳。不久平定武王弟庶长壮叛乱,杀大臣贵族多人。此后,太后当权,先后任用贵族樗里疾、魏冉为相,由贵族外戚专权。秦昭王四十一年(前266),他听范雎之计,夺太后权,削逐魏冉等人,改用范雎为相,始得亲政。在位期间,以司马错、白起等为将,坚持东进国策,军事上取得很大进展。在实力上对关东六国形成压倒优势,为后来秦统一奠定了基础。病卒,谥昭襄,亦称"昭王"。

⑬宣太后:战国时秦昭王之母,惠王之妃。芈姓,号"芈八子",楚国人。

⑭甘泉:山名,在今陕西淳化西北,其地有秦国统治者的离宫。

⑮伐残义渠:王叔岷曰:"'残''灭'义同。"并引《战国策》高诱注:"残,灭也。"

⑯陇西:秦郡名,治所即今甘肃临洮。北地:秦郡名,治所即义渠。

⑰筑长城以拒胡:此时秦长城西起甘肃岷县,北行至兰州,东折至宁夏固原,再东北行经陕西吴旗、横山,直至内蒙古的准格尔旗南。

⑱赵武灵王:战国时赵国国君。赵氏,名雍,肃侯之子。周显王四十四年(前325)即位。在位期间,励精图治,亲自提倡胡服骑射,实行军事改革。先后攻灭中山,破林胡(今内蒙古呼和浩

特附近）、楼烦（今山西西北部），拓地北至燕、代，建立云中、雁门等郡。

⑲ 代：赵郡名，治所在今河北蔚县东北。并阴山下：傍着阴山西行。阴山，在今内蒙古呼和浩特、包头以及黄河的后套之北，横亘东西。

⑳ 高阙：古塞名。在今内蒙古杭锦后旗东北。阴山山脉至此中断，望若阙然，故名。

㉑ 云中：赵郡名，治所在今内蒙古托克托东北。雁门：赵郡名，治所在今山西左云西。

㉒ 秦开：吕祖谦《大事记·解题》卷四云："秦开不知当燕何君之世，然秦舞阳乃开之孙，计其年，或在昭王时。"

㉓ 造阳：在今河北独石口附近。一说在今河北怀来东南。襄平：即今辽宁辽阳。

㉔ 上谷：燕郡名，治所在今河北怀来东南。渔阳：燕郡名，治所在今北京密云西南。右北平：燕郡名，治所即今天津蓟州。辽西：燕郡名，治所在今辽宁义县西南。辽东：燕郡名，治所即襄平（今辽阳）。

㉕ 冠带战国七：即秦、楚、齐、燕、韩、赵、魏。冠带，戴帽子，系腰带，因冠带是文明民族的特征，意指"文明之国""礼义之邦"，与"戎狄""蛮夷"相对而言。

㉖ 李牧：战国末赵国将领。长期居赵之北部边境，备御匈奴，曾"大破杀匈奴十余万骑，灭襜褴、破东胡、降林胡，单于奔走，其后十余岁，匈奴不敢近赵边城"。事见《廉颇蔺相如列传》。

【译文】

从这以后一百多年，晋悼公派魏绛与戎翟和好，戎翟朝见晋国。后来又过了一百多年，赵襄子越过句注山，击破并合并了代地，兵临胡人和貉人的居住区。这以后，赵襄子与韩康子、魏桓子共同灭掉了智伯，瓜分晋地各自占有了它的国土，这样赵国就占有了代与句注山以北的土地，魏国占有了河西和上郡,和戎人接界。这后来义渠的戎族修筑城郭以自卫防守,而秦国则逐渐蚕食义渠的土地,到秦惠王时,便攻取了义渠的二十五座城。秦惠王攻打魏国,魏国把西河和上郡全都给了秦国。秦昭王时,义渠戎王与宣太后淫乱,生下两个孩子。宣太后用欺诈手段在甘泉谋杀了义渠戎王,于是发兵讨伐并消灭了义渠。于是秦国占据了陇西、北地、上郡,修筑长城以抵御匈奴。而赵武灵王也改变习俗,穿起胡服,练习骑马射箭的本领,北方打败了林胡、楼烦;修筑长城,从代地沿着阴山向下,直到高阙建起关塞,设置云中郡、雁门郡、代郡。后来燕国有一位贤能的将军名叫秦开,他曾在胡地做人质,胡人很信任他。他返回燕国后,率兵袭击,攻破赶跑东胡,迫使东胡退却一千多里。与荆轲一道去刺杀秦王的秦舞阳,就是秦开的孙子。燕国也修筑长城,从造阳修到襄平。设置了上谷、渔阳、右北平、辽西、辽东等郡以抗击匈奴。在这个时候,文明强盛的战国七雄之中,其中有三国与匈奴接壤。后来赵国将军李牧在时,匈奴不敢侵入赵国边境。

　　后秦灭六国,而始皇帝使蒙恬将十万之众北击胡[1],悉收河南地。因河为塞[2],筑四十四县城临河,徙適戍以充之。而通直道[3],自九原至云阳[4],因边山险堑溪谷可缮者治之[5],起临洮至辽东万余里[6]。又度河据阳山、北假中[7]。当是之时,东胡强而月氏盛[8]。匈奴单于曰头曼[9],头曼不胜秦,北徙。十余年而蒙恬死,诸侯畔秦,中国扰乱,诸秦所徙適戍边者皆复去,于是匈奴得宽,复稍度河南,与中国界于故塞。

【注释】

　　①蒙恬:秦国名将,蒙骜之孙,蒙武之子。其祖先本齐人,父祖皆秦

名将。初任狱官。秦始皇二十六年（前221），因家世得为秦将，攻齐获胜，拜为内史，旋受命率三十万大军北击匈奴，收复河南地（今内蒙古河套一带）。筑长城，西起临洮（今甘肃岷县）东至辽东（今辽宁辽阳北），守边十余年，威震匈奴，甚受始皇尊宠。

②因河为塞：沿着黄河修筑长城，此城西起今甘肃兰州一带，沿黄河东北上，至内蒙古，遂与旧时赵国所筑的长城相接。

③直道：由内地直通北部边境的大道。

④九原：秦郡名，治所在今内蒙古包头西。云阳：秦县名，在今陕西淳化西北，甘泉宫即在云阳境内。

⑤堑：壕沟。

⑥起临洮至辽东万余里：此即"万里长城"。临洮，即今甘肃岷县。辽东，秦郡名，治所襄平（今辽宁辽阳）。《蒙恬列传》云："筑长城，因地形，用制险塞，起临洮，至辽东，延袤万余里。"

⑦阳山：一般认为即今内蒙古境内的狼山（阴山最西的一段），一说阳山为阴山之误。北假：古地区名，指今内蒙古河套以北、阴山以南的山南河北地区。

⑧月氏（yuè zhī）：古民族名。原在敦煌、祁连间（相当今甘肃兰州以西至敦煌的河西走廊一带）。汉文帝时，因遭匈奴攻击，大部分西迁塞种地区（今新疆西部伊犁河流域及其迤西一带，后又西迁大夏即今阿姆河上游），称大月氏；一部分进入南山（今祁连山），与羌人杂居，称小月氏。

⑨单于：秦汉时匈奴首领之王号。也称"大单于"。《索隐》云："单于姓挛鞮氏，其国称之曰'撑犁孤涂单于'。而匈奴谓天为'撑犁'，谓子为'孤涂'，单于者，广大之貌也。言其象天，故曰撑犁孤涂单于。"

【译文】

后来秦灭六国，秦始皇派蒙恬率领十万大军向北攻打胡人，全部收复了黄河以南的土地。沿着黄河修建边塞,修起四十四座县城靠近黄河,迁徙因犯罪守边的人到这里,补充到这些县城。又修通直道,从九原郡直达云阳,沿着山岭、险堑和溪谷,可修缮的地方就筑城,从临洮直达辽东长达万余里。又北渡黄河占据了阳山、北假一带。这一时期,东胡强大而月氏兴盛。匈奴的单于叫头曼,头曼不敌秦朝,就向北迁徙。十多年后蒙恬被杀,各地诸侯反叛秦朝,中原地区连年骚动战乱,各处被秦王朝流放戍边的人都离开边境回去了,于是匈奴得到宽缓之机,又渐渐渡过黄河以南,与中原原来的关塞接界。

　　单于有太子名冒顿①。后有所爱阏氏②,生少子,而单于欲废冒顿而立少子,乃使冒顿质于月氏。冒顿既质于月氏,而头曼急击月氏③。月氏欲杀冒顿,冒顿盗其善马,骑之亡归。头曼以为壮,令将万骑。冒顿乃作为鸣镝④,习勒其骑射,令曰:“鸣镝所射而不悉射者,斩之。”行猎鸟兽,有不射鸣镝所射者,辄斩之。已而冒顿以鸣镝自射其善马,左右或不敢射者,冒顿立斩不射善马者。居顷之,复以鸣镝自射其爱妻,左右或颇恐,不敢射,冒顿又复斩之。居顷之,冒顿出猎,以鸣镝射单于善马,左右皆射之。于是冒顿知其左右皆可用。从其父单于头曼猎,以鸣镝射头曼,其左右亦皆随鸣镝而射杀单于头曼,遂尽诛其后母与弟及大臣不听从者。冒顿自立为单于⑤。

【注释】

①冒顿(mò dú):匈奴单于。姓挛鞮。秦二世元年(前209)杀其父头曼自立。英武有权略,东破东胡,西击月支,南并楼烦,并进占秦之河南地(今河套一带),势力强大。西汉初,常南下侵扰,

构成对西汉王朝的巨大威胁。谢孝苹曰："'冒顿'二字系蒙古语译,义为勇猛。"

②阏氏:师古曰:"匈奴皇后号也。"下文有所谓东胡"欲得单于一阏氏",则匈奴单于不止有一个阏氏。

③头曼急击月氏:谢孝苹以为这"是有文献可稽的匈奴第一次进攻月氏,其具体年月应当在蒙恬北击匈奴,头曼不敢南侵的十一年中的中期。此时南线无战事,匈奴才能腾出手来西向攻击月氏。蒙恬击匈奴在始皇二十六年,故头曼击月氏约在始皇三十年(前217)左右"。

④鸣镝:响箭。

⑤冒顿自立为单于:事在秦二世元年(前209),正是中原地区各路义军起兵反秦之时也。

【译文】

头曼单于有太子名叫冒顿。后来头曼单于有个宠爱的阏氏,生了个小儿子,头曼单于想废除冒顿而改立小儿子为太子,便派冒顿到月氏去当人质。冒顿到月氏当人质后,头曼却急攻月氏。月氏想杀死冒顿,冒顿偷了月氏王的良马,骑着它逃回匈奴。头曼单于认为冒顿很勇猛,就让他统领万名骑兵。冒顿就制造了响箭,训练他的手下骑马射箭的本领,下令说:"我的响箭射向哪里,如果你们有不跟着射的,全部斩首。"冒顿领着他的部下出外捕猎飞鸟走兽,有不跟着响箭的方向射的人,就被斩首了。不久冒顿以响箭亲自射他的良马,左右有人不敢射,冒顿立即杀了那些不射良马的人。过了一段时间,冒顿又用响箭射自己心爱的妻子,左右之人有的颇为惊恐,不敢射,冒顿又把他们杀了。过了不久,冒顿外出打猎,以响箭射头曼单于的良马,左右将士都跟着一起射。于是冒顿知道他的这些将士都能够听从任用了。后来跟着他的父亲头曼单于打猎时,他把响箭射向头曼单于,于是他的将士也跟着响箭一起射向头曼单于,接着冒顿把他的后母及弟弟和不听从的大臣全部杀掉。冒顿自立为单于。

冒顿既立,是时东胡强盛,闻冒顿杀父自立,乃使使谓冒顿,欲得头曼时有千里马①。冒顿问群臣,群臣皆曰:"千里马,匈奴宝马也,勿与。"冒顿曰:"奈何与人邻国而爱一马乎?"遂与之千里马。居顷之,东胡以为冒顿畏之,乃使使谓冒顿,欲得单于一阏氏。冒顿复问左右,左右皆怒曰:"东胡无道,乃求阏氏!请击之。"冒顿曰:"奈何与人邻国爱一女子乎?"遂取所爱阏氏予东胡。东胡王愈益骄,西侵。与匈奴间,中有弃地,莫居,千余里,各居其边为瓯脱②。东胡使使谓冒顿曰:"匈奴所与我界瓯脱外弃地,匈奴非能至也,吾欲有之。"冒顿问群臣,群臣或曰:"此弃地,予之亦可,勿予亦可。"于是冒顿大怒曰:"地者,国之本也,奈何予之!"诸言予之者,皆斩之。冒顿上马,令国中有后者斩,遂东袭击东胡。东胡初轻冒顿,不为备。及冒顿以兵至,击,大破灭东胡王,而虏其民人及畜产③。既归,西击走月氏,南并楼烦、白羊河南王④。悉复收秦所使蒙恬所夺匈奴地者,与汉关故河南塞⑤,至朝那、肤施⑥,遂侵燕、代⑦。是时汉兵与项羽相距,中国罢于兵革,以故冒顿得自强,控弦之士三十余万。

【注释】

①欲得头曼时有千里马:"时有"《汉书》作"时号"。王叔岷曰:"《孟子》'亦有仁义而已矣',《治要》引'有'作'曰'。'曰'、'号'义近。"

②瓯脱：匈奴语称边境屯戍或守望之处为瓯脱，亦作"区脱"。后泛
　指边界。

③"冒顿以兵至"四句：谢孝苹曰："冒顿破东胡，约在楚汉相拒之
　初，姑系其年于汉高元年，冒顿单于四年，公元前206年。"

④南并楼烦、白羊河南王：师古曰："二王之居在河南。"中井曰：
　"'河南王'三字疑衍。"按，中井说是，原文语气不顺，似应削"河
　南王"三字。楼烦、白羊，当时居住在今内蒙古河套以南的两个
　匈奴部落名。

⑤与汉关故河南塞：意谓河南地区的南部边境就是与刘邦汉朝的交
　界之处。按，《高祖本纪》汉二年之所谓"缮治河上塞"，即指在这
　一线构筑工事。关，连界，接壤。

⑥朝那：汉县名，治所在今宁夏固原东南。肤施：汉县名，治所在今
　陕西榆林东南。

⑦遂侵燕、代：按，冒顿此次行动应在韩信破代、赵，破燕之前，即前
　205年闰九月前，若在此后，则代、赵、燕已依次入汉。

【译文】

　　冒顿继位后，这个时候东胡强盛，听说冒顿杀父自立，便派使者对冒顿说，想要头曼单于的那匹千里马。冒顿问群臣，群臣都说："千里马，是我们匈奴的宝马，不能给他。"冒顿说："跟人家做邻国，怎能吝惜一匹马呢？"就把头曼单于的千里马送给了东胡。过了不久，东胡认为冒顿害怕他，就派使者对冒顿说，想要冒顿的一位阏氏。冒顿又询问左右大臣，左右大臣都发怒说："东胡无理，竟敢想要阏氏！请出兵攻打他们。"冒顿说："同人家为邻国怎么能吝惜一个女人呢？"于是就把自己喜爱的阏氏送给东胡。东胡王愈加骄狂，向西进犯侵扰。东胡与匈奴之间，中间有一块空地，没人居住，方圆一千多里，双方各自在这空地上修起哨所。东胡派使者对冒顿说："匈奴同我们交界的哨所以外的空地，匈奴不能到那里，我们想占有它。"冒顿问群臣，群臣中有人说："这是被丢弃的荒地，

给他们也可以,不给他们也可以。"于是冒顿大怒说:"土地,是国家的根本,怎么可能给他们!"把那些说给东胡空地的大臣都杀了。冒顿上马,下令国中如有后退者就杀头,于是向东袭击东胡。东胡起初轻视冒顿,没做防备。等到冒顿领兵来到,大举进击,大败东胡,消灭了东胡王,而且掳走了东胡百姓和牲畜财产。冒顿在东方获胜后,又向西打跑了月氏,向南吞并了楼烦与白羊河南王。全部收复了当年秦派蒙恬夺去的匈奴土地,以原先的河南塞与汉朝为邻,最南达到朝那、肤施一带,并继续入侵燕地、代地。这时汉军正与项羽争夺天下,中原疲于用兵,因此冒顿能够趁机强大起来,拥有能拉弓射箭的士卒三十余万人。

　　自淳维以至头曼千有余岁①,时大时小,别散分离,尚矣,其世传不可得而次云②。然至冒顿而匈奴最强大,尽服从北夷,而南与中国为敌国③,其世传官号乃可得而记云④。

【注释】

①自淳维以至头曼千有余岁:梁玉绳曰:"淳维不知在何时,即谓是夏桀之子,自商至秦何止千有余岁,此言未的。"按,据《夏商周年表》,自夏桀至头曼,其间约一千四百年左右。

②世传:世系。

③敌国:势均力敌的国家。敌,对等。

④世传官号:底本原作"世传国官号",语略不顺。"国"字疑衍,《汉书》无。今据删"国"字。

【译文】

　　从淳维到头曼有一千多年,匈奴势力时大时小,忽离忽散,时间已经很久了,他们的世系传承不能依次排列。但是到了冒顿当单于时,匈奴势力最强大,使北方的夷狄都臣服于他,向南与中原成为势均力敌的国家,从此以后,匈奴单于的世系传国及官职名号才得以记录下来。

　　置左右贤王,左右谷蠡王①,左右大将,左右大都尉,左右大当户,左右骨都侯②。匈奴谓贤曰"屠耆",故常以太子为左屠耆王③。自如左右贤王以下至当户,大者万骑,小者数千,凡二十四长④,立号曰"万骑"⑤。诸大臣皆世官⑥。呼衍氏、兰氏⑦,其后有须卜氏,此三姓其贵种也⑧。诸左方王将居东方,直上谷以往者⑨,东接秽貉、朝鲜⑩;右方王将居西方,直上郡以西⑪,接月氏、氐、羌⑫;而单于之庭直代、云中⑬:各有分地,逐水草移徙。而左右贤王、左右谷蠡王最为大国,左右骨都侯辅政⑭。诸二十四长亦各自置千长、百长、什长、裨小王、相封、都尉、当户、且渠之属⑮。

【注释】

①左右谷蠡(lǐ)王:秦汉时匈奴官爵名。左右谷蠡王位列第三、四位,与左右贤王合称"四角"。匈奴尚左,以左谷蠡王为尊。

②左右骨都侯:《集解》曰:"骨都,异姓大臣。"

③左屠耆(qí)王:即上述之"左贤王"。匈奴以"左"为上,"左贤王"仅次于单于。

④二十四长:即单于之下所设左右贤王、左右谷蠡王、左右大将、左右大都尉、左右大当户、左右骨都侯等,由贵族世袭。

⑤万骑:概数。这些首领统兵不论上万,还是数千,一律号称万人。

⑥世官:世代承袭此官职,统此兵众。

⑦呼衍氏:师古曰:"即今鲜卑姓呼延者也。"

⑧此三姓其贵种:《索隐》引《后汉书》曰:"呼衍氏、须卜氏常与单

于婚姻。须卜氏主狱讼也。"

⑨直：正冲着。上谷：汉郡名，治所在今河北怀来东南。

⑩秽貉（huì mò）：古民族名，亦作"秽貊"。当时居住在今朝鲜东北部。朝鲜：国名，约当今朝鲜之西北部，国都王俭（即今平壤）。

⑪直上郡以西：正对着汉朝的上郡（治所在今陕西榆林东）以西地区。

⑫氐（dǐ）、羌：皆西方少数民族部落名，秦汉之交氐族活动在今甘肃东南部，羌族活动在今青海东北部。

⑬单于之庭：单于大本营。《索隐》曰："匈奴所都处为庭。"按，当时的单于庭约在今蒙古国乌兰巴托附近。

⑭辅政：辅佐单于总理全匈奴事。

⑮千长、百长、什长：皆为匈奴二十四长之属官，一阶比一阶低。裨小王：各部落的小头领。相封：陈直曰："相封当即相邦，即匈奴之相国也，为汉人避高祖讳而改。"且渠：也作"沮渠"，匈奴官名。师古曰："今之沮渠姓，盖本因此官。"按，北朝有所谓"沮渠蒙逊"者，即此姓之人。

【译文】

匈奴设置了左右贤王，左右谷蠡王，左右大将，左右大都尉，左右大当户，左右骨都侯。匈奴人称贤为"屠耆"，所以常常任太子为左屠耆王。从左右贤王以下到当户，大者有一万人马，小者有几千人马，共有二十四位首领，确定称号为"万骑"。诸位大臣都是世袭官职。呼衍氏、兰氏，后来还有须卜氏，这三姓是显贵一族。左方诸王都住在东方，面对汉朝上谷以东地区，东与秽貉、朝鲜接壤；右方诸王都住在西方，面对汉朝上郡以西地区，与月氏、氐、羌接壤；而单于王庭所在地直对代郡和云中一带：他们各有领地，随水草而迁徙住地。而左右贤王、左右谷蠡王的封地最大，左右骨都侯辅佐单于处理政事。二十四位首领也各自设置千长、百长、什长、裨小王、相封、都尉、当户、且渠等属官。

岁正月，诸长小会单于庭，祠①。五月，大会茏城②，祭其先、天地、鬼神。秋，马肥，大会蹛林③，课校人畜计。其法：拔刃尺者死④，坐盗者没入其家；有罪小者轧⑤，大者死。狱久者不过十日⑥，一国之囚不过数人。而单于朝出营，拜日之始生，夕拜月⑦。其坐，长左而北乡⑧。日上戊己⑨。其送死，有棺椁、金银衣裘⑩，而无封树丧服⑪；近幸臣妾从死者，多至数十百人⑫。举事常候月⑬，月盛壮则攻战⑭，月亏则退兵。其攻战，斩首虏赐一卮酒，而所得卤获因以予之⑮，得人以为奴婢。故其战，人人自为趣利⑯，善为诱兵以冒敌⑰。故其见敌则逐利，如鸟之集；其困败，则瓦解云散矣。战而扶舆死者⑱，尽得死者家财。后北服浑庾、屈射、丁零、鬲昆、薪犁之国⑲。于是匈奴贵人大臣皆服，以冒顿单于为贤⑳。

【注释】

①祠：祭祀，此指规模较小的祭祀。

②茏城：古地名。也作"龙城"，约在今蒙古鄂尔浑河西侧和硕柴达木湖附近。匈奴每年五月大会诸部时，祭祖先、天地、鬼神之地。《索隐》引崔浩曰："西方胡皆事龙神，故名大会处为'龙城'。"

③蹛林：有说是地名，为匈奴人秋祭之所。《索隐》引服虔曰："匈奴秋社八月中皆会祭处。"又引李陵与苏武诗云："相竟趋蹛林。"也有说是秋天祭祀的形式，师古曰："蹛者，绕林木而祭也。鲜卑之俗，自古相传，秋祭无林木者，尚竖柳枝，众骑驰绕三周乃止，此其遗法也。"

④拔刃尺者死：郭嵩焘曰："谓拔刀以伤人，而所伤处及尺，因以死论也。"

⑤有罪小者轧：师古云："轧者谓辗轹其骨节，若今之厌踝者也。"

⑥狱：案件，也可理解为关押犯人。

⑦单于朝出营，拜日之始生，夕拜月：据前苏联考古队在蒙古国发掘的匈奴墓葬可知，墓主头部附近椁壁上钉有装饰着日月的金片，证明匈奴人的确崇拜日月。

⑧长左而北乡：《正义》曰："其座北向，长者在左，以左为尊也。"乡，通"向"。

⑨日上戊己：钱大昭曰："以'戊''己'日为吉也。"周寿昌曰："'上''尚'字同。"陈直曰："两汉设戊己校尉，盖亦从匈奴习俗而得名。"

⑩其送死，有棺椁、金银衣裳：陈直引前苏联考兹洛夫《外蒙古调查报告》云："在一九二四年诺颜乌兰所发现之匈奴帝王古墓，遗物除漆器外，墓中绢物有绢布和毛织物二种。"又引《东洋文化史大系》所记绥远出土匈奴墓之武器，有铜剑铜戈，另有马面动物形饰金具、银制饰板等。以近来发掘匈奴古墓的情况而论，与本传记载完全符合。

⑪无封树丧服：不起陵丘，不立碑碣，死者的亲属也不穿丧服。但从前苏联考古队发掘的匈奴古墓看，地上并非没有陵丘，只是累积石块而已。

⑫多至数十百人：底本原作"多至数千百人"。《正义》曰：《汉书》作'数十百人'，师古曰：'或数十人，或百人。'"

⑬举事常候月：底本原作"举事而候星月"。泷川曰："'而'当作'常'；'星'字疑衍。"泷川说是，今据此改。举事，指准备发动战争。候，观测。

⑭月盛壮则攻战：王先谦引沈钦韩曰："《隋书·突厥传》：'候月将满，辄为寇抄。'"

⑮卤获：指缴获的兵器、铠甲、财物等。

⑯自为趣利：为自己谋利。趣，向。

⑰善为诱兵以冒敌:以小部队诱敌深入,而以大部队包围之。泷川引冈白驹曰:"冒,覆也,覆裹而取之。"《汉书》作"包",师古曰:"包裹取之。"盖"覆""包"二字意思相同。

⑱扶舆死者:郭嵩焘曰:"扶者,伤而未即死,扶之以行。舆者,舆其尸。"王先谦曰:"扶持其伤,而舆归其尸也。"

⑲浑庾、屈射、丁零、鬲昆、薪犁:皆为匈奴北面的游牧民族名,在今蒙古国与俄罗斯境内。据考证,浑庾也作"浑窳",当时活动在今俄罗斯之靠近我国黑龙江的石勒喀河西北。屈射,活动在今俄罗斯之赤塔周围。丁零,也作"丁令""敕勒""铁勒",当时活动在今贝加尔湖周围。鬲昆,也称"坚昆",当时活动在今俄罗斯之叶尼塞河上游。薪犁,也称"龙薪犁",当时活动在今俄罗斯之鄂毕河上游。

⑳以冒顿单于为贤:冒顿统治匈奴共历时三十四年,是第一个使匈奴强大统一的关键人物。贤,这里指能干。

【译文】

每年正月,各部首领在单于王庭小集会,举行祭祀。五月,在茏城大集会,祭祀祖先、天地、鬼神。秋天,当马肥壮之时,在蹛林举行大会,核算人畜情况,征收赋税。匈奴的法令:拔刀伤人造成伤口长一尺的就判死刑,犯盗窃罪的没收他的家产;有小罪的压碎骨节,有大罪的处死。决狱时间最多不过十天,全国的囚犯总共也不过几个人。单于清晨走出营帐,拜刚升起的太阳,到晚上则要拜月亮。匈奴人的座席,首领在左,面向北方。在日期上,他们崇尚戊日和己日。他们送葬死者,有棺椁、金银和衣裘,却没有坟和碑以及丧服礼仪;单于死后,他所亲近的大臣和妻妾跟随殉葬的,多至数十上百人。兴兵打仗时,要先观察月亮,如果月亮圆满就攻伐,月亮亏缺就退兵。在攻伐征战时,谁杀死或俘虏敌人,要赏赐一壶酒,所缴获的战利品便也归他们,抓到的人也给他们充当奴婢。因此在战斗中,人人都想为自己夺得更多的利益,善于诱敌深入来包围敌军。所以他们见到敌军就一拥而上逐利,如鸟为食而翔集;一旦失败,就奔走逃窜,如同烟消云散。战争中谁能将战死的同伴尸体运回来埋葬,就可得到死者的全部家财。后来,冒顿又向北征服了浑庚、屈射、丁零、鬲昆、薪犁等国。于是匈奴的贵族、大臣都很折服,认为冒顿单于很贤能。

是时汉初定中国,徙韩王信于代,都马邑①。匈奴大攻围马邑,韩王信降匈奴。匈奴得信,因引兵南逾句注,攻太原②,至晋阳下。高帝自将兵往击之。会冬大寒雨雪,卒之堕指者十二三,于是冒顿详败走③,诱汉兵。汉兵逐击冒顿,冒顿匿其精兵,见其羸弱,于是汉悉兵,多步兵,三十二万,北逐之。高帝先至平城④,步兵未尽到,冒顿纵精兵四十万骑围高帝于白登⑤,七日,汉兵中外不得相救饷。匈奴骑,其西方尽白马,东方尽青駹马⑥,北方尽乌骊马⑦,南方尽骍马⑧。高帝乃使使间厚遗阏氏⑨,阏氏乃谓冒顿曰:“两主不相困。今得汉地,而单于终非能居之也。且汉王亦有神,单于察之。”冒顿与韩王信之将王黄、赵利期⑩,而黄、利兵又不来,疑其与汉有谋,亦取阏氏之言,乃解围之一角。于是高帝令士皆持满傅矢外乡⑪,从解角直出,竟与大军合,而冒顿遂引兵而去。汉亦引兵而罢,使刘敬结和亲之约⑫。

【注释】

①徙韩王信于代,都马邑:事在高祖六年(前201)。韩王信,六国时韩国贵族的后代,刘邦的开国功臣,高祖五年封之为韩王,都阳翟(今河南禹县)。详见《韩信卢绾列传》。

②太原:汉郡名,治所即今山西太原西南。

③详：通"佯"，假装。

④平城：汉县名，治所在今山西大同东北。

⑤白登：古地名，在当时的平城县城之东北。

⑥青骓（máng）马：头白身黑的马。

⑦乌骊马：黑马。

⑧骍马：红马。泷川引中井曰："马四方各色，以见其军之整而畜之饶耳。"

⑨间：暗中，私下。遗：致，给，指致书和财物。

⑩王黄、赵利：王黄原是匈奴人，赵利是六国时赵国王室的后代，现皆为韩王信部下。

⑪持满傅矢外乡：拉满弓搭上箭，向着敌人。傅，意同"附"，此处指搭箭。乡，通"向"。

⑫刘敬：西汉初官吏。齐人。本姓娄。高祖五年（前202）至洛阳谒见刘邦，劝刘邦迁都关中，被采纳，以功赐姓刘氏，拜为郎中，号奉春君。匈奴与韩王信攻汉，刘邦命他出使匈奴以探虚实，他回报匈奴尚强，不可与争，刘邦不听，致有白登之败。刘邦从平城归，封他为关内侯，号为建信侯。他主张将汉宗室女嫁与匈奴单于，谋求和亲，刘邦命他出使匈奴，遂结和亲约，汉匈关系缓解。又建议迁徙六国贵族后裔至关中，以削弱各地富豪势力，均被采纳。

【译文】

这时汉朝刚平定中原，把韩王信迁到代地，建都马邑城。匈奴大举围攻马邑，韩王信投降了匈奴。匈奴得到了韩王信，便率兵南下越过句注山，攻打太原，直到晋阳城下。高帝亲自率兵前往迎击。正逢冬天大寒下雪，士卒冻掉手指的十有二三，于是冒顿伪装败逃，引诱汉兵追击。汉兵追击冒顿，冒顿隐藏起他的精兵，只暴露一些老弱病残，于是汉朝出动全部军队，大多为步兵，共三十二万人，向北追击匈奴。高帝先到达平城，步兵大队尚未全部到达，冒顿发动他的四十万精锐骑兵，将高帝包围在白登山,一连七天,被包围的汉军内外不能互相救济粮饷。匈奴的骑兵,在西方的全是白马,在东方的全是青骢马,在北方的全是乌骊马,在南方的全是红马。这时高帝就派使者暗中给阏氏送去丰厚礼品,阏氏就对冒顿说:"两国君主不能相逼太甚。现在即使得到汉人土地,单于您终究也不能住在这里。况且汉王也有天神相助,请单于明察。"冒顿与韩王信的部将王黄、赵利约好会师日期,但王黄与赵利的军队没按时到来,冒顿怀疑他们同汉军有计谋,也就采纳了阏氏的建议,才解除了包围圈的一角。于是高祖命令士兵们都张弓搭箭向外,从冒顿解开的那一角径直冲出来,终于同汉朝大军会合了,而冒顿也就率军离开了。汉高祖罢兵还朝,派刘敬到匈奴缔结和亲盟约。

是后韩王信为匈奴将,及赵利、王黄等数倍约,侵盗代、云中。居无几何,陈豨反①,又与韩信合谋击代。汉使樊哙往击之②,复拔代、雁门、云中郡县,不出塞。是时匈奴以汉将将众往降③,故冒顿常往来侵盗代地。于是汉患之,高帝乃使刘敬奉宗室女公主为单于阏氏④,岁奉匈奴絮缯酒米食物各有数,约为昆弟以和亲,冒顿乃少止。后燕王卢绾反⑤,率其党数千人降匈奴,往来苦上谷以东。

【注释】

①陈豨(xī):西汉诸侯,高祖功臣。宛朐(今山东东明南)人。秦二世元年(前209),聚众数百人在宛朐加入刘邦军,任特将。从邦入关,至霸上,曾封侯。楚汉战争中,历任游击将军、郎中等职。又参加平定代地,击灭燕王臧荼叛乱。汉高祖六年(前201)(一说七年)封阳夏侯,并以赵相国统领赵、代边防部队(据《汉书补注》考证应为代相国)。素称崇慕战国魏信陵君,也招蓄宾客数

千，为高祖所忌，使人案查。因宾客诸多不法事都直接牵连到他自

身，恐。十年，勾结匈奴叛乱，自立为代王。十二年，为周勃击杀。

② 樊哙：刘邦的开国元勋，以军功封舞阳侯，事见《樊郦滕灌列传》。

③ 汉将将众往降：底本原作"汉将众往降"。意思不明。《汉书》作

　"汉将数率众往降"，可以为证。此处据补"将"字。当时"将众"

　往降匈奴者有韩王信、陈豨、卢绾及其部将多人。

④ 奉宗室女公主：选刘氏同族之女封为公主，假说为皇帝之女。

⑤ 卢绾（wǎn）：西汉初诸侯王。丰（今江苏沛县）人。少时与刘邦

　友善。秦末从刘邦起义于沛（今江苏沛县）。刘邦被封汉王，又

　随入汉中，任将军。楚汉战争起，率军东击项羽，任太尉，封长安

　侯，深受刘邦器重，恩宠过于诸将。项羽败亡后，又从刘邦击败燕

　王臧荼，封燕王，领其地。陈豨叛乱，刘邦派他讨伐陈豨，陈豨派

　人说服他，遂与陈豨暗中联合以图自存。陈豨败，他惧诛逃入匈

　奴，被匈奴单于封为东胡卢王。不久病死于匈奴。

【译文】

　　这之后韩王信做了匈奴的将领，同赵利、王黄等人屡次违背汉与匈

奴的盟约，侵掠代和云中等地。过了不久，陈豨谋反，又与韩王信合谋进

攻代地。汉派樊哙率军前往讨伐他们，重新收复了代、雁门、云中各郡

县，但没有出兵塞外。这时匈奴因为很多汉将率众前往投降，因而冒顿

经常往来侵掠代地。于是汉朝深感忧虑，高祖就派刘敬奉送宗室女儿号

称公主到匈奴，嫁给单于做阏氏，每年奉送给匈奴丝绵、绸缎、酒、米和食

物各有一定数量，相约结为兄弟实行和亲政策，冒顿才稍稍停止侵扰活

动。后来燕王卢绾谋反，率其党羽数千人投降匈奴，又往来危害上谷郡

以东地区。

　　高祖崩，孝惠、吕太后时，汉初定，故匈奴以骄。冒顿乃

为书遗高后，妄言①。高后欲击之，诸将曰②："以高帝贤武，

然尚困于平城。"于是高后乃止,复与匈奴和亲。至孝文帝初立,复修和亲之事。其三年五月③,匈奴右贤王入居河南地,侵盗上郡葆塞蛮夷④,杀略人民。于是孝文帝诏丞相灌婴发车骑八万五千⑤,诣高奴⑥,击右贤王。右贤王走出塞。文帝幸太原⑦。是时济北王反⑧,文帝归,罢丞相击胡之兵。

【注释】

①冒顿乃为书遗高后,妄言:据《汉书·匈奴传》载,单于遗吕后书曰:"孤偾之君,生于沮泽之中,长于平野牛马之域,数至边境,愿游中国。陛下独立,孤偾独居。两主不乐,无以自虞,愿以所有,易其所无。"

②诸将曰:这里明确反对用兵的是中郎将季布,他引刘邦被困平城事叱责樊哙不能解围,又说:"于今痍未瘳,哙又面谀,欲摇动天下。"事见《季布栾布列传》。

③三年:相当于冒顿三十三年(前177)。

④葆塞:保塞,依附于汉帝国的边塞。葆,通"保"。

⑤灌婴:西汉开国功臣。从刘邦入关灭秦,拜郎中,不久任中谒者。以军功封颍阴侯,后又参与平定韩王信、陈豨、黥布等反叛,平定诸吕之乱,拥立代王刘恒为文帝,拜为太尉。文帝三年(前177),代周勃为丞相。同年,又率军至北地往御匈奴。明年,病卒。事见《樊郦滕灌列传》。

⑥高奴:汉县名,治所在今陕西延安东北,当时属上郡。

⑦太原:诸侯国名,汉文帝二年封其子刘参为太原王,国都晋阳(今太原西南)。

⑧济北王反:事在文帝三年六月。济北王,刘兴居,汉高祖庶子刘肥之子,汉文帝之侄。刘兴居与长兄齐王刘襄、次兄刘章,都在平定

诸吕之乱中有大功而受到文帝及众大臣的排挤打压,刘襄、刘章愤郁而死,刘兴居遂兴兵造反,详见《齐悼惠王世家》与《吕太后本纪》《孝文本纪》。

【译文】

高祖去世后,孝惠帝、吕太后当政时,汉朝才刚刚安定下来,所以这时的匈奴非常骄狂。冒顿竟写信给吕太后,口出狂言。吕太后想攻打他,诸将们说:"凭着高祖的贤明英武,尚且被围困在平城。"于是吕太后才作罢,再与匈奴和亲。到孝文帝刚刚继位时,仍推行和亲政策。孝文帝三年五月,匈奴右贤王占据黄河以南地区,侵掠上郡保卫边塞小城的外族百姓,屠杀抢掠百姓。于是孝文帝诏令丞相灌婴发动车骑兵八万五千人,进军高奴,攻打右贤王。右贤王逃出边塞。孝文帝巡幸太原。这时济北王刘兴居反叛,孝文帝回朝,终止了丞相派去攻打匈奴的军队。

其明年^①,单于遗汉书曰:"天所立匈奴大单于敬问皇帝无恙^②。前时皇帝言和亲事^③,称书意,合欢^④。汉边吏侵侮右贤王,右贤王不请,听後义卢侯难氏等计^⑤,与汉吏相距,绝二主之约,离兄弟之亲。皇帝让书再至,发使以书报,不来,汉使不至^⑥,汉以其故不和^⑦,邻国不附。今以小吏之败约故^⑧,罚右贤王,使之西求月氏击之。以天之福,吏卒良,马强力,以夷灭月氏^⑨,尽斩杀降下之。定楼兰、乌孙、呼揭及其旁二十六国^⑩,皆以为匈奴^⑪。诸引弓之民,并为一家。北州已定,愿寝兵休士卒养马,除前事^⑫,复故约,以安边民,以应始古,使少者得成其长,老者安其处,世世平乐。未得皇帝之志也,故使郎中係雩浅奉书^⑬,请献橐他一匹、骑马二匹、驾二驷^⑭。皇帝即不欲匈奴近塞,则且诏吏民远舍。

使者至,即遣之。"以六月中来至薪望之地⑮。书至,汉议击与和亲孰便。公卿皆曰:"单于新破月氏,乘胜,不可击。且得匈奴地,泽卤⑯,非可居也。和亲甚便。"汉许之。

【注释】

①其明年:文帝四年,冒顿三十四年(前176)。据后文,汉文帝回书在文帝六年,则此冒顿之来书似不应在三年前,故《资治通鉴》亦系之于文帝六年。然《史记》《汉书》均系之于文帝三年,不知何故。《资治通鉴》的处置似较合理。

②天所立匈奴大单于:《汉书》曰:"其国称之曰'撑犁孤涂单于'。匈奴谓天为'撑犁',谓子为'孤涂'。单于者,广大之貌也。"

③前时皇帝言和亲事:刘邦、吕后皆行和亲,汉文帝即位后,亦行和亲。

④称书意,合欢:师古曰:"称,副也。言与所遗书意相副,而共结欢亲。"合欢,双方都高兴。

⑤後义卢侯难氏:泷川曰:"枫、三本'後义'作'俊义'。"难氏,《索隐》曰:"匈奴将名也。"按,"後义卢侯"应是匈奴官名,"难氏"应是人名。

⑥发使以书报,不来,汉使不至:师古曰:"谓匈奴再得汉书,而发使将书以报汉。汉留其使不得来还,而汉又更不发使至匈奴也。"

⑦汉以其故不和:指汉文帝派灌婴将兵击右贤王。

⑧小吏:指後义卢侯难氏。

⑨以夷灭月氏:按,事在汉文帝三年。当时月氏人被右贤王西逐至今新疆伊犁一带。

⑩楼兰:西域小国名,国都楼兰城,在今新疆罗布泊西北岸。乌孙:西域小国名,国都赤谷城,在今新疆阿克苏河上源吉尔吉斯斯坦伊什提克一带。呼揭:西北地区民族名,当时活动在今新疆北部

与其邻近的俄罗斯境内。

⑪皆以为匈奴：《索隐》曰："谓皆入匈奴一国。"《史记评林》引罗洪
　　先曰："匈奴述西伐之威，是欲以畏汉，若曰'北州悉下，惟容汉
　　耳'。"

⑫前事：指以前的矛盾、对立。

⑬郎中：职官名，帝王身边的侍从人员。係雩浅：匈奴郎中之名。

⑭橐他：同"橐驼"，即骆驼。骑马二匹：供骑士使用的两匹马。驾
　　二驷：供拉车用的八匹马。师古曰："驾，可驾车也。"

⑮薪望：边境地名。《集解》引《汉书音义》曰："塞下地名。"

⑯泽卤：盐碱地。泽，此处意同"舃（xì）"。

【译文】

第二年，匈奴单于给汉朝皇帝送信说："上天所立的匈奴大单于恭
敬问候皇帝平安。前些时候皇帝说过和亲的事，和来信说的意思相符，
双方都很愉快。汉边境的官吏侵辱右贤王，右贤王不经请示，听信了後
义卢侯难氏等人的计谋，和汉朝官吏发生对峙冲突，断绝了两国君主签
订的和约，离间了兄弟之亲。皇上责备的书信又一次送到，我派出使者
送信报告情况，结果使者被汉朝扣留没有回来，汉朝使者也不到匈奴来，
汉朝因此不同我们和解，邻国之人不能归附我们。如今因为小吏破坏和
约的缘故，我责罚了右贤王，派他到西边去攻打月氏。依靠上天的福佑，
士卒精良，战马强壮，因此已平灭了月氏，把他们全部斩杀降服了。平定
了楼兰、乌孙、呼揭和他们旁边的二十六国，都收归于匈奴。各弯弓射箭
的民族，合并为一家。北方已安定，希望能休养士卒，喂养马匹，摒除前
嫌，恢复旧约，以安边民，以顺应自古以来和好的传统，让年轻人能健康
成长，老年人能安度晚年，世代安居乐业。我不知道皇帝的愿望，所以派
郎中係雩浅奉上书信前往，敬献骆驼一匹、可骑乘的马二匹、驾车的马八
匹。皇帝如果不希望匈奴靠近汉朝的边塞，那么我就姑且诏告官吏百姓
居住到远离边塞的地方。使者到达后，请即刻让他回来。"匈奴使者六

月中旬来到薪望之地。书信送到后,汉朝商议攻打与和亲哪种政策更有利。公卿们都说:"单于刚打败月氏,正处乘胜之势,不能攻打。况且即使得到了匈奴,都是盐碱地,不适宜汉人居住。还是和亲更便当。"汉朝便答应了匈奴的请求。

孝文皇帝前六年①,汉遗匈奴书曰:"皇帝敬问匈奴大单于无恙。使郎中係雩浅遗朕书曰:'右贤王不请,听後义卢侯难氏等计,绝二主之约,离兄弟之亲,汉以故不和,邻国不附。今以小吏败约故,罚右贤王使西击月氏,尽定之。愿寝兵休士卒,养马,除前事,复故约,以安边民,使少者得成其长,老者安其处,世世平乐。'朕甚嘉之,此古圣主之意也。汉与匈奴约为兄弟,所以遗单于甚厚。倍约离兄弟之亲者,常在匈奴。然右贤王事已在赦前②,单于勿深诛③。单于若称书意,明告诸吏,使无负约,有信,敬如单于书。使者言单于自将伐国有功,甚苦兵事。服绣袷绮衣、绣袷长襦、锦袷袍各一④,比余一⑤,黄金饰具带一⑥,黄金胥纰一⑦,绣十匹,锦三十匹,赤绨、绿缯各四十匹⑧,使中大夫意、谒者令肩遗单于⑨。"

【注释】

①前六年:文帝前元六年,冒顿单于三十六年(前174)。

②赦前:汉文帝三年,济北王谋反后,为孤立谋反者,汉文帝曾下过地区性的赦令。

③诛:罚。

④绣袷(jiá)绮衣:师古曰:"以绣为表,绮为里也。"绣,绣花的丝织

物;袷,同"夹",即今"夹衣";绮,织有图案的丝织物。绣袷长襦
(rú):绣花的丝制长袍。锦袷袍:锦制夹长袍。锦,绣花的丝织
物。

⑤比余:《汉书》作"比疏",即今之"梳子"。

⑥具带:梁玉绳以为"具带"应作"贝带",用贝作饰的大带。

⑦胥纰:也作"师比""犀毗",即带钩。

⑧赤绨:红色丝织物。绿缯:绿色丝织物。

⑨中大夫意:中大夫名意,史失其姓。中大夫,帝王身边的侍从官
员,属郎中令,掌议论。谒者令肩:谒者令名肩,史失其姓。谒者
令,帝王身边的侍从人员,掌赞礼与禀报、传达之事,秩六百石,上
属郎中令。

【译文】

孝文帝前元六年,汉朝给匈奴去信说:"皇帝恭敬询问匈奴大单于平
安无恙。让郎中係雩浅给我送来书信说:'右贤王不作请示,听信了後义
卢侯难氏等人的计谋,断绝了两国君主的和约,离间了兄弟亲情,汉朝因
此不和解,邻国也不能归附。如今因为小吏破坏了和约,所以责罚右贤
王让他西击月氏,完全平定了他们。希望能停战休养士卒,喂养马匹,消
除前嫌,恢复旧有的和约,以使边民得到安宁,使年轻人能够健康成长,
老年人能够安居乐业,世代和平安乐。'我很赞赏这一想法,这是古代圣
明君主的心意。汉朝和匈奴相约结为兄弟,因此送给匈奴的礼物非常丰
厚。违背和约、离间兄弟情谊的,常常是匈奴一方。然而右贤王之事是
在大赦之前,单于就不要深究了。单于若同意我信中之意,就该明确告
诉匈奴官吏,让他们不要做违约之事,守信用,我们谨遵单于信里所言。
使臣说单于亲自征伐别国有功,征战很是辛苦。送上绣袷绮衣、绣袷长
襦、锦袷袍等各一套,比余一件,黄金装饰的腰带一件,黄金带钩一个,绣
花绸十匹,锦缎三十匹,赤绨和绿缯各四十匹,派中大夫意、谒者令肩赠
送单于。"

　　后顷之,冒顿死①,子稽粥立,号曰老上单于。老上稽粥单于初立②,孝文皇帝复遣宗室女公主为单于阏氏,使宦者燕人中行说傅公主③。说不欲行,汉强使之。说曰:"必我行也,为汉患者。"中行说既至,因降单于,单于甚亲幸之。

【注释】

①冒顿死:事在冒顿三十六年,亦即文帝六年(前174)。

②稽粥(yù)单于初立:稽粥继位后,称老上单于,前174—前161年在位。

③中行说(yuè):姓中行,名说。傅公主:为公主的师傅官,以照顾公主的生活。

【译文】

　　过后不久,冒顿死了,儿子稽粥继位,号称老上单于。老上单于稽粥刚刚继位,孝文帝又派遣宗室女儿称作公主去做单于的阏氏,派宦官、燕地人中行说以照顾公主。中行说不想去,而朝廷强迫派他去。中行说说:"你们若一定让我去,我就会成为汉朝的祸患。"中行说到匈奴后,便投降了单于,单于特别宠幸他。

　　初,匈奴好汉缯絮食物,中行说曰:"匈奴人众不能当汉之一郡,然所以强者,以衣食异,无仰于汉也。今单于变俗好汉物,汉物不过什二,则匈奴尽归于汉矣①。"其得汉缯絮,以驰草棘中,衣袴皆裂敝,以示不如旃裘之完善也;得汉食物,皆去之,以示不如湩酪之便美也②。于是说教单于左右疏记③,以计课其人众畜物④。汉遗单于书,牍以尺一寸,辞曰"皇帝敬问匈奴大单于无恙",所遗物及言语云云。中行说令单于遗汉书以尺二寸牍,及印封皆令广大长,倨傲其

辞曰"天地所生日月所置匈奴大单于敬问汉皇帝无恙",所
以遗物言语亦云云。

【注释】

①匈奴尽归于汉：《集解》韦昭曰："言汉物什中之二入匈奴,匈奴则
　　动心归汉矣。"按,"归"字在这里应理解为被汉所同化。

②湩酪（dòng lào）：牛羊乳汁。此指奶酪。湩,乳汁。

③疏记：以文字记事。

④计课：计算而征税。

【译文】

　　当初,匈奴喜欢汉朝的绸绢、丝绵、食物,中行说对匈奴人说："匈奴
的人口总数抵不上汉朝的一个郡,然而所以强盛,就在于衣食不同,不必
仰赖汉朝。如今单于若改变习俗而喜好汉朝的衣物食品,汉朝的东西不
过是其中的十分之二,而匈奴就会完全被汉朝同化了。"于是他们就穿
上汉朝的绸绢、丝绵,驰骋在草丛荆棘中,衣裤都破裂损坏,以显示汉人
的丝绸不如匈奴的毡衣皮裘完美;得到的汉朝的食物,他们也全部扔掉,
以显示那些东西不如原有的奶酪美味。接着中行说教单于左右大臣以
文字记事的方法,以便核算他们的人口和牲畜的数目征税。汉朝给匈奴
单于写信,简牍长一尺一寸,言辞称"皇帝敬问匈奴大单于无恙",并记
有赠给匈奴礼物和言语等等。中行说让单于给汉朝写信用一尺二寸的
简牍,封缄的印章也都让做得又宽又长,傲慢不逊地写道"天地所生,日
月所安置的匈奴大单于敬问汉皇帝无恙",再写上所送礼物和言语等等。

　　汉使或言曰："匈奴俗贱老。"中行说穷汉使曰："而汉
俗屯戍从军当发者,其老亲岂有不自脱温厚肥美以赍送饮
食行戍乎①?"汉使曰："然。"中行说曰："匈奴明以战攻为

事,其老弱不能斗,故以其肥美饮食壮健者,盖以自为守卫,如此父子各得久相保,何以言匈奴轻老也?"汉使曰:"匈奴父子乃同穹庐而卧^②。父死,妻其后母;兄弟死,尽取其妻妻之。无冠带之饰,阙庭之礼^③。"中行说曰:"匈奴之俗,人食畜肉,饮其汁,衣其皮;畜食草饮水,随时转移。故其急则人习骑射,宽则人乐无事,其约束轻,易行也。君臣简易^④,一国之政犹一身也。父子兄弟死,取其妻妻之,恶种姓之失也^⑤。故匈奴虽乱,必立宗种。今中国虽详不取其父兄之妻,亲属益疏则相杀,至乃易姓,皆从此类。且礼义之敝,上下交怨望,而室屋之极,生力必屈^⑥。夫力耕桑以求衣食,筑城郭以自备,故其民急则不习战攻^⑦,缓则罢于作业^⑧。嗟土室之人^⑨,顾无多辞令,喋喋而佔佔^⑩,冠固何当?"

【注释】

①行戍:赴戍役。
②穹庐:古代游牧民族居住的毡帐,亦即今之所谓蒙古包。以其形似穹隆(天空的形状),中央隆起,四周下垂,故称。
③阙庭:即朝廷。阙,即宫阙。古代帝王所居宫门外左右两侧筑高台,上建楼阁,称为阙。阙前则为一片空场,称为阙庭。
④君臣简易:君臣间的礼节简便易行。
⑤种姓:即今所谓血统。
⑥生力必屈:百姓的气力必然被消耗殆尽。屈,尽,竭。《秦本纪》,秦穆公向由余夸示宫室、积聚,由余曰:"使鬼为之,则劳神矣;使人为之,亦苦民矣。"与此中行说之说法相同。
⑦急:指发生战争。战攻:底本作"战功",字之误也。泷川曰:"枫、

三本、《汉书》'功'作'攻'。"今据改。

⑧缓：指和平时期。作业：即指盖房子、种地等各种事务。

⑨土室之人：指汉族人。

⑩喋喋而佔佔（chān）：伶牙利齿，喋喋不休的样子。师古曰："佔佔，衣裳貌。"郭嵩焘曰："喋喋、佔佔，皆诮汉使之多言。颜注《汉书》'衣裳貌'，甚误。"

【译文】

当时汉朝使臣有人说："匈奴轻视老人。"中行说诘问汉朝使臣道："汉人风俗，凡有当兵被派去戍守边疆要出发的，他们年老的父母难道不是脱下自己温暖厚实的衣服、让出肥美的食物来供养戍边的儿子吗？"汉朝使臣说："是这样。"中行说说："匈奴人明确战争是重要的事，那些年老体弱的人不能战斗，所以他们把那些肥美的食物让给强壮体健的人，这是为了保卫自己，这样父子各自才能长久地相互保护，怎么可以说匈奴轻视老年人呢？"汉朝使臣说："匈奴父子竟然同住一个毡帐。父亲死了，儿子以后母为妻；兄弟死了，其他兄弟都可以娶寡妻为妻。不戴帽子不系腰带，没有君臣上下礼仪。"中行说说："匈奴的风俗，人们吃牲畜的肉，喝它们的奶汁，用它们的皮做衣服穿；牲畜吃草喝水，随着季节转移。所以他们在战争形势紧急时，就人人练习骑马射箭，在形势宽松时，人们都和乐无事，他们受到的约束很少，易于做到。君臣关系简单，一个国家的政务就像一个人的身体运动一样。父子兄弟死了，活着的娶他们的寡妻做妻子，这是担心血统的消失。所以匈奴虽然伦常混乱，却一定要立本姓宗族。如今中原人虽然佯装正派，不娶自己父兄的妻子，可是亲属却日益疏远，而且相互残杀，甚至改朝易姓，都是这类缘故造成的。况且礼义弊端很多，使君臣之间相互产生怨恨，而且修造宫室房屋极其奢华，百姓的气力必然耗尽。人们致力耕田种桑而求得衣食满足，修筑城郭以保卫自己，所以百姓在战争发生时不熟习战事，在和平时却疲于劳作。可叹生活在土石房屋的汉人啊，不要多嘴多舌，喋喋不休，窃窃私语了，头戴高冠又能如何呢?"

自是之后,汉使欲辩论者,中行说辄曰:"汉使无多言,顾汉所输匈奴缯絮米蘗^①,令其量中^②,必善美而已矣,何以为言乎^③? 且所给备善则已;不备^④,苦恶^⑤,则候秋孰^⑥,以骑驰蹂而稼穑耳^⑦。"日夜教单于候利害处^⑧。

【注释】

①缯絮米蘗:汉朝给匈奴进贡的物品。陈直曰:"蘗谓曲蘗,酿酒之用。"

②中:足,分量够数。汉代有"中二千石","中"字即此意。

③何以为言乎:《汉书》作"何以言为乎",较此为好。按,中行说为虎作伥,肆虐甚烈,故贾谊《治安策》中有所谓"伏中行说以笞其背"。

④不备:指品种数量不够。

⑤苦恶:指质量不好。苦,粗。

⑥秋孰:即秋熟。孰,通"熟"。

⑦驰蹂:驱马践踏。

⑧候:侦察,刺探。

【译文】

从此以后,汉朝使者有想辩论的,中行说就总是说:"汉朝使者无须多言,只要记着汉朝送给匈奴的绸绢、丝绵及米麦粮食,要使其数量足,一定要尽善尽美的,何必要争辩呢? 况且所给的量足物美就罢了;如果数量不够,质量不好,那等到秋天庄稼成熟时,我们就要骑马奔驰去践踏你们的庄稼了。"中行说还日夜教给单于如何侦察汉朝要害之处。

汉孝文皇帝十四年^①,匈奴单于十四万骑入朝那、萧关②,杀北地都尉印③,虏人民畜产甚多,遂至彭阳④。使奇兵入烧回中宫⑤,候骑至雍甘泉⑥。于是文帝以中尉周舍、郎中令张武为将军⑦,发车千乘,骑十万,军长安旁以备胡寇。而拜昌侯卢卿为上郡将军⑧,甯侯魏遫为北地将军⑨,隆虑侯周灶为陇西将军⑩,东阳侯张相如为大将军⑪,成侯董赤为前将军⑫,大发车骑往击胡⑬。单于留塞内月余乃去,汉逐出塞即还,不能有所杀。匈奴日已骄,岁入边,杀略人民畜产甚多,云中、辽东最甚,至万余人⑭。汉患之,乃使使遗匈奴书。单于亦使当户报谢,复言和亲事。

【注释】

①孝文皇帝十四年:老上单于九年(前166)。

②萧关:故治在今宁夏固原东南。自古为关中通往塞北的交通要冲。

③北地都尉印:北地郡的都尉名印。《集解》徐广曰:"姓孙,其子单,封为饼侯。"

④彭阳:汉县名,治所在今甘肃镇原东。

⑤回中宫:秦汉时期的离宫名,在今陕西陇县东南。

⑥雍:汉县名,治所在今陕西凤翔城南。甘泉:秦汉时期的离宫名,在今陕西淳化西北之甘泉山上。

⑦中尉:掌管京师治安的军事长官,汉时并兼领北军(首都卫戍军之一部)。后改名"执金吾"。郎中令:官名。战国时始置,职掌宫廷门户。秦汉时为九卿之一,秩中二千石,总管宫内一切事务。又各诸侯王国亦仿中央设置此官。汉武帝太初元年(前104)更名"光禄勋"。

⑧昌侯卢卿:刘邦的开国功臣,曾为韩信的部将,以军功封昌侯。昌,汉县名,上属琅邪郡(治所即今山东诸城)。卢卿,《汉书》

"昌侯"作"昌圉侯","卢卿"作"旅卿"。上郡将军：以驻扎之地
称之。下文"北地将军""陇西将军"同。

⑨宁侯魏逮：刘邦开国功臣，以军功封宁远侯。

⑩隆虑侯周灶：刘邦开国功臣，封地为隆虑县。

⑪东阳侯张相如：刘邦开国功臣，以"长者"见称，又见于《张释之
冯唐列传》《万石君列传》。大将军：汉初时非正式官名，只是荣
誉称号，刘泽、灌婴、张相如等有过此称号。

⑫董赤：刘邦功臣董渫之子，继其父爵为侯，封地在成。《正义》曰：
"赤，音'赫'。"前将军：武官名。汉时有前、后、左、右四将军并
列，在杂号将军之上。梁玉绳曰："《文帝纪》《名臣表》及《汉书》
皆言董赫、栾布同为将军，此失布书，又'赤'当作'赫'。"

⑬大发车骑往击胡：《集解》引徐广曰："内史栾布亦为将军。"何焯
曰："此专以备右贤王也，及置朔方，开河西四郡，则无事此矣。"

⑭至万余人：底本原作"至代郡万余人"，文意不清。泷川曰："《汉
书》无'代郡'二字。"泷川说是。今据此删"代郡"二字。

【译文】

汉孝文帝十四年，匈奴单于率领十四万骑兵入侵朝那、萧关，杀死了
北地都尉孙卬，劫掠了很多百姓和牲畜，进而到达彭阳。并派奇兵攻入
烧了回中宫，侦察哨探到达了雍州的甘泉宫。于是孝文帝命中尉周舍、
郎中令张武为将军，发动战车千乘，骑兵十万，把军队驻扎在长安附近以
防备匈奴入侵。又拜昌侯卢卿担任上郡将军，宁侯魏逮担任北地将军。
隆虑侯周灶担任陇西将军，东阳侯张相如担任大将军，成侯董赫担任前
将军，大举发动战车、骑兵前往抗击匈奴。单于在关塞内逗留了一个多
月才离开，汉军追击出塞不远随即班师回国，没能斩杀敌军。匈奴日益
骄横，每年都入侵边塞，杀害和掠夺许多百姓和牲畜，云中郡和辽东郡受
害最严重，共有万余人被杀掠。汉朝忧虑此事，就派使者给匈奴送去书
信抗议。单于也派当户来汉送信致歉，又说起和亲之事。

孝文帝后二年①，使使遗匈奴书曰："皇帝敬问匈奴大单于无恙。使当户、且居雕渠难、郎中韩辽遗朕马二匹②，已至，敬受。先帝制③：长城以北，引弓之国④，受命单于；长城以内冠带之室，朕亦制之。使万民耕织射猎衣食，父子无离，臣主相安，俱无暴逆。今闻渫恶民贪降其进取之利⑤，倍义绝约，忘万民之命，离两主之欢，然其事已在前矣。书曰：'二国已和亲，两主欢说，寝兵休卒养马，世世昌乐，阗然更始⑥。'朕甚嘉之。圣人者日新⑦，改作更始，使老者得息，幼者得长，各保其首领而终其天年。朕与单于俱由此道，顺天恤民，世世相传，施之无穷，天下莫不咸便。汉与匈奴邻国之敌⑧，匈奴处北地，寒，杀气早降，故诏吏遗单于秫蘖金帛丝絮佗物岁有数⑨。今天下大安，万民熙熙⑩，朕与单于为之父母。朕追念前事，薄物细故⑪，谋臣计失，皆不足以离兄弟之欢。朕闻天不颇覆，地不偏载⑫。朕与单于皆捐往细故，俱蹈大道，堕坏前恶，以图长久，使两国之民若一家子。元元万民⑬，下及鱼鳖，上及飞鸟，跂行喙息蠕动之类⑭，莫不就安利而辟危殆⑮。故来者不止⑯，天之道也。俱去前事：朕释逃虏民，单于无言章尼等。朕闻古之帝王，约分明而无食言。单于留志，天下大安，和亲之后，汉过不先。单于其察之。"

【注释】

①孝文帝后二年：老上单于十三年，前162年。

②当户、且居雕渠难：《索隐》引乐彦曰："当户、且居各自一官，雕渠

难为此官也。"师古曰:"一人为二官。"且居,也作"沮渠"。郎中
韩辽:与雕渠难均为匈奴之来使。

③先帝制:王先谦曰:"言高祖制诏如此。"

④长城以北,引弓之国:当时匈奴占领着"河南"地,实际并未以长
城为界。长城,今内蒙古黄河一线。

⑤渫(xiè)恶民:犹言刁民、无赖。贪降其进取之利:泷川曰:"'降'
字疑衍。"吴恂《汉书注商》以为"降"字应作"隆","隆,高也,
与'贪'义相成。"

⑥阋(xì)然:安定的样子。更始:重新开头。

⑦日新:每天都在长进。《礼记·大学》有"苟日新,日日新,又日
新",据说是商汤对臣下的告诫,故曰"圣人者日新"。

⑧邻国之敌:相邻之国而又相互匹敌。敌,势均力敌,相当。《汉书》
作"邻敌之国",较此更顺。

⑨秋蘖(niè):造酒的材料。

⑩熙熙:师古曰:"和乐貌。"

⑪薄物细故:指过去引起冲突的那些小事情。

⑫天不颇覆,地不偏载:即上天从不偏心地特别厚待谁。颇,偏。

⑬元元:善良,通常用以指天下万民。

⑭跂(qí)行喙息:师古曰:"跂行,凡有足而行者也。喙息,凡以口
出气者也。"泛指一切高等动物。跂,足。蠕动:如蚯蚓、蛇一类
的低级动物。

⑮就:趋,奔向。辟:同"避",躲开。危殆:危险。

⑯来者不止:意即来者不拒。止,拒绝。《孟子·尽心下》:"夫子之
设科也,往者不追,来者不拒。"

【译文】

孝文帝后元二年,派使者给匈奴送信说:"皇帝敬问匈奴大单于平安
无恙。派当户、且居雕渠难、郎中韩辽送给我的两匹马,已经收到了,敬

受。先帝有规定：长城以北为弯弓拉箭之国，听命于单于；长城以内为戴冠束带之邦，我也受命治理。要使百姓耕织射猎为丰衣足食之用，使父子不相分离，君臣相安无事，都不要暴虐叛逆。如今听说邪恶之民贪图攻掠的利益，违背道义断绝和约，忘却千万百姓的生命，离间两国君主的情谊，不过这些事都已经在过去发生了。信中说：'两国已经和亲，两国君王都高兴，罢兵、休养士卒、喂养马匹，让世代昌盛和乐，安定和乐的局面重新开始。'我特别赞赏这个想法。圣明的人日日长进，改弦更张重新开始，让老年人得到安养，年幼的人能够成长，各自保全生命而终享天年。我和单于都遵循这个道理，顺应天意体恤百姓，世代相传，永远延续下去，天下之人无不获得利益。汉与匈奴是势均力敌的两个邻国，匈奴地处北方，气候严寒，肃杀之气降得早，所以我诏令官吏每年将一定数量的秫蘖、金帛、丝絮以及其他物品送给单于。现在天下太平，万民和乐，我与单于都是民之父母。我回想以往，都是一些小矛盾，与双方谋臣的处置失当有关，这些都不足以疏远我们兄弟之欢。我听说上天是无私的，从不偏袒哪一方。我与单于都应捐弃前嫌，都应遵循大道，抛弃前仇，以图长久，使两国人民如同一家人。善良的百姓，下至鱼鳖，上及飞鸟，地上爬行、喘息蠕动的各种兽虫，无不趋于平安而逃避危险。所以不拒绝前来归顺的人，这是上天之道。往事一概不究：我赦免逃往匈奴的汉人，单于也不必再追究从匈奴逃往汉的章尼等人。我听说古代的帝王们订立条约，约定分明从不食言。单于留心盟约，天下定会太平，两国和亲以后，汉朝不会首先负约。请单于明察此事。"

单于既约和亲，于是制诏御史曰："匈奴大单于遗朕书，言和亲已定，亡人不足以益众广地[①]，匈奴无入塞，汉无出塞，犯今约者杀之，可以久亲，后无咎，俱便。朕已许之。其布告天下，使明知之[②]。"后四岁[③]，老上稽粥单于死[④]，子军臣立为单于。既立,孝文皇帝复与匈奴和亲。而中行说复事之⑤。

【注释】

①亡人:牺牲士卒,指使用战争手段。

②其布告天下,使明知之:梁玉绳曰:"《文纪》载诏与此不同,何也。"

③后四岁:应作"后一岁"。《汉书》于此作"岁余"。《集解》引徐乐亦云军臣单于立于文帝后元三年。

④老上稽粥单于死:老上单于前174即位,至此前162死,在位共十三年。

⑤中行说复事之:谓中行说继续受军臣单于宠用。

【译文】

单于已经约定和亲,于是孝文帝就诏令御史说:"匈奴大单于给我来信,说和亲已定,通过战争不足以增加民众和扩大土地,今后匈奴人不得阑入边塞,汉人也不要出塞,违犯现今和约的就处死,这就可以保持长久亲近,今后不再产生祸患,对双方都有利。我已经答应单于的请求。现在布告天下,让人们明确知道此事。"过了一年,老上单于稽粥死去,他的儿子军臣继位做了单于。军臣单于继位后,孝文帝又与匈奴和亲。而中行说又继续在军臣单于驾下为臣。

军臣单于立四岁①,匈奴复绝和亲,大入上郡、云中各三万骑,所杀略甚众而去。于是汉使三将军军屯北地②,代屯句注③,赵屯飞狐口④,缘边亦各坚守以备胡寇。又置三将军,军长安西细柳、渭北棘门、霸上以备胡⑤。胡骑入代句注边,烽火通于甘泉、长安⑥。数月,汉兵至边,匈奴亦去远塞,汉兵亦罢。后岁余,孝文帝崩,孝景帝立,而赵王遂乃阴使人于匈奴⑦。吴、楚反⑧,欲与赵合谋入边。汉围破赵⑨,匈奴亦止。自是之后,孝景帝复与匈奴和亲,通关市⑩,给遗匈奴,遣公主⑪,如故约。终孝景时,时小入盗边,无大寇⑫。

【注释】

①军臣单于立四岁:即汉文帝之后元六年(前158)。

②汉使三将军军屯北地:按,此句疑有错讹,首先两个"军"不应重出,其次三个将军同时屯于"北地"不合情理。据《孝文本纪》,屯北地者为将军张武,未言还有别将。

③代屯句注:代地的守军驻扎在句注山(今山西代县西北)。按,据《孝文本纪》,屯于句注山者为故楚相苏意。

④赵屯飞狐口:赵地的守军屯扎于飞狐口。飞狐口,要隘名。在今河北蔚县东南。为古代河北平原与北方边郡交通咽喉,重险之地。据《孝文本纪》,屯兵飞狐口的是以中大夫为车骑将军的令勉。

⑤细柳:在今陕西咸阳西南渭水北岸。据《孝文本纪》,驻兵细柳的将军为原河内太守周亚夫。棘门:在今陕西咸阳东北。据《孝文本纪》,驻兵棘门的将军是祝兹侯徐厉。霸上:在今陕西西安东南。因地处霸水之滨,故名。为古代咸阳、长安附近军事要地。据《孝文本纪》,驻兵霸上的将军是宗正刘礼。

⑥甘泉:即甘泉宫,在长安西北一百多公里的甘泉山上,是汉代皇帝经常去的地方。

⑦赵王遂:指刘遂,刘邦之子赵幽王刘友之子。吕后七年(前181),其父刘友被吕后幽禁自杀,至文帝元年(前179),他又继承被封为赵王。

⑧吴、楚反:即以吴王刘濞、楚王刘戊为首的吴楚七国之乱,赵国也是参加者之一,详见《吴王濞列传》《绛侯世家》等。

⑨汉围破赵：刘遂因参加七国叛乱，其都城邯郸被汉将郦寄、栾布所
　　围，刘遂自杀，事见《楚元王世家》。

⑩通关市：指进行边境贸易。

⑪遣公主：据《汉书·景帝纪》，景帝五年有"遣公主嫁匈奴单于"事。

⑫时小入盗边，无大寇：王先谦曰："中二年入燕；六年入雁门，至武
　　泉，入上郡；后二年入雁门。"吴见思曰："写得中外一家，恬熙无
　　事，以见汉武开边之多事。"

【译文】

　　军臣单于即位四年，匈奴又断绝和亲，大举进攻上郡、云中郡，各派
出三万骑兵，杀掠很多之后离开。于是汉朝派出三位将军驻军北地、代
国驻兵句注山、赵国驻兵飞狐口，沿着边塞之地也各派兵坚守以防备匈
奴入侵。又派三位将军，分别驻军于长安西面的细柳、渭河北棘门以及
霸上以防御匈奴。匈奴骑兵入侵代郡的句注边境时，烽火一直通报到甘
泉、长安。几个月后，汉军抵达边境，匈奴也离开汉朝的边塞远去，汉朝
也罢兵而回。过了一年多，孝文帝驾崩，孝景帝即位，而赵王刘遂竟暗
中派人与匈奴联络。吴、楚等七国叛乱时，匈奴想同赵国合谋入侵边塞。
后来汉朝围困并攻破赵国，匈奴也作罢了。从此以后，孝景帝又和匈奴
和亲，互通边境贸易，送给匈奴粮物，派遣公主嫁给单于，一如以前的盟
约。终孝景帝一朝，匈奴虽然时有小规模骚扰边境的活动，却没有发生
大规模入侵。

　　今帝即位，明和亲约束，厚遇，通关市，饶给之①。匈奴
自单于以下皆亲汉，往来长城下。汉使马邑下人聂翁壹奸
兰出物与匈奴交②，详为卖马邑城以诱单于。单于信之，而
贪马邑财物，乃以十万骑入武州塞③。汉伏兵三十余万马邑
旁，御史大夫韩安国为护军④，护四将军以伏单于⑤。单于既

入汉塞,未至马邑百余里,见畜布野而无人牧者,怪之,乃攻亭[6]。是时雁门尉史行徼[7],见寇,葆此亭[8],知汉兵谋,单于得,欲杀之,尉史乃告单于汉兵所居。单于大惊曰:"吾固疑之。"乃引兵还。出曰:"吾得尉史,天也,天使若言。"以尉史为"天王"。汉兵约单于入马邑而纵,单于不至,以故汉兵无所得。汉将军王恢部出代击胡辎重[9],闻单于还,兵多,不敢出。汉以恢本造兵谋而不进,斩恢。自是之后,匈奴绝和亲,攻当路塞[10],往往入盗于汉边,不可胜数[11]。然匈奴贪,尚乐关市[12],嗜汉财物,汉亦尚关市不绝以中之[13]。

【注释】

①饶:富足,多。

②马邑:汉县名,即今山西朔州,上属雁门郡。聂翁壹:有曰姓聂名翁壹;也有曰聂翁名壹,后者为是。《汉书·匈奴传》师古注:"姓聂名壹,翁者,老人之称也。"奸兰出物与匈奴交:奸兰:即今"走私",犯禁。奸,干,犯;兰,通"阑",阑干,这里指规定、章程。交,贸易。

③武州:汉县名,治所即今山西左云,在当时马邑城之东北。

④韩安国:字长孺,先为大农令,建元六年(前135)起为御史大夫,事见《韩长孺列传》。护军:护军将军之简称。

⑤护:监督,协调。四将军:指李广、公孙贺、李息、王恢。伏:伏击。杨树达以为"伏"字应作"候"。

⑥亭:瞭望亭。《韩长孺列传》作"攻烽燧","烽燧"即所谓烽火台。

⑦雁门尉史行徼(jiào):师古曰:"汉律,近塞郡皆置尉,百里一人,士史、尉史各二人巡行徼塞也。"雁门尉史是雁门郡郡尉手下的小吏。行徼,即师古所说"巡行徼塞",巡察边防哨所。徼,边界。

⑧葆：通"保"，依托，躲藏。

⑨辎重：运输队所运送的各种物资。

⑩当路塞：匈奴人入汉首当其冲的城障。

⑪往往入盗于汉边，不可胜数：司马迁于马邑之事后，又著此语，意在突出此后之所以兵祸连年，其过盖在武帝。

⑫尚乐关市：喜欢进行边境贸易。尚，喜欢，爱好。"尚""乐"二字同义连用。

⑬不绝：不与之断绝贸易。中：迎合，投其所好。

【译文】

　　今上即位，申明和亲的约定，厚待匈奴，互通关市，供给大量财物。匈奴从单于以下都与汉朝亲善，往来于长城之下。汉朝派马邑城的聂翁壹违犯禁令，私运货物同匈奴交易，佯装出卖马邑城以引诱单于。单于听信了他，又贪图马邑城的财物，就率领十万骑兵入侵武州边塞。汉朝在马邑城旁边埋伏下三十余万大军，御史大夫韩安国担任护军将军，统率四位将军伏击单于。单于已侵入汉朝边塞，离马邑城尚有一百多里，看到牲畜遍布四野却无放牧之人，觉得奇怪，就去攻打汉朝的侦察哨所。这时雁门的尉史奉命巡察边界，看到敌寇，就躲进侦察哨所，他知道汉兵的谋划，单于捉到了尉史，想杀掉他，尉史就向单于报告了汉朝军队埋伏的地点。单于大惊说："我本来就对此事有怀疑。"于是就率兵而回。走出边塞后说道："我抓到尉史，真是天意，是天让你向我报告。"就封尉史做了"天王"。汉军约定单于进入马邑城后再纵兵出击，如今单于未到马邑，所以汉军一无所获。汉将王恢的部队原本是受命从代郡出发攻击匈奴的辎重车辆，后来他听说单于回师，人马众多，没敢出击。汉朝因为王恢本来是策划用兵计谋的，却不进击，于是斩杀了王恢。从这以后，匈奴断绝了与汉朝的和亲，进攻交通要道上的边防要塞，常常侵扰汉朝的边地，不可胜数。但匈奴人很贪婪，还是乐于与汉朝互通关市，非常喜欢汉朝的财物，汉朝也仍然与匈奴互通关市贸易，并不断绝，以投合他们的心意。

　　自马邑军后五年之秋①，汉使四将军各万骑击胡关市下。将军卫青出上谷，至茏城，得胡首虏七百人。公孙贺出云中②，无所得。公孙敖出代郡③，为胡所败七千余人。李广出雁门④，为胡所败，而匈奴生得广，广后得亡归⑤。汉因敖、广，敖、广赎为庶人⑥。其冬⑦，匈奴数入盗边，渔阳尤甚。汉使将军韩安国屯渔阳备胡。

【注释】

①马邑军后五年之秋：据《汉书·武帝纪》，下述四将出兵事在元光六年（前129）春；《卫青霍去病列传》记为元光五年（前130），误。

②公孙贺：西汉大臣，为卫青同母异父之长姊卫孺之夫。此前为太仆，此次以车骑将军身份从卫青北击匈奴。

③公孙敖：西汉将领。卫青之友。此前为太中大夫，此次以骑将军的身份北出代郡。

④李广：此前为未央宫卫尉，此次以骁骑将军的身份北击匈奴。

⑤广后得亡归：指李广被俘，在被押解途中得以逃回，详见《李将军列传》。

⑥赎为庶人：家中出钱为他赎罪，免为庶人。庶人，平民。

⑦其冬：应为"其秋"。王先谦曰："应作'其秋'，时未正历，冬不在岁末也。"《汉书·匈奴传》同此误，《武帝纪》作"秋"，是也。

【译文】

　　自马邑用兵之后的第五年秋天，汉朝派卫青等四位将军各率一万骑兵到关市下攻打匈奴。将军卫青出兵上谷郡，到达茏城，斩杀停获匈奴七百人。公孙贺出兵云中郡，没有什么收获。公孙敖出兵代郡，被匈奴打败，损失七千余人。李广出兵雁门郡，被匈奴打败，而匈奴人活捉了李广，李广后来得以逃归汉朝。汉朝囚禁了公孙敖、李广，公孙敖、李广都用财物赎罪，贬为平民。这年冬天，匈奴多次入侵、掳掠边地，渔阳郡受害最严重。汉朝派将军韩安国屯驻渔阳以防御匈奴。

　　其明年秋^①，匈奴二万骑入汉，杀辽西太守^②，略二千余人。胡又入败渔阳太守军千余人，围汉将军安国^③，安国时千余骑亦且尽，会燕救至^④，匈奴乃去。匈奴又入雁门，杀略千余人。于是汉使将军卫青将三万骑出雁门，李息出代郡，击胡。得首虏数千人^⑤。其明年^⑥，卫青复出云中以西至陇西，击胡之楼烦、白羊王于河南^⑦，得胡首虏数千，牛羊百余万。于是汉遂取河南地，筑朔方^⑧，复缮故秦时蒙恬所为塞^⑨，因河为固。汉亦弃上谷之斗辟县造阳地以予胡^⑩。是岁，汉之元朔二年也。

【注释】

①其明年秋：元朔元年（前128）之秋。

②辽西：汉郡名，治所在今辽宁义县西南。

③围汉将军安国：韩安国驻军渔阳，误信匈奴俘虏之言而撤除渔阳守备，结果遭匈奴突袭，损失惨重，详见《韩长孺列传》。

④燕救：燕王刘定国派来的救兵。刘定国是刘邦的同族刘泽之孙，刘泽先被吕后封为琅邪（今山东诸城）王，后被汉文帝改封为燕（今北京）王。刘定国是继其祖父之爵为王。

⑤得首虏数千人：此即"雁门关之役"，是卫青第二次打败匈奴之战。

⑥其明年：元朔二年（前127）。

⑦击胡之楼烦、白羊王于河南：此即"河南朔方之战"，被称为"汉武帝驱逐匈奴的重大战役，也是西汉王朝统一我国西北地区迈出的重要一步"。

⑧朔方：汉郡名，治所在今内蒙古杭锦旗西北。

⑨缮：修补。

⑩斗辟县造阳地：在东北边界上向北突出之县的造阳一带。底本
　　原作"什辟县造阳地"。什辟，《汉书》作"斗辟"。师古曰："县
　　之斗曲入匈奴界者。"斗曲，突出、伸进。"斗"字盖与"陡"相近。
　　造阳，古地名，约当今河北赤城独石口一带地区。《盐铁论·地广
　　篇》有"割斗辟之县，弃造阳之地以与胡"之语，与此正同。今据
　　改"什辟"作"斗辟"。

【译文】

　　第二年秋天，匈奴两万骑兵入侵汉朝，杀了辽西太守，掠走二千多
人。匈奴又入侵打败了渔阳太守的军队一千多人，包围汉朝将军韩安
国，韩安国当时的一千多骑兵也几乎全部被歼，恰巧燕国的救兵赶到，匈
奴才离开。匈奴又侵入雁门郡，杀掠一千多人。于是汉朝便派将军卫青
率三万骑兵从雁门出发，李息从代郡出发，攻打匈奴。斩杀和俘虏匈奴
数千人。第二年，卫青再次出兵云中向西直到陇西一带，在黄河南岸攻
打匈奴的楼烦和白羊王，杀死和俘虏匈奴数千人，得到牛羊百万余头。
于是汉朝就收复了黄河以南的大片土地，修筑朔方郡，又修缮了先前秦
时蒙恬所筑的要塞，并凭借黄河加固了边防。汉朝也放弃了上谷郡东北边
界上向北突出、僻远之县份造阳一带，送给了匈奴。这一年，是汉武帝元朔
二年。

　　其后冬①，匈奴军臣单于死②。军臣单于弟左谷蠡王伊
稚斜自立为单于③，攻破军臣单于太子於单。於单亡降汉，
汉封於单为涉安侯④，数月而死。伊稚斜单于既立，其夏，
匈奴数万骑入杀代郡太守恭友⑤，略千余人。其秋，匈奴又
入雁门，杀略千余人。其明年⑥，匈奴又复入代郡、定襄、

上郡⑦,各三万骑,杀略数千人。匈奴右贤王怨汉夺之河南地而筑朔方,数为寇,盗边,及入河南,侵扰朔方,杀略吏民甚众。其明年春⑧,汉以卫青为大将军,将六将军、十余万人⑨,出朔方、高阙击胡。右贤王以为汉兵不能至,饮酒醉,汉兵出塞六七百里,夜围右贤王。右贤王大惊,脱身逃走,诸精骑往往随后去。汉得右贤王众男女万五千人,裨小王十余人⑩。其秋,匈奴万骑入杀代郡都尉朱英,略千余人。

【注释】

①其后冬:其后不久的冬天,也即元朔三年(前126)年初,当时以十月为岁首。

②军臣单于死:军臣单于在位三十六年(前161—前126)。

③伊稚斜自立为单于:是年即伊稚斜单于元年。

④涉安侯:封地涉安。

⑤恭友:姓恭名友。按,《汉书》"恭"作"共",古"共""恭"通用。

⑥其明年:元朔四年(前125)。

⑦定襄:汉郡名,治所在今内蒙古和林格尔西北。

⑧其明年春:元朔五年(前124)春天。

⑨将六将军:此六将为游击将军苏建、强弩将军李沮、骑将军公孙贺、轻车将军李蔡、大行李息、岸头侯张次公。

⑩汉得右贤王众男女万五千人,裨小王十余人:此即通常说的"奇袭右贤王之战"。何焯曰:"右贤王怨汉侵夺其河南地,数侵扰朔方,此出专以击走右贤王,终前功也。前出云中而忽西,焉知不出朔方而忽东乎? 亦令两将军出右北平者,缀单于,疑左贤王也。"

【译文】

其后不久的冬天,匈奴军臣单于死了。军臣单于的弟弟、左谷蠡王伊稚斜自立为单于，打败了军臣单于的太子於单。於单逃走投降了汉朝，汉朝封於单做了涉安侯，几个月就死了。伊稚斜单于即位后的夏天，匈奴数万骑兵攻入代郡，杀死代郡太守恭友，抢掠一千多人。当年秋天，匈奴又攻入雁门，杀死和抢走一千余人。第二年，匈奴又再次攻入代郡、定襄、上郡，各路有三万骑兵，杀死和抢走数千人。匈奴右贤王怨恨汉朝夺走了他的河南地，修建朔方城，屡屡进犯，侵扰边境，攻入朔方郡，杀死和抢劫很多官民。第二年春天，汉朝派卫青为大将军，统领六位将军、十多万人，从朔方、高阙出兵攻打匈奴。右贤王认为汉军不可能前来，喝酒喝醉了，汉军出塞外六七百里，夜间围攻右贤王。右贤王大惊，脱身逃跑，各路精锐骑兵也都跟随而逃。汉军俘获了右贤王的部众男女一万五千多人，裨小王十几人。这年秋天，匈奴一万骑兵侵入代郡，杀死代郡都尉朱英，抢掠一千多人。

其明年春①，汉复遣大将军卫青将六将军、兵十余万骑②，乃再出定襄数百里击匈奴，得首虏前后凡万九千余级③，而汉亦亡两将军④，军三千余骑⑤。右将军建得以身脱，而前将军翕侯赵信兵不利⑥，降匈奴。赵信者，故胡小王，降汉，汉封为翕侯，以前将军与右将军并军分行⑦，独遇单于兵，故尽没。单于既得翕侯，以为自次王⑧，用其姊妻之，与谋汉。信教单于益北绝幕⑨，以诱罢汉兵，徼极而取之⑩，无近塞。单于从其计。其明年⑪，胡骑万人入上谷⑫，杀数百人。

【注释】

①其明年春：元朔六年（前123）春天。

②将六将军：此六将为中将军公孙敖、左将军公孙贺、前将军赵信、

右将军苏建、后将军李广、强弩将军李沮。

③得首虏前后凡万九千余级：元朔六年卫青率六将军两次出定襄北伐，一在二月，"斩首数千骑而还"；四月再出，"斩首虏万余人"。此所谓"前后凡万九千余级"者，乃通两次言之。

④汉亦亡两将军：此役汉之所亡者，即下文所说赵信与苏建。亡，损失。

⑤军三千余骑：苏建、赵信的两支军队共三千余人。按，此年卫青等两次北出，即"漠南之战"。

⑥翕（xī）侯：翕，封地名，《索隐》曰："在内黄也。"

⑦分行：谓苏建与赵信合兵，与卫青的大部队分道而行。

⑧自次王："自次"，封号名。《正义》曰："尊重次于单于。"泷川曰："自次，盖胡语，《正义》以汉语解之，非也。"按，匈奴中有"赵信城"，盖单于以宠赵信。时汉匈交战，双方都注意宠待降者，为之封王封侯。

⑨绝幕：横跨大漠。绝，横跨；幕，通"漠"。

⑩徼极而取之：待其疲惫之极而攻取之。徼，通"要""邀"。何焯曰："此后匈奴计不出此。"

⑪其明年：元狩元年（前122）。

⑫上谷：汉郡名，治所即今河北怀来东南。

【译文】

第二年春天，汉朝又派遣大将军卫青统率六将军和十余万骑兵，两次从定襄出兵数百里攻打匈奴，前后俘获和斩杀共一万九千余人，而汉朝也损失了两位将军和他们统领的三千多骑兵。右将军苏建得以单身逃回，而前将军翕侯赵信用兵失利，投降匈奴。赵信本来是匈奴的小王，投降汉朝，汉朝封他为翕侯，他为前将军与右将军合兵一起，而又与大军分开另行，孤军遇到单于的军队，因此全军覆没。单于得到了翕侯，就封他为自次王，并将自己的姐姐嫁给他做妻子，和他谋划对付汉朝。赵信让单于率兵更往北行，向漠北撤退，以引诱、消耗汉军，待其疲劳至极再去攻打它，不要靠近汉朝的边境。单于听从了赵信的计谋。第二年，匈奴骑兵一万人攻入上谷郡，杀死数百汉人。

　　其明年春①，汉使骠骑将军去病将万骑出陇西②，过焉支山千余里③，击匈奴，得胡首虏骑八千余级④，破得休屠王祭天金人⑤。其夏，骠骑将军复与合骑侯数万骑出陇西、北地二千里⑥，击匈奴。过居延⑦，攻祁连山⑧，得胡首虏三万余人，禆小王以下七十余人。是时匈奴亦来入代郡、雁门，杀略数百人。汉使博望侯及李将军广出右北平⑨，击匈奴左贤王。左贤王围李将军，卒可四千人，且尽，杀虏亦过当⑩。会博望侯军救至，李将军得脱。汉失亡数千人⑪，合骑侯后骠骑将军期，及与博望侯皆当死，赎为庶人。

【注释】

①其明年春：元狩二年（前121）春天。

②骠骑将军：地位仅次于"大将军"的武官名，实权在丞相之上。去病：霍去病，卫青的外甥，皇后卫子夫姊卫少儿之子，事见《卫将军骠骑列传》。

③焉支山：也作"胭脂山""燕支山"，在今甘肃永昌西、山丹东南，因山石赭红似胭脂而得名。绵延于祁连山与龙首山之间。

④得胡首虏八千余级：底本"虏"下有"万"字，梁玉绳曰："《骠骑传》及《汉书·武纪》《匈奴传》皆作'八千余级'，则此'万'字衍。"今据梁氏说删"万"字。

⑤休屠王：西汉时匈奴诸王。与浑邪王共守匈奴西境。武帝元狩二

年（前121）骠骑将军霍去病大破之。祭天金人：祭天使用的金制神像。

⑥合骑侯：公孙敖的封号，"合骑"即配合骠骑之意。

⑦居延：水泽名，在今内蒙古额济纳旗东南。

⑧祁连山：在今河西走廊的西南侧。此指今甘肃酒泉、张掖以南一支山脉。按，以上元狩二年霍去病两次西征，即通常所说的"河西战役"，此战胜利辉煌。《正义》引《西河故事》云："匈奴失祁连、焉支二山，乃歌曰：'亡我祁连山，使我六畜不蕃息；失我焉支山，使我妇女无颜色。'"

⑨博望侯：即张骞，大探险家，先曾出使月氏，后以伐匈奴功，封博望侯，事见《大宛列传》。右北平：汉郡名，治所在今内蒙古宁城县之淀子乡。

⑩杀虏亦过当：杀死敌人的数目比自己牺牲的人数多。按，此次李广以四千对抗匈奴四万大军的战争，详见《李将军列传》。

⑪汉失亡数千人：指东西两线总共损失数千人。

【译文】

第二年春天，汉朝派骠骑将军霍去病率领一万骑兵出兵陇西，越过焉支山一千多里，攻打匈奴，俘虏斩杀匈奴八千多人，打败休屠王，夺得了祭天金人。这年夏天，骠骑将军再次会同合骑侯公孙敖率领几万骑兵出兵陇西、北地二千里，攻打匈奴。经过居延，攻击祁连山一带的匈奴，俘虏斩杀匈奴三万多人，禆小王以下七十多人。这时匈奴也来入侵代郡、雁门，杀掠数百人。汉朝派博望侯张骞及将军李广出兵右北平，攻打匈奴左贤王。左贤王包围了李将军，李广部下大概四千人，几乎全军覆没，但他们杀敌的数目也超过了自己的伤亡。正好博望侯的救兵赶到，李将军得以逃脱。汉军伤亡数千人，合骑侯公孙敖落后于骠骑将军霍去病约定的时间，与博望侯张骞都应判死罪，都用财物赎罪贬为平民。

　　其秋,单于怒浑邪王、休屠王居西方为汉所杀虏数万人①,欲召诛之。浑邪王与休屠王恐,谋降汉,汉使骠骑将军往迎之。浑邪王杀休屠王②,并将其众降汉。凡四万余人③,号十万。于是汉已得浑邪王,则陇西、北地、河西益少胡寇④,徙关东贫民处所夺匈奴河南、新秦中⑤,以实之,而减北地以西戍卒半⑥。其明年,匈奴入右北平、定襄各数万骑,杀略千余人而去。

【注释】

①浑邪(yé):也作"昆邪""呼韩邪"。

②浑邪王杀休屠王:《卫将军骠骑列传》不载,或出于浑邪王之贪功,亦未可知。

③凡四万余人:何焯曰:"骠骑再西,前斩三万级。此复降四万人,右王不能军矣。后出代攻左王,得首虏亦七万人,左王不能军矣。冒顿之盛,控弦之士三十余万,于是几耗其种之半。"

④河西:指今宁夏与内蒙古西部的黄河以西地区。

⑤徙关东贫民处所夺匈奴河南、新秦中:秦朝原称渭水流域的关中地区为"秦中",后来蒙恬拓得了今内蒙古河套地区,即所谓"河南",遂称这一带为"新秦中",故"新秦中"与"河南"的含义略同。

⑥减北地以西戍卒半:因匈奴之患消除,且西北部边地的移民众多,可就地征调守边。

【译文】

　　这一年秋天,单于恼怒浑邪王、休屠王驻守西方而被汉军杀虏几万人,想要召见并杀掉他们。浑邪王与休屠王十分恐惧,密谋投降汉朝,汉朝派骠骑将军前去迎接他们。浑邪王杀了休屠王,一并率领他的部众投降了汉朝。总共四万多人,号称十万。于是汉朝接受浑邪王投降后,陇西、北地、河西遭受匈奴侵扰的事更少，就开始把关东的贫民，迁移到从匈奴夺回的黄河以南的新秦中地区，来充实边地的人口，并将北地以西的戍卒减少一半。第二年，匈奴入侵右北平、定襄两地，各路有几万骑兵，杀掠千余人而去。

其明年春^①，汉谋曰："翕侯信为单于计^②，居幕北，以为汉兵不能至。"乃粟马^③，发十万骑，负私从马凡十四万匹^④，粮重不与焉。令大将军青、骠骑将军去病中分军，大将军出定襄，骠骑将军出代，咸约绝幕击匈奴^⑤。单于闻之，远其辎重，以精兵待于幕北。与汉大将军接战一日，会暮，大风起，汉兵纵左右翼围单于。单于自度战不能如汉兵^⑥，单于遂独身与壮骑数百溃汉围西北遁走^⑦。汉兵夜追不得。行斩捕匈奴首虏万九千级^⑧，北至阗颜山赵信城而还^⑨。

【注释】

①其明年春：元狩四年（前119）春天。

②翕侯信：即投降匈奴的赵信。

③乃粟马：师古曰："以粟秣马也。"

④私负从马：王念孙曰："谓私负衣装而从之马。"即自愿跟从前往者。

⑤咸约：彼此约定。

⑥战不能如汉兵：即不能和汉军相敌。如，等，相当。按，此处"如"字《汉书》作"与"，意思相近。

⑦遂独身与壮骑数百溃汉围西北遁走：以上卫青恰遇单于，汉朝与匈奴双方大战漠北事，详见《卫将军骠骑列传》。杨慎曾谓其："自'日且入'至'二百余里'，写得如画。唐人诗'胡沙猎猎吹人

面，汉虏相逢不相见'；'月黑雁飞高，单于夜遁逃'。皆用此事。"凌稚隆曰："千年以来所无之战，亦千年以来所无之文，而骚人墨客共得本之以歌出塞、赋从戎，未尝不令神驰而目眩也。太史公绝世之姿，故《汉书》不为增损一字。"

⑧行斩捕：王叔岷曰："行，因也。"

⑨阗（tián）颜山赵信城：皆在今蒙古国杭爱山之南侧。

【译文】

第二年春天，汉朝群臣谋划说："翕侯赵信为单于献计，让匈奴人居住在沙漠以北，认为汉兵不能到那里。"于是汉军以粟喂饱马，发动十万骑兵，自带军需随征的骑兵共十四万，不包括运载粮食与辎重的车马在内。令大将军卫青和骠骑将军霍去病平分军队，大将军出兵定襄，骠骑将军出兵代郡，都约定越过沙漠攻打匈奴。匈奴听到消息后，把辎重运到远方，以精兵在漠北等候迎敌。与汉大将军苦战了一天，正逢日暮，狂风大作，汉兵突然出动左右两翼进攻单于。单于揣度这样打下去打不过汉军，于是单于独自和几百名精壮骑兵突破汉军包围向西北逃跑了。汉兵追了一夜也没追上。行军途中共斩杀、虏获匈奴兵一万九千多人，向北到达阗颜山赵信城才收兵返回。

单于之遁走，其兵往往与汉兵相乱而随单于。单于久不与其大众相得，其右谷蠡王以为单于死，乃自立为单于。真单于复得其众，而右谷蠡王乃去其单于号，复为右谷蠡王。汉骠骑将军之出代二千余里，与左贤王接战，汉兵得胡首虏凡七万余级，左贤王将皆遁走。骠骑封于狼居胥山①，禅姑衍②，临翰海而还③。是后匈奴远遁，而幕南无王庭④。汉度河自朔方以西至令居⑤，往往通渠置田⑥，官吏卒五六万人，稍蚕食，地接匈奴以北⑦。

【注释】

①封于狼居胥山：在狼居胥山顶筑台祭天。封，增土而祭。狼居胥山，古山名。约在今内蒙古克什克腾旗西北至阿巴嘎旗一带。

②禅姑衍：在姑衍山下拓地而祭地。禅，拓地而祭。姑衍山，古山名。在今蒙古国乌兰巴托东，狼居胥山之西。

③临翰海而还：临，登高眺望；翰海，指大戈壁沙漠。按，以上卫青、霍去病元狩四年北伐匈奴，即通常所说的"漠北战役"。

④幕南无王庭：大漠以南无匈奴单于的立足之地。王庭，单于所居之地。

⑤令居：古地名，在今甘肃永登西。汉武帝时于此筑塞。

⑥通渠：开渠通水，以发展农业。

⑦地接匈奴以北：《正义》曰："汉境连接匈奴旧地以北也。"

【译文】

单于逃跑后，他的兵马大多和汉兵混杂在一起追随单于。单于很久没有和他的大队人马相逢，右谷蠡王以为单于死了，就自立为单于。真正的单于（伊稚斜）又找到了他的部属，这时右谷蠡王才取消单于称号，仍为右谷蠡王。汉朝骠骑将军出兵代郡两千多里，同左贤王交战，汉军斩杀、俘虏匈奴兵共七万多人，左贤王部将全都逃跑了。骠骑将军在狼居胥山祭天，在姑衍山祭地，直到翰海才回师。这之后匈奴远走，大漠以南便没有了匈奴单于王庭。汉军渡过黄河，从朔方以西直抵令居，常常修通沟渠，开垦田地，有官吏士卒五六万人，并逐渐向北扩展，汉朝疆域扩展到匈奴从前占地以北的地方。

初，汉两将军大出围单于，所杀虏八九万，而汉士卒物故亦数万，汉马死者十余万①。匈奴虽病，远去，而汉亦马少，无以复往。匈奴用赵信之计，遣使于汉，好辞请和亲。

天子下其议,或言和亲,或言遂臣之^②。丞相长史任敞曰^③:"匈奴新破,困,宜可使为外臣^④,朝请于边^⑤。"汉使任敞于单于。单于闻敞计,大怒,留之不遣。先是汉亦有所降匈奴使者,单于亦辄留汉使相当^⑥。汉方复收士马,会骠骑将军去病死^⑦,于是汉久不北击胡^⑧。

【注释】

①汉马死者十余万:《卫将军骠骑列传》谓:"两军之出塞,塞阅官及私马凡十四万匹,而复入塞者不满三万匹。"数量相符。

②遂臣之:意即进一步打击,使其彻底臣服。

③丞相长史:丞相手下的诸史之长,秩千石,大将军、丞相属下都有此官。当时的丞相为李广之弟李蔡。

④外臣:境外之臣,指附属国的君主。

⑤朝请:指按时朝拜汉朝皇帝。旧有所谓"春曰朝,秋曰请"。

⑥相当:相抵。

⑦骠骑将军去病死:事在元狩六年(前117)。

⑧汉久不北击胡:自卫青、霍去病元狩四年(前119)北伐匈奴,至元鼎六年(前111)汉遣公孙贺、赵破奴再度进攻匈奴,中间相隔七年。

【译文】

当初,汉朝两位将军大举出兵围攻单于,斩杀、俘虏八九万人,而汉军士卒也战死好几万,汉军的马匹死了十多万。匈奴虽然很疲敝,被迫远走大漠以北,而汉朝也战马匮乏,无力再次出击。匈奴单于采用赵信的计策,派使臣到汉朝,用好话请求和亲。汉朝天子把这问题交给臣下商议,有的说和亲,有的说趁机让匈奴臣服于汉。丞相长史任敞说:"匈奴刚遭受失败,处于困境,应当让他们做外臣,到边境上来朝拜皇上。"

汉朝派任敞出使到单于那里。单于听了任敞的说法，非常生气，将其扣留不许回汉。在此以前，汉朝也逼着匈奴的使臣降汉，单于也往往扣留汉朝使臣相抵。汉朝正重新收拢兵马，碰巧骠骑将军霍去病病逝，于是汉朝很久没有北上攻打匈奴。

　　数岁，伊稚斜单于立十三年死[1]，子乌维立为单于[2]。是岁，汉元鼎三年也。乌维单于立，而汉天子始出巡郡县[3]。其后汉方南诛两越[4]，不击匈奴，匈奴亦不侵入边[5]。乌维单于立三年[6]，汉已灭南越，遣故太仆贺将万五千骑出九原二千余里[7]，至浮苴井而还[8]，不见匈奴一人。汉又遣故从骠侯赵破奴万余骑出令居数千里，至匈河水而还[9]，亦不见匈奴一人。

【注释】

①伊稚斜单于立十三年死：伊稚斜单于前126年即位，死于前114（元鼎三年），在位共十三年。

②子乌维立为单于：前114年即位，当年即称元年。

③汉天子始出巡郡县：远效古帝王之"巡狩"，近效秦始皇之巡游。

④南诛两越：诛南越在元鼎五年（前112），过程详见《南越列传》；诛东越在元鼎六年（前111），过程详见《东越列传》。

⑤匈奴亦不侵入边：梁玉绳曰："《武纪》元鼎五年，西羌众十万人反，与匈奴通使，攻安故，围枹罕。匈奴入五原杀太守，正在是时，何言不侵入边乎？"

⑥乌维单于立三年：即元鼎六年（前111）。

⑦太仆贺：即公孙贺。太仆，职官名。周朝为夏官之属官。秦汉沿置，为九卿之一，掌管皇帝之舆马和马政，秩中二千石。九原：汉

县名,治所在今内蒙古包头西。

⑧浮苴井:泷川引丁谦曰:"当在杭爱山北。"

⑨匈河水:古水名。《索隐》引臣瓒云"水名,去令居千里"。令居在今甘肃永登西北。又,泷川资言《考证》云"各本匈河作匈奴河。《索隐》本无奴字,与《卫霍传》合"。

【译文】

几年之后,伊稚斜单于在位十三年死了,他的儿子乌维即位当了单于。这一年,是汉元鼎三年。乌维单于即位,汉朝天子开始出外巡视郡县。这以后汉朝向南讨伐两越,没有进攻匈奴,匈奴也没有入侵边境。乌维单于即位三年,汉朝已出兵灭南越,派遣原太仆公孙贺率一万五千骑兵出兵九原二千多里,直抵浮苴井才返回,不见一个匈奴人。汉朝又派原从骠侯赵破奴率万余骑兵出兵令居,北行数千里,直至匈河水而返,也没看到一个匈奴人。

是时天子巡边,至朔方,勒兵十八万骑以见武节①,而使郭吉风告单于②。郭吉既至匈奴,匈奴主客问所使③,郭吉礼卑言好④,曰:"吾见单于而口言。"单于见吉,吉曰:"南越王头已悬于汉北阙⑤。今单于即能前与汉战,天子自将兵待边;单于即不能,即南面而臣于汉⑥。何徒远走,亡匿于幕北寒苦无水草之地,毋为也⑦。"语卒,而单于大怒,立斩主客见者⑧,而留郭吉不归,迁之北海上⑨。而单于终不肯为寇于汉边,休养息士马,习射猎,数使使于汉,好辞甘言求请和亲。汉使王乌等窥匈奴。匈奴法,汉使非去节而以墨黥其面者不得入穹庐⑩。王乌⑪,北地人,习胡俗,去其节,黥面,得入穹庐。单于爱之,详许甘言,为遣其太子入汉为质⑫,以求和亲。

【注释】

①以见武节：犹言以炫耀武力。

②风告：微言劝告。风，通"讽"，嘲弄。

③主客：主管接待宾客的官员，犹如汉代之"典客"。

④礼卑言好：礼数谦卑，态度和好，盖非此不能骗得见单于之面。

⑤南越王：即赵建德，尉佗（即赵佗）之玄孙。元鼎五年（前112），与其相吕嘉等反汉，汉派兵征剿。次年，兵败被俘，汉以其地置郡。南越自尉佗初王以后，共历五世九十三年。汉北阙：汉朝未央官的北门之双阙。汉代未央官的建制虽坐北朝南，但其群臣出入、上书言事等皆走北门，故汉代即以"北阙"代指宫廷之正前门。此后两千年之"北阙上书""悬首北阙"云云遂皆出典于此。

⑥南面：师古曰："匈奴在北，故曰南面。"

⑦毋为也：没必要。

⑧主客见者：引见郭吉的那位"主客"。见，引见。

⑨北海：当指今俄罗斯境内的贝加尔湖。

⑩节：旌节，帝王使者手持的信物。以墨黥其面：即以墨涂面，不一定如黥刑之刺面。

⑪王乌：梁玉绳引《艺文类聚》以为应作"王焉"，并引李商隐《为李兵曹祭兄濠州刺史文》云："不拜无惭于苏武，去节宁类于王焉。衔须誓死，啮雪获全。"

⑫为遣其太子入汉为质：句首"为"下应增"尔""汝"字读。师古曰："言为王乌故遣太子入质。"

【译文】

这时天子巡视边境，到达朔方，统率十八万骑兵以显示军威，并派郭吉出使匈奴讽谏规劝单于。郭吉到匈奴之后，匈奴的接待官员问郭吉出使的意图，郭吉态度谦卑，善言温语，说："我拜见单于再亲口对他说。"单于接见了郭吉，郭吉说："南越王的头已经悬挂在汉朝的北阙上了。如今单于若是能前去与汉军交战，天子将亲自领兵在边境上等你；单于要是不能前去，就应当面朝南方臣服汉朝。何必远逃，躲藏在漠北那种无水草的苦寒之地？这样做毫无意义。"郭吉说完，单于大怒，立刻斩了那个引见郭吉的官员，扣留郭吉不让他回去，将郭吉放置在北海边上。但单于也终究不肯再到汉朝边境掳掠，休养士兵喂养战马，训练射猎，屡次派使者出使到汉朝，用好言好语请求和亲。汉朝派遣王乌等去窥探匈奴的情况。匈奴的律法规定，汉朝使者若不放下旌节和用墨黥面就不能进入毡帐。王乌是北地人，熟悉匈奴习俗，就去掉旌节，用墨黥面，得以进入毡帐。单于喜欢他，佯装说了些好话，假说将派太子入汉为人质，用来请求和亲。

汉使杨信于匈奴①。是时汉东拔秽貉、朝鲜以为郡②，而西置酒泉郡以鬲绝胡与羌通之路③。汉又西通月氏、大夏④，又以公主妻乌孙王⑤，以分匈奴西方之援国。又北益广田至眩雷为塞⑥，而匈奴终不敢以为言。是岁⑦，翕侯信死⑧，汉用事者以匈奴为已弱，可臣从也⑨。杨信为人刚直屈强⑩，素非贵臣，单于不亲。单于欲召入，不肯去节，单于乃坐穹庐外见杨信。杨信既见单于，说曰："即欲和亲，以单于太子为质于汉。"单于曰："非故约。故约，汉常遣公主⑪，给缯絮食物有品以和亲⑫，而匈奴亦不扰边。今乃欲反古⑬，令吾太子为质，无几矣⑭。"匈奴俗，见汉使非中贵人⑮，其儒先⑯，以为欲说⑰，折其辩⑱；其少年，以为欲刺，折其气。每汉使入匈奴，匈奴辄报偿。汉留匈奴使，匈奴亦留汉使，必得当乃肯止。

【注释】

①汉使杨信于匈奴:事在元封四年,乌维单于八年(前107)之秋。

②秽貉(huì mò):也作秽貊,朝鲜地区小国名,约在今朝鲜之东北部,靠近东朝鲜湾。元朔元年(前128),"秽君南闾等口二十八万人降,为苍海郡",二年后,其郡又废,史载不详。朝鲜:国都王俭(今平壤南)。

③酒泉郡:治所即今甘肃酒泉。霍去病于元狩二年驱逐匈奴,平定河西,初设武威、酒泉二郡;至元鼎六年,又分二郡置武威、张掖、酒泉、敦煌四郡。

④大夏:西域国名,在今阿富汗之北部,国都蓝氏城(今阿富汗巴里黑)。

⑤又以公主妻乌孙王:事在元封年间(前110—前105)。汉武帝元狩四年(前119)张骞出使乌孙,其后以宗室之女细君公主、解忧公主远嫁乌孙王。《汉书·西域传》详载此事,且有公主之作歌:"吾家嫁我兮天一方,远托异国兮乌孙王。穹庐为室兮旃为墙,以肉为食兮酪为浆。居常土思兮心内伤,愿为黄鹄兮归故乡。"乌孙,古西域国名。《大宛列传》:"乌孙在大宛东北可二千里,行国。"据汉朝人张骞在匈奴所闻,乌孙初在祁连、敦煌间。汉文帝后元三年(前161)左右西迁今伊犁河和伊塞克湖一带。国都赤谷城(今新疆阿克苏河上源吉尔吉斯斯坦境内伊什提克一带)。西汉时人口约63万。经营畜牧业,兼营农业。

⑥田:垦田,屯田。胘(xuàn)雷:古地名。注释不一:《集解》引《汉书音义》说"胘雷,地名,在乌孙北";《史记会注考证》引丁谦说胘雷当在归化城西萨拉齐厅(今内蒙古包头东)境,《汉书·地理志》西河增山县(今内蒙古东胜西北)有道西出胘雷塞,为北部

都尉治。

⑦是岁:元封四年(前107)。

⑧翕侯信死:赵信于元朔六年(前123)兵败降匈奴,为匈奴出谋画策,至此年死,为害于汉朝十七年。

⑨以匈奴为已弱,可臣从也:此杨信出使匈奴之原因。臣从,犹言"臣服"。

⑩屈强:通"倔强"。

⑪汉常遣公主:底本原作"汉常遣翁主"。"翁主"指诸侯王之女。《汉书·高帝纪》师古注:"天子不亲主婚,故谓其女曰'公主';诸王即自主婚,故谓女曰'翁主'。翁者,父也,言父主其婚也。"按,汉与匈奴约定时,都称嫁以"公主",从未明言嫁以诸侯王女;至于实际所派都是宗室之女,另当别论。黄本、殿本、凌本皆作"公主"。是也。今据改。

⑫有品:有一定的规格。

⑬反古:改变故约。古,意思同"故"。

⑭无几:无望,没希望。

⑮中贵人:与皇帝关系密切的大贵族。

⑯先:或称"生",约同今之"先生"。

⑰欲说:想逞其辞令。

⑱折其辩:驳回其说辞,如前文中行说之折汉使。

【译文】

汉朝派杨信出使匈奴。这时汉朝在东边攻取了秽貉和朝鲜,并设置了郡,西边设置了酒泉郡,用以隔绝匈奴和羌人交通之路。汉朝又向西沟通了月氏、大夏,又把公主嫁给乌孙王做妻子,以此分化匈奴和西方援国的关系。汉朝又向北扩大田地,直到把胘雷作为边塞,而匈奴人始终不敢说些什么。这一年,翕侯赵信死了,汉朝的当权者以为匈奴已经衰落,可以让他臣服汉朝了。杨信为人刚直倔强,因为他向来不是贵臣,所以单于对他也不太热情。单于想召他到毡帐里,但他不肯放弃旄节,单于就坐在毡帐外面接见杨信。杨信见到单于,说:"若想和亲,就把单于太子送到汉朝去做人质。"单于说:"这不是以前的盟约。按从前的约定,汉朝应常常遣公主前来匈奴,供给一定规格的绸绢、丝绵和食物,以此和亲,而匈奴也不再去骚扰汉朝边境。现在你们竟想违反以前的盟约,让我的太子去当人质,这样做没有希望和亲了。"匈奴的习俗,见汉朝使臣但凡不是达官贵人,若是儒生,他们就认为是来游说的,就驳斥你的辞令;如果是年轻人,他们就认为是来行刺的,就挫败你的锐气。每逢汉朝派使者入匈奴,匈奴就回派一次使者。汉朝如果扣留匈奴使者,匈奴也扣留汉朝使者,一定要使双方扣留的人数相当才肯停止。

  杨信既归,汉使王乌,而单于复谄以甘言[①],欲多得汉财物,绐谓王乌曰:"吾欲入汉见天子,面相约为兄弟。"王乌归报汉,汉为单于筑邸于长安。匈奴曰:"非得汉贵人使,吾不与诚语[②]。"匈奴使其贵人至汉,病,汉予药,欲愈之,不幸而死。而汉使路充国佩二千石印绶往使[③],因送其丧,厚葬直数千金[④],曰"此汉贵人也"[⑤]。单于以为汉杀吾贵使者,乃留路充国不归。诸所言者,单于特空绐王乌,殊无意入汉及遣太子来质。于是匈奴数使奇兵侵犯边。汉乃拜郭昌为拔胡将军[⑥],及浞野侯屯朔方以东[⑦],备胡。路充国留匈奴三岁,单于死。

【注释】
①谄以甘言:以好话讨人喜欢。
②诚语:说心里话。师古曰:"诚,实也。"
③使路充国佩二千石印绶:路充国原本官爵不至二千石,现特命其

以二千石的身份充任使者。二千石,秦汉时中央列卿和地方郡守
一级高级官吏的秩俸等级。月得谷一百二十斛。因为郡守均享
受此秩,故亦作为郡守别称。

④厚葬:此指装殓丰厚。直:通"值"。数千金:汉代称黄金一斤曰
"一金","一金"约值铜钱一万。

⑤此汉贵人也:这是汉朝贵人殡葬的规格。

⑥拔胡将军:官名。汉制,自大将军至前后左右将军,称重号将军,
为高级武官。此外有许多列将军,亦称"杂号将军"。如贰师将
军、强弩将军,度辽将军、拔胡将军等,均以征伐的地名、对象,或
以其所领兵种,定其名号,出则领兵,归朝另有任用或仍为原官。

⑦浞野侯:赵破奴,先从霍去病破匈奴俘获二王,以功封从骠侯。后
兵败失侯,至再破楼兰王,乃又被封为浞野侯。事见《卫将军骠
骑列传》。

【译文】

杨信回来后,汉朝又派王乌出使,而单于再次用好话奉承他,想多得
一些汉朝的财物,便欺骗王乌说:"我想到汉朝拜见天子,当面相约结为
兄弟。"王乌回来奏报汉朝,汉朝就为单于在长安修筑了官邸。匈奴说:
"若非汉朝尊贵之人前来出使,我不和他讲实话。"匈奴派他们的尊贵之
人来到汉朝,生病了,汉朝派人给他开了药,想治愈他,却不幸死了。汉
朝就派路充国佩带二千石的印绶出使匈奴,顺便送还匈奴贵人的灵柩,
丰厚的丧葬用品价值几千斤黄金,声称"这是汉朝贵人的殡葬规格"。
单于认为是汉朝杀害了他的尊贵使者,就扣留了路充国不让他返回。其
实单于说过的那些话,都只是空言诓骗王乌,完全没有诚意入汉以及派
太子来当人质。于是匈奴多次派奇兵侵犯汉朝边境。汉朝则任命郭昌
为拔胡将军,与浞野侯赵破奴屯兵在朔方以东,防备匈奴。路充国被扣
留在匈奴三年,单于死了。

　　乌维单于立十岁而死①，子乌师庐立为单于②。年少，号为儿单于。是岁元封六年也。自此之后，单于益西北，左方兵直云中，右方直酒泉、敦煌郡③。儿单于立，汉使两使者，一吊单于，一吊右贤王，欲以乖其国④。使者入匈奴，匈奴悉将致单于⑤。单于怒而尽留汉使。汉使留匈奴者前后十余辈，而匈奴使来，汉亦辄留相当。是岁⑥，汉使贰师将军广利西伐大宛⑦，而令因杆将军敖筑受降城⑧。其冬，匈奴大雨雪，畜多饥寒死。儿单于年少，好杀伐，国人多不安。左大都尉欲杀单于，使人间告汉曰："我欲杀单于降汉，汉远；即兵来迎我，我即发。"初，汉闻此言，故筑受降城，犹以为远。

【注释】

①乌维单于立十岁而死：乌维单于自元鼎三年（前114）即位，至此在位共十年。

②子乌师庐立为单于：其元年即元封六年。

③右方直酒泉、敦煌郡：郭嵩焘曰："按《地理志》，酒泉郡，太初元年开；敦煌郡，武帝后元年分酒泉郡置。史公不应有'敦煌郡'之名，恐'敦煌'二字后人误入。"

④一吊单于，一吊右贤王，欲以乖其国：向谁致吊，相当于承认谁是主人，现既吊单于（乌维之子），又吊右贤王（乌维之兄弟），乃故意离间之。泷川引冈白驹曰："使其君臣相疑也。"乖，离，离间。

⑤悉：全部。致：送致。

⑥是岁：太初元年（前104）。

⑦贰师将军广利：即李广利，汉武帝宠妃李夫人之兄，因命其往攻大宛的贰师城，故号之为贰师将军。大宛：古西域国名。王治贵山城（今乌兹别克斯坦卡散赛。一说在今塔吉克斯坦苦盏）。领地

在今中亚费尔干纳盆地。属邑七十余。原始居民似以塞种为主。其民从事农牧业。其地出葡萄、苜蓿，以产汗血马著名。商业也较发达。自张骞通西域后，与汉往来逐渐频繁。汉武帝太初三年（前102）服属汉朝。

⑧因杅将军敖：即公孙敖，曾多次随卫青北伐匈奴，事见《卫将军骠骑列传》。受降城：古城名。也称"宿虏城"，在今内蒙古乌拉特中旗东，阴山北。汉武帝太初元年（前104）筑。

【译文】

乌维单于继位十年就死了，他儿子乌师庐继位做了单于。乌师庐年纪小，称为儿单于。这年是汉武帝元封六年。从这以后，单于更向西北迁徙，左方军面对着汉朝的云中郡，右方军面对着汉朝的酒泉、敦煌两郡。儿单于即位后，汉朝派遣两位使者，一位吊唁单于，一位吊唁右贤王，想以此离间他们的君臣关系。使者进入匈奴，匈奴人把他们全都送到单于那儿。单于发怒了，把汉朝使者全部扣留。汉朝的使者前后被扣留在匈奴的共有十多批，而匈奴使臣入汉，汉朝也扣留相抵。这一年，汉朝派贰师将军李广利向西攻伐大宛，而命令因杅将军公孙敖修建受降城。这年冬天，匈奴下了大暴雪，牲畜多半因饥寒而死。儿单于年少，喜欢攻杀战斗，国人多半不安心。左大都尉想杀掉单于，派人暗中告诉汉朝说："我想杀单于降汉，距汉朝路途遥远；你们如能发兵迎接我，我就动手。"起初，汉朝听到这话，所以修筑了受降城，但还认为城离匈奴太遥远。

其明年春①，汉使浞野侯破奴将二万余骑出朔方西北二千余里，期至浚稽山而还②。浞野侯既至期而还，左大都尉欲发而觉，单于诛之，发左方兵击浞野。浞野侯行捕首虏得数千人。还，未至受降城四百里，匈奴兵八万骑围之。浞野侯夜自出求水，匈奴间捕生得浞野侯③，因急击其军。军中郭纵为护^④，维王为渠^⑤，相与谋曰："及诸校尉畏亡将军而诛之，莫相劝归^⑥。"军遂没于匈奴。匈奴儿单于大喜，遂遣奇兵攻受降城。不能下，乃寇入边而去。其明年^⑦，单于欲自攻受降城，未至，病死。儿单于立三岁而死^⑧。子年少，匈奴乃立其季父乌维单于弟右贤王呴犁湖为单于^⑨。是岁太初三年也。

【注释】

①其明年春：太初二年（前103）春天。

②期：预定。浚稽山：古山名。约在今蒙古国土拉河、鄂尔浑河上源以南一带。

③间捕：暗中袭捕。

④郭纵为护：郭纵为护军，"护军"是监督全军的长官。按，"郭纵"仅此一见，其他事迹不详。

⑤维王为渠："维王"仅此一见，其他事迹不详。渠，渠帅，大头目。

⑥及诸校尉畏亡将军而诛之，莫相劝归：两句语气不顺。梁玉绳曰："此（自'郭纵为护'至'莫相劝归'）二十九字《汉书》删之，但云'军吏畏亡将而诛，莫相劝归'。"刘辰翁曰："《史记》不可解，《汉书》是。"

⑦其明年：太初三年（前102）。

⑧儿单于立三岁而死：乌师庐儿单于元封六年（前105）继其父位为单于，至太初三年死，刚三年。

⑨呴犁湖为单于：呴犁湖乃乌师庐单于之叔。呴，音gòu，或音xǔ。呴犁湖元年即太初三年。

【译文】

第二年春天，汉朝派浞野侯赵破奴率两万多骑兵出兵朔方西北两千多里，约好要到达浚稽山回师。浞野侯按时到达后回来，左大都尉想发难而被发觉，单于杀了他，发动左方军队攻击浞野侯。浞野侯边回师边捕杀匈奴数千人。大军返回，还差四百里就到受降城了，八万匈奴骑兵围攻了他们。浞野侯夜间亲自出去找水，匈奴暗中搜捕活捉了浞野侯，顺势急攻他的军队。军中郭纵担任护军，维王担任渠帅，他们一起密谋说："校尉们都怕因主将被停回去要被杀头，不要再劝他们归汉了。"便全军投降匈奴了。匈奴儿单于大喜，接着派奇兵攻打受降城。没能攻下，便入边抢掠了一回离开了。第二年，单于想亲自攻打受降城，未到受降城，就病死了。儿单于在位三年就死了。他儿子年纪小，匈奴就立他的叔父乌维单于的弟弟右贤王呴犁湖做了单于。这一年是汉武帝太初三年。

呴犁湖单于立，汉使光禄徐自为出五原塞数百里①，远者千余里，筑城郭列亭至庐朐②，而使游击将军韩说、长平侯卫伉屯其旁③，使强弩都尉路博德筑居延泽上④。其秋，匈奴大入定襄、云中，杀略数千人，败数二千石而去，行破坏光禄所筑城列亭郭⑤。又使右贤王入酒泉、张掖，略数千人。会任文击救⑥，尽复失所得而去。是岁，贰师将军破大宛，斩其王而还。匈奴欲遮之，不能至。其冬⑦，欲攻受降城，会单于病死⑧。呴犁湖单于立一岁死。匈奴乃立其弟左大都尉且鞮侯为单于⑨。汉既诛大宛，威震外国。天子意欲遂困胡，乃下诏曰："高皇帝遗朕平城之忧，高后时单于书绝悖逆。昔齐襄公复九世之仇⑩，《春秋》大之⑪。"是岁太初四年也。

【注释】

①光禄徐自为：徐自为自元狩六年为郎中令，后又为光禄勋，前后已

十五年。光禄，即"光禄勋"原称"郎中令"，太初元年改称"光禄勋"。九卿之一，掌管宫廷门户与统领皇帝的侍卫人员。五原塞：《正义》以为即"五原郡的榆林塞"，在今内蒙古东胜一带。

②筑城鄣列亭至庐朐：《正义》引顾胤曰："鄣，山中小城。亭，候望所居也。"庐朐，一说为山名，一说为水名，即今蒙古境内之克鲁伦河。《正义》曰："《地理志》云'五原郡稒阳县北出石门鄣，得光禄城，又西北得支就城，又西北得头曼城，又西北得呼河城，又西北得宿虏城。'即'筑城鄣列亭至庐朐'也。"

③韩说：西汉将领。汉初韩王信后裔。初以校尉从大将军卫青击匈奴，俘获匈奴王，以功于元朔五年（前124）封龙额侯。元鼎五年（前112）坐酎金免侯。次年，以横海将军击东越，又以战功复封案道侯（一作"按道侯"）。太初三年（前102）任游击将军，屯军于五原郡外列城。征和二年（前91）与巫蛊祸牵连，被卫太子刘据所杀。长平侯卫伉：卫青之子，袭其父爵为长平侯。

④路博德：西汉将领。西河平州（治今内蒙古东胜境内）人。汉武帝时任右北平太守，从骠骑将军霍去病屡次出击匈奴。元狩四年（前119）封邳离侯（《史记》作"符离侯"）。后任卫尉，迁伏波将军，与楼船将军杨仆等率军于元鼎六年（前111）平定南越。太初元年（前104），因其子犯法而受牵连，免侯。后徙强弩都尉，屯驻居延，死于驻地。筑居延泽上：在居延泽上筑城防守。《正义》引《括地志》云："汉居延县故城在甘州张掖县东北一千五百三十里，有汉遮虏鄣，强弩都尉路博德之所筑。李陵败，与士众期至遮虏鄣，即此也。长老传云鄣北百八十里，直居延之西北，是李陵战地也。"居延泽，古泽薮名。一作居延海。在今内蒙古额济纳旗北境。由居延水（弱水，即额济纳河）汇聚而成。因其地时为匈奴族居延人活动之处，故名。

⑤行破坏光禄所筑城列亭鄣：以上徐自为筑城，与匈奴人毁城都在

太初三年（前102）。

⑥任文：汉将名。王先谦引沈钦韩曰："《西域传》'军正任文将兵屯玉门关'，故得援酒泉、张掖。"击救：师古曰："击匈奴而自救汉人。"

⑦其冬：太初四年（前101）冬。

⑧会单于病死：呴犁湖单于在位一年（前102-前101）。

⑨且鞮侯为单于：且鞮侯单于元年即太初四年。

⑩昔齐襄公复九世之仇：齐襄公（名诸儿，前697—前686在位）之九世祖曾因纪国诸侯的挑唆，被周天子所杀，至齐襄公时，遂以"复仇"为名，灭掉了纪国。事见《公羊传·庄公四年》。《公羊传》对齐襄公此举评论说："九世犹可以复仇乎？曰：虽百世可也。"

⑪《春秋》大之：《史记》中对《春秋》《公羊传》《春秋左传》之文，往往统称"春秋"。大，赞美。

【译文】

呴犁湖单于继位后，汉朝派光禄勋徐自为出兵五原塞几百里，远到上千里，修筑城堡哨所，直到庐朐，而派游击将军韩说、长平侯卫伉在附近屯兵，派强弩都尉路博德在居延泽上修建城堡。这年秋天，匈奴大举入侵定襄、云中，杀掠几千人，打败了几名二千石的官吏离开了，边走边破坏了光禄勋徐自为所修的城堡哨所。又派右贤王侵入酒泉、张掖，抢掠几千人。正逢汉朝将军任文截击相救，匈奴又失掉了全部劫掠所得而离开。这一年，贰师将军攻下大宛，斩杀了大宛王胜利回师。匈奴人想要截击贰师将军的军队，没能赶到。这年冬天，匈奴正想进攻受降城，恰巧单于病死了。呴犁湖单于在位一年而死。匈奴便立他的弟弟左大都尉且鞮侯做了单于。汉朝诛灭大宛后，威震国外。天子想围困匈奴，就下诏说："高皇帝给我留下平城被围的忧患，高后时匈奴来信曾那样背礼忤逆。从前齐襄公报了九代的仇怨，《春秋》对他大加赞颂。"这一年是汉武帝太初四年。

　　且鞮侯单于既立^①，尽归汉使之不降者。路充国等得归。单于初立，恐汉袭之，乃自谓："我儿子，安敢望汉天子！汉天子，我丈人行也^②。"汉遣中郎将苏武厚币赂遗单于^③。单于益骄，礼甚倨，非汉所望也。其明年^④，浞野侯破奴得亡归汉^⑤。

【注释】

①且鞮侯单于既立：梁玉绳曰："此下乃后人所续，非史公本书。《史》讫太初，不及天汉。至其所载亦多误。"

②丈人行：犹言父辈，长辈。

③汉遣中郎将苏武厚币赂遗单于：中郎将，皇帝身边的卫士长，秩比二千石，上属郎中令。苏武，卫青部将苏建之子，事见《汉书·苏建传》。厚币，厚礼。币，礼品，通常以璧、帛等为之。按，以上路充国归汉与苏武出使，皆天汉元年（前100）事，今系于太初四年下，误。

④其明年：天汉元年（前100）。

⑤浞野侯破奴得亡归汉：《卫将军骠骑列传》云："（浞野侯）居匈奴中十岁，复与其太子安国亡入汉。"《集解》引徐广曰："以太初二年入匈奴，天汉元年亡归，涉四年。"又，赵破奴太初二年降匈奴，匈奴定是曾封其为"王"，故司马迁称其子为"太子"。

【译文】

　　且鞮侯单于继位后，全部送回不肯投降的汉朝使者。路充国等人才能够回到汉朝。单于刚刚继位，担忧汉朝袭击他，就自己说："我是儿子辈分，哪敢同汉天子相比！汉天子是我的长辈。"汉朝派中郎将苏武携带丰厚礼品往赠单于。单于越发骄横，礼节十分傲慢，完全不是汉朝所期望的那样。第二年，浞野侯赵破奴得以逃出匈奴，回到汉朝。

其明年^①,汉使贰师将军广利以三万骑出酒泉,击右贤王于天山^②,得胡首虏万余级而还^③。匈奴大围贰师将军,几不脱,汉兵物故什六七。汉复使因杅将军敖出西河^④,与强弩都尉会涿涂山^⑤,毋所得。又使骑都尉李陵将步骑五千人^⑥,出居延北千余里,与单于会,合战,陵所杀伤万余人,兵及食尽,欲解归,匈奴围陵,陵降匈奴,其兵遂没,得还者四百人。单于乃贵陵,以其女妻之^⑦。

【注释】

①其明年:天汉二年(前99)。

②天山:古山名。指今新疆天山山脉。系亚洲中部大山系,由数列东西向褶皱断块山组成,横贯新疆中部,并向西伸入中亚细亚,为塔里木、准噶尔两盆地之分界。

③首虏:首级与俘虏。

④因杅将军敖:即公孙敖。西河:或者应作"河西",指今甘肃之敦煌、酒泉一带,与前文说骠骑平定陇右后,"河西益少寇"之"河西"同。

⑤强弩都尉:指路博德,当时正驻兵于居延塞。涿涂山:也作"涿邪山",古山名。在古代高阙塞北千余里,当今蒙古国境内满达勒戈壁附近一带。

⑥骑都尉李陵:李广之孙,此时正带领五千名南方人在酒泉一带进行步兵训练。将步骑五千人:泷川曰:"枫、三本,《汉书》,'步骑'作'步兵'。"应从。

⑦单于乃贵陵,以其女妻之:梁玉绳曰:"匈奴妻李陵,乃陵降数岁后事,而此误以陵降即妻之。"李陵被俘一年后,汉派公孙敖率军北出寻李陵。公孙敖误信李陵为匈奴人训练军队(实际是李绪)的

谣言,回来禀报,汉武帝诛灭李陵全家。李陵得知后,一怒之下杀死了为匈奴训练军队的李绪,之后才投降匈奴,娶单于之女为妻。

【译文】

第二年,汉朝派贰师将军李广利率三万骑兵从酒泉出发,在天山攻击右贤王,斩杀和俘虏匈奴一万多人而回。匈奴大举围攻了贰师将军,他几乎不能脱身,汉兵死亡了十分之六七。汉朝又派因杅将军公孙敖出兵西河,与强弩都尉路博德在涿涂山会师,一无所获。汉朝又派骑都尉李陵率步兵五千人,出居延向北一千多里,同单于遭遇,双方交战,李陵的军队杀死杀伤匈奴一万多人,最后兵器和粮食用完了,李陵想摆脱困境返回,匈奴包围了李陵,李陵投降了匈奴,他的军队便覆没了,得以生还的仅有四百人。单于为了尊宠李陵,将女儿嫁给李陵为妻。

后二岁①,复使贰师将军将六万骑,步兵十万,出朔方。强弩都尉路博德将万余人,与贰师会。游击将军说将步骑三万人,出五原。因杅将军敖将万骑、步兵三万人,出雁门。匈奴闻,悉远其累重于余吾水北②,而单于以十万骑待水南③,与贰师将军接战。贰师乃解而引归,与单于连战十余日。贰师闻其家以巫蛊族灭④,因并众降匈奴⑤,得来还千人一两人耳。游击说无所得。因杅敖与左贤王战,不利,引归。是岁汉兵之出击匈奴者不得言功多少,功不得御⑥。有诏捕太医令随但⑦,言贰师将军家室族灭,使广利得降匈奴⑧。

【注释】

①后二岁:天汉四年(前97)。

②累重:师古曰:"谓妻子资产也。"余吾水:在今蒙古国乌兰巴托西。

③单于以十万骑待水南:此年为且鞮侯单于五年。

④巫蛊：古代迷信，谓巫师使用邪术加祸于人为巫蛊。

⑤因并众降匈奴：李广利兵败降匈奴乃征和三年（前90）事，非天汉四年（前97）。《汉书·武帝纪》云："（征和三年）三月，遣贰师将军广利将七万人出五原，御史大夫商丘成二万人出西河，重合侯马通四万骑出酒泉……广利败，降匈奴。"《汉书·匈奴传》云："贰师将军将出塞，匈奴使右大都尉与卫律将五千骑要击汉军于夫羊句山狭，贰师遣属国胡骑二千与战，虏兵坏散，死伤者数百人。汉军乘胜追北，至范夫人城，匈奴奔走，莫敢距敌。会贰师妻子坐巫蛊收，闻之忧惧。"其后军心不一，狐鹿姑单于乘势击败之，广利遂降匈奴。由此见贰师之奔败，皆武帝所致。梁玉绳曰："贰师降匈奴，其家以巫蛊族灭，俱征和间事，而此误叙于天汉四年，何足信哉！"

⑥不得言功多少，功不得御：《正义》曰："其功不得相御当也。"意即"得不偿失"。泷川引中井曰："御，谓奏上，进御。"照此即"不得上报功劳"。按，此二句所指事不明。

⑦太医令随但：太医令姓随名但。太医令，职官名，皇帝的医官，上属少府。

⑧言贰师将军家室族灭，使广利得降匈奴：《汉书》之《李广利传》《匈奴传》皆不载随但为李广利通消息事，且事实亦不相同。据《汉书·匈奴传》，李广利听说家属被系，因此尚欲行险邀功；此处则叙述随但"言贰师将军家室族灭"，显然与事实不合。

【译文】

两年后，汉朝又派贰师将军率六万骑兵，十万步兵，从朔方出兵。强弩都尉路博德率领一万多人，同贰师将军会合。游击将军韩说率领三万步兵和骑兵，从五原出兵。因杅将军公孙敖率领一万骑兵、三万步兵，从雁门出兵。匈奴闻讯后，将妻子资产全部转移到余吾水北，而单于率领十万骑兵在余吾水以南等候汉军，同贰师将军交战。贰师将军突出包围,率兵返回,同单于连战十多天。贰师将军听闻他的家人因为巫蛊之罪被灭族,便聚集军队投降了匈奴,能跑回汉朝的只有千分之一二。游击将军韩说一无所获。因杅将军公孙敖与左贤王交战,不利,引兵而回。这一年出击匈奴的汉兵不能谈论功多功少,总体上得不偿失。皇帝下令逮捕太医令随但,因为是他传言贰师将军家族被灭的消息,才使贰师将军李广利投降了匈奴。

太史公曰:孔氏著《春秋》,隐、桓之间则章①,至定、哀之际则微②,为其切当世之文而罔襃③,忌讳之辞也④。世俗之言匈奴者⑤,患其徼一时之权⑥,而务谄纳其说⑦,以便偏指⑧,不参彼己;将率席中国广大⑨,气奋,人主因以决策,是以建功不深。尧虽贤,兴事业不成,得禹而九州宁。且欲兴圣统⑩,唯在择任将相哉⑪!唯在择任将相哉!

【注释】

①隐、桓之间:鲁隐公(前722—前712年在位)与鲁桓公(前711—前694年在位)之间。二人都是春秋初期的鲁国诸侯,代指春秋初期。孔子写《春秋》,以鲁国的诸侯纪年,鲁隐公是第一个,鲁桓公是第二个。章:通"彰",指彰明直露。

②定、哀之际:以鲁定公(前509—前495年在位)、鲁哀公(前494—前466年在位)为代表的春秋末期。微:指写得隐晦含蓄。

③为其切当世之文而罔襃:语略生涩。罔襃,郭嵩焘曰:"谓无所襃贬也。"泷川引中井曰:"不显襃贬也。既有所襃,必不能无所贬,故并襃贬不敢也。"

④忌讳之辞:儒家讲究"为尊者讳""为长者讳",故《春秋》中有许多不实之处。

⑤言匈奴者：指主张对匈奴用兵的人。

⑥徼一时之权：《索隐》曰："徼，求也，言求一时权宠。"徼，同"邀""要"。一时之权，眼前的利益。

⑦谄纳：谄媚，进献，二动词连用。

⑧偏指：偏颇的主张。

⑨将率：带兵出征的人，主要指卫青、霍去病等。席：凭藉，仗恃。

⑩兴圣统：建设理想的圣王政治。

⑪唯在择任将相哉：《正义》曰："以刺武帝不能择贤将相，而务谄纳小人浮说，多伐匈奴，故坏齐民。故太史公引禹圣成其太平，以攻当代之罪。"茅坤曰："太史公甚不满武帝穷兵匈奴事，特不敢深论，而托言'择将相'，其旨微矣。"何焯曰："下即继发卫霍、公孙弘，而全录主父偃《谏伐匈奴书》，太史之意微矣。"中井曰："不特言'将'，而称'将相'何也？盖良将能克敌立功，而贤相不必穷兵黩武，史迁此意不得明言之，在读者逆其志。上文'徼权纳说'，文臣之事矣，与将率'气奋'对说，故以'择将相'结之。"

【译文】

太史公说：孔子编著《春秋》，隐公、桓公之间的史事写得显明直白，到了定公和哀公之际则记述得隐晦含蓄，因为这是涉及当代的文辞，故而无所褒贬，用了许多忌讳的言辞。世俗之中主张对匈奴用兵的人，弊病在于求取一时的权势，极力献媚迎合，发表片面意见，而不考虑匈奴和汉朝的实际情况；将帅们依仗着中原土地广大，士气激昂，天子就根据这些来制定对策，因此建立的功业不深远。尧虽圣贤，但一人也不能建功立业，他得到大禹后才使九州获得安宁。要想振兴圣王的传统，就在于选择任用将相啊！就在于选择任用将相啊！

【西汉时期匈奴单于世系表】

头曼（前204—前201）——冒顿（头曼之子，前201—前174）——

老上（冒顿之子，前174—前161）——军臣（老上之子，前161—前126）——伊稚斜（军臣之弟，前126—前114）——乌维（伊稚斜之子，前114—前105）——乌师庐（乌维之子，前104—前102）——呴犁湖（乌维之弟，前102—前101）——且鞮侯（呴犁湖之弟，前101—前96）——狐鹿孤（且鞮侯之子，前96—前85）——壶衍提（狐鹿孤之子，前85—前68）——虚闾权渠（壶衍提之弟，前68—前60）——握衍朐提（不详本末，前60—前58）——呼韩邪（虚闾权渠之子，前58—前31）

呼韩邪时代匈奴分裂为五，同时出现五单于并立，其他四单于为：屠耆单于（不详本末，前58—前56）；呼揭单于（不详本末，前57年）；东犁单于（不详本末，前57—前56）；乌藉单于（不详本末，前57年）；其后尚有闰振单于（屠耆的堂弟，前56—前54）、郅支单于（壶提衍之子，前56—前36）、复株累若提（呼韩邪之子，前31—前20）——搜谐若提（呼韩邪之子，前20—前12）——车牙若提（呼韩邪之子，前12—前8）（以下略）

【集评】

郭嵩焘曰："春秋时之戎狄皆在中国，推而至于獯鬻、猃狁、畎夷之属，大都与中国杂居，未尝北及沙漠以外也。迨七国以后，渐次收取胡地，而后匈奴始横于塞外。匈奴立国之始，与诸胡之徙出塞外者日相吞并，以成乎强大，其本末必多可纪者。而周秦之世纪载无征，史公乃混中国与西戎、北狄言之，并其种类亦不可详矣。"（《史记札记》）

姚苎田曰："冒顿弑父作逆，犬羊之俗，不足复道，然其作用一何妙哉！观其蓄志行弑，却绝不嘤嚅咕哔，托意腹心，惟以勒兵之中严明斩断，则大事就而举国无敢动摇者，无他，积威约之渐也。岳忠武之论兵曰'顾方略何如耳'；霍冠军亦有'运用存乎一心'之论。冒顿之方略运用，何尝从常法得来，才过孙吴远矣。聿造朔庭，千古常勋，岂偶然哉！"又曰："冒顿不唯志灭东胡，并欲借东胡以摧诸国。以篡国新造之时，而

蓄锐养精,开创大业,先须想其坚忍之志,而终乃观其迅疾之情。"又曰:
"淳维自夏后氏立国,至冒顿时已二千馀年矣,而一朝振兴,南抗中国,固
古今来夷夏一大关会也。观《诗》《书》所载,仅有攘斥挞伐之辞;及汉以
来,乃有和亲款塞之说,则冒顿之为匈奴第一代开疆鼻祖可知矣。然其
开疆始祖即以杀父诛母,鱼肉昆弟为务,是则礼教亲厚之意总不足以系
属之,亦明甚矣。奈何汉启和亲之门,唐宋以下世世有加,始如奉骄子,
后若事严父,可胜叹哉! 吾读此传,知孝武之功良亦何可少也?"(《史记
菁华录》)

顾炎武曰:"因匈奴犯塞而有卫霍之功,故序匈奴于卫将军骠骑之
前。"(《日知录》)

泷川曰:"武帝启边疆,绝大事业,是史公所以为立传,与后世史乘附
载'四夷'者不同。"(《史记会注考证》)

凌约言曰:"太史公纪武帝征伐事,先之以文景和亲,匈奴信汉,然
后序两将军连年出塞,又必随之以匈奴入塞,杀略甚多。纪酷吏传,先之
以吏治蒸蒸,民朴畏罪,然后序十酷吏更迭用事,又必随之以民益犯,盗
贼滋起,可见匈奴、盗贼之变,皆武帝穷兵酷罚致之,此太史公微意也。"
(《史记评林》引)

【评论】

《匈奴列传》比较客观地反了匈奴这个游牧民族的社会制度,风俗
人情,历史发展,同时,也记述了匈奴与周边国家的关系,特别是与农业
文明发达的"冠带之国"——华夏绵延几个世纪的冲突,而其中又特别
强调了匈奴与汉武帝时期汉帝国的对峙与冲突。由于其记叙的客观性,
是我国历史上第一次经过系统整理而撰就的关于北方少数民族发展的
重要文献,遂使此文成为我们研究匈奴民族史的最早最权威的历史资
料。读这篇文章,以下几点是需要特别注意的。

第一,《匈奴列传》是《史记》中"民族列传"系列中的第一篇,它的

出现本身就具有非常重大的意义,它表明司马迁对另一种异质文化的承认,这在"尊王攘夷"成为文化主流的社会中是异常开明的,因而也是难能可贵的。

在《匈奴列传》中,司马迁没有丑化匈奴,而是持客观的态度去表现他们与汉文化不同的地方,这表明司马迁是以一种平等的眼光来看待匈奴,表现出明确的民族平等的立场,司马迁在文章开头就说匈奴的祖先是"夏后氏之苗裔",目的是暗示匈奴与华夏有着共同的祖先,是兄弟,因而没有种族高低之分,也就是没有所谓"华夷之辨",因而那种自封的高人一等的文化沙文主义是可笑的,是一种自欺欺人;也因为大家都是兄弟,所以应该和平共处,不应该互相攻伐。在文章中,司马迁记载了中行说反驳汉使者指责匈奴"逆天理,乱人伦,暴长虐老"的一番言论。中行说指出匈奴这些在汉人看来是"逆乱"的举动,都有着必然性、合理性,相反,汉人的"礼义"有更多的虚伪性,而且"礼义之敝,上下交怨望,而室屋之极,生力必屈。夫力耕桑以求衣食,筑城郭以自备,故其民急则不习战攻,缓则罢于作业"。我们不能把这段话看作是中行说的强词夺理,这实际上是把农耕文化与游牧文化的利弊进行了对比。司马迁特意记下这段话,可谓是用心良苦,这是在匈奴与华夏有着共同的祖先之外,两个民族应该和平共处的又一重要原因。而且,相比较于那模糊的无凭无据的遥远世系,这种文化的平等无疑更能支持他民族平等的观念。

第二,在《匈奴列传》中,司马迁表达了他反对汉武帝征伐匈奴的观点,对汉武帝好大喜功、穷兵黩武提出了批评。汉武帝时期,对匈奴的战争是国家的一件大事,有着保护北部边境,保护中原人民生产、生活安定的意义,有着一雪前耻,以及为大汉人民争取更多生存空间和生存资源的意义。而且对匈奴的战争确实取得了把匈奴赶到漠北的辉煌胜利,取得了开疆拓土、国威日盛的成绩,武帝时期被认为是西汉全盛时期的重要标志。但司马迁看到了这表面的光辉背后,汉帝国为此付出的沉重代价："汉两将军大出围单于,所杀虏八九万,而汉士卒物故亦数万,汉马死者十余万。"大汉帝国几乎没占到什么便宜。在《平准书》中,他更直接揭露了征伐匈奴的恶果:"及王恢设谋马邑,匈奴绝和亲,侵扰北边,兵连而不解,天下苦其劳,而干戈日滋。行者赍,居者送,中外骚扰而相奉,百姓抏弊以巧法,财赂衰秏而不赡。入物者补官,出货者除罪,选举陵迟,廉耻相冒,武力进用,法严令具。"指出征伐匈奴引起了一系列的政治经济问题。总体来说,司马迁比较肯定文、景时期的和亲,对于武帝时期的大举征伐,尽管并不完全否定,但总的来说他认为是劳民伤财,得不偿失。但在文章中,司马迁并没有明写,而是"次匈奴之俗尚及其强弱以世处如画,其所叙汉与匈奴战功处尚草草"(茅坤《史记钞》),"每言击胡,胡辄入边杀掠;及留胡使,胡亦留汉使相当。至匈奴远遁,破耗矣,然犹不能臣服之,且不免泥野,李陵,贰师之败没",可见"武帝虽事穷黩而未得十分逞志也"(余有丁《史记评林》引)。司马迁的观点与主流观点不合,他也只能用这种办法表达自己的观点,这其实也是《史记》中司马迁表达那些他不便直接表达的与主流相悖的思想的一贯手法。

司马迁在文中提到匈奴"利则进,不利则退,不羞遁走","其见敌则逐利,如鸟之集;其困败,则瓦解云散矣,"说明对于匈奴"得其地不足以为利也,遇其民不可役而守也"(《平津侯主父列传》),意在说明对于这样一个聚散无常、逐利不羞,剽悍善战的民族,并没有多大征服的必要,汉武帝想通过征伐彻底让这样一个民族臣服,用力大而建功不深,是枉费精神的。

《匈奴列传》作为"民族列传"的第一篇,便高举起反对民族侵略,呼吁民族平等的大旗,这一观点贯穿于"民族列传"之中。《史记》中由于有了"民族列传",就不仅是一部"国史",而是一部"世界史"了,这使历史研究的对象更为丰富,范围更加广大,历史研究的视野也就更为开阔了,应该指出,司马迁的这种思想是上承《左传》而来的,但有了更固定的形式,更明确的表达,为后来历代正史记叙邻国史实开了一个好头。

　　《匈奴列传》中"冒顿壮大匈奴"一段无疑是最精彩、最动人的段落。冒顿先是雄挚阴忍地杀死其父夺得政权,接着率军打败并征服了东部的敌人,而后率军向西向北大举进攻,从而使匈奴成了一个庞大的军事王国,东起今满洲里,北到贝加尔湖北端,西至俄罗斯的新西伯利亚,南与我国今之新疆、甘肃之北侧,以及内蒙古的包头、呼和浩特一线为邻。接着匈奴人又不断地向南方侵扰,占据了今内蒙古南部黄河以北的大片领土,并不断对今之河北北部、山西北部、陕西北部,以及宁夏、甘肃的北部地区进行掠夺与骚扰,迫使西汉王朝从刘邦开始,以至吕后、文帝、景帝,长期对其实行屈辱的和亲政策。从汉王朝一方而言,它是受害者;但从整个匈奴民族的发展而言,则冒顿无疑是匈奴民族的杰出领导者,是匈奴历史上最伟大的民族英雄。在《匈奴列传》里,对冒顿这个人物的性格描写虽然着笔不多,但其勇猛、果断,有思想、有谋略的伟大创业者的风采,还是令人激动,令人为之击案称绝的。

　　《匈奴列传》还介绍了匈奴族的官爵、刑法,描写了匈奴民族的生活习惯与社会风俗,这一幅生动优美的风情画,使中原地区的人们大大长了知识、开了眼界。这些记录也具有极其珍贵的史料价值,是民族文化研究的宝贵资源。

　　篇中所记中行说的一段话,对汉王朝以及历代中原王朝的统治思想与统治手段进行了严厉的批判与否定,而对北方民族那种相对原始、相对简单朴实的统治方式进行了充分的肯定与热情的赞扬。他的说法与《秦本纪》中戎人由余的说法异曲同工,同样惊世骇俗,同样发人深省。泱泱大国的中原王朝,为什么屡屡败给境外勃兴的异族部族?而入主中原的异族部族为什么几十年、百多年后就变得软弱腐败,乃至被消解得连一点曾经强大的影子也留不下?究竟应该如何认识,如何主动自觉地改变其中的消极因素,让不同民族的优长之处都得以发展光大,这其中让人思考的问题似乎还有很多很多。

　　以下文字标点重要改动。

　　底本云："中行说曰:'匈奴人众不能当汉之一郡,然所以强者,以衣食异,无仰于汉也。今单于变俗好汉物,汉物不过什二,则匈奴尽归于汉矣。其得汉缯絮,以驰草棘中,衣袴皆裂敝,以示不如旃裘之完善也;得汉食物,皆去之,以示不如湩酪之便美也。'于是说教单于左右疏记,以计课其人众畜物。"按,"其得汉缯絮"至"以示不如湩酪之便美也"显然不是说话的口气,应移出引号外。《史记》中有说话语气未完,由作者叙述补足一类。如《项羽本纪》有所谓"当是时诸将皆慑服,莫敢枝梧。皆曰:'首立楚者,将军家也。今将军诛乱。'乃相与共立项羽为假上将军。"即此之类。此数句当标点为:"中行说曰:'匈奴人众不能当汉之一郡,然所以强者,以衣食异,无仰于汉也。今单于变俗好汉物,汉物不过什二,则匈奴尽归于汉矣。'其得汉缯絮,以驰草棘中,衣袴皆裂敝,以示不如旃裘之完善也;得汉食物,皆去之,以示不如湩酪之便美也。于是说教单于左右疏记,以计课其人众畜物。"

卫将军骠骑列传第五十一

【释名】

本篇是卫青与霍去病的合传,记述了他们在汉匈战争中所取得的赫赫战功。全文可分为六个部分。第一部分写卫青早年的遭遇,记述了他少时地位卑贱,后因姐姐卫子夫得到汉武帝宠爱而被任用;第二部分写卫青在元光、元朔间五次北伐匈奴的情景;第三部分写卫青与霍去病并肩伐匈奴,以及霍去病后来居上的情形;第四部分写卫青、霍去病的为人与其去世后的家族零落;第五部分附列了卫青、霍去病属下部分将领的情况。在篇末的"太史公"中,司马迁引用苏建的话,对卫青的为人行事隐微地表达了某种不满和遗憾之情。

大将军卫青者①,平阳人也②。其父郑季③,为吏,给事平阳侯家④,与侯妾卫媪通⑤,生青。青同母兄卫长子⑥,而姊卫子夫自平阳公主家得幸天子⑦,故冒姓为卫氏⑧。字仲卿。长子更字长君。长君母号为卫媪。媪长女卫孺,次女少儿,次女即子夫。后子夫男弟步广皆冒卫氏⑨。

【注释】

①大将军:职官名,国家最高军事长官,其次是骠骑将军、车骑将军、

卫将军。大将军位在丞相之下,但其实权势都在丞相之上。比如
卫青与霍光。

②平阳:汉县名,治所在今山西临汾西南。

③郑季:郑家老四,"季"字未必是名。

④给事:为其做事,服务。《正义》引《汉书音义》云:"以县吏给事平
阳侯家。"平阳侯:始封者为刘邦的开国功臣曹参,封地平阳,事
见《曹相国世家》。此时袭封为侯者是曹参的曾孙曹時。

⑤侯妾:侯家的婢妾,非谓平阳侯之姬妾。泷川曰:"妾,婢妾也,《汉
书》改作'僮'。"卫媪:媪,老妇,这是以后来的口气对她的敬称,
并非当时即老妇。师古曰:"卫者,举其夫家姓也。"也有人以为
此妇姓卫,故称卫媪。

⑥卫长子:卫家的老大,"长子"未必是名。

⑦平阳公主:汉景帝长女。武帝姊,本称阳信长公主,嫁曹参曾孙平
阳夷侯曹时,因称平阳公主,亦称平阳长公主。卫夫人原为其家
唱歌者,亦因其引见,得幸于武帝。曹时卒,寡居,由武帝下诏嫁
于大将军卫青。

⑧冒姓为卫氏:因为是私生子,只能冒充人家的姓。冒,假充。

⑨后子夫男弟步广:中井曰:"'后'字疑衍,《汉书》无。"皆冒卫氏:
根据文意,谓此妇所生子女众多,除卫长子是其亲夫所生外,其他
子女皆为私生,而且不知生父、少儿等之生父为谁。史珥曰:"历
叙大将军母姊丑行,并霍骠骑家秽都出,此种史笔,后世难施。"

【译文】

　　大将军卫青,是平阳县人。他的父亲郑季,做小吏,曾在平阳侯家当
差,与平阳侯家的婢女卫媪私通,生了卫青。卫青的同母异父哥哥叫卫
长子,姐姐卫子夫就是在平阳公主家受到天子的宠幸,因此他们都假充
姓卫。卫青字仲卿。卫长子又字长君。长君的母亲是卫媪。卫媪的大
女儿叫卫孺,二女儿叫少儿,三女儿就是卫子夫。子夫的弟弟卫步广,都

冒充姓卫。

　　青为侯家人①,少时归其父,其父使牧羊。先母之子皆奴畜之②,不以为兄弟数。青尝从入至甘泉居室③,有一钳徒相青曰④:"贵人也,官至封侯。"青笑曰:"人奴之生,得毋笞骂即足矣,安得封侯事乎!"青壮,为侯家骑,从平阳主。建元二年春,青姊子夫得入宫幸上。皇后,堂邑大长公主女也⑤,无子,妒。大长公主闻卫子夫幸,有身,妒之,乃使人捕青。青时给事建章⑥,未知名。大长公主执囚青,欲杀之。其友骑郎公孙敖与壮士往篡取之⑦,以故得不死。上闻,乃召青为建章监⑧,侍中⑨,及同母昆弟贵,赏赐数日间累千金。孺为太仆公孙贺妻⑩。少儿故与陈掌通⑪,上召贵掌。公孙敖由此益贵。子夫为夫人⑫。青为大中大夫⑬。

【注释】

①为侯家人:谓随其母在平阳侯家为奴仆。

②先母:指郑季之嫡妻,此时已死。

③甘泉居室:甘泉宫里的监狱。甘泉,秦汉时的离宫名,在今陕西淳化西北甘泉山上。居室,也称保官,关押犯人的地方。

④钳(qián)徒:脖子上套着铁箍的劳役犯。

⑤堂邑大长公主女:即陈阿娇。其母为汉景帝之姊,汉武帝之姑刘嫖,堂邑侯陈午之妻。陈午是刘邦的功臣陈婴之孙,继其祖为堂邑侯。封地堂邑,在今山东平度东南。

⑥给事建章:在建章宫里当差。《索隐》引晋灼曰:"上林中宫名也。"按,上林苑是秦代以来的皇家猎场,在今西安西南,广达数县。如晋灼之言,此建章宫乃秦朝的宫殿名。汉代亦有建章宫,此时尚

未开建。

⑦骑郎：皇帝的骑兵侍从。公孙敖：姓公孙，名敖，后为伐匈奴名将。篡取：劫夺，夺取。

⑧建章监：建章宫的警卫官员。

⑨侍中：在宫中侍候皇帝，后来也用为职官名。

⑩孺为太仆公孙贺妻：孺，泷川曰："枫、三本，《汉书》，'孺'上有'君'字。王叔岷曰：《汉纪》亦作'君孺'。"太仆，"九卿"之一，为皇帝赶车。公孙贺，汉景帝时将领公孙昆邪之子。公孙贺于建元六年（前135）为太仆，后来曾官至丞相，《汉书》有传。

⑪故与陈掌通：据《汉书·霍去病传》："其父霍仲孺，先与少儿通，生去病。及卫皇后尊，少儿更为詹事陈掌妻。"梁玉绳曰："《汉书》云'卫皇后尊，少儿更为詹事陈掌妻'，则非'私通'矣，史似误。"王先谦引周寿昌曰："下云'为詹事陈掌妻'，此述其故与之通也。"陈掌，刘邦开国功臣陈平的曾孙。

⑫夫人：后妃的封号名，据《汉书·外戚传》，西汉初期"嫡称皇后，妾皆称夫人"。

⑬大中大夫：职官名，皇帝的侍从，秩千石，掌议论，上属郎中令。因卫子夫受宠，而其亲戚尽连带而富贵，故当时有歌谣曰："生男无喜，生女无怒，独不见卫子夫霸天下！"

【译文】

卫青小时候随母在平阳侯家做奴仆，少年时代回到了生父郑季家，父亲让他放羊。郑季嫡妻生的儿子们都把卫青当奴仆对待，不把他算作兄弟之数。卫青曾经跟人到过甘泉宫的监狱，有个受钳刑的囚徒给他相面说："你是贵人，将来可以官到封侯。"卫青笑着说："我是一个奴婢生的孩子，能够不挨打挨骂就很知足了，怎么可能会有封侯的好事呢！"卫青成年后，做了平阳侯家的骑兵侍卫，侍候平阳公主。建元二年春天，卫青的姐姐卫子夫得以进宫并受到武帝的宠幸。当时的皇后是堂邑大长公主的女儿，没有儿子，特别嫉妒。大长公主听说卫子夫受到宠幸，又怀了孕，大为嫉妒，就派人去逮捕卫青。当时卫青在建章宫当差，没什么名气。大长公主把卫青抓住关押起来，打算杀死他。卫青的好友骑郎公孙敖带着几名壮士去把卫青抢夺出来，卫青因此才得以不死。武帝听说后，就召卫青做了建章宫监，在宫中侍候皇上，而他同母异父的兄弟们也都显贵了起来，几天里所得的赏赐累计多达千金。卫孺嫁给太仆公孙贺做妻子。卫少儿曾与陈掌私通，皇帝就也把陈掌召来宠用使他成为高官显贵。公孙敖也从此越来越尊贵。卫子夫被封为夫人。卫青做了大中大夫。

元光五年，青为车骑将军①，击匈奴，出上谷②；太仆公孙贺为轻车将军③，出云中④；大中大夫公孙敖为骑将军⑤，出代郡⑥；卫尉李广为骁骑将军⑦，出雁门⑧：军各万骑。青至茏城⑨，斩首虏数百⑩。骑将军敖亡七千骑⑪；卫尉李广为虏所得，得脱归⑫：皆当斩，赎为庶人。贺亦无功⑬。

【注释】

①车骑将军：高级武官名，其地位仅次于大将军。

②上谷：汉郡名，治所在今河北怀来东南。

③轻车将军：以统领车兵为主的将军名号。盖公孙贺以太仆的身份临时为轻车将军。

④云中：汉郡名，治所在今内蒙古托克托东北。

⑤骑将军：统领骑兵的将军名号。时公孙敖以太中大夫的身份临时任骑将军。下同。

⑥代郡：汉郡名，治所在今河北蔚县东北之代王城。

⑦卫尉："九卿"之一，统兵护卫宫廷。时皇帝所居之未央宫与太后

所居之长乐宫皆有卫尉,李广为未央卫尉,程不识为长乐卫尉。

⑧雁门:汉郡名,治所在今山西左云西。

⑨茏城:也作"龙城",匈奴单于大会诸国、祭祀天地祖先的神圣之地,在今蒙古国鄂尔浑河西侧和硕柴达木湖附近。

⑩斩首虏:即斩敌之首与俘获生敌。按,此为卫青第一次打败匈奴,开端良好。

⑪亡七千骑:损失了七千骑兵。亡,失,不一定是死。

⑫李广为虏所得,得脱归:李广因受伤被匈奴所俘,押送途中自己得以逃归,详见《李将军列传》。

⑬贺亦无功:《汉书评林》引凌约言曰:"此出唯青有功,例得封侯,故班史补入'唯青赐爵关内侯'句。"

【译文】

元光五年,卫青担任车骑将军,攻击匈奴,率军从上谷郡北出;太仆公孙贺担任轻车将军,从云中郡北出;大中大夫公孙敖担任骑将军,从代郡北出;卫尉李广担任骁骑将军,从雁门郡北出:每路大军各率一万骑兵。卫青打到茏城,斩杀敌军几百人。骑将军公孙敖损失了七千骑兵;卫尉李广被匈奴人俘获,幸而脱身逃归:公孙敖和李广依法都当问斩,他们用财物赎罪,革职为民。公孙贺此行也没有立下战功。

元朔元年春,卫夫人有男①,立为皇后。其秋,青为车骑将军,出雁门,三万骑击匈奴,斩首虏数千人②。明年,匈奴入杀辽西太守③,虏略渔阳二千余人④,败韩将军军⑤。汉令将军李息击之⑥,出代;令车骑将军青出云中以西至高阙⑦。遂略河南地⑧,至于陇西⑨,捕首虏数千,畜数十万,走白羊、楼烦王⑩。遂以河南地为朔方郡⑪。以三千八百户封青为长平侯⑫。青校尉苏建有功⑬,以千一百户封建为平陵侯^⑭。使建筑朔方城^⑮。青校尉张次公有功，封为岸头侯^⑯。天子曰："匈奴逆天理，乱人伦^⑰，暴长虐老^⑱，以盗窃为务，行诈诸蛮夷，造谋藉兵^⑲，数为边害，故兴师遣将，以征厥罪。《诗》不云乎，'薄伐猃狁，至于太原'^⑳，'出车彭彭，城彼朔方^㉑'。今车骑将军青度西河至高阙^㉒，获首虏二千三百级，车辎畜产毕收为卤^㉓，已封为列侯^㉔。遂西定河南地，按榆谿旧塞^㉕，绝梓领^㉖，梁北河^㉗，讨蒲泥，破符离^㉘，斩轻锐之卒，捕伏听者三千七十一级^㉙，执讯获丑^㉚，驱马牛羊百有余万，全甲兵而还，益封青三千户。"其明年，匈奴入杀代郡太守友^㉛，入略雁门千余人。其明年，匈奴大入代、定襄、上郡^㉜，杀略汉数千人^㉝。

【注释】

①卫夫人有男：即后来的太子刘据。

②斩首虏数千人：这就是通常说的"雁门战役"，是卫青第二次打败匈奴人。

③辽西：汉郡名，治所在今辽宁义县西南。

④虏略：劫掠人口物资。略，其义同"掠"。渔阳：汉郡名，治所在今北京密云西南。

⑤韩将军：指韩安国，当时任渔阳太守。韩安国守渔阳被匈奴所败事，详见《韩长孺列传》。

⑥李息：汉景帝、汉武帝时的将领，曾为材官将军，驻守马邑。

⑦高阙：关塞名，在今内蒙古潮格旗东南。

⑧略：以兵力抚定。河南地：即今内蒙古之临河、东胜一带地区，因其地处黄河之南，故称。这一带在秦朝属于九原郡（郡治九原，在今包头西），秦末中原大乱后，这一带被匈奴人占据，至此又被

卫青等收回。何焯曰："出云中,则若向单于庭者,忽西至陇西,攻其无备,所以遂取河南也。"

⑨陇西:汉郡名,治所在今甘肃临洮。

⑩走:打跑。白羊、楼烦:都是匈奴的别支,当时占据在今内蒙古之临河、杭锦旗一带地区。

⑪遂以河南地为朔方郡:此即通常所说的"河西朔方战役",也是汉武帝驱逐匈奴的重大战役。朔方郡,汉郡名,治所在今内蒙古乌拉特前旗东南。

⑫长平侯:封地长平,在今河南西华东北。

⑬校尉:将军属下设若干部(约当今之师团),部的长官即校尉。苏建:苏武之父,《汉书》有传。

⑭平陵侯:封地平陵,在今湖北均县北。

⑮筑朔方城:《正义》曰:"《括地志》云:'夏州朔方县北什贲故城是。'苏建筑,什贲之号盖出番语也。"据《一统志》,其地原名"三封"。此举表明汉代已稳定占领河套地区,并准备以此为依托继续西征、北伐。又,汉武帝之所以决心在此设郡并筑城,颇与主父偃之进言有关。《平津侯主父列传》云:"偃盛言朔方地肥饶,外阻河,蒙恬城之以逐匈奴,内省转输戍漕,广中国,灭胡之本也。上竟用主父计,立朔方郡。"

⑯岸头侯:封地岸头,在今山西河津,当时属皮氏县。

⑰乱人伦:《匈奴列传》讲匈奴之俗有所谓"父死,妻其后母;兄弟死,皆取其妻妻之"云云。

⑱暴长虐老:残暴地虐待老年人。

⑲行诈诸蛮夷,造谋藉兵:欺骗、裹胁着周边的少数民族,阴谋侵犯汉朝边境。诸蛮夷,指匈奴周边的其他少数民族部落。藉,同"借"。《集解》引张晏曰:"从蛮夷借兵抄边也。"

⑳薄伐猃狁,至于太原:语出《诗经·小雅·六月》,是一首赞美周

宣王出兵北伐的诗。薄,语气词,无实意。猃狁,西周时代的北方民族名,据说是匈奴族的祖先,见《匈奴列传》。太原,钱穆认为即今山西运城一带。

㉑出车彭彭,城彼朔方:语出《诗经·小雅·出车》,也是赞美周宣王北伐的诗。彭彭,众车声。朔方,北方。西周的"城彼朔方"大约也就是在今山西之西南部筑城。

㉒度:通"渡"。西河:指今宁夏境内以及内蒙古西部南北流向的黄河。

㉓车辎:轻车重车。辎,载物的车。卤:通"虏",缴获,这里指战利品。

㉔已封为列侯:杨树达曰:"此五字疑当在下文'益封青三千户'句上。"按,杨说是。

㉕按榆谿旧塞:按,循行,巡查。榆谿,师古曰:"上郡之北有诸次山,诸次水出焉。东经榆林塞,为榆溪。"大约在今山西、陕西、内蒙古三省交界的黄河地区。蒙恬当年伐匈奴,曾在此种榆为塞。

㉖绝:翻越。梓领:王先谦引沈钦韩曰:"疑即木根山。"木根山在今陕西横山西。

㉗梁:架桥。北河:流经今内蒙古境内的西东走向的黄河段。王骏图以为即今兰州北之黄河。

㉘讨蒲泥,破符离:《集解》引晋灼说,以为"蒲泥""符离"皆匈奴王号;《索隐》引崔浩说以二者为"漠北塞名"。王先谦曰:"《武纪》:'出高阙,遂西至符离。'是符离为塞名矣。"

㉙伏听:《集解》引张晏曰:"伏于隐处,听军虚实。"

㉚执讯获丑:《正义》曰:"言执其生口问之,知虏处,获得众类也。"讯,问。丑,众。

㉛太守友:《集解》引徐广曰:"友者,太守名也,姓共。"

㉜定襄:汉郡名,治所在今内蒙古和林格尔西北。上郡:汉郡名,治所在今陕西榆林东。

㉝杀略汉数千人:凌稚隆引王慎中曰:"史记二将军每出兵,即继以

匈奴寇边,杀略多,以明二将军非能御寇,乃寇之招也。”

【译文】

　　元朔元年春天,卫子夫生了男孩,被立为皇后。这年秋天,卫青担任车骑将军,从雁门郡出发,率领三万骑兵进击匈奴,斩杀了几千敌人。第二年,匈奴入侵杀害了辽西太守,劫走了渔阳郡两千多人,打败了韩安国的部队。汉朝命令将军李息率军讨伐匈奴,从代郡出发;命令车骑将军卫青从云中郡出发西行直奔高阙。卫青于是攻占了黄河以南的土地,进军到了陇西,俘获杀死了几千名匈奴人,夺得了几十万头牲畜,打跑了白羊王和楼烦王。于是汉朝就把黄河以南这片地区设置为朔方郡。以三千八百户分封给卫青,让他做了长平侯。卫青部下的校尉苏建有功,以一千一百户分封给他,让他做了平陵侯。令苏建修筑朔方城。卫青部下的校尉张次公也因战功被封为岸头侯。天子说:“匈奴违背天理,混乱人伦,侵暴长上,虐待老人,专门盗掠侵伐,欺诈它周围各少数民族,搞阴谋骗他们出兵,多次侵害汉朝边境,所以我们调兵遣将,来征讨他们。《诗经》上不是说过吗,‘薄伐猃狁,至于太原’,‘出车彭彭,城彼朔方’。如今车骑将军卫青越过西河到达高阙,斩杀匈奴两千三百人,车辆辎重和牲畜物产都被我所缴获,卫青已被封为列侯。他向西平定了黄河以南地区,占领榆谿旧塞,翻越梓领,架桥北河上,征讨蒲泥,攻破符离,斩杀匈奴精兵,捕获匈奴间谍三千零七十一人,抓获审问俘虏进而俘获了更多匈奴人,赶回了一百多万头马牛羊,而自己的部队完好无损地得胜归来。朝廷再加封卫青三千户。”第二年,匈奴入侵并杀死了代郡太守共友,攻入雁门,掠走一千多人。第二年,匈奴又大举入侵代郡、定襄、上郡,杀害劫掠了汉朝几千人。

　　其明年,元朔之五年春,汉令车骑将军青将三万骑,出高阙;卫尉苏建为游击将军,左内史李沮为强弩将军①,太仆公孙贺为骑将军,代相李蔡为轻车将军②,皆领属车骑将军,俱出朔方；大行李息、岸头侯张次公为将军③，出右北平④：咸击匈奴。匈奴右贤王当卫青等兵⑤，以为汉兵不能至此，饮醉。汉兵夜至，围右贤王，右贤王惊，夜逃，独与其爱妾一人壮骑数百驰，溃围北去。汉轻骑校尉郭成等逐数百里，不及，得右贤裨王十余人⑥，众男女万五千余人，畜数十百万⑦，于是引兵而还⑧。至塞，天子使使者持大将军印，即军中拜车骑将军青为大将军，诸将皆以兵属大将军，大将军立号而归⑨。

【注释】

①左内史：也称左冯翊，京都长安北部郊区的行政长官。

②代相：代王之相。"代"是汉朝诸侯国名，都城为晋阳（今山西太原西南）。李蔡：李广从弟，后来曾任丞相，事见《李将军列传》。

③大行：即大行令，也称典客，"九卿"之一，主管归附的少数民族事务。

④右北平：汉郡名，治所在今内蒙古宁城之淀子乡。

⑤右贤王：匈奴单于手下两个最大头领之一，主管匈奴西部地区的事务。当：对，正碰上。何焯曰："右贤王怨汉侵夺其河南地，数侵扰朔方，此出专以击走右贤王，终前功也。前出云中而忽西，焉知不出朔方而忽东乎？亦令两将军出右北平者，缀单于，疑左贤王也。"

⑥右贤裨王：右贤王手下的小王。裨王，师古曰："小王，若言裨将也。"《匈奴列传》谓匈奴官职有"二十四长"，这些人可以自置"千长、百长、什长、裨小王、相封、都尉、当户、且梁之属"。

⑦畜数十百万：底本原作"畜数千百万"。"千"字应作"十"，应同《汉书》作"数十百万"。师古曰："数十万以至百万。"今据此改。

⑧于是引兵而还：以上元朔五年卫青北伐匈奴，即通常所说的"奇

袭右贤王庭之战"。

⑨立号而归:《索隐》曰:"立大将军之号令。"中井曰:"号,谓官号,非号令。"盖令卫青以"大将军"之威仪率军回朝。前所谓"即军中拜车骑将军卫青为大将军",又令"诸将皆以兵属大将军",又令"大将军立号而归",汉武帝对卫青的荣宠前所未有。

【译文】

第二年,即元朔五年春天,汉朝命令车骑将军卫青率领三万骑兵,从高阙出发;卫尉苏建担任游击将军,左内史李沮担任强弩将军,太仆公孙贺担任骑将军,代相李蔡担任轻车将军,都归车骑将军卫青统领,都从朔方出发;大行令李息、岸头侯张次公两人担任将军,从右北平出发:都同时出击匈奴。匈奴右贤王的部队与卫青等人的兵马正面遭遇,右贤王本以为汉兵不可能到这里,喝得酩酊大醉。汉军趁夜出击,包围了右贤王,右贤王大惊,连夜出逃,只带了一个爱妾和几百名精壮骑兵,冲破包围向北方逃去。汉军派轻骑校尉郭成等人追了几百里,没有追上,抓获了右贤王属下的十几个小王,男女人丁一万五千多,牲畜几十乃至上百万,于是率领部队凯旋。卫青回到边境时,武帝派使者捧着大将军的印信,就在军中拜任车骑将军卫青为大将军,各路将领及部队都归大将军指挥,卫青确立了官号,班师回京。

天子曰:"大将军青躬率戎士,师大捷,获匈奴王十有余人,益封青六千户①。"而封青子伉为宜春侯②,青子不疑为阴安侯③,青子登为发干侯④。青固谢曰:"臣幸得待罪行间,赖陛下神灵,军大捷,皆诸校尉力战之功也。陛下幸已益封臣青。臣青子在襁褓中,未有勤劳,上幸列地封为三侯,非臣待罪行间所以劝士力战之意也。伉等三人何敢受封!"天子曰:"我非忘诸校尉功也,今固且图之。"乃诏御史曰⑤：“护军都尉公孙敖三从大将军击匈奴⑥，常护军，傅校获王⑦，以千五百户封敖为合骑侯⑧。都尉韩说从大将军出窳浑⑨，至匈奴右贤王庭，为麾下搏战获王，以千三百户封说为龙额侯⑩。骑将军公孙贺从大将军获王，以千三百户封贺为南窌侯⑪。轻车将军李蔡再从大将军获王，以千六百户封蔡为乐安侯⑫。校尉李朔、校尉赵不虞、校尉公孙戎奴，各三从大将军获王，以千三百户封朔为涉轵侯⑬，以千三百户封不虞为随成侯⑭，以千三百户封戎奴为从平侯⑮。将军李沮、李息及校尉豆如意有功，赐爵关内侯⑯，食邑各三百户。”其秋，匈奴入代，杀都尉朱英⑰。

【注释】

①益封青六千户：又加封卫青六千户。

②宜春侯：封地宜春，在今河南汝南西南。

③阴安侯：封地阴安，在今河南清丰北。

④发干侯：封地发干，在今山东冠县东南。

⑤乃诏御史：汉代皇帝下达诏令的顺序是，皇帝先把旨意告知御史大夫，御史府讨论后形成文件，再转发丞相，丞相讨论后施行。可参看《三王世家》。

⑥护军都尉：军官名，级别略同于校尉，在大将属下主管监护、协调诸部兵马。

⑦傅校：协助校尉。傅，辅，协助。

⑧合骑侯：《索隐》曰：“以战功为号，谓以军合骠骑，故云‘合骑’，若‘冠军’、‘从骠’然也。”此处之“合骑”意即“配合车骑将军”。

⑨韩说（yuè）：刘邦功臣韩王信的曾孙，弓高侯韩颓当之孙，汉武帝男宠韩嫣之弟，事见《韩信卢绾列传》。窳（yǔ）浑：汉县名，治所

在今内蒙古杭锦后旗西南。

⑩龙额侯：封地龙额，在今河北景县东。额，通"额"。

⑪南窌（jiào）侯：封地南窌，具体方位不详。

⑫乐安侯：封地乐安，在今山东博兴东北。

⑬涉轵侯：封地涉轵，在今山东淄博之临淄西。

⑭随成侯：名号侯，无封地。

⑮从平侯：名号侯，无封地。

⑯关内侯：比列侯低一级，无封地，住在长安，故称关内侯。

⑰匈奴入代，杀都尉朱英：此都尉是在郡里协助太守主管武事的长官，也称"郡尉"。

【译文】

天子下诏说："大将军卫青亲自率众出征，大获全胜，俘获匈奴王十多个人，加封卫青六千户。"又封卫青的三个儿子卫伉做宜春侯，卫不疑做阴安侯，卫登做发干侯。卫青坚持推辞说："臣有幸效力军中，仰仗陛下的神灵，大获全胜，都是各位校尉奋力征战的功劳。蒙陛下宠幸已给我增加封地。我的儿子们都还幼小，没有任何功劳，陛下也给他们列地封侯，这不是我在军中勉励将士们为国效力的本意。卫伉等三人怎么敢接受封赐呢！"天子说："我并没有忘了各位校尉的功劳，如今马上就要封赏他们了。"于是诏令御史说："护军都尉公孙敖三次跟随大将军出击匈奴，常任监军，协助校尉俘获匈奴小王，以食邑一千五百户封公孙敖做合骑侯。都尉韩说随大将军从窳浑出发，攻到匈奴右贤王的王庭，在大将军指挥下拼搏奋战，俘获匈奴小王，以食邑一千三百户封韩说为龙额侯。骑将军公孙贺随大将军出征，俘获匈奴小王，以食邑一千三百户封公孙贺做南窌侯。轻车将军李蔡两次随大将军俘获匈奴小王，以食邑一千六百户封李蔡为乐安侯。校尉李朔、校尉赵不虞、校尉公孙戎奴，各三次随大将军出征俘获匈奴小王，以食邑一千三百户封李朔做涉轵侯，以食邑一千三百户封赵不虞做随成侯，以食邑一千三百户封公孙戎奴做从平侯。将军李沮、李息和校尉豆如意都有战功,赐封关内侯的爵位,食邑各三百户。"这年秋天,匈奴入侵代郡,杀死了都尉朱英。

其明年春,大将军青出定襄,合骑侯敖为中将军①,太仆贺为左将军②,翕侯赵信为前将军,卫尉苏建为右将军,郎中令李广为后将军③,左内史李沮为强弩将军④,咸属大将军,斩首数千级而还。月余,悉复出定襄击匈奴,斩首虏万余人。右将军建、前将军信并军三千余骑,独逢单于兵,与战一日余,汉兵且尽。前将军故胡人,降为翕侯⑤,见急,匈奴诱之,遂将其余骑可八百,奔降单于⑥。右将军苏建尽亡其军,独以身得亡去,自归大将军。大将军问其罪正闳、长史安、议郎周霸等⑦:"建当云何?"霸曰:"自大将军出,未尝斩裨将。今建弃军,可斩以明将军之威。"闳、安曰:"不然。兵法'小敌之坚,大敌之禽也⑧'。今建以数千当单于数万,力战一日余,士尽,不敢有二心,自归。自归而斩之,是示后无反意也。不当斩。"大将军曰:"青幸得以肺腑待罪行间⑨,不患无威,而霸说我以明威,甚失臣意。且使臣职虽当斩将,以臣之尊宠而不敢自擅专诛于境外,而具归天子,天子自裁之,于是以见为人臣不敢专权⑩,不亦可乎?"军吏皆曰:"善。"遂囚建诣行在所⑪。入塞罢兵。

【注释】

①中将军:《汉书·百官公卿表》不载,或与下述前、后、左、右四将军同。

②左将军:《后汉书》集解引韦昭曰:"武帝征四夷,有前、后、左、右

将军,为国爪牙,所以扭示威灵,折冲万里。"按,汉代武官最高者
依次为大将军、骠骑将军、车骑将军、卫将军;其次为前、后、左、
右四将军(位同上卿);再往下才是诸杂号将军。

③郎中令:"九卿"之一,统领皇帝侍从,管理宫廷门户。

④左内史:底本原作"右内史",与前文所称李沮之官职不合,《汉
书》此处亦作"左",似作"右"者误,今改。

⑤降为翕侯:赵信原是匈奴人,降汉后被封为"翕侯"。翕,地名,在
今河南民权西北。

⑥奔降单于:此单于即伊稚邪,军臣单于之子,前126—前115在位。
按,后文写卫青大破匈奴于漠北,曾追击之至"阗颜山赵信城",
盖即单于尊养赵信之地也。汉匈长期交战,都注意尊宠归降者,
封侯封王。

⑦正闳:军正名闳,史失其姓。军正,军中的司法官。长史安:长史
名安,史失其姓。长史,大将军属下的诸史之长,秩千石。议郎周
霸:议郎,原属郎中令,在皇帝身边掌议论,秩六百石。王先谦曰:
"霸盖当时奉诏从军。"按,周霸其人又见于《封禅书》《儒林列
传》,申公之弟子,官至胶西内史。

⑧小敌之坚,大敌之禽:语出《孙子·谋攻》。意谓小部队遇到敌人
的大部队,如果坚持作战,只有被敌人全部消灭。

⑨以肺腑:以至亲的身份,比喻亲属。即谓卫青姊卫子夫是汉武帝
之皇后。此语又见于《魏其武安侯列传》。王叔岷曰:"'肺腑'
犹'柿桴',谓木皮也。喻己为帝室微末之亲,如木皮之附于木
也。"盖本王念孙说。

⑩以见为人臣不敢专权:以上数语可见卫青之谦卑谨慎。锺惺曰:
"此一让及'不肯招贤'等语,有识,有体,有机权,有情实,似从学
问世务中出,汉功臣鲜有及此者,获上收众,道不出此。"凌稚隆引
茅坤曰:"青之不敢荐士固其不学无术,然亦其暗合老氏之知雄守

雌处,所以能保功名而不他祸也。"

⑪诣:到,这里指押解到。行在所:也简称"行在""行所",即指皇帝当时的所在之处。蔡邕《独断》曰:"天子以四海为家,故谓所居为行在所。"据《汉书·武帝纪》,此年卫青之二次出定襄击匈奴,在夏季之四月。

【译文】

第二年春天,大将军卫青又出兵定襄讨伐匈奴,合骑侯公孙敖担任中将军,太仆公孙贺担任左将军,翕侯赵信担任前将军,卫尉苏建担任右将军,郎中令李广担任后将军,右内史李沮担任强弩将军,都归大将军指挥,斩杀匈奴数千人得胜还朝。一个多月后,全军又再次出兵定襄进击匈奴,斩杀匈奴一万多人。其中右将军苏建、前将军赵信两军共三千多人,与单于率领的大军相遇,与之交战了一天多,汉军几乎全军覆没。前将军赵信原本是匈奴人,投降汉朝后被封为翕侯,看到事态紧急,匈奴又诱降他,就率领他的余部约八百名骑兵投降了单于。右将军苏建损失了他的全部部队,仅仅只身逃出,自己回到大将军的大营自首。大将军问罪军正闳、长史安和议郎周霸等人说:"苏建应当如何处置?"周霸说:"自从大将军出兵以来,从未斩过手下的将官。如今苏建扔下部队独自逃回,应该问斩,以显示大将军的威势。"军正和长史说:"不对。兵法上说'小部队遇到强大的敌人却要硬拼,必然被擒获'。如今苏建用几千兵力抗击单于的几万人马,奋力征战一天多,战士都牺牲了,他却没有二心,自愿归来。回来了却被问斩,这是告诉大家以后打了败仗就不要回来了。苏建绝不应问斩。"大将军说:"我有幸作为皇亲国戚而在军中任职,并不担心缺乏威势,周霸劝我斩将立威,非常不合我的心意。况且以我的职位,虽然有权斩将,但以我的尊宠还不敢在境外擅自诛杀,我要把情况详细汇报给天子,让天子自己裁定,通过这件事以表明当臣子的不敢专权,不也是很好吗?"军吏们都说:"对。"于是就把苏建囚禁起来,押解到天子出巡的地方。他们也休兵返回了边塞内。

是岁也,大将军姊子霍去病年十八①,幸,为天子侍中。善骑射,再从大将军,受诏与壮士,为剽姚校尉②,与轻勇骑八百直弃大军数百里赴利③,斩捕首虏过当④。于是天子曰:"剽姚校尉去病斩首虏二千二十八级,及相国、当户⑤,斩单于大父行籍若侯产⑥,生捕季父罗姑比⑦,再冠军,以千六百户封去病为冠军侯⑧。上谷太守郝贤四从大将军,捕斩首虏二千余人,以千一百户封贤为众利侯⑨。"是岁,失两将军军⑩,亡翕侯,军功不多,故大将军不益封。右将军建至,天子不诛,赦其罪,赎为庶人。

【注释】

①霍去病:卫青的姐姐卫少儿嫁与陈掌前,与霍仲孺私通生的儿子。

②剽姚:也作"嫖姚""骠姚"。梁玉绳曰:"'剽姚''嫖姚''票姚',当作'骠鹞',盖合二物为官名,取劲疾武猛之义。赵破奴为'鹰击司马',与'鹞'义同。去病后称'骠骑将军',尚仍斯号。"

③直弃:远远甩下,孤军深入。弃,甩下。赴利:寻求克敌立功。

④过当:师古曰:"言计其所将人数,则捕首虏为多,过于所当也。一曰,汉军失亡者少,而杀获匈奴者多,故曰'过当'也。"

⑤相国、当户:皆为匈奴的低级官名。

⑥大父行:单于祖父一辈的人。大父,祖父。籍若侯产:其人名产,籍若侯是封号。

⑦季父罗姑比:单于的小叔父,名罗姑比。季,兄弟排行最幼者。伯、仲、叔、季是排行的次序。

⑧冠军侯:封地冠军县,在今河南邓县西北。

⑨众利侯:封地众利县,在今山东诸城西北。杨树达曰:"姜宸英云:'骠骑战功三次,皆于天子诏辞见之,此良史言外褒法也。'"

⑩失两将军军：谓赵信、苏建的两支军队全部丧失。

【译文】

　　这一年，大将军卫青姐姐卫少儿的儿子霍去病十八岁，很受宠，是武帝的侍中。霍去病擅长骑射，曾两次随大将军出征，大将军受命拨给他精锐士兵，让他担任剽姚校尉，霍去病率八百轻骑勇士远远甩下大军，深入数百里奔袭匈奴，杀敌和捕获的俘虏超过了自己损失的人数。于是武帝下诏说："剽姚校尉霍去病斩杀敌人共二千零二十八人，包括匈奴的相国、当户等官员，杀死了单于祖父辈的籍若侯产，俘虏了单于的叔父罗姑比，两次功劳都勇冠全军，以食邑一千六百户封霍去病为冠军侯。上谷太守郝贤四次跟随大将军出征，斩杀匈奴二千余人，以食邑一千一百户封郝贤为众利侯。"这一年，汉朝损失了赵信和苏建所率领的两支军队，翕侯赵信投降了匈奴，军功不多，因此大将军卫青没有加封。右将军苏建被押到后，天子没有杀他，赦免了他的死罪，让他赎罪削职为平民。

　　大将军既还，赐千金。是时王夫人方幸于上①，甯乘说大将军曰②："将军所以功未甚多，身食万户，三子皆为侯者，徒以皇后故也③。今王夫人幸而宗族未富贵，愿将军奉所赐千金为王夫人亲寿。"大将军乃以五百金为寿。天子闻之，问大将军，大将军以实言，上乃拜甯乘为东海都尉④。张骞从大将军⑤，以尝使大夏⑥，留匈奴中久，导军，知善水草处，军得以无饥渴，因前使绝国功⑦，封骞博望侯⑧。

【注释】

　　①王夫人：汉武帝的宠妃，生齐王刘闳，事见褚少孙补《三王世家》。
　　②甯乘：此人事迹不详，亦不见于他处。据褚少孙补《滑稽列传》，
　　　　劝说卫青的是"待诏东郭先生"，非甯乘，故事较此为详，可参看。

③徒以皇后故也：徒，单，就是。史珥曰："'以皇后'三字，足令大将军黯然，与后'天下未有称道'相呼应，较'亦有天幸'句更辣。"

④上乃拜甯乘为东海都尉：东海都尉：东海郡的军事长官。此处的都尉略同于郡尉，协助郡守掌管武事。东海郡的治所在今山东郯城西北。据褚少孙补《滑稽列传》，"东郭先生"正受赏为郡尉。

⑤张骞从大将军：指元朔六年张骞跟从卫青北伐匈奴。张骞，汉代探险家，事见《大宛列传》。

⑥尝使大夏：张骞于武帝建元三年（前138）出使月氏（在今阿富汗与塔吉克斯坦界），中经匈奴被扣留十余年，后逃出，继续西行至月氏，归途中经匈奴，又被扣留年余，前后历时十三年始得归汉。大夏，西域国名，其地约当今阿富汗北部地区。据《大宛列传》，张骞当时只是要通月氏，而月氏当时与大夏相邻，且使大夏臣服于己，故司马迁于此变换称之。

⑦绝国：悬远不相及的国家。

⑧博望侯：封地博望，在今河南南阳东北。

【译文】

大将军还朝后，武帝赏赐给他千斤黄金。当时王夫人正受到武帝的宠幸，甯乘劝说大将军道："将军之所以功劳并不算多，却能够享有万户食邑，三个儿子又都被封侯，只是因为皇后的缘故。如今王夫人正受宠，但她的家族还没有富贵，希望您能把皇上赐给您的千金送给王夫人的父母作寿礼。"卫青于是就拿出五百金去祝寿。天子听说后，问卫青是怎么回事，卫青实话实说，武帝就任命甯乘做了东海都尉。张骞也在大将军部下，因为他曾出使大夏，在匈奴境内停留过很久，就给大军做向导，他知道水源绿洲的位置，大军才得以没受饥渴之苦，再加上他从前出使远方异国有功，所以被封为博望侯。

冠军侯去病既侯三岁，元狩二年春，以冠军侯去病为骠骑将军^①，将万骑出陇西，有功。天子曰："骠骑将军率戎士逾乌鏊^②，讨遬濮^③，涉狐奴^④，历五王国^⑤，辎重人众慑慴者弗取^⑥，冀获单于子^⑦。转战六日，过焉支山千有余里^⑧，合短兵，杀折兰王，斩卢胡王^⑨，诛全甲^⑩，执浑邪王子及相国、都尉^⑪，首虏八千余级，收休屠祭天金人^⑫，益封去病二千户。"

【注释】

①骠骑将军：《正义》曰："《汉书》云：'霍去病征匈奴有绝幕之勋，始置骠骑将军，位在三司，品秩同大将军。'""三司"，在汉代即指丞相、太尉、御史大夫。实际卫青、霍去病的地位、权势都在丞相之上。

②乌鏊（lì）：山名，也叫姻围，在今甘肃皋兰东北。

③遬濮：匈奴部落名，当时活动在乌鏊山北。

④狐奴：水名，泷川引丁谦说以为即庄浪水，在今兰州西北，流经永登西。

⑤五王国：泷川引丁谦曰："五王皆休屠属部，时休屠王驻凉州地，五王所部当在平番迤北一带。"按，凉州，即今甘肃武威，武威城北当时有休屠城。

⑥慑慴（shè zhè）：恐惧，屈服。

⑦冀获单于子：冀，《汉书》作"几"，意即差点儿。《集解》引徐广曰："'子'一作'与'。"如作"与"，则应连下句作"与转战六日"。

⑧焉支山：在今甘肃山丹东南。

⑨杀折兰王，斩卢胡王：《集解》引张晏曰："折兰、卢胡，国名也。杀者，杀之而已。斩者，获其首。"折兰、卢胡，皆匈奴部落名。

⑩诛全甲：说法不一，有曰"全甲"是国名；有曰是匈奴王名；有曰"全甲"应作"金甲"；有曰"诛"字是衍文。疑此句与上文"慑慴者弗取"意思相反，谓披挂整齐而又坚决抵抗者，则必诛灭之。《汉书

评林》引田汝成曰:"'全甲'当是浑身贯甲之谓,盖精兵也。"或"诛"字上下有缺文,"全甲"应连下文读,亦犹前文卫青"全甲兵而还"之意也。《汉书》于此作"锐悍者诛,全甲获丑",可参证。

⑪浑邪王:匈奴王名,也写作"呼韩邪"。

⑫休屠祭天金人:休屠王祭天用的金制神像。《索隐》引如淳曰:"祭天以金人为主也。"

【译文】

　　霍去病被封冠军侯后的第三年,元狩二年春天,武帝任冠军侯霍去病为骠骑将军,率领一万骑兵出陇西进攻匈奴,立下战功。天子说:"骠骑将军率领部队越过乌盩山,征讨遬濮,渡过狐奴河,前后经过五个王国,不掠夺慑服者的辎重、百姓,期望能够抓获单于的儿子。前后转战了六天,越过焉支山一千多里,与敌人短兵相接,杀了折兰王,斩了卢胡王,全歼了敌军,俘虏了浑邪王的儿子及其相国、都尉,杀敌八千余人,收缴了休屠王祭天用的金人,加封霍去病二千户食邑。"

　　其夏,骠骑将军与合骑侯敖俱出北地,异道;博望侯张骞、郎中令李广俱出右北平,异道:皆击匈奴。郎中令将四千骑先至,博望侯将万骑在后①。匈奴左贤王将数万骑围郎中令,郎中令与战二日,死者过半,所杀亦过当②。博望侯至,匈奴兵引去。博望侯坐行留③,当斩,赎为庶人。而骠骑将军出北地,已遂深入,与合骑侯失道,不相得,骠骑将军逾居延至祁连山④,捕首虏甚多。天子曰:"骠骑将军逾居延,遂过小月氏⑤,攻祁连山,得酋涂王⑥,以众降者二千五百人,斩首虏三万二百级,获五王,五王母,单于阏氏、王子五十九人⑦,相国、将军、当户、都尉六十三人,师大率减什三⑧,益封去病五千户。赐校尉从至小月氏爵左庶长⑨。

鹰击司马破奴再从骠骑将军斩遬濮王⑩，捕稽沮王，千骑将得王、王母各一人⑪，王子以下四十一人，捕虏三千三百三十人，前行捕虏千四百人⑫，以千五百户封破奴为从骠侯⑬。校尉句王高不识⑭，从骠骑将军捕呼于屠王王子以下十一人⑮，捕虏千七百六十八人，以千一百户封不识为宜冠侯⑯。校尉仆多有功⑰，封为煇渠侯⑱。"合骑侯敖坐行留不与骠骑会，当斩，赎为庶人。诸宿将所将士马兵亦不如骠骑，骠骑所将常选⑲，然亦敢深入，常与壮骑先其大军⑳，军亦有天幸㉑，未尝困绝也。然而诸宿将常坐留落不遇㉒。由此骠骑日以亲贵，比大将军㉓。

【注释】

①博望侯将万骑在后：底本作"博望侯将万骑在后至"，繁芜不顺。泷川曰："枫、三本'后'下无'至'字。"《汉书》于此作"骞将万骑后"，亦无"至"字，今据删。

②所杀亦过当：李广以四千骑与左贤王四万骑苦战二日事，详见《李将军列传》。

③行留：行动逗留迟缓，以致贻误时机。

④居延：沼泽名，在今内蒙古西部之额济纳旗东。祁连山：在今河西走廊南侧与青海交界处，主峰在酒泉东南。

⑤小月氏：当时西方少数民族名，活动在祁连山一带地区。

⑥酋涂王：匈奴族别支的头领。

⑦阏氏：匈奴单于嫡妻称号。相当于汉之皇后。

⑧师大率减什三：匈奴人的兵力大约减去十分之三。《汉书》于此作"减什七"，师古曰："破匈奴之师，十减其七。"大率，大约。

⑨赐校尉从至小月氏爵左庶长：谓凡是跟着霍去病到达了小月氏的

军中校尉,一律赐爵左庶长。左庶长,秦汉时期二十级爵位中的
第十级。

⑩鹰击司马破奴:指赵破奴。鹰击,表示其轻捷勇猛的称号。司马,
官名,主管军中司法。遬濮王:与下文"稽沮王"皆为匈奴王名。

⑪千骑将:此指赵破奴手下的统领千名骑兵的将官。

⑫前行:前锋,先头部队,此亦指赵破奴的部众。

⑬从骠侯:《集解》引张晏曰:"从骠骑将军有功,因以为号。"

⑭校尉句(gōu)王高不识:原为匈奴之句王,降汉后任骠骑将军之
校尉。

⑮呼于屠王:匈奴王名。

⑯宜冠侯:《正义》引孔文祥曰:"从冠军将军战故。宜冠,'从骠'之
类也。"

⑰仆多:姓仆名多。《建元以来侯者年表》作"仆多",《汉书》年表作
"仆朋"。

⑱煇渠侯:封地煇渠,《建元以来侯者年表》之《索隐》以为是乡名,
在鲁阳(今河南鲁山)境内。

⑲常选:通常都是经过挑选的。《廉颇蔺相如列传》《魏公子列传》
有所谓"选兵""选骑",盖与此同义。

⑳先其大军:指离开大部队,率领轻兵深入,即前文之"直弃大军数
百里赴利"。

㉑军亦有天幸:董份曰:"'军亦有天幸'承上文来,皆言骠骑。王右
丞诗'卫青不败由天幸',是以'大将军'别起为句矣。不知太史
公此书专右大将军而贬骠骑。右丞尚误,况他人乎?"

㉒留落不遇:行动迟缓,总是遇不上敌人。

㉓比大将军:和卫青的荣宠相等。比,相等。

【译文】

这年夏天,骠骑将军霍去病和合骑侯公孙敖都从北地郡出发,分路

进军;博望侯张骞、郎中令李广都从右北平出发,也分路进军:各军同时进攻匈奴。郎中令李广率领的四千骑兵先到,而博望侯张骞率领的一万骑兵迟到了。匈奴左贤王率领几万骑兵包围了郎中令李广,李广与匈奴交战两天,战死了大半,他们杀死的敌人也超过了汉兵损失的数量。等张骞率领的部队到达时,匈奴军队撤走了。张骞因为行动迟缓、贻误战机,应判死刑,后赎罪削职为民。而霍去病从北地郡出发后,深入敌境,与合骑侯公孙敖走错了路,两军没有相遇,霍去病率军越过居延直达祁连山,捕获了许多敌人。天子说:"骠骑将军越过居延,穿过小月氏,进攻祁连山,抓获了酋涂王,率众投降的有两千五百人,斩获敌军三万零二百人,俘获五个小王,五个王后,还有单于的后妃和王子五十九人,抓获相国、将军、当户、都尉等六十三人,匈奴军损失了十分之三,加封霍去病五千户食邑。赐予随霍去病到达小月氏的校尉左庶长的爵位。鹰击司马赵破奴两次跟随骠骑将军霍去病出征斩杀了遫濮王,俘获了稽沮王,千骑将俘虏了匈奴王、王母各一人,王子以下的匈奴王室成员四十一人,俘获敌军三千三百三十人,赵破奴的先头部队俘虏故军一千四百人,为此以食邑一千五百户封赵破奴为从骠侯。校尉句王高不识,跟随骠骑将军俘获了呼于屠王王子以下宗室成员十一人,捕获故军一千七百六十八人,为此以食邑一千一百户封句王高不识为宜冠侯。校尉仆多立有战功,封为辉渠侯。"合骑侯公孙敖因行动迟缓未能与骠骑将军按时会合,处以斩刑,出钱赎罪削职为平民。当时各位老将所率领的兵员马匹都比不上霍去病,霍去病所率领的通常都是精锐部队,而且他也敢于孤军深入,常常带领精壮勇士冲锋在前,他的部队也的确很幸运,从来没有陷入过困境。然而各位老将则常常或因行动迟缓贻误了战机,或因遇不到敌军劳而无功。因此霍去病日益受宠尊贵,和大将军卫青相差无几了。

其秋,单于怒浑邪王居西方数为汉所破,亡数万人,以骠骑之兵也。单于怒,欲召诛浑邪王。浑邪王与休屠王等

谋欲降汉,使人先要边①。是时大行李息将城河上②,得浑
邪王使,即驰传以闻。天子闻之,于是恐其以诈降而袭边,
乃令骠骑将军将兵往迎之。骠骑既渡河,与浑邪王众相望。
浑邪王裨将见汉军而多欲不降者,颇遁去。骠骑乃驰入与
浑邪王相见③,斩其欲亡者八千人,遂独遣浑邪王乘传先诣
行在所,尽将其众渡河,降者数万,号称十万。既至长安,
天子所以赏赐者数十巨万④。封浑邪王万户,为漯阴侯⑤。
封其裨王呼毒尼为下摩侯⑥,鹰庇为辉渠侯⑦,禽梨为河綦
侯⑧,大当户铜离为常乐侯⑨。于是天子嘉骠骑之功,曰:
“骠骑将军去病率师攻匈奴西域王浑邪⑩,王及厥众萌咸相
奔,率以军粮接食,并将控弦万有余人,诛獟骍⑪,获首虏八
千余级,降异国之王三十二人,战士不离伤⑫,十万之众咸怀
集服⑬,仍与之劳,爰及河塞,庶几无患⑭,幸既永绥矣。以
千七百户益封骠骑将军。”减陇西、北地、上郡戍卒之半,以
宽天下之繇⑮。

【注释】

①要边:到边境线上寻找汉人以通消息。要,拦截,这里指寻找。

②将城河上:王先谦曰:“将兵于河上筑城也。”

③骠骑乃驰入与浑邪王相见:此句表现了骠骑将军胆略过人。原本
浑邪王与休屠王约定一齐降汉,后浑邪王杀休屠王,故骠骑将军
乃独与浑邪王相见。

④天子所以赏赐者数十巨万:谓赏赐投降之匈奴人也。巨万,万万,
即今所谓“亿”,此处是铜钱。

⑤漯(tà)阴侯:封地漯阴,在今山东禹城东。

⑥下摩侯:《建元以来侯者年表》作"下麾侯",《索隐》以为下麾在猗氏（今山西临猗南）境内。

⑦煇渠侯:前文已封仆多为"煇渠侯",今又封鹰庇为"煇渠侯",二者必有一误。《正义》曰:"煇渠,表作'顺梁'。"

⑧禽梨:《建元以来侯者年表》作"乌梨"。河綦侯:封地河綦,《索隐》以为在济南郡,具体方位不详。

⑨铜离:《建元以来侯者年表》作"稠离"。常乐侯:封地常乐,《索隐》以为在济南郡。

⑩匈奴西域王:匈奴西部地区之王,与通常所说之"西域"概念不同。

⑪诛猇驵:诛灭那些不想归降的人。猇驵,凶猛不听指挥。

⑫离:同"罹",遭,陷。

⑬咸怀集服:意即该部匈奴全都想着归顺。集,归依。

⑭仍与之劳,爰及河塞,庶几无患:仍与,《汉书》作"仍兴",此"与"字误。仍,频繁。兴,军兴,即今所谓"军事动员"。王先谦串解此三句为:"频数军兴,甚为劳苦,今幸兵威已及于河塞之外,庶几自此无患乎!"

⑮繇:通"徭",徭役。凌稚隆引茅坤曰:"以去病降昆邪一着,武帝最得意处,故青之爵赏及其没而穿冢,去病遂独擅云。"

【译文】

这年秋天,单于对浑邪王非常恼怒,因为他统领西部多次被汉朝击破,损失了几万人,败给骠骑将军的部队。单于十分恼怒,打算将浑邪王叫来杀掉。浑邪王与休屠王等人密谋打算投降汉朝,先派了人到边塞找汉人通报。这时大行李息正在黄河边上筑城,见到浑邪王的使者后,立即派人乘驿车进京向武帝报告。武帝听到报告,担心他们是用诈降之计来偷袭边境,便令骠骑将军霍去病率领部队前去迎接。骠骑将军渡过黄河后,与浑邪王的人马遥遥相望。浑邪王的部将们见了汉军,很多人又不想投降而纷纷逃跑了。骠骑将军于是飞马驰入匈奴军中与浑邪王相见，杀了八千想逃跑的人，又单独让浑邪王乘坐驿车先去武帝的行在，自己率领浑邪王的全部兵马南渡黄河，投降的共有几万人，号称十万。他们到达长安后，武帝赏赐的财物多达几十亿。以食邑一万户封浑邪王，为漯阴侯。封他的副王呼毒尼为下摩侯，鹰庇为辉渠侯，禽梨为河綦侯，大当户铜离为常乐侯。于是天子表彰霍去病的功劳，说："骠骑将军霍去病率兵攻打匈奴西部的浑邪王，浑邪王及其属下百姓都来投降，骠骑将军拿出军粮供给他们食用，并率领一万多名弓箭手，杀掉了那些凶悍的逃兵，斩首八千多人，招降了异国的国王三十二人，而自己的部队没有遭遇任何伤亡，投降的十万匈奴人都诚心降服，将军连续征战，从而使黄河以至边塞，差不多都能免除战患，有幸获得永久的和平。为此加封骠骑将军一千七百户。"天子又下令削减戍守陇西、北地、上郡的一半驻兵，以减轻百姓的徭役负担。

居顷之，乃分徙降者边五郡故塞外①，而皆在河南②，因其故俗，为属国③。其明年④，匈奴入右北平、定襄，杀略汉千余人。

【注释】

①边五郡故塞外：意即让他们分别居住在沿边五个郡的旧国境线外。五郡，指陇西、北地、上郡、朔方、云中。

②皆在河南：都在黄河以南，即今内蒙古之西南部、陕西之北部与甘肃、宁夏的部分地区。

③因其故俗，为属国：将他们分成几个部落，让他们按旧有的习俗生活，而称这些部落曰"属国"。师古曰："不改其本国之俗，而属于汉，故号'属国'。"

④其明年：元狩三年（前120）。

【译文】

过了不久，朝廷就把分别投降的匈奴人迁徙安置在边境五个郡原来的边塞外，都在黄河以南，沿袭他们原来的风俗习惯，作为汉朝的属国。第二年，匈奴攻入右北平、定襄，杀掠汉朝一千多人。

其明年^①，天子与诸将议曰："翕侯赵信为单于画计，常以为汉兵不能度幕轻留，今大发士卒，其势必得所欲^②。"是岁元狩四年也^③。元狩四年春，上令大将军青、骠骑将军去病将各五万骑，步兵转者踵军数十万^④，而敢力战深入之士皆属骠骑。骠骑始为出定襄^⑤，当单于。捕虏言单于东，乃更令骠骑出代郡，令大将军出定襄。郎中令为前将军，太仆为左将军，主爵赵食其为右将军^⑥，平阳侯襄为后将军^⑦，皆属大将军。兵即度幕，人马凡五万骑，与骠骑等咸击匈奴单于。赵信为单于谋曰^⑧："汉兵既度幕，人马罢，匈奴可坐收虏耳。"乃悉远北其辎重，皆以精兵待幕北。而适值大将军军出塞千余里，见单于兵陈而待，于是大将军令武刚车自环为营^⑨，而纵五千骑往当匈奴。匈奴亦纵可万骑。会日且入，大风起，沙砾击面，两军不相见，汉益纵左右翼绕单于。单于视汉兵多，而士马尚强，战而匈奴不利，薄莫^⑩，单于遂乘六骡^⑪，壮骑可数百，直冒汉围西北驰去^⑫。时已昏，汉匈奴相纷挐^⑬，杀伤大当。汉军左校捕虏，言单于未昏而去，汉军因发轻骑夜追之，大将军军因随其后。匈奴兵亦散走。迟明^⑭，行二百余里，不得单于，颇捕斩首虏万余级，遂至窴颜山赵信城^⑮，得匈奴积粟食军。军留一日而还，悉烧其城余粟以归⑯。

【注释】

①其明年:元狩四年(前119)。

②必得所欲:谓捕获单于,歼灭匈奴主力。

③是岁元狩四年也:前面已说"其明年",此处又言"是岁元狩四年也",盖郑重强调本年所发生事件之重要。

④转者:师古曰:"谓运辎重者也。"即今所谓后勤部队。踵军:犹今所谓后续部队。踵,接续。

⑤骠骑始为出定襄:为,其义同"将"。"为"字的用法又见于《白起王翦列传》《韩信卢绾列传》《匈奴列传》。

⑥主爵:主爵都尉的简称,掌管列侯的封爵事宜,秩二千石。

⑦平阳侯襄:曹襄,曹参的曾孙,袭其先人之爵为侯。

⑧赵信为单于谋曰:此单于即伊稚邪。

⑨武刚车:一种进攻和防守兼备的战车。《集解》引《孙吴兵法》曰:"有巾有盖,谓之武刚车也。"按,此"武刚车"也见于皇帝的仪仗队中,给皇帝的仪仗做先导,也有时做属车,见《后汉书·舆服志》。

⑩薄莫:傍晚。薄,迫,临近。莫,同"暮"。

⑪六骡:六匹骡子拉着的快车。

⑫冒:冲破。

⑬相纷挐(rú):相互混杂在一起。

⑭迟明:到天亮时。迟,及,至。《吕后本纪》有所谓"犁明",犁,比,及,与此义同。

⑮窴(tián)颜山:约即今蒙古国之杭爱山,在乌兰巴托西南。

⑯悉烧其城余粟以归:茅坤曰:"青武刚车之战,气震北虏,而去病斩馘虽多,非青比也。太史公特抒愤懑之词,无限累欷。"又曰:"大

将军此战极为奇绝，以不得并骠骑益封，故太史公尽力描写，令人读之凛凛有生色。"按，卫、霍与匈奴作战十一年，司马迁仅此一次做了正面描写。

【译文】

又过了一年，武帝和将领们商议说："翕侯赵信为单于出谋划策，总以为汉兵不能跨越大漠，在沙漠中轻易驻留，现在如果我们派大部队突然前往，那么势必能达到捕获单于、歼灭其主力的目的。"这一年是元狩四年。元狩四年春天，武帝命令大将军卫青、骠骑将军霍去病各自率领五万骑兵出击匈奴，随后还有几十万的后勤兵和后援兵，而那些勇猛善战、敢于深入敌阵的将士都派给了霍去病。骠骑将军霍去病起初准备从定襄出发，正面进攻单于。后来捕获的俘虏供称单于在东部，于是改令骠骑将军霍去病从代郡出发，令大将军卫青的部队从定襄出发。当时郎中令李广担任前将军，太仆公孙贺担任左将军，主爵都尉赵食其担任右将军，平阳侯曹襄担任后将军，都由大将军卫青指挥。汉军即将越过沙漠时，卫青率领的人马共五万，与霍去病等约好共同进攻匈奴单于。赵信给单于出主意说："汉军越过沙漠后，必定人马疲乏，匈奴军队可以很轻易地打败他们。"于是把他们的粮草辎重都远远地运到北方，而留下全部精锐部队在大漠以北等待汉军。恰逢大将军卫青的部队出塞一千多里后，见到单于已经列阵等待，于是大将军卫青下令用武刚车围为营盘，派出五千骑兵冲击匈奴军阵。匈奴也派出骑兵将近一万人。这时正赶上太阳即将落下，狂风大作，沙砾直打在人脸上，双方的军队互相都看不清，汉军又派出左右两翼的部队向前包围单于。单于见汉军众多，而且兵马战斗力还很强，接着打下去对匈奴不利，天快黑时，单于就坐上一辆六匹骡子拉的车，带领大概几百名精壮骑兵，径直冲破汉军的包围朝西北方向疾驰而去。这时天已经黑下来，汉军和匈奴军混杂在一起，双方的伤亡大体相当。汉军左校捕获了俘虏，说单于在天还没黑时就逃跑了，汉军于是派出轻骑兵连夜去追，卫青率领大军也随后追赶。匈奴部队也纷纷逃散了。到天亮时分，卫青追出了两百多里，没有追到单于，先后俘虏斩杀了大约一万多人，于是进军到寘颜山下的赵信城，缴获了匈奴屯积的粮草供给大军。汉军驻留了一天返回，把这座城中剩下的粮食全部放火烧了才回来。

大将军之与单于会也，而前将军广、右将军食其军别从东道，或失道①，后击单于。大将军引还，过幕南，乃得前将军、右将军。大将军欲使使归报，令长史簿责前将军广②，广自杀③。右将军至，下吏，赎为庶人。大将军军入塞，凡斩捕首虏万九千级。是时匈奴众失单于十余日，右谷蠡王闻之④，自立为单于。单于后得其众，右王乃去单于之号。

【注释】

①或失道：迷了路。或，通"惑"。

②长史：大将军手下的属官，为诸史之长，秩千石。簿责：以书面文件查问。责，查问。

③广自杀：关于李广自杀的原因、过程，详见《李将军列传》。

④右谷蠡（lí）王：匈奴王名，是单于之下的显要贵族，一般都是单于的兄弟或子侄。据《匈奴列传》，单于之下，"左右贤王、左右谷蠡王最为大"。

【译文】

大将军卫青和单于会战的时候，前将军李广、右将军赵食其的部队另外从东路进军，迷失了道路，误了攻击单于的时机。直到大将军卫青领军返回，路过大漠以南的时候，才遇到前将军李广和右将军赵食其的部队。卫青想派使者回朝报告战况，派长史依据文书责问前将军李广，李广自杀了。右将军赵食其回到长安后，交付司法官吏审讯，出钱赎罪削职为民。大将军的大军入塞,共斩杀俘虏一万九千人。当时匈奴的部众十几天找不到单于了,右谷蠡王听到这消息,自立为单于。后来单于又找到他的部众,右谷蠡王才去掉了单于称号。

骠骑将军亦将五万骑,车重与大将军军等,而无裨将^①。悉以李敢等为大校^②,当裨将^③,出代、右北平千余里,直左方兵^④,所斩捕功已多大将军。军既还,天子曰:"骠骑将军去病率师,躬将所获荤粥之士^⑤,约轻赍^⑥,绝大幕,涉获章渠^⑦,以诛比车耆^⑧,转击左大将^⑨,斩获旗鼓,历涉离侯^⑩。济弓闾^⑪,获屯头王、韩王等三人^⑫,将军、相国、当户、都尉八十三人,封狼居胥山^⑬,禅于姑衍^⑭,登临翰海^⑮。执卤获丑七万有四百四十三级^⑯,师率减什三,取食于敌,逴行殊远而粮不绝^⑰,以五千八百户益封骠骑将军^⑱。"右北平太守路博德属骠骑将军^⑲,会与城^⑳,不失期,从至梼余山^㉑,斩首捕虏二千七百级,以千六百户封博德为符离侯^㉒。北地都尉邢山从骠骑将军获王^㉓,以千二百户封山为义阳侯^㉔。故归义因淳王复陆支、楼专王伊即轩皆从骠骑将军有功^㉕,以千三百户封复陆支为壮侯^㉖,以千八百户封伊即轩为众利侯^㉗。从骠侯破奴、昌武侯安稽从骠骑有功^㉘,益封各三百户。校尉敢得旗鼓,为关内侯,食邑二百户。校尉自为爵大庶长^㉙。军吏卒为官,赏赐甚多。而大将军不得益封,军吏卒皆无封侯者。

【注释】

①无裨将:朝廷不为之配备裨将,突出霍去病在军中的崇高地位。

裨将,大将军属下的诸将、副将,如卫青部有前、后、左、右诸将军,即所谓"裨将"。

②以李敢等为大校:李敢,李广之子,时为将军,现降级使用,以其为霍去病部下的大校。大校,诸校尉之首。

③当裨将:分明是"裨将",而称之为"大校",故意拉开他们与主将霍去病的距离。

④直:通"值",碰上,赶上。

⑤荤粥:也作"熏粥""猃狁",匈奴的别称。

⑥约轻赍:即今所谓"轻装"。师古曰:"轻赍者,不以辎重自随,而所赍粮食少也。"按,"约""轻"二字义重。

⑦涉获章渠:师古曰:"涉,谓涉水也;章渠,单于之近臣也,涉水而破获之。"王念孙曰:"凡言'涉'言'济'者,其下皆是水名。今不言所涉之水,而但言'涉获',则'涉'非'涉水'之谓矣。余谓'涉'犹'入'也,入其军,获其近臣。《高纪赞》'涉魏而东',晋灼曰:'涉犹入也',是其证。"

⑧比车耆:匈奴王名。

⑨左大将:左贤王部下的左大将。《汉书》作"左大将双",盖其人名"双"也。

⑩历涉离侯:翻过涉离侯山。《索隐》曰:"历,度也。"涉离侯,《汉书》作"度难侯"。师古曰:"山名。"

⑪济弓闾:渡过弓闾水。济,渡。弓闾,也写作"弓卢",水名,即今之克鲁伦河,在蒙古国之乌兰巴托东。

⑫屯头王、韩王:皆匈奴王名。

⑬封狼居胥山:在狼居胥山头筑台祭天。封,在山上筑台祭天。狼居胥山,在今蒙古国乌兰巴托东。

⑭禅于姑衍:在姑衍拓场祭地。禅,拓地以祭地神。姑衍,地名,在今乌兰巴托东南,离狼居胥山不远。

⑮翰海：大漠的别称。

⑯执卤获丑：义同前文之"执讯获丑"，即捉到敌兵生口，问知消息，进而俘获大量敌兵。卤，通"虏"。丑，群，类。

⑰逴（chuō）行：远出，远征。

⑱以五千八百户益封骠骑将军：骠骑将军前后五次受封，累计共一万六千一百户，超过卫青三千三百户。

⑲路博德：盖亦如李敢之实为"裨将"而降级用为"大校"者，后封伏波将军，事见《南越列传》。

⑳与城：《汉书》作"兴城"，方位不详。

㉑梼余山：约在今蒙古国境内，方位不详。

㉒符离侯：封地符离，在今安徽宿县东北。按，梁玉绳以为"符离"当作"邳离"。

㉓邢山：《建元以来侯者年表》作"卫山"。

㉔义阳侯：封地义阳，平氏县的乡名，在今河南桐柏东。

㉕因淳王复陆支、楼专王伊即靬："因淳""楼专"皆匈奴之王号，"复陆支""伊即靬"皆人名，匈奴王之归附汉朝者。

㉖封复陆支为壮侯：梁玉绳以为"壮"字应作"杜"。杜，封地名。《索隐》以为在东平。

㉗伊即靬为众利侯：前文已言封郝贤为众利侯，今又曰封伊即靬为众利侯者，盖因郝贤于元朔六年封侯，元狩二年坐罪国除；故于元狩四年复以"众利"封伊即靬。事见《建元以来侯者年表》。众利，封地名，《索隐》以为在城阳郡内。

㉘昌武侯安稽：赵安稽，原为匈奴王，后归汉朝。梁玉绳以为"昌武"应作"武阳"。

㉙校尉自为：徐自为，事迹又见于《匈奴列传》。大庶长：秦汉时二十级爵位的第十八级，再往上就是关内侯了。姚苎田曰："叙功之状，繁而不杀，正史公笔力大处。若入后人手，必有许多芟除归并

之法,不古甚矣。然史公他文亦颇有可省处,唯此诏备载得体,一字不可去,须味之。"

【译文】

骠骑将军霍去病也统率着五万骑兵,车辆辎重和大将军的军队一样,但没有带副将。霍去病把李敢等大校全当副将使用,出兵代郡、右北平,深入匈奴境内一千多里,遇到了匈奴左方的部队,斩杀之功比大将军卫青还多。部队返回后,天子说:"骠骑将军霍去病统领军队,亲自指挥俘获来的荤粥勇士,带着少量的物质给养,横越大漠,渡河破获了章渠,诛杀了比车耆,转而攻击左贤王的左大将,缴获了战旗和军鼓,翻过离侯山。接着渡过弓闾河,俘获了屯头王、韩王等三人,以及匈奴将军、相国、当户、都尉等八十三人,在狼居胥山祭天,在姑衍山祭地,登山远望翰海。共俘获匈奴七万零四百四十三人,汉军减员只有十分之三,还从敌人手里夺取军粮,因而出征到极远的地方而粮草不断,特加封骠骑将军五千八百户。"此战右北平太守路博德也归霍去病指挥,能按时与霍去病在与城会师,跟随霍去病打到了梼余山,俘获匈奴二千七百人,为此以食邑一千六百户封路博德为符离侯。北地都尉邢山跟随骠骑将军捕获了匈奴小王,为此以食邑一千二百户封邢山为义阳侯。之前归顺汉朝的匈奴因淳王复陆支、楼专王伊即靬都跟随骠骑将军立了功,为此以食邑一千三百户封复陆支为壮侯,以食邑一千八百户封伊即靬为众利侯。从骠侯赵破奴、昌武侯赵安稽也跟随骠骑将军立有战功,各加封食邑三百户。校尉李敢因夺得了匈奴的军旗战鼓,封为关内侯,食邑二百户。封校尉徐自为大庶长的爵位。军中官兵们封官受赏的还有很多。而大将军卫青没有得到加封,他部下的军吏士兵也都没有被封侯的。

两军之出塞,塞阅官及私马凡十四万匹,而复入塞者不满三万匹。乃益置大司马位①,大将军、骠骑将军皆为大司马②。定令,令骠骑将军秩禄与大将军等③。自是之后,大将军青日退,而骠骑日益贵。举大将军故人门下多去事骠骑④,辄得官爵,唯任安不肯⑤。

【注释】

①大司马:职官名,今始用之。

②大将军、骠骑将军皆为大司马:即他处所称"大司马大将军""大司马骠骑将军"。

③秩禄:级别与俸禄。据《后汉书·百官志》注引蔡质《汉仪》,"大将军、骠骑,位次丞相",则加"大司马"后,位次与权势实皆在丞相之上。

④举:全部,所有的。《汉书》削此"举"字。

⑤唯任安不肯:凌稚隆引王世贞曰:"贤乎哉任安也,其犹有古侠士冯煖、虞卿之风焉。当大将军盛时,士争自洁饰求眩,其趋之也若飘风之积羽,其用之也如烈焰之炙手;而安与田仁方以贫事家监,得养恶啮马,非有国士之遇也。迨赵禹过择郎将,得安,大将军犹不肯,此与安何德?灰飞鸟散,而安如故,语曰'岁寒知松柏之后凋',难能哉!"锺惺曰:"太史公叙骠骑封赏极其熏灼,觉大将军渐冷矣,却详大将军漠北一战不容口,而以'大将军不得益封,军吏皆无封者'二语结之,仍接叙骠骑战功封赏。此时大将军之视骠骑,几于昔李广之视大将军,其感深矣。"任安,司马迁的朋友,事见《田叔列传》与《报任安书》。

【译文】

卫青、霍去病两支大军出塞的时候,边塞上察阅官马和私马十四万匹,而再回来入塞时的马匹还不到三万。朝廷从此增设了大司马的职位,大将军卫青、骠骑将军霍去病都担任了大司马。朝廷制订法令,让骠骑将军的级别和俸禄与大将军相等。从此以后,大将军卫青的势力日益减退,而骠骑将军霍去病则日益显贵。昔日大将军的门客很多都离开了他而去事奉骠骑将军，都得到了官职爵位，只有任安不肯那样做。

骠骑将军为人少言不泄①，有气敢任。天子尝欲教之孙、吴兵法②，对曰："顾方略何如耳，不至学古兵法③。"天子为治第，令骠骑视之，对曰："匈奴未灭，无以家为也④。"由此上益重爱之。然少而侍中，贵，不省士⑤。其从军，天子为遣太官赍数十乘⑥，既还，重车余弃粱肉⑦，而士有饥者。其在塞外，卒乏粮，或不能自振⑧，而骠骑尚穿域蹋鞠⑨。事多此类。大将军为人仁善退让⑩，以和柔自媚于上⑪，然天下未有称也⑫。

【注释】

①少言不泄：《索隐》引孔文祥曰："质重少言，胆气在中也。周仁'阴重不泄'，其行亦同也。"

②孙、吴兵法：齐人孙武与卫人吴起所著的兵法。孙武是春秋末期人，效力于吴王阖庐；吴起是战国初期人，先后效力于魏国、楚国，二人事迹详见《孙子吴起列传》。《汉书·艺文志》中有《吴孙子兵法》八十二篇，《吴起》四十八篇。

③顾方略何如耳，不至学古兵法：关键在于根据具体情况随机处置的本领如何，不在于死读古人的旧书。顾，转折语气词，犹如"问题在于""关键是"。不至，不在于。王叔岷曰："'至'犹'在'也。"

④无以家为：不要建造自家的小窝。《汉书评林》引刘子鞏曰："李广之骑射，程不识之军律，霍去病无所称焉。所长者，武帝使之学孙吴法，去病曰'顾方略何如耳'；上为治第，曰'何以家为'，其气识已度越诸将矣。"

⑤不省士：不关心人。

⑥太官：皇家厨房的管理员。赍数十乘(shèng)：拉着几十车吃的，
　以供霍去病所用。赍，携带。乘，古称一车四马。

⑦余弃：吃不了扔掉。梁肉：黄粮(小米)与肉食，都是古代的上等
　饭菜。

⑧不能自振：指饿得站不起来。

⑨穿域：开辟场地。蹴鞠：古代的一种踢球游戏，用以锻炼身体。军
　中也有时用作训练项目。何焯《义门读书记》曰："《蹴鞠》二十
　五篇，《汉书》附兵家技巧中。"史珥曰："李广得赏赐辄分其麾下，
　饮食与士共之，而不得封侯，且自刭绝域；骠骑重车余粱肉，而士
　有饥色，卒乏粮或不能自振，而骠骑尚穿域蹴鞠，翻至大司马，以
　功名终。子长传两人，有无限不平之意。"

⑩为人仁善退让：杨树达曰："汲黯不拜青，而青愈贤黯，遇之加于
　前，足为青退让之证。"汲黯不拜卫青事，见于《汲郑列传》。

⑪以和柔自媚于上：以神态温和讨好皇帝。杨树达曰："《汲郑传》
　云：'大将军青侍中，上踞厕视之。'观此语可知其故。"

⑫天下未有称：此乃司马迁之偏激语，《淮南衡山列传》伍被云："被
　所善者黄义从大将军击匈奴还，告被曰：'大将军遇士大夫有礼，
　于士卒有恩，众皆乐为之用。骑上下山若蜚，材干绝人。'被以为
　材能如此，数将习兵，未易当也。及谒者梁使长安来，言大将军
　'号令明，当敌勇敢，常为士卒先。休舍，穿井未通，须士卒尽得
　水，乃敢饮；军罢，卒尽已渡河，乃渡。皇太后所赐金帛，尽以赐军
　吏。虽古名将弗过也。'"

【译文】

　　霍去病为人沉稳不多说话，但果敢有胆气能决断。武帝曾想要教他
孙子、吴子的兵法，霍去病回答说："关键是根据具体情况随机处置的本
领如何，不在于学习古代兵法。"天子为他修建了府第，让骠骑将军去看
看，他回答说："匈奴还没有消灭，不应先考虑自己的小家。"因此天子更

加看重喜欢他。但霍去病从少年时就在朝侍奉皇上，高贵惯了，所以不关心部下将士。他出兵时，天子给他派去太官，携带着几十辆马车的军需品，回来后，车上很多米肉没吃完扔在那里都已经坏了，可士兵中还有不少挨饿的。他在塞外时，士兵缺粮，有些人饿得都站不起来了，可骠骑将军还在那开辟场地踢球。类似的事情很多。大将军卫青为人仁善，谦和退让，他以温和柔顺讨好武帝，但天下人没有称道他的。

　　骠骑将军自四年军后三年①，元狩六年而卒②。天子悼之，发属国玄甲军③，陈自长安至茂陵④，为冢象祁连山⑤。谥之，并武与广地曰景桓侯⑥。子嬗代侯。嬗少，字子侯，上爱之⑦，幸其壮而将之。居六岁，元封元年，嬗卒⑧，谥哀侯。无子，绝，国除⑨。

【注释】

①四年军：即元狩四年卫青、霍去病两路度漠北之大破匈奴。

②元狩六年而卒：元狩六年（前117）。霍去病死时年仅二十四岁。

③玄甲：黑甲，铁甲。

④陈自长安至茂陵：从长安到茂陵列队，为骠骑送殡。陈，排列，列队。茂陵，汉武帝为自己预造的陵墓，在今陕西西安西北，咸阳西南之兴平县城东十五公里处。霍去病墓在茂陵东侧五百米，盖为武帝作陪葬者。

⑤为冢象祁连山：《索隐》曰："崔浩云：'去病破昆邪于此山，故令为冢象之，以旌功也。'姚氏按：'冢在茂陵东北，与卫青冢并，西者是青，东者是去病。冢上有竖石，前有石马相对，又有石人也。'"陈直曰："霍墓从侧面周视，皆为山峰形，所谓'象祁连山'是也。"

⑥谥之，并武与广地曰景桓侯：并，合，兼而有之。《索隐》曰："'景'、

'桓'两谥也。《谥法》:'布义行刚曰景',是武谥也;又曰:'辟土
服远曰桓',是广地之谥也。以去病平生有武艺及广边地之功,故
云'谥之并武及广地,曰景桓侯'。"

⑦嬗(shàn)少,字子侯,上爱之:霍嬗当时年仅数岁。据《封禅
书》:"天子独与侍中奉车子侯上泰山。"所谓"奉车"即奉车都
尉,皇帝的侍从官名。

⑧嬗卒:据《封禅书》,霍嬗从武帝泰山封禅后,"乃复至东海上,奉
车子侯暴病,一日死"。霍嬗死时年仅十来岁,当时是元封元年
(前110)。

⑨无子,绝,国除:按,霍去病有弟曰光,亦卫少儿之子。至武帝末
年,曾秉权为大将军,受遗诏辅少主,《汉书》有传。

【译文】

骠骑将军霍去病从元狩四年讨伐匈奴以后的第三年,也就是元狩六
年去世。天子哀悼他,调集了匈奴归降汉朝的属国的铁甲军,列队从长
安一直到茂陵为他送殡,还仿照祁连山的样子给他修建了陵墓。为他制
定谥号,兼有威武勇猛和开拓边疆的意思,叫景桓侯。他的儿子霍嬗继
承了爵位。霍嬗当时年龄还小,字子侯,武帝特别喜爱他,希望他长大后
也能成为大将。可过了六年,也就是元封元年,霍嬗便死了,谥为哀侯。
由于霍嬗没有儿子,绝了后代,所以这个侯国也就被撤销了。

自骠骑将军死后,大将军长子宜春侯伉坐法失侯①。后
五岁②,伉弟二人,阴安侯不疑及发干侯登皆坐酎金失侯③。
失侯后二岁,冠军侯国除④。其后四年,大将军青卒⑤,谥为
烈侯。子伉代为长平侯。自大将军围单于之后,十四年而
卒⑥。竟不复击匈奴者,以汉马少,而方南诛两越,东伐朝
鲜,击羌、西南夷,以故久不伐胡。大将军以其得尚平阳长

公主故⑦，长平侯伉代侯⑧。六岁，坐法失侯⑨。

【注释】

①宜春侯伉坐法失侯：事在霍去病去世后的第二年，即元鼎元年（前116）。据《汉书·外戚恩泽侯表》称："侯伉坐矫制不害，国除。""矫制不害"指假传诏书，但未造成恶果，故从轻发落，只除其国。

②后五岁：元鼎五年（前112）。

③酎（zhòu）金：汉律规定祭祀宗庙时诸侯皆献金助祭。据《平准书》记载，如果诸侯王不按规定献金助祭，就要受削县除国的处分，武帝时"坐酎金失侯者百余人"。酎，祭祀时的一种醇酒。

④冠军侯国除：此冠军侯即上文所说的霍嬗。

⑤其后四年，大将军青卒：卫青卒于元封五年（前106）。卫青墓在今陕西兴平道常村，是汉武帝茂陵的陪葬墓。在茂陵之东北。卫青墓的封土呈山形，以象庐山（也称颜山）。东侧是霍去病墓。

⑥十四年而卒：卫青围单于在元狩四年（前119），至元封五年（前106）卫青死，中隔十四年。

⑦尚平阳长公主：娶平阳公主为妻。尚，上配，高攀。平阳长公主，汉武帝之胞姊，原称阳信公主。因嫁与平阳侯曹時（或称"曹寿""曹时"，曹参的后代）为妻，故通常也称为平阳公主。平阳侯卒，平阳公主改嫁卫青。事见《外戚世家》。

⑧长平侯伉代侯：卫伉前因有罪失宜春侯，按常理已无再袭父爵的资格，但因其父是皇帝的姐夫，所以特施恩典又令其承袭其父的长平侯。

⑨六岁，坐法失侯：据《汉书·恩泽侯表》，卫伉因"阑入宫，完为城旦"，事在天汉元年（前100）。"阑入宫"即无礼地闯入宫廷。"完为城旦"即被判髡刑，谪筑长城。按，自霍去病死后，卫、霍两家

连续发生变故，十几年后荡然无存，司马迁笔下，无限感慨。

【译文】

自从骠骑将军霍去病死后，大将军卫青的长子宜春侯卫伉因为犯法也失去了侯爵之位。此后五年，卫伉的两个弟弟，阴安侯卫不疑和发干侯卫登都因为交纳的助祭钱不合格而失去爵位。他们失去侯爵两年后，冠军侯的封国被废除。又过了四年，大将军卫青病死，谥号为烈侯。他的长子卫伉继承了长平侯的爵位。大将军卫青在围攻匈奴单于之后十四年去世。这期间没有再攻打匈奴，是因为汉朝马匹缺少，而且当时正向南征讨南越和东越，向东讨伐朝鲜，又进攻羌人和西南夷，所以很长时间没有攻伐匈奴。大将军卫青因为娶了平阳公主为妻，所以长子卫伉才能够世袭了长平侯的爵位。过了六年，卫伉因为犯法而失去了侯爵。

左方两大将军及诸裨将名：

最大将军青[①]，凡七出击匈奴[②]，斩捕首虏五万余级。一与单于战，收河南地，遂置朔方郡，再益封，凡万二千八百户[③]。封三子为侯，侯千三百户。并之，万五千七百户[④]。其校尉、裨将以从大将军侯者九人[⑤]。其裨将及校尉已为将者十四人[⑥]。为裨将者曰李广，自有传。无传者曰：

【注释】

①最大将军青：意即大将军卫青的功勋总计。最，总计。

②凡七出击匈奴：一是元光六年，出上谷；二是元朔元年，出雁门；三是元朔二年，出云中，取河南地；四是元朔五年，出高阙，破右贤王；五是元朔六年二月，出定襄；六是元朔六年四月，复出定襄，无功；七是出定襄，破匈奴于漠北。

③凡万二千八百户：据前文总计，卫青一共得一万二千八百户。

④并之，万五千七百户：卫青全家所得的封户总和应为一万六千七
　百户。并之，指全家总计。
⑤校尉、裨将以从大将军侯者九人：梁玉绳曰："按《史》、《汉》表，
　侯者十一人，一苏建，二张次公，三公孙敖，四公孙贺，五韩说，六
　李蔡，七赵不虞，八公孙戎奴，九李朔，十张骞，十一郝贤。言'九
　人'误。"
⑥已为将：指率军独当一面之将，不再在他人属下当裨将。

【译文】

以下是两位大将军及其各位副将的名单：

　　总计大将军卫青的功勋，共七次出击匈奴，斩获敌军共五万多人。
与匈奴单于直接作战一次，收复河套以南地区，设置了朔方郡，两次加
封，食邑共一万二千八百户。赐封他的三个儿子为侯，每位侯享有食邑
一千三百户。全家合计，食邑共一万五千七百户。他的校尉、副将因跟
随出征有功被封侯的有九人。他的副将、校尉已成为将军的有十四人。
担任副将的李广，自己有传记。没有单独专门立传的如下：

　　将军公孙贺。贺，义渠人①，其先胡种。贺父浑邪②，景
帝时为平曲侯③，坐法失侯。贺，武帝为太子时舍人④。武帝
立八岁⑤，以太仆为轻车将军，军马邑⑥。后四岁⑦，以轻车
将军出云中。后五岁⑧，以骑将军从大将军有功，封为南窌
侯。后一岁，以左将军再从大将军出定襄，无功。后四岁，
以坐酎金失侯⑨。后八岁⑩，以浮沮将军出五原二千余里⑪，
无功。后八岁⑫，以太仆为丞相⑬，封葛绎侯⑭。贺七为将
军⑮，出击匈奴无大功，而再侯⑯，为丞相。坐子敬声与阳石
公主奸⑰，为巫蛊，族灭⑱，无后。

【注释】

①义渠:汉县名,治所在今甘肃宁县西北。其地在战国时为义渠族人所居,后来被秦国伐灭,在其地设义渠县。

②贺父浑邪:浑邪,也作"昆邪",汉景帝时为陇西太守,以将军击吴有功,封平曲侯。

③平曲侯:封地平曲,方位不详。

④武帝为太子时舍人:武帝,应作"今上",梁玉绳以为此称"皆后人妄改"。舍人,太子的属官,略同于皇帝身边的郎中、中郎等。

⑤武帝立八岁:即元光二年(前133)。

⑥军马邑:指汉军埋伏马邑谋袭匈奴,因走露消息而一无所获,详见《韩长孺列传》《匈奴列传》。马邑,汉县名,即今山西朔县。

⑦后四岁:应作"后三岁",事在元光五年(前130)。

⑧后五岁:应作"后六岁",事在元朔五年(前124)。

⑨后四岁,以坐酎金失侯:梁玉绳曰:"按《史》、《汉》表,贺以元鼎五年(前112)坐酎金免,则自元朔六年出定襄后至元鼎五年,凡十一岁也。"

⑩后八岁:梁玉绳曰:"贺出五原,即元鼎六年(前111)事,非坐酎金失侯之后八岁也。"

⑪浮沮将军:钱大昕曰:"据《匈奴传》:'贺将五千骑出五原二千余里,至浮苴井而还。'浮苴,即'浮沮',盖以地名。赵破奴为'匈河浚稽将军',李广利为'贰师将军',亦其类也。"丁谦以为浮沮井当在蒙古国之杭爱山以北。五原:汉郡名,治所在今内蒙古包头西。

⑫后八岁:太初二年(前103)。

⑬以太仆为丞相:据《汉书·公孙贺传》,此次公孙贺之为丞相甚非其本人之所愿,当听到汉武帝任命时,曾吓得叩头求免。其所以如此,因前此之丞相多为汉武帝所杀。

⑭封葛绎侯:汉代建国初期为丞相者,都是开国功臣,自身都有侯

爵。至汉武帝时,公孙弘以布衣取得丞相之位,汉武帝封之为平
津侯。自此以后,凡为丞相者,例皆封侯,公孙贺即循其例。

⑮贺七为将军:一,元光二年以轻车将军出马邑;二,元光六年以轻
　车将军出云中;三,元朔五年以骑将军击匈奴;四,元朔六年二月
　以左将军出定襄;五,元朔六年四月再出定襄;六,元狩四年以左
　将军出定襄;七,元鼎六年以浮沮将军出五原。

⑯再侯:两次封侯,即南窌侯、葛绎侯。

⑰敬声与阳石公主奸:阳石公主,汉武帝之女,卫皇后所生。敬声之
　母为卫皇后之姊卫孺,故敬声与阳石公主为姨表兄妹。

⑱为巫蛊,族灭:事在征和元年(前92),公孙贺为救儿子敬声,请
　命捕捉亡命"大侠"朱安世。朱安世被捕后,反口诬说公孙贺等
　以巫蛊谋害皇帝,于是公孙贺被灭族。详见《汉书·公孙贺传》。
　巫蛊,以巫术谋害人。

【译文】

　　将军公孙贺。公孙贺是义渠人,其祖先是胡人。公孙贺的父亲公孙
浑邪,在景帝时被封为平曲侯,后来因为犯法丢了侯爵。公孙贺在武帝
作太子时任太子舍人。武帝即位后八年,公孙贺以太仆的身份担任轻车
将军,驻军马邑。又过了四年,以轻车将军的身份由云中郡出兵北伐匈
奴。又过了五年,以骑将军的身份随大将军卫青作战有功,封为南窌侯。
又过了一年,以左将军的身份两次跟随大将军卫青由定襄出兵,无功而
还。又过了四年,因助祭金不合规定被削去侯爵。又过了八年,以浮沮
将军的身份由五原郡出兵,北行二千多里讨伐匈奴,无功而还。又过了
八年,由太仆升任丞相,封为葛绎侯。公孙贺七次担任将军,出击匈奴作
战没有大功劳,却两次封侯,做了丞相。后来因其子公孙敬声与武帝的
女儿阳石公主有奸情,又搞巫蛊之术,被灭族,没有留下后代。

　　将军李息,郁郅人①。事景帝。至武帝立八岁,为材官

将军^②，军马邑；后六岁^③，为将军，出代；后三岁^④，为将军，从大将军出朔方：皆无功。凡三为将军，其后常为大行^⑤。

【注释】

①郁郅（zhì）：汉县名，即今甘肃庆阳。

②材官将军：所统领皆力大善射的特种兵。材官，力大善射的特殊兵种。

③后六岁：元朔二年（前127）。

④后三岁：元朔五年（前124）。

⑤大行：即大行令，也称典客，"九卿"之一，主管少数民族事务。陈直曰："霍（去病）墓向东，有冢并立，规模较小，图志相传为李息冢也。"

【译文】

　　将军李息是郁郅县人。曾经事奉过景帝。到武帝即位后的第八年，李息担任材官将军，驻军马邑；六年后，担任将军，由代郡北出伐匈奴；又过了三年，担任将军，跟随大将军由朔方郡北出伐匈奴：都无功而返。李息曾前后三次任将军，后来经常任大行令。

　　将军公孙敖，义渠人。以郎事武帝^①。武帝立十二岁^②，为骑将军，出代，亡卒七千人，当斩，赎为庶人。后五岁^③，以校尉从大将军有功，封为合骑侯。后一岁^④，以中将军从大将军，再出定襄，无功^⑤。后二岁^⑥，以将军出北地，后骠骑期，当斩，赎为庶人。后二岁，以校尉从大将军^⑦，无功。后十四岁，以因杅将军筑受降城^⑧。七岁^⑨，复以因杅将军再出击匈奴^⑩，至余吾^⑪，亡士卒多，下吏，当斩，诈死^⑫，亡居民间五六岁。后发觉，复系。坐妻为巫蛊，族^⑬。凡四为将军出击匈奴，一侯[14]。

【注释】

①以郎事武帝：梁玉绳以为应同《汉书》作"事景帝"。

②武帝立十二岁：即元光六年（前129）。

③后五岁：应作"后六岁"，即元朔五年（前124）。

④后一岁：元朔六年（前123）。

⑤再出定襄，无功：梁玉绳曰："传言斩虏万余人，《史》、《汉》表皆言是年敫益封，则此误也，当衍'无功'二字。"

⑥后二岁：元狩二年（前121）。

⑦后二岁，以校尉从大将军：即元狩四年（前119）漠北之役。

⑧后十四岁，以因杅将军筑受降城：据《匈奴列传》，当时匈奴左大都尉欲杀单于以降汉，故朝廷派公孙敫筑受降城。受降城的旧址在今内蒙古乌拉特中后联合旗东。后十四岁，即元封六年，前105。因杅将军，《汉书·武帝纪》师古注引服虔曰："匈奴地名，因所征以名将军也。"

⑨七岁：泷川曰："枫、三本'七岁'上有'后'字。"按，"后七岁"即天汉四年（前97）。

⑩再出击匈奴：此次伐匈奴以贰师将军李广利为主将，同出者还有游击将军韩说、强弩都尉路博德。杨树达曰："时武帝遣敫迎李陵，见陵传。"

⑪余吾：水名，即今内蒙古的鄂尔伦河。

⑫当斩，诈死：《汉书·武帝纪》太始元年作："因杅将军有罪，要斩。"王先谦曰："敫盖于斩时诈死，行刑者已报讫，五六岁后复出，乃觉其诈耳。"

⑬坐妻为巫蛊，族：事在武帝征和二年（前91）。

⑭一侯：一次为侯，即所谓"合骑侯"。

【译文】

将军公孙敖是义渠人。以郎官身份侍奉武帝。武帝即位十二年时，担任骑将军，由代郡北出伐匈奴，损失士兵七千人，罪当斩首，花钱赎为平民。又过了五年，作为校尉跟随大将军北伐匈奴有功，被封为合骑侯。又过了一年，作为中将军再次跟随大将军两次由定襄郡北出伐匈奴，无功而回。又过了两年，作为将军出兵北地郡，由于误了与骠骑将军会师的约定期限，罪当斩首，花钱赎为平民。又过了两年，作校尉的身份跟随大将军北出伐匈奴，无功而回。又过了十四年，担任因杆将军修筑受降城。又过了七年，再次作为因杆将军两次北伐匈奴，进军至余吾，损失士兵多，被交付司法官吏审讯，应当斩刑，他假装病死，在民间逃匿了五六年。后来被发觉，再次入狱。因其妻搞巫蛊之术牵连，被灭族。公孙敖先后共四次担任将军北伐匈奴，曾有一次被封侯。

将军李沮，云中人。事景帝。武帝立十七岁[1]，以左内史为强弩将军[2]。后一岁[3]，复为强弩将军。

【注释】

①武帝立十七岁：即元朔五年（前124）。

②左内史：也称左冯翊，首都长安东部郊区的行政长官，与京兆尹、右扶风合称"三辅"。

③后一岁：元朔六年（前123）。

【译文】

将军李沮是云中人。曾经事奉过景帝。武帝即位后第十七年，以左内史的身份担任强弩将军。此后一年，又担任强弩将军。

将军李蔡[1]，成纪人也[2]。事孝文帝、景帝、武帝。以轻车将军从大将军有功，封为乐安侯[3]。已为丞相，坐法死[4]。

【注释】

①李蔡：李广之从弟。

②成纪：汉县名,治所在今甘肃静宁西南。

③以轻车将军从大将军有功,封为乐安侯：事在元朔五年（前124）。

④已为丞相,坐法死：李蔡于元狩二年为丞相,元狩五年坐"侵孝景园壖地"自杀,见《将相名臣年表》《李将军列传》。"酎金"与"侵壖"为汉武帝打击列侯,没收其封地的两种"罪名"。

【译文】

将军李蔡是成纪县人。先后事奉孝文帝、景帝、武帝。作为轻车将军跟随大将军北伐有功,被封为乐安侯。后来又做了丞相,因犯法自杀。

将军张次公①,河东人②。以校尉从卫将军青有功,封为岸头侯③。其后太后崩④,为将军,军北军⑤。后一岁,为将军⑥,从大将军。再为将军⑦,坐法失侯⑧。次公父隆,轻车武射也⑨。以善射,景帝幸近之也。

【注释】

①张次公：少与义纵为友,事见《酷吏列传》。

②河东：汉郡名,治所在今山西夏县西北。底本误作"河车"。

③封为岸头侯：事在元朔二年（前127）,因随卫青收复河南地有功。

④太后崩：汉武帝母王太后崩于元朔三年（前126）。

⑤军北军：意即统领北军。泷川引冈白驹曰："天子谅阴（因守丧而不问政事）,备非常也。"关于"北军",说法不一,参见《吕后本纪》注。

⑥后一岁,为将军：梁玉绳曰："应作'后二岁'。"盖即元朔五年。

⑦再为将军：两次为将军,即元朔二年与元朔五年。

⑧坐法失侯：据《建元以来侯者年表》，元狩元年（前122），"次公坐与淮南王女奸及受财物罪，国除"。按，淮南王刘安之女名陵，其父欲谋反，刘陵住在京城为其父作间谍，故张次公得与之有染。

⑨轻车武射：皇帝仪仗队中轻车上的武射之士。《后汉书·舆服志》："轻车，古之战车也，洞朱轮舆，不巾不盖，建矛戟幢麾，辐辑弩服。大驾、法驾出，射声校尉、司马吏士载，以次属车，在卤簿中。"

【译文】

　　将军张次公是河东郡人。作为校尉跟随大将军卫青北伐有功，封为岸头侯。这以后王太后驾崩，他担任将军，统领北军。一年后，他担任将军，跟随大将军北伐。张次公先后两次担任将军，因犯法失掉了侯位。张次公的父亲张隆，曾任轻车武射。因为他善于射箭，景帝十分宠爱亲近他。

　　将军苏建①，杜陵人②。以校尉从卫将军青，有功，为平陵侯③，以将军筑朔方④。后四岁⑤，为游击将军，从大将军出朔方。后一岁⑥，以右将军再从大将军出定襄，亡翕侯，失军，当斩⑦，赎为庶人。其后为代郡太守，卒，冢在大犹乡⑧。

【注释】

①苏建：苏武之父。

②杜陵：汉县名，治所在今陕西西安东南。

③有功，为平陵侯：事在元朔二年（前127），盖因随卫青收复河南地而受封。

④以将军筑朔方：苏建出征前尚是校尉，立功封侯后始为将军，故以将军之身份率兵筑朔方郡城。

⑤后四岁：梁玉绳曰："当云'后三岁'。苏建封侯在元朔二年，此
　（出朔方）元朔五年事。"王先谦曰："据《武纪》，城朔方，元朔三
　年；出朔方，元朔五年。"

⑥后一岁：元朔六年（前123）。

⑦失军，当斩：此役中苏建丧失所部之全军，仅孤身一人逃回，故有
　人曾劝卫青斩之。

⑧冢在大犹乡：大犹乡应属阳陵邑，在今陕西西安北，盖亦陪葬汉景
　帝之阳陵者。《汉书·苏武传》中李陵与苏武对话时曾有"太夫
　人已不幸，陵送葬至阳陵"云云。

【译文】

　　将军苏建是杜陵人。作为校尉跟随将军卫青北伐匈奴有功，被封
为平陵侯，又担任将军修筑朔方郡。四年后，任游击将军，跟随大将军由
朔方郡北出伐匈奴。又过了一年，作为右将军两次跟随大将军出兵定襄
郡，结果翕侯赵信逃跑，丧失了全部军队，被判死罪，花钱赎为平民。后
来苏建担任代郡太守，去世后，葬于大犹乡。

　　将军赵信，以匈奴相国降，为翕侯①。武帝立十七岁②，
为前将军，与单于战，败，降匈奴。

【注释】

①以匈奴相国降，为翕侯：事在元光四年，见《建元以来侯者年表》。
　按，匈奴"相国"官职不高，不可与汉朝的"相国"同日而语。

②武帝立十七岁：梁玉绳曰："《汉书》作'十八岁'，是。赵信为前将
　军在元朔六年，武帝立十八年也。"

【译文】

　　将军赵信，以匈奴相国的身份投降汉朝，被封为翕侯。武帝即位后
第十七年，赵信担任前将军，与匈奴单于作战失败，投降匈奴。

　　将军张骞，以使通大夏①，还，为校尉②。从大将军有功，封为博望侯③。后三岁④，为将军，出右北平，失期，当斩⑤，赎为庶人。其后使通乌孙⑥，为大行而卒⑦，冢在汉中⑧。

【注释】

①以使通大夏：应曰"以使通月氏"，事在建元三年（前138）。

②还，为校尉：张骞历十三年回国后，被任为太中大夫，事在元朔三年（前126）；至元朔六年，始以校尉随卫青伐匈奴。

③封为博望侯：事在元朔六年（前123）。

④后三岁：元狩二年（前121）。

⑤失期，当斩：此役张骞与李广同出，李广以四千骑遇匈奴左贤王四万骑，由于张骞未在约定时间到达，使李广损失惨重，故当斩，详见《李将军列传》。

⑥使通乌孙：事在元鼎二年（前115）。乌孙，西域国名，国都赤谷城，在今新疆乌什西北，即哈萨克斯坦境内的伊什提克。张骞通乌孙的详情，见《大宛列传》。

⑦为大行而卒：张骞于元鼎二年由乌孙回国后即任大行，元鼎三年（前114）卒，事见《汉书·百官公卿表》。大行，即"大行令"，也称"典客"，"九卿"之一，主管少数民族事务。《大宛列传》云："骞还到，拜为大行，列于九卿。岁余，卒。"

⑧冢在汉中：张骞冢在今陕西汉中地区城固县城西之黎何村。

【译文】

　　将军张骞，受命为使者出使大夏，回来后担任校尉。跟随大将军北伐有功，被封为博望侯。三年后，又担任将军，由右北平北出伐匈奴，误了与李广会师的日期，罪当斩首，花钱赎为平民。后来张骞再次出使乌孙，回来担任大行令，死于任上，坟墓在故乡汉中。

将军赵食其[1],祋祤人也[2]。武帝立二十二岁[3],以主爵为右将军[4],从大将军出定襄,迷失道,当斩[5],赎为庶人。

【注释】

①赵食其:汉人喜以"食其"为名,仅刘邦部下即有"郦食其""审食其"。

②祋祤(duì xǔ):也作"祋栩",即今陕西耀县。

③武帝立二十二岁:即元狩四年(前119)。

④主爵:主爵都尉的简称。主爵都尉主管列侯事务,秩二千石。

⑤迷失道,当斩:此役中李广与之一同出东路,迷失道,李广因此自杀。

【译文】

将军赵食其是祋祤县人。武帝即位后的第二十二年,以主爵都尉的身份任右将军,跟随大将军由定襄北出伐匈奴,由于迷了路未能按期会师,罪当斩刑,花钱赎为平民。

将军曹襄[1],以平阳侯为后将军,从大将军出定襄。襄,曹参孙也。

【注释】

①曹襄:刘邦功臣曹参的玄孙。继其先辈之爵为平阳侯。曹参之子名窋,曹参之孙名奇,曹参之曾孙名畤(或曰'时',或曰'寿')。曹襄即曹畤之子。

【译文】

将军曹襄,以平阳侯的身份担任后将军,跟随大将军由定襄北出伐匈奴。曹襄,是高祖功臣曹参的孙子。

将军韩说，弓高侯庶孙也①。以校尉从大将军有功，为龙额侯，坐酎金失侯。元鼎六年，以待诏为横海将军②，击东越有功，为按道侯③。以太初三年为游击将军④，屯于五原外列城⑤。为光禄勋⑥，掘蛊太子宫⑦，卫太子杀之⑧。

【注释】

①将军韩说，弓高侯庶孙也：韩说是韩颓当庶出的孙子，韩王信之曾孙。刘邦功臣韩王信因遭刘邦怀疑而投匈奴，北行至匈奴中的颓当城生子，取名颓当。韩颓当于文帝时率部归汉，被封为弓高侯，在平定吴楚七国之乱中有大功。详见《韩信卢绾列传》。

②待诏：暂无官爵，听候皇帝诏用的人。

③击东越有功，为按道侯：元鼎五年（前112），汉军讨南越（都番禺，即今广州）时，闽越王先说出兵相助，后又观望不行。元鼎六年，汉使韩说为横海将军，会同杨仆、王温舒等将其讨平，过程详见《东越列传》。东越，即指《东越列传》中的"闽越"，汉初东越人建立的小国名。按道，封地名。韩说因平东越功被封按道侯在元封元年（前110）。

④太初三年：前102年。

⑤五原：汉郡名，治所在今内蒙古包头西北，北距长城不远。

⑥光禄勋：即前"郎中令"，汉武帝太初元年改称光禄勋，"九卿"之一，统领皇帝侍从，守卫宫廷门户。

⑦掘蛊太子宫：指江充等人挑动汉武帝怀疑皇后与太子有巫蛊之事，派韩说率人到太子宫查抄，太子一怒，杀死韩说，举兵"反"。事在征和二年（前91）。

⑧卫太子：名据，因其母为卫子夫，故习称"卫太子"。

【译文】

将军韩说是弓高侯韩颓当的庶出子孙。作为校尉跟随大将军北伐有功，被封为龙额侯，后来因交纳助祭金不合规定丢掉了侯爵。元鼎六年，以待诏的身份任横海将军，攻击东越有战功，被封为按道侯。太初三年担任游击将军，屯驻在五原郡北的长城边。后来担任了光禄勋，到太子宫中挖掘巫蛊，卫太子斩杀了他。

　　将军郭昌，云中人也。以校尉从大将军。元封四年，以太中大夫为拔胡将军，屯朔方[①]。还击昆明[②]，毋功，夺印。

【注释】

①以太中大夫为拔胡将军，屯朔方：据《汉书·武帝纪》："秋，以匈奴弱，可遂臣服，乃遣使说之。单于使来，死京师，匈奴犯边，遣拔胡将军郭昌屯朔方。"王先谦曰："《西南夷传》略云：南粤反，上使发南夷兵，且兰君遂反。汉发八校尉击之，会粤已破，八校尉不下。中郎将郭昌、卫广引兵还，行诛且兰，遂平南夷为牂柯郡。据《武纪》定越地及西南夷，是元鼎六年事。"按，王先谦所言，乃依《汉书·西南夷列传》。据此，则郭昌为拔胡将军之前，乃为"中郎将"，非为"太中大夫"。拔胡将军，以职任为号的将军名号。

②还击昆明：《汉书·武帝纪》：元封六年，"益州、昆明反，赦京师亡命令从军，遣拔胡将军郭昌将以击之"。《西南夷列传》中未载此事。

【译文】

　　将军郭昌是云中郡人。曾以校尉的身份跟随大将军。元封四年，又以太中大夫的身份担任拔胡将军，屯驻朔方郡。回师进攻昆明，无功而返，被免除将军职务。

　　将军荀彘，太原广武人[①]。以御见[②]，侍中，为校尉，数从大将军。以元封三年为左将军击朝鲜，毋功[③]。以捕楼船将军坐法死④。

【注释】

①太原广武：太原郡的广武县，治所在今山西代县西南。

②以御见：师古曰："以善御得见。御，谓御车也。"陈直曰："犹卫绾以戏车为郎也。《盐铁论·除狭篇》云：'戏车跃鼎，咸出补吏。'"

③为左将军击朝鲜，毋功：据《朝鲜列传》，元封二年（前109），汉使涉何使朝鲜，杀朝鲜之陪伴使，朝鲜攻杀涉何，两国战争遂起。汉派楼船将军杨仆自齐地浮海攻朝鲜都城王险；派左将军荀彘自辽东出兵攻朝鲜北部，结果两军初战皆败。

④以捕楼船将军坐法死：两军初败后，又整顿队伍，合击朝鲜都城，荀彘与杨仆内讧，最后荀彘竟然诱骗袭捕了楼船将军杨仆，夺取其军队。此后荀彘虽灭了朝鲜，但终为汉武帝所杀。详见《朝鲜列传》。

【译文】

将军荀彘是太原广武人。以擅长驾车在宫廷为侍中，后担任校尉，多次跟随大将军北伐匈奴。元封三年，以左将军的身份率军讨伐朝鲜，出战无功。后又因袭捕楼船将军犯法被处死。

最骠骑将军去病，凡六出击匈奴，其四出以将军①，斩捕首虏十一万余级。及浑邪王以众降数万，遂开河西酒泉之地②，西方益少胡寇。四益封，凡万五千一百户③。其校吏有功为侯者凡六人④，而后为将军二人⑤。

【注释】

①其四出以将军：《集解》曰："再出以剽姚校尉也。"按，骠骑出击匈奴共六次，前两次皆以剽姚校尉身份随卫青出定襄。后四次皆以

骠骑将军出,一在元狩二年春,出陇西;二在元狩二年夏,出北地;三在元狩二年秋,渡河迎归降之浑邪王;四在元狩四年,度过大漠,封狼居胥。

②河西:黄河以西,此指今甘肃河西走廊一带,后来设有金城、武威、张掖、酒泉等郡。酒泉:汉郡名,治所即今酒泉。《汉书·西域传》云:"骠骑将军击破匈奴右地,置酒泉郡。后分置武威、张掖、敦煌郡。"

③四益封,凡万五千一百户:元朔六年,首封一千六百户;元狩二年春,第一次益封二千户;,元狩二年夏,第二次益封五千户;元狩二年秋,第三次益封一千七百户;元狩四年,第四次益封为五千八百户,累计共一万六千一百户。

④校吏有功为侯者凡六人:梁玉绳曰:"按《史》、《汉》表传,从去病为侯者七人,一赵破奴,二高不识,三仆多,四路博德,五卫山,六复陆支,七伊即轩。言六人误。"

⑤后为将军二人:即下述之路博德与赵破奴。

【译文】

骠骑将军霍去病功勋总计:总共六次出击匈奴,其中四次是以将军的身份,前后共斩获敌兵十一万多人。等到浑邪王带领数万人投降汉朝,于是向西开辟了河西、酒泉地区,匈奴侵扰西部边疆的事件大为减少。霍去病曾四次增加封地,共食邑一万五千一百户。他部下的校尉军官因军功被封侯的共六人(实为七人),后来担任将军的有两人。

　将军路博德,平州人①。以右北平太守从骠骑将军有功,为符离侯②。骠骑死后,博德以卫尉为伏波将军,伐破南越③,益封。其后坐法失侯④。为强弩都尉,屯居延,卒⑤。

【注释】

①平州:梁玉绳、王先谦皆以为应作"平周",汉县名,在今山西孝义

西南。

②为符离侯：事在元狩四年（前119）。

③伐破南越：事在元鼎六年（前111），与其配合作战者为楼船将军杨仆，二人共平南越，详见《南越列传》。

④坐法失侯：据《汉书·景武昭宣元成功臣表》："太初元年（前104），坐见知子犯逆不道罪免。"详情不明。

⑤为强弩都尉，屯居延，卒：太初三年（前102），路博德为强弩都尉屯兵居延，居延西北有所谓"遮虏障"，即路博德所筑。居延，汉代西北地区的边防要地，在今内蒙古额济纳旗东。

【译文】

将军路博德是平州人。曾以右北平太守的身份跟随骠骑将军立有战功，被封为符离侯。骠骑将军死后，路博德以卫尉的身份担任伏波将军，讨伐了南越，获得增封。后来因犯法丢掉侯爵。后来又任强弩都尉，驻兵居延塞，死于任上。

将军赵破奴，故九原人①。尝亡入匈奴，已而归汉，为骠骑将军司马②。出北地时有功，封为从骠侯③。坐酎金失侯。后一岁④，为匈河将军⑤，攻胡至匈河水⑥，无功。后二岁⑦，击虏楼兰王⑧，复封为浞野侯⑨。后六岁⑩，为浚稽将军⑪，将二万骑击匈奴左贤王，左贤王与战，兵八万骑围破奴，破奴生为虏所得，遂没其军。居匈奴中四岁⑫，复与其太子安国亡入汉⑬。后坐巫蛊，族⑭。

【注释】

①九原：郡名。治九原县（今内蒙古包头西北），辖境相当今内蒙古包头以西、黄河南岸伊克昭盟北部及后套地区。

②为骠骑将军司马：据前文，赵破奴为骠骑将军司马时乃以"鹰扬"为号。

③封为从骠侯：事在元狩二年（前121）夏。

④后一岁：元鼎六年（前111）。

⑤匈河将军：以出征之目的地为名，犹如李广利之为贰师将军。

⑥匈河水：大约在今甘肃西北部，具体方位不详。此次与赵破奴同时而异道出征者尚有浮沮将军公孙贺，皆出行二千里，未遇敌兵而还。

⑦后二岁：王先谦以为当作"后一岁"，即元封元年（前110），《汉书》作元封元年。

⑧击虏楼兰王：据《汉书·西域传》，汉使欲通大宛诸国，中途屡被楼兰、姑师所劫，"于是武帝遣从骠侯赵破奴将属国骑及郡兵数万击姑师。破奴与轻骑七百人先至，虏楼兰王，遂破姑师。还，封破奴为浞野侯"。楼兰，西域小国名，国都在今新疆罗布泊西北。

⑨复封为浞野侯：事在元封三年（前108）。

⑩后六岁：梁玉绳曰："应作'后五岁'。"即太初二年（前103）。

⑪浚稽将军：亦以出兵的目的地为号。浚稽，山名，在今蒙古国达兰扎达加德之西北。

⑫居匈奴中四岁：底本原作"居匈奴中十岁"，《集解》引徐广曰："以太初二年入匈奴，天汉元年亡归，涉四年。"梁玉绳曰："破奴自太初二年没匈奴，至天汉元年归，首尾仅四年，安得'十岁'乎？"谢孝苹曰："盖本作'四'，俗音相乱而为'十'。"今据改。

⑬复与其太子安国亡入汉：太子，即今所谓"长子"。按，赵破奴降匈奴后，匈奴定是曾封之为"王"，故此处有"太子"之称，然《史记》《汉书》诸篇均未言赵破奴被匈奴封王事，盖失载也。

⑭后坐巫蛊，族：事在征和二年（前91）。

【译文】

将军赵破奴，原是九原郡人。早年曾逃入匈奴，不久回归汉朝，担任骠骑将军司马。因跟随骠骑将军出北地郡讨伐匈奴有功,被封为从骠侯。后来因为交纳助祭金不合规定而丢掉侯爵。一年后,担任匈河将军,进攻匈奴至匈河水,无功而回。又过了两年,擒获楼兰王,又被封为浞野侯。又过了六年,担任浚稽将军,率领骑兵两万出击匈奴左贤王,左贤王与赵破奴会战,用八万骑兵包围了赵破奴,赵破奴自己被匈奴活捉,于是全军覆没。他在匈奴中过了四年,又与儿子赵安国逃回归汉。后因巫蛊之罪,被灭族。

自卫氏兴,大将军青首封,其后枝属为五侯[1]。凡二十四岁而五侯尽夺,卫氏无为侯者[2]。

【注释】

[1]枝属为五侯:卫青的派系为侯者共五人,即其子卫伉、卫不疑、卫登;其外甥霍去病,与霍去病之子霍嬗。枝属,犹言"枝派""派系"。

[2]凡二十四岁而五侯尽夺,卫氏无为侯者:卫青封侯在元朔五年(前124),卫青二子卫不疑、卫登之因酎金失侯在元鼎五年(前112),霍去病死在元狩六年(前117),霍嬗死在元封三年(前108),卫伉第二次失侯在天汉元年(前100),其间共二十四年。

【译文】

自从卫氏家族兴起,大将军卫青第一个被封侯,其后辈亲属被封侯的总共五人。经过二十四年,五个侯爵全部被剥夺,卫氏家族再也没有封侯的了。

太史公曰:苏建语余曰[1]:"吾尝责大将军至尊重,而天下之贤大夫毋称焉[2],愿将军观古名将所招选择贤者[3],勉之哉[4]。大将军谢曰:'自魏其、武安之厚宾客[5],天子常切齿[6]。

彼亲附士大夫，招贤绌不肖者⑦，人主之柄也。人臣奉法遵职而已⑧，何与招士⑨！'"骠骑亦放此意⑩，其为将如此⑪。

【注释】

①苏建：司马迁的朋友，赞语中引出与朋友的对话，一则可见本篇所叙史实的真实可靠，二则使读者感到分外亲切。类似篇章有《刺客列传》《郦生陆贾列传》《张释之冯唐列传》等。

②天下之贤大夫毋称焉：不知苏建是否真对司马迁说过此话，很明显此话颇失公正。前文已注。

③所招选择贤者：此语不顺，《汉书》无"择贤"二字。王叔岷曰："'选'、'择'复语，可略其一。"

④勉之：请朝这个方向努力。凌稚隆引杨维桢曰："汉世士大夫率贵于荐士，故不能荐士者率受责难，如邓通、司马迁是也。青既贵而天下贤大夫无称，其故吏苏建亦勉以'观古名将招选之义'。举此二者，他可知矣。"邓通、司马迁以不能荐士而受责事，见《佞幸列传》与《报任安书》。

⑤魏其、武安：指魏其侯窦婴与武安侯田蚡，汉武帝即位初期的两个大贵族。窦婴是武帝祖母窦太后之侄，田蚡是武帝母王太后的同母异父弟。详见《魏其武安侯列传》。

⑥天子常切齿：大概指汉武帝恨田蚡之专权跋扈，至田蚡死后，汉武帝听到田蚡生前勾结淮南王的事情，说："使武安侯在者，族矣！"

⑦绌：通"黜"，罢斥。不肖：不类其父，通常谓"不成材""没出息"。

⑧人臣奉法遵职而已：即前文卫青不杀苏建，押回请汉武帝处置，表现其"为人臣不敢专权"之意。

⑨何与招士：何必做招贤纳士的事？梁玉绳曰："汲黯为揖客，大将军益贤之，又进言田仁为郎中，言减宣为太厩丞，言主父偃于上，为上言郭解不中徙茂陵，则未尝不招士也，但所招之士不皆贤

耳。"与,参与,介入。

⑩骠骑亦放此意:霍去病为将军也大体是这种做法。放,通"仿",仿效。

⑪其为将如此:言外之意有许多不满、遗憾。

【译文】

太史公说:苏建告诉我说:"我曾责备大将军地位权势极为尊贵,天下贤士却不称颂他,希望将军学习古代那些选贤任能的名将,努力招纳贤士。大将军辞谢说:'自从魏其侯、武安侯广招宾客,天子常对此切齿痛恨。那些亲近安抚士大夫,招纳贤士贬黜不才的事,是皇上的权柄。作为臣子只要奉公守法尽忠尽职就行了,何必招贤纳士!'"霍去病大体上也是效仿这种做法,他们做将军就是这样的。

【集评】

史珥曰:"李广得赏赐,辄分其麾下,饮食与士共之,而不得封侯,且自刭绝域;骠骑重车馀弃粱肉,而士有饥色;卒乏粮或不能自振,而骠骑尚穿域踏鞠,翻至大司马,以功名终,子长传两人,有无限不平之意。"(《四史剿说》)

陈仁锡曰:"太史极不满于开边生事,恩幸滥宠,而卫霍二将却正坐此,故篇中屡有微言。然白登之围,天骄之横,向非卫、霍两将军,终汉之世边境无宁日矣。卫霍之功安可以外戚没乎?且卫霍纵能以外戚贵,宁能以外戚胜乎?使帝以外戚之嫌裁减封爵,何以竟才之用,何以为武帝乎?传中屡以'皇后'为言,何其浅也。须知武帝不独以戚贵青,青亦不独以戚呈身。"(《史诠》)

王世贞曰:"昔人称《卫青霍去病传》为太史公叙法之奇者,然其论卫将军曰'于天下无称也';去病则曰'有天幸,不至乏绝'而已。呜呼,匈奴天下莫强焉,其所以数胜而不绌者,岂尽'天幸'耶?至伍被之所以奇大将军于淮南王者,又胡'无称'也?李广盖屡战而屡败也,太史公津津不窗口出焉。于其胜而幸者如彼,于其败而不幸者如此,是可以识矣。吾不幸,而材不见知于孝武,而卒腐以老;如公孙弘、儿宽者,二将靡耳,奈何雍容取公相为也?彼盖以李广自况也。太史公于游侠、刺客、货殖、伯夷、屈平诸传,皆有所感慨,独于李广、卫霍传比兴之义多。吾既深慨于其指,而又惜其以私故掩卫霍摧胜之妙,使后人不得寻也。"(《读史论辨》)

姚芑田曰:"以卫将军、李广相提而论,则抑卫而右李;以霍骠骑与卫青而论,则右卫而贬霍。大将军深入穷追,战功最烈,又且因粮于敌,使幕南积聚一空,又且单于跳身苟免,使其众不知所在,汉威已极,此平城以后第一吐气之功也,史公胪次极其详尽,使千古以下犹若身在行间,闻鼓声而搏髀者。于去病之功悉削之不书,而唯以诏书代叙事,则炙手之势,偏引重于王言;而裹革之忠,自铭劳于幕府,其轻其重,文人代握其权矣,不但写景之工开却唐人许多沙场佳句也。"(《史记菁华录》)

曾国藩曰:"《卫青霍去病传》右卫而左霍,犹《魏其武安传》右窦而左田也。卫之封侯,意已含风刺矣;霍则风刺更甚。句中有筋,字中有限,故知文章须得偏鸷不平之气,乃是佳耳。"(《求阙斋读书录》)

【评论】

卫青、霍去病是我国古代少有其比的名将。卫青在公元前129年率领骑兵进捣匈奴单于祭祀天地祖宗的圣地茏城,第二年又在雁门以北打败匈奴,后来又取得西定河南和三战漠北两大战役的胜利,创造了我国战争史上以大规模骑兵集团在塞外击败强敌的先例。他还和霍去病率骑驱驰二千里,在漠北与匈奴决战取得胜利,使匈奴单于不敢再在大漠北缘立足而向西北方向远遁,出现了"幕南无王庭"的局面。霍去病与舅父卫青齐名天下,他第一次出战便立下战功而被封为冠军侯,当时他才十八岁。当汉武帝要给他建造府第时,霍去病说:"匈奴未灭,无以家为也!"这是多么豪迈、多么令人激动的英雄形象!他率领骑兵六次出击匈奴，战无不胜。可惜天不假年，如此令人敬佩的英雄竟然二十四岁就去世了。汉武帝为了纪念这位英雄，把他的坟墓建成了一座小祁连山的样子，让世人永远记着他夺取祁连山，夺取甘肃走廊的历史功勋。

然而引人深思的是，在司马迁的笔下，卫、霍这两位抗匈名将却并不具有摄人心魄的神韵风采。司马迁除了对卫青的漠北大战展开描写外，其他战役，尤其是对霍去病所完成的一系列光辉战役通通没有具体描写，只是引录了汉武帝的几篇诏书而已，看似庄严隆重，其实是空洞冷漠，根本唤不起读者的感奋与敬慕之情。《项羽本纪》《李将军列传》等《史记》战争名篇所充盈的大气磅礴的诗性之笔、"爱奇"之意，在本篇却通通消失不见了。宋人黄震曾将本篇与《李将军列传》对比阅读，发觉司马迁是以"抑扬予夺"之笔，特地将"每战辄北，困踬终身"的李广，写得千载之下仍"英风如在"，而卫青、霍去病虽"深入二千里，声振夷夏"，但其实却"不值一钱"（《黄氏日钞》）。黄震的这种读后感虽有夸张之嫌，但也绝非毫无根据，因为享有"实录"桂冠的司马迁固然没有遮蔽卫、霍的盖世功勋而将他们写得"不值一钱"，但毋庸置疑的是，人们的确可以在本篇感受到司马迁讥刺大于褒扬的写作态度，感受到他对卫、霍这样的战争英雄本应给予的审美观照的放弃。

他这样做的原因主要有两条，一是司马迁对汉武帝的战争政策发生了一个由歌颂到贬损的思想转变。雄才大略的汉武帝不能忍受汉人屡遭侵扰的屈辱，以《春秋》公羊学提倡的"尊王攘夷"、"大一统"为思想依据，以大汉帝国雄厚的国力为后盾，一改往昔汉人被动防御的政策，毅然吹响主动进攻的战略号角，意欲彻底解决匈奴强加给汉朝几代人的边患痛苦。应该说，司马迁为此而感到欢欣鼓舞。他在《太史公自序》中声称："自三代以来，匈奴常为中国患害；欲知强弱之时，设备征讨，作《匈奴列传》第五十。直曲塞，广河南，破祁连，通西国，靡北胡。作《卫将军骠骑列传》第五十一。"对汉武帝讨伐匈奴政策的认同，对卫、霍出生入死所取得的骄人战绩的赞赏，在这里得到了清晰的呈现。

但由于汉武帝后来迟迟未能熄灭征伐四夷的火炬,前后长达四十三年之久的对外战争使大汉帝国人口锐减,国库空虚;特别是卫、霍去世后,汉武帝"欲侯宠姬李氏",在太初元年到征和三年的讨匈后期战争中,没有做到"详参彼己""慎择将相",竟以庸将贰师将军李广利为主将,结果连打败仗,损失惨重,贾捐之描述汉武政治的恶果道:"当此之时,寇贼并起,军旅数发,父战死于前,子斗伤于后,女子乘亭鄣,孤儿号于道,老母寡妇饮泣巷哭,遥设虚祭,想魂乎万里之外。"(《汉书·贾捐之传》)面对战争给百姓带来的这种深重灾难,司马迁深切意识到这场原本是正义、合理的战争已经扭曲、变形为戕害民生的魔爪。他开始关注过度开边给百姓带来的灾难性后果,在《平准书》中揭示了汉武帝发动讨匈战争以来财力枯竭、"天下苦其劳"的现实;他也开始关注社会上已经发出的反战声音,特地在《韩长儒列传》《平津侯主父列传》中收录了韩安国、主父偃、徐乐、严安等人大量的谏伐四夷的奏议,其中几乎每篇奏议都涉及到战争荼毒生灵的危害。他还在《匈奴列传》的"太史公曰"中,针对汉匈战争的后期,汉武帝重用庸将李广利而导致的惨败,发出了"且欲兴圣统,唯在择任将相哉! 唯在择任将相哉"的深长感叹。可以说,经年累月的汉匈战争,既使司马迁充分体味到前期战争胜利所带来的欢欣鼓舞,也使他得以目睹汉武帝晚年文治武功的破产,更让他深切观察到大汉军民在残酷而漫长的战时体制下所承受的巨大痛苦,因此对大汉帝国的战争政策已不是一味的支持与歌颂,而更多地是持一种审视与批判的态度。他彻底否定了后期战争,而对前期战争则在基本肯定的同时,批评了汉武帝的以暴制暴,一味崇尚暴力,以及对士卒死伤惨重、百姓苦不堪言的漠视。

二是卫、霍虽然战功赫赫,但在司马迁看来,他们均未能树立与其军功相匹配的口碑与声望。他们只知全力贯彻汉武帝的旨意,而对士卒的痛苦与百姓的呻吟则完全不见体恤。司马迁揭露道:"(霍去病)少而侍中,贵,不省士。其从军,天子为遣太官赍数十乘,既还,重车余弃粱肉,而士有饥者。其在塞外，卒乏粮，或不能自振，而骠骑尚穿域蹋鞠"；至于卫青，则"以和柔自媚于上，然天下未有称也。"可知他完全不具备司马迁所欣赏的傲岸独立的"大丈夫"气概，是一个在专制皇帝面前低眉顺眼、唯唯诺诺的奴才。故司马迁在《佞幸列传》中有"卫青、霍去病亦以外戚贵幸"之讥。

　　于是乎，卫、霍罕见的军事天赋，惊人的军事业绩，竟被文采飞扬的司马迁以平淡的笔墨写出。可惜了司马迁才高八斗的文学天赋，也可惜了卫、霍事迹所蕴含的军事文学价值。政治、道德的洪水淹没了司马迁写作时的文学激情，使他赋予本篇以批评视角与冷峻色彩的同时，放弃了对卫、霍辉煌战绩的审美观照。

　　比较而言，司马迁对卫、霍两人的态度还是有一定区别的，他对卫青有较多的肯定，不仅生动地描写了卫青所指挥的漠北大战，而且还在《淮南王衡山列传》中通过伍被的嘴赞扬卫青说："大将军遇士大夫有礼，于士卒有恩，众皆乐为之用。骑上下山若蜚，材干绝人。"又说："大将军号令明，当敌勇敢，常为士卒先。休舍，穿井未通，须士卒尽得水，乃敢饮。军罢，卒尽已度河，乃度。皇太后所赐金帛，尽以赐军吏。虽古名将弗过也。"此外司马迁还写到了卫青晚年的凄凉，说："自是之后，大将军青日退，而骠骑日益贵。举大将军故人门下多去事骠骑，辄得官爵。"表现出了对卫青的同情。

史记卷一百一十二

平津侯主父列传第五十二

【释名】

　　平津侯指公孙弘，主父指主父偃，本篇是公孙弘与主父偃的合传。在写到主父偃以文辞见用时，还收录了徐乐、严安的两篇反对伐匈奴和事四夷的文章。

　　全篇可以分为两部分。第一部分写公孙弘以读《公羊春秋》跻身丞相与其为相的情形。第二部分写主父偃的生平事历，并连带写了徐乐、严安的上书。篇末论赞对汉代的尊儒与其为"举首"的公孙弘都表达了隐约的嘲讽。此后是后人补入的两段文字，一段是汉元帝王皇后称赞公孙弘俭朴的诏书，一段是班固《汉书·公孙弘卜式儿宽传赞》论说武帝时人才之盛。

　　作者认为公孙弘与主父偃都心术不正，希世阿上，且主父偃之死与公孙弘有很大关系，故将两人合传。

　　丞相公孙弘者，齐菑川国薛县人也①，字季②。少时为薛狱吏，有罪，免。家贫，牧豕海上③。年四十余，乃学《春秋》杂说④。养后母孝谨。

【注释】

①齐：今山东中部、东部地区，汉代初期还称为齐国。汉文帝时，除原有齐国保留了一小块地盘，其他地分别建立了胶东、胶西、济南、济北、城阳、菑川等国。菑（zī）川：汉诸侯国，国都都剧县（今山东昌乐西北）。薛县：汉县名，治所在今山东滕县南。按，薛县属鲁国，距离齐地的菑川十分遥远。王先谦解释道："盖弘本菑川人，因少在薛久，故或亦称为薛人耳。"

②字季：公孙弘，字次卿，据《西京杂记》，称其字为"季"，恐是排行。

③牧豕：养猪。

④杂说：诸子杂家之学。王先谦引何焯曰："杂说，杂家之说，兼儒、墨，合名、法者也。《艺文志》亦有《公羊杂记》八十三篇，以弘所对'智者，术之原也'一条味之，其学盖出于杂家，非《春秋》经师之'杂说'也。"

【译文】

丞相公孙弘，是齐地淄川国薛县人，表字叫季。他年轻时当过薛县的监狱官吏，后来因为犯罪被免了职。他家里很贫穷，只好在海边养猪。四十多岁的时候，才开始学习《春秋》和各家学说。他奉养后母孝顺而恭谨。

建元元年①，天子初即位，招贤良文学之士②。是时弘年六十，征以贤良为博士③。使匈奴，还报，不合上意，上怒，以为不能，弘乃病免归。

【注释】

①建元元年：前140年。

②贤良文学：全称"贤良方正文学之士"，汉武帝时从儒生中招选人材的科目名。"贤良"指品德，"文学"指知识、学问，特指儒家的

知识学问。

③博士：职官名。因其掌通古今，在皇帝身边以备顾问。杨树达曰：
"时弘侧目视辕固生，生讽弘以'无曲学以阿世'，见《儒林传》。"

【译文】

建元元年，武帝刚刚即位，招选贤良文学之士。这时公孙弘已经六
十岁了，他以贤良文学之士的身份被征入朝廷做了博士。他奉命出使匈
奴，回来后向武帝报告情况，不合武帝的心意，武帝发怒，认为公孙弘无
能，公孙弘就假称有病，免官归家了。

元光五年，有诏征文学①，菑川国复推上公孙弘。弘让
谢国人曰："臣已尝西应命，以不能罢归，愿更推选。"国人
固推弘，弘至太常。太常令所征儒士各对策②，百余人，弘第
居下。策奏，天子擢弘对为第一③。召入见，状貌甚丽，拜为
博士。是时通西南夷道，置郡④，巴蜀民苦之，诏使弘视之。
还奏事，盛毁西南夷无所用⑤，上不听。

【注释】

①元光五年，有诏征文学：梁玉绳曰："'五年'是'元年'之误。《野
客丛书》辨之极是。其言曰'武帝两开贤良科，一在建元元年，一
在元光元年，而元光五年但诏征吏民明当世务者，不闻有贤良之
举。况元光元年贤良制，正系弘所对者。'"元光元年，前134年。

②太常："九卿"之一，掌管宗庙礼仪。一般选用列侯忠孝敬慎者任
此职。对策：科考取士的一种形式。古时就政事、经义等设问，由
考生对答，称为对策。

③擢：提拔。

④置郡：设置郡县，当时第一个设的是犍为郡，治所在今四川宜宾西南。

⑤盛毁：大肆抨击。西南夷无所用：即通西南夷道的举措，除劳民伤
财外，对国家没有任何好处。

【译文】

元光五年，武帝下诏征召文学之士，淄川国又推举公孙弘。公孙弘
向国人推让谢绝说："前些年我已经应命去过一次长安了，因为无能罢官
归来，希望改变推举的人选。"淄川国的人们坚持推举公孙弘，公孙弘就
被举荐到了太常那里。太常让所征召的一百多个儒士分别对策，公孙弘
的对策文章按等次被排在最后。全部对策文章被送到武帝那里，武帝把
公孙弘的对策文章提拔为第一。公孙弘被召去觐见武帝，武帝见他相貌
堂堂，拜他为博士。这时国家正在忙着开通西南夷，准备在那里设置郡
县，巴蜀地区的百姓们对此苦不堪言，武帝下诏派公孙弘前去视察。公
孙弘回来后上书极力抨击开拓西南夷的举措，认为对国家没有任何好
处，但皇上不听。

弘为人恢奇多闻①，常称以为人主病不广大②，人臣病
不俭节。弘为布被，食不重肉。后母死，服丧三年③。每朝
会议，开陈其端④，令人主自择，不肯面折庭争。于是天子
察其行敦厚，辩论有余，习文法吏事⑤，而又缘饰以儒术⑥，
上大说之。二岁中⑦，至左内史⑧。弘奏事，有不可，不庭辩
之。尝与主爵都尉汲黯请间⑨，汲黯先发之，弘推其后⑩，天
子常说，所言皆听，以此日益亲贵。尝与公卿约议，至上前，
皆倍其约以顺上旨⑪。汲黯庭诘弘曰："齐人多诈而无情实，
始与臣等建此议，今皆倍之，不忠。"上问弘。弘谢曰："夫
知臣者以臣为忠，不知臣者以臣为不忠。"上然弘言。左右
幸臣每毁弘，上益厚遇之。

【注释】

①恢奇：气度恢弘，不同凡响。

②人主病不广大：作帝王就忌讳心胸狭隘。病，以……为病。凌稚
隆引康海曰："君子之事君，弥缝其阙而济其所不逮，武帝好大喜
功，而公孙弘乃以'人主病不广大'为言，《孟子》所谓'逢君之
恶'者与！"

③后母死，服丧三年：服丧三年是子女对父母守丧最重的礼节。这
里指公孙弘把继母视同生母。

④陈：陈列出来。

⑤习文法吏事：熟悉法令，擅长行政事务。何焯曰："弘号以儒进，然
所以当上意者，习文法吏事，乃少为狱吏力也。"

⑥缘饰以儒术：从儒家经典中找说法，并加以修饰。《索隐》曰："以儒
术饰文法，如衣服之有领缘以为饰也。"杨树达曰："《食货志》云
'公孙弘以《春秋》之义绳臣下，取汉相'，所谓'缘饰儒术'者也。"

⑦二岁中：《集解》引徐广曰："一云'一岁'。"

⑧左内史：也称左冯翊，当时京都一带的行政长官，与右扶风、京兆
尹合称"三辅"。梁玉绳曰："弘以元光元年对策为博士，中更母
服三年，盖元光五年仍为博士，即于是岁为左内史，故《公卿表》
云元光五年（前130）为左内史也。"

⑨主爵都尉：职官名，掌管有关列侯的事务。汲黯：汉武帝时大臣，
以耿直著称，事见《汲郑列传》。请间：请求皇帝单独接见。

⑩汲黯先发之，弘推其后：何焯曰："他人先发而推其后，则先以他人
试上之喜怒也。"

⑪皆倍其约以顺上旨：黄震曰："《辕固传》：'弘与固同征，弘反目视
固。固曰：公孙子，无曲学以阿世！'然则弘之阿谀，虽未委质，固
已知之矣。"倍，通"背"，违背。

【译文】

公孙弘气度不凡,博闻广见,常说为君主的就怕气魄小,而做臣子的就怕不节俭。公孙弘用的是一条布做的被子,一顿饭从不吃两种肉菜。他的继母死后,他守孝三年。每逢朝廷议事,他总是陈述阐明事情的原委,让武帝自己选择,从不当面批评或当众谏诤。于是武帝观察他品行忠厚,辩论妥当有余,熟悉文书法令和官吏事务,而且还能用儒学观点加以文饰,皇上就非常喜欢他。在两年之内,他便官至左内史。公孙弘向武帝上奏事情,有时不被采纳,也不在朝廷加以辩白。他曾经和主爵都尉汲黯向武帝请求单独接见他们,汲黯先提出事情,公孙弘随后接着加以申说,武帝常常听了很高兴,所奏的事情都批准了,而公孙弘也因此越来越受到信任,地位越来越高。他曾经与公卿们事先约定好要向武帝提相同的建议,但到了武帝面前,他却都违背约定而顺从武帝的意旨。汲黯在朝廷上质问公孙弘说:"齐地之人多半都欺诈而不真诚,他开始时同我们一起提出这个建议,现在全都违背了,不忠诚。"武帝问公孙弘。公孙弘谢罪说:"了解我的人认为我忠诚,不了解我的人认为我不忠诚。"武帝赞同公孙弘的说法。武帝身边的宠臣们每每有人说公孙弘的坏话,但皇上却越来越厚待公孙弘。

元朔三年①,张欧免②,以弘为御史大夫。是时通西南夷③,东置沧海④,北筑朔方之郡⑤。弘数谏,以为罢敝中国以奉无用之地,愿罢之。于是天子乃使朱买臣等难弘置朔方之便⑥。发十策,弘不得一⑦。弘乃谢曰:"山东鄙人⑧,不知其便若是,愿罢西南夷、沧海而专奉朔方⑨。"上乃许之。

【注释】

①元朔三年:前126年。"元朔"是武帝的第三个年号(前128—前

123）。

② 张欧：汉武帝时官至三公，事见《万石君张叔列传》。

③ 通西南夷：从建元六年开始，已近十年，仍无果。

④ 东置沧海：指元朔元年（前128）在今朝鲜江原道设置沧海郡。据《汉书·武帝纪》，这一年"秽君南间等口二十八万人降"，因为之置郡。沧海，也作"苍海"。

⑤ 朔方之郡：即朔方郡，治所在今内蒙古乌拉前旗东南。

⑥ 朱买臣：汉武帝时的辩士，曾为会稽太守、丞相长史，部分事迹见《酷吏列传》，《汉书》中有传。难：责问。

⑦ 发十策，弘不得一：师古曰："言其利害十条，弘无以应之。"《集解》引韦昭曰："以弘之才，非不能得一也，以为不可，不敢逆上耳。"

⑧ 山东：崤山以东，泛指来自东方郡国，以示与关中之差别。崤山在今河南灵宝东南，秦汉时通常以此为关中与东方的分界线。鄙人：粗野之人。

⑨ 专奉朔方：中井曰："弘不敢置对，似阿世者，然因此罢西南夷、沧海，则大有裨益，立朝统职者不能无是臭味，宜算其损益多少而褒贬之。"

【译文】

元朔三年，张欧被免官，任命公孙弘做了御史大夫。这时汉朝正在开通西南夷，东边设置沧海郡，北边修建朔方郡城。公孙弘屡次劝谏武帝，认为这是使中原的人力物力疲惫不堪去关注那些没有用的地方，希望朝廷停止这件事。于是武帝就派朱买臣等责难公孙弘，力陈设置朔方郡的好处。朱买臣等一连提出十个问题，公孙弘一个也回答不上。公孙弘于是道歉说："我是山东的鄙陋之人，不知筑朔方郡有这些好处。既然如此，我希望暂时停下通西南夷和置沧海郡这两件事，而集中力量专营朔方郡。"武帝才同意了他。

汲黯曰:"弘位在三公,奉禄甚多,然为布被,此诈也。"
上问弘。弘谢曰:"有之。夫九卿与臣善者无过黯,然今日
庭诘弘^①,诚中弘之病。夫以三公为布被,诚饰诈欲以钓名。
且臣闻管仲相齐,有三归^②,侈拟于君^③,桓公以霸^④,亦上僭
于君^⑤。晏婴相景公^⑥,食不重肉,妾不衣丝,齐国亦治,此下
比于民。今臣弘位为御史大夫,而为布被,自九卿以下至于
小吏无差,诚如汲黯言^⑦。且无汲黯忠,陛下安得闻此言。"
天子以为谦让,愈益厚之。卒以弘为丞相^⑧,封平津侯^⑨。

【注释】

①庭诘:当庭诘问。

②三归:指全国税收的十分之三归于他家,参见《管晏列传》与《礼
　书》。

③拟:相等,相当。

④桓公:即齐桓公,名小白,春秋前期的齐国国君,春秋五霸之首,前
　685—前643年在位。

⑤僭(jiàn):超越本分,超越等级。

⑥晏婴:字平仲,春秋时著名政治家、思想家、外交家,齐景公在位时
　的宰相,事见《齐太公世家》《管晏列传》与《晏子春秋》等。景
　公:齐国国君,前547—前490年在位。

⑦诚如汲黯言:凌稚隆引余有丁曰:"实自美也,而言似逊,韩大夫教
　武安不当与魏其争,即此智。"

⑧以弘为丞相:事在元朔五年(前124),乃接替薛泽而为丞相。杨
　树达曰:"弘为相,请禁民勿得挟弓弩,见《汉书·吾丘寿王传》;
　数称张汤之美,见《汤传》。"

⑨封平津侯:《汉书·公孙弘传》曰:"先是汉常皆以列侯为丞相,唯

弘无爵,上于是下诏,以高成之平津乡六百五十户封弘为平津侯。其后以为故事,丞相封侯,自弘始也。"凌稚隆曰:"曰'大说之',曰'益亲贵',曰'益厚遇之',曰'益贤之',段段关键,总见弘逢时阿世,故卒至宰相云。"封地平津,《集解》曰:"高成(今河北盐山东南)之平津乡也。"

【译文】

汲黯说:"公孙弘处于三公的地位,俸禄很多,却盖布被,这是欺诈。"武帝问公孙弘。公孙弘谢罪说:"是这样的。在九卿当中与我相友善的莫过于汲黯,然而今天他当庭诘问我,这的确是说中了我的毛病。我以三公的身份而盖布被子,确实是巧饰欺诈想以此来沽名钓誉。我听说管仲在齐国为相时,享有全国税收的十分之三,奢侈得可与国君相比,齐桓公是靠管仲才得以称霸的,对上也和周天子差不多了。晏婴辅佐齐景公时,一顿饭从来不吃两个肉菜,婢妾们都不许穿丝织的衣服,齐国也治理得很好,晏婴是以百姓的生活标准来要求自己的。如今我当了御史大夫,却盖布被,使得从九卿以下直到小官吏没有了贵贱的差别,汲黯说得的确不错。况且没有汲黯的忠诚,陛下怎能听到这些话呢?"武帝认为公孙弘谦让有礼,越发厚待他。最终让公孙弘担任丞相,封为平津侯。

弘为人意忌①,外宽内深②。诸尝与弘有郤者,虽详与善③,阴报其祸。杀主父偃,徙董仲舒于胶西④,皆弘之力也。食一肉脱粟之饭⑤,故人所善宾客仰衣食,弘奉禄皆以给之,家无所余。士亦以此贤之⑥。

【注释】

①意忌:多疑又忌恨他人。王念孙曰:"意忌二字平列,意者,疑也。《陈丞相世家》曰'项王为人意忌信谗';《酷吏传》曰'张汤文深

意忌’，意并与此同。”

②外宽内深：表面宽和厚道，内心阴狠刻毒。

③详：通"佯"，伪装。

④徙董仲舒于胶西：董仲舒是武帝时期的著名儒生，以治《公羊春秋》闻名于世。关于董仲舒与公孙弘的纠葛，详见《儒林列传》。

⑤脱粟之饭：粗米饭。《索隐》曰："才脱谷而已，言不精凿也。"

⑥士亦以此贤之：沈钦韩引《西京杂记》云："公孙弘起家，徒步为丞相，故人高贺从之。弘食以脱粟饭，覆以布被。贺怨曰：'何用故人富贵为！脱粟布被，我自有之。'贺尝语人曰：'公孙弘内服貂蝉，外衣麻枲；内厨五鼎，外膳一肴，岂可以示天下？'于是朝廷疑其矫焉。弘叹曰：'宁逢恶宾，不逢故人。'"

【译文】

公孙弘为人猜疑忌恨，外表宽宏大量，内心城府很深。那些曾经同公孙弘有仇怨的人，公孙弘虽然表面上假装与他们相处很好，暗中却嫁祸于人予以报复。主父偃被杀，董仲舒被调到胶西任王相，都是公孙弘干的。他自己一顿饭只吃一盘肉菜，吃粗米饭，但他的老友和相友好的宾客，却都仰仗着他丰衣足食。公孙弘把俸禄都用来供养他们，家中没有余财。士人也因此认为他很贤明。

淮南、衡山谋反①，治党与方急②。弘病甚，自以为无功而封，位至丞相，宜佐明主填抚国家③，使人由臣子之道。今诸侯有畔逆之计，此皆宰相奉职不称，恐窃病死④，无以塞责⑤。乃上书曰："臣闻'天下之通道五⑥，所以行之者三。曰君臣，父子，兄弟，夫妇，长幼之序⑦，此五者天下之通道也。智，仁，勇，此三者天下之通德⑧，所以行之者也'。故曰'力行近乎仁，好问近乎智⑨，知耻近乎勇⑩。知此三者，则知所以自治；知所以自治，然后知所以治人’。天下未有不能自治而能治人者也，此百世不易之道也⑪。今陛下躬行大孝，鉴三王，建周道，兼文武，厉贤予禄⑫，量能授官。今臣弘罢驽之质⑬，无汗马之劳⑭，陛下过意擢臣弘卒伍之中⑮，封为列侯，致位三公。臣弘行能不足以称，素有负薪之病⑯，恐先狗马填沟壑⑰，终无以报德塞责。愿归侯印，乞骸骨，避贤者路。”天子报曰：“古者赏有功，褒有德，守成尚文，遭遇右武⑱，未有易此者也。朕宿昔庶几获承尊位，惧不能宁，惟所与共为治者，君宜知之。盖君子善善恶恶，君若谨行，常在朕躬⑲。君不幸罹霜露之病⑳，何恙不已，乃上书归侯、乞骸骨？是章朕之不德也。今事少闲，君其省思虑，一精神㉑，辅以医药。”因赐告牛酒杂帛㉒。居数月，病有瘳㉓，视事。

【注释】

①淮南、衡山谋反：指淮南王刘安、衡山王刘赐谋反之事，详见《淮南衡山列传》。

②治党与：刘安曾用大量钱财贿赂过各郡国的诸侯、守相与各地区的“游士奇材”。杨树达曰：“《淮南王传》‘弘以审卿之言，深探淮南之狱’，则治党与之急亦弘为之。”党与，今多写作“党羽”。

③填抚：同“镇抚”，镇压与安抚。

④恐窃病死：王念孙曰：“恐窃，当为‘窃恐’，写者误倒耳。”

⑤无以塞责：无法搪塞自己的失职之罪。

⑥通道：每个人都要遵行的大道。通，普遍。

⑦君臣、父子、兄弟、夫妇、长幼之序：泷川曰：“‘兄弟’与‘长幼之

序'复,《汉书》作'君臣、父子、夫妇、长幼、朋友之交',与《中庸》合,当依改。《吕览·一行篇》云:'先王所恶,无过于不可知,不可知则君臣、父子、兄弟、朋友、夫妻之际败矣。'次第虽异,'五伦'之目亦与《中庸》合。"

⑧天下之通德:《汉书》无此五字。若删去,与上文扣得更紧。

⑨好问近乎智:师古曰:"疑则问之,故成其智。"

⑩知耻近乎勇:师古曰:"不求苟免,故为勇也。"

⑪百世:百代,三十年称一世。不易:不能改变。

⑫厉贤予禄:只有真正的贤者,才让其食禄。厉,磨练,师古曰:"劝勉之也。"

⑬罢驽:疲惫的劣马。罢,通"疲"。

⑭汗马:使自己乘坐的马奔跑出汗,指从军作战。

⑮过意:错爱。此处是谦词。师古曰:"过,犹误也。"杨树达曰:"《汉书·贡禹传》'陛下过意征臣',亦用'过意'字。"

⑯负薪之病:背柴累出来的毛病,背柴是"贱者"的劳动,即谦称自己之病。《礼记·曲礼上》:"君使士射,不能,则辞以疾,言曰'某有负薪之忧'。"

⑰填沟壑:谦称自己的死。

⑱遭遇右武:师古曰:"祸乱时则上武耳。右,亦上也。"王先谦曰:"遇,官本作'祸',据颜注亦当是'祸'字。"

⑲常在朕躬:把一切心思都用在为我效力上。此几句意思欠明畅,也与《汉书》出入较大。

⑳罹:遭,遇。

㉑一精神:专心静养。

㉒赐告:赐给假期。告,假期。《汲郑列传》有"上所赐告者数",与此相同。

㉓瘳(chōu):痊愈。

【译文】

淮南王、衡山王谋反，朝廷追查其党羽正紧。公孙弘病得很厉害，自己认为没有什么功劳而被封侯，官位升到丞相，理应辅佐皇帝好好治理国家，使人们遵循臣子之道。可是现在诸侯中却居然有人心怀造反的意图，这都是由于做宰相不称职所致，他担心病死在任上，无法尽臣子的职责。于是他上书说："我听说'天下的常道有五种，用来实行这五种常道要具备三种美德。君臣、父子、兄弟，夫妇和长幼的次序，这五方面是天下的常道。智、仁和勇，这三方面是天下的常德，是用来实行常道的'。所以说'努力实践接近于仁，喜欢询问接近于智，知道羞耻接近于勇。知道这三种情况，就知道怎样自我修养了；知道怎样自我修养，然后知道怎样治理别人'。天下没有一个不能自我修养却能去治理别人的，这是百代不变的道理。现在陛下亲行大孝，以三王为借鉴，建立起像周代那样的治国之道，兼备文王和武王的才德，鼓励贤才给予俸禄，根据才能授予官职。如今我这无能之辈，又没有立过汗马战功，陛下过分厚爱我，把我从行伍之中破格选拔出来，封为列侯，授予三公的高官。我的品行才能不足以同这官位相称，平素又有病，恐怕会先死，最终无法报答陛下的恩德，尽臣子之责。我希望交回侯印，辞官归家，给贤者让路。"武帝批示说："古来有功的人就要奖赏，有德的人就要表扬，太平守成的时候就要以文治为上，乱世、打天下的时候就要靠武功，自古以来都是这样做的。我当年勉强地继承了皇位，经常担心不能安定天下，只想和众位大臣共同治理天下，这一点你应该是知晓的。作为一个君子应该是襄扬好的，惩办坏的，你若是谦虚谨慎，可常在我的身边。你现在不幸患了风寒，有什么病好不了呢，你竟然上书归还侯印，辞职还乡？这样做就是显扬我的无德呀。如今国家的事情不多，你可以少一点思虑，多集中心神，再以医药辅助治疗。"于是武帝恩准公孙弘继续休假，还赏给他一些牛肉美酒和丝绸。过了几个月，公孙弘的病情痊愈，就上朝办理政事了。

元狩二年①,弘病,竟以丞相终②。子度嗣为平津侯。度为山阳太守十余岁③,坐法失侯④。

【注释】

①元狩二年:前121年。

②竟以丞相终:《汉书》作"年八十,终丞相位。"杨树达曰:"弘以元狩二年卒,年八十,则当生于汉高七年辛丑。征博士罢归事在建元元年,其年弘当为六十一也。"史珥曰:"'竟'字冷刺。"

③山阳:汉郡名,治所在今山东金乡西北。

④坐法失侯:据《汉书·公孙弘传》:"诏征巨野令史成诣公车,度留不遣,坐论为城旦。"

【译文】

元狩二年,公孙弘病情复发,最后以丞相身份终此一生。他的儿子公孙度承袭了平津侯的爵位。公孙度担任山阳太守十多年,因为犯法而失去侯爵。

主父偃者,齐临菑人也①。学长短纵横之术②,晚乃学《易》《春秋》、百家言③。游齐诸生间,莫能厚遇也。齐诸儒生相与排摈,不容于齐。家贫,假贷无所得,乃北游燕、赵、中山④,皆莫能厚遇,为客甚困。孝武元光元年中⑤,以为诸侯莫足游者,乃西入关见卫将军⑥。卫将军数言上,上不召⑦。资用乏,留久,诸公宾客多厌之,乃上书阙下⑧。朝奏,暮召入见。所言九事,其八事为律令,一事谏伐匈奴。其辞曰:

【注释】

①临菑:也作"临淄",齐国都城,在今山东淄博临淄城北。

②长短纵横:即纵横家的学问。刘向《上战国策》疏云:"旧号或曰
　'短长'。"张晏曰:"苏秦、张仪之谋,趣彼为短,归此为长,《战国
　策》名'长短术'也。"师古曰:"兴于六国时,长短其语,隐谬用相
　激怒也。"

③《易》:即《周易》,中国第一部哲学原典,后被儒家奉为经典之一。
　《春秋》:"六经"之一。第一部编年体史书,由孔子修订而成。

④燕:汉代诸侯国,都城即今北京。赵:汉代诸侯国,都城即今河北
　邯郸。中山:汉代诸侯国,都城卢奴(即今河北定县)。

⑤孝武元光元年:前134年。"元光"是汉武帝第二个年号。梁玉绳
　曰:"孝武,当作'今上'。"

⑥卫将军:卫青。事见《卫将军骠骑列传》。沈川曰:"此追记之词。"

⑦上不召:杨树达曰:"偃候董仲舒,窃其说阴阳灾异书奏之,见《仲
　舒传》。"

⑧阙下:宫阙之下。借指帝王的宫廷。古时不敢直言天子,而以阙
　下代称。

【译文】

　　主父偃是齐国临淄人。早年学习战国纵横之术,晚年才开始学习
《周易》《春秋》和诸子百家的学说。他游走于齐国的读书人之间,没有
谁能厚待他。齐国的儒生们一起排斥他,使他无法在齐国待下去。他家
里生活贫困,向人家借贷也借不到,就到北方的燕、赵、中山游历,各地都
没有人能厚待他,客居他乡很艰难。孝武帝元光元年中,他认为各国诸
侯都不值得去依附,就西入函谷关去见大将军卫青。卫青屡次向武帝推
荐他,武帝不肯召见。眼看带的钱财已经花光,留在长安又很久了,许多
公卿宾客都讨厌他,主父偃只好自己到宫门前给武帝上书。不料早晨送
上奏章,傍晚就被武帝召见了。他在奏章中讲了九件事,其中八件是有

关法律条令的,一件是劝谏征伐匈奴的。文章是这样说的:

> 臣闻明主不恶切谏以博观①,忠臣不敢避重诛以直谏②,是故事无遗策而功流万世③。今臣不敢隐忠避死以效愚计,愿陛下幸赦而少察之。

【注释】

①切谏:严厉劝阻。博观:开拓视野。

②重诛:处以极刑。

③无遗策:没有任何漏洞,无懈可击。

【译文】

我听说贤明的君主不厌恶严厉的谏言以开阔视野,忠臣也不会因为怕死而不对君主直言,所以他们制定的章程才会没有漏洞,而使功业永垂不朽。如今我不敢隐瞒忠心逃避死亡,而要向您陈述我的愚昧想法,希望陛下能赦免我的罪过,稍微考察一下我的想法。

> 《司马法》曰①:"国虽大,好战必亡;天下虽平,忘战必危②。天下既平,天子大凯③,春蒐秋狝④,诸侯春振旅⑤,秋治兵,所以不忘战也。"且夫怒者逆德也,兵者凶器也,争者末节也⑥。古之人君一怒必伏尸流血,故圣王重行之。夫务战胜穷武事者,未有不悔者也。昔秦皇帝任战胜之威⑦,蚕食天下,并吞战国,海内为一,功齐三代。务胜不休,欲攻匈奴,李斯谏曰⑧:"不可。夫匈奴无城郭之居,委积之守⑨,迁徙鸟举⑩,难得而制也。轻兵深入,粮食必绝;踵粮以行⑪,重不及事⑫。得其地不足以为利也,遇其民不可役而守也⑬。

胜必杀之⑭,非民父母也。靡弊中国⑮,快心匈奴,非长策也⑯。"秦皇帝不听,遂使蒙恬将兵攻胡⑰,辟地千里,以河为境⑱。地固泽卤,不生五谷⑲。然后发天下丁男以守北河⑳。暴兵露师十有余年,死者不可胜数,终不能逾河而北㉑。是岂人众不足,兵革不备哉?其势不可也。又使天下蜚刍挽粟㉒,起于黄、腄、琅邪负海之郡㉓,转输北河,率三十钟而致一石㉔。男子疾耕不足于粮饷,女子纺绩不足于帷幕㉕。百姓靡敝,孤寡老弱不能相养,道路死者相望,盖天下始畔秦也㉖。

【注释】

①《司马法》:古代兵书名,作者不详。也有说指《司马穰苴兵法》。司马,古代主兵之官。《司马穰苴列传》云:"齐威王使大夫追论古者《司马兵法》而附穰苴于其中,因号曰《司马穰苴兵法》。"

②国虽大,好战必亡;天下虽平,忘战必危:沈钦韩曰:"见今本《司马法·仁本篇》。"凌稚隆曰:"此书虽以'好战'、'忘战'并起,然偃意专为谏伐匈奴,故所重却在'好战必亡'上。"

③大凯:收兵止战。应劭曰:"大恺,《周礼》还师振旅之乐也。"恺、凯同。

④春蒐(sōu)秋狝(xiǎn):古代春秋两季举行的射猎活动,春季曰"蒐",秋季曰"狝"。

⑤振旅:即治兵,操练、检阅部队。

⑥且夫怒者逆德也,兵者凶器也,争者末节也:此说法见《国语·越语》:"范蠡曰:'勇者,逆德也;兵者,凶器也;争者,事之末也。'"亦见于《尉缭子·兵议》:"兵者,凶器也;争者,逆德也。"文字略异,意思相同。末节,小节。

㉑不能逾河而北：梁玉绳曰："始皇纪，蒙恬、匈奴传皆云：'逐戎筑长城，起临洮至辽东万余里，渡河至阳山。'乃偃书言'恬攻胡，辟地千里，终不能逾河而北'，未详其故。《通典》以恬传为实，则偃未考耳。"

㉒蜚刍挽粟：运粮草。师古曰："运载刍草，令其疾至，故云'蜚刍'也。挽，谓引车船也。"

㉓黄、腄：二县名，黄县治所在今山东黄县城东，腄县治所即今烟台西南福山县，二者都在山东半岛东北沿海，当时属东莱郡。琅邪：汉郡名，地处山东半岛东南部海边，治所即今山东诸城。负海：背靠海边。

㉔率：大概，大体上。

㉕帷幕：军队使用的帐篷。

㉖畔：通"叛"，反。

【译文】

　　《司马法》说："国家虽然大，喜欢战争就必然灭亡；天下虽然太平，忘掉战争就必然危险。天下已经平定，天子奏大凯之乐，春秋狩猎，诸侯国春天整顿军队，秋季练兵，都是表明不能忘记战争。"况且发怒是背逆德行的，兵器是不吉利的东西，争斗是细枝末节。古代某些君主，往往由于自己的一时动怒而使百姓流血牺牲，所以圣明的帝王对此是极其慎重的。那些致力于打仗取胜、用尽武力的人，没有最终不后悔的。从前秦始皇凭借战胜对手的兵威，蚕食天下，吞并各国，统一天下，其功业可与夏、商、周三代开国之君相比。但他一心想要取胜，不肯休止，竟想攻打匈奴，李斯劝谏说："不可以攻匈奴。匈奴没有城郭居住，也无堆积的财物可守，到处迁徙如同鸟儿飞翔，难以得到他们并加以控制。如果派轻便军队深入匈奴，那么军粮必定断绝；如果携带许多粮食进军，物资沉重行动迟缓，也是无济于事。即使得到匈奴的土地也无利可得，遇到匈奴百姓也不能役使守护他们。一旦获胜必然会杀掉他们，那又不是万民父母的圣明帝王所当做的。因此消耗中原地区的人力物力,去追求打败匈奴的乐趣,不是长久之策。"秦始皇不采纳李斯的建议,就派蒙恬率兵去攻打匈奴,开拓了千里土地,以黄河为国界。这些土地本是盐碱地,不生五谷。然后又调动国内的成年男子去黄河边上驻扎防守。披风沐雨、劳师动众十几年,死者不计其数,终究没能跨过黄河向北方发展。这难道是因为兵力不够,武器缺少吗? 这是形势不允许。又让全国向北方运送粮草,让东部沿海的黄县、腄县、琅邪一带,运送粮食到北方前线,沿途消耗很大,差不多发送三十钟只能送到一石。男人努力种田也不能满足粮饷的需求,女子纺布绩麻也不能满足军队帷幕的需求。百姓疲惫不堪,孤寡老弱无人供养,道路上到处可见死人,全国就是这样开始有了灭秦之心。

　　及至高皇帝定天下①,略地于边②,闻匈奴聚于代谷之外而欲击之③。御史成进谏曰④:"不可。夫匈奴之性,兽聚而鸟散,从之如搏影⑤。今以陛下盛德攻匈奴,臣窃危之。"高帝不听,遂北至于代谷,果有平城之围⑥。高皇帝盖悔之甚,乃使刘敬往结和亲之约⑦,然后天下忘干戈之事⑧。

【注释】

①高皇帝定天下:刘邦称汉王,在前206年;灭掉项羽称帝在前202年。

②略地于边:高祖六年(前201),韩王信投降匈奴,七年(前200),刘邦北征韩王信,大破之,遂欲北击屯驻于今山西北部的匈奴军。事见《韩信卢绾列传》。

③代谷:具体方位不详,有说在今河北蔚县附近,有说在今山西代县附近,有说在今山西大同附近。

④御史成进谏曰：旧注皆曰为御史者姓成名进。御史，御史大夫的
　属官，主管监察。成进，事迹不详。徐孚远曰："成进之谏，与奉春
　君（即娄敬）同，而其说不显，仅见于此。"陈直则曰："御史名成，
　进谏者，进纳谏言也。"其说亦通。

⑤从之如搏影：沈钦韩曰："《管子·兵法篇》：'善者之为兵，使敌
　若据虚，若搏影。'"师古曰："搏，击也。搏人之阴影，言不可得
　也。"王先谦引胡三省注："影，随物而生者也，存灭不常，难得而
　搏之。"从，进击。

⑥平城之围：事在高祖七年（前200）冬。刘邦率军进至平城（今山
　西大同东北）东北之白登，被匈奴所包围，七日不得出。后通过
　陈平施计，始摆脱困境，详见《高祖本纪》《陈丞相世家》。

⑦刘敬：原名娄敬，因劝刘邦由洛阳改都关中，受刘邦喜爱，被赐姓刘，
　是最早提倡与匈奴实行和亲政策的人，事见《刘敬叔孙通列传》。

⑧忘干戈之事：指与匈奴之间长时间没有爆发大规模的战争。

【译文】

　　待到汉高祖平定天下，攻到边境，听说匈奴聚集在代谷之外，就
想攻打他们。御史成进谏说："不行。匈奴人的习性，就像飞鸟走兽
之聚散，跟他们打仗就如同跟影子打仗，很难抓到。如今以您的崇
高威望去进攻匈奴，我私下为您担心。"高祖不听，于是向北进军到
代谷，果然在平城遭到围困。汉高祖大概很后悔，就派刘敬前往匈
奴缔结和亲之约，从此国家解除了战争的困扰。

　　故兵法曰"兴师十万，日费千金"①。夫秦常积众
暴兵数十万人②，虽有覆军杀将系虏单于之功③，亦适
足以结怨深仇，不足以偿天下之费。夫上虚府库，下敝
百姓，甘心于外国，非完事也。夫匈奴难得而制，非一

世也。行盗侵驱④，所以为业也，天性固然。上及虞夏殷周，固弗程督⑤，禽兽畜之，不属为人。夫上不观虞夏殷周之统⑥，而下循近世之失⑦，此臣之所大忧，百姓之所疾苦也。且夫兵久则变生，事苦则虑易⑧。乃使边境之民靡弊愁苦而有离心，将吏相疑而外市⑨，故尉佗、章邯得以成其私也⑩。夫秦政之所以不行者，权分乎二子⑪，此得失之效也。故《周书》曰"安危在出令，存亡在所用⑫"。愿陛下详察之，少加意而熟虑焉。

【注释】

①兴师十万，日费千金：《孙子·用间篇》云："凡兴师十万，出征千里，百姓之费，公家之奉，日费千金。"千金，汉称黄金一斤曰"一金"，"一金"可抵铜钱一万枚，千金相当铜钱一千万。

②积众暴兵：指蒙恬等之驻军北河，以抗匈奴。

③系房单于：此为主父偃夸大其词。蒙恬等曾驱逐匈奴，但从无"系房单于"事。单于，匈奴的最高君长，相当于汉朝的皇帝。秦末以至刘邦、吕后时的匈奴单于名冒顿（mò dú），前209—前175年在位。

④行盗：往来不定，侵盗我边疆。侵驱：师古曰："来侵边境，驱掠人畜也。"

⑤程：规范管理。督：严厉惩治。师古曰："程，课也；督，责也。"

⑥统：传统，这里指传统的做法。

⑦近世之失：指秦时与刘邦时对匈奴问题的错误处置。

⑧虑易：想法改变，隐指图谋造反。

⑨外市：与外敌相通，以求卖主利己。

⑩尉佗：原名赵佗，因后为南海尉，故亦称尉佗。赵佗在秦时为龙川（今广东龙川西南）令，秦末大乱后，赵佗继任为南海郡（治所即

今广州)尉,接着又收服了桂林、象郡,自立为南越王。事见《南越列传》。章邯:秦朝名将,曾打败陈胜,破杀项梁,后在河北巨鹿被项羽打败,因朝内赵高正欲借机陷害,遂率军投降项羽。事见《项羽本纪》。成其私:实现了其私人目的。

⑪权分乎二子:按,主父偃又进一步将秦朝灭亡的责任加于章邯、赵佗,此论十分荒谬。但贾谊《过秦论》中亦有所谓"秦使章邯将而东征,章邯因以三军之众要市于外,以谋其上"云云,皆与《项羽本纪》所写的章邯行迹不同。

⑫安危在出令,存亡在所用:意谓帝王下达什么命令与任用什么人,这可都是关系国家安危存亡的大事啊。凌约言曰:"言伐匈奴利害如指掌,秦皇、汉高二事足以鉴矣。文字温醇,厚重质实,愈嚼而愈有味,是汉初元气复还之作。"

【译文】

　　所以兵法上说"如果派十万人出征,每天要耗费千金钱财"。秦朝经常聚集重兵几十万,虽然有歼灭敌军、杀死敌将、俘虏匈奴单于的军功,更加与匈奴人结下深仇,也不足以弥补中原所付出的损失。上使国库空虚,下使百姓疲惫,在对外战争中求得暂时高兴,这并非是完美的事情。匈奴难以控制住,并非一代之事。他们对中原边境侵犯抢劫,之所以以此为生,是因为他们天性如此。上起虞舜夏禹、殷汤周文,都没有对他们严加管理,只将他们视为禽兽加以畜养,而不把他们看作是人类。上不借鉴虞夏商周的经验,下却因循近世的错误做法,这正是我最大的忧虑,也是百姓最感痛苦的事情。况且战争持续一久就会发生变乱,百姓受苦过深就容易想到造反。这样就使边境的百姓疲弊愁苦,产生背离秦王朝的心思,将军和官吏们相互猜疑而与外敌勾结,所以尉佗和章邯才能实现他们的个人野心。秦朝的政令之所以不能推行,就是因为国家大权被这两个人瓜分了,这就是秦朝政治得失的效验。所以《周书》有所谓"国家的安危就在于执政者颁布什么命令,政权的存亡关键就在于任用什么人"。希望陛下仔细考察,对此稍加留意,深思熟虑。

是时赵人徐乐、齐人严安俱上书言世务^①,各一事。徐乐曰:

臣闻天下之患在于土崩,不在于瓦解,古今一也。何谓土崩?秦之末世是也。陈涉无千乘之尊^②,尺土之地^③,身非王公大人名族之后,无乡曲之誉,非有孔、墨、曾子之贤,陶朱、猗顿之富也^④,然起穷巷,奋棘矜^⑤,偏袒大呼而天下从风^⑥,此其故何也?由民困而主不恤,下怨而上不知,俗已乱而政不修,此三者陈涉之所以为资也。是之谓土崩。故曰天下之患在于土崩。何谓瓦解?吴、楚、齐、赵之兵是也^⑦。七国谋为大逆,号皆称万乘之君^⑧,带甲数十万,威足以严其境内^⑨,财足以劝其士民^⑩,然不能西攘尺寸之地而身为禽于中原者^⑪,此其故何也?非权轻于匹夫而兵弱于陈涉也^⑫,当是之时,先帝之德泽未衰而安土乐俗之民众,故诸侯无境外之助^⑬。此之谓瓦解。故曰天下之患不在瓦解。由是观之,天下诚有土崩之势,虽布衣穷处之士或首恶而危海内^⑭,陈涉是也。况三晋之君或存乎^⑮!天下虽未有大治也,诚能无土崩之势,虽有强国劲兵不得旋踵而身为禽矣,吴、楚、齐、赵是也。况群臣百姓能为乱乎哉!此二体者^⑯,安危之明要也,贤主所留意而深察也。

【注释】

①赵人徐乐：郭嵩焘曰："《汉书·徐乐传》：'燕郡无终（今天津蓟县）人也。'无终在燕境东北，固不得为赵人，此史公误也。"严安：本姓庄，因避明帝讳，故东汉人称之为"严安"。此处所谓"严安"，乃后人追改。

②千乘（shèng）之尊：具有千辆兵车的大国诸侯。

③尺土之地：极言为王为侯者所享有封地之少。

④孔：孔丘，字仲尼，春秋末期人，儒家学派的祖师，事见《孔子世家》。墨：墨翟，墨家学派的祖师，战国初期人，其事略见于《孟子荀卿列传》。曾子：名参，孔子的弟子，以孝闻名，事见《仲尼弟子列传》。陶朱：即范蠡，辅佐句践灭吴后，辞官从商，发了大财，人称陶朱公。事见《越王句践世家》。猗顿：战国时期的大盐商，事见《货殖列传》。

⑤棘矜（qín）：师古曰："棘，戟也。矜，戟之把也。时秦销兵器，故但有戟之把耳。"贾谊《过秦论》有所谓"锄耰棘矜"，王念孙以为"棘矜"即"伐棘以为杖"。

⑥偏袒：袒露出一只胳膊，古人宣誓或表决心时常做这种姿态，如《廉颇蔺相如列传》有所谓"肉袒"，《吕太后本纪》有所谓"左袒"，意思皆同。泷川曰："此一节，分明袭贾生《过秦论》。"

⑦吴、楚、齐、赵之兵：即指吴楚七国之乱。事在景帝三年（前154），以吴王刘濞为首，其余六国为楚、赵、胶东、胶西、菑川、济北（因后面的四国都在故齐地，故统称齐），后被周亚夫武力讨平。详见《吴王濞列传》《绛侯世家》《袁盎晁错列传》等篇。

⑧万乘之君：具有万辆兵车的一国之君。

⑨严：威胁，控制。

⑩劝：鼓励、收买之以为其效力。

⑪西攘：指向西夺取汉王朝中央所辖的地盘。攘，夺。身为禽于中

原：吴王濞在当时的梁国（今河南商丘一带）地面被朝廷军打败后，逃至江南之丹徒（今镇江城东），投奔驻扎在那里的东越人，结果被东越人所杀，献其头于朝廷。

⑫匹夫：平民百姓，这里即指陈涉。陈涉原为居于"闾左"的平民，后又被调发谪戍渔阳，中途因遇雨失期而发动起义。

⑬无境外之助：没有其他国家对他们的响应与援助。按，当时东越曾随从吴王刘濞，匈奴也与赵王刘遂有所串通，但后来七国很快失败，东越与匈奴遂未再卷入。

⑭穷处：处于穷困之地者。

⑮三晋之君：这里指随陈涉而起的战国诸侯的后代，如魏咎、魏豹、韩成、赵歇等。三晋，指韩、赵、魏，因为这三个国家皆由春秋时代的晋国分出，故统称之为"三晋"。

⑯二体：指"土崩"与"瓦解"两种不同的形势。

【译文】

这时赵人徐乐、齐人严安都向武帝上书谈论国事，每人讲了一件。

徐乐说：

我听说一个国家的忧患在于土崩，而不在于瓦解，古往今来都是一样的。那么什么叫土崩呢？秦朝末年的农民大起义就是这样的。陈涉并没有诸侯的尊贵地位，也没有一点封地，自己也不是王公大人和有名望的贵族后代，没有家乡人对他的称赞，没有孔丘、墨翟、曾参的贤能，没有陶朱公、猗顿的富有，然而却从贫穷的里巷起兵，挥舞着棍棒，赤臂大喊，天下人闻风响应，这是什么缘故呢？这是由于百姓贫困而国君不知体恤关照，下民怨恨而在上位者并不知情，世俗已经败坏而国家政务却不加整治，这三项是陈涉凭借的客观条件。这就叫做土崩。所以说国家的忧患在于土崩。什么叫瓦解呢？吴、楚、齐、赵等七国之乱叫瓦解。七国之王阴谋叛乱，他们都自称万乘君王，有披甲的战士几十万，他们的威严足以使其封国之民畏服，他们的财物足以鼓励其封国的百姓，但是他们却不能向西夺取很小的土地，而他们自己也被朝廷擒拿，这是什么原因呢？不是他们的权势比平民百姓轻，不是他们的军事力量比陈涉小，这是因为在这个时候高祖皇帝的恩德还没有衰减，安居乐业的百姓为数众多，所以那些造反的诸侯们没有境外的响应和援助。这就叫做瓦解。所以说天下之患不在瓦解。由此看来，天下确实形成了土崩的局势，即使一个穷乡僻壤的平民，也能够带头造反，危及海内，陈涉就是如此。更何况还有一些六国诸侯的后代掺杂其中！国家即使没有大治，若真的没有土崩的形势，虽然有强国和强军起来造反，自身也不能不很快被擒，吴、楚、齐、赵等国就是这样。何况群臣百姓又怎么能起来造反呢！这两种情况，是国家安危鲜明而重要的标志，希望贤明的君主多多留意，深刻地考察。

间者关东五谷不登①，年岁未复，民多穷困，重之以边境之事，推数循理而观之，则民且有不安其处者矣。不安故易动。易动者，土崩之势也。故贤主独观万化之原②，明于安危之机，修之庙堂之上，而销未形之患。其要，期使天下无土崩之势而已矣。故虽有强国劲兵，陛下逐走兽，射蜚鸟，弘游燕之囿，淫纵恣之观，极驰骋之乐，自若也。金石丝竹之声不绝于耳，帷帐之私俳优侏儒之笑不乏于前③，而天下无宿忧④。名何必汤武，俗何必成康⑤！虽然，臣窃以为陛下天然之圣，宽仁之资，而诚以天下为务，则汤武之名不难侔⑥，而成康之俗可复兴也。此二体者立⑦，然后处尊安之实，扬名广誉于当世，亲天下而服四夷，余恩遗德为数世隆，南面负扆摄袂而揖王公⑧，此陛下之所服也⑨。

臣闻图王不成^⑩,其敝足以安。安则陛下何求而不得,何为而不成,何征而不服乎哉^⑪!

【注释】

①间者:最近。

②万化:各种事物的变化。原:根源,苗头。

③帷帐之私:指宠狎姬妾。

④宿忧:潜藏的祸患。王先谦曰:"宿,留也。"王叔岷曰:"'宿忧'犹'预忧'。"凌约言曰:"以'瓦解'之势为不必虑,而欲其自恣于游畋声色之间,非引君当道之意矣。"

⑤成康:周成王,名诵,武王之子,前1042—前1021年在位。周康王,名钊,成王之子,前1020—前996年在位。他们的统治被称为"成康之治"。详见《周本纪》。

⑥侔(móu):相等,并称。

⑦此二体者立:指"名侔汤武""俗复成康"的两种局面出现后。

⑧负扆(yǐ):背靠屏风。扆,古代宫殿内设在门和窗之间的大屏风。天子御座后面画着斧形图案的屏风。摄袂(mèi):犹言"敛袂",整理衣袖。表示恭敬。

⑨服:师古曰:"服,事也。"

⑩图王:希冀创立三王一样的功业。

⑪何征而不服乎哉:凌稚隆引邓以瓒曰:"此文大率本《过秦论》来。"

【译文】

　　最近关东地区五谷歉收,年景还未恢复,百姓多半都很穷困,再加上边境一带的战争,按形势的发展和一般常理来看,老百姓将无法再在原地生活下去。生活不安定就容易发生变故。容易发生变故,就有了土崩的苗头。所以一个英明的君主要注意观察万物变化的本源,清楚国家安危的关键,在朝堂上及时制定拨乱反正的政策制度,把灾难消灭于萌芽状态。最主要的,就是希望不让社会产生土崩的形势。所以即使有大国强兵作乱的问题,那也无关大局,陛下您尽管逐野兽,射飞鸟,广建游宴的园囿,无拘无束,尽情享乐,和往常一样。金石丝竹之乐不绝于耳,帷帐内的私情和俳优侏儒的调笑不乏于前,而天下无潜藏的祸患。没必要把追求的目标定成商汤、周武,也不必把国家的政治向成王康王看齐。虽然这样,我私下以为陛下是天生的圣君,有宽厚仁爱的禀赋,只要能关心国家政务,要赶上商汤、周武的名声其实很容易,要再现成王、康王那样的局面一点儿也不难。这两点要做到了,然后就可以处于尊贵安定的实际境地,在当代传扬美名扩大声誉,使天下之人亲近您,使四方边远之民服从您,您的余恩和遗德将盛传几代人,面朝南方,背靠屏风,整理衣袖,与王公大人们作揖行礼,这就是陛下您所做的事情。我听说向着三王的目标奋斗,即使达不到,也至少可以把国家治理得太平无事。国家一旦太平无事,陛下您还会有什么要求不能满足?您想要做什么,难道还有做不成的吗?您想要征讨谁,难道还有不肯降服的吗?

严安上书曰:

臣闻周有天下①,其治三百余岁②,成康其隆也,刑错四十余年而不用③。及其衰也,亦三百余岁,故五伯更起④。五伯者,常佐天子兴利除害,诛暴禁邪,匡正海内⑤,以尊天子。五伯既没,贤圣莫续,天子孤弱,号令不行。诸侯恣行,强陵弱,众暴寡⑥,田常篡齐⑦,六卿分晋⑧,并为战国,此民之始苦也。于是强国务攻,弱国备守,合从连横⑨,驰车击毂⑩,介胄生虮虱⑪,民无所告愬⑫。

【注释】

①臣闻周有天下：梁玉绳曰："严安书此句上尚有二百七十余字，皆切中时弊，深识治体之言，史公何以删之？"

②治：天下太平。

③刑错：刑法搁置，指无人犯罪，治安良好。错，也写作"措"。放置，搁置。

④五伯：同"五霸"，指齐桓公、晋文公、楚庄王、吴王阖庐、越王句践。

⑤匡正：扶正，纠正。

⑥暴：欺侮，侵陵。

⑦田常篡齐：田常，本作"田恒"，也称"陈恒"，汉人为避汉文帝刘恒讳而改称"田常"，春秋末期齐国贵族，"篡齐"事见《田敬仲完世家》。

⑧六卿分晋：指春秋末年控制晋国政权的六家大臣范氏、中行氏、智氏、韩氏、赵氏、魏氏，晋国诸侯已形同傀儡。详见《晋世家》《赵世家》。

⑨合从：即"合纵"，是六个国家联合抗秦的一种策略。连横：也作"连衡"，秦国张仪所提倡的外交政策，利诱六国分别与秦国联合，再各个击破的一种策略。

⑩击毂：车轴相互碰撞，形容路上车辆极多。毂，车轮中心的圆木，中有圆孔，以安车轴。

⑪介胄：甲胄。铠甲和头盔。介，甲。

⑫告愬：告诉，诉说。愬，同"诉"。

【译文】

严安上书说：

　　我听说周朝治理天下，国家太平的时期有三百多年，成王、康王是其最兴隆的时代，刑罚搁置四十多年不用。待到周朝政治衰微，也有三百多年，所以五霸才能轮番兴起。五霸这些人，经常辅佐天子兴利除害，诛伐暴虐禁止奸邪，在天下扶持正道，以此使天子得到尊崇。五霸都去世后，没有继起的贤圣之人，天子处于孤立软弱的地位，号令不能施行。诸侯恣意妄为，强大的欺侮弱小的，人多的欺侮人少的，田常篡夺了齐国政权，六卿瓜分了晋国，天下进入战国时代，这是百姓陷入痛苦的开端。于是强大的国家致力于战争，弱小的国家备战防守，出现合纵和连横的策略，兵车纷纭往来疾驰，战士的铠甲帽盔生满虮虱，百姓的苦难无处申诉。

及至秦王[①]，蚕食天下，并吞战国[②]，称号曰皇帝，主海内之政，坏诸侯之城，销其兵，铸以为钟虡[③]，示不复用。元元黎民得免于战国，逢明天子，人人自以为更生[④]。向使秦缓其刑罚，薄赋敛，省繇役，贵仁义，贱权利，上笃厚，下智巧，变风易俗，化于海内，则世世必安矣。秦不行是风而循其故俗[⑤]，为智巧权利者进，笃厚忠信者退；法严政峻，谄谀者众，日闻其美，意广心轶[⑥]。欲肆威海外，乃使蒙恬将兵以北攻胡，辟地进境，戍于北河，蜚刍挽粟以随其后。又使尉佗、屠睢将楼船之士南攻百越[⑦]，使监禄凿渠运粮[⑧]，深入越，越人遁逃。旷日持久，粮食绝乏，越人击之，秦兵大败。秦乃使尉佗将卒以戍越[⑨]。当是时，秦祸北构于胡[⑩]，南挂于越[⑪]，宿兵无用之地，进而不得退。行十余年，丁男被甲，丁女转输，苦不聊生，自经于道树，死者相望。及秦皇帝崩，天下大叛。陈胜、吴广举陈[⑫]，武臣、张耳举赵[⑬]，项梁举吴[⑭]，田儋举齐[⑮]，景驹举郢[⑯]，周市举魏[⑰]，韩广举燕[⑱]，穷山通谷豪士并起，不可胜载也。然皆非公侯之后[⑲]，非长官之吏也。无尺寸之势，起闾巷,杖棘矜,应时而皆动,不谋而俱起,不约而同会,壤长地进[20],至于霸王[21],时教使然也。秦贵为天子,富有天下,灭世绝祀者[22],穷兵之祸也[23]。故周失之弱,秦失之强,不变之患也[24]。

【注释】

①秦王:即秦始皇,统一六国前称秦王,名嬴政。

②并吞战国:指秦王嬴政依次灭掉韩、魏、楚、赵、燕、齐。

③钟虡(jù):亦作"钟簴",一种悬挂钟的格架。有猛兽为装饰。

④更生:获得新生。王先谦曰:"言秦并六国,示不复用兵,人人以为逢明天子,有更生之庆。"

⑤循:沿袭,照旧实行。

⑥意广心轶:越来越好大喜功。轶,放纵。

⑦尉佗:姓赵氏,名佗。真定(今河北石家庄)人。秦始皇时用为南海龙川(今广东龙川西南)县令。二世时,命行南海郡尉事,故又名"尉佗",亦作"尉他"。秦朝灭亡,即并桂林、象郡,自立为南越武王。屠睢:人名。百越:统称今广东、广西一带的少数民族,因其种类繁多,故称"百越"。

⑧监禄:《集解》引韦昭曰:"监,御史,名禄(任此职)也。"

⑨使尉佗将卒以戍越:王先谦引沈钦韩曰:"'尉佗','任嚣'之误,使嚣戍越,因为南海尉,赵佗应以偏裨与行耳。"王先谦曰:"因后尉佗擅越,特举之,非误也。"

⑩构:连,即所谓兵连祸结。

⑪挂:与"构"的意思相同。

⑫陈胜、吴广举陈:陈胜等人于蕲县大泽乡起义事,详见《陈涉世家》。

⑬武臣、张耳举赵:武臣、张耳原是陈涉的部将,奉命略地河北,至邯郸,武臣自称赵王,事见《张耳陈馀列传》。

⑭项梁举吴:项梁叔侄在吴地起兵之事,详见《项羽本纪》。

⑮田儋:被秦所灭的齐国后代,陈涉起义后,田儋、田荣、田横等起兵占有齐地,事见《田儋列传》。

⑯景驹:秦末农民起义将领。楚国人,陈涉失败后,他被秦嘉拥立为王,事见《陈涉世家》。但景驹被拥立为王与楚的旧都郢(今湖北荆州)无关,此严安以意言之。

⑰周市(fú):原魏人,陈涉的部将,奉命略定魏地后,乃拥立魏王的后代魏咎为王,事见《魏豹彭越列传》。

⑱韩广:陈涉的部将,随武臣略定赵地后,奉命往略燕地,占领燕地后,自立为燕王,事见《张耳陈馀列传》。

⑲皆非公侯之后:陈涉、吴广、武臣、张耳等人可称非公侯之后,至田儋、魏咎、项梁等人,则不可谓"非公侯之后"。

⑳壤长地进:不断扩大领地。《集解》引张晏曰:"长、进,益也。"师古曰:"言其稍稍攻伐,进益土境,以至强大也。"

㉑霸王:称霸称王。指这些人各自形成一股势力,并不单指项羽一人。

㉒绝祀:断绝对祖先的祭祀,即断子绝孙。

㉓穷兵:黩武好战。凌约言曰:"此言穷兵之祸极为详悉,于治道有关。其言华采中有质实,质实中有华采。"

㉔不变:不知因形势变化而改变策略。凌稚隆引邓以瓒曰:"苏明允(洵)《审势》本此。"

【译文】

待到秦王嬴政时代,他蚕食天下,并吞诸国,号称皇帝,执掌国内政事,毁坏诸侯国的都城,销毁兵器,熔铸成钟虡,以显示不再用兵动武。善良的百姓得以脱离战国之苦,遇到了英明皇帝,大家都以为是获得了新生。假如秦朝宽缓其刑罚,减少赋税,减轻徭役,尊重仁义,轻视权势利益,崇尚忠厚,鄙视智巧,改变风俗,使国内百姓得到教化,那么世世代代都会安宁。但是秦朝不推行这种政治,却因循旧风俗，使得那些专做智巧权利之事的人得以进用，而那些忠厚诚信的人却被斥退；法律严酷政令严峻，谄媚阿谀的人很多，皇帝天天听到的是赞美歌颂，人也变得日益自满放纵。他一心想要扬威于海外，就派遣蒙恬率兵去攻打北方的匈奴，扩张土地开拓国境，戍守住黄河以北的地方，让百姓急运粮草跟随其后。又派遣尉佗、屠睢率领水兵去攻打南方的百越，派监禄凿通运河运送粮食，深入越地，越人逃跑。经过很长时间的相持，秦兵粮食乏绝，越人攻击秦兵，秦兵大败。秦就派尉佗率兵戍守越地。在这时侯，秦朝在北方同匈奴结怨，在南方同越人结仇，在无用的地方驻扎军队，只能进而不能退。前后经过十多年，成年男子披甲当兵，成年女子转运粮草，百姓苦得无法生活，在路边树上上吊自杀的，一个连一个。等秦始皇一死，天下大乱。陈胜、吴广举兵攻占陈郡，武臣、张耳在赵地举兵，项梁在吴举兵，田儋在齐举兵，景驹在郢举兵，周市在魏举兵，韩广在燕举兵，满山遍谷的豪杰之士一同起兵，不可胜数。这些人都不是六国诸侯的后代，也不是各地区做官为吏之人。他们没有一点儿可作为凭借的势力，都是由民间涌起，拿着棍棒，顺时而动，没经商量一起举事，没有约定共同会合，不断扩大地盘，称霸称王，这都是由秦朝的残暴统治造成的。秦始皇贵为天子，富有天下，最后落得国破家亡断子绝孙，这都是穷兵黩武造成的恶果。所以周朝的败亡在于国势软弱，秦朝的败亡在于国势强大，这是不知因时而变带来的祸患。

今欲招南夷[①]，朝夜郎[②]，降羌僰[③]，略濊州，建城邑[④]，深入匈奴，燔其茏城[⑤]，议者美之。此人臣之利也[⑥]，非天下之长策也。今中国无狗吠之惊，而外累于远方之备，靡敝国家[⑦]，非所以子民也。行无穷之欲，甘心快意，结怨于匈奴，非所以安边也。祸结而不解，兵休而复起，近者愁苦，远者惊骇，非所以持久也。今天下锻甲砥剑，桥箭累弦⑧，转输运粮，未见休时，此天下之所共忧也。夫兵久而变起，事烦而虑生。今外郡之地或几千里⑨，列城数十，形束壤制，旁胁诸侯，非公室之利也⑩。上观齐晋之所以亡者，公室卑削，六卿大盛也⑪；下观秦之所以灭者，严法刻深，欲大无穷也。今郡守之权，非特六卿之重也；地几千里，非特闾巷之资也；甲兵器械，非特棘矜之用也；以遭万世之变，则不可称讳也⑫。

【注释】

①南夷：指今贵州、云南境内的诸少数民族部落，如夜郎、牂柯、滇、昆明等。

②夜郎：当时南夷中一个较大的小国名，其地约今贵州西部一带。

③苲僰（bó）：当时蜀郡以西与其西北部一带少数民族名，即所说的西夷。苲族约今川、陕、甘三省交界地带，僰族约在今四川宜宾西南。

④略：建城邑，设郡。濊（huì）州：古秽貊（huì mò），在今朝鲜东北部。《汉书·武帝纪》："元朔元年秋，东夷濊君南闾等口二十八万人降，为苍海郡。"

⑤燔：烧毁。茏城：也作龙城，匈奴单于的大本营，在今蒙古国鄂尔浑河西侧和硕柴达木湖附近。

⑥此人臣之利也：杨慎曰："此论极尽事情，宋富弼与契丹议意祖此。然安之论本出韩非，《韩非·备内篇》曰：'苦民以富贵人，起势以藉人臣，非天下之长利也。'"陈仁子曰："严安上书与主父偃不同，主父偃皆随其末而救之，严安则探其本而救之，本正则末自正

矣。至于'用兵乃人臣之利,非天下之长策'二语,可以关要功生
事者之口,噫!'一将功成万骨枯',其言概本诸安。"

⑦靡敝:毁坏,破坏。

⑧桥箭:师古曰:"正曲使直也。"桥,此处通"矫"。累弦:中井曰:
"造弦也。"王叔岷曰:"累,系也。"也有人解释"累"字为"集聚"。

⑨外郡:谓东方有些大郡。

⑩公室:春秋时对诸侯之宗室的称呼,今以"公室"称皇家,略欠妥。
《汉书》作"宗室",更佳。

⑪六卿大盛也:上句既同时提出"齐晋",则此句应曰"田氏与六卿
大盛也",不宜只说"六卿"。

⑫不可称讳:隐指国家必亡。严安提出要防备中央直属的郡守,颇
与众不同。中井曰:"论郡守之强大,比以晋之六卿,是安之过虑,
比拟之失伦者。且此在推恩分封之前,诸侯王尚强大,非郡守所
能胁制也,叙事亦失实。"

【译文】

如今国家想要招降南夷,使夜郎前来朝拜,降服羌、僰,攻夺濊
州,建立城邑,深入匈奴,烧毁他们的茏城,议论此事的人都加以赞
美。这样做对做臣子的有利,却并非是安定天下的长远大计。如今
我们国内太平,百姓安乐,而要让防备远方之敌成为国家的累赘,消
耗人力物力,这都不是对黎民百姓有利的做法。没完没了地放纵欲
望,为图一时的痛快而与匈奴结仇,这不是使边境安宁的做法。结
下怨恨而不能消除,战争停止而又重新挑起,使近者蒙受愁苦,远者
感到惊骇,这也不是持久的办法。如今全国锻造铠甲磨利刀剑,矫
正箭杆积累弓弦,转运粮食,看不到停止的时候,这是全国人民共同
忧虑的事情。战争持续时间长,变故就会产生;事情繁杂,疑虑就会
产生。如今外郡之地有的大到几千里,辖地上有几十座城池,地形
与邻近的诸侯国犬牙交错,威胁着临近的诸侯国,这对于公室皇家

是很不利的。往上看看齐国和晋国被灭亡的原因,就是公室皇家的势力衰微,六卿的势力太大了;往下再看看秦朝灭亡的原因,就是刑法严酷,欲望大得无穷无尽。如今郡守的权力,不只像六卿那样大;辖地几千里,不只是闾巷那点凭借;铠甲武器和各种军械,不只是戟矛那点器物;拥有这样的客观条件,如果碰上天下的重大变故,其后果就不可讳言了。

书奏天子,天子召见三人,谓曰:“公等皆安在?何相见之晚也!”于是上乃拜主父偃、徐乐、严安为郎中①。偃数见,上疏言事,诏拜偃为谒者②,迁为中大夫③。一岁中四迁偃。

【注释】

①郎中:职官名,皇帝身边的侍从官,秩比三百石,上属郎中令。凌稚隆引刘子翚曰:“主父偃等谏甚切,帝叹相见之晚,悉拜为郎,然征伐竟不已;又为上林苑,东方朔陈三不可,帝拜朔为太中大夫,赐以黄金,然遂起苑。盖武帝知受谏为人君之美,故不吝爵禄以旌宠之也。”

②谒者:职官名,皇帝身边的侍从官,掌收发传达与赞礼等,秩比六百石,上属郎中令。

③中大夫:皇帝身边的顾问人员,掌议论,秩比八百石。

【译文】

奏书呈交武帝后,武帝召见了主父偃和徐乐、严安,对他们说:“你们当初都在哪里啊?为何我们相见得这样晚呢!”于是武帝就任命他们为郎中。主父偃屡次觐见武帝,上疏陈说政事,武帝又拜他担任谒者,又升为中大夫。一年之内四次提升主父偃的职务。

偃说上曰:“古者诸侯不过百里,强弱之形易制。今诸侯或连城数十,地方千里,缓则骄奢易为淫乱,急则阻其强而合从以逆京师①。今以法割削之,则逆节萌起,前日晁错是也②。今诸侯子弟或十数,而適嗣代立③,余虽骨肉,无尺寸地封,则仁孝之道不宣。愿陛下令诸侯得推恩分子弟,以地侯之。彼人人喜得所愿,上以德施,实分其国,不削而稍弱矣④。"于是上从其计⑤。又说上曰:"茂陵初立⑥,天下豪桀并兼之家,乱众之民,皆可徙茂陵⑦,内实京师,外销奸猾⑧,此所谓不诛而害除。"上又从其计⑨。

【注释】

①阻其强:仗恃着其国力强大。阻,凭借,仗恃。

②晁错:景帝时为御史大夫,因力主削弱诸侯王的势力,引发七国之乱,被景帝当替罪羊杀害。事见《袁盎晁错列传》。

③適:通"嫡"。

④实分其国,不削而稍弱:王先谦引钱大昭曰:"《中山王胜传》云:'其后更用主父偃谋,令诸侯以私恩自裂地分其子弟,而汉为定制封号,辄别属汉郡。'此偃削弱之计也。"

⑤上从其计:《集解》引徐广曰:"元朔二年(前127),始令诸侯王分封子弟。"

⑥茂陵:汉武帝的陵墓,在今陕西兴平城东十五公里。

⑦皆可徙茂陵:茅坤曰:"此即刘敬故智。"按,刘敬建议刘邦将各地大姓迁往关中事,见《刘敬叔孙通列传》。

⑧奸猾:奸诈狡猾。

⑨上又从其计:汉武帝下令各郡国向茂陵移民,前后共两次。第一次在建元二年(前139);第二次在元朔二年(前127),即用主父偃之建议,《游侠列传》所写郭解被强制搬迁即在第二次。

【译文】

主父偃劝说武帝道："古代诸侯的土地不超过百里，强弱的形势很容易控制。如今的诸侯有的竟然拥有相连的几十座城池，土地上千里，天下形势宽缓时，则容易骄奢淫逸；形势急迫时，则依仗他们的强大联合起来反叛朝廷。现在如果用法律强行削减他们的土地，那么就会使他们萌生反叛之心，前些时候晁错的做法就是这样的。现今的诸侯们往往都有十几个子弟，而只有其中的嫡长子可以代立为王侯，其余的虽然同样是亲骨肉，却得不到尺寸土地的封赐，那么仁义孝悌之道就得不到宣扬了。希望陛下诏令诸侯可以推广恩德，把他的土地分割给子弟，封他们为侯。这些子弟人人高兴地实现了他们的愿望，皇上用这种办法施以恩德，实际上却分割了诸侯王的国土，不必削减他们的封地，却削弱了他们的势力。"于是武帝听从了他的主张。主父偃又劝武帝说："现在茂陵刚刚建立县制，全国豪强兼并之家，以及扰乱百姓的人，都可以把他们迁徙到茂陵，内则充实京城，外则消除奸猾之人，这就叫做不诛杀而祸害被消除。"武帝又听从了他的主张。

尊立卫皇后①，及发燕王定国阴事②，盖偃有功焉。大臣皆畏其口，赂遗累千金。人或说偃曰："太横矣。"主父曰："臣结发游学四十余年③，身不得遂，亲不以为子，昆弟不收，宾客弃我，我厄日久矣。且丈夫生不五鼎食④，死即五鼎烹耳。吾日暮途远，故倒行暴施之⑤。"

【注释】

①卫皇后：名子夫，原为平阳公主家歌女，因被汉武帝宠幸而入宫。后来陈皇后被废，卫子夫被立为皇后。详见《外戚世家》。

②发燕王定国阴事：事在元朔元年。燕王定国，即刘邦功臣刘泽之

孙刘定国，景帝六年（前151）继其父爵为燕王。元朔元年（前128），因通其父姬，夺其弟妻，奸其亲女，又杀人灭口，被人告发乱伦之罪，自杀，事见《荆燕世家》，但未言主父偃与此有何关系。阴事，不可告人的丑事。

③结发：指男子二十岁，古时男子二十岁开始束发戴冠，标志着已经成人。游学：四方奔走访学、讲学，实即寻求官职。

④五鼎食：古代贵族之家有所谓"列鼎而食"，极言生活排场之阔绰。张晏曰："五鼎食，牛、羊、豕、鱼、麋也。诸侯五，卿大夫三。"沈钦韩曰："《聘礼》注：'少牢鼎五，羊、豕、肤、鱼、腊。'"《通鉴》胡注引孔颖达曰："少牢陈五鼎，羊一、豕二、肤三、鱼四、腊五，亦不言牛。"泷川曰："五鼎，犹言盛馔，不必论其品目。"

⑤日暮途远，故倒行暴施之：师古曰："日暮，言年老也。倒行暴施，谓不遵常理。此语本出伍子胥，偃述而称之。"《索隐》曰："暴，猝也，急也。"吴见思曰："主父为人，即借主父口中写出。"

【译文】

后来汉武帝立卫子夫为皇后，以及揭发燕王刘定国的丑事，其中都有主父偃的功劳。大臣们都越来越畏惧他那张嘴，贿赂和赠送给他的钱，累计有千金之多。有人劝说主父偃说："你太专横了。"主父偃说："我从二十岁开始游学，一直游历了四十多年，自己不能如愿，以至于父母不把我当儿子看，兄弟们没人收留我，宾客们都抛弃了我，我困顿太久了。况且大丈夫活着，如不能富贵尊荣列五鼎而食，那么宁愿受五鼎烹煮的刑罚而死。我已到日暮途远之时，所以要倒行逆施、急暴行事了。"

偃盛言朔方地肥饶①，外阻河，蒙恬城之以逐匈奴②，内省转输戍漕③，广中国，灭胡之本也。上览其说，下公卿议，皆言不便。公孙弘曰："秦时常发三十万众筑北河④，终不可就，已而弃之⑤。"主父偃盛言其便，上竟用主父计，立朔方郡⑥。

【注释】

①盛言：极力陈说。

②蒙恬城之：秦时蒙恬曾在今巴盟的后套以北建筑长城。事见《蒙
　　恬列传》。

③内省转输戍漕：如果在河套一带发展农业，就不必再从内地转运
　　粮食了。何焯曰："偃前谏伐匈奴，此何以复议置朔方郡？前言
　　'地泽卤，不生五谷，转输率三十钟致一石'，此何以复云'地肥
　　饶，省转漕'？岂非进由卫氏，卫将军始取其地，故偃变前说，以建
　　此计乎？"凌稚隆曰："孔子谓'鄙夫不可以事君'，此之谓也。"王
　　叔岷曰："偃本学'长短纵横之术'者，其言图一时之利，前后抵
　　牾，何足怪乎！"

④常：通"尝"，曾经。筑北河：在河套北筑城驻守。

⑤终不可就，已而弃之：其实蒙恬已筑完长城，并非"终不可就"；秦
　　朝在今河套地区设立九原郡，并未"已而弃之"。

⑥立朔方郡：设置朔方郡，事在元朔二年（前127）。朔方郡的治所
　　在今内蒙古乌拉特前旗东南。

【译文】

　　主父偃又极力夸说朔方土地肥沃，外有黄河为险阻，蒙恬在此筑城
以驱逐匈奴，内省转运和戍守漕运的人力物力，这是扩大中原土地，消灭
匈奴的根本。武帝看完他的建议，交给公卿议论，大家都言说不利之处。
公孙弘说："秦朝时曾派了三十万人到那里筑城守河套，但最终没有成
功，不久就放弃了。"主父偃仍极力称说这样做的好处，武帝最后采纳了
主父偃的主张，设置了朔方郡。

　　元朔二年，主父言齐王内淫佚行僻①，上拜主父为齐
相②。至齐，遍召昆弟宾客，散五百金予之，数之曰："始吾
贫时，昆弟不我衣食，宾客不我内门；今吾相齐，诸君迎我或

千里。吾与诸君绝矣,毋复入偃之门③!"乃使人以王与姊奸事动王,王以为终不得脱罪,恐效燕王论死,乃自杀。有司以闻。

【注释】

①言齐王内淫佚行僻:齐王"淫佚"之事见《齐悼惠王世家》。齐王,齐厉王,名次昌(也作次景),刘邦庶子齐悼惠王刘肥的曾孙。行僻,行为邪僻。

②拜主父为齐相:汉武帝意在借主父偃之手打击齐王,以削弱地方割据。

③毋复入偃之门:由此可见人情冷暖、世态炎凉。

【译文】

元朔二年,主父偃向武帝告发齐王刘次昌淫乱骄佚、行为邪僻,武帝拜主父偃为齐相。主父偃一到齐国,就把他的兄弟宾客们全部召集起来,拿出五百金分给了他们,责备他们说:"当初我穷困的时候,兄弟不给我衣食,宾客不让我进门;如今我做了齐相,诸君中有人到千里以外去迎接我。我同诸君绝交了,请不要再进我主父偃的家门!"而后他就派人把齐王和他姐姐通奸的事情向齐王吹风示警,齐王以为终究不能逃脱罪责,害怕像燕王刘定国那样被判处死罪,就自杀了。主持此事的官员把这事报告给武帝。

主父始为布衣时,尝游燕、赵,及其贵,发燕事①。赵王恐其为国患②,欲上书言其阴事,为偃居中③,不敢发。及为齐相,出关,即使人上书,告言主父偃受诸侯金,以故诸侯子弟多以得封者。及齐王自杀,上闻大怒,以为主父劫其王令自杀④,乃征下吏治。主父服受诸侯金,实不劫王令自杀。

上欲勿诛,是时公孙弘为御史大夫,乃言曰:"齐王自杀无后,国除为郡,入汉,主父偃本首恶,陛下不诛主父偃,无以谢天下⑤。"乃遂族主父偃⑥。

【注释】

①发:揭发,告发。

②赵王:名彭祖,汉景帝之子,为人阴险狡猾,朝廷派往赵国的官吏,许多人被其所害,事见《五宗世家》。唯彭祖告发主父偃事,《五宗世家》不载。恐其为国患:因当年主父偃穷困游赵时,赵国君臣亦待之无礼。杨树达曰:"彭祖太子与女弟及同产姊奸,后为江充所告,此正与燕王事同,彭祖之恐盖以此。"

③居中:在朝中为官时。

④劫:劫持。

⑤不诛主父偃,无以谢天下:这里是朝廷以主父偃为替罪羊。杨树达曰:"诛首恶乃《春秋》义,见僖公二年虞师、晋师灭夏阳《公羊传》。弘本学《春秋》,此弘传所谓'缘饰儒术'者也。"谢,谢罪。

⑥遂族主父偃:主父偃被灭族在元朔三年(前126),《通鉴》系之于元朔二年者误。杨树达曰:"偃之狱咸宣所治,见宣传。"族,灭族。

【译文】

　　主父偃当初还是平民时,曾游历燕地和赵地,等他显贵之后,就揭发了燕王的阴私。赵王担心他成为赵国的祸患,想要上书武帝讲述他的阴私,因为主父偃在朝中,不敢揭发。等到他当了齐相,走出函谷关,赵王就派人上书,告发主父偃接受诸侯的贿赂,因此诸侯子弟中有很多凭借这个能被封侯。武帝开始时未置可否,待至齐王自杀,武帝听闻大怒,认为这一定是主父偃逼着齐王自杀的,于是就把他叫回来交给官吏审问。主父偃承认他接受过诸侯的贿赂,但确实并没有逼齐王自杀。武帝不想诛杀主父偃,这时公孙弘任御史大夫,就对武帝说:"齐王自杀,没有后代,封国被废除而变成郡县,归入朝廷,主父偃是这件事的罪魁祸首,陛下不杀主父偃,无法向天下人交代。"于是武帝就灭了主父偃全族。

主父方贵幸时,宾客以千数,及其族死,无一人收者,唯独洨孔车收葬之①。天子后闻之,以为孔车长者也。

【注释】

①洨孔车:洨县人,姓孔名车。洨县在今安徽固镇东,当时属沛郡。

【译文】

主父偃正当显贵受宠时,亲附他的宾客数以千计,可是等到他满门被斩的时候,竟然没有一个人给他收尸,这时唯独洨县人孔车为他收尸并埋葬了他。武帝后来听说了这件事,认为孔车是厚道的长者。

太史公曰:公孙弘行义虽修①,然亦遇时②。汉兴八十余年矣③,上方乡文学④,招俊乂⑤,以广儒墨⑥,弘为举首⑦。主父偃当路⑧,诸公皆誉之,及名败身诛,士争言其恶⑨。悲夫!

【注释】

①行义:行为举止。义,宜也。修:好。

②遇时:赶上了合适的机会,指汉武帝独尊儒术。

③汉兴八十余年:《集解》引徐广曰:"汉初至元朔二年,八十年也。"

④乡:通"向",向往,喜爱。文学:这里指儒家学术。

⑤俊乂(yì):犹言"俊杰",此指精通儒术者。

⑥以广儒墨:汉武帝当时实行的是"罢黜百家,独尊儒术"。这里却说"以广儒墨",有人以为这是一种语言上的"连类而及"。如俞樾《古书疑义释例》:《孟子》称"禹、稷当平世,三过其门而不入",实际即指禹。也有人以为司马迁认为"儒""墨"两家宗旨

有相通之处。如《太史公自序》说孟轲、荀况是"猎儒墨遗文,明礼义统纪"。

⑦举首:犹今之"首选"。董仲舒为汉武帝提出罢黜百家独尊儒术,但汉代第一个飞黄腾达的儒生是公孙弘。

⑧当路:当道,当权。

⑨及名败身诛,士争言其恶:赵恒曰:"赞一则以其通显为'遇时',幸之也;一则以其立乎恶俗,达则交誉之,败则争恶之,毁誉因乎时。而悲之者,悲其不幸也,非以弘之资质能过于偃也。公孙弘本不得于汉时之士论,子长之于书法亦严矣。"

【译文】

太史公说:公孙弘品行举止虽好,但他也是遇到了好时机。汉朝建国八十多年了,皇上正崇尚儒家学说,招揽才能超群的人才,以发展儒家和墨家学说,而公孙弘成了选出来的魁首。主父偃身居要职时,诸多朝中高官都称赞他,等到他身败名裂被杀时,士大夫又争相说他的坏话。真是可悲呀!

太皇太后诏大司徒大司空①:"盖闻治国之道,富民为始;富民之要,在于节俭。《孝经》曰'安上治民,莫善于礼'②。'礼,与奢也,宁俭'③。昔者管仲相齐桓,霸诸侯,有九合一匡之功④,而仲尼谓之不知礼⑤,以其奢泰侈拟于君故也⑥。夏禹卑宫室,恶衣服⑦,后圣不循。由此言之,治之盛也,德优矣,莫高于俭。俭化俗民,则尊卑之序得,而骨肉之恩亲,争讼之原息。斯乃家给人足,刑错之本也欤?可不务哉!夫三公者⑧,百寮之率⑨,万民之表也。未有树直表而得曲影者也。孔子不云乎,'子率而正,孰敢不正'⑩。'举善而教不能则劝'⑪。维汉兴以来⑫,股肱宰臣身行俭约⑬,轻财重义,较然著明,未有若故丞相平津侯公孙弘者也。位在丞相而为布被,脱粟之饭,不过一肉。故人所善宾客皆分奉禄以给之,无有所余。诚内自克约而外从制⑭。汲黯诘之,乃闻于朝,此可谓减于制度而可施行者也。德优则行,否则止,与内奢泰而外为诡服以钓虚誉者殊科。以病乞骸骨,孝武皇帝即制曰'赏有功,褒有德,善善恶恶,君宜知之。其省思虑,存精神,辅以医药'。赐告治病,牛酒杂帛。居数月,有瘳,视事。至元狩二年,竟以善终于相位。夫知臣莫若君,此其效也。弘子度嗣爵,后为山阳太守,坐法失侯。夫表德章义,所以率俗厉化,圣王之制,不易之道也。其赐弘后子孙之次当为后者爵关内侯⑮,食邑三百户,征诣公车⑯,上名尚书⑰,朕亲临拜焉⑱。"

【注释】

①太皇太后:指汉元帝的王皇后,名政君,事见《汉书·元后传》。大司徒:职官名,西汉末王莽执政后,恢复古制,改称丞相为大司徒,此时任大司徒者为马宫。大司空:职官名,王莽执政后,称御史大夫为大司空,此时任大司空者为甄丰。

②《孝经》:阐述孝道和孝治思想的古代儒家经典,"十三经"之一。

③礼,与奢也,宁俭:语见《论语·八佾》:"礼与其奢也宁俭。"意即不好掌握分寸时,宁可不够,不能过分,因为过分即僭越。

④有九合一匡之功:《论语·宪问》曰:"桓公九合诸侯,不以兵车,管仲之力也。"又曰:"管仲相桓公,霸诸侯,一匡天下,民到于今受其赐。"九合,即谓多次招集诸侯会盟。九,泛指次数之多。一匡,即一匡天下,讲法自古不一,有人指稳定周天子的统治地位;

杨伯峻则说是"使天下一切得到匡正"。其他说法参见《齐太公
世家》与《管晏列传》。

⑤仲尼谓之不知礼：意出《论语·八佾》："'然则管仲知礼乎？'曰：
'邦君树塞门，管氏亦树塞门；邦君为两君之好，有反坫，管氏亦有
反坫。管氏而知礼，孰不知礼？'"这里是讥讽管仲的僭越行为。

⑥泰：通"太"，享乐过分。拟：相等，相当。

⑦夏禹卑宫室，恶衣服：《论语·泰伯》云："子曰：'禹，吾无间然矣，
恶衣服而致美乎黻冕，卑宫室而尽力乎沟洫'"；《夏本纪》对《论
语》略有所改曰："薄衣食致孝于鬼神；卑宫室致费于沟洫。"卑，
低矮。恶，坏旧，这里都用如动词。

⑧三公：指王莽时的司徒、司马、司空，亦即秦与西汉前期的丞相、太
尉、御史大夫。

⑨百寮之率：百官的领头者。百寮，犹言百官。寮，通"僚"。

⑩子率而正，孰敢不正：语出《论语·颜渊》："季康子问政于孔子，
孔子对曰：'政者，正也。子帅以正，孰敢不正！'"率，表率。

⑪举善而教不能则劝：语见《论论·为政》："季康子问使民敬忠以
劝如之何。子曰：'临之以庄则敬，孝慈则忠，举善而教不能则
劝。'"劝，鼓励。

⑫维：发语词。

⑬股肱宰臣：位居要职的大臣，此处即指三公。股，大腿。肱，胳膊。

⑭克约：克制，严格要求自己。

⑮关内侯：官职名。有侯爵而无封地，以其住京城，故称关内侯。比
有封地的列侯低一等。

⑯征诣（yì）公车：征召进京，在公车门候旨。诣，到。公车，公车
门，宫殿前面的一个门，其地设公车署，皇帝召见大臣，常令其在
此听旨。《滑稽列传》写东方朔有所谓"朔初入长安，至公车上
书"，盖即此也。

⑰尚书：职官名，掌管文书，成帝时有四丞，上属少府。

⑱拜：封。《集解》引徐广曰："此诏是平帝元始（公元1—5年）中王元后诏，后人写此及班固所称，以续卷后。"《索隐》曰："徐广云'此是平帝元始中诏，以续卷后'，则又非褚先生所录也。"

【译文】

太皇太后向大司徒和大司空下诏书说："我听说治国之道，首先是要使百姓们富起来，而使百姓富起来的关键一条，在于政府部门的节俭。《孝经》说'使国家安定，百姓得到治理，没有比用礼更好的了'。'礼，与其奢侈，宁愿节俭'。从前管仲辅佐齐桓公，使齐桓公称霸诸侯，有九合诸侯、匡正天下的大功，然而仲尼说他不知礼，这是因为他奢侈过度而同国君相比拟的缘故。当年夏禹住矮小的房屋，穿粗劣的衣服，后代圣人不遵循他的做法。由此可以说，国家政治隆盛时，恩德厚施，没有高过节俭的。用节俭的美德教化俗民，那么尊卑的次序就会形成，而父母兄弟间的骨肉恩情就会更加亲密，纷争诉讼的根源就会消失。这就是家给人足，不用刑罚就能治好国家的根本啊，怎可不努力实践呢！国家的三公，是百官的表率，黎民百姓的楷模。只要树起的标杆笔直，就不会有弯曲的影子。孔子不是说过吗，'您领着走正路，谁敢不走正路'。'选拔贤能的人，教育能力差的人，人们就能得到鼓励'。汉朝兴盛以来，宰辅重臣能亲身实行节俭，轻视钱财重视道义，表现得突出的，没有像从前的丞相平津侯公孙弘的人了。他身居丞相之位却盖着布被，吃粗糙饭食，每顿只不过吃一个肉菜。但对老朋友和他喜欢的宾客，却都分出一部分俸禄供给他们，自己没有剩余的钱财。他确实能够内心自我克制约束，在外依据法律行事。这些事情是由于汲黯上朝时向他提出质问，人们才得以知道的，这可真是低于规定标准而厉行节俭的人啊。只有道德高尚的人才能做到，道德低的人是做不来，这与那种实际奢侈而外面假装俭朴以沽名钓誉的人不是一回事。后来他因病向武帝请求退职，武帝当即下诏说：'有功者当赏，有德者当奖，表彰好的批评不好的，这些原则您都知道。请您减少思虑保养精神,辅之以医药。'于是赐给假期让他养病,还赏赐了牛肉、美酒以及其他穿的用的。过了几个月,公孙弘病情好转,又来处理政事了。到元狩二年,他最终在丞相任上寿终正寝。了解大臣的没有超过国君的了,这就是例证。公孙弘的儿子公孙度继承了父亲的爵位,后来当了山阳太守,因犯法失掉侯爵。表彰道德大义,是为了引导时俗勉励教化,这是圣王的制度,不可改变的道理。特赐予公孙弘后代子孙中按次序应当承袭爵位的人为关内侯,食邑三百户,召其进京到公车门候旨,将他的名字报到尚书那里,朕要亲临现场授予爵位。"

　　班固称曰[①]:公孙弘、卜式、儿宽皆以鸿渐之翼困于燕雀[②],远迹羊豕之间[③],非遇其时,焉能致此位乎?是时汉兴六十余载,海内乂安[④],府库充实,而四夷未宾,制度多阙,上方欲用文武,求之如弗及。始以蒲轮迎枚生[⑤],见主父而叹息。群臣慕向,异人并出。卜式试于刍牧[⑥],弘羊擢于贾竖[⑦],卫青奋于奴仆,日磾出于降虏[⑧],斯亦曩时版筑饭牛之朋矣[⑨]。汉之得人,于兹为盛。儒雅则公孙弘、董仲舒、儿宽,笃行则石建、石庆[⑩],质直则汲黯、卜式,推贤则韩安国、郑当时[⑪],定令则赵禹、张汤[⑫],文章则司马迁、相如,滑稽则东方朔、枚皋[⑬],应对则严助、朱买臣[⑭],历数则唐都、落下闳[⑮],协律则李延年[⑯],运筹则桑弘羊,奉使则张骞、苏武[⑰],将帅则卫青、霍去病,受遗则霍光、金日磾[⑱]。其余不可胜纪。是以兴造功业,制度遗文[⑲],后世莫及。孝宣承统[⑳],纂修洪业[㉑],亦讲论六艺[㉒],招选茂异[㉓],而萧望之、梁丘贺、夏侯胜、韦玄成、严彭祖、尹更始以儒术进[㉔],刘向、王褒以文章显[㉕]。将相则张安世、赵充国、魏相、邴吉、于定国、杜延年[㉖],治民

则黄霸、王成、龚遂、郑弘、邵信臣、韩延寿、尹翁归、赵广汉
之属[27]，皆有功迹见述于后。累其名臣，亦其次也[28]。

【注释】

①班固：字孟坚，东汉初期人，《汉书》作者。事见《汉书·叙传》。

②卜式：西汉大臣。河南（今河南洛阳）人。以牧羊致富。武帝方
用事匈奴，仓府空，豪富皆争匿财，惟有他上书愿输家财之半助
边。乃召拜为中郎，赐爵左庶长，田十顷，并布告天下，以风百姓。
稍后迁至齐相。后南越反，西羌侵边，他上书，愿父子死南越。武
帝下诏褒扬，赐爵关内侯，黄金六十斤，田四十顷。元鼎六年（前
111）代石庆为御史大夫。兒宽：西汉大臣、水利家。曾从欧阳生
治《尚书》。武帝时，以文学举为博士弟子，受业于孔安国。任掌
故，又补廷尉文学卒史。善属文，为廷尉张汤所器重。汤迁御史
大夫，擢他为侍御史。曾为武帝讲《尚书》，得迁中大夫。元鼎四
年（前113），又迁左内史。在任数年间，劝农事，缓刑罚，理狱讼，
礼贤下士，深得吏民信爱。又曾调发民工，于郑国渠上流南岸开
六条小渠，使周围高地得到灌溉，史称"六辅渠"。元封元年（前
110），任御史大夫。鸿渐之翼：有鸿鹄的翅膀，喻其资质不凡。
鸿渐，《易·渐卦》上九爻辞曰："鸿渐于陆，其羽可以为仪。"这里
即指鸿鹄。师古曰："喻弘等皆有鸿之羽，未进之时燕雀所轻也。"

③远迹：犹言远处，远居。

④乂安：平安，太平。

⑤蒲轮：用蒲草包裹车轮，使车不震动，古代帝王封禅及征聘贤士
时用之。或谓画蒲于轮，以为荣饰。师古曰："以蒲裹轮，取其安
也。"徐孚远曰："封泰山用蒲轮，恐伤草木也；迎贤人用蒲轮，欲
令车安也。"枚生：即枚乘，西汉著名学者，曾为吴王刘濞、梁孝王
刘武作宾客，著有《上吴王书》与辞赋《七发》。汉武帝时，枚乘

年已九十，汉武帝以蒲轮征之，死于途中，见《汉书·枚乘传》。

⑥刍牧：割草、放牧。

⑦弘羊：指桑弘羊，出身巨商，与霍光、金日䃅、上官桀同受武帝顾命辅政，在汉昭帝时曾官至御史大夫。擢：提拔起来，任以为官。贾竖：对商人的贱称。竖，奴隶，奴仆。

⑧日䃅（dī）：指金日䃅，原为匈奴人，降汉后受武帝宠信，后与霍光一起受遗诏辅佐汉昭帝。事见《汉书》本传。

⑨版筑：指商代的贤臣傅说。据《殷本纪》，傅说被殷帝武丁发现前，曾"为胥靡，筑于傅险"。饭牛：指齐桓公的贤臣甯戚，相传齐桓公夜出，正值甯戚饭牛而歌，桓公知其贤，遂用以为辅。事见王逸《离骚》注。

⑩石建、石庆：万石君石奋之子，以谨慎驯良著称，事见《万石君列传》。

⑪韩安国：字长孺，以推贤闻名，官至御史大夫，事见《韩长孺列传》。郑当时：名庄，以结交贤豪著称，官至右内史，事见《汲郑列传》。

⑫赵禹、张汤：西汉酷吏，官至廷尉，事见《酷吏列传》。

⑬滑稽：能言善辩、言辞流利之人。师古曰："滑稽，转利之谓也。言其变乱无留碍也。"《滑稽列传》之《索隐》曰："滑稽，流酒器也，转注吐酒，终日不已，言出口成章，词不穷竭。"东方朔：以滑稽著称的文学家，事见《滑稽列传》，《汉书》有专传。枚皋：枚乘之子，西汉文学家，被汉武帝视同俳优，见《汉书·枚乘传》。

⑭严助：原姓庄，东汉人避汉明帝刘庄讳，称其为严助。以应对著称，事见《东越列传》，《汉书》有传。朱买臣：出身贫苦，以应对获宠，官至会稽太守、丞相长史。因构陷张汤，被汉武帝所杀。事见《酷吏列传》。

⑮历数：指天文、历法。唐都、落下闳：都是当时参与制定太初历的天文学家。落下闳，姓落下，名闳。

⑯李延年：西汉音乐家，汉武帝宠妃李夫人的兄长，被封为协律都

尉。事见《佞幸列传》。

⑰张骞：汉代外交家、探险家。出使西域，打通丝绸之路，事见《大
　　宛列传》。苏武：出使匈奴，曾被扣留十九年，后返汉，事见《汉
　　书·李广苏建传》。

⑱受遗：指接受汉武帝顾命，以辅佐幼主汉昭帝。霍光：霍去病之
　　弟，权倾一时，《汉书》有传。

⑲制度遗文：指创建的各种制度与流传下来的有关国家制度的资料
　　文献。

⑳孝宣：即汉宣帝刘询，汉武帝太子刘据之孙。刘据死于巫蛊之祸，
　　妻、子全被抄斩。刘询当时年仅数月，被人救出。寄养于祖母史
　　良娣家，居民间，常游三辅，了解下层社会情况及吏治得失。才高
　　好学，通黄老刑名之学。元平元年（前74），昭帝卒，由大将军霍
　　光迎立为帝。在位期间，平狱缓刑，任用贤良，轻徭薄赋，发展生
　　产。执政十八年，社会一度趋于安定，史称"宣帝中兴"。

㉑纂修：继续推行。

㉒六艺：指《诗》《书》《易》《礼》《乐》《春秋》六种儒家经典。

㉓茂异：即"茂才异等"，汉代选拔人才的科目名，有时与"贤
　　良""方正"等名目并称，即指有道德操行的儒学生员。茂才，即
　　"秀才"，东汉人为避光武帝讳而称"茂才"。

㉔萧望之：字长倩，以通经术官至御史大夫、前将军，《汉书》有传。
　　梁丘贺：字长翁，以学《周易》官至少府，事见《汉书·儒林传》。
　　夏侯胜：字长公，以学《尚书》官至太子太傅。《汉书》有传。韦玄
　　成：字少翁，与其父韦贤，两代俱以念儒书而官至丞相，《汉书》有
　　传。严彭祖：字公子，以学《公羊春秋》官至太子太傅，事见《汉
　　书·儒林传》。尹更始：字翁君，以念儒书官至谏大夫。

㉕刘向：刘邦之弟刘交的后代，西汉后期的经学家与文学家，事见
　　《汉书·楚元王传》。王褒：字子渊，西汉后期的文学家。

㉖张安世：张汤之子，汉昭、宣时代曾为车骑将军、卫将军，封富平侯，事见《汉书·张汤传》。赵充国：汉昭、宣时代与西羌作战的名将，官至后将军，《汉书》有传。魏相：字弱翁，以经术进，汉宣帝时为丞相，《汉书》有传。邴吉：也作"丙吉"，初为小吏，曾护持过危难中的刘询，刘询即位后，邴吉官至丞相，《汉书》有传。于定国：字曼倩，汉宣、元时代官至丞相，《汉书》有传。杜延年：酷吏杜周之子，宣帝时官至御史大夫。事见《汉书·张汤传》。

㉗黄霸：字次公，汉宣帝时为颍川太守，后为丞相，事见《汉书·循吏传》。王成：汉宣帝时为胶东相，政绩突出，事见《汉书·循吏传》。龚遂：字少卿，汉宣帝时为渤海太守，政绩突出，事见《汉书·循吏传》。郑弘：《汉书·循吏传》说他是"所居民富，所去见思"的地方官，但未为他立传。邵信臣："邵"字也写作"召"。字翁卿，汉宣帝时为南阳太守，注重为民兴利，被称为"召父"，事见《汉书·循吏传》。韩延寿：字长公，昭、宣时代先后为颍川、东郡太守，左冯翊，《汉书》有传。尹翁归：字子兄，汉宣帝时先后为东海太守、右扶风，《汉书》有传。赵广汉：字子都，汉宣帝时先后为颍川太守、京兆尹，《汉书》有传。

㉘累其名臣，亦其次也：二句疑有讹误。《汉书》作"参其名臣，亦其次也"，郭嵩焘曰："'参其名臣'，疑当作'参诸名臣'。"参，参详，观察思考。

【译文】

班固评论说：公孙弘、卜式、兒宽，都曾有如大雁奋飞之翼的超凡才能，而在燕雀之中遭受困厄，远行于猪羊之间，如果不是赶上机遇好，怎么能得到公卿之位？当时汉朝建国六十余年，全国安定，府库的积蓄很充足，而四方的蛮夷还没有顺服，各种制度还有缺漏，皇上正想举用有文才武略的人，因而努力搜求好像来不及一样。武帝开始用安车蒲轮去迎接枚乘，看到主父偃而叹息相见太迟。在这样的感召下，在朝的群臣都众心归依，在野的奇才异士也纷纷出现。卜式从割草牧羊的人中被选中，桑弘羊从商人中被选拔起来，卫青奋起于奴仆之间，金日磾从投降的人中被选拔出来，这些人都是从前筑墙的傅说、喂牛的甯戚一类的人啊！西汉的人才之多，应推武帝时最为兴盛。儒雅之士有公孙弘、董仲舒、兒宽，忠厚做事的有石建和石庆，质朴刚直的有汲黯、卜式，善于推举贤才的有韩安国、郑当时，制定律令的则有赵禹、张汤，善写文章的有司马迁、司马相如，能言善辩、诙谐滑稽的有东方朔、枚皋，善于应对的有严助、朱买臣，擅长天文历法的有唐都、落下闳，懂得音律的有李延年，擅长筹划的有桑弘羊，奉命出使的有张骞、苏武，杰出的将帅则有卫青、霍去病，接受皇帝遗诏辅助幼主的有霍光、金日磾。其余的记也记不过来。因此这个时代所创建的奇功伟业，所制定的各种制度章程，后代都无法企及。宣帝即位后，继续弘扬先辈的伟业，也大力讲论儒家的"六艺"，选拔士人中的茂才异等，于是萧望之、梁丘贺、夏侯胜、韦玄成、严彭祖、尹更始以儒术被选用，刘向、王褒以文章写作闻名。著名的将相有张安世、赵充国、魏相、邴吉、于定国、杜延年，治理百姓成效好的有黄霸、王成、龚遂、郑弘、邵信臣、韩延寿、尹翁归、赵广汉这些人，他们都有功勋事迹被后世人所称道记述。看看宣帝、元帝时代的这些名臣，也大体可以和武帝时代的名臣相比了。

【集评】

李景星曰："平津、主父之所以合传者，约有五端：一为齐人同；二先屈后伸同；三心术之不纯同；四行事之诡谲同；五则主父之死，由于平津，以同始者，以不同终也。平津传暗以'曲学阿世'四字为主，摹写入微。主父传叙事颇简，而所载书辞独详。由主父谏伐匈奴一书，引起徐乐、严安二书，即以为徐乐、严安之附传，又由徐乐、严安事转入主父事，以完成主父传之正文，用笔极屈伸之致。而平津传曰'杀主父偃，徙董仲舒于胶西，皆弘之力也'；主父传曰'是时公孙弘为御史'云云，则又见二传钩

连之妙。"(《史记评议》)

泷川曰:"偃等三人皆以文辞进,皆以伐匈奴、通西南夷为非,其事相涉,此所以与平津同传。观次诸卫霍、两越诸传间,可以知史公之意也。"(《史记会注考证》)

王鸣盛曰:"公孙弘以儒者致位宰相封侯,乃与主父偃同传;张汤、杜周,皆三公也,乃入之《酷吏传》,子长恶此三人特甚,故其位置如此。公孙弘及主父偃、徐乐、严安,皆倾险浮薄之徒耳。其上书言事皆能谏止用兵,盖是时如若辈者,犹倚正论以行其说,武帝亦喜,而恨相见晚,武帝好文,故爱其辞,而不责其忤己。偃既任用,遂请城朔方,以为灭匈奴之本,与初进议论大相矛盾矣。"(《十七史商榷》)

吴见思曰:"写公孙曲学阿世、狙诈隐忍,如秦廷之镜,直见其肺肝。主父传中,忽带序徐、严两书,岂非难事?他却随手拈来,即随手放去,不见重叠痕迹。而主父书泛引时事,以曲折引入。徐乐书劈作奇峰,巉岩斩削。严安事则由周至汉,逐段敷衍,浩汗不穷。三书是三种笔法,所以使人不厌也。史公不喜公孙,故字字刻入,而其恶自见。"(《史记论文》)

【评论】

平津侯公孙弘是第一个在汉武帝的"尊儒"政策中获得极大实利的人,也是司马迁在《史记》中着力抨击的人,《史记》在人物本传中正面批评指责传主的很少,而本篇就在其中。司马迁对公孙弘的厌恶,首先由于其人品的虚伪圆滑,阴狠狡诈。他对武帝仰承鼻息,投其所好:"每朝会议,开陈其端,令人主自择,不肯面折庭争。""尝与公卿约议,至上前,皆倍其约以顺上旨。"对同僚,他外宽内深,阴狠报复,杀主父偃,徙董仲舒,迁汲黯,族郭解,皆其所为。除此之外,更让司马迁厌恶的是公孙弘的"曲学阿世","习文法吏事,而又缘饰以儒术",即用最冠冕堂皇的儒家学说为皇帝的各种政策找理由,为皇帝的错误做遮掩。而这就是公孙弘得到武帝恩宠和信任的主要原因,这也是汉武帝"尊儒"的实

质——通过"尊儒"而实现专制。那么公孙弘是如何帮助汉武帝推行
"尊儒"政策的呢？当时，为汉武帝尊儒提供思想理论武器的是董仲舒，
董仲舒把先秦儒学加以神学化、政治化，使之赤裸裸地变成为巩固封建
政权服务的神圣教条，把汉政权与汉朝皇帝说成是天人一体的、君权神
授的、不容任何怀疑的统治者。而公孙弘作为丞相，他的作用就在于运
用他所代表的国家机器把汉武帝的尊儒贯彻、渗透到整个国家社会的每
一个阶层、每一个角落。第一是兴办太学，让全国的各郡、各诸侯国都
向太学输送生员，到太学学习各门儒家的课程，诸如《周易》《春秋》《仪
礼》等等。这些生员（称博士弟子）学习期满、经过考试后，成绩最好的
派到皇帝身边服务，可为参谋人员、也可派出到各郡国任地方长官。其
他大量成绩一般的博士弟子们被派遣到中央与地方的各级政府充当文
秘人员，为该机关、该政府的首长起草上行下发的各种文件。这些文件
都要写得温文尔雅、引经据典，充满神学韵味、充满儒学韵味。开始是靠
着这些小吏为长官操刀，渐渐地随着尊儒的深入，各地各级的长官们也
就逐渐都成了这种被儒学外衣所包装起来的人物，这就是《儒林列传》
所说的"自此以来，则公卿大夫士吏斌斌多文学之士矣"。《儒林列传》
全文收录了公孙弘关于兴办太学的上书，可以看出他在这方面的努力。
公孙弘的第二项工作是用儒学装点汉武帝的酷吏政治，汉朝政治的"外
儒内法"应该是由公孙弘、张汤等人共同完成的。汉武帝想要打击游侠，
有个儒生因诽谤大侠郭解而被杀，郭解本人对此并不知情，但公孙弘对
武帝说："解布衣为任侠行权，以睚眦杀人，解虽弗知，此罪甚于解杀之。
当大逆无道。"于是郭解被灭了族。这就是典型的为皇帝想办的事找理
由，还将其作为法律。由此可以看出，汉武帝的"尊儒"与公孙弘的"被
尊"，实质上是一种利用与被利用的关系，他们彼此心照不宣。明白了
这点，我们在读公孙弘上辞职书以及武帝的报书时就不会感到莫明其妙
了，武帝报书中所谓"君宜知之"，也就不难理解了。

　　公孙弘善阿上意，在朝会时往往"不肯面折庭争"，似乎与《万石君

张叔列传》所写的石建、张欧等都差不多，有点近于佞幸，但当汉武帝想要同时"通西南夷，东置沧海，北筑朔方之郡"时，公孙弘公开地提出反对，这在满朝大臣中实不多见。后来经过与汉武帝的代言人朱买臣的反复辩论，公孙弘放弃了反对北伐匈奴，但也使武帝暂时"罢西南夷、沧海"。这是很难得的一项庭议的胜利，公孙弘与那些唯唯诺诺的石庆之流不能等同视之。

对于公孙弘的"为布被，食不重肉"，"食一肉脱粟之饭。故人所善宾客，仰衣食，弘奉禄皆以给之，家无所余"，究竟是真的率先节俭为百官作则呢？还是如汲黯所说，是"弘位在三公，奉禄甚多，然为布被，此诈也"呢？对此后人见仁见智。可无论怎么说，公孙弘能自始至终地坚持这样做，一定要说他"俭以饰诈"，多少有些吹毛求疵了。

主父偃只是一个躁进的狂妄之徒，品级也不高，但主父偃有几项重要的建议却是相当有见解、有分量的。第一项是建议实行"推恩法"，彻底解决了困扰汉室几代的大诸侯国尾大不掉的难题；第二项建议是让汉武帝把"天下豪桀并兼之家，乱众之民"，都强制搬迁到茂陵，这就可以"内实京师，外销奸猾"，从而达到"不诛而害除"的目的；第三项建议是在卫青等讨伐匈奴所收复的今内蒙古河套地区建立朔方郡，并在那里筑城、屯田、发展生产，这样一方面可以巩固这个地区，使之更好地成为北伐匈奴的前沿阵地，同时也可以减少从内地征调粮食、运输粮食的艰难。从这三件事看，主父偃是有真才实学的。司马迁对主父偃的批判主要是他不择手段的报复心理。司马迁本人对于复仇其实是赞赏的，但他反对过分的举动，所以在《伍子胥列传》中他舍弃了"以班处官"的历史真实，换成挞平王之墓，这种报复是符合道德要求的。而主父偃的报复则超过了道德允许的范围，他受赂千金，发燕王阴事，劫齐以致其死，正如他自己所说："臣结发游学四十余年，身不得遂，亲不以为子，昆弟不收，宾客弃我，我厄日久矣。且丈夫生不五鼎食，死即五鼎烹耳。吾日暮途远，故倒行暴施之。"其所作所为全是为了出一口恶气，为了满足一己之

私欲。于时于世全无补益,这就让人感到其人品卑下了。另外,主父偃
始上谏伐匈奴书而得到赏识,后来为了迎合上意,力陈筑朔方之便,足见
其与公孙弘一样是个见风使舵,希世阿上的人,这也是司马迁所憎恨的,
而且比强烈的报复心更让他痛恨。

对于主父偃的被族诛,司马迁认为是公孙弘有意为之。主父偃虽
"横",但燕王、齐王确有禽兽之行,有取死之罪,主父偃的罪过无论如何
不至于被灭族。本来武帝也不想杀他,而公孙弘说:"齐王自杀无后,国
除为郡,入汉,主父偃本首恶,陛下不诛主父偃,无以谢天下。"主父偃就
被灭族了。实际上公孙弘是用儒家"亲亲"的理论来暗示武帝,武帝也
立即明白,要利用儒家学说建立一个表面上雍雍穆穆、讲究礼义而内里
达到专制的制度,必须重办主父偃,于是他的处罚就从重判为"族"了。

本篇司马迁还收入了主父偃,徐乐、严安为匈奴及四夷问题给武帝
上书的全文,这是很值得思考的。郭嵩焘说:"史公列《平津主父传》于
《卫将军传》后,专以谏伐匈奴为义,又附徐乐、严安二疏,此是史公最用
意处。"(《史记札记》)这里实际上是借三篇文章对伐匈奴及四夷的政策
做一总结,论述其弊端和对汉朝统治的威胁,明确地表明自己对这一政
策的反对态度,应与《匈奴列传》《卫将军骠骑列传》《大宛列传》《西南
夷列传》等参照阅读。

史记卷一百一十三

南越列传第五十三

【释名】

《南越列传》记述了南越国的历史,是一部自秦末至汉武帝中期中原与岭南地区的关系史。

全篇分为两部分。第一部分写赵佗建立南越国,以及西汉初期汉与南越和平相处的情形。高祖封赵佗为南越王,吕后时赵佗僭越称帝,至文帝时又放弃称帝如诸侯。第二部分写武帝时灭南越的过程。篇末论赞对南越的亡国表现了深深的感慨;对汉朝的使者、将军表达了含蓄的讽刺。

南越王尉佗者①,真定人也②,姓赵氏③。秦时已并天下,略定杨越④,置桂林、南海、象郡⑤,以谪徙民⑥,与越杂处十三岁⑦。佗,秦时用为南海龙川令⑧。至二世时,南海尉任嚣病且死⑨,召龙川令赵佗语曰:"闻陈胜等作乱,秦为无道,天下苦之,项羽、刘季、陈胜、吴广等州郡各共兴军聚众⑩,虎争天下,中国扰乱,未知所安,豪杰畔秦相立⑪。南海僻远,吾恐盗兵侵地至此,吾欲兴兵绝新道⑫,自备,待诸侯变,会病甚。且番禺负山险⑬,阻南海⑭,东西数千里,颇有中国人相辅⑮,此亦一州之主也,可以立国。郡中长吏无足与言者,故召公告之。"即被佗书⑯,行南海尉事⑰。嚣死,佗即移檄告横浦、阳山、湟谿关曰⑱:"盗兵且至,急绝道聚兵自守⑲!"因稍以法诛秦所置长吏⑳,以其党为假守㉑。秦已破灭,佗即击并桂林、象郡,自立为南越武王㉒。高帝已定天下,为中国劳苦,故释佗弗诛。汉十一年㉓,遣陆贾因立佗为南越王㉔,与剖符通使㉕,和集百越㉖,毋为南边患害,与长沙接境㉗。

【注释】

①尉佗:姓赵名佗,因其曾为南海郡尉,故亦称为尉佗。

②真定:汉县名,治所在今河北石家庄东北侧。

③姓赵氏:"姓""氏"本有区别,同出于一个祖先为一"姓",同一"姓"再用居住之地,或是官名等分成若干枝派,就叫"氏",一"姓"包含许多"氏"。到汉朝时将"姓""氏"相混。

④略定:平定,拓展。杨越:一作"扬越"。战国至魏晋时对越人的一种泛称,因居于古扬州之地而得名。本文则指岭南的广东、广西以及越南北部一带,即所谓"南越"。

⑤桂林:秦郡名,治所即今广西贵县,辖境为今广西大部与广东西南部。南海:秦郡名,治所即今广州,辖境为今广东大部。象郡:秦郡名,治所即今广西崇左,辖境为今广西南部、广东西南角与今越南国北部、中部。

⑥以谪徙民:强制罪犯与其家族向这些新设郡搬迁。

⑦与越杂处十三岁:《集解》引徐广曰:"秦并天下至二世元年为十三年,并天下八岁乃平越地,至二世元年,六年耳。"《始皇本纪》亦曰中间只相隔六年,此云"十三年",相差甚多。

⑧南海龙川令:秦时的龙川治所在今广东龙川西。《南越国史》:"今

广东龙川县佗城镇，就是赵佗所筑的秦城旧址。"

⑨南海尉任嚣：尉，郡尉，郡守的副职，掌管军事。徐孚远曰："南海
　只有'尉'者，应是'尉'摄'守'耳。"

⑩刘季：即刘邦。

⑪豪杰畔秦相立：当时反对秦国的豪杰，除陈涉、项羽、刘邦外，其他
　有田儋、魏咎、武臣等。畔，通"叛"。

⑫绝新道：断绝秦时所开的中原与越地相通的道路。据《南越国
　史》，秦时所修的"新道"有四条：其一为"从江西南安（今江西南
　康）经过大庾岭，经横浦关（今广东南雄县小梅关），复沿浈水西
　行，取北江顺江可抵番禺"；其二为"从湖南彬州跨骑田岭，出阳
　山关（今广东阳山县西北）沿湟水（今连江）东南行，经湟溪关、
　洭口，取北江南下可抵番禺"；其三为"从湖南湘江南下，再西南
　行，经过广西全州，再过秦城、严关，走湖桂走廊而至桂林，再由桂
　林南行到达郡治布山及象郡"；其四为"从福建进入广东揭阳一
　路"。赵佗所绝者主要在前两条。

⑬负：背靠。

⑭阻南海：以南海为屏障。

⑮颇有：略有，有某些。

⑯被佗书：发给赵佗委任状。被，加，给予。

⑰行南海尉事：锺惺曰："任嚣何人，识时、识地、又识人，俊杰哉！当
　其时，嚣岂不为子孙计，而病以授佗？盖英雄未了之局，与其予子
　孙不肖者败之，不若予臣吏才略者成之。知此，则孙伯符之于张
　昭所云'仲谋不任事，君当自取'；昭烈于武侯所云'嗣子不才，君
　当自取'，非矫饰也。尉佗居秦、楚、汉之间，上不能为沛公，下耻
　作韩、彭，而又不欲以身为陈、项，南越一隅地，数十年偏安，著著
　算定，为后来扶余做一榜样。"行，代理，代行任嚣的职权。

⑱横浦：古关名。故址约当今广东南雄西北、江西大余西南大庾岭

上小梅关。《读史方舆纪要》称之"岭南第一关"。阳山:关塞名,在今广东阳山西北的铜罗寨岭,是当地水陆交通的要冲。湟谿关:在今广东英德西南,连江与北江的汇口处。

⑲急绝道聚兵自守:王先谦引沈钦韩曰:"粤东要害,首在西北,故秦所置三关,皆在连州之境。而赵佗分兵绝秦新道,亦在焉。佗既绝新道,于任化北筑城,以壮横浦;于乐昌西南筑城以壮湟谿。当时东岭未开,入粤者多由此二道,此佗设险之意也。"绝道,断绝与中原地区的交通。

⑳稍:逐渐。以法诛:找借口杀掉。

㉑以其党为假守:以自己的党羽代理其职。"假""守"都是代理的意思,如《淮阴侯列传》韩信破齐后请求为"假齐王"。

㉒自立为南越武王:自号"武王",与中原帝王之谥不同。楚汉时英布称"武王"也是同样的情况。

㉓汉十一年:前196年。

㉔遣陆贾因立佗为南越王:刘邦派陆贾出使南越,封赵佗为南越王事,详见《郦生陆贾列传》。陆贾,西汉时辩士。亦作"陆生"。楚人。从高祖定天下,有口辩,居左右。曾奉命出使南越,说服南越王尉佗归汉称臣,拜为太中大夫。

㉕剖符:古代发兵用符制度。古代指挥重兵的将领在外,都带有半个虎符,若要调发,必须具有存在国君处的右半个虎符来会合,否则不能调兵。秦国明确规定,"甲兵之符",右半归王掌握,左半归将领掌握。"剖符",含有授与大将带重兵之权的意思。后世多用作因立大功而世代受封的代称。

㉖和集:安抚,团聚。百越:即古越族。一作"百粤"。秦汉前已广泛分布于长江中下游以南地区。从事农耕、渔猎,以水上航行、金属冶炼著称。有断发文身的习俗,因其支系很多,"各有种姓",故称"百越"。

㉗长沙：汉初诸侯王国名，初封之君为吴芮，治临湘（今湖南长沙）。

【译文】

南越王尉佗是真定人，姓赵。秦朝在吞并天下后，又攻取平定了杨越，设置了桂林、南海和象郡，把那些犯了罪的吏民迁徙到那里，和当地的越人一起杂居了十三年。尉佗在秦始皇时被任命做了南海郡龙川县令。到秦二世时，南海郡尉任嚣病重快死了，召来龙川县令赵佗说："听说陈胜等人犯上作乱，秦王朝暴虐无道，天下百姓深受其苦，现在项羽、刘邦、陈胜、吴广等人都在各自的州郡兴兵聚众，像猛虎般争夺天下，中原扰攘动乱，不知所安，各路豪杰们都已经脱离秦朝，独立称王了。我们南海郡地理位置偏僻遥远，我担心有些盗匪会侵略到我们这里，所以我想派军队切断与中原的交通，自我备战，以等待诸侯的变化，可正赶上我得了重病。我们番禺倚仗山势险要，以南海为屏障，东西长达几千里，又很得中原人相助，因此谋划得当我们也可以成为一方之主，可以立国兴邦。只是郡里的官吏没人值得与之商议此事，所以我才把你叫来告诉这些事。"任嚣当即向赵佗颁布任命文书，让他代行南海郡尉的职权。任嚣死后，尉佗就向横浦、阳山、湟谿三处关口传布檄文说："盗贼的军队就要到来，要赶紧断绝交通，积聚兵力加强守备！"接着他又借机依法处置了一些不服从指挥的秦朝设置的官吏，委派自己的亲信代理他们的职位。秦朝灭亡后，尉佗就攻打吞并了桂林郡和象郡，而后自立为南越武王。汉高祖平定天下后，由于考虑到中原百姓已饱受战乱之苦，所以就没有派兵讨伐尉佗。汉高祖十一年，刘邦派陆贾出使南越，封尉佗为南越王，并和他剖符立信，互通使者，使各族间和睦安定，不要成为汉朝南部边境的祸害，南越边界与北方的长沙接壤。

高后时①，有司请禁南越关市铁器②。佗曰："高帝立我，通使物，今高后听谗臣，别异蛮夷③，隔绝器物，此必长沙王计也④。欲倚中国，击灭南越而并王之，自为功也。"于

是佗乃自尊号为南越武帝⑤,发兵攻长沙边邑,败数县而去
焉。高后遣将军隆虑侯灶往击之⑥。会暑湿,士卒大疫,兵
不能逾岭⑦。岁余,高后崩⑧,即罢兵。佗因此以兵威边,财
物赂遗闽越、西瓯、骆⑨,役属焉,东西万余里。乃乘黄屋左
纛⑩,称制⑪,与中国侔⑫。

【注释】

①高后:即吕后,名雉,刘邦之妻。其子惠帝去世后掌权执政,详见
《吕太后本纪》。

②关市:边境贸易,这里用如动词。陈仁锡曰:“佗所惮独高帝,帝崩
而绝关市,是挑之衅也。”

③别异蛮夷:对我们少数民族另眼相看。

④此必长沙王计也:按,此时的长沙王为吴芮的曾孙吴右,见《汉兴
以来诸侯王年表》。

⑤自尊号为南越武帝:意即不再受汉帝国的制约。

⑥隆虑侯灶:即周灶,西汉诸侯。高祖开国功臣。砀(今河南永城
北)人。秦二世二年(前208),在砀加入刘邦军为士卒。从邦击
灭秦,升连敖。又入汉中,还定三秦,升长被都尉。击项羽有功,
高祖六年(前201),封为隆虑侯(今河南林县)。

⑦逾:越,翻越。岭:《索隐》曰:“即阳山岭。”按,阳山岭即今“五
岭”中的骑田岭。

⑧高后崩:事在高后八年(前180)七月。

⑨赂遗(wèi):馈赠,收买。闽越:古民族名。为古代越族之一支。
秦汉时分布在今浙江南部、福建北部一带,其首领无诸相传为越
王句践之后。秦以其地置闽中郡。汉初以其地为闽越国,后又分
为闽越和东越两部,元鼎六年(前111)部分族人迁居江淮之间,

其地并入会稽郡。西瓯：古民族名。古越人的一支。秦汉时主要分布在岭南广大地域。骆："骆越"的简称，古民族名。我国古代越族的一支。分布在岭南西部及邻国北部毗连地区。

⑩黄屋左纛（dào）：帝王的车驾。黄屋，古代帝王所乘之车的车盖，以黄缯为盖里，故名。因亦用以指帝王车。左纛，古代帝王车上用牦牛尾或雉尾制成的装饰物叫做纛，因设在车衡的左边，故称"左纛"。后也指军队或仪仗队的大旗为"纛"。据《后汉书·舆服志》云："左纛以牦牛尾为之，在左马𫐐上，大如斗，是谓德车。"

⑪称制：使用皇帝的口气发布命令。制，皇帝的命令，或称"诏"。

⑫与中国侔（móu）：吴见思曰："极为尉佗出色，应'负山险阻，东西数千里，可以立国'。"侔，相当，相等。

【译文】

高后时代，有关部门请求禁止南越在边境市场上购买铁器。尉佗得知后说："高帝立我做南越王，互通使者，互通贸易，如今高后听信谗臣的挑拨，把蛮夷视为异类，断绝我们所需要的器物的来源，这一定是长沙王的主意。他是想倚仗中原的势力，攻打灭掉南越一起统治，自己建立功劳。"于是尉佗就自己擅加尊号，自称南越武帝，并发兵攻打长沙的边城，攻破了数个县城才撤去。高后闻讯派将军隆虑侯周灶统兵前往讨伐南越。正遇上酷暑潮湿的天气，士兵中很多人染了瘟疫，致使大军无法越过阳山岭。又过了一年多，高后死了，汉朝也就罢兵了。而赵佗趁机一方面以大军扬威边地，另一方面又用财物收买闽越、西瓯、骆越等部族，让他们归属南越，使疆土东西长达万余里。而赵佗竟然乘坐皇帝用的黄屋左纛之车，以皇帝的口气发号施令，和中原相抗衡。

及孝文帝元年①，初镇抚天下，使告诸侯四夷从代来即位意，喻盛德焉。乃为佗亲冢在真定，置守邑②，岁时奉祀。召其从昆弟，尊官厚赐宠之③。诏丞相陈平等举可使南越者,平言好時陆贾^④,先帝时习使南越。乃召贾以为太中大夫^⑤,往使,因让佗自立为帝,曾无一介之使报者^⑥。陆贾至南越,王甚恐,为书谢,称曰:"蛮夷大长老夫臣佗^⑦,前日高后隔异南越^⑧,窃疑长沙王谗臣,又遥闻高后尽诛佗宗族,掘烧先人冢,以故自弃,犯长沙边境。且南方卑湿,蛮夷中间,其东闽越千人众号称王,其西西瓯、骆裸国亦称王^⑨。老臣妄窃帝号,聊以自娱,岂敢以闻天王哉^⑩!"乃顿首谢,愿长为藩臣^⑪,奉贡职^⑫。于是乃下令国中曰:"吾闻两雄不俱立,两贤不并世。皇帝,贤天子也。自今以后,去帝制黄屋左纛。"陆贾还报,孝文帝大说。遂至孝景时,称臣使人朝请^⑬。然南越其居国,窃如故号名,其使天子,称王朝命如诸侯^⑭。

【注释】

① 孝文帝元年:前179年。

② 乃为佗亲冢在真定,置守邑:即为赵佗在真定的亲冢置守邑。"在真定"三字为"夹注句"。亲冢,父母亲的坟墓。置守邑,派官员打理坟墓周围的领地。

③ 尊官厚赐宠之:凌稚隆引钱福曰:"此孝文得黄老之旨处。"尊官,以高官尊宠之。

④ 好時(zhǐ)陆贾:居住在好時县的陆贾。陆贾的原籍在楚地,吕后执政时,陆贾隐居于好時县(今陕西乾县东北),详见《郦生陆贾列传》。

⑤ 太中大夫:掌论议,顾问应对,秩比千石,为宫中最高大夫。多以名儒宿德之人充任,为天子高级参谋。

⑥ 一介之使:派一个人作为使者,极言礼节简略。

⑦ 大长:大官、大首领。

⑧隔异：犹"别异"，即歧视。

⑨其西西瓯、骆裸国：我们西侧西瓯、骆越两个野蛮的不穿衣服的国家。底本原作"其西瓯、骆裸国"。泷川曰："'西'字当重，'其东''其西'对文；'西瓯'国名，见上。"今据此重出"西"字。

⑩老臣妄窃帝号，聊以自娱，岂敢以闻天王哉：此语描摹赵佗的性情，活灵活现。锺惺曰："佗上书有倔强处，然蛮夷酋长面目毕露。臣主夷夏之分自不可强。梁武帝老矣，侯景一见气夺，况英雄全盛之主乎？"吴见思曰："妙在自占地步，想赵佗是一极聪明人。"

⑪藩臣：为国屏藩之臣。诸侯对天子的自称。

⑫奉贡职：指给中央朝廷进贡。职，贡。陈仁锡曰："赐书诚，答书亦诚。非孝文莫服其心，非陆贾莫通其意。"吴见思曰："写老佗逊处极逊，豪处极豪，读之如见其人，是史公笔力。"

⑬使人朝请：按时派使者朝拜皇帝，古有所谓"春日朝，秋日请"。

⑭称王朝命：自己照旧称王，同时也接受汉王朝诏令。

【译文】

到孝文帝元年，文帝刚刚即位安抚天下，派使者通告四夷和诸侯自己从代国来到京城即位的意图，宣传大汉王朝的圣明美德。因为尉佗父母的坟墓在真定，于是文帝就给它设置守墓的城邑，每年都按时进行祭祀。还把尉佗在老家的兄弟们召来，用尊贵的官职和丰厚的赏赐表示对他们的宠爱。接着文帝又诏命丞相陈平等人推荐可以出使南越的人，陈平推荐了好畤县的陆贾，说他早在高祖时代就熟悉出使南越的情况。文帝于是就召来陆贾，任命他为太中大夫，派他出使南越，借机责备尉佗擅自称帝，竟没有派使者向天子汇报。陆贾到达南越后，尉佗很恐惧，于是他给文帝上了一封奏章道歉，说："南方蛮夷大长老夫臣尉佗报告，当初因为高后歧视南越人，断绝和我们的往来，我怀疑是长沙王进谗言害我，又听说高后把我们宗族的人都杀光了，挖掘并烧毁我们祖先的坟墓，所以我才被迫断绝了与汉朝的关系，侵犯长沙国的边境。况且南方低湿之地,在蛮夷中间,东边的闽越只有上千民众,却称其君长为王;西面的西瓯和骆越这样的裸体之国也称了王。所以我也狂妄地窃取皇帝的尊号,只不过聊以自娱罢了,怎敢把这事禀告天子呢!"于是叩头谢罪,表示愿意永远做汉朝的附属国,履行向天子纳贡的职责。接着又正式向南越国发布命令说:"我听说两位英雄不能并肩而立,两个贤者也不能同时并存。汉朝皇帝是贤明的天子。从今以后,我废除帝制,也不用皇帝黄屋左纛的仪仗了。"陆贾回长安报告此事,孝文帝十分喜悦。此后一直到孝景帝时,南越都对汉朝称臣,按时派使者进京朝见。然而尉佗在国内的称呼做法仍和过去一样,只在他派使者朝见天子时,才同其他诸侯一样称王,接受天子圣命。

　　至建元四年,佗孙胡为南越王①。此时闽越王郢兴兵击南越边邑②,胡使人上书曰:"两越俱为藩臣,毋得擅兴兵相攻击。今闽越兴兵侵臣,臣不敢兴兵,唯天子诏之③。"于是天子多南越义,守职约,为兴师,遣两将军往讨闽越④。兵未逾岭⑤,闽越王弟馀善杀郢以降⑥,于是罢兵。

【注释】

①至建元四年,佗孙胡为南越王:底本原作"至建元四年卒,佗孙胡为南越王"。王鸣盛曰:"赵佗于文帝元年已自称'老夫处粤四十九年',历文帝二十三年,景帝十六年,至武帝建元四年,凡四十三年。即以二十余岁为龙川令,亦一百十余岁矣。"梁玉绳曰:"《汉书》无'卒'字,以建元四年为佗孙嗣位之岁,似佗非卒于建元四年。《史》《汉》皆不书佗子,可知其子前死,赵胡以孙继祖也。"此说比较合理,今据此削"卒"字。建元四年,前137年。此继赵佗继位的"佗孙胡"即历史上的"南越文帝",但据广州南越王墓

出土的金印，南越文帝不曰"胡"，而是名"眛"。此处应是误记。

②闽越王郢：闽越王名郢，无诸的后代。

③唯：表示祈请的发语词。

④遣两将军往讨闽越：指派大行王恢率军出豫章，大司农韩安国率军出会稽。

⑤岭：此岭应指今江西东部与福建西北部之间相隔的武夷山。

⑥馀善杀郢以降：馀善是闽越王郢之弟，有关杀其兄郢以降汉事，详见《东越列传》。

【译文】

到汉武帝建元四年，赵佗的孙子赵胡继任南越王。这时闽越王郢发动战争，进攻南越的边境城镇，赵胡派人给武帝上书说："闽越和南越都是汉朝的属国，不能够擅自兴兵互相攻击。如今闽越兴兵侵犯我们，我们不敢兴兵还击，请天子下诏书处理这事。"于是武帝很赞赏南越的信义，恪守条约和职守，于是就派遣王恢和韩安国两位将军率兵往讨闽越。部队还没有越过岭去，闽越王的弟弟馀善就杀了闽越王郢投降了，于是停止了讨伐行动。

天子使庄助往谕意南越王胡，南越王胡顿首曰①："天子乃为臣兴兵讨闽越，死无以报德！"遣太子婴齐入宿卫②。谓助曰："国新被寇，使者行矣③。胡方日夜装入见天子④。"助去后，其大臣谏胡曰："汉兴兵诛郢，亦行以惊动南越⑤。且先王昔言，事天子期无失礼，要之不可以说好语入见。入见则不得复归，亡国之势也。"于是胡称病，竟不入见。后十余岁，胡实病甚，太子婴齐请归。胡薨，谥为文王⑥。

【注释】

①天子使庄助往谕意南越王胡，南越王胡顿首曰：底本原文作"天子使庄助往谕意南越王，胡顿首曰"，词语不顺。王叔岷曰："《汉书》《通鉴》并叠'南越'二字。"按，王说是也，此处应重出"南越王胡"四字。庄助，后世为避明帝（刘庄）讳，亦称"严助"，以文章辞赋与议论政事闻名于世，颇得武帝欣赏。

②入宿卫：入朝为皇帝充当警卫，实则有令其为人质意。

③使者行：请使者先回去。

④方日夜装：将日夜不停地收拾行装，极言其不久即可成行。装，收拾行装。

⑤亦行以惊动南越：也为了向南越发出警告。王叔岷曰："'行'犹'因'也。"惊动，警告，示威。

⑥胡薨，谥为文王：南越文王墓在广州象冈山，墓主身着丝缕玉衣，阴刻篆书曰"文帝行玺"。据出土印章，知墓主为南越文帝赵眜，《史记》记载为"赵胡"，应为误记。

【译文】

天子派庄助前往向南越王赵胡说明了汉朝的用意，赵胡叩头感谢说："天子竟然为我们发兵讨伐了闽越，臣到死也无法报答天子的恩德！"于是就派太子婴齐进京为皇帝当侍卫。他又对庄助说："我国刚经历了敌人的侵略，请您先行一步。我也准备一下行装入京朝见天子。"庄助离开后，赵胡的大臣们劝阻说："汉朝发兵诛讨闽越王郢，也是为了警告南越。先王曾经说过，对待汉朝皇帝只要不失礼就行了，关键是千万不能因为他们几句好话就进京朝拜天子。入朝进见就不可能再回来，这正是亡国之势。"于是赵胡就以生病为借口，没有进京朝见了。十几年后，赵胡真的病重，太子婴齐请求回国。赵胡死后，被谥为文王。

　　婴齐代立，即藏其先武帝玺①。婴齐其入宿卫在长安时^②,取邯郸樛氏女^③,生子兴。及即位,上书请立樛氏女为后,兴为嗣^④。汉数使使者风谕婴齐^⑤,婴齐尚乐擅杀生自恣,惧入见要用汉法^⑥,比内诸侯,固称病,遂不入见。遣子次公入宿卫。婴齐薨,谥为明王。

【注释】

①藏其先武帝玺:梁玉绳曰:"《汉书》作'武帝、文帝玺',盖其居国中,两世窃如故号耳,此缺'文帝'二字。"凌稚隆引王维桢曰:"藏玺乃知先王之僭,岂婴齐先宿卫久,真见天王之不可犯哉?"

②婴齐其入宿卫:婴齐入宿卫在建元六年(前135)。王叔岷曰:"'其'犹'之'也。"

③取邯郸樛(jiū)氏女:意谓娶樛氏女为姬妾。取,同"娶"。邯郸,即今河北邯郸,当时赵国都城。

④请立樛氏女为后,兴为嗣:婴齐之王后为越人,今欲立樛氏女为后,并立其子兴为太子,怕群臣反对,故借汉朝权势以行之。

⑤风谕婴齐:指讽谕其进京朝见。师古曰:"风读曰讽,讽喻令入朝。"

⑥要:强制,要挟。

【译文】

婴齐代立为王,就把尉佗过去僭号武帝时用的玉玺收了起来,不称帝了。婴齐在长安入朝做侍卫时,娶了邯郸一个姓樛的女子,生了儿子叫赵兴。婴齐即位后,就上书朝廷,请求立樛氏为王后,立赵兴做继位者。这时汉朝又多次派使者婉转劝告婴齐进京朝见皇帝,婴齐喜欢自己掌握生杀大权,恣意行事,他怕进京朝见就必须比照内地诸侯,执行汉朝法令,所以他坚持推说有病,于是不肯去朝见天子。只是派了他的儿子赵次公入朝给皇帝充任警卫。赵婴齐死后,被谥为明王。

　　太子兴代立，其母为太后。太后自未为婴齐姬时，尝与霸陵人安国少季通①。及婴齐薨后，元鼎四年②，汉使安国少季往谕王、王太后以入朝，比内诸侯。令辩士谏大夫终军等宣其辞③，勇士魏臣等辅其缺④，卫尉路博德将兵屯桂阳⑤，待使者⑥。王年少，太后中国人也，尝与安国少季通，其使，复私焉。国人颇知之，多不附太后。太后恐乱起，亦欲倚汉威，数劝王及群臣求内属。即因使者上书，请比内诸侯，三岁一朝，除边关。于是天子许之，赐其丞相吕嘉银印⑦，及内史、中尉、太傅印⑧，余得自置。除其故黥劓刑，用汉法⑨，比内诸侯。使者皆留填抚之⑩。王、王太后饬治行装重赍⑪，为入朝具。

【注释】

①霸陵：陵名。汉文帝刘恒葬地。在今陕西西安东郊白鹿原上窟远一带。安国少季：《索隐》曰："安国，姓也；少季，名也。"师古曰："姓安国，字少季。"

②元鼎四年：前113年。

③谏大夫：职官名。皇帝的近侍之臣，参与议政，职权较大。终军：姓终名军，字子云，以文辞见称，《汉书》有传。宣其辞：逞其辞令。终军出使前即扬言"愿受长缨，必系南越王而致阙下"。

④辅其缺：王叔岷曰："《通鉴》从《汉传》作'决'。'决''缺'正、假字，下文'使者无决'，与此相应，用本字。"按，师古注："助令决策也。"

⑤卫尉：职官名。秦汉时九卿之一。职掌统辖宫廷卫士，管辖宫内宿卫。秩中二千石。路博德：西汉将领。西河平州（治今内蒙古东胜境内）人。武帝时任右北平太守，从骠骑将军霍去病屡次出

击匈奴。元狩四年（前119）封符离侯。后任卫尉，迁伏波将军，与楼船将军杨仆等率军于元鼎六年（前111）平定南越。桂阳：古县名。故治在今广东连县。汉置。因桂水出县北界山下，故名。

⑥待使者：按，汉朝此举，前有说客以辞令恫吓，辅之"勇士"以颜色威胁，继以师旅，震之以兵威，武帝君臣之无理欺弱，可谓甚矣，史公据实描写，爱恶之情自见。

⑦吕嘉：西汉时南越王之丞相。历相三王，权势日大。武帝元鼎五年（前112），因不欲内附，谋反，杀南越王、太后及汉使者。武帝遣伏波将军路博德等南征，六年，俘诛之，灭其国。

⑧内史：诸侯国掌管民政的官员。中尉：诸侯国执掌武事的官员，相当于郡尉。太傅：诸侯王的训导官。按汉朝规定，各诸侯国以上数职亦皆由朝廷委任。

⑨除其故黥劓（yì）刑，用汉法：现在让南越改用汉朝的法律，取消这些刑法。黥，在犯人脸上刺字。劓，削去犯人的鼻子。

⑩填抚：通"镇抚"，维持秩序。

⑪饬治：整理，收拾。赍：携带。有人以为"赍"通"资"，"重赍"即多多携带值钱之物。

【译文】

太子赵兴代立为王，他的母亲也就做了太后。这位太后从还未做赵婴齐姬妾时，就曾经与霸陵人安国少季私通。等到赵婴齐死后，汉武帝元鼎四年，汉朝派了安国少季出使南越，规劝南越王和王太后比照内地的诸侯，进京朝拜天子。让能言善辩的谏大夫终军等人负责用言语劝说，让勇士魏臣等人辅佐决策，另外还派了卫尉路博德率兵屯守桂阳，以等候使者的消息。当时南越王年少，太后是中原人，曾经与安国少季私通，因而这次安国少季出使南越后，两个人又在一起私通了。南越国的人们多半知道这事，大多不依附太后。太后担心国中政乱，同时也想依仗汉朝的势力巩固在南越的地位，就多次规劝南越王和群臣们归属汉朝。他们就派出使者给武帝上书，请求比照内地诸侯，三年朝见一次天子，拆除边境上的关卡。天子于是答应了他们的要求，赐给南越丞相吕嘉一枚银印，同时也赐给他们的内史、中尉、太傅印绶，其余官职都由自己设置。废除了南越原有的黥刑和劓刑，让他们采用汉朝的法律，比照内地的诸侯行事。使者全都留下来镇抚南越。南越王和王太后整治行装，备好厚礼，为进京朝见天子做准备。

其相吕嘉年长矣，相三王①，宗族宦仕为长吏者七十余人②，男尽尚王女③，女尽嫁王子兄弟宗室，及苍梧秦王有连④。其居国中甚重，越人信之，多为耳目者，得众心愈于王。王之上书，数谏止王，王弗听。有畔心，数称病不见汉使者。使者皆注意嘉，势未能诛。王、王太后亦恐嘉等先事发，乃置酒，介汉使者权⑤，谋诛嘉等。使者皆东乡⑥，太后南乡，王北乡，相嘉、大臣皆西乡，侍坐饮⑦。嘉弟为将，将卒居宫外。酒行，太后谓嘉曰："南越内属，国之利也，而相君苦不便者，何也？"以激怒使者。使者狐疑相杖⑧，遂莫敢发。嘉见耳目非是⑨，即起而出。太后怒，欲鏦嘉以矛⑩，王止太后。嘉遂出，分其弟兵就舍⑪，称病，不肯见王及使者。乃阴与大臣作乱。王素无意诛嘉，嘉知之，以故数月不发。太后有淫行，国人不附，欲独诛嘉等，力又不能。

【注释】

①相三王：言其为文王赵胡、明王婴齐、今王赵兴之相。

②宗族宦仕为长吏者七十余人：底本原作"宗族官仕为长吏者七十余人"。"官仕"应作"宦仕"，指做官。泷川曰："枫、三本，'官'

作'宦'。"王叔岷曰:"《通鉴》作'仕宦'。"诸说皆是,今据此改。长吏,秦汉时县丞、县尉的通称。

③尚王女:娶王女为妻。尚,通"上",上配。

④苍梧秦王:指赵光,南越王亲属,在苍梧(今广西梧州)一带,称"秦王"。王先谦引周寿昌曰:"光自据苍梧地,称秦王。"关于赵光称苍梧王,《南越国史》认为这是赵佗从桂林郡中划出地盘封赵光为王,是为了更好地管理"西瓯"人,较旧说更合情理。有连:指有婚姻关系。《集解》引《汉书音义》曰:"连,亲婚也。"

⑤介:借助,倚仗。师古曰:"介,恃也。"

⑥皆东乡:谓皆东向坐。乡,通"向"。秦汉时除升殿、升堂外,其他场合皆以东向为尊位,其次为南向、北向、西向。

⑦侍坐饮:陪侍汉使、太后、国王之宴饮。凌稚隆引敖英曰:"叙宴饮位次甚悉,如目击然。"

⑧狐疑相杖:犹豫,不知如何是好。相杖,郭嵩焘曰:"犹言'相持'也。"王叔岷曰:"《汉纪》作'相倚伏'。"锺惺曰:"若班超、陈汤辈为使,了此易易耳。"有井范平曰:"鸿门叙事,闹杂而妙者;此段,简净而妙者。"

⑨耳目非是:人们的脸色不同寻常。

⑩鈠(cōng):用矛戟撞刺。

⑪分其弟兵就舍:意即靠其弟兵之保护始得脱险。《索隐》曰:"谓分取其兵也。《汉书》作'介'。介,被也,恃也。"李笠曰:"'分'字与'介'字草书形近,疑'分'即'介'字之误也。"

【译文】

　　南越丞相吕嘉年纪很大了,辅佐过三代南越王,他的家族中担任南越高级官吏的有七十多人,男子娶的都是王室的女子,女子嫁的都是王子兄弟和宗室贵族,而且他们还和苍梧国秦王有联姻。所以吕嘉在南越国的地位非常显要,南越人也都信任他,许多人都是他的亲信,得人心超过了南越王。当南越王给朝廷上书时,吕嘉曾多次劝阻南越王,南越王不听。于是吕嘉产生了反叛之心,屡次声称有病不去会见汉朝使者。汉朝使者也都注意到吕嘉,只不过碍于情势没办法杀他。南越王和王太后也怕吕嘉等人首先发难举行叛乱,就安排酒宴,想依仗汉朝使者的权势,谋杀吕嘉等人。汉朝的使者都面朝东坐,太后面朝南坐,南越王面朝北坐,而丞相吕嘉和南越其他大臣们都面朝西坐,陪坐饮酒。吕嘉的弟弟担任将军,这时正率领士兵守候在宫外。酒席宴中,太后对吕嘉说:"南越归附汉朝,是对我们全国都有利的,您为什么总是埋怨不利呢?"她是想因此激怒汉朝使者。但使者犹疑不决互相依赖,始终没人敢下手。吕嘉看到周围人不是自己的亲信,就立即起身出去了。太后很生气,想派人用矛去杀他,被南越王拦住了。吕嘉于是出来了,让他的弟弟派了一部分士兵,保护他回了相府,从此推托有病,连南越王和使者都不见了,而暗中则与大臣们一起策划叛乱。因为南越王赵兴原本无意杀害吕嘉,吕嘉了解这一点,因此好几个月没有发难。太后由于有淫乱之举,南越人不归附她,她特别想单独去杀吕嘉,可是又没有能力做成这件事。

天子闻嘉不听王,王、王太后弱孤不能制,使者怯无决^①。又以为王、王太后已附汉,独吕嘉为乱,不足以兴兵,欲使庄参以二千人往使^②。参曰:"以好往,数人足矣^③;以武往,二千人无足以为也^④。"辞不可,天子罢参也。郏壮士故济北相韩千秋奋曰^⑤:"以区区之越,又有王、太后应,独相吕嘉为害,愿得勇士二百人,必斩嘉以报。"于是天子遣千秋与王太后弟樛乐将二千人往。入越境,吕嘉等乃遂反,下令国中曰:"王年少。太后,中国人也,又与使者乱,专欲内属,尽持先王宝器入献天子以自媚;多从人,行至长安,虏卖以为僮仆^⑥。取自脱一时之利,无顾赵氏社稷、为万世虑计之意。"乃与其弟将卒攻杀王、太后及汉使者。遣人告苍梧秦王及其诸郡县,立明王长男越妻子术阳侯建德为王⑦。而韩千秋兵入,破数小邑。其后越直开道给食⑧,未至番禺四十里,越以兵击千秋等,遂灭之。使人函封汉使者节置塞上⑨,好为谩辞谢罪⑩,发兵守要害处。于是天子曰:"韩千秋虽无成功,亦军锋之冠⑪。"封其子延年为成安侯⑫。樛乐,其姊为王太后,首愿属汉,封其子广德为龙亢侯⑬。乃下赦曰⑭:"天子微,诸侯力政⑮,讥臣不讨贼⑯。今吕嘉、建德等反,自立晏如⑰,令罪人及江淮以南楼船十万师往讨之⑱。"

【注释】

①怯无决:怯懦,无决断。

②庄参:事迹不详,仅此一见。

③数人足矣:如陆贾两次出使南越说服尉佗。

④以武往,二千人无足以为也:陈子龙曰:"越虽有衅可乘,然口语既泄,去汉又远,往必有变,参可谓知兵矣。"

⑤郏:汉县名,治所即今河南郏县。济北相:济北国之相。济北国的国都在今山东长清西南。汉武帝时的济北王是刘邦之曾孙,刘长之孙刘胡,前151—前98年在位。韩千秋:事迹不详,此次以"校尉"的身份率二千人前往。

⑥多从人,行至长安,虏卖以为僮仆:此为编织诬陷之语。

⑦越妻子术阳侯建德:赵婴齐所娶南越女人生的儿子赵建德,此盖本来应立为太子者。梁玉绳曰:"'术阳'乃'高昌'之误,建德降后始封'术阳'也。"按,据《建元以来侯者年表》,赵建德原为南越之"高昌侯",国灭被俘后始被汉王朝封为"术阳侯",事

见下文。

⑧直:竟然。开道给食:让开道路,向其提供食物。师古曰:"纵之令深入,然后诛灭之。"

⑨塞:此指南越北境的边塞,《索隐》以为即大庾岭。

⑩好为谩辞:故意把话说得很好听。谩,谎言。

⑪军锋之冠:军队前锋最勇敢者。

⑫其子延年:后来官至太常,随李陵出击匈奴战死,见《汉书·李广苏建传》。成安侯:封地成安,在今河南郏县西北。

⑬龙亢侯:封地龙亢,在今安徽蒙城东南。

⑭乃下赦曰:郭嵩焘曰:"方发兵讨南越,不得言'赦','赦'乃'诏'之讹。"泷川曰:"枫、三本'赦'作'诏'。"

⑮天子微,诸侯力政:周天子势力微弱,各国诸侯恃强肆行征伐。政,通"征"。

⑯讥臣不讨贼:指身居霸主之位,如果见贼不讨,就要受到孔子《春秋》的批评。

⑰自立晏如:师古曰:"言自相置立,而心安泰无恐惧。"晏,安,安然。杨树达曰:"'晏如'谓爵位安然无恙。'立'非谓置立,'晏然'亦不谓心也。"

⑱令罪人:即调动罪人从军。秦汉时国家征兵,首先征调罪人,其次是工商业者,其次是赘婿。楼船十万师:即水军十万人。楼船,大战船。

【译文】

天子听说吕嘉不听从南越王,南越王和太后力单势弱不能制服他,使者胆怯而不能决断。他又考虑到南越王、太后都主张归附汉朝,只有吕嘉作乱,不足以发大兵征讨,于是就打算派庄参带着两千人出使南越。庄参说:"若是为友好谈判而去,几个人就足够了;若是为动武而去,那么两千人也于事无补的。"他推辞自己不能胜任,于是武帝罢免了庄参的官。这时郏县的一个壮士，原济北国国相的韩千秋自告奋勇说："这么一个小小的南越，又有南越王和太后做内应，只有丞相吕嘉作乱，我只要二百勇士，一定能斩杀吕嘉回来向天子报告。"天子就派韩千秋和南越王太后的弟弟樛乐带领两千人前往南越。待至韩千秋等进入南越国境后，吕嘉等人才正式起兵反叛，向南越国下令说："南越王年轻。太后是中原人，又和汉朝使者私通，一心想归附汉朝，要把先王的宝器全部拿去献给汉朝天子，用以献媚讨好；她还要带着大量随从人员，走到长安后，把他们当奴仆卖掉。她只是为了取得自己逃脱的一点小利，没有顾及赵氏社稷权、为万世谋划的意思。"接着吕嘉就和他的弟弟率兵进攻杀死了南越王、太后和汉朝使者。派人告诉苍梧秦王和南越各个郡县的官员，另立明王长子即赵婴齐南越妻子所生的儿子术阳侯赵建德为南越王。而这时韩千秋已经带兵打进了南越，攻破了几座小城。奇怪的是，从此以后南越人径直让开道路，而且还给他们提供粮食，等他们到达距离番禺不足四十里时，南越人突然派兵出击韩千秋等人，于是全部消灭了他们。接着他们派人把汉朝使者所持的符节用匣子装起来，送到边塞上，假意说了一些表示歉意的话，而实际上则派兵把守好各个边关要塞。于是天子说："韩千秋虽然没有成功，但也算是大军先锋之冠。"就封他的儿子韩延年为成安侯。樛乐，他的姐姐是南越王太后，曾首先愿意归属汉朝，因此封樛乐的儿子樛广德为龙亢侯。于是宣布赦令说："周天子力量衰微，各国诸侯相互攻伐的时候，就要讥讽那些不讨伐乱党的臣子。如今吕嘉、赵建德等人反叛，自立为王而安然自得，特下令罪犯及江、淮以南的十万楼船大军前往讨伐他们。"

元鼎五年秋①，卫尉路博德为伏波将军②，出桂阳，下汇水③；主爵都尉杨仆为楼船将军④，出豫章⑤，下横浦；故归义越侯二人为戈船、下厉将军⑥，出零陵⑦，或下离水，或抵苍梧^⑧；使驰义侯因巴、蜀罪人^⑨，发夜郎兵^⑩，下牂柯江^⑪。咸会番禺^⑫。

【注释】

①元鼎五年：前112年。

②伏波将军：职官名。列将军（杂号将军）之一。所率为水军，故冠伏波名号。伏波，降伏惊涛恶浪。

③汇水：水名。应作"洭水"，也称"湟水"。即今广东北部的连江，源自今广东连县西北，向东南流，至英德西南入北江。

④主爵都尉：职官名。汉景帝中元六年（前144）改主爵中尉置，掌有关封爵之事，秩比二千石。武帝太初元年（前104）改为右扶风，掌治内史右地，成为地方行政长官，而封爵事归属大鸿胪掌治。杨仆：以为官严酷苛刻闻名，事见《酷吏列传》。杨树达曰："副仆者有来汉，见《后汉书·来歙传》。"

⑤豫章：汉郡名，治所即今江西南昌。

⑥归义越侯：越人降汉而被封为侯者，史失其姓名。戈船：将军名号。《集解》曰："越人于水中负人船，又有蛟龙之害，故置戈于船下。"下厉：将军名号。《集解》曰："'厉'，一作'濑'。"濑，水流沙上也。郭嵩焘曰："由水道前进，故以'下濑'为名。"

⑦零陵：汉郡名，治所在今广西全州西南。

⑧或下离水，或抵苍梧：郭嵩焘曰："分水陆二道前进。"离水，古水名。离一作"漓"，漓水亦作漓江。桂江上游，在今广西东北部。

⑨驰义侯：《集解》引徐广曰："越人也，名遗。"也是降汉的南越人。因巴、蜀罪人：就近调发巴、蜀两郡的罪犯。巴、蜀为二郡名，治所分别为江州（今重庆北）和今成都。

⑩发：征调。夜郎：古民族名。古国名。或称南夷。战国至秦汉时主要分布在今贵州（除东北部）、广西西北部、云南东部及四川南

部边缘地带。

⑪牂柯江:古水名。亦作"牂牱江""牂牱水"。即今云南、贵州境
　内北盘江及其下游流经广西、广东之红水河、黔江、浔江和西江。

⑫咸会番禺:吴见思曰:"四路进兵,极写声势赫奕。"

【译文】

　　元鼎五年秋天,卫尉路博德担任伏波将军,出兵桂阳,顺汇水而下;主爵都尉杨仆担任楼船将军,出兵豫章,南下横浦关;原先归降汉朝的两个南越人分别担任戈船将军和下厉将军,出兵零陵,一个下离水,一个奔苍梧;派驰义侯就近调发巴、蜀地区的罪犯,征发夜郎的士兵,下抵牂柯江。各路大军都在番禺会师。

　　元鼎六年冬①,楼船将军将精卒先陷寻陕②,破石门③,得越船粟,因推而前,挫越锋,以数万人待伏波。伏波将军将罪人,道远,会期后,与楼船会,乃有千余人,遂俱进。楼船居前,至番禺。建德、嘉皆城守。楼船自择便处,居东南面;伏波居西北面。会暮,楼船攻败越人,纵火烧城。越素闻伏波名,日暮,不知其兵多少。伏波乃为营④,遣使者招降者⑤,赐印,复纵令相招。楼船力攻烧敌,反驱而入伏波营中。犁旦⑥,城中皆降伏波。吕嘉、建德已夜与其属数百人亡入海,以船西去。伏波又因问所得降者贵人,以知吕嘉所之,遣人追之。以其故校尉司马苏弘得建德⑦,封为海常侯⑧;越郎都稽得嘉⑨,封为临蔡侯⑩。

【注释】

①元鼎六年:前111年。

②寻陕:《索隐》引姚氏以为"寻陕在始兴西三百里,近连口"。"连

口",即广东连江汇入北江处。泷川引丁谦曰:"即浈阳峡,在韶州
英德县南。"陕,通"峡"。

③石门:《索隐》引《广州记》云:"在番禺县(今广州)北三十里,昔
吕嘉抗汉,积石镇江,名曰石门。又俗云,石门水名曰'贪泉',饮
之则令人变。"明《粤会堂记略》称:"距番禺上流四十里,有山对
峙曰'石门'。"

④伏波乃为营:师古曰:"设营垒以待降者。"

⑤遣使者招降者:据《汉书》,无前"者"字。繁芜词费,应削。

⑥犁旦:等到天亮。犁,比及。

⑦以:因。故校尉:南越王建德旧日的校尉。泷川引朱一新曰:"以
故校尉而今为军司马也。"

⑧封为海常侯:谓苏弘因功被封为海常侯。海常,封地名,《集解》
引徐广曰:"在东莱。"东莱郡的治所即今山东莱州。而《建元以
来侯者年表》之《索隐》则曰"在琅邪",琅邪治所即今山东诸城。

⑨越郎都稽:南越王身边的郎官名叫都稽。据《建元以来侯者年
表》,此人叫"孙都"。

⑩临蔡侯:封地为临蔡,《索隐》曰:"在河内。"河内郡的治所怀县,
在今河南武陟西南。

【译文】

汉武帝元鼎六年冬,楼船将军杨仆率领精兵率先攻克了寻陕,攻破
石门,他们缴获了南越的粮食和船只,趁势前进,挫败了南越人的先头部
队,以数万人等待着伏波将军路博德的到来。伏波将军率领的是一批被
赦免的罪犯,路途遥远,误了会师的日期,按期赶到与楼船将军会师的总
共才一千多人,于是他们就一起前进。楼船将军先行,直抵番禺城下。
这时赵建德、吕嘉等退入城内坚守城池。楼船将军到得早,自己先占据
了一片形势有利的地方,在城的东南面驻扎;伏波将军在城的西北面驻
扎。这时天色已晚,楼船将军首先攻败了越人,随即放火烧城。南越人

素闻伏波将军路博德的大名，又赶上天黑，也不知道他究竟带着多少人马。伏波将军就安营扎寨，派使者进城去招纳越人投降，赐给投降者印信，让他们回去再去招降别人。楼船将军奋力作战放火烧城，正好反而把想投降的南越人都赶到伏波将军的营里去了。待至天亮，全城的人都投降了伏波将军。吕嘉和赵建德已经连夜带着属下几百人逃入大海，乘船向西逃去。伏波将军又通过审问投降的南越贵人，得知了吕嘉的去向，派人前往追赶。因为原校尉司马苏弘追获了赵建德，被封为海常侯；南越的郎官都稽抓获了吕嘉，被封为临蔡侯。

　　苍梧王赵光者，越王同姓，闻汉兵至，及越揭阳令定自定属汉①；越桂林监居翁谕瓯骆属汉②。皆得为侯③。戈船、下厉将军兵及驰义侯所发夜郎兵未下，南越已平矣。遂为九郡④。伏波将军益封。楼船将军以陷坚为将梁侯⑤。

　　自尉佗初王后，五世九十三岁而国亡焉⑥。

【注释】

①揭阳令定：南越国的揭阳县令，名定。据《汉书》，此人姓史。揭阳，古县名。故治在今广东揭阳西北。秦置。

②越桂林监居翁：南越国桂林郡的监郡，姓居名翁。

③皆得为侯：都能被封侯。据《汉书》，赵光被封为随桃侯，史定被封为安道侯，居翁封为湘城侯。

④九郡：包括儋耳（治所在今海南儋州西北）、珠崖（治所在今海南海口东南）、南海（治所在今广州）、苍梧（治所在今广西梧州）、郁林（治所在今广西桂平）、九真（治所在今越南境内）、日南（治所在今越南境内）、合浦（治所在今广西合浦东北）、交趾（治所在今越南河内东北）。

⑤楼船将军以陷坚为将梁侯：底本作"楼船将军兵以陷坚为将梁
　侯"，"兵"字宜削，盖受封为"将梁侯"者乃"楼船将军"，非"楼
　船将军兵"。《汉书》作"楼船将军以推锋陷坚为将梁侯"，无
　"兵"字。今据此削。陷坚，攻克敌人重兵防守的军阵或城堡。
　将梁侯，封地将梁，在今河北清苑西南。
⑥五世：赵佗、赵胡、赵婴齐、赵兴、赵建德。

【译文】

　　苍梧王赵光，与南越王同姓，听闻汉朝军队到了，就和南越的揭阳县
令名叫定的一起归属了汉朝；这时南越的桂林郡监居翁也劝服西瓯、骆
越归属了汉朝。他们都被朝廷封为侯爵。戈船将军、下厉将军的部队以
及驰义侯调发的夜郎兵还没有南下，南越就已经平定了。于是汉朝就把
南越分成了九个郡。伏波将军因功增加了封邑。楼船将军杨仆因攻坚
陷阵，被封为将梁侯。

　　从尉佗自立为南越王开始，其间经历了五代共九十三年，最后亡国了。

　　太史公曰：尉佗之王，本由任嚣。遭汉初定，列为诸侯。
隆虑离湿疫，佗得以益骄。闽越相攻，南越动摇①。汉兵临
境，婴齐入朝。其后亡国，征自樛女②；吕嘉小忠，令佗无
后。楼船从欲，怠傲失惑③；伏波困穷④，智虑愈殖⑤，因祸为
福。成败之转，譬若纠墨⑥。

【注释】

①闽越相攻，南越动摇：底本原作"瓯骆相攻，南越动摇"。《古今
　注》曰："此误也，当云'东闽兴兵，南越动摇'。"梁玉绳曰："按
　传，相攻者，闽越与南越，非瓯、骆也，瓯、骆未尝与诸国相攻也。
　又，闽越未攻南越时尝围东瓯，则是'瓯闽相攻'，亦不得为'瓯、

骆'也。"王叔岷曰:"当作'闽越相攻,南越动摇'。"今按王叔岷
说改。

②其后亡国,征自樛女:亡国之征兆,由樛氏开始表现。征,征兆。
中井曰:"'女'疑当作'后'。"

③楼船从欲,怠傲失惑:按,盖武帝诏书中所指,司马迁没有写任何
"纵欲"与"怠傲"之处。从,同"纵",放纵。

④伏波困穷:指道远失期。

⑤智虑愈殖:指优待俘虏,广招降人。殖,繁多。

⑥纠墨:同"纠缠",指绳索撕扯不开,比喻祸福彼此倚伏。贾谊《鸟
赋》:"夫祸之与福兮,何异纠缠。"与此意思相同。黄震曰:"南越
称帝,文帝以德怀之而称臣;既称臣,武帝以诈召之而反,越虽夷
狄,人情亦概可知矣。用楼船十万师,一旦以夷为郡,岂不大快?
然使五帝三王处此,亦有文帝之怀柔而已。夷狄在万里外,而必
贪之何哉?"

【译文】

太史公说:尉佗称王,本来是由于任嚣的提拔。当时正赶上汉朝刚
刚平定,尉佗列为诸侯。后来隆虑侯周灶讨伐南越遭遇酷暑潮湿气候,
士卒多染上疾病无法进军,尉佗也就因此越发骄恣了。待到闽越进犯,
南越发生动荡。汉兵讨伐了闽越临近南越边境,南越太子婴齐只得入朝
当宿卫。后来南越亡国,征兆源于婴齐的王后樛氏之女引起的;丞相吕
嘉只知道忠于南越,反而使尉佗后继无人。楼船将军纵欲乱为,怠慢狂
傲,失之昏惑;而伏波将军处于不利的形势下,智谋思虑越来越丰富,结
果因祸得福。由此可见,成功和失败的相互转化,就同绳索的撕扯一样,
难以预料。

【集评】

锺惺曰:"任嚣何人,识时、识地、又识人,俊杰哉!当其时,嚣岂不为

子孙计，而病以授佗？盖英雄未了之局，与其予子孙不肖者败之，不若予臣吏才略者成之。知此，则孙伯符之于张昭所云'仲谋不任事，君当自取'；昭烈于武侯所云'嗣子不才，君当自取'，非矫饰也。尉佗居秦、楚、汉之间，上不能为沛公，下耻作韩、彭，而又不欲以身为陈、项，南越一隅地，数十年偏安，著著算定，为后来扶馀做一榜样。"（《史怀》）

凌约言曰："叙武帝讨南越，笔力万钧。而越内后王乱臣之变态，讨越楼船、伏波之将略，委曲转折，纤悉殆尽。"（《史记评林》引）

吴见思曰："史公一传必似一人，此篇写老佗处，其风神气概，几与隆准（刘邦）一流。所云'遇高帝则北面而臣之；遇光武则并驱中原，未知鹿死谁手'（石勒语），吾于老佗亦云。大凡提三寸管欲以量衡千古，若遇一时一事亦有何难？便因诸事纷来不及措手，顾此则失彼矣。即以一手写两事，已为难得；乃史公此传写樛太后、吕嘉事，太后、吕嘉、使者一人一样心事，而饮酒之间一刻一样事势，偏能一时收来，层层现出。笔下既松，眼中复巧，故能驱遣如意，不可不细读也。序下南越之兵，四路齐进，声势烜赫。而楼船、伏波行师建功处，初看合序，细看则分，而又步步接紧，步步照应，顿句安章，极其神妙，可云神化之笔。"（《史记论文》）

曾国藩曰："自尉佗初王，后五世九十三岁而国亡焉。五世九十三岁，越国必有善政；赵光、赵定、居翁之属汉，必有事实，兹皆不书，略人之所详也。太后之淫乱，置酒之坐次，详人所略也。故知记事之文，宜讲剪裁之法。"（《求阙斋读书录》）

【评论】

《南越列传》记载了秦末至汉武帝中期中原与岭南地区政治关系的变化过程，是研究岭南历史文化最早最基本的文献资料。

越，是我国南方的古老民族，秦以前即已广泛分布在长江中下游以南到今越南北部地区。从事渔猎、农耕。以擅长金属冶炼、水上航行而著称。部落众多，故又有百越（粤）之称。其中分布于五岭以南的称为南越，秦于其地置桂林、南海和象郡。秦末龙川令赵佗兼并桂林、南海和象三郡建南越国，汉高祖四年（前203）自立为南越武王，建都番禺（今广东广州），辖境相当今广东、广西两省及越南大部分地区。本篇记述的就是南越国自建立至被武帝所灭的九十多年间与周边民族、特别是汉王朝之间的关系。

汉高祖时期，赵佗自立为王，要在岭南做个化外之民，刘邦"释佗弗诛"，还"遣陆贾因立佗为南越王，与剖符通使，和集百越"，承认其相对独立的地位。这并不意味着刘邦的宽宏大量，而是考虑到当时大汉初创，政局未稳，他不愿四面出击，从而也就避免了四面受敌的危险。他安抚了赵佗，也就把潜在的敌人变成了可靠的盟友，这是刘邦的老谋深算之处。汉文帝崇尚"清净无为"，对赵佗动之以情，又晓之以理，结果遂使赵佗表示"愿长为藩臣，奉贡职"了。司马迁高度赞美了高祖与文帝正确而灵活的外交政策，指出这一政策使得南越成为汉朝南部屏障，有利于汉家政权稳固，"汉既平中国，而佗能集杨越以保南藩，纳贡职"。与此相对照，司马迁对汉武帝及其臣子制造事端，借机发动吞并南越的战争表示反感。他认为破坏了和睦共处的政治关系，必然引起民族间的仇恨与冲突。比如吕后时"有司请禁南越关市铁器"，就立即引发赵佗的忧虑，"发兵攻长沙边邑，败数县而去焉"。而汉武帝的野心随着帝国的强盛而膨胀，一直想将南越变为"内诸侯"，最终引起了汉与南越的战争，虽然汉朝灭掉了南越，但诸路兴兵，劳民伤财，给汉与南越的百姓都带来了灾难。明代黄震也就此批评汉武帝说："夷狄在万里外，而必贪之何哉？"（《黄氏日钞》）司马迁对汉武帝伐南越的反感与批判与他视各民族同为炎黄子孙的民族观是一致的，事实上，司马迁的"民族列传"系列，如《匈奴列传》《东越列传》《大宛列传》《朝鲜列传》《西南夷列传》等都是他的民族统一主题的体现。司马迁把民族列传与其他列传交错布置，而不是像班固《汉书》宣称"西南外夷，种别域殊"（《汉书·叙传》），将之放在列传之末，所反映的就是司马迁视各民族同为天子臣民，不加以区别对待,这种思想具有超越时代的进步性。可惜后来的正史大都效法了《汉书》,未能体会发扬《史记》的优长。

　　本篇对赵佗的描写非常生动。南海尉任嚣死后,"佗即移檄告横浦、阳山、湟谿关曰:'盗兵且至,急绝道聚兵自守!'因稍以法诛秦所置长吏,以其党为假守。秦已破灭,佗即击并桂林、象郡,自立为南越武王",确实是个有胆有识,雷厉风行,乘时建功的人物。当汉文帝派人责备赵佗自立为帝时,赵佗的上书语气极为谦卑,说:"老臣妄窃帝号,聊以自娱,岂敢以闻天王哉!"又下令国中"去帝制黄屋左纛",做足表面文章,而背地里则我行我素,"其居国,窃如故号名",充分显示了其圆滑世故的一面。清代吴见思说:"此篇写老佗处,其丰神气概,几与隆准(刘邦)一流。"(《史记论文》)若将本文与《郦生陆贾列传》参照阅读,则可以对赵佗有更充分、完整的了解。司马迁喜爱赵佗那种既雄豪质朴又狡狯的性格,对他在秦末中原大乱之时,乘势建立南越国的英雄气概非常欣赏。从历史发展来看,赵佗对岭南的开发与经营也确实做出了卓越的贡献,他及时绝关自守,防止中原战火蔓延到岭南;击并桂林、象郡,又制止了岭南地区分裂混战的局面,在岭南建立了政令划一的政权,保证了人民过上和平安定的生活,这对岭南地区的经济与社会发展都有进步意义。

　　篇中对南越君臣之间、南越与汉王朝之间,以及南越王赵兴、樛太后与汉使之间的种种复杂关系,也做了清晰的展示。篇中生动地记述了一场汉朝使者安国少季等与南越王赵兴、南越樛太后联手安排的"鸿门宴",准备谋杀反对附汉的南越丞相吕嘉等人。由于安国少季、终军、魏臣等一群汉使的"狐疑相杖",丧失了一个可以一举拿下反对派的绝好机会,其结果是引发了汉武帝大兴兵来伐,吕嘉举兵造反,赵兴、樛太后及汉使全部被杀,南越就此亡国。相比之下,吕嘉倒是一位对南越王室忠心耿耿的令人同情的老臣,遗憾的是他既无其谋,又无其力。至于汉朝后来派去平叛的韩千秋、樛乐等人昏庸腐朽,徒为大言,更无可取,竟使汉王朝的两千甲士干净彻底地被越人所消灭,这就是侵略者、狂妄者的下场。汉武帝在这件事的前后所表现出的粗疏无谋,轻举妄动,也令人感到可憎。

在汉与南越的最后一战中,司马迁含蓄地揭露了楼船将军杨仆的自私与不得人心。事实上,杨仆的罪行远比本篇中所写要大得多。《汉书·酷吏传》中又讲到汉武帝后来又派杨仆去平定闽越时缕述其在此战中行径,说:"将军之功,独有先破石门、寻陕,非有斩将搴旗之实也,乌足以骄人哉!前破番禺,捕降者以为虏,掘死人以为获,是一过也。建德、吕嘉逆罪不容于天下,将军拥精兵不穷追,超然以东越为援,是二过也。士卒暴露连岁,为朝会不置酒,将军不念其勤劳,而造佞巧,请乘传行塞,因用归家,怀银黄,垂三组,夸乡里,是三过也。失期内顾,以道恶为解,失尊尊之序,是四过也。欲请蜀刀,问君贾几何,对曰率数百,武库日出兵而阳不知,挟伪干君,是五过也。受诏不至兰池宫,明日又不对。假令将军之吏问之不对,令之不从,其罪何如?推此心以在外,江海之间可得信乎!今东越深入,将军能率众以掩过不?"司马迁在这里还是给杨仆留了情面的。